◆인간의 나라◆
프랑스

인격 유럽 문명론 Ⅳ

유럽 오형제 3
·삼남 이야기·

이성훈 글

·인간의 나라·
프랑스
FRANCE

성인당

차례

머리말	7
제1장 ◆ 프랑스는 누구인가?	17
제2장 ◆ 프랑스 이전의 유럽 문명	35
제3장 ◆ 인간은 누구인가?	53
제4장 ◆ 프랑스는 어떻게 시작되었는가?	81
제5장 ◆ 프랑스 국가의 탄생	105
제6장 ◆ 프랑스 르네상스	127
제7장 ◆ 절대 왕정의 시대	161
제8장 ◆ 근대 문학과 사상 속의 인간	185
제9장 ◆ 프랑스 대혁명	209
제10장 ◆ 나폴레옹의 프랑스	235
제11장 ◆ 대혁명 이후의 근대 프랑스	251

제12장 ♦ 프랑스 대혁명을 통해 찾은 인간	271
제13장 ♦ 프랑스 미술사를 통해 찾은 인간	307
제14장 ♦ 프랑스 20세기 현대미술	355
제15장 ♦ 프랑스 현대철학과 사상	375
제16장 ♦ 프랑스 기타 예술과 문화	403
1) 프랑스 고전음악	405
2) 프랑스 음식	423
3) 프랑스 영화	447
4) 프랑스 문학	469
5) 대중문화 속의 프랑스	485
제17장 ♦ 현대 프랑스 정치	499
제18장 ♦ 미래 프랑스가 가야 할 길	535
제19장 ♦ 인격발달로 본 프랑스	589
참고문헌	640

머리말

 프랑스를 소개하고 연구한 좋은 책들이 많이 있다. 저자는 프랑스에 대한 전공자가 아니다. 그렇다고 그 나라에 오래 살거나 여행을 통해 그 나라를 깊이 경험한 사람도 아니다. 이런 사람이 어떻게 프랑스에 대한 책을 쓰게 되었는지, 나 자신도 의아할 때가 있다. 우선 나 자신에게 질문하고 답하는 마음으로 이에 대해 설명해보려고 한다.

 우선 이 책은 〈인격발달로 본 유럽문명사〉의 후속편으로 쓴 책이다. 유럽문명사를 인격발달로 보고 할아버지를 그리스로 아버지를 로마로 보았다. 그리고 유럽의 5개국을 다섯 형제로 보고 그동안 장남인 이탈리아와 차남인 스페인에 대해 책을 썼다. 이제 삼남인 프랑스에 대해 책을 쓸 차례가 되어 이렇게 쓰게 된 것이었다. 이것이 이 책을 쓰게 된 표면적인 이유이다.

 그러나 이러한 이유만으로 글을 쓴다는 것은 너무도 힘든 일이었다. 그것도 비전문가로서 너무나 많고 복잡한 이야기로 가득 찬 프랑스를 제대로 이해하고 이에 대해 하나의 관점으로 글을 쓴다는 것은 너무도 벅찬 작업이었다. 이를 책임감 혹은 성실과 의무와 같은 일반적인 덕목만으로 완주하기는 쉽지 않았다. 그 이상의 끌고 당기는 힘이 있어야만 가능한 일이었다.

그런데 힘든 가운데서도, 뭔가 모르는 힘이 이 일을 끝까지 할 수 있게 해주었다. 아마도 그것은 프랑스가 찾고 있었고 그 안에서 만나게 된 '인간' 때문이라고 생각된다. 그들이 찾고 만난 인간을 같이 만나고 대화하면서 이 길을 완주할 수 있지 않았나 생각된다.

그동안 이탈리아와 스페인에 대해 책을 쓰면서 역사와 문명을 통해 드러난 그들의 인격을 분석했다. 프랑스도 그렇게 분석하려고 했다. 그러나 프랑스의 경우, 다른 나라와 다른 것이 있었다. 프랑스는 특별하게 자신의 역사를 통해 끊임없이 찾고 있는 것이 있었는데, 그것이 바로 '인간'이었다. 그들은 자신들 속에 있는 인간이 누구인지를 찾고 탐구하며 살아왔던 것이었다. 그것이 너무 흥미롭고 신비로웠다. 왜 그들은 인간을 그렇게 찾았고 알고 싶었을까? 이러한 궁금증과 호기심 때문에 힘든 줄도 모르고 이 글을 쓰게 된 것 같았다.

그래서 이 책을 쓰는 데 두 가지 목적이 있었다. 먼저는 프랑스를 소개하는 것이었다. 그다음은 프랑스가 찾았던 인간에 대해 쓰는 것이었다. 그런데 이는 분리될 수 있는 것은 아니었다. 프랑스인이기 때문에 인간을 찾았고 그들이 찾은 인간이 프랑스였기 때문에 사실 하나의 이야기였다. 이처럼 프랑스에는 묘한 중첩성이 있었다. 이런 프랑스에 관해 쓰다 보니 적지 않은 분량이 됐다. 프랑스만이 아니라 그 속에 있는 인간에 관한 이야기까지 하다 보니 이처럼 분량이 늘어난 것이었다.

사람을 알려면 사람을 만나야 한다. 가장 깊이 바로 아는 길은 같이 살아보는 것이다. 그래서 같이 사는 가족은 특별하다. 가족은 매일 같이 살아가며 만나기에 남들이 알지 못하는 것까지 속속들이 알게 된다. 그래서 그만큼 좋기도 하고 힘들기도 하다. 그러나 나는 아쉽게도 그들을 직접 만나보지 못했다. 직접 만나고 살아보지 못한 사람에 관해 이야기한다는 것이 얼마나 어려운 일인 줄 안다. 피상적인 이해와 오해, 편견 같은 것들이 분명히 있을 것이다.

저자가 만난 그들은 책을 통한 간접 경험이었다. 이를 통해 그들을 제대로 만났다고 이야기하기가 정말 어렵다. 더욱이 프랑스를 객관적으로 소개하는 글이 아니고 그들의 인격과 그들이 찾은 인간에 대한 글을 간접 경험만으로 쓴다는 것은 정말 힘든 일이다. 그런데도 저자는 용기를 내어 글을 쓰게 됐다. 더욱이 그들의 인격의 심층적인 부분까지 분석하는 글까지 대담하게 쓰게 됐다.

이것은 하나의 위험한 모험이었다. 이러한 모험이 가능할 수 있었던 것은 그동안 있었던 직업적인 경험 때문이 아닐까 생각해본다. 저자는 많은 사람을 상담하며 그들을 이해하고 분석하는 일을 해왔다. 나는 나를 찾아오는 사람을 삶에서 직접 만날 수 없었다. 그러나 그들이 전하는 말과 만남을 통해 그들의 무의식까지 분석하는 일을 해왔기에 이러한 용기를 내어본 것이었다.

이를 위해서는 단순히 그들의 역사적인 사건이나 그들의 삶을 소개하는 글로만 만날 수 없었다. 더 깊은 심층을 이해하기 위해서는 그들의 문학, 예술과 철학 속으로 들어가 그들의 깊은 부분을 만나야 했다. 그래서 더욱 어려운 작업이었다. 각 분야가 깊은 전문성을 가지고 있었기에 비전문가로서 이를 이해하고 통찰하는 것이 결코 쉬운 일은 아니었다.

그러나 그들을 만나고 싶은 뜨거운 열망이 이러한 난관을 넘어설 수 있게 하지 않았나 생각된다. 그리고 그들의 삶과 작품 속에 분명히 그들이 있을 것이라는 믿음 역시 큰 힘이 됐다. 그렇게 열망과 믿음으로 프랑스라는 인격을 만나기를 탐구하니 희미하였지만, 그 속에 있는 그들이 조금씩 보이기 시작했다. 그리고 그 결과 이렇게 한 권의 책으로 정리하여 출간할 수 있었다.

이 책은 1장에서 프랑스가 누구인지를 간단히 소개했다. 우리가 일반적으로 알고 기대하고 있는 프랑스와 실제의 프랑스와는 괴리가 있었다. 이것이 프랑스의 특징이고 그들의 인격에서 나오는 어쩔 수 없는 현상이었다. 그래서 이 책을 통해 왜 그들이 그러한 사람이었는지를 찾아 추적하고 분석해보려는 것이었다. 프랑스를 인격적으로 이해하기 전에 그들의 조상에 대해 먼저 알 필요가 있었다. 그들의 먼 조상은 히브리의 신이었고 그들의 가까운 할아버지는 그리스였고 부모는 로마제국이었다. 그래서 2장에서 프랑스 이전의 유럽 문명을 간단히 소개했다. 그리고 프랑스가 추구한 인간을 잘 이해하기 위해서는 먼저 인간은 누구인가를 알아야 했다. 인간의 많은 부분이 있지만, 이 책에서는 인격발달에 초점을 두었기에 이러한 인격과 연관된 부분을 중심으로 설명했다. 그래서 3장에서 인간에 대한 발달이론, 심리와 정신분석적 개념과 정신의 더 깊은 뿌리가 되는 뇌정보에 대한 이론을 소개했다. 이미 이러한 지식에 익숙한 독자는 이 장을 넘어가도 되고, 우선 대충 읽고 본문에서 다시 나올 때마다 이 장으로 돌아와 참고해도 좋을 것이다.

  4장부터는 프랑스의 역사를 소개하는 글이다. 4장에서는 프랑스가 그 땅에서 어떻게 시작되어 국가로 발전하였는지를 설명했다. 그리고 로마와 프랑크가 지배하던 시절을 지나 자신들의 왕국을 어떻게 세웠는지를 5장에서 다루었다. 그들은 이를 통해 어떠한 인격으로 발달하였는지도 설명했다. 그들은 100년 전쟁을 통해 하나의 국가로 정체성을 갖게 되었고 그 후 이탈리아의 르네상스를 수입하면서 인격이 더욱 발달했다. 그 후 종교개혁이 일어나면서 프랑스는 로마를 이어 유럽에서 인격발달이 가장 빠르게 진행되는 나라가 됐다. 이러한 과정을 6장에서 설명했다.

  그러나 절대왕정으로 가면서 특별히 그들만의 인격발달을 이루었다. 절대왕정으로 나라가 부강해지며 문학, 예술과 학문이 발달하였는데, 이를 통해 인격발달이 촉진되면서도 한편에는 절대왕정의 억압으로 인격적 퇴행도 일어났다. 그러나 그들은 절묘한 균형감각으로 억압과 이완을 동시에 수용하는 이중적 인격을 갖게 됐다. 이러한 이중성은 프랑스의 기본 성격이 됐다. 7장에서 이러한 절대왕정의 출현을 설명했고 이와 함께 발달한 근대문학과 사상과 그 이중성에 대해서 8장에서 설명했다.

  그러나 이러한 균형이 깨어지기 시작한 것이 루이 14세 때였고 문제가 쌓이기 시작하다가 루이 16세 때 프랑스 대혁명이 일어났다. 9장에서 이러한 프랑스 대혁명을 설명하였고 그 이후 찾아온 혼돈과정과 나폴레옹이 나올 수밖에 없었던 과정을 10장에서 설명했다. 나폴레옹 이후의 근대 프랑스에 대해서는 11장에서 설명했다. 대혁명은 정치적인 의미도 크지만, 인격발달에도 아주 중요한 사건이었다. 그래서 12장에서는 그들이 대혁명을 통해 어떠한 인격으로 발달되었고 프랑스 대혁명이 인간발달에 어떠한 의미를 지녔는지를 분석했다.

그들의 인격발달은 역사만을 통해서만 아니라 미술과 철학과 문학 등에서 더욱 깊이 드러났다. 13장에서는 프랑스 미술에서 인간이 어떻게 발달하였는지를 설명하였고 14장에서는 20세기 현대미술을 통해 드러난 인간의 모습을 분석했다. 15장에서는 프랑스의 철학과 사상에서 드러난 인간을 분석하였고 16장에서는 음악, 음식, 영화, 문학과 대중문화 등에 나타난 그들의 인격발달을 분석했다.17장에서는 현대 프랑스 정치를 설명하면서 그 속에서 있는 프랑스인의 특징을 분석했다. 18장에서는 프랑스가 미래에 가야할 길을 제시해보았다. 그리고 19장은 그동안 분석한 프랑스의 문명과 역사를 통한 인격발달을 총정리하여 설명했다. 프랑스는 신을 떠나 인간이 주인이 되는 문명을 발달시켰다. 18과 19장에서는 그들의 문명에서 인간이 어떠한 모습으로 드러나고 발달해 나갔는지를 분석했다. 그리고 이러한 인간에 대해 그들은 현재까지 어떠한 결론을 내리고 있는지에 대해서도 설명했다. 그리고 미래 문명에서 프랑스는 인간이 갈 길에 대해 무엇이라고 말할 수 있고 어떠한 역할을 할 수 있을지에 대해서도 고민해보았다.

프랑스는 인류의 선봉에 서서 인간의 갈 길을 모험하고 개척해간 위대한 나라였다. 그들의 도전과 실험 정신 때문에 인류는 그들의 길을 따라갈 수 있었다. 그들은 진정 특별한 인류였다. 이 책은 왜 그들은 그 길을 가야만 했고 그 길은 무엇이었는지를 이해하는데 도움이 되었으면 한다.

저자는 이를 통해 결국은 인간을 알고 싶었다. 그들이 살아온 특별한 길을 통해 우리가 몰랐던 인간을 발견하고 또 앞으로 가야 할 인간의 길이 무엇인지를 알고 싶었다. 그래서 이 책은 사실 프랑스를 소개하고 연구하기 위한 책이라기보다는 프랑스를 통해 본 인간에 대한 책이다. 프랑스를 통해 본 인간의 이야기라고 해도 좋을 것이다.

그들의 역사는 인간의 역사였다. 그들은 그 무엇보다 인간을 찾고 싶었고 인간이 아닌 것을 거부했다. 그리고 인간이 누구인지를 쉬지 않고 질문하며 답해가는 역사였다. 때로는 놀라운 일도 있었지만, 보기에 부끄럽고 수치스러운 일도 있었다. 그러나 그들은 담대하게 인간에 도전하였고 인간에 대한 것이라면 무엇이든 주저하지 않고 실험했다. 그래서 그들은 인간에 대해 모든 것을 다 까발렸다. 그들은 때로 자신을 보는 것이 두려워 숨기기도 하고 도피하기도 했다. 그러나 이것도 결국 인간의 길이었다. 그들 덕분에 우리는 인간을 바로 알게 되었고 진정 인간이 가야 할 길을 갈 수 있었다.

그들이 위대했다면 인간이 위대한 것이었고 그들이 복잡했다면 인간이 복잡했던 것이었다. 그들이 모순 가운데 있었다면 그것은 인간의 모순이었다. 우리는 그들의 용기와 아픔으로 우리를 바로 볼 수 있게 됐다. 그래서 우리는 그들에게 큰 빚을 지고 있다. 그들이 고통하고 싸워주었기에 우리가 있는 것이었다. 그래서 그들을 더욱 존경하고 감사하게 되는 것이다. 그들을 환상으로만 사랑하는 것이 아니라 그들을 한 인간으로 사랑하고 공감하며 존경하는 것이다. 그들의 기쁨과 눈물 덕분에 우리가 살아가고 있다.

그래서 이 책을 그들에게 헌정하고 싶다. 인류는 계속 앞으로 나아가야 한다. 멸망과 붕괴가 아니라 창조적 진화를 계속해가야 한다. 이 길에 프랑스가 계속 앞장서서 나가기를 기대하며 그들을 격려하고 응원하고 싶다. 그렇다고 우리의 문제를 그들에게 전가하고 우리는 구경만 하자는 것은 아니다. 이제 프랑스는 프랑스만의 것이 아니다. 프랑스는 프랑스를 알고 그들을 사랑하는 모든 사람의 것이고 그들이 곧 프랑스인 것이다. 인간을 사랑하고 찾아가는 모두가 프랑스인이다. 이제는 이러한 모든 프랑스가 연대하여 미래를 향해 나아가야 한다.

마지막으로 이 책은 먼저 프랑스를 경험하고 연구한 많은 분이 저술한 책의 도움을 받지 않고는 결코 쓸 수 없었음을 밝히고 싶다. 이 글이 학술서적이 아니기에 구체적으로 인용하지 못하고 인용한 책을 소개하는 것으로 대신한 점 이해해주길 바란다. 앞서 훌륭한 글을 써주신 저자들에게 깊이 감사드린다. 그들의 앞선 노력과 연구가 없이는 이 책이 결코 나올 수 없었을 것이다. 그러나 비전공자로서 그들의 글을 바로 이해하지 못하고 잘못 인용한 점들이 있다면 분명 이는 저자의 책임일 것이다. 그리고 이 책이 인격발달에 초점을 맞추다보니 다른 관점의 사실과 해석을 놓친 점들도 분명 있을 것이다. 이러한 점들을 너그러이 이해해주길 바란다. 이 책에서 부족한 부분이 있다면, 다른 여러 전문서적을 참고하여 보충하길 부탁드린다.

이 책에서 프랑스를 바라본 관점은 한 개인의 관점이다. 사람마다 프랑스를 바라보는 관점은 다를 것이다. 이 책의 내용은 저자가 바라보고 만난 프랑스라는 인격이었다. 다른 사람은 또 다르게 볼 수 있을 것이다. 그 누구도 프랑스를 객관적이고 과학적으로 증명할 수는 없을 것이다. 그래서 프랑스를 이러한 관점으로도 볼 수 있구나하는 것으로 보아 주었으면 한다. 가능한 객관적인 사실에 기초하여 설명하려고 하였지만, 인격적 만남에는 주관적인 해석이 포함되지 않을 수 없었다. 이러한 다양한 생각과 관점들이 모여 거대한 프랑스를 이룰 수 있기를 기대해본다.

   이러한 인간에 대한 이해를 통해 자신에 대한 이해의 폭이 더 깊어지고 넓어질 수 있다면 더 이상 바랄 것이 없을 것이다. 여행의 목적이 그들을 경험하는 것만으로 끝나지 않고 그들에게 비추어진 자신까지를 보는 것이라면 이 책도 그러할 것이다. 여행은 어떻게 보면 여행지를 통해 자신을 여행하는 것인지 모른다. 프랑스만을 알고 끝나는 여행이 아니라 프랑스를 통해 드러난 자신까지 보고 여행할 수 있다면 더 큰 감동이 될 것이다. 이 책을 읽는 분들이 이 책을 통해 다양한 여행을 경험하기를 기대해본다. 그리고 이제 다음 여행지인 독일에서 다시 만날 것을 기약한다.

2024년 7월

강원도 성인덕에서

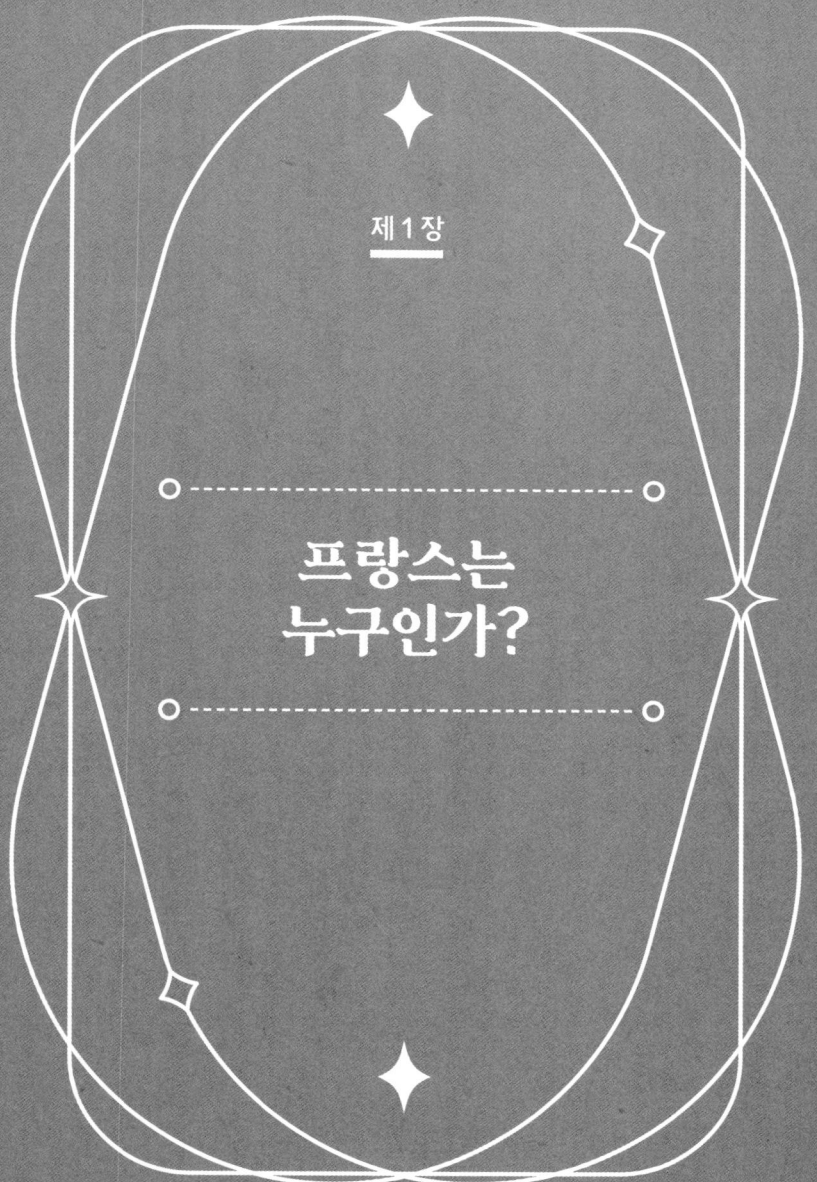

제 1 장

프랑스는
누구인가?

프랑스에 대한 환상

각 국가의 이미지가 있다. 그 이미지는 대부분 그 나라 사람과 연관된 것이기 때문에 대부분 인격적 내용에 관한 것이 많다. 그리고 그 나라와 대표적인 도시의 풍경과도 연관된다. 그중에서 우리에게 형성되어 있는 프랑스의 이미지는 아주 독특하다.

파리는 낭만과 환상의 도시이고 프랑스 사람들은 낭만적이고 자유롭고 인생을 즐길 줄 아는 사람으로 알고 있다. 그리고 그들은 지성적이고 책도 많이 읽고 토론도 잘하고 정의롭다. 한마디로 그들은 멋있다. 친절하고 인간적이고 섬세하다. 그들의 패션 감각도 뛰어나고 예술적이고 감각도 섬세하다. 그래서 명품으로 유명하고 프랑스 요리와 와인을 세계 최고로 꼽는다. 예술 역시 최고로 발달했고 다양하고 수준 높은 문화를 자랑한다. 그들은 이러한 예술을 사랑하고 그들의 문화를 맘껏 즐기면서 살아가고 있다.

그들은 자신과 자신의 국가와 전통에 대한 자부심이 대단하다. 이러한 것이 대체로 사람들이 생각하고 느끼는 프랑스의 이미지이다. 그리고 가장 가고 싶은 나라와 도시를 꼽으라고 하면 프랑스와 파리일 것이고 실제로 관광객이 가장 많이 찾는 나라가 프랑스이다. 프랑스가 가장 잘 사는 나라는 아닐지라도, 인간적으로 가장 가고 싶고 흠모하는 나라라고 해도 좋을 것이다. 요약해서 말하면, 프랑스는 우리가 지향하는 이상과 환상의 나라이다. 나도 저렇게 살아봤으면 하는 그러한 모습이 바로 프랑스와 프랑스인인 것이다. 이는 우리만이 아니라 세계인 모두가 공통으로 느끼는 마음일 것이다.

이러한 그들의 모습은 어쩌다가 그렇게 된 것이 아니라, 오랜 역사를 통해 발전된 것이다. 그들은 오랜 시간 동안 많은 시련과 장애를 극복하며 이를 이루었다는 것이 더욱 값지고 자랑스럽다. 그들의 이러한 모습은 인류의 고상한 이상과 정신이 되어, 많은 나라도 이를 따라가며 발전해왔다. 저자도 대학에 다닐 때 군사독재의 암울함 속에서 행사 때마다 자유의 상징으로 프랑스 국기의 삼색을 그려 넣은 기억이 있다.

그들의 정신은 이처럼 프랑스 삼색기에 상징적으로 잘 나타난다. 삼색은 자유(파랑), 평등(흰색), 박애(붉은색)을 말하며, 이는 프랑스 대혁명의 정신이기도 하다. 그들의 정신은 추상적인 이념으로 끝나지 않고 이를 구체적으로 뒷받침하는 행동적 사상과 지침을 갖는다. '공존(톨레랑스tolerance)', '연대連帶(솔리다리테Solidarite)', '행동하는 지성(앙가주망Engagement)'과 '정교분리(라이

시테Laicite)' 등이 바로 그러한 실천적 사상이다.

톨레랑스란 개인의 다양한 생각과 행동을 수용하는 것을 말하며 그들은 삶을 통해 이를 구체적으로 표현하고 실천한다. 그리고 그들의 자유와 평등이 부당하게 침해를 당하고 있을 때 서로 연대하여 힘을 합쳐 저항하고 투쟁하는데 이를 솔리다리테라 한다. 이를 통해 어려운 자에 연대하여 박애를 실천한다. 그리고 그들의 잘못되고 부당한 것을 지성인들이 간과하지 않고 이를 분석하고 비판하여 전국민이 동조할 수 있도록 한다.

그래서 그들은 이러한 정신과 행동으로 자유 민주주의와 이상을 이루었고 억울한 약자를 돕는 일을 해왔다. 그들은 지난 300년간 이 일을 가장 앞장서서 해왔다. 이런 나라가 과연 지구상에 프랑스 말고 어디에 있었을까? 그들은 모든 나라와 사람들이 추구해야 할 이상을 사상으로만이 아니라 행동으로 실천함으로 역사의 모범을 이루었다. 그래서 많은 나라가 그들을 따라 자유 민주주의를 이룰 수 있었다. 그리고 그들이 이룬 새로운 문명과 문화는 세계에 보편적으로 퍼져나가게 됐다. 그래서 우리는 그들을 존경하지 않을 수 없었고 그들을 이상으로써 우러러보는 것이다.

환상의 이면

그러나 모든 면이 이러한 이상만 있는 것은 아니다. 우리는 프랑스를 방문해보고 이와 관련된 서적을 더 깊이 보게 되면, 우리가 생각하고 기대한 것과 다른 프랑스의 모습을 알게 된다. 이러한 현상은 프랑스에서만 일어나는 특수한 것은 아니다. 대부분의 만남과 일에서 일어나는 현상이다. 항상 겉으로 알고 기대한 모습과 다른 실제의 모습이 있다. 때로는 정반대의 모습이 있기도 한다. 가까이 만나보면 더욱 그렇다. 이러한 문제가 가장 현저하게 나타나는 것이 결혼이다. 결혼 전, 연애 시절에 우리는 상대에 대한 환상을 갖는다. 그래서 일생을 맡기는 결혼을 기쁘게 결정한다. 그리고 이를 너무 기뻐하고 행복해한다. 이를 사랑이라고 한다.

그러나 결혼하며 가까이 살아보면 상상하고 기대한 것과는 다른 모습을 경험하게 된다. 어떤 때는 기대한 것과 정반대의 모습을 보고 상실과 배신감을 느끼기도 하고 이러한 감정이 해결되지 않고 계속 쌓이게 되면 이혼으로까지 가기도 한다. 이러한 갈등은 상대의 문제 때문만은 아니다. 상대는 그대로인데도 자신이 가진 환상과 기대와 실망감 때문에 상대가 더 심하게 변했다고 느낄 수도 있다. 이러한 일이 프랑스에서도 일어나지 말라는 법이 없다. 원래 별 기대 안 하고 그러려니 했으면 별일이 없었을 것인데, 잔뜩 기대하며 환상에 빠져있었기에 실망이 더 클 수도 있다. 프랑스에 대한 기대가 특별했기 때문에 프랑스를 알아갈수록 실망이 더 클 수도 있다.

결혼은 상대를 바로 알면서 새롭게 시작하는 것처럼 프랑스도 마찬가지이다. 이러한 프랑스를 바로 알아야 진정한 프랑스를 알 수 있다. 그래서 이러한 프랑스의 이면에 대해서도 우리는 잘 알 필요가 있다. 그들을 폄하하고 고발하기 위한 것이 아니라 그들을 더 깊이 이해하기 위해서 그들의 솔직한 모습을 알아야 한다는 것이다.

그래야 우리도 우리를 바로 볼 수 있기 때문이다. 그들의 이면이 있다고 해서 앞서 설명한 프랑스의 좋은 모습이 허상이라는 뜻은 아니다. 그들은 여전히 존경스럽고 대단한 것은 사실이다. 그러나 인간을 보이는 앞면과 이면을 같이 볼 수 있을 때 진정으로 이해할 수 있는 것처럼, 프랑스도 그러한 것이다. 그래야 그들은 진심으로 이해하고 존경할 수 있기 때문이다.

한국 사회에도 밝은 면과 어두운 면이 있다. 서로 모순되고 갈등하는 것 같지만, 더 깊은 곳에 있는 핵심 동력과 구조를 이해하면, 더 큰 틀에서 우리의 전체를 보게 된다. 현재 한국인의 심층구조는 조선 시대로부터 왔다. 조선의 근간은 왕이라는 군주제와 유학이었다. 그래서 왕권과 가부장적인 권위와 체제 그리고 유교적인 도덕관이 조선을 지배하였고 이것이 현재 한국인의 뿌리가 됐다. 우리의 사고와 가치관에 이러한 것이 깊이 뿌리내리고 있다. 권위에 대한 반발과 저항도 크지만, 이 역시 우리 속에 깊이 있는 권위에 대한 반응으로 볼 수 있다. 그래서 권위에 대해 반발하고 갈등하는 것 자체가 우리 속에 있는 조선의 가치구조에 대한 반증일 수 있다.

자유와 통제의 갈등

이처럼 현재 프랑스의 뿌리도 그들의 왕조역사에서 시작한다. 그들의 왕조는 카페, 발루아와 부르봉 왕조로 이어진다. 그들 왕조는 왕권이라는 중앙집권과 지역 귀족과의 갈등 속에서 균형을 잡으면서 발전해왔다. 그리고 그들의 왕조에는 조선 시대의 유학처럼 기독교라는 막강한 종교 세력과 권위가 있었다. 그래서 프랑스의 두 기둥은 왕조와 기독교였다. 프랑스의 왕조는 어떻게 해서라도 중앙의 왕권을 강화하려고 하였고, 귀족들은 여기서 벗어나서 독자적인 세력을 가지려고 했다. 그리고 왕권과 귀족 모두 기독교의 지배를 받고 있었다.

여러 갈등의 과정을 거쳐 종국에는 부르봉 왕가부터 절대왕권을 이루었다. 루이 14세가 그 절정이었다. 절대왕권이란 중앙에서 모든 것을 조절하고 통제한다는 뜻이다. 그리고 기독교도 교황과 교회가 중심이 되어 모든 것을 통제한다는 것을 의미한다. 그래서 그들은 절대왕권과 기독교라는 절대적인 억압과 통제 속에 살아왔다. 나중에는 왕권이 기독교의 권위를 대신하면서 프랑스의 가장 큰 권위의 세력이 됐다.

그리고 이에 대한 반발과 저항으로 프랑스 대혁명이 시작됐다. 그리고 그 이후 300년간 수 없는 저항과 혼돈 가운데서도 그들은 끊임없이 자유와 평등을 추구했다. 그래서 우리는 프랑스를 자유, 평등과 박해를 추구하는 대표적 나라로 꼽고 있다. 그러나 우리는 이러한 보이는 현상만 보지, 그들 속에 아직도 깊이 뿌리내리고 있는 전통적인 심층구조를 보지 못한다. 그러나 더 오랫동안 그들을 지배하고 있었던 중앙통제와 억압이 그들 깊이 뿌리내리고 있다는 것을 결코 부인할 수 없다.

지금 자유 민주주의 시대에 살면서 어떠한 권위와 통제에도 예민하게 저항하는 한국인에게 조선 시대와 유교는 먼 옛날이야기라고 생각할지 모르지만, 우리에게 그러한 뿌리는 여전히 핵심적인 역동으로 작용하고 있다. 이처럼 프랑스도 이제 왕권과 기독교와 무관한 체제 속에 살아감에도 여전히 그들 속에는 과거의 뿌리가 남아있다. 이것이 그들의 깊은 무의식과 문화 속에 깊이 뿌리내리고 있다고 볼 수 있다. 일부 현상만이 아니라 그들이 저항하든 부인하든 그것과 상관없이 모든 것 속에 그 그림자를 지우기가 어렵다. 그래서 그들을 지배하고 있는 가장 강력한 역동적 구조는 역시 중앙집권적 '통제'라고 볼 수 있다.

그래서 프랑스가 유지되고 움직이는 가장 큰 중심의 힘은 통제이다. 그들의 정치, 행정, 교육과 가정에 통제는 보이지 않는 가장 큰 손으로 움직인다. 자유가 프랑스의 가장 큰 힘인 것 같지만, 사실 자유는 지나친 통제에서 벗어나고 싶은 반작용이지 본질의 힘은 아닌 것이다. 그래서 프랑스의 자유는 본질적인 힘이 아니고 그 반대인 통제가 더 큰 본질이다. 프랑스를 경험해보면 겉은 자유인 것 같은데, 그 속으로 깊이 들어갈수록 통제가 견고하고 자리 잡고 있음을 알 수 있다. 통제는 권위의 힘에서 나온다. 그래서 프랑스는 자유하고 평등한 것처럼 보일지 모르지만, 속으로 들어가 보면 상당히 권위적인 것을 만날 수 있다. 이는 그들의 역사이고 전통이다. 그래서 쉽게 사라지지 않는 것이다.

계급의식과 평등의 갈등

그리고 프랑스에서는 절대왕권은 통제와 함께 또 다른 독특한 무의식을 형성하게 하는 것이 있다. 프랑스의 가장 전통적인 체제는 봉건제이며 그 최고봉에는 왕권이 있다. 봉건제는 오랫동안 상부와 하부의 질서를 유지하는 데 큰 공헌을 했다. 그러나 인간이 발달하고 살아나면서 하부는 더 이상 상부의 억압과 통제를 견딜 수 없었다. 그렇다고 그들은 단번에 그 구조를 붕괴시킬 수 없었다. 대신 그들은 끊임없이 억압받는 하부로부터 권력과 부를 쥔 상부로 올라가려고 했다.

이를 '신분 상승'의 욕구라고 한다. 그들은 평민에서 부르주아로, 부르주아에서 귀족으로 귀족에서 왕족으로 신분이 상승하길 갈망하는 것이었다. 물론 신분 상승은 모든 나라와 역사에서 꾸준히 있었던 보편적 욕구였다. 인간의 기본적인 본능이기에 프랑스만의 특징이라고 볼 수는 없다. 그러나 프랑스에서 특히 이러한 욕구가 강하였던 것은 사실이었다. 강력한 절대왕정과 프랑스 대혁명의 영향으로 이러한 욕구가 프랑스에서 특히 강하게 일어났다. 그리고 신분제가 사라진 현대에도 이러한 욕구는 그들에게 여전히 강하게 영향을 미치고 있다. 그래서 그들은 겉으로는 아닌 척하며 누르고 살지만, 그들 깊은 곳에는 항상 최고를 향해 나아가려는 욕망이 꿈틀거리고 있다.

프랑스는 절대왕정으로 인해 위계질서와 계급의식이 전통적으로 강했다. 하부의 계급은 그만큼 억압을 많이 당하고 상부 계급은 그만큼 많이 누렸던 것이었다. 그 극한의 상태를 루이 14세 때 볼 수 있었다. 상류의 귀족과 왕족은 베르사유궁전에서 파티와 넘쳐나는 각종 음식을 즐겼다. 반대로 평민들은 가난 가운데 버려졌다. 그래서 백성들은 상류층의 호화 사치에 분노했다. 그러면서도 그들은 언젠가 나도 저렇게 되고 싶은 마음을 숨길 수 없었다.

그래서 그들의 저항의식은 양가적이었다. 그들을 미워하면서도 자신도 언젠가 저렇게 사치를 누리고 싶은 욕구가 무의식에 있었다. 그들의 평등에 대한 욕구는 진정한 평등보다 계급사회의 불평등과 불만에서 나온 반작용적 욕구였다. 독재를 강하게 저항하였던 투사가 투쟁에 성공하여 지도자가 되면, 자유를 진정으로 실천하기보다는 과거보다 더 심한 독재자가 되는 것도 바로 이러한 무의식 때문이었다. 우리는 이를 프랑스 대혁명 후에 반복적으로 볼 수 있었다.

그래서 프랑스는 모두가 평등해지는 것이 아니라 평등을 통해 자신이 높은 계급으로 상승하여 억압된 욕구를 채우고 싶은 평등이었다. 그래서 다시 불평등은 계속되는 것이다. 불평등을 위한 평등이지 평등을 위한 평등은 아니었다. 그래서 프랑스에는 겉으로는 평등을 지향하지만, 그들에게는 아직 바칼로레아라는 고난도의 시험을 통해 극소수의 엘리트만이 프랑스를 지배하게 하는 귀족 아닌 귀족 계급이 존재하고 있다.

그리고 능력에 따라 새로운 계급이 분명히 존재하며 그중에서 이민자들은 밑바닥의 계급이 되어 살고 있다. 그리고 신분 상승의 기회는 좀처럼 주어지지 않고 불평등은 심화되고 있다. 이러한 불평등을 많은 사람이 지적하고 고쳐보려고 하지만, 그들의 무의식 속에 단단하게 형성된 계급의식은 허물어지지 않았다.

현재 프랑스는 대부분이 중산층을 이루고 있어서 그래도 평등하지 않느냐고 반문할지 모르지만, 그 중간이 진정으로 평등한가라는 질문을 해볼 필요가 있다. 그들은 귀족이 아닌 평범한 시민계급이지만, 그들은 늘 귀족을 부러워하며 귀족의 가치관으로 살고 싶어 한다. 물론 지금은 귀족과 왕족이라는 특정 신분은 없기에 과거와 같은 신분 상승은 불가능하다. 그러나 상류계층이 누리고 하던 것을 그들도 하면서 스스로 그러한 신분으로 누리고 싶은 욕구는 여전히 남아있다.

그래서 그들은 일하는 것을 그렇게 좋아하지 않는다. 어쩔 수 없이 일은 하지만, 그들의 목적은 귀족처럼 떠들며 노는 것이다. 귀족들이 즐겼던 살롱 문화와 같은 것을 그들은 즐긴다. 그래서 그들은 카페나 레스토랑에 앉아 맛있는 것을 먹으며 몇 시간 동안 이야기하는 것을 즐기는 것이다.

그리고 모두 다 바캉스를 가기 위해 열심히 일한다. 휴가와 별장은 귀족의 유산이었다. 이처럼 프랑스는 모두가 귀족이 되어 귀족처럼 살기 원한다. 그런데 모두가 귀족이 될 수는 없다. 귀족이 있으면 반드시 더 낮은 일을 하는 하층 계급이 있을 수밖에 없다. 그들은 자신이 노동자일지라도 자신이 귀족처럼 대우받기 원한다. 그렇게 대우받지 못하면 그들은 자유와 평등을 외치며 솔리다리테의 파업을 단행한다. 진정한 노동 운동이라기보다는 노동자 귀족이기도 하다. 그래서 프랑스는 모두가 귀족은 아니라도 그들처럼 살고 싶은 무의식이 있다. 그래서 그들은 귀족처럼 멋있어 보인다. 그래서 프랑스는 현대판 귀족이다. 귀족처럼 살고 싶은 사람은 그래서 프랑스를 동경한다.

모순적 수용과 박애

모두 겉으로는 평등과 자유를 향유하며 인생을 즐기는 것처럼 보이지만, 그들의 깊은 무의식에는 계급의식이 강하게 자리 잡고 있다. 그래서 그들의 평등은 강력한 계급 안에서의 반작용으로써의 평등이기에 진정한 평등일 수 없었다. 그러다 보니 그들이 본질적 가치로 내세우는 박애와 공존의 솔리다리테도 모순을 가지지 않을 수 없었다.

공존은 개인적인 다양성을 인정하는 수용성이다. 그러나 그들에게는 기본적으로 집단적인 통제력이 강하게 숨어 있다. 그래서 그들은 무슨 일이든지 시위나 파업 등을 통해서 해결하려고 한다. 자율적인 해결보다는 집단적 통제에 맞서 싸우려는 시위가 자주 일어난다. 필요 이상의 시위와 파업으로 나라가 늘 불편을 겪는다. 프랑스인들은 시위와 파업에 직접 참여하지 않더라고 불편함에 참여함으로써 박애 정신과 솔리다리데를 실현하려고 한다. 사실 이를 진정한 박애로 보기보다는 강력한 통제에 대한 반발로 보는 것이 더 타당할지 모른다. 통제를 오랫동안 참았다가 한 번씩 폭발해서 푸는 것이 파업일 수 있다. 그래서 겉으로는 박애와 솔리다리데이지만, 속으로는 억압된 통제가 더 큰 원인일 수 있는 것이다. 그리고 잘못된 갈등의 원인을 바로 해결하기보다는 이러한 부작용을 방치함으로 이를 통해 어려움을 겪는 다수를 배려하지 못하기에 진정한 의미의 박애로 보기 어렵다.

프랑스는 소수자를 수용하는 솔리다리테를 보이지만, 종교에 대해서는 너무도 엄격하다. 자연스러운 종교적인 표현도 금지하고 있다. 특별히 그들은 학교 교육에서 일체의 종교적 표현을 금하고 있다. 소수이든 다수이든 종교도 자연스러운 가치의 표현인데 이를 수용하는 것에 대해 금하는 것이 과연 박애와 솔리다리테 정신에 부합하는 것일까? 그들은 전통적으로 기독교 국가이다. 물론 과거 기독교의 권위와 통제로 인해 많은 부작용과 상처가 있었던 것은 사실이지만, 이제는 기독교는 개인적인 신앙의 표현일 뿐이다.

프랑스에는 도시마다 수많은 성당을 가지고 있고 이에 대한 자부심이 대단하다. 이로 통한 관광수입도 적지 않다. 기독교의 혜택을 보는 것이다. 그리고 그들은 절대 권력의 상징인 베르사유궁전과 루이 14세도 자랑스러워한다. 그리고 독재 권력의 상징인 나폴레옹도 프랑스의 영웅으로 자랑하고 있다. 그런데 그들은 공적으로 기독교를 거부하고 있다. 그들은 종교와 정치를 분리하기 때문에 그렇게 한다고 하지만, 영국이나 미국에서도 종교가 정치가 분리되어 있어도, 그들은 전통과 문화를 존중하는 차원에서 기독교를 수용하고 있다. 그래서 미국 대통령 선서는 성경 위에 손을 얹어 놓고 한다. 영국은 왕족과 관련된 모든 예식은 성당에서 미사로 진행한다. 이를 자신의 종교와 무관하게 국민과 전 세계의 사람들이 지켜보고 있다.

종교는 인간의 가장 자연스러운 자기표현이다. 물론 그들은 개인적인 종교의 자유를 인정하고 존중하지만, 공적인 장소에서의 종교적 표현에 대해서는 알레르기 반응을 보이고 있다. 이러한 문제가 그동안 그런대로 큰 문제를 야기하지 않았지만, 이슬람교가 들어오면서부터 문제가 생기기 시작했다. 이슬람의 신앙은 공적인 장소에서도 표현되어야 하기에 저항이 생기기 시작했다. 그래서 이러한 이슬람을 프랑스인들은 거부하고 때로는 공격하였다. 이러한 거부와 비판도 프랑스에서는 공존의 정신에 따라 수용되어야 한다. 그러나 이슬람은 이에 대해 강하게 반발하였고 급기야 테러까지 자행했다. 프랑스 사회에 큰 충격을 준 것이었다.

결국 종교와 민족적 갈등으로 번지게 되었지만, 이는 결코 종교적인 문제가 아니다. 프랑스의 솔리다리테 정신에 따라 서로의 종교적인 표현을 존중하고 수용하면 되는데, 그들이 종교에서만은 수용하지 못하는 모순을 보였기 때문에 발생한 문제로 보아야 할 것이다. 이러한 프랑스의 모순은 한두 가지가 아니다. 프랑스라는 자체가 모순이라고 볼 수도 있을지 모른다. 그런데도 프랑스는 별문제가 없는 것처럼 여전히 잘 굴러가고 있다. 그래서 더욱 묘하고 매력적인 나라인지도 모른다. 프랑스인을 이해하려면 이러한 모순을 본질적으로 직면하고 이해할 수 있어야 한다. 이를 비판하자는 뜻은 아니다. 그들을 이해하기 위해서는 반드시 넘어서야 할 과제이다. 이 책은 이를 더욱 깊이 분석하고 설명하려는 것이다. 그래서 그들이 어떻게 이러한 모습을 보이게 되었는지를 심층적으로 찾아보려고 한다. 단순히 역사적인 분석만으로는 한계가 있기에 그들을 인격적으로 이해하고 특별히 그들의 무의식까지 분석해보려는 것이다.

인간의 나라 프랑스

그들의 이러한 모습은 그들이 인간이기를 추구하였기 때문으로 생각된다. 겉으로 보면 그들은 대혁명 이후 자유, 평등과 박애라는 이상을 추구한 것 같았지만, 그들은 사실 이러한 이상이 목표는 아니었다. 그들은 인간을 찾고 싶었고 인간이 되고 싶었다. 인간이 아닌 것을 거부하고 인간이 원하는 것을 찾다 보니 그들은 이 길을 갔던 것이었다. 그러다 보니 그들은 놀라운 이상을 실천할 수 있었고 또 그 반대의 모순된 모습도 보이게 됐다. 그들은 인간이었다. 그래서 이 책은 그들이 어떻게 그 길을 가게 되었는지를 살펴보려는 것이다.

프랑스는 '인간의 나라'였다. 그들의 역사는 인간을 찾아가는 투쟁과 고통으로 점철된 시간이었다. 그리고 마침내 인간이 주인인 나라가 됐다. 그래서 인간이 누구인가를 아는 것이 프랑스를 아는 것이다. 인간이 위대한 만큼 프랑스는 위대했고 인간이 아름다운 만큼 프랑스는 아름다웠다. 그러나 인간이 연약하고 아픈 만큼 프랑스도 그러했다. 인간이 복잡하고 모순된 만큼 프랑스도 그러했다. 그들은 인간을 알아가고 인간을 실험하였던 인간 연구소였다. 물리학이 물질을 연구하고 규명해가듯이 그들은 프랑스라는 연구소에서 인간을 실험하며 규명해왔던 것이었다. 그들은 바로 인간이었다.

그렇다면 다른 나라는 어떠한가? 프랑스만 그러한가? 다른 나라도 다 인간이 주인이 되어서 살아왔는데 왜 프랑스만 그렇다는 것인가? 다른 나라는 동물이나 괴물의 나라라도 된다는 말인가? 물론 그런 뜻은 아니다. 모두가 인간의 나라이다. 모두가 인간이 주체가 되어 살아간다. 그러나 겉으로만 아니라, 진정 인간이 주인이 되어 살아가고 있는지에 대해서는 질문을 해보아야 한다는 것이다. 분명히 인간이 주체가 되어 역사와 문명을 이루어가고, 또한 모든 것이 인간과 연관되어 있고 인간에서 나온 것은 맞지만, 인간 자체가 아닌 어떠한 것을 추구하고 목표로 삼고 있지는 않은지 질문해볼 필요가 있다는 것이다.

과거 인간과 국가의 주인이 절대 권력과 무력이었던 경우가 많았다.

대부분 백성은 자신이 주인인 삶을 살 수 없었고 그 권력을 위해 살아야 했다. 그리고 종교가 주인이 되기도 했고 이념이나 사상이 주인이 되기도 했다. 그래서 이념전쟁과 종교전쟁이 일어나기도 했다. 지금은 과학, 돈, 기술과 정보 등이 인간의 주인이 되어 살아가고 있다.

그래서 인간이 주인이라고 쉽게 말하기 어려운 경우가 많다. 그렇다고 프랑스가 처음부터 인간이 주인이었다고 말할 수는 없다. 인간은 원래 연약하고 부족하기에 앞서 말한, 더 이상적이고 강한 무언가를 의지하며 살아야 했다. 프랑스도 그렇게 살았다. 그러나 프랑스는 다른 나라와 달랐다. 다른 나라는 과거의 관성과 전통 속에 습관적으로 살아갔지만, 프랑스는 달랐다. 그들은 과거의 관성에 빠지지 않고 끊임없이 자기 자신인 인간을 찾으려고 노력했다. 그리고 인간이 주인이 되기 위해 탐구하고 투쟁했다.

그래서 프랑스를 인간의 나라라고 말해보는 것이다. 그들의 역사는 인간이 아닌 그 어떠한 것도 거부하고 인간이 어떻게 하면 주인이 될 수 있을까? 끝까지 몸부림치며 투쟁한 나라였다. 그러한 뜻에서 인류는 그들에게 큰 빚을 지고 있다. 그들의 피와 땀으로 쟁취한 것을 다른 인류가 따라 하기도 하고 누리기도 한다.

프랑스 문명을 시작하기 이전에, 먼저 그 나라의 기초가 되는 조상 이야기를 하지 않을 수 없다. 그래서 그들의 조상이 되는 히브리의 신과 그들의 조부가 되는 그리스와 부모가 되는 로마제국에 대해 설명하려고 한다. 그들의 역사를 인격발달의 차원으로 간단히 설명하려는 것이다. 이를 잘 이해해야만 프랑스라는 아들을 알 수 있기 때문이다. 이에 대한 자세한 내용은 저자의 다른 책인 〈인격발달로 본 유럽문명사〉에 있기에 이를 참고하기 바란다.

제2장

프랑스 이전의 유럽 문명

신으로부터 시작되는 인간의 문명

문명은 인간이 주인이 되는 역사를 의미한다. 그러나 처음부터 인간이 주인이 된 것은 아니었다. 인간이 태어나서 삶을 살아가지만, 처음부터 성인이 되어 자기가 주체가 되는 삶을 사는 것이 아닌 것처럼 인류도 그러했다. 문명의 탄생은 인간의 탄생을 의미했지만, 처음부터 인간의 주체가 되는 문명은 아니었다. 그래서 인간이 어떻게 주체가 되어 갔는지 그 발달과정을 이해하는 것이 중요하다. 프랑스 이전의 유럽 역사를 통해 이를 알아보려고 한다.

 인간 개인의 발달을 부모에게서 시작했듯이 인간 문명의 발달은 신으로부터 시작됐다. 초기 인류 문명이 어디서 어떻게 발달했던 지와 무관하게 신에 대한 제사가 없었던 문명은 없었다. 모든 힘은 신으로부터 나왔고 인간은 그 힘을 위임받아 나라를 통치했다. 전쟁도 자신들의 힘만으로는 두려웠기에 신의 뜻과 능력을 의지해야 했다. 서양 문명의 뿌리는 근동 지방의 히브리 민족의 헤브라이즘이었다. 기독교와 성경의 신이 근동 지방의 뿌리였다.

성경에서는 신을 인간의 부모로 그리고 인간을 그의 자녀로 보았다. 자녀가 부모의 유전자를 받듯이 인간은 신의 영성(생기)을 유전자로 받아 태어났다. 에덴동산은 신의 자궁이었다. 그 안에서 부모인 신과 분리되지 않고 하나가 되어 살았다. 그러다가 자궁을 나와 인간이 신으로부터 분리됐다. 이를 실낙원이라고 했다. 자궁은 인간에게서 낙원이었고 그 자궁을 떠나는 것이 생로병사의 고통을 시작하는 실낙원이었다.

실낙원과 선악의 세상

성경에서 실낙원은 선악과를 먹고 눈이 밝아져 선악을 알게 됨으로 시작됐다. 자궁에서는 선악이 없는 생명이었지만, 자궁을 나오면서부터는 선악을 아는 존재가 된 것이다. 생명은 모든 것이 생명 안에서 하나가 된다. 크고 작고 아름답고 추한 것을 나누지 않고 하나가 되는 것이 생명이다. 그러나 선악은 모든 것을 좋은 것과 나쁜 것으로 나누게 한다. 아이는 자궁에서는 모든 것이 하나가 되어 선악을 구별할 필요가 없었지만, 자궁 밖에서는 좋은 것과 나쁜 것을 구별하며 살아야 한다. 선악은 도덕적인 구별만을 의미하지는 않는다. 좋은 것이란 인간에게 유익한 것이고 나쁜 것은 인간에게 해로운 것이다. 도덕적인 선과 악도 결국 이러한 구별에서 시작하는 것이다. 자궁에서는 이를 구별할 필요가 없지만, 세상에서는 이를 구별하여 좋은 것은 취하고 나쁜 것을 멀리해야 생존하고 발전할 수 있다. 결국, 인간이 만들어 가는 문명과 삶이란 좋은 것을 극대화하고 나쁜 것을 최소화하는 것이다.

그러나 여기에 인간과 문명의 문제가 있다. 좋은 것을 극대화하는 것은 좋지만, 나쁜 것이 과연 사라지는가가 문제이다. 좋은 것과 나쁜 것은 칼을 베듯이 그렇게 영구히 나누어지지 않기 때문이다. 둘은 원래 한 생명에서 나온 것이기에 겉으로는 구별될 수 있을지 모르지만, 속으로는 서로 연결되어 있어 영구히 분리되지 않는다. 자식이 여럿이면 잘하는 자식도 있고 그렇지 못한 자식도 있다. 부모에게는 못하는 자식이라도 같은 자식이기에 영구히 퇴출될 수 없듯이 인간과 문명 속의 선악도 그러하다.

그렇다면 인간은 선악을 어떻게 처리하는가? 좋은 것은 겉으로, 위로 드러내고 안 좋은 것은 속으로, 아래로 숨겨놓고 눌러놓는다. 인간이 할 수 있는 것은 드러내고 숨기는 것이지 안 좋은 것이라고 영구히 퇴출시킬 수는 없다. 이를 소멸할 수 있는 능력은 인간에게는 없는 것이다. 인간은 좋은 것은 드러내고 자랑하지만, 안 좋은 것을 억압하고 숨긴다. 이를 방어기제라 한다. 이것이 인간의 삶과 문명이다.

그런데 그 악은 영구히 억압될 수 없고 억압되어 있다가 언젠가 밖으로 터져 나온다. 이것이 인간과 문명의 문제이다. 그래서 인간에게는 생로병사가 있고 문명에게는 흥망성쇠가 있는 것이다. 이에 대해서는 나중에 더 자세히 설명할 것이다. 우선 인간의 악보다 선에 대해서 먼저 집중해서 설명해보자. 인간은 어떻게 자신에게 좋은 것을 개발하고 발전시켜나가는가? 그것이 인간의 인격발달이고 문명의 발달과정이다.

아이가 부모로부터 분리되는 첫 과정이 유아기이다. 이 시기에는 아이는 무력하여 스스로 살아갈 능력이 아직 없다. 그래서 부모가 대부분 해주어야 한다. 문명사에서 이러한 시기를 고대사회라 한다. 이때에는 신이 부모가 되어 많은 것을 해주어야 한다. 이 시대의 인간은 신에게 대부분을 의존하며 살아야 한다. 아이는 3세 정도가 되어야 독립할 수 있는 최소한의 기초를 마련한다. 이때 아이는 처음으로 자기를 형성한다. 아이는 이때부터 자기가 하겠다는 이야기를 하기 시작하고 부모를 조금씩 떠나 자기의 영역을 확보하고 경험을 쌓아간다.

그러나 아직 많은 부분을 스스로 할 수 없기에 잠시 부모를 떠났다가 다시 돌아온다. 마치 부모는 항구가 되고 아이는 배가 되어 앞바다에서 조금 놀다가 금방 항구로 돌아오는 것과 같다. 이를 무수하게 반복하며 조금씩 항해의 거리를 키워나간다. 이때 아이는 스스로 무력하다는 것을 알기에 무력함을 인정하기보다는 자기보다 강한 대상과 동일시하며 그 힘이 자기 것인 것처럼 여기며 산다. 그래서 아이들은 초월적인 환상과 이상을 갖는다. 이때 영웅, 공주, 왕자, 슈퍼맨 등과 자신을 동일시하며 살아간다. 이 모든 것이 자기를 찾아가는 과정이다.

인간을 찾아간 그리스 문명

문명사에서 신으로부터 분리되어 인간의 문명을 찾아간 대표적인 나라가 그리스였다. 그리스 문명에서 인류에게 중요하고 다양한 것들이 출현했다. 그리스가 처음부터 인간을 찾을 수 있는 것은 아니었다. 처음에는 갓난아이 수준이었지만, 점차 인간을 신으로부터 분리하여 자신의 문명을 만들어 갔다. 그러나 인간은 온전히 신에서 벗어날 수 없었다. 그들의 중심에는 여전히 신이 있었다. 그래서 그들은 신전을 그들의 삶의 중심에 두었다. 그리고 여러 신화를 통해 신을 의지했다. 그러나 그들은 인간을 신으로부터 조금씩 분리하면서 신을 아버지와 어머니처럼 의지하고 교류하며 자신을 찾아가기 시작했다. 유아기와 소년기 초기에 아이들이 영웅과 슈퍼맨에 대한 환상을 갖듯이 그들은 신화를 통해 신과 하나 되어 자신을 성장시켜나갔다. 그러면서 인간의 능력을 조금씩 배양해나갔다.

그 첫 번의 능력이 공화정이었다. 그들이 적으로부터 자신을 보호하고 승리하기 위해서는 서로 뭉쳐야 한다는 것을 알았다. 그래서 그들은 신전 밑에 아고라 광장을 마련하고 서로 이야기하며 난국을 헤쳐 나갔다. 서로 다른 의견이 있었지만, 권위가 아닌 합리적인 생각으로 하나의 생각으로 만들어갔다. 이러한 대화를 통해 그들 속에 있는 사고의 능력이 개발됐다. 이것이 인류가 발달시킨 지성과 이성의 시작이었다. 그러면서 신으로부터 받은 모성적 사랑을 통해 서로 다른 생각을 수용하고 존중하는 공화정이 시작될 수 있었다. 지성과 수용 정신이 공화정의 핵심적인 능력이었고 이를 통해 그들은 단결하며 그리스를 지켜나갈 수 있었다. 그리고 그들은 놀라운 문명과 학문도 발전시킬 수 있었다. 이것이 로마에게 전달되어 로마도 이 힘을 기초로 그들의 거대한 제국을 이룰 수 있었다.

자식이 부모로부터 분리하고 독립해갈 때 가장 중요한 두 가지가 있다. 하나는 세상을 살아가는 능력을 개발하는 것이다. 이것이 지성과 이성이다. 그러나 이것만으로는 부족하다. 이를 수행할 수 있는 자신감과 동력이 있어야 한다. 이러한 능력과 자신감은 사랑을 통해서 형성된다. 부모로부터 인정과 지지를 받아야 건강한 인격이 형성되면서 세상을 살아가는 힘을 키울 수 있다.

신과 인간의 관계도 동일하다. 인간은 신으로부터 이러한 인정과 사랑을 받아야 잘 살아갈 수 있다. 그래서 인간은 신의 인정과 사랑을 받기 제사를 드리고 신이 기뻐하는 일을 하려고 한다. 인간은 신의 법을 잘 지켜야 신이 기뻐하는 의로운 자가 될 수 있다. 인간은 의로운 자로 인정을 받아야 세상을 자신감을 가지고 당당하게 살아갈 수 있다. 신으로부터 독립하기 위해서는 이러한 사랑과 인정도 인간 스스로 할 수 있어야 했다. 그래서 신의 사랑을 인간의 사랑으로 쟁취하는 것이 필요했다.

사랑을 갈망한 트로이

이 사건이 그리스에서 일어났는데 바로 트로이 전쟁이었다. 트로이 전쟁은 바로 사랑 때문에 시작됐다. 트로이 왕자 파리스가 사랑의 여신인 아프로디테를 선택했고 이로 인해 당시 가장 아름다운 여인을 사랑하게 되었는데 그 사랑은 불륜이었다. 그 여인은 헬레네였고 그녀는 이미 스파르타의 왕인 메넬라오스의 아내였다. 그러나 이 두 사람은 운명적인 사랑에 빠져 트로이로 같이 도망갔다. 이로 인해 그리스 연합군과 트로이 간에 전쟁이 일어나게 됐다. 스파르타만이 아니라 형의 나라인 미케네의 아가멤논 왕과 아킬레우스까지 동원된 전쟁이었기에 작은 트로이가 이길 수 없는 전쟁이었다. 그래서 트로이는 헬레나만 내어놓으면 전쟁을 피할 수 있었다. 철없는 파리스 왕자의 사랑을 꾸짖고 더 이상의 희생을 멈추는 것이 합리적인 결정이었다.

그러나 트로이는 놀랍게도 그 사랑을 위해서 전쟁을 시작했다. 그리고 엄청난 희생을 감수했다. 그리고 기적같이 전쟁에서 승리했다. 그 힘이 무엇이었을까? 바로 사랑의 힘이었다. 자식과 왕자의 철없는 사랑이지만, 자식의 사랑을 인정하고 지지하는 모성적인 사랑이었다. 그리고 불륜의 사랑이었지만 이를 수용하고 용서하는 사랑이었다. 이러한 사랑이 가능한 것이 바로 모성의 사랑이었다.

그들은 놀라운 사랑의 힘으로 불가능한 전쟁에서 기적적으로 승리했다. 그러나 그들은 승리한 후 그 사랑의 여신인 아프로디테를 잊고 전쟁의 신인 아테나를 택하여 축제를 벌임으로 트로이 목마라는 어처구니없는 사건으로 그 승리를 잃어버리고 말았다. 이처럼 그들은 사랑의 힘으로 전쟁에서 이겼고 사랑을 상실함으로 전쟁에서 패한 것이었다. 이는 단순한 신화 같은 이야기가 아니라 인간의 능력과 역사에 사랑이 얼마나 중요하다는 것을 말해준 것이었다. 사랑은 딱딱한 인간문명의 역사를 부드럽게 해주기 위해 부수적으로 등장하는 이야기가 아니다. 사랑은 인간문명의 심장같이 핵심에 자리하는 동력이다. 사랑은 인격발달의 핵심이 되기에 문명의 심장이 되는 것이다.

로마의 인격발달과 힘

그리스 다음에 나타난 로마는 이러한 그리스의 위대함과 문제점을 잘 지켜보았다. 그래서 로마는 그리스 이상으로 거대한 제국을 이루었고 그 제국을 오랫동안 지속할 수 있었다. 그들은 어떻게 그리스와 다르게 발달해나갔을까?

　로마는 결코 그리스가 없이는 존재할 수 없었다. 로마의 조상은 트로이 난민이었다. 바로 그리스의 모든 것을 겪으며 그 속에서 간신히 살아남은 자들이 이탈리아 로마에 들어가 위대한 로마제국을 세웠다. 그들은 남의 땅에 들어가 어떻게 그 땅의 주인이 되었고 위대한 제국의 주인이 될 수 있었을까? 정말 기적이고 미스터리이기도 하다. 이를 추적해보는 것이 인간을 바로 이해하는데 아주 중요하다.

　로마는 이방인이고 난민이었다. 그렇다고 그들의 문명이나 신체 조건이 본토 주민에 비해 월등한 것도 없었다. 그런데 어떻게 이방 땅에 생존하는 정도를 넘어서서 주체적 세력으로 이탈리아반도를 통일할 수 있었을까? 지금으로 치면 유럽 각국에 들어온 작은 난민이 그 나라를 정복하고 주인이 되는 것과 같은 것이다. 그 힘은 과연 어디에서 나온 것이었을까? 결코 무력의 힘만으로는 불가능한 것이었다. 그 힘은 바로 공화정의 힘이었다. 그들은 작은 세력이었지만, 하나가 되었고 자기와 다른 주민에 대해서도 개방적이었다. 서로 다른 점이 있어도 대화하며 하나로 수용하는 개방 정신과 과거와 전통과 계급에 메이지 않고 현실적으로 가장 합리적인 길을 찾아 나가는 사고 능력이 그들의 힘이었다.

이는 그리스에서 온 정신과 능력이었다. 그들은 이를 더욱 발전시켰다. 그리스인들은 공화정을 통해 작은 나라임에도 불구하고 단결하여 수많은 전쟁에서 승리할 수 있었다. 그러나 그들이 안정을 찾으니 공화정 정신을 잃어버리고 세속적인 탐욕과 쾌락에 빠져가고 있었다. 그래서 소크라테스, 플라톤과 아리스토텔레스와 같은 위대한 철학자들이 나타나 다시 진리를 탐구하는 인간의 사고 능력을 깨워 이를 기초로 그들은 다시 부흥하여 알렉산더의 대제국을 이룰 수 있었다. 로마는 바로 이러한 인간의 사고 능력을 그리스로부터 물려받았다. 그러나 이 능력만으로 거대한 로마가 될 수는 없었다.

또 다른 힘은 바로 트로이 전쟁에서 받은 모성이었다. 많은 희생을 통해 그들은 신의 사랑을 쟁취하였는데 그 사랑이 바로 인간의 모성이었다. 로마가 제국으로 확장되는 데는 모성이 큰 힘이 됐다. 로마의 조상인 로물루스 형제가 생존하는데 늑대의 모성 큰 힘이 되었고 로마가 확장되는 데 사비니족 여인의 모성이 큰 역할을 했다. 이처럼 로마의 시작은 모성의 힘이었다. 그리고 공화정의 힘은 모성의 힘이었다. 모성을 충분히 받으면 자신감이 생기기 때문에 개방적일 수 있었다. 자신감은 자신을 자신 있게 표출할 수 있게 해주기에 자신의 능력을 빨리 연마할 수 있었다. 그래서 현실을 합리적으로 생각하고 적응할 수 있는 능력을 더 빨리 개발할 수 있었다.

이처럼 모성은 로마의 가장 큰 뿌리의 힘이었다. 모성은 로마제국을 발전시키는 가장 큰 두 가지 힘을 낳았다. 하나는 현실에 대한 합리적인 사고 능력이었고 다른 하나는 개방과 수용 정신이었다. 그들은 이를 잘

발달시켜 위대한 제국을 건설할 수 있었다. 문명의 발달은 긍정적인 선의 극대화였다. 그러나 앞서 말한 대로 인간과 세상은 선악으로 되어있기에 선의 문명이 극대화되면 부정적인 악은 그 속에서 억압되면서 힘을 키웠다. 그러다가 기회를 보아서 그 모습을 드러냈다. 이것이 로마가 쇠망으로 가는 길이었다.

로마제국의 쇠망과 퇴행

인간은 신의 나라 히브리에서 출발하여 반신반인의 나라 그리스를 거쳐 인간의 나라 로마로 발달했다. 인간의 능력이 극대화되었고 세상의 좋은 것 역시 극대화하며 찬란한 로마 문명을 이루었다. 인간이 이렇게 아름답고 강대한 제국을 세울 수 있을지 누가 알았겠는가? 인간은 위대했다. 그러나 인격발달의 측면에서 약간의 문제가 있었다. 로마는 외적으로 보면 청년기를 맞고 있었다. 자신들이 개발한 능력으로 지중해를 넘어 세계로 뻗어가고 있었다. 엄청난 땅을 정복하였고 그 땅을 로마법과 문명으로 다스렸다. 이는 자신의 능력을 연마하여 세상으로 뻗어가 세상을 지배하는 힘찬 청년의 모습과 같았다.

그러나 긍정적인 발전과 확장 속에서 억압되어 있던 부정적인 로마의 모습이 드러나기 시작했다. 그것은 좋고 이상적인 것 속에 억압되었던 부정적인 감정들이었다. 부정적 감정의 대표적인 것이 두려움과 욕망이었다. 이러한 감정들은 권력투쟁으로 나타났고 문화적으로는 향락과 욕망의 세속적인 타락으로 나타났다. 물론 이러한 감정이 모두 다 부정적이라는 뜻은 아니다. 이러한 감정들이 로마의 찬란한 문명과 문화를 꽃 피우는 원동력이 된 것도 사실이다.

긍정이든 부정이든 이러한 감정은 로마가 사춘기를 맞은 것을 의미한 다. 그동안 제국의 발전하면서 억압되었던 감정들이 본격적으로 표출되 기 시작한 것이었다. 사춘기가 뒤늦게 발생한 것이었다. 열심히 청년기 로 뻗어 나갈 때는 감정적인 사춘기는 억압될 수밖에 없었고 이제 안정 이 되니 억압되었던 사춘기의 감정이 발생한 것이었다. 이는 대학입시 를 위해 중고등학교 시절에는 사춘기의 감정을 억누르고 살 수밖에 없 었던 학생과 비슷하다. 그들이 원하는 대학에 들어간 다음 뒤늦게 사춘 기를 경험하는 것과 비슷하다.

로마는 확실히 과거와 달라졌다. 과거의 합리적이고 개방적인 모습을 사라지고 자신의 유지하고 보존하려는 폐쇄적이고 감정적인 모습으로 변해가고 있었다. 이로 인해 정치와 경제가 불안해지고 로마 군인들의 충성도 용병 수준으로 변해가고 있었다. 지진, 화산과 전염병과 같은 자 연재해까지 겹치면서 종말적인 분위기까지 퍼지게 됐다. 로마는 더 이 상 과거 인간이 꿈꾸었던 유토피아나 자랑거리가 아니었다. 그냥 과거 의 한 국가처럼 쇠망해가고 있었다. 물론 거대한 로마가 하루아침에 멸 망할 수는 없었지만, 그러한 균열과 쇠망의 조짐이 보이고 있었다.

그들은 불안했다. 그렇게 되니 그들은 신성을 다시 찾기 시작했다. 그 들은 가장 먼저 황제를 신격화했다. 인간 문명의 퇴행이었다. 인간으로 서의 두려움과 무력감이 다시 신으로 돌아가게 한 것이었다. 로마는 원 래 다신교였다. 여러 종교의 신앙이 로마에 흘러 들어갔다. 그중에 하나가 기독교였다. 그런데 기독교는 다른 종교와 달랐다. 그들은 유일신을 섬겼고 모진 핍박에도 교세가 꺾이지 않고 로마의 중심부까지 침투해갔다. 그래서 로마와 기독교가 만나게 됐다. 종교는 정치에 있어서 독약과 같은 것이다. 급할 때 잘 쓰면 병을 고칠 수 있지만, 잘못 사용하면 병을 더 악화시켜 죽게 한다. 그들에게 기독교는 그러한 종교였다.

로마는 겉으로는 청년기를 맞아 거대한 제국으로 뻗어 나갔지만, 이를 뒷받침할만한 내적인 인격발달이 충분하지 않았다. 내적 인격발달은 모성적인 사랑이 기반이 되어야 하는데, 그들은 이를 스스로 채워가기가 쉽지 않았다. 그래서 그들은 자신들의 드러난 부정적인 모습을 제대로 감당하지 못하고 종교로 퇴행하게 됐다. 그러나 황제를 신격화하는 종교만으로는 문제를 극복할 수 없었다. 사춘기를 부정적 감정을 극복하려면 건강한 모성이 있어야 하는데 그들 스스로 이를 해결할 수 없으니 기독교의 신에서 모성을 찾으려고 했다. 외적으로 보면 퇴행이지만, 신으로부터 건강한 모성을 공급받아 자신을 바로 찾으면, 사춘기를 극복하여 건강한 청년기로 다시 나갈 수 있기에 이러한 퇴행은 성장기에 필요할 수도 있었다.

서로마와 동로마의 다른 발달과정

그러나 기독교와의 만남에서 동로마와 서로마의 운명이 갈리게 됐다. 로마는 기독교에서 마리아라는 독특한 모성을 찾아내었다. 그러나 그 모성이 건강한 모성이 되어야 하는데, 두 로마는 여기에서 서로 다른 모성을 찾았다. 동로마는 수용적이고 수평적인 건강한 모성을 찾은 반면, 서로마는 권위적이고 폐쇄적인 모성으로 갔다. 그래서 서로마의 기독교는 권위적으로 압제하는 기독교로 변했다. 동로마는 건강한 모성으로 다시 성장할 수 있었지만, 서로마는 병든 모성으로 인해 퇴행한 것이었다. 그래서 서로마는 청년기에서 다시 중세기라는 소아기로 퇴행했다.

서로마의 퇴행과 사춘기

이러한 서로마의 영향 아래에 있던 유럽은 중세기 6백 년 동안 정치와 종교로 심하게 억압되면서 인격발달이 정체될 수밖에 없었다. 그러나 많은 세월이 흐르면서 봉건제와 교황권도 서서히 약화됐다. 이러한 현상은 프랑스에서 가장 현저하게 나타났다. 그 시작은 십자군 전쟁이었다. 십자군 전쟁은 서유럽 사춘기의 시작이었다. 물론 십자군 전쟁은 교황의 권위에서 시작되었지만, 그들이 십자군에 참여함으로 오히려 자신들을 억압하던 영주와 교황에서 벗어나는 기회가 되었다. 즉 그들은 먼 이방 땅에서 합법적으로 자신들 속에 억압된 것을 푸는 기회를 얻게 된 것이었다. 그래서 그들의 억압된 욕구와 탐욕이 나오면서 십자군 전쟁이 변질되기 시작했다. 이것이 그들의 사춘기의 시작이었다. 그들은 마치 부모의 허락 하에 가출한 소년처럼 자기가 하고 싶은 것들을 맘대로 해보는 것과 같았다.

그래서 그들은 200년 동안 8번씩이나 출정했다. 신앙의 발로만으로 이렇게 오래 여러 번 출정할 수 없었다. 십자군 원정이 그들의 욕구를 푸는 기회였기에 가능할 수 있었다. 그들은 십자군 원정을 자신을 찾는 기회로 만들었다. 십자군 전쟁은 단순한 가출만으로 끝나지 않고 새로운 문명이 창출되는 계기가 됐다. 과거 농업 중심의 봉건제를 벗어나 상업, 무역과 기술 등을 중요시하는 새로운 시대가 열린 것이었다.

 십자군 전쟁을 위해서는 많은 군수물자가 필요했다. 이를 주로 공급받는 곳은 이탈리아였다. 그래서 십자군 전쟁으로 가장 경제적인 덕을 본 나라는 이탈리아였다. 그들은 이미 기술과 금융 그리고 상업과 무역이 발달되어 이러한 특수를 누릴 수 있었다. 그래서 이탈리아는 베네치아, 피렌체, 밀라노와 제노바 등을 중심으로 많은 부를 축적했다. 그들은 단순히 부만 누리는 것으로 끝나지 않고 이를 통해 그들은 억압되어 있던 자신을 찾기 시작했다.

 자신을 찾기 시작하니 그들은 그동안 정체되었던 인격적인 성장을 계속하고 싶었다. 이것이 바로 르네상스였다. 르네상스는 로마가 멈추고 퇴행하였던 자기 찾기와 성장을 계속하려고 했다. 그들은 조상인 그리스와 로마를 회복함으로 이를 이룰 수 있을 것으로 기대했다. 이것이 르네상스의 정신이었다. 그들은 그들의 경제적인 부를 군사나 정치적으로 활용하는 데는 장애가 있었기에 학문과 예술로 욕구를 분출했다.

 그동안 억압된 자기는 무섭게 폭발했다. 그들의 숨어있던 재능도 놀라웠다. 피렌체를 중심으로 그리스와 로마의 학문이 발달하였고 천재적인 예술가들이 나타나 놀라운 예술작품을 남겼다. 그래서 유럽의 사춘기는 이처럼 11세기 말 프랑스에서 십자군 전쟁이 도화선이 되어 본격적인 사춘기로 발전된 것은 13세기 말부터 2세기 동안 이탈리아에서 일어났다. 그러나 그들은 힘을 더 모아 청년기로 나가지 못하고 이탈리아가 성장하는 것을 싫어하는 세력에 의해 그들의 사춘기는 거기서 멈추고 말았다. 이러한 이탈리아의 사춘기를 계승한 국가가 있었는데 바로 프랑스였다.

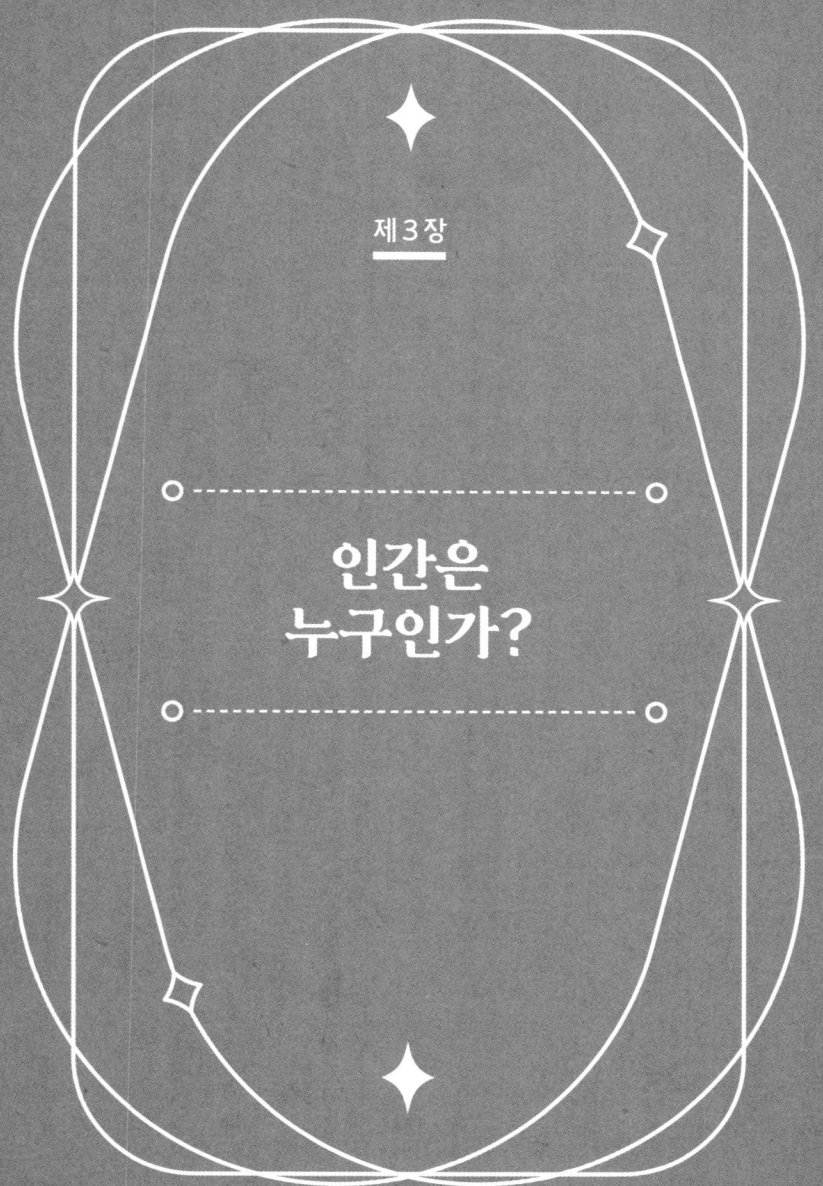

제3장

인간은
누구인가?

인간에 대한 기본적 지식

프랑스를 알려면 인간을 알아야 한다고 했다. 인간에 대한 학문이 인문학이다. 인문학의 영역은 넓고 깊다. 인간을 이해하기 위해 이 책에서 이러한 인문학을 소개할 수는 없을 것이다. 이 책에서 인간을 이해하는 가장 중요한 관점은 인간발달이다. 그래서 인격발달에 중요한 인간의 마음과 무의식 그리고 자기 찾기를 중심으로 인간을 이해하고 설명해보려고 한다. 그리고 인간의 정신에 대해 좀 더 객관적으로 접근하기 위해서 정신의 기초가 되는 뇌정보에 대한 이론을 소개하려고 한다.

　이러한 지식에 이미 익숙한 분들은 이 장을 통과해도 좋을 것이다. 그리고 처음에는 대충 읽고 나중에 다시 돌아와 다시 참고할 수도 있을 것이다. 그리고 같은 이야기가 프랑스의 세부적인 역사와 문명을 설명하면서 다시 반복될 것이다.

자기를 중심으로 한 인격발달 이론

이 책에서 설명하는 인격발달은 어떤 특정한 이론만을 의존한 것은 아니다. 물론 정신분석 이론이 중심이 되겠지만, 다른 여러 이론도 포함하여 종합적으로 이해하려고 한다. 인간이 생물학적으로 발달해가듯 정신과 인격도 발달해간다. 이를 인격발달이라고 하기도 하고 생애 주기life cycle라고도 한다. 우리가 흔히 발달이라고 하면 성장기만 생각하기 쉽다. 그리고 성장 이후 우리는 발달보다는 노쇠하고 퇴화한다고 생각한다. 그러나 인격발달은 생애주기처럼 태어나서 죽는 날까지 계속해서 어떠한 방향으로 변화되고 발달해간다. 그래서 죽음이 종말이 아니라 발달의 정점이 될 수도 있다.

모든 발달과정은 어머니로부터 아이가 어떻게 분리하고 독립하여 스스로 능력으로 사회에서 살아나가는가를 설명하고 있다. 그래서 발달과정에서 가장 중요한 점은 분리와 독립이다. 이는 바로 자기를 형성함으로 가능한 것이고, 그 분리와 독립의 주체가 바로 자기가 된다. 그래서 인격의 발달과정은 한편으로 보면 자기 형성과정으로 볼 수 있다. 그래서 이러한 관점으로 인격발달 과정을 설명해보려고 한다.

아이는 자궁에서 엄마와 하나이다. 이때는 절대적 공생 관계이다. 그리고 출산을 통해 아이는 엄마로부터 신체적으로 분리된다. 그러나 아이는 스스로 살아갈 능력이 없으므로 아직도 상대적인 공생 관계를 유지한다. 그 속에서는 자기가 없고 어머니가 자기가 된다. 어머니를 통해 세상을 보고 만난다. 어머니가 자기를 결정해주는 것이다. 그래서 자기는 어머니가 잘해주면 좋은 사람이 되고 어머니가 잘못해주면 나쁜 사람이 된다. 그리고 세상도 어머니가 잘해주면 믿을 수 있고, 잘못해주면 불신하게 된다. 자신과 세상이 어머니가 해주는 대로 결정되는 것이다. 이것이 공생 관계 속의 자기이다. 이때는 대상과 자기의 구분이 없다.

이때 아이와 어머니와 관계는 아이의 일생을 좌우할 정도로 결정적으로 중요하다. 아이의 인격발달의 가장 중요한 힘은 믿음 곧 신뢰이다. 이러한 신뢰는 어머니의 사랑과 보호를 통해 형성된다. 안전감과 안정이 아주 중요하다. 이를 통해 대상에 대한 신뢰, 세상에 대한 신뢰가 형성된다. 그리고 일생을 통해 가장 중요한 신뢰는 자신에 대한 믿음이다. 대상을 믿을 수 있고 자신을 믿을 수 있어야 인격과 생명이 성장하고 발달할 수 있다.

모성이 안정적으로 사랑해줄 때 아이는 자신을 가치 있는 존재로 받아들이고 자신에 대한 믿음을 갖는다. 그리고 대상과 세상에 대한 믿음도 생기면서 자신감을 가지고 자신의 인격발달을 계속해나갈 수 있다. 이에 대한 믿음이 형성되지 못하면 아이는 자신에 대한 믿음이 없기에 자신의 능력과 힘을 개발하여 자신 있게 세상으로 나가지 못한다. 또 세상과 대상을 믿지 못하고 의심하고 두려워하면서 자신감 있게 자신을 표현하며 나가지 못하는 것이다.

이러한 믿음은 생명에 대한 가장 고차적인 정보이다. 이는 건강한 모성을 통해 형성된다. 결국 믿음은 사랑에 대한 믿음이다. 그리고 믿음은 더욱 고차적인 사랑으로 발전된다. 그래서 믿음과 사랑은 앞으로의 생애를 통해 인격이 발달하는데 가장 큰 고차적인 힘이 된다. 생명은 고차적이기 때문에 고차적인 정보를 받아야 성장한다. 고차적인 생명이 저차적인 정보 즉 선악의 알고리즘만 받으면 생명은 눌리고 죽는다. 이러한 믿음과 사랑은 계속되는 발달과정을 통해 지속적으로 공급되어야 한다. 이것이 인격발달에 가장 중요하다.

유아기, 소아기와 사춘기

그러다가 아이가 세 살쯤 되면 자기를 인식하고 주장하기 시작한다. 이때가 어머니와 일차적으로 분리되는 시기이다. 어머니가 없어도 어머니가 뇌 속에서 기억으로 형성되고 표상되기 때문에 분리가 어느 정도 가능하다. 그러나 오랫동안 분리되기는 어렵다. 그리고 이때부터 아이는 자기가 하겠다는 소리를 낸다. 그러나 현실에서 자기를 부딪쳐보니, 자기는 너무도 약한 존재라는 것을 알게 되고 다시 어머니로 돌아간다. 분리와 복귀를 반복하며 조금씩 자기를 형성해가는 것이 유아기이다. 그 다음이 소아기인데 소아기는 학령전과 후로 나눈다. 소아기에는 자기와 현실을 동시에 인식하면서 자기가 약하다는 것을 알게 된다.

그래서 외부의 강한 힘을 자기 것으로 동일시하면서 자기를 형성해간다. 부모에 대한 환상이나 다른 이상을 자기로 동일시하는 것이다. 그러나 여기서도 갈등이 생긴다. 아이는 어머니와 동일시하면서 아버지와 경쟁하기도 하고, 또 형제들 사이에서도 경쟁이 일어난다. 이러한 데서 오는 갈등을 오이디푸스 콤플렉스oedipal complex나 거세불안castration anxiety, 그리고 형제간의 경쟁sibling rivalry이라고 한다. 이를 통해 도덕과 초자아superego가 형성된다. 그리고 아이는 놀이를 통해 불안을 해소하기도 하고 자신의 힘을 확인하고 키운다.

아이가 학교에 들어가면서 이러한 갈등이 수면 아래로 내려가는 잠복기latency를 맞는다. 학교라는 집단생활을 하며 사회와 권위를 알게 되고 권위에 복종하며 성실하고 근면한 생활을 훈련한다. 이때는 자기로서는 암흑기이다. 자기는 없이 집단과 권위를 자신의 것으로 받아들이는 생활 습관을 갖는다. 그 후 아이는 이차성징과 신체가 발달하면서 어른이 되어가는 자기를 인식하기 시작하며 자기 주도성을 주장하기 시작한다. 그래서 권위와 부모에게 반발하며 자신의 감정과 생각을 주장하는 것이다. 이를 사춘기라고 한다. 처음에는 감정을 앞세우지만, 차차 자신의 지성과 이성을 개발하여 부모와 권위에 대해 자기 생각을 표현하며 대화하고 타협하기 시작한다.

청년기와 중년기

그리고 자신이 무엇을 좋아하고 하고 싶은지, 자기의 능력이 무엇인지를 알아보며 자기의 삶을 준비한다. 이것이 일반적으로 대학생활에서 해야 할 과제이다. 물론 우리의 대학생활은 충분히 이러한 자기 찾기를 하기 어렵다. 그리고 자기가 하고 싶은 일을 주장하고 또 자기가 사랑하는 배우자를 선택하여 독립적인 가정을 준비한다. 이것이 부모를 떠나

한 성인으로서 독립하는 과정이다.

이때 자녀는 현실에 적응하기 위해 자기의 능력을 더 깊이 찾아 개발하고 훈련해야 한다. 이때 지성과 이성의 능력이 중요하다. 그리고 같은 뜻을 가진 사람들과 관계를 맺으며 자기의 능력을 배양한다. 청년기는 자신이 아직 세상에서 작은 존재이지만, 적어도 자기가 중심이 되는 꿈을 꾸며 이를 실현하려고 한다. 그러나 현실은 만만하지 않다. 기존 질서와 권위가 있고 여러 문제에 봉착하면서 자신도 알고 세상도 알아간다. 이러한 과정을 통해 점점 현실 속에서 자기 생각과 뜻을 실현해간다.

그러다가 중년기를 맞는다. 중년기는 나이만큼 눈앞의 작은 일들에서 벗어나 좀 더 넓은 시야를 갖는다. 자기중심의 사고에서 상대방을 인식하고 이해하는 수용과 공감 능력을 더 갖게 된다. 그리고 과거의 시간을 돌이켜보고 자기가 가야할 길을 보게 된다. 사고가 시공간적으로 확장되는 과정이다. 그리고 자신이 이룬 것을 좀 더 견고하게 다지면서 확장한다. 그리고 그동안 바쁘게 살면서 관심을 갖지 못한 것에 마음을 둔다. 가족을 포함해서 주위의 사람에 더 관심을 갖게 되고 일을 떠나 여행이나 휴식의 중요성도 느낀다. 청년기보다 더 성숙하고 여유로워진다. 그리고 자신만이 아니라 관계를 중시하여 관계를 회복하고 확장해보려고 한다. 이처럼 생각과 감정이 더 풍부해지고 다양성을 갖는다.

장년기와 노년기

장년기에는 그동안 살아온 것을 다시 깊이 생각해보는 기회를 갖는다.

자기가 옳다고 달려온 길에 대해 다른 각도에서 살펴보기도 한다. 이때 정도는 다르지만, 자신과 공동체에 어떠한 위기의식을 느끼게 하는 사건들이 일어난다. 건강의 문제, 가족의 문제, 사업의 문제, 그리고 더 큰 사회와 국가의 문제, 작은 시련에서부터 큰 재난에 이르기까지 이런 일들을 통해 자신이 누구인지 그동안 살아온 인생을 다시 한 번 생각하는 기회를 갖는다. 그리고 앞으로 있을 은퇴와 노년을 생각하고 걱정하면서 인생과 자신에 대해 많은 생각을 하게 된다. 자기가 중심이었던 삶에서 관계와 타인을 많이 생각하게 된다. 은퇴와 노년을 어떠한 마음과 자세로 살아야 할지 고민한다. 이처럼 사고와 감정이 중년기보다 시공간적으로 확장되고 깊어진다.

   은퇴하고 노년으로 접어들면 자신의 인생을 다각도로 생각해본다. 노년에서 가장 중요한 것은 건강과 죽음이다. 좋은 인생으로 남고 싶어 한다. 그동안 사느라고 소원하고 섭섭하였던 관계를 돌아보며 지나치고 잘못된 것을 회복하려고 한다. 이해하고 수용하는 마음으로 자신의 갈등을 풀고 통합하려고 한다. 여기서 가장 중요한 심리적 과제는 용서와 사랑이다. 충분하지는 않아도 이를 통해 관계를 회복하고 좋은 사람으로 노년을 보내면서 죽음을 준비하려고 한다. 죽음 앞에서 가장 큰 두려움은 자신을 후회하는 것이다. 그래서 이러한 후회하는 일을 줄이기 위해 애쓰는 것이다. 그리고 자신도 용서하고 사랑하며 자신과의 화해를 시도하며 자신도 통합되기를 애쓴다. 이러한 모든 것이 자기를 찾아가는 과정인 것이다.

   인간은 생명이고 생명의 중심에는 자기가 있다. 생명과 자기의 가장 큰 특징은 하나가 되길 원한다는 것이다. 그래서 장년과 노년이 될수록 조각난 자신을 모아서 하나로 만들고 싶어 한다. 그리고 이러한 갈망은 이생의 삶으로만 끝나는 것이 아니다. 생명과 자기가 죽음 이후까지 확장되기를 염원한다. 그래서 이를 자식과 다른 후계자들을 통해서 이루려 하거나 죽음 너머에서도 영원히 계속되기를 염원하기도 한다. 이것이 생명과 자기의 모습이다. 육신의 생명은 노쇠해가더라도 내면의 생명과 자기는 멈추지 않고 영원히 발달해가길 원하는 것이다. 그래서 죽음이 자기의 종말이 아니라 새로운 자기로 태어나기를 원하고 그래서 죽음 너머까지도 바라보는 것이다. 그래서 노년이 되면 자연스럽게 초월세계에 관심을 갖는다. 이것이 대충 살펴본 인생의 주기이고 인격발달 과정이다.

세 가지 자기를 찾아서

인격의 중심에는 자기가 있다. 인격의 발달은 앞서 설명한 대로 인격의 중심에 있는 자기를 찾아가는 과정이다. 그런데 자기 역시 인격발달처럼 발달과정에 따라 다른 층위를 보인다. 그래서 자기가 어떤 층위를 가지는지를 설명하려고 한다. 우리는 삶을 의식으로 살아간다. 그리고 대부분의 삶은 외적 세계에서 살아간다. 그래서 세상에서 살아가는데 가장 중요한 것은 외적인 삶이다. 이러한 삶에서 자신을 성취하고 안정을 찾아야 자기를 살아갈 수 있기에 우리의 대부분 삶은 외적인 것이다. 학교를 다니고 친구를 만나는 것부터 직장을 다니며 사회활동을 하고 가

정생활을 하는 모든 것이 외적인 삶으로 돼있다. 그래서 이러한 외적이고 의식의 삶이 중심이 되는 자기가 있는데 이를 외자기라 한다.

그래서 외자기는 보이는 것으로 대부분 구성된다. 자신의 신체, 부모와 가족, 출신지와 학교, 성적과 연봉, 사는 곳과 집, 자동차, 사회적인 활동과 관계 등이 자신의 외자기를 이루는 것들이다. 그러나 우리는 이러한 자기만으로 살지 않는다. 자신 내면의 자기가 또 있다. 특히 내면에서 감정적인 반응을 할 때 그 속에 중심이 되는 자기가 있다. 슬퍼하고 기뻐하는 자기, 아파하고 우울해하는 자기, 화가 나고 좌절하는 등의 감정에서 중심이 되는 자기가 있다. 이를 중中자기라 할 수 있다. 왜 이를 중자기라고 하는지는 우리 내면에 더 깊은 자기가 있기 때문이다.

깊은 내면의 자기를 인격 그리고 생명과 영혼이 있는 내적 자기라고 할 수 있다. 심층적이고 대부분 무의식으로 되어있고 초월적인 세계와도 열린 깊은 자기이다. 인간은 생명체이기 때문에 생명이 중심에 있다. 그런데 우리는 생명 현상은 느끼지만, 생명 자체는 느끼지 못한다. 생명 자체는 초월적 영역이기에 의식으로는 느낄 수 없다.

그러나 생명은 중요하기에 이를 인식할 수 있어야 한다. 우리가 생명 자체는 느낄 수 없지만, 생명에서 나오는 소리는 인식할 수 있는데, 생명에서 나오는 중요한 소리 중에 하나가 감정이다. 그래서 좋은 감정은 생명이 좋은 상태라는 뜻이고 부정적이고 나쁜 감정은 지금 생명이 편하지 않고 어떤 문제가 있다는 신호이다. 그래서 감정을 생명을 중재하는 역할을 하기에 중자기라고 말하는 것이다. 그리고 생명의 중심에 있는 인격을 내자기라고 말할 수 있다.

인간은 처음에는 외자기를 찾기 위해 살아가지만, 인격이 발달할수록 중자기에서 내자기를 찾아간다. 그리고 나중에는 이 세 자기가 통합되기를 원한다. 유아기와 소아기에는 자기가 억압되고 투사되어 살다가 사춘기에서는 일시적이지만 감정적인 중자기를 통해 자기를 발견한다. 그리고 청년기를 통해 본격적인 자기를 찾는데 가장 먼저 찾는 것이 외자기이다. 그 후 중년기가 되면 외자기와 함께 중자기에도 관심을 가지게 된다. 그다음 장년기에는 중자기를 더 깊이 만나다가 노년기가 되면 중자기와 함께 내자기에 관심을 갖게 된다. 그리고 죽음을 준비하면서 세 가지 자기가 통합되기를 원한다.

그러나 사람마다 발달과정이 다르고 자기 찾기도 각자 다르다. 이 글에서 말하는 인격발달과 자기 찾기는 평균적이고 이상적인 측면에서 설명하는 것이기에 개인과 국가 공동체마다 그 길은 다양하게 전개된다. 순서도 다를 수도 있고 발달과 자기 찾기의 정도도 다를 수 있다. 발달을 제대로 하지 못하고 자기 찾기도 제대로 일어나지 못한 경우도 있다. 그러나 이러한 발달과 자기 찾기의 방향과 표준을 알고 있으면, 각각의 발달과정과 자기 찾기를 평가하고 바른 방향을 잡아나가는데 도움이 될 수 있다. 앞으로 각 역사의 과정에서 과정에 필요한 발달과 자기 찾기에 대해 다시 설명할 것이다.

마음의 과학은 왜 필요한가?

인격은 대부분 마음으로 되어 있다. 의식과 무의식도 마음으로 설명하기도 한다. 그래서 인격을 이해하려면 마음에 대해서도 알 필요가 있다. 그런데 마음이라는 개념은 너무 포괄적이고 주관적이다. 마음에는 인지기능, 감정, 인격과 영혼 등이 있는데 이를 문명과 직접적으로 연결하기가 쉽지 않다. 그래서 저자는 마음이란 개념에 과학적인 객관성을 도입해보려고 한다. 흔히 '마음의 과학'이라고 하면 뇌과학을 생각하기 쉽다. 그러나 일반적인 뇌과학을 도입하면 너무 복잡해지고 마음을 과학으로 이해하는 데에는 실질적으로 도움이 되지 않는다. 그러나 '뇌 정보이론'은 마음을 과학으로 이해하는데 가장 적합한 이론으로 알려져 있다.

  뇌 정보이론을 도입하는 또 다른 이유가 있다. 인간의 생각과 행동을 설명할 때, 때로는 이해할 수 없는 갈등이나 모순이 있을 수 있다. 이러할 때는 의식의 이론만으로 설명하기 어렵다. 그래서 무의식으로 들어가 그 원인을 찾으면 도움이 된다. 집단의 생각과 행동을 이해할 때도 마찬가지다. 집단의 무의식을 알면 이해하기 어려운 문제도 이해할 수 있을 때가 있다. 그러나 무의식을 분석하는 것으로도 이해가 되지 않을 때도 있다. 이럴 때는 한 단계 더 깊은 무의식으로 내려가야 하는데 그 깊은 무의식이 무엇일까?

  뇌와 그 정보처리가 가장 깊은 무의식이 될 것이다. 뇌의 정보처리는 모든 인간이 생각할 때 일어나는 가장 깊고 보편적인 무의식이다. 인간은 모두 뇌를 통해 인식하고 판단하고 행동하기 때문에 가장 보편적인 무의식이 되는 것이다. 그래서 뇌의 정보처리까지 알 수 있다면, 인간을 더 깊이 이해할 수 있을 것이다. 그래서 이 책은 인간의 가장 보편적인 무의식인 뇌의 정보처리에까지 내려가 보려는 것이다. 단지 정보이론이 과학이기 때문에만 도입하려는 것이 아니라, 마치 정신분석 이론처럼 뇌 정보이론은 인간의 가장 보편적인 무의식이 되기에 도입하려는 것이다.

그렇다면 마음의 주요 기능인 사고, 감정과 인격과 영혼 등의 개념을 뇌 정보이론으로 어떻게 설명할 수 있을까? 이 글에서 복잡한 정보이론과 뇌과학을 다 설명할 수는 없다. 이 책에서 필요한 만큼 간단히 설명해보려고 한다.

합리적 사고-알고리즘 정보

칸트는 인간의 사고는 어떠한 선험적 형식과 도식에 의한 표상(이를 현대적 용어로 정보처리라고도 할 수 있다)을 통해 가능하다고 했다. 이 형식과 도식은 어떠한 원리와 원칙 그리고 약속으로 움직이기에 이를 알고리즘이라 할 수 있다. 일반적인 전산 기능은 알고리즘을 통해 작동된다. 알고리즘이 작동하여 결과를 얻을 수 있도록 프로그램을 짜고 돌리는 것이 전산이다. 대부분 사고는 이러한 알고리즘의 계산으로 가능하다. 대표적인 예가 논리적이고 합리적인 사고이다. 개념을 통한 사고와 언어도 대부분 이 영역에 해당한다. 그리고 세상을 움직이는 원리인 법, 질서, 조직과 윤리 등도 대개 이러한 알고리즘에 기초를 둔다. 이들은 대부분 합리성과 실용적인 원칙에 기초하여 형성되며 이들은 대부분 전산 프로그램을 통해 충분히 작동될 수 있는 내용이다.

알고리즘적 정보의 특징은 정확성과 확실성이다. 그 알고리즘 안에서는 yes와 no가 분명하기 때문이다. 이것이 알고리즘이 장점이 되기도 하지만 한계이기도 하다. 그 정보는 해당 알고리즘 안에서만 정확하다는 것이 장점이고 단점이기도 하다. 그 알고리즘 밖에 대해서는 아무것도 말할 수 없기 때문이다. 그래서 자신의 알고리즘 안에서만 작동하기에 대상 영역은 국소적이고 평면적이다. 다양한 알고리즘이 상호 작동하는 광역이나 복잡성의 입체 공간에서는 부정확할 수밖에 없다. 그래서 어떤 영역 안에서는 정확성이 있어 이를 높은 수준으로 인정할 수도 있지만, 더 넓은 전체를 볼 때는 저차원적인 평면정보라고 말할 수밖에 없다.

그 이상의 영역과 다양한 알고리즘의 상호작용이 필요할 때는 다른 정보처리를 사용해야 한다. 알고리즘 정보는 한마디로 국소적으로 부분적인 분석력과 정확성은 뛰어나지만, 전체를 하나로 보는 정보처리로는 적당하지 않다. 전체를 하나로 이해하고 파악하는 데는, 다른 정보처리가 필요하다. 사람의 코가 어떻게 생기고 눈이 어떤 색인지 등을 정확하게 분석할 수 있다고 그 사람의 얼굴을 보고 금방 누구라고 알아볼 수 있는 것은 아니다. 이를 알고 이해하는 것은 다른 차원의 정보처리가 필요하기 때문이다.

추상적 사고와 감정-복잡성 정보

더 큰 전체를 하나로 보려면 여러 복잡한 관계를 동시에 볼 수 있는 더 고차원적인 정보처리가 필요한데 그것이 복잡성 정보처리이다. 이 속의 정보는 복잡하게 연결돼있기 때문에 단순한 알고리즘만으로는 결과를 얻을 수 없다. 이러한 복잡한 정보는 복잡한 신경망의 병렬적인 정보처리로만 계산이 가능하다. 그래서 알고리즘이 아닌 가장 낮은 에너지 상태를 끌개로 계산하는 통계적 연산이 필요하다. 이러한 신경망에 의한 정보처리의 예가 인공지능의 딥러닝deep learning이다. 복잡성정보는 알고리즘 정보보다 더 많은 정보를 다루기 때문에 마음의 기능 중에서는 논리적인 사고로 충분히 설명이 안 되는 추상적인 사고와 언어, 직관, 상징 등의 인지기능에 필요한 것으로 생각된다. 복잡성정보는 알고리즘 정보에 비해 부분적인 분석 능력은 떨어지지만, 전체를 하나로 보는 기능은 우수하다.

복잡성정보도 그 복잡성 정도에 따라 차원이 다르다. 시간이라는 변수가 주어지면, 인간의 합리적인 사고로는 도저히 추적하기 어렵다. 예를 들면 중장기 일기예보나 주식정보가 그렇다. 뇌정보에도 이러한 고차원적 복잡성 정보가 있는데 바로 감정이다. 감정과 생각의 차이는 무엇일까? 감정도 분명히 그 속에 정보의 내용이 있다. 그러나 감정은 생각이 아니고 느끼는 것이다. 느낀다는 것은 분석이 아니고 전체를 하나로 인식하는 것이다. 느낀다는 것은 그만큼 그 속에 정보량이 많다는 것이다. 그래서 감정의 힘과 영향력은 생각보다 훨씬 더 크고 깊다. 그래서 알고리즘 정보보다 더 많은 용량과 복잡한 정보처리가 필요하다. 그리고 순간순간 변해가는 감정은 날씨처럼 예측하기가 어렵다. 그래서 감정은 생각의 알고리즘 정보보다 고차원적 정보라고 볼 수 있다.

그러나 사람들은 일반적으로 감정을 사고보다 저차원적 기능으로 생각한다. 동물도 감정이 있으나 이를 조절하는 사고가 없다. 그러나 인간은 뇌가 발달하여 생각으로 감정을 조절하고 통제할 수 있기에 이를 가능하게 하는 알고리즘 정보를 더 고차원으로 생각한다. 그래서 인간의 사고를 감정보다 더 진화한 고차적 정보로 보는 것이다. 그리고 감정은 언어로 소통할 수 없으므로 저차적인 것으로 생각한다. 물론 감정은 알고리즘처럼 명확한 정보는 아니다. 현실의 생활에서는 알고리즘 정보의 통제를 받아야 하는 것도 사실이다. 그렇다고 감정을 저차원적인 정보라고 말할 수는 없다. 현실의 적응이라는 차원에서만 알고리즘 정보가 고차원적이지 더 큰 차원에서 보면 그렇지 않다는 것이다.

감정적 정보는 생각의 정보보다 용량도 크고 더 넓은 영역의 정보를 다루어야 하므로 더 고차원적 정보이다. 감정은 알고리즘으로는 갈등하고 있는 정보 전체를 볼 수 있게 하면서 이를 해결하는 기회를 제공해준다. 그래서 정신분석에서는 생각보다 감정을 중요하게 여긴다. 생각으로 이해되지 않는 것을, 감정을 이해함으로 해결하는 경우가 많다. 감정은 인간의 더욱 깊고 넓은 부분을 포함하기 때문에 한 차원 낮은 생각과 현실의 갈등을 해결해줄 수 있게 해준다. 감정은 국소적인 알고리즘 정보들이 갈등할 때 발생한다. 그래서 감정은 갈등하는 정보들이 해결되면 잠잠해진다. 그리고 감정은 고차원적인 생명과 인격 그리고 영혼의 소리이기도 하다. 그래서 감정은 생각보다 고차적인 복잡성 정보이다.

모호한 느낌과 직관 – 양자 정보

감정의 영역에 포함되지만, 일반적인 감정보다 더 미세하고 모호한 정보의 세계가 있다. 자기, 인격, 영혼과 존재와 같이 더 크고 근원적인 세계에서 올라오는 정보들이 있다. 이는 감정도 아니고 합리적인 사고도 아니다. 그러나 분명 존재하는 정보들이다. 그리고 이러한 세계도 정도가 각기 다르다. 진선미의 세계가 그렇다. 진리와 선한 것을 알고 느끼는 것이나, 아름다움이나 예술의 세계에서 느끼는 정보들, 영혼의 소리나 영성의 세계에서 느끼는 정보들은 도대체 뇌에서 어떻게 처리되고 작동되는 것일까? 이는 분명히 존재하는 정보이지만, 아직 뇌과학에서 밝혀내지 못하고 있다. 그러나 최근 양자컴퓨터, 양자생물학과 양자 뇌과학이 발전하면서, 이러한 정보가 양자 정보처리에서 발생하는 것으로 유추하고 있다.

양자는 중첩과 불확실성이 가장 큰 특징인데, 이러한 정보 역시 확정적이지 않고 모순된 정보가 중첩적으로 존재한다. 철학적, 예술적, 영성적 정보의 대부분은 이러한 정보들이다. 이러한 정보는 알고리즘에 비하면 아주 모호하고 불확실하다. 금방 사라지는 특징이 있다. 감정보다 더 불명확하다. 그러나 때로는 엄청난 힘으로 확신을 줄 때가 있다. 존재에 대한 믿음과 거기서 나오는 힘, 영혼과 영성에 대한 확신 등이 그러한 예이다. 그리고 예술의 세계는 모호하지만, 시간을 초월하여 엄청난 감동을 주기도 한다. 사람을 살리기도 하고 온몸에 전율을 일으켜 인생을 새롭게 하는 힘을 주기도 한다.

이러한 예술과 철학 그리고 초월적 세계가 과학적으로 존재한다면, 그것은 바로 양자정보에 의한 것일 것이다. 이것이 아니라면 현대과학으로는 더 이상 설명할 길이 없다. 과학은 양자의 세계를 직접 들여다볼 수가 없기에 이를 증명할 길은 없지만, 이러한 현상의 가장 가능한 과학적 설명이 될 수 있을 것이다.

대상정보와 인식정보

정보에는 크게 두 가지가 있다. 대상에 대한 정보와 이를 인식하고 처리하는 방식의 정보가 있다. 철학에서는 이를 존재론과 인식론이라고 한다. 그런데 대상에 따라 인식 방법이 달라야 정확한 대상 인식이 가능하다. 그래서 칸트Immanuel Kant(1724~1804)의 위대한 저서인, 순수이성비판, 실천이성비판, 판단력비판이 바로 그 대상에 따라 다른 인식에 대해서 설명하고 있다. 이는 마음과 과학에서도 마찬가지이다. 서로가 이렇게 다른 것은 결국 대상 정보의 용량이 다르기 때문이다. 큰 용량으로 되어 있는 전체를 인식하는 방식과 작은 용량의 부분적인 것을 인식하는 방식과는 다를 수밖에 없다.

그래서 인식 방식도 정보처리에 따라 나누어진다. 앞서 설명한 것과 다소 중복되지만, 이에 대해서 다시 한 번 정리해보려고 한다. 먼저 알고리즘에 의한 인식기능은 주로 추리와 분석 그리고 판단과 선택 등이다. 이는 대부분 부분적인 것을 파악하는 기능이다. 의식에서 일어나는 일상적인 대부분의 인지 기능이다. 이는 알고리즘 정보처리로 가능하다. 즉 현실적이고 알고리즘적 대상을 인식할 때는 이러한 저차적 알고리즘 인식으로 충분하다. 칸트는 이를 순수이성비판에서 오성 즉 지성의 인식기능이라고 했다. 이러한 알고리즘 정보처리는 대부분 지성에

속하는 기능이다.

그러나 이것보다 더 전체적인 것을 인식해야 할 때가 있다. 이는 분석적으로 인식하기가 어렵고 이해, 직관과 느낌과 같은 인식기능으로 파악해야 한다. 사람을 알아볼 때 그렇다. 그리고 더 큰 용량 가지고 있으면서 복잡한 내용을 가진 인격과 같은 대상을 느끼고 이해할 때는 공감, 용납과 용서, 믿음과 같은 인지 기능이 필요하다. 이는 분석과 판단과는 다른 차원이다. 분석과 판단으로는 갈등하고 모순된 것을 이해하고 공감하고 용서하고 믿음으로 더 큰 하나로 인식하게 한다. 이를 위해서는 알고리즘보다 더 큰 차원의 정보처리가 필요하다. 더 큰 전체적인 정보처리가 있어야 이러한 기능이 가능하다. 그래서 알고리즘 정보보다 더 광역적인 정보인 복잡성 이상의 고차원적 정보가 필요한 것이다. 칸트는 이러한 인식기능을 실천이성비판에서 주로 설명했다.

인간에게서 가장 특별한 인지 기능이 있는데 그것은 '사랑'이라는 것이다. 이는 인류역사상 가장 신비한 인지 기능이면서 인류 문명사에 끊임없이 계속되어 온 인간만의 특별한 인지 기능이라고 할 수 있다. 사랑도 정보 차원에 따라 나누어볼 수 있다. 알고리즘적 정보에 의한 사랑을 조건적 사랑이라고 할 수 있다. 그리고 감정적인 에로스의 사랑을 복잡성 정보에 의한 사랑이라고 말할 수 있다. 여기까지는 동물도 있을지 모른다. 그러나 동물에게는 없는 이보다 더 크고 깊은 울림이 있는 사랑이 있다. 조건과 감정을 넘어선 인류애적, 모성적, 영성적 사랑이 있다. 이러한 사랑은 양자정보에 의한 사랑이라고 볼 수밖에 없을 것이다.

그리고 고차원적인 사랑과 함께 더 깊고 모호한 세계에 대한 인간만의 인지 기능이 있다. 영혼, 생명, 영성, 자연, 우주, 예술과 양심과 같은 세계에 대한 인식이다. 이는 더 광역적이고 전체적인 인식이 필요하므로 역시 양자정보와 같은 고차정보로만 가능하다. 그 외 우주, 사랑과 영성의 깊이에 따라 초양자 정보처리를 통해서만 가능한 인지 기능도 있을 수 있다. 이러한 인식의 차원을 칸트는 판단력비판에서 주로 설명하고 있다.

대상과 인식기능에 따라 이렇게 정보처리를 나누어 본 것은 현재 인간이 정보처리를 하는 방법이 3가지이기 때문에 인간의 정보처리도 그렇게 나누어본 것이다. 더 새로운 정보처리 방법이 개발되면 더 상세하게 나누어 볼 수 있을 것이다. 인간의 인식기능은 뇌의 정보처리가 없이는 불가능하고 인간이 가능한 정보처리 방법이 세 가지 차원이 있으므로 이를 정보의 용량에 따라 서로 연결해본 것이다. 이러한 내용이 아직 과학적인 실험으로 증명된 것은 아니지만, 과거보다 과학적인 근거로 인간의 대상과 인지 기능을 설명할 수 있기에 이를 인간의 마음과 연결해본 것이다.

그런데 문명사를 분석하는데, 이러한 정보처리 이론을 갑자기 등장시키는 것에 대해 생소하고 당황스러울 수 있다. 사람에게는 이처럼 다양한 인지 기능이 있고, 이들은 처음부터 발생하는 것이 아니라, 인격의 성장에 따라 발달한다. 그래서 문명을 인격발달로 분석하는데, 이러한 인지 기능은 중요한 척도가 될 수 있다. 그리고 문명권마다 우세한 인지 기능이 무엇인지 아는 것은 그 문명을 인격발달로 이해하는 데 중요하기 때문에, 다양한 차원의 인지 기능을 미리 설명하는 것이다. 이를 통해 문명권의 차이를 더 객관적으로 비교하는 데도 도움이 될 수 있다.

정보의 보존성과 해체성

정보에는 차원만 있는 것이 아니라 이에 따른 중요한 성향이 있다. 이것이 곧 '보존성과 해체성'이라는 개념이다. 이 또한 다소 생소한 개념이지만, 문명을 과학적으로 이해하고 비교하는데 중요한 개념이다. 보존성과 해체성은 우주의 가장 보편적인 현상이다. 특히 이는 자연과 생명계에 두드러지게 나타난다. 우주의 모든 것은 자기를 보존하는 힘이 있다. 그래서 우주가 형성되고 유지되는 것이다. 대표적인 것이 에너지 보존의 법칙, 중력, 관성과 생명과 종족 보존력 등이다. 이것이 있어야 우주와 생명이 보존될 수 있다. 반대로 우주와 생명은 해체되고 있다. 생명도 죽고 분해되고 있으며 물질과 에너지도 엔트로피가 증가함으로 해체되고 있다. 우주도 확산되면서 서서히 해체되고 있다. 이 두 힘이 균형을 이루어야 모든 것이 유지된다. 이처럼 정보에도 이 두 힘이 있는데 이것이 잘 균형을 이루어야 정보가 제대로 기능할 수 있다.

그런데 이 두 힘이 정보의 차원에 따라 다르게 나타난다. 알고리즘 정보는 가장 큰 보존력을 보이면서 해체력은 약하다. 알고리즘은 그 법칙이 유효한 영역에서는 그 보존력이 극대이다. 마치 뉴턴의 역학에 불변하는 보존력이 있듯이 알고리즘은 그 세계 안에서는 최고의 보존력을 갖는다. 보존력은 안정을 주지만, 더 큰 세계에 열리지 못하기에 그 보존성으로 인해 블랙홀이 발생할 수 있다. 우주도 가장 강한 보존력인 중력으로 인해 블랙홀이 오는 것처럼, 보존력만 강하면 오히려 소멸할 수 있다.

앞으로 분석하겠지만, 문명사에서 이러한 자기보존과 개방은 흥망성쇠에 결정적인 역할을 한다. 그래서 알고리즘 정보만 있으면 겉으로는 강하고 안정되어 보이지만, 강한 보존력 때문에 개방이 줄어들어 멸망으로 갈 수 있다. 대표적인 예가 로마제국이다. 알고리즘 정보는 주로 강력한 중앙집권이나 절대왕권 그리고 군사력 등으로 나타난다. 이는 국가를 강하게 만들고 보존하는 데 유용하지만, 이로 인해서 생기는 문제가 적지 않다. 앞으로 이러한 문제들을 분석할 것이다.

이러한 문제를 방지하려면 보존력과 균형을 이루는 해체력이 있어야 한다. 그러나 알고리즘 정보는 해체력이 아주 약하다. 해체력이 강한 정보는 더 고차적인 정보에 있다. 복잡성 정보를 흔히 혼돈chaos이라고 한다. 그만큼 알고리즘 정보에 비하면 혼돈과 해체의 정보이다. 어떠한 알고리즘으로 이해하고 정리하기가 어렵기에 해체적이라고 말할 수 있다. 그렇다고 혼돈만 있는 것은 아니다. 알고리즘으로 볼 때 혼돈이라는 뜻이지 그 안에는 스스로 더 큰 질서를 만들어가는 힘이 있다.

자연, 사회와 역사가 그렇다. 겉으로 보면 혼돈이고 어떠한 알고리즘으로 쉽게 설명되지 않지만, 어떠한 질서와 방향성으로 가고 있다. 그래서 건강한 사회와 국가가 되기 위해서는 저차적인 알고리즘 정보만으로는 부족하며 복잡성 정보가 균형을 이루어야 한다. 이렇게 되어야 나라가 안정성과 개방성의 균형을 이룰 수 있다. 이러한 국가를 강하면서도 부드러운 문명을 가지고 있다고 말할 수 있다. 로마제국이 흥할 때 바로 이러한 정보적 상태였다.

그러나 자연과 사회는 더 큰 우주의 법에 지배받는다. 자연과 사회는 때로 엄청난 혼돈에 빠질 때가 있다. 인류가 그러했다. 종말론적인 재난이 수없이 일어났다. 전쟁, 자연재해, 전염병 등의 종말적인 혼돈과 해체를 수없이 경험했지만, 그 가운데서도 인류의 문명은 스스로 회복하고 보존됐다. 이를 가능하게 하는 어떠한 힘과 정보가 있을까? 이를 신의 섭리 혹은 자연의 복원력 등으로 말할 수 있을지 모른다. 그러나 신의 섭리든 자연이든 그 일차 원인이 무엇이든 간에 모두가 과학이라는 이차적 과정을 통해서 작동한다.

그중에 가장 큰 과학의 힘과 과정은 우주이다. 우주가 빅뱅으로 시작되어 지금까지 해체되지 않고 움직이는 거대한 힘이 있다. 과학자들은 이를 양자정보의 힘이라고 말하고 있다. 우주는 거대한 양자컴퓨터이며 양자 정보처리로 우주가 움직이고 있다. 그렇다면 인류문명의 가장 기초가 되는 큰 힘도 양자정보라고 해도 무리는 없을 것이다. 인류문명의 해체력과 복원력도 이 고차원적 양자정보에 의해 가능할 수 있을 것이다. 문명에서 이러한 양자정보는 문화, 예술, 영성 등의 현상으로 나타난다. 앞으로 프랑스 문명에서 이러한 현상이 어떻게 나타나고 그 문명의 흥망성쇠에 영향을 주는지를 분석할 것이다.

더 이상의 자세한 정보이론 이야기는 이 책의 흐름을 방해하기 때문에 이 정도에서 멈추려고 한다. 더 자세한 내용을 알고 싶은 경우, 저자의 다른 저서인 〈정보인류, 몸정보와 뇌정보〉 그리고 〈정보과학과 인문학〉을 참고하기 바란다. 그리고 마음의 과학으로 영화를 분석한 〈바닥에서 본 영화 이야기〉와 한국인과 그 문명을 정보이론으로 분석한 〈한국인의 아픔과 힘〉이란 책도 이를 이해하는 데 도움이 될 것이다.

인간은 누구인가?

앞으로 프랑스의 역사와 문명을 통해 인간을 어떻게 찾아가는지를 설명할 것이다. 이를 먼저 요약하여 설명하려고 한다. 인간은 먼저 세 가지 차원의 자기가 있다고 했다. 먼저 외적인 세계가 있고 세상에서 적응하며 살아가야 하는 외자기가 있다고 했다. 외자기는 주로 의식과 합리적인 지성에 의해 살아간다. 그리고 그다음으로 인간은 감정의 세계가 있다. 이를 중자기라고 했다. 감정은 다시 외적인 대상에 대한 감정이 있고 내적인 자기에 대한 감정이 있다. 그리고 인간은 더 깊은 심층의 자기가 있는데 이를 내자기라고 한다. 내자기에는 이성과 도덕과 같은 초월적 능력과 영성과 심미성과 같은 심층적 초월능력이 있다. 내자기의 이성과 도덕은 고차성을 잃게 되면 저차적인 이성과 도덕으로 되어 외자기로 기능하기도 한다. 칸트는 순수이성비판에서 지성을, 실천이성비판에서 이성을 그리고 판단력비판에서 심층적 초월능력을 다루었다.

그리고 인간의 모든 것은 선악의 이분법으로 나누어진다. 여기서 선악이란 도덕적 선악만을 의미하는 것이 아니고 인간에게 좋은 것을 선이라고 하고 나쁜 것을 악이라고 하는 것이다. 그래서 인간의 세 자기와 각각의 기능은 선악으로 나누어지고 이를 조절하고 완충하는 중간지역이 있다. 인간과 문명의 발달은 인간의 선한 기능이 발달하는 것을 의미하고 반대로 인간과 문명의 붕괴는 악한 것이 우세해져서 나타나는 현상이다. 인간은 보통은 선과 악을 억압과 통제와 같은 방어로 조절한다. 그러나 이러한 균형이 깨어지면 혼돈에 빠졌다가 다시 새로운 역사로 발전한다. 악의 출현은 붕괴와 퇴행으로 가지만, 해체를 통해 창조적 발전과 진화의 길로 가는 기회가 되기도 한다. 이러한 역사와 문명의 변환은 그 속에 있는 어떠한 고차적 정보와 접촉됨으로 일어난다고 볼 수 있다.

이러한 내용은 인문학적이고 주관적일 수 있기에 좀 더 객관적이고 과학적인 개념으로 이해할 필요가 있다. 이를 위해서 앞서 설명한 정보이론이 도움이 된다. 외자기의 합리적인 지성과 선악의 법은 알고리즘 정보에 의해 수행된다. 중자기의 감정은 복잡성 정보로 수행되고 내자기의 초월적 기능은 양자 이상의 고차정보에 의해 작동된다. 그리고 그 이상의 영성과 신성 같은 초월세계는 초양자적 정보로 작동된다. 각각의 세계는 정보의 차원에 따라 연속적이면서도 불연속적으로 연결되면서 상호 교류된다.

외자기의 알고리즘은 강력하지만, 그 법으로만 살아가면 강한 보존력으로 인해 블랙홀처럼 멸망한다. 그래서 그 이상이 복잡성 정보가 개입되어야 멸망하지 않고 다시 부흥할 수 있다. 이를 혼돈에 대한 개방성 혹은 수용성이라고 말할 수 있다. 이것이 일반적으로 문명의 흥망성쇠에 중요한 원리가 된다. 로마제국은 알고리즘의 합리성과 복잡성의 개방성으로 발전했으며, 개방성이 쇠퇴함으로 멸망하게 됐다고 했다. 프랑스 경우도 마찬가지였다.

그러나 현대는 복잡성의 문명으로 발달되고 있는데, 복잡성만으로 창조적 진화를 하는데 한계가 있다. 그래서 더 이상의 고차적 정보의 접촉과 개입이 필요하다. 양자정보와 초양자적 차원의 정보와의 교류가 있어야 복잡성은 새로운 질서와 창조로 진화할 수 있다. 이것이 프랑스의 현대문명이 당면한 문제이다. 이를 어떻게 할 수 있을지에 대해 앞으로 설명할 것이다.

이러한 인간의 세 가지 자기의 기능을 선과 악의 상태로 나누어 표1에 자세히 설명했다. 그리고 이러한 인간의 기능은 인격의 발달 과정에 따라 발달하기에 이를 다시 발달 과정에 따라 분류하여 설명했다. 인간의 기능을 다시 외적 기능의 발달과 내적 기능의 발달 그리고 발달의 동력(사랑)으로 나누어 설명했다. 이를 표2에 요약하여 정리했다.

표1. 인간의 세 자기와 선악에 따른 기능과 상태

	세상(계급)	인간 능력 (지성, 기술, 신체)	인간 외적감정	인간 내적 감정	초월능력, 이성	심층적초월능력, 영성, 심미성
선, good	상류 (왕, 귀족)	우월, 강함, 과학, 지식, 합리성, 조직, 규칙, 질서, 종교, 율법, 전통, 절대, 권력, 무력	자신감, 안전감, 평안	만족감, 행복감	진선미(眞善美) 신뢰, 인정, 수용, 용서, 사랑, 자존감, 예술성, 창의성, 명예	숭고한 사랑, 가치와 진선미 (眞善美), 거룩과 존엄성, 빛, 영광
완충과 방어지역	중류 (부르주아)	억압, 비교, 판단, 무시	억압, 방어	억압과 방어, 분노	억압, 학대, 반발, 저항	억압과 갈등
악, bad	하류 (서민, 노예), 변방, 야만인	열등, 좌절감, 무력감, 무지, 불법, 비합리성, 약함	두려움, 불안감, 피해의식, 소외감	결핍, 외로움, 욕심, 욕망	불신, 배척감, 버림받음, 불의, 미움	추함, 야만성과 악함, 무가치, 암흑

표 2. 각 발달 과정의 내용과 과제

	유아기	소아기	사춘기	청년기	중장년기	노년기
외적 발달	환상, 절대화, 이상화, 신화, 영웅화, 슈퍼맨, 동화, 황제, 본능적 삶	일차 능력(지성), 훈련, 집단 규칙, 성실	신체적 성장, 2차 능력 (이성) 배양	전문 지식과 기술 훈련과 사회적 위치 (지성과 이성)	외적 안정, 관계와 내적 갈등	은퇴, 노쇠, 건강, 죽음
내적 발달	자기 인식, 동일시, 감각적, 반응적	자기잠복, 억압	자기 감정, 주장, 성인준비	자신감, 인내, 성실	안정, 관계, 감정, 사랑, 초월성	이해, 용서, 통합, 심층적 초월성
발달 동력 (사랑)	신뢰, 보호, 안정, 절대성, 초능력	일차분리, 권위, 지지, 권력, 무력	수용, 이해, 기다림, 인정, 신뢰, 독립준비	격려, 인정, 지지, 독립성	이해, 수용, 사랑, 기다림과 신뢰	용서, 사랑

이 책을 이해하는데 이러한 지식이 모두 필요한 것은 아니지만, 앞으로 프랑스의 인격발달을 이해하는 지침과 안내하는 지도가 될 수 있다. 물론 표에서 제시된 대로 이러한 과정이 전개되는 것은 아니지만, 전체의 흐름을 알면서 부분적인 것을 이해하면 프랑스가 어떠한 방향으로 발달하고 있고 또 정체되고 있는지를 더 잘 파악할 수 있을 것이다.

제4장

프랑스는 어떻게
시작되었는가?

골족의 영웅들

프랑스인의 조상은 켈트족의 한 부족인 갈리아인이다. 프랑스 사람들은 그들을 골 Gaule이라고 불렀다. 그래서 골족이 그들의 조상이다. 그들은 켈트족이었기에 강했고 공격적이었다. 그러나 결국 인간은 환경의 지배를 받는다. 프랑스는 강과 산맥으로 보호받고 있고 넓은 토지가 있다. 그리고 강이 많아 농사짓기에 아주 좋다. 그리고 기후도 아주 좋다. 아마 유럽에서 가장 살기 좋은 환경일 것이다. 이러한 환경에서 살게 되면 부드러워질 수밖에 없다. 강인한 사람도 점차 유순해지기 마련이다. 그렇다고 그들이 다 유순해질 수만은 없었다. 좋은 것을 가지면 그것을 탐내는 사람이 있게 된다. 그래서 이 땅을 지켜내기 위해서는 힘을 키워야 했다. 그래서 그들은 적당히 강하면서도 부드러웠다. 이것이 그들이 가진 첫 번의 이중성이었다.

　골족 중에 프랑스가 영웅으로 자랑하는 두 장수가 있었다. 한 장수는 갈리아의 한 부족의 족장인 세노네스Senones의 브렌누스Brennus였다. 그는 기원전 390년 알프스를 넘어 이탈리아 반도를 침략하여 로마인과 전투를 벌였다. 당시 로마는 작은 도시였고 그렇게 강하지는 않았다. 그래서 처음에는 그들을 쉽게 공략할 수 있었다. 그러나 로마의 제2의 건국의 아버지로 불리는 카밀루스Marcvs Fvrivs Camillvs(BC446~365)의 지략에 말려들어 패배하고 말았다.

　그 이후 로마의 줄리어스 시저Julius Caesar(BC100-44)가 갈리아를 침공했다. 시저는 수적으로 불리했기에 정면으로 싸우기보다는 갈리아 부족이 단합하지 못하게 하는 이간책을 썼다. 이때 흩어진 부족들을 단합하게 하여 로마에게 저항한 한 장수가 있었는데, 그가 베르생제토릭스Vercingetorix(BC82-46)였다. 그도 브렌누스처럼 처음에는 로마를 물리쳤으나 재정비한 로마에 패배하고 말았다. 그래서 그는 생포되어 로마로 가서 처형당했다. 그리고 수많은 골족이 죽거나 노예로 팔려갔다.

　프랑스의 역사는 이러한 패배와 수모의 역사 속에서도 이 두 장수를 영웅으로 기리고 있다. 일방적으로 패배하지 않고 끝까지 싸운 그들의 저항정신을 높이 사는 것이었다. 그러나 한편으로는 씁쓸한 마음을 감추기 어렵다. 그들의 저항정신은 높지만, 단합하지 못하고 끝까지 이기지 못한 점은 아쉬웠다. 그리고 이러한 전쟁에 미리 대비하여 군사력을 키우지 못한 점도 아쉬운 점이었다. 이처럼 그들은 자신을 충분히 지켜내거나 상대방을 완전히 압도할 만큼 강하지도 않았고 적당하게 강하였기에 이러한 굴곡진 역사가 그 이후도 반복됐다. 이는 그들의 환경이 만들어낸 어쩔 수 없는 성격에서 오는 것으로 보아야 할 것이다.

갈로-로마의 의미

골족은 완전히 야만 상태는 아니었다. 나름 자신들의 문명이 있었지만, 로마제국과 비교할 수준은 아니었다. 그들에게 로마가 들어오면서 세상이 개벽하기 시작했다. 로마가 들어가면 제일 먼저 하는 일이 도로를 건설하는 것이었다. 그다음 도시를 세우고 방어벽을 쌓았다. 그리고 거대한 극장, 개선문, 광장, 상하수도와 목욕탕 등을 건설했다. 이러한 인프라를 통해 로마 특유의 고급문화를 누릴 수 있었다. 합리적인 로마법을 제정하고 라틴어를 사용했다. 그리고 열심히 일하여 조건을 충족시키면 로마시민이 되어 로마의 모든 것을 향유할 수 있었다.

로마는 계급과 신분이 확실한 사회이다. 즉 지배 계급, 귀족, 시민, 군인, 평민과 노예 등의 신분이 정해져 있었다. 그러나 자신의 노력과 업적에 따라 신분이 상승할 수 있었다. 로마로 인해 과거 골족 시대보다 좋아진 것도 있었지만, 더 힘들어진 것도 있었다. 높은 신분은 높은 수준의 문명을 누리지만, 낮은 신분은 압제와 착취 속에서 더 고통스러운 삶을 살아야 했다. 그들은 로마의 지배를 통해 신분과 계급이라는 것에 대해서 뼈저리게 경험했다. 그래서 그들은 신분 상승에 대한 욕구가 강해질 수밖에 없었다.

로마는 골족에게 신분의 차별에서 오는 고통을 깊이 안겨다 주었다.

그래서 로마의 압제에 대한 분노와 좌절이 있었다. 그러나 그들에게 있어서 로마는 동시에 하나의 이상이기도 했다. 그래서 그들은 로마에 대해 이중적이었다. 이러한 이중적인 태도는 그 이후로도 계속되어 그들 문화와 성격적인 특징이 됐다. 이처럼 계급의식과 계급에 대한 이중적인 태도는 그들 속에 깊이 뿌리내린 성격이 됐다.

프랑크족의 지배

골족은 켈트라는 남편이 프랑스라는 땅을 아내로 맞이하여 나은 자식과 같다. 그런데 더 강력한 로마라는 남자가 침입했다. 그들은 로마에 처음에는 저항하였지만, 결국 로마에 투항하여 속주국이 됐다. 로마는 그들을 노예로 압제하기보다는 로마의 풍요로운 삶을 살 수 있는 길을 열어주어 그들도 마음을 열고 로마를 받아들였다. 그래서 나은 자식이 새로운 갈리아-로만이었다.

　로마는 당시 최고의 문명을 자랑했다. 갈리아는 문명에 대한 잠재력은 있지만, 아직 야만 상태였다. 한마디로 로마의 힘은 합리성과 개방성이었다. 그리고 그들은 계급과 권위에 의한 통제와 억압도 심했지만, 일방적이지 않고 이를 풀고 누릴 수 있는 다양한 향락 문화도 있었다. 프랑스라는 평지와 강 그리고 아름다운 산과 산맥이 병풍처럼 펼쳐진 아름답고 부드러운 곳인데 이곳에 로마의 풍요와 부드러움까지 더해지니 그들은 한층 더 풍성해지고 부드러워졌다. 그들은 골족이지만, 로마를 사랑하게 되었고 그곳에서 로마인처럼 살아갔다. 그리고 그들은 로마의 종교인 기독교를 받아들이고 로마의 언어인 라틴어를 쓰게 됐다. 라틴어를 구어로 사용하면서 프랑스어가 시작됐다. 그런데 영원할 것 같았던 로마가 허물어졌다. 그것도 야만의 게르만에 의해 멸망했다.

그 후 그 땅은 게르만의 일파—派인 프랑크족이 침공하여 지배했다. 서로마 멸망하면서 이탈리아와 스페인 땅에도 게르만족이 지배했다. 이탈리아는 동고트족, 스페인은 서고트족이 각각 지배하였는데 그들은 과거 로마의 법과 기독교를 존중하며 그들의 자율권을 보장해주었다. 그리고 지배자인 게르만족은 원주민과 다소 분리되어 그들끼리 살았다. 그런데 프랑스의 프랑크족은 그렇지 않았다. 그들은 기독교를 받아들였지만, 갈리아-로만에 대해 자율권을 주지 않았다.

그들은 절대 왕권으로 원주민인 갈리아-로만을 억압하며 직접 통치했다. 그들은 기독교를 통치를 위해 받아들였지만, 기독교 문명보다 과거 그들이 익숙한 야만적인 방법으로 살았다. 그들은 전쟁을 좋아하는 민족이라 문제가 생기면 모든 것을 무력으로 해결하려고 했다. 권력과 땅을 쟁취하기 위해 서로 싸우고 죽이는 내전이 끊이지 않았다. 권력과 욕심 앞에서는 부모도 형제도 없는 그러한 야만이었다. 그래서 풍요롭고 아름다운 프랑스의 땅은 폐허되어 백성은 가난과 굶주림 속에 살아야 했다. 이러한 백성을 그래도 돌보고 도와준 것은 교회였다.

그들은 메로빙거와 카롤링거 왕조를 세워 프랑스 땅을 거의 5백 년간 지배했다. 프랑스는 메로빙거의 왕조 특히 지금의 프랑스 땅과 거의 일치하는 서프랑크 왕국을 그들의 국가적 기원으로 보기도 한다. 그러나 그들이 지배자와 피지배자를 확고히 구분하여 지배하였기에 프랑스는 그들을 과거의 켈트나 로마처럼 부부로 받아들이지 않았다.

위그 카페 왕조의 시작

그러다가 그들만의 왕국을 세울 수 있는 기회가 찾아왔다. 그 시작이 위그 카페 왕조였다. 카페 왕조는 프랑크족이 아닌 갈리아-로만의 신흥 귀족이 세운 왕조였다. 그들은 일종의 신흥 부르주아였다. 메로빙거와 카롤링거 왕조 때에는 대부분 땅이 왕에게 속하였기 때문에 봉건제가 발달할 수 없었다. 그들은 그 땅을 절대 왕권으로 통치했다. 절대 권력이다 보니 권력투쟁이 끊이지 않았다. 왕들이 싸움밖에 모르고 무식하다 보니 똑똑한 궁재를 세워 정치를 했다. 그런데 이 궁재가 실권을 쥐면서 왕권이 약화되었고 그들까지 권력투쟁에 뛰어들면서 더 큰 혼란에 빠지게 됐다. 이로 인해 카롤링거 왕조가 조금씩 허물어져 갔다.

귀족들이 있었지만, 많은 영토를 소유할 수 없었다. 그러다가 처음으로 봉건제가 시작되는 계기가 생기게 되었는데, 그 사건이 노르만의 침공이었다. 북쪽의 용맹하고 야만스런 노르만족이 자주 침공하니 프랑스로는 감당하기 어려웠다. 그래서 프랑스 왕 샤를 3세 Charles III(879~929)가 노르만의 수장인 롤로 Rollo(860-932?)를 공작으로 세우고 노르망디 땅을 하사했다. 그것이 귀족이 영주가 된 노르망디 공국의 시작이었다. 이것이 프랑스 봉건제의 시작이 됐다.

그 이후 카롤링거 왕조가 기울게 되자 귀족들이 조금씩 땅을 소유하기 시작했다. 그리고 카페 왕조가 시작할 즈음에는 프랑스의 영토는 7명의 제후가 나누어 가졌다. 그들은 게르만이 아닌 토속 갈리아-로만 족이었다. 그리고 그들은 선거를 통해 왕을 뽑았다. 이렇게 시작된 것이 위그 카페 왕조였다. 그래서 카페 왕조는 봉건제와 함께 시작된 것이었다. 그러나 카페 왕조는 왕이 직접 소유하는 왕영지王領地가 아주 적었고 힘이 미약하였으며, 대부분 제후가 권력을 쥐고 있었다.

봉건제와 코뮌의 발생

봉건제는 중세기의 전형적인 정치, 경제와 사회구조였다. 농토를 매개로 하여 먹이 사슬 같은 망을 가지며 공존하는 구조였다. 어쩔 수 없이 사회적 계급을 인정하며 상부상조하는 구조였다. 제일 위에 왕이 있고 그 아래 영주가 있었다. 그 아래 기사가 있고 가장 하부에 농노가 있었다. 바로 위의 계급과 관계하며 의무를 제공하면 토지와 보호를 받는 상호 보완적인 제도였다. 자연처럼 서로 잘 기능하면 그런대로 안정적으로 유지될 수 있는 합리적인 구조이지만, 한쪽에서 압박과 착취가 심해지면 힘이 없는 농노가 모든 부담과 고통을 안게 되는 구조적인 문제가 있었다. 그리고 한번 계급이 정해지면, 이를 벗어나기가 쉽지 않고 세습되는 것이 가장 심각한 문제였다. 그리고 하부계급은 이동할 수도 없고 다른 선택권도 없었다.

그래서 봉건제에서의 가장 강력한 욕구는 계급상승이었다. 계급상승의 출구가 가장 큰 관심사였고 그 기회가 주어진다면, 모든 수단을 다해 이루려고 했다. 이것이 봉건제의 가장 큰 본능이었다. 특히 프랑스에서는 이러한 계급상승의 욕구가 강했다. 그중에 가장 가능한 길이 기술이나 상업을 통해 돈을 버는 것이었다. 돈이 있으면 그러한 기회가 주어지기 때문이었다. 그래서 상업을 하는 부르주아가 생기게 됐다. 그리고 또 다른 하나의 길은 기사가 되는 것이었다.

부르주아들은 업종 때문에 서로 모여 살아야 했다. 그래서 자연히 그들은 작은 도시를 이루며 살았다. 그리고 왕은 그들을 관리하며 세금을 거두어야 하기에 그들이 모여 사는 것을 허용했다. 그런데 그들은 경제력으로 많은 세금을 내기 때문에 봉건제의 구속에서 어느 정도 벗어나기 원했다. 즉 자치적 체제를 원하였던 것이었다. 그래서 생긴 것이 코뮌이었다. 그들이 제공하는 재원이 귀족이나 왕에게 도움이 되었기에 어쩔 수 없이 이를 인정했다.

위그 카페의 4대 왕인 필리프 1세Philippe I(1052~1108) 때에 이러한 봉건제에 변화가 일기 시작했다. 노르망디 공작인 기욤 2세가 잉글랜드를 정복하여 그곳에서 윌리엄 1세William I(1028~1087)라는 왕이 됐다. 필리프 1세는 잉글랜드에 맞서기 위해 다른 계급의 협력이 필요했다. 그래서 봉건제의 압박을 완화하며 코뮌을 강화했다. 무엇보다 봉건제가 흔들리게 되는데 가장 큰 영향을 미친 것은 십자군 전쟁이었다. 필리프 1세 때 십자군 1차 원정이 시작됐다. 이때 영주들이 전쟁에 많이 참여하여 힘의 공백이 있었는데, 그 기회를 타서 코뮌이 반란을 일으키며 힘을 키웠다. 그리고 십자군 전쟁의 물자를 공급하는 일을 통해 코뮌이 부유해졌다. 그래서 십자군 전쟁을 통해 코뮌이 여러 곳으로 늘어나게 됐다. 그리고 농노들도 십자군 전쟁에 참여하면서 해방감을 누리고 자신의 욕구를 일부 채울 수 있었다.

그리고 그다음 왕인 루이 6세Louis VI(1081~1137) 때에는 왕권과 군사력을 강화했다. 이를 통해 프랑스 내부를 정복하고 잉글랜드와 독일의 침공을 막을 수 있었다. 왕권이 강화되면서 자연히 귀족과 주교의 힘이 상대적으로 약화됐다. 그리고 십자군 전쟁을 통해 왕권이 더 강해지고 영주의 힘이 약화됐다. 왕권을 강화하기 위해서는 부르주아 층의 도움이 필요하기에 코뮌이 활성화되어 더 많은 코뮌이 생겼다. 코뮌이 힘을 얻자 자신들을 부당하게 압제하는 주교를 처형하는 혁명을 일으키기도 했다. 이는 6백 년 후 프랑스 대혁명을 미리 보는 프랑스 최초의 민중 혁명이었다.

코뮌 혁명은 프랑스 대혁명을 너무도 닮았다. 모든 역학적인 구조가 유사했다. 프랑스 대혁명은 결코 우연히 일어난 것이 아니었다. 계급상승의 욕구와 억압된 인격이 6백 년 이상의 숙성 기간을 거치며 때가 되어 폭발한 것이었다. 그리고 카페 왕조가 멸망하는 과정은 6백 년 후 부르봉 왕가가 멸망하는 과정과 그 이후 18세기 프랑스의 모습과도 유사했다. 이러한 유사성을 더 깊이 분석하기 위해 그들의 기초가 되는 계급사회에 대한 이해와 분석이 필요하다.

계급사회는 어떻게 발달하였는가?

세상은 선악을 초월한 생명으로 살아가지 않고 선악으로 구별하며 살아간다고 했다. 선악이란 윤리 도덕만을 말하는 것이 아니라 좋은 것good

과 나쁜 것bad에 대한 보편적인 선악을 말하는 것이었다. 이것이 문명의 방향이었다. 선악은 이분법으로 끝나지 않고 선악 사이를 등급으로 나누었다.

인간이 가족을 형성하면서부터 선악과 등급이 형성된다. 부모, 형제, 남녀 등으로 서열화 내지는 위계질서가 형성된다. 가족의 등급화이다. 가장 평등하다고 하는 가족에서부터 등급과 서열이 형성되니 다른 사회적, 국가적 공동체가 등급화되는 것은 당연할 수밖에 없다. 물론 선악과 등급 자체가 나쁜 것은 아니다. 이것이 인간의 불평등을 직접 야기惹起하는 것은 아니다. 선악과 등급은 도구이고 기능이다. 그런데 이것이 목적이 되고, 확고한 존재와 구조로 변하면서 문제가 생기게 됐다.

인간이 필요하고 편리해서 만든 기능인데, 반대로 이 기능이 구조적으로 영구화되면서 인간을 지배하게 됐다. 이로 인해 인간은 소외되고 고통을 받게 됐다. 원래 이는 인간과 공동체를 효율적으로 발전시키고 행복하게 하려고 만든 것인데, 오히려 인간을 비인간화시키고 불행하게 했다. 이것은 분명 잘못된 것이었다. 왜 선한 것이 악으로 변하게 되었을까?

선악과 등급은 합리적인 것이고 이성적인 것인데, 여기에 감정이 개입되면서 문제가 생긴 것이었다. 선악은 원래부터 선악을 판단하는 것으로 끝나지 않고 이를 좋아하고 싫어하는 감정이 개입된다. 그러나 문제는 이 감정이 극단적으로 발전하는 것이다. 선을 너무 이상화하고 악을 멸시하는 극단적인 감정이 개입되는 것이다. 왜 이렇게 극단적인 감정이 개입하게 되는 것일까?

여러 요인이 있지만 종교가 큰 역할을 했다. 종교 특히 유대교와 기독교는 율법으로써 선악을 아주 중요시했다. 선을 하나님처럼 거룩한 것으로 이상화하고 악을 죽음과 저주로써 멸시하고 거부하도록 했다. 그래서 선으로 천국에 들어갈 수 있고 악으로 지옥을 가는 것으로 생각했다. 그리고 선은 천사의 성품이요 악은 마귀로 생각하기에, 선악을 극도로 이분화하는 감정이 개입됐다.

그러나 종교만으로 이렇게 되는 것은 아니다. 인간의 욕망, 욕구와 굶주림이 그렇게 만들었다. 인간은 본능적으로 좋은 것에 대한 환상을 갖게 하고 그 대상을 이상화한다. 그래서 선악과 등급에 대한 무조건적 환상과 욕망을 갖는다. 인간의 본능적인 계급상승 욕구가 바로 이러한 욕망에서 나오는 것이다. 특히 프랑스 사람의 이러한 욕구는 강했다.

인간에게는 다양한 고통이 있지만, 정신적 고통 중에 가장 큰 것은 버림받을 때일 것이다. 인간은 사랑을 본능적으로 갈망하기에 사랑에서 소외되고 버림받을 때, 가장 힘들어하고 고통스러워한다. 인간은 선과 높은 등급을 받으면 인정받고 사랑을 받는다. 그래서 사랑에 대한 욕구와 갈망 때문에 선에 대한 환상과 욕망을 갖는다. 그리고 반대로 인간은 악과 낮은 등급이 되면 무시당하고 버림받아 사랑으로부터 소외된다. 이것이 너무도 고통스러운 것이기에 인간은 악과 낮은 등급을 무시하고 경멸하는 것이었다.

그래서 인간은 이러한 다양한 감정과 본능 때문에 선악과 등급에 예민하게 반응하고 이것으로 인해 심하게 기뻐하고 괴로워하는 것이다. 그러나 이것이 인간을 더욱 노력하게 하고 발전하게 하는 원동력이 될 수 있다. 인간만이 문명을 급속도로 발전시킬 수 있는 것은 잠재된 능력이 많아서 그럴 수도 있지만, 인간의 신분 상승에 대한 강력한 욕구와 버림받음에 대한 두려움 때문이기도 하다. 프랑스가 일등 국가가 될 수 있었던 것도 이러한 무의식의 힘을 무시할 수 없을 것이다.

계급사회가 왜 힘들어졌는가?

그러나 가장 심각한 문제는 이러한 선악과 등급이 닫히고 영구화되는 것이다. 아무리 노력해도 등급이 세습화되거나 상승할 기회가 전혀 없을 때는 인간은 절망하고 분노한다. 그렇다고 모두가 폭발하는 것은 아니다. 상위 계급이 하위 계급을 지나치게 오랫동안 착취하면 그렇게 된다.

이러한 문제는 상위 계급의 지나친 욕망에서 기인한다. 자신들이 이미 최상위인데도 더 이상이 되고 싶어 하층 계급을 착취하고 압박하는 것이다. 유럽, 특히 프랑스 왕들의 이상은 늘 로마 황제였다. 시저와 같이 위대한 황제가 되고 싶은 것이었다. 그래서 유럽을 정복하고 모든 유럽의 왕들 위에 군림하고 싶었다. 그래서 그들은 웅장한 대관식을 거행하고 화려한 궁정에서 풍요로운 음식을 먹으며 향락을 즐기려고 했다. 프랑스에서 그러한 황제를 꿈꾼 사람들인 있었는데, 프랑수아 1세가 그러했고 가장 심한 왕이 루이14와 나폴레옹이었다. 그래서 그들은 늘 전쟁을 했고 아름다운 궁궐을 짓고 문화와 예술에도 많은 투자를 했다.

상위 계급의 또 다른 문제는 권력투쟁이다. 권력투쟁의 배경은 불신과 두려움이다. 권력에 있는 사람은 늘 자기가 상대를 제거하지 않으면 자기가 제거된다는 두려움이 있기에 상대를 의심하고 경계하며 기회가 오는 대로 그들을 제거하려고 했다. 그러나 상대방도 마찬가지이기에 늘 권력투쟁이 끊이지 않았다. 그래서 귀족과 왕족 그리고 왕족 안에서의 권력투쟁은 끊이지 않았다. 권력에는 형제도, 부모 자식도 부부도 없었다. 이러한 정쟁은 상위 계급으로 끝나는 것이 아니다. 그들의 싸움의 최종적 피해는 늘 하위계급으로 돌아갔다. 상위 계급의 욕망과 전쟁에 소요되는 비용은 결국 하위계급이 부담해야 했다. 그래서 그들을 착취했다. 그리고 전쟁이 발발하면, 농사를 제대로 지을 수 없게 되어 농민들은 더욱 가난해질 수밖에 없었다.

또 하나의 문제는 종교의 문제였다. 처음에는 교회는 하층민의 편에 섰었다. 왕이 교회와 주교에게 땅을 주었기 때문에 이를 하층민에게 농사짓도록 하여 그들을 보살폈다. 그리고 그들이 억울한 일이 있을 때 도와주었다. 그래서 봉건의 계급이 경직되지 않고 순환되는데 교회의 역할이 컸다.

그러나 십자군 전쟁 등으로 교회의 권위가 떨어지고 경제적으로 힘들어지니 그들은 면죄부를 파는 등 편법을 동원하기 시작했다. 그리고 종교재판 등으로 백성을 탄압했다. 교회는 원래 모습을 잃고 상위 계급과 결탁하여 하위계급을 억압했다.

카페 왕조의 인간발달

유럽의 여러 나라 중에 로마의 인간발달을 이을 수 있는 나라는 이탈리아와 프랑스였다. 이탈리아는 통일 국가는 세우지 못했지만 작은 왕국, 코뮌과 도시 국가 등이 발달하였고, 프랑스는 처음부터 통일 국가로 발전했다. 이탈리아는 르네상스를 통해 로마가 이루지 못한 인간발달을 계속해나갔지만, 이를 지속하지 못하는 바람에 더 이상의 발달은 이루지 못했다. 그러나 프랑스는 통일왕조와 자치적인 코뮌을 통해 인격발달을 어느 정도 이룰 수 있었다.

그때가 바로 카페 왕조의 4대 왕인 필리프 1세 때였다. 노르망디 공작인 기욤 2세가 잉글랜드를 정복하고 윌리엄 1세가 됐다. 프랑스의 영주가 잉글랜드의 왕이 된 것이었다. 이는 프랑스의 왕권을 확립하는데, 위협이면서도 기회이기도 했다. 그래서 필리프 1세는 노르망디에서 왕권을 확립하고 잉글랜드의 공격을 방어하기 위해서는 주민들의 협조가 필요했다. 그래서 주민들을 억압하기보다는 자율적인 코뮌을 허락했다.

또 십자군 전쟁이 시작하면서 영주들이 십자군에 참여했다. 그리고 왕들도 참전해야 했다. 이로 인해 봉건제의 억압이 다소 소홀해졌고 이 틈을 타서 코뮌들이 많이 생기게 됐다. 그러나 이러한 기회를 이용하려는 또 다른 세력이 있었는데 바로 주교들이었다. 그들도 이 기회를 틈타 약화된 자신의 세력을 늘리려고 했다. 그래서 주교들은 주민들을 심하게 압제했다. 이를 참다가 견디기 어려워 드디어 코뮌이 반란을 일으켰다. 예전 같으면 이런 일이 일어날 수 없었다. 이는 코뮌의 세력이 상당히 강화됐다는 것을 의미했다. 이처럼 코뮌이 강해질 수 있었던 것은 왕의 암묵적인 지원이 있었기 때문이었다.

이때만 해도 카페 왕조의 힘은 제후들에 비해 약했다. 왕의 힘은 왕이 소유한 땅의 크기로 결정되는데, 왕의 땅은 제후에 비해 아주 작았다. 특히 노르망디 공국으로 시작된 프랑스 내의 잉글랜드의 영토가 프랑스의 모든 제후의 영토보다 더 넓었기 때문에 필리프 2세도 잉글랜드에 대해 위협을 느끼지 않을 수 없었다. 잉글랜드가 전쟁으로 땅을 차지 한 것도 아니었다.

당시 노르망디 공작 겸 앙주 백작인 앙리가 부모로부터 물려받고, 또 필리프 2세Philippe II(1165~1223)의 선왕인 루이 7세Louis VII(1120~1180)와 이혼한 엘레아노르가 앙리와 재혼을 하면서 지참금으로 아키텐 공국까지 가져가, 앙리는 최대의 영토를 가지게 됐다. 앙리는 잉글랜드의 왕이 되어 헨리 2세Henry II(1133~1189)가 됐다. 그 후 스코틀랜드와 아일랜드까지 병합하여 아주 넓은 영토를 차지하게 되어 이를 잉글랜드라고 부르기보다는 '앙주 제국' 혹은 '플랜태저넷 제국'이라고 했다.

헨리 2세가 죽고 그의 아들 리처드 1세Richard I(1157~1199)가 왕이 되었는데, 그는 사자심왕으로 불릴 정도로 용맹한 왕이었다. 그래서 리처드 1세는 자신의 힘을 믿고 늘 정면으로 돌파하여 싸웠다. 필리프 2세는 그와 정면으로 싸워서는 승산이 없는 것을 알기에 항상 우회해서 계략으로 싸웠다. 그런데 오랜 싸움의 결과, 지략으로 싸운 필리프 2세가 승리했다. 그 후 리처드 1세가 죽고 아들인 존이 왕이 되었는데, 그는 다시 필리프 2세의 계략에 말려들어 아키텐을 제외한 프랑스 내의 모든 영토를 잃고 말았다. 그래서 존 왕John(1166~1216)은 불명예스럽게도 실지失地 왕이라 불렸다.

그러나 존 왕도 명예를 회복하기 위해 용기를 내어 신성로마제국과 플랑드르 백작과 연합하여 프랑스를 다시 공격했다. 전력으로 보면 필리프 2세의 군사가 열세였다. 그러나 그는 영주, 주교, 기사와 평민이 하나 되어 영국과 독일의 연합군을 물리칠 수 있었다. 완고한 봉건제에서는 보기 어려운 장면이었다. 필리프 2세가 자신의 약한 입지를 보충하기 위해 코뮌을 키운 덕분이었다. 이로 인해 프랑스는 다시 대부분 영토를 회복하였고 약했던 카페 왕조가 더욱 강해질 수 있었다. 이때가 카페 왕조의 전성기였다. 과거 로마가 하나의 힘으로 지중해의 최고의 강국인 카르타고를 물리친 것처럼 그들도 하나로 단결하여 연합군을 물리친 것이었다.

이는 역사적으로 아주 중요한 의미를 갖는다. 봉건제가 압제와 요구의 사슬이 아니라 자연처럼 서로를 존중하고 돌보는 생명과 사랑의 사슬이 된다면, 그 어떠한 난국도 돌파할 수 있다는 것을 증명한 것이었다. 그 중심에는 코뮌이 있었고 그들이 프랑스라는 정체성과 주인의식으로 하나 되었기에 승리할 수 있었다. 이는 프랑스 인격을 어떻게 발달할 수 있는지에 대한 아주 중요한 실험이었다. 그러나 이것이 실험으로만 끝난 아쉬움이 있었다.

왕권 강화로 일어난 인격발달의 퇴행

이처럼 프랑스는 코뮌을 통해 부강해졌고 인간발달도 이룰 수 있었다. 그러나 전쟁으로 인한 코뮌 발달은 여기까지였다. 전쟁을 통해 가장 크게 권력을 쥐게 된 것이 왕권이었다. 왕이 왕권의 강화를 위해 코뮌을 잠시 이용한 것이지, 그들을 인격으로 진정으로 허용하고 발달시키려는 것은 아니었다. 그래서 왕권이 강화된 이후 코뮌을 다시 억압했다. 그리고 프랑스는 다시 왕이 중심이 되는 나라가 됐다. 과거 게르만 왕조보다 억압이 약간 나아진 것은 사실이지만, 여전히 왕권과 봉건제로 일반 주민들은 억압적인 삶을 살아야 했다.

왕권은 계속해서 자신의 세력을 확보하기 위해 국내 정벌과 국외 전쟁을 계속하였고 또 십자군 전쟁도 계속 참여했다. 이를 통해 왕권을 계속 강화해나갔다. 그러나 여전히 지방 영주들의 힘이 왕보다 강했다. 그 결정적인 이유는 왕이 소유한 땅이 적었기 때문이었다. 그래서 왕은 영주와 좋은 관계를 유지해야 했고 이를 위해 가장 좋은 길은 결혼이었다. 그래서 영주의 딸과 결혼을 많이 했다. 그러나 이것이 나중에 화근이 되기도 한다. 이에 대해서는 다시 이야기할 것이다.

왕권을 강화하는데 또 다른 길이 있었는데 이는 교회를 통해서였다. 중세기 교회는 모든 세력 위에 군림했다. 왕권도 복종해야 했다. 그러나 교황과 주교의 힘이 약해지기 시작했다. 왕은 이 힘의 공백을 그냥 둘리 없었다. 그동안 너무 눌려 산 것도 억울하였고 또 이 힘을 잘 이용하면 영주의 세력도 자기의 권위 아래에 둘 수 있기에 왕은 교회를 자신의 세력 아래 두려고 했다.

그러나 왕은 처음부터 이러한 의도를 드러낼 수는 없었다. 처음에는 왕의 순수한 신앙의 발로로 교회를 도와주는 척하려고 종교재판관의 역할을 했다. 카페 왕조의 2대 왕인 로베르 2세 Robert II(972~1031)는 신앙심이 아주 깊어 경건왕으로 불렸다. 그는 가난한 자에게 음식을 나누어주고 그들의 발을 씻어주는 등 경건한 일을 많이 했다. 그런데 그는 이와 함께 이단을 화형시키는 끔찍한 종교재판도 시행했다. 루이 7세는 십자군 원정에도 참여했지만, 유대인을 추방하는 일도 했다. 그리고 프랑스의 전성기를 맞이했던 필리프 2세는 남부 프랑스를 중심으로 '알비파'라는 이단을 색출하여 잔인하게 학살했다. 이를 알비 십자군 원정이라고 했다. 이러한 일은 그다음 왕인 루이 8세Louis VIII(1187~1226)까지 계속됐다.

카페 왕조의 거의 마지막 왕인 필리프 4세는 더욱 노골적으로 왕권신수설을 주장하며 중앙집권을 강화했다. 그리고 드디어 교황의 권위에 정면으로 도전하여 로마의 교황청을 강제로 폐하고 자신의 영토인 아비뇽에 교황청을 두고 교황을 그곳에 있게 했다. 이를 '아비뇽 유수'라 했다. 그리고 십자군 전쟁에서 큰 역할을 하고 구제와 봉사활동을 많이 해 온 '탕플 기사단'을 이단으로 몰아 심한 고문 등을 행하며 허위자백을 받아 화형시켰다.

필리프 4세Philippe IV(1268~1314)는 미남왕이라는 이름처럼 그는 미남이었다. 그는 미남으로 자기가 최고라는 나르시스적인 병을 가졌는지, 자기보다 더 잘생기고 인기를 누리는 자를 허용하지 못했다. 이러한 병 때문인지 필리프 4세는 자기 이상의 권위로 인정받는 자를 모두 제거해버리는 정신병적 행동을 자행했다. 너무 가혹한 일을 많이 해서인지, 그 이후로 카페 왕조에서 왕 다운 왕이 나오지 않았다.

그는 사냥 중 뇌졸증으로 쓰러져 죽었다. 그는 자식이 없고 동생들만 있어서 그가 죽은 후 세 명의 남동생(루이 10세Louis X(1289~1316), 필리프 5세Philippe V(1292~1322), 샤를 4세Charles IV(1294~1328)가 연이어 왕이 되었지만, 모두 단명하거나 불행하게 죽었다. 그는 죽어서도 자신만이 최고의 왕이 되길 바랐는지 그 이후로는 제대로 된 왕이 나오지 않았다. 그리고 여동생 이사벨라는 잉글랜드의 에드워드 2세Edward II(1284~1327)와 결혼하여 에드워드 3세Edward III(1312~1377)를 낳았는데, 그가 100년 전쟁을 일으킨 장본인이 됐다. 이처럼 위그 카페는 코뮌을 통해 잠시 인격발달을 이루는 것 같다가 왕권 강화와 타락을 통해 퇴행으로 빠져들었다.

상향 욕망에 의한 멸망

어느 시대나 계급이 형성되는 것은 어쩔 수 없는 일이다. 그러나 그 계급이 너무 완고하거나 수직적이지 않고, 부드럽고 수평성도 어느 정도 유지되어야 인간이 발달할 수 있다. 이를 위해서는 상부 계급이 위로만 올라가려는 수직 욕구가 너무 강해서는 안 된다. 그들이 이미 많은 것을 이루었는데 더 많은 것을 이루려는 욕망이 있는 한, 결국 하부 계층을 억압하고 착취할 수밖에 없다. 이렇게 되면 계급구조는 하나가 되지 못하고 균열하다가 결국 억압받던 하부계층이 반란을 일으켜 그 체제는 붕괴하고 만다. 로마제국이 그렇게 멸망했다.

로마제국이 어떻게 발달하였는가를 설명하면서, 그들은 수직 욕구에 갇히지 않고 하부 계급에게 열림으로 하나가 되어 로마제국을 이룰 수 있었다고 했다. 로마의 공화정이 바로 그 힘이었다. 카페 왕조도 필리프 2세 때 코뮌을 수용함으로 하나가 되어 전쟁에서 승리하고 최고의 번영을 이룰 수 있었다. 필리프 4세 때 교황 보니파시오 8세Bonifacio

VIII(1235~1303)와 힘겨루기를 하면서, 혼자의 힘만으로 감당하기 어려워 삼부회(귀족, 성직자, 평민)를 소집했다. 그래서 그는 하나의 목소리로 교황에 대항했다. 물론 이 삼부회는 왕권을 위해 동원된 것이라 엄밀한 의미에서 진정하게 열린 힘은 아니지만, 적어도 하나의 힘으로 교황과 싸워 이긴 것은 사실이었다.

카페 왕조가 인간발달을 지속하지 못하고 멈추고 멸망한 것은 왕권이 너무 수직 상향하려는 욕구 때문이었다. 일시적으로 코뮌이 활성화되었지만, 왕권 강화를 위해 다시 억압했다. 그래서 카페 왕조는 경직되고 균열하기 시작하였고 결국 붕괴했다.

그리고 로마가 멸망하는데 또 다른 힘과 현상이 있었다. 그것은 지나친 부패와 향락중심의 사회가 된 것이었다. 이는 단순히 도덕적인 차원으로 보기보다는 인격발달 차원에서 보아야 한다. 세속적이고 향락적인 사회라는 것은 욕망이 중심이 되어 움직인다는 뜻이다. 인간발달에 욕망을 지나치게 억압하는 것도 문제지만, 욕망이 지나친 것도 문제이다. 앞서 수직적인 상향 욕망 때문에 로마와 카페 왕조가 망했다고 했는데, 세속적 욕망도 결국 이러한 상향적 욕망에서 나온다.

자신이 부패와 향락을 통해 자신이 귀족과 왕이 사는 것처럼 인생을 향유하려는 상향 욕망에서 나오는 것이다. 그리고 이러한 욕망은 극도의 이기성을 갖는다. 그래서 다른 사람이나 자기보다 낮은 계급을 배려하는 자비심이 사라진다. 그래서 하층 계급은 더욱더 힘들게 되므로 인간발달이 퇴행하고, 결국 그 체제는 멸망하게 되는 것이다. 개방적인 사회보다 폐쇄적인 사회가 될 수밖에 없었다. 이로 인해 카페 왕조가 멸망하였고 다음 왕조인 발루아 왕조에게 큰 짐을 안겨주었다. 그것이 100년 전쟁이었다. 이 전쟁의 불씨는 카페 왕조에서 시작되었고 모두 불륜과 연관된 일이었다.

카페 왕조의 루이 7세는 뚱보왕으로 유명하다. 그는 십자군 원정에 참여하는 동안 형제가 왕위 찬탈을 시도했고 또 왕비 엘레오노르가 사라센 청년과 불륜의 관계를 가졌다. 이로 인해 왕비와 이혼하게 되었고 그녀는 다시 노르망디 공작인 헨리 플랜태저넷과 재혼했다. 그런데 남편이 잉글랜드 왕 헨리 2세가 되었고 아내의 지참금으로 가져간 프랑스의 많은 영토는 영국의 것이 됐다. 이것이 결국 나중에 100년 전쟁의 씨앗이 된 것이었다. 결국 불륜의 결과로 생긴 일이었다.

그리고 필리프 4세가 죽은 다음 동생들이 왕위를 물려받았는데 모두 단명하거나 불행한 결과를 맞이하여 제대로 된 왕이 나오지 못했다. 그리고 형제들의 부인 3명이 다른 남자들과 난잡한 성 파티를 벌었다. 그래서 이 여인들의 죄가 발각되어 비참하게 죽고 말았다. 그리고 여동생 이사벨라는 정상적인 결혼을 하였지만, 영국의 에드워드 2세와 결혼하여 그의 아들인 에드워드 3세가 100년 전쟁을 일으키는 장본인이 됐다. 이 전쟁의 배후에는 성적 문란이 있었다. 필리프 4세의 집안에 이러한 문제가 있으니 그 집의 딸에게 이러한 일이 일어난 것이었다. 이러한 일을 비도덕성 대한 형벌로 단순하게 볼 수는 없지만, 왕족들의 성적 문란이 흥망성쇠에 연관될 수 있다는 것을 암시한다. 필리프 4세가 왕권을 지나치게 강화하려는 수직 욕망은 쾌락 욕망을 동반하게 되고 이러한 계급 구조로는 인간발달을 이룰 수 없었기에 붕괴와 퇴행으로 간 것이었다.

제 5 장

프랑스 국가의
탄생

100년 전쟁은 어떻게 시작되었는가?

카페 왕조는 종말을 고하고 발루아 왕조가 시작됐다. 한 왕조가 막을 내렸지만, 사실 이름만 발루아이지 카페 왕조의 연장이라고 보아야 할 것이다. 카페 왕조의 마지막 왕인 샤를 4세가 후사 없이 죽자 족보로는 손자인 에드워드 3세가 왕위를 계승하는 것이 맞지만, 그가 잉글랜드 왕을 겸임하고 있기에 프랑스 귀족들은 족보로는 한 수 멀지만 4촌인 발루아 백작 필리프 6세Philippe VI(1293~1350)를 새 왕으로 택했다. 이로써 발루아 왕조가 시작된 것이었다.

   새로운 왕조가 열리자 유럽 역사상 가장 지루하고 오래 지속된 100년 전쟁이 기다리고 있었다. 100년 전쟁은 1337년에서 1353년까지 116년 동안에 일어난 전쟁이다. 100년이라기보다는 116년 전쟁이 더 맞지만,

중간에 흑사병 등으로 휴전을 한 것을 따지면 대충 100년이 되기에 100년 전쟁이라 한다. 물론 100년을 연속하여 전쟁한 것은 아니지만, 거의 100년 가까이 프랑스와 영국이 전쟁 상태에 있었기에 이렇게 부르는 것이다. 왜 이렇게 긴 전쟁을 하게 되었을까?

당시 프랑스와 영국은 거의 한 나라처럼 주권과 영토가 얽혀 있었다. 과거 카페 왕조 때부터 이러한 관계가 계속되었지만, 과거에는 영국이 프랑스 내에 가진 영토가 프랑스 왕국의 영토보다 많았다. 그래서 겉으로는 영국이 프랑스 왕을 봉신으로 섬겨야 하였지만, 실제로는 영국의 영토가 더 많아 프랑스를 압도하고 있었다. 그러나 필리프 2세 이후 대부분 영토를 프랑스가 회복하였고 그 이후 프랑스는 유럽 최고의 국력을 자랑하는 나라가 됐다. 프랑스의 인구는 2천만 정도로 영국의 3~4배 되었고 프랑스 왕은 교황과 신성로마제국의 황제를 능가하는 권위와 힘을 가지고 있었다. 그리고 영국은 양모로 겨우 먹고사는 가난한 나라였다. 아무리 영국이 프랑스에 불만이 있더라도 감히 프랑스를 상대로 전쟁을 벌일 수는 없었다. 다윗과 골리앗의 싸움과 같은 것이었다. 그런데 전쟁이 일어났다.

전쟁을 먼저 일으킨 것은 영국의 에드워드 3세이다. 왜 그는 이런 무모한 전쟁을 도발하였을까? 영국은 프랑스에 비하면 고양이 앞의 쥐였다. 쥐가 고양이를 공격하는 것은 고양이를 이기려고 하는 것이 아니라, 더 이상 물러설 곳이 없어서이다. 영국은 프랑스와 싸울 의도나 여유도 없었다. 에드워드 3세는 스코틀랜드와의 전쟁에 바빴기 때문이었다. 에드워드 3세는 이미 필리프 6세와 왕위 다툼을 할 때부터 그에게 미운털이 박혀 있었다. 그러나 왕위가 필리프 6세에게로 가게 되자 그는 파리로 가서 필리프 6세에게 신하로서 충성맹세까지 하며 평화를 유지하려고 애썼다. 그렇지만 이렇게 한다고 미운털이 뽑힐 리 없었다.

에드워드 3세는 필리프 6세가 왕위에 오르는데 정통성 시비를 걸었기 때문에 더욱 그를 받아들이기 어려웠다. 그래서 필리프 6세는 에드워드 3세가 충성맹세를 하였지만, 영국을 계속 못마땅하게 여기며 위협했다. 필리프 6세는 영국과 싸우고 있는 스코틀랜드를 후원하여 영국을 압박했다. 그리고 스코틀랜드 전함과 함께 프랑스 함대로 영국을 위협했다. 에드워드 3세는 힘들었지만, 그렇다고 무조건 수그러들 수만은 없었다. 그래서 묘한 수를 꺼내 들었다. 프랑스와 전면 전쟁할 수는 없었기에 경제적으로 저항한 것이었다. 당시 영국의 경제적 수입은 양모 수출과 영국 영토인 프랑스 기옌(현재 보르도 지방)에서 나오는 포도주밖에 없었다. 이 모두가 프랑스와 연관되어 있었다. 특별히 프랑스는 영국의 양모를 받아 플랑드르 지방에서 가공하여 상당한 수입을 올리고 있었다. 영국은 제 살을 깎는 아픔으로 플랑드르로 가는 양모 수출을 금지하여 프랑스에 경제적 타격을 주고자 했다. 그래도 기옌의 포도주가 있기에 가능한 조치였다.

당시 프랑스의 기옌이 있는 아키텐 지방은 법적으로는 영국의 영토였다. 아키텐은 카페 왕조의 루이 7세 왕비가 이혼한 다음 노르망디 공작 헨리 프랜태저넷(영국 헨리 2세)와 결혼할 때 지참금으로 가져간 프랑스의 영토 중에 하나였다. 그렇기에 그곳에서 나오는 포도주를 수출할 수 있었다. 그런데 이를 못마땅하게 여기던 필리프 6세가 영국이 봉신으로 의

무를 다하지 않는다는 이유로 수출을 금지시켰다. 영국의 유일한 젖줄인 기옌과 플랑드르가 막혀버리니 그는 전쟁을 택할 수밖에 없었다. 코너에 몰린 쥐가 고양이에게 덤벼든 것이었다. 하다가 안 되면 그때 가서 항복하더라도 에드워드 3세는 프랑스를 먼저 공격했다. 에드워드 3세가 이처럼 용기를 내는 데는 플랑드르의 양모 업자들이 전쟁을 후원하고 부추겼기 때문이기도 했다.

일방적으로 몰린 프랑스

그런데 의외의 결과가 나왔다. 영국이 연전연승했다. 영국은 스코틀랜드와의 전투에서 이미 실전을 쌓았기에 효율적인 전쟁을 할 수 있었지만, 프랑스는 과거 중세기의 기사와 십자군식으로 전쟁을 했다. 겉으로는 프랑스가 막강하였지만, 실용적이고 실제적인 전투를 익힌 영국이 압도적으로 승리했다. 영국은 장궁으로 무장하여 효율적인 공격을 하였으나, 프랑스는 무거운 갑옷으로 무장하여 제대로 싸울 수 없었다.

영국이 의외의 승리를 거두자 과거 자신의 조상들이 가졌던 영토를 탈환하고 싶은 욕심이 생겼다. 그런데 흑사병이 창궐하는 바람에 더 이상 전쟁을 계속하지 못하고 10년을 휴전했다. 여기서 물러설 영국이 아니었다. 그다음에는 에드워드 3세의 아들 흑태자 에드워드가 전쟁에 나서자, 프랑스도 필리프 6세가 죽은 이후였기에 그의 아들 선량왕 장 2세 Jean II(1319~1364)가 나섰다. 프랑스는 과거 그렇게 당하고서 달라진 것이 없었다. 그래서 다시 프랑스가 패하고 이번에는 장 2세까지 포로로 잡혀갔다. 그리고 전쟁 결과 장 2세의 엄청난 몸값과 함께 과거 프랑스에 있었던 대부분 영토를 되찾았다.

장 2세를 이어 샤를 5세Charles V(1338~1380)가 왕이 됐다. 샤를 5세는 지혜로웠다. 샤를 5세는 전면전으로는 영국과 승산이 없다는 것을 알기에 국지전으로 잃었던 영토를 조금씩 회복하기 시작하여 나중에는 잃었던 영토의 상당 부분을 회복했다. 그러나 다음 왕인 샤를 6세Charles VI(1368~1422)에 와서 다시 위기가 찾아왔다. 샤를 6세는 당시 휴전 중이었지만, 그가 정신병에 걸리는 바람에 정상적인 정무를 볼 수 없었다. 그래서 섭정을 결정하는 중에 '아르마냐크파'와 '부르고뉴파'로 서로 나누어져 권력 싸움을 했다. 단순한 권력 싸움이 아니라 내란 상태로까지 번졌다. 이 틈을 노리고 있던 영국의 헨리 5세Henry V(1386~1422)가 전쟁을 일으켜 휴전이 깨어지고 전쟁이 재개됐다. 헨리 5세는 잃었던 영토를 다시 찾겠다는 집념으로 전쟁을 일으킨 것이었다.

일승일패를 나누어 가졌던 두 나라가 마지막 결판을 내는 전쟁이었다. 헨리 5세는 젊은 나이에 여러 전투 경험이 풍부한 명장이었고 과거 왕들과 다르게 영어만을 구사하는 완전한 영국 왕이었다. 그리고 그는 동생 랭커스터 존과 함께 영국군을 이끌고 프랑스를 공격했다. 그리고 프랑스는 내전으로 전쟁을 할 수 있는 상태가 아니었다. 아르마냐크파가 부르고뉴 공작을 살해하면서 프랑스의 내전은 더욱 심각해졌다. 더욱이 수장을 잃고 위기에 몰린 부르고뉴파는 오히려 영국 편에 붙어버렸다. 그러니 전쟁은 프랑스에 아주 불리해졌고 영국이 파죽지세로 승리했다. 그 후 부르고뉴파가 파리를 점령하였고 거기서 영국 왕이 대관식을 올리고 굴욕적인 트루아 조약을 제시하였다. 조약 내용은 프랑스 왕국이 완전히 사라지는 것이었다.

샤를 6세도 죽고 왕태자 샤를(나중에 샤를 7세가 된다)은 르와르강 시농성으로 피신했다. 그러나 그는 조약에 서명하지 않으면 안 되는 상황이었다. 영국군은 샤를을 압박하기 위해 오를레앙을 거쳐 시농성을 향해 공격하고 있었다. 풍전등화의 프랑스와 샤를이었다. 그리고 프랑스군은 영국군에 대항할 전의를 완전히 상실한 채, 후퇴만 하고 있었다. 그런데 정말 말도 안 되는 일이 일어났다.

잔 다르크를 통한 기적적인 역전

바로 시골의 17세의 처녀인 잔 다르크Jeanne d'Arc(1412~1431)의 출현이었다. 전쟁을 전혀 알지도 못하는 시골의 무식한 한 소녀가 갑자기 나타나 오를레앙을 구하라는 하나님의 계시를 받았다면서 샤를 앞에 나타난 것이었다. 샤를은 기뻐하기보다는 모욕감을 느꼈다. 아무리 전세가 절망적이지만 어떻게 이런 소녀에게 전쟁을 맡길 수 있겠는가? 그러나 우여곡절 끝에 그녀는 결국 전쟁을 진두지휘하였고 그녀는 놀랍게도 연패 가운데 있던 프랑스군을 연전연승하게 했다.

그리고 당시 아직 프랑스 국왕으로 등극하지 못한 샤를 7세Charles VII (1403~1461)가 잔 다르크의 도움으로 랭스성당에서 대관식을 치를 수 있었다. 그런데 비극적인 일이 일어났다. 잔 다르크가 전투에서 패하여 당시 영국의 편이었던 부르고뉴의 군대에게 잡혀 영국군에 넘겨졌다.

샤를 7세는 프랑스의 영웅이고 개인적으로는 은인인 잔 다르크를 몸값을 지불하고 충분히 구출할 수 있음에도 그녀가 죽도록 버려두었다. 그래서 그녀는 마녀로 재판을 받고 끔찍한 화형을 당했다.

정말 가슴 아픈 일이었다. 어떻게 프랑스를 살리려고 전쟁에 뛰어든 한 소녀를 이렇게 배신하며 버려둘 수 있었겠는가? 신이 살아있다면 그녀를 구하든지 그녀를 버린 프랑스와 샤를 7세를 응징해야 마땅한 데, 그런 일은 일어나지 않았다. 샤를 7세가 그녀를 버려둔 것은 두 가지 이유에서였다. 그녀가 왕을 넘어서 백성들의 영웅이 되는 것을 질투하였기 때문일 것이고 또 다른 이유는 어린 소녀에게 프랑스 국왕이 끌려다니는 모양이 창피했기 때문이었다. 이제 대관식까지 치른 정식 프랑스 국왕인데 자신의 체면과 권위를 생각하지 않을 수 없었다. 이제는 프랑스군의 사기도 올랐으니 자신의 힘으로 승리하고 싶었다. 무식한 시골 소녀 덕에 전쟁에서 이겼다는 소리를 듣고 싶지 않았을 것이다. 프랑스인의 자존심을 볼 수 있는 대목이다. 2차 대전 후 드골이 내세운 프랑스의 자존심과 비슷하다.

그래서 그런지 잔 다르크가 죽고 샤를 7세는 전쟁에 이기기 위해 엄청난 노력을 했다. 그 후 전쟁에서 패하면 그야말로 모든 비난을 다 받아야 하기에 전력을 다한 것이었다. 그 결과 탄생한 것이 대포였다. 대포를 통해 프랑스는 영국의 장창을 격파할 수 있었고 그 이후 막강한 화력을 내세워 영국을 일방적으로 몰아붙일 수 있었다. 마지막으로 프랑스는 기옌을 함락함으로 긴 100년 전쟁을 승리로 끝낼 수 있었다. 두 나라가 100년이란 긴 세월 동안 전쟁을 벌인 의미는 무엇일까? 특별히 이를 인간발달의 측면에서 살펴보려고 한다.

불편한 진실 – 잔 다르크

100년 전쟁의 첫 번의 의미는 잔 다르크의 출현이었다. 정말 혜성같이 나타났다 사라진 한 어린 소녀였다. 동화나 만화 같기도 하고 어떤 신화에서나 볼 수 있는 이야기 같다. 연약한 소녀와는 어울리지 않는 극렬한 전쟁에서 그녀는 중심에 서서 프랑스를 구원했다가, 조국 프랑스에 배신당해 참혹하게 죽는 이야기이다. 이 사건을 그냥 전쟁의 한 에피소드로 넘어가기에는 너무도 이해하기 어려운 것이 많다. 그래서 이에 대해서 한 번 생각해보려고 한다.

잔 다르크의 승리는 아마 인류역사상 가장 이해하기 어려운 미스터리 중에 하나가 될 것이다. 이를 역사적인 사실로 받아들이지만, 이를 객관적으로 분석하기가 쉽지 않다. 허구적 사실 같은 내용이 너무 많기에 이를 인정할 수도 안 할 수도 없다. 프랑스 사람들은 잔 다르크를 영웅으로 받들지만, 사실 아주 불편하다. 그들의 마음은 아마 샤를 7세와 비슷할 것이다. 그러나 그들은 그녀를 영웅으로 기리고 있다. 이에도 그들 고유의 이중성이 있는 것이다.

종교를 삶에서 배제하려는 프랑스도 잔 다르크를 민족의 영웅으로 떠받들고 있을 정도니 그녀는 그 누구도 무시할 수 없는 역사적 사실인 것은 틀림없다. 그러나 그 시대이든 지금이든 잔 다르크의 기적을 사실로 받아들이기는 다소 불편하다. 신을 인정할 수도 부인할 수도 없는 사건이기 때문이다. 이를 인정한다면 너희는 "왜 신을 믿지 않는가?"라고 되물을 수 있고, "신이나 기적 같은 것은 없다"라고 한다면 잔 다르크의 역사적 사실을 부인하는 것이기 때문에 모두가 이 사실 앞에서는 불편해지는 것이다.

    신앙이 있다고 해서 이를 무조건 신이 살아있는 증거라고 주장할 수도 없고 프랑스를 신이 구원했다고 주장할 수도 없다. 그리고 의로운 그녀를 마녀로 화형시킨 것도 당시 기독교 국가였던 영국과 프랑스 모두에게 불편한 사실이다. 마녀가 프랑스에게 불가능한 기적을 안겨주었다는 것도 불편한 진실이다.

    한마디로 이 사건에 신이 강력하게 개입되어 있기에 불편한 것이다. 과거 원시시대나 고대에서 일어난 일이라면 성경이나 그리스 신화의 기적처럼 받아들이면 되지만, 그래도 인간의 합리적인 문명이 발달한 시대에 이런 이야기를 사실로 받아들이기가 쉽지 않은 것이다. 인간이 신에서 벗어나 많이 발전했다고 생각하고 있었는데, 다시 신이 역사의 중심에 등장하는 것 같으니 인간으로서는 자존심이 상하는 일이다. 다시 예전의 신으로 돌아가야 하는가? 아니면 인간의 갈 길을 계속 가야할 것인가? 역사를 통해 인간발달을 시도하고 있는 인간으로써 이 사건이 불편하지 않을 수 없었다. 인간발달인가 아니면 인간퇴행인가를 선택하는 것이기도 했다.

    신이 만일 역사에서 인간이 신을 벗어나 자기의 길을 가는 것을 원하지 않는다면, 이미 인간은 그 길을 갈 수 없었을 것이다. 신의 능력과 힘으로 인간의 길을 막으면 인간은 결코 인간이 주체가 되는 문명을 이룰 수 없다. 성경에 있는 바벨 탑 사건이 바로 그러한 경우이다. 그러나 성경은 인간의 성장을 막거나 방해하지 않고 오히려 원하는 것을 볼 수 있다. 성경의 탕자 이야기가 바로 그러한 내용이다. 탕자의 아버지는 탕자가 유산을 미리 받아 아버지를 떠나 자기의 삶을 사는 것을 허용했다. 만일 성경의 탕자가 아버지를 떠나 자기 길을 가는 것을 아버지가 거부하고 막을 생각이었으면, 충분히 그렇게 할 수도 있었다. 그러나 아버지는 이를 허용하고 어떠한 방해도 하지 않고 기다렸다.

이처럼 신은 인간이 신을 떠나 성장해나가는 것을 허용하며 바라보고 있다고 보아야 한다. 신은 인간이 역사를 통해 성장하고 발달하기를 원하는 것이다. 부모가 자식이 성장하기를 원하듯 신도 그러한 마음일 것이다. 그래서 잔 다르크의 기적을 신이 인간의 발달을 가로막는 사건으로 받아들이거나 인간이 다시 신에게 돌아오라는 뜻으로 받아들일 필요는 없을 것이다. 신이 그런 의도였다면 잔 다르크가 죽지 않고 더 큰 기적을 일으켜 프랑스 황제가 된 후 프랑스를 신성 국가로 만들었을지도 모른다. 그렇게 비참하게 죽는 것을 버려두지도 않았을 것이다.

잔 다르크가 인격발달에 주는 의미

그래서 우리는 이 기적을 신과의 관계로 볼 것이 아니라 인간발달의 차원에서 볼 수 있어야 한다. 신도 인간이 신을 떠나 제대로 발달하기를 지켜보면서 바르게 성장하기를 원하기 때문이다. 그러나 신은 인간이 자기발달을 잘못하고 있을 때, 일시적으로 개입할 수 있다. 이것이 부모의 심정이다. 그래서 잔 다르크의 사건은 신이 개입한 것으로 보아야 하지만, 인간의 발달을 가로막기보다는, 인간의 바른 발달을 돕는 차원에서 보아야 한다는 것이다.

그렇다면 프랑스는 과연 인간발달에서 무슨 잘못을 하고 있었을까? 앞서 카페 왕조의 흥망성쇠를 설명하면서 이야기한 내용이었다. 이러한 문제는 다른 문명에도 적용되는 문제였다. 생명과 선악의 문제였다. 지나친 선악의 등급으로 가면 퇴행이 일어나 쇠망하였고, 가능한 생명의 법으로 가면 인격발달이 일어나면서 흥하였던 것이었다.

생명은 선악과 등급이 없다. 생명은 작고 크고, 아름답고 추하고를 선악으로 나누지 않는다. 서로 수용하며 하나가 되어 살아가는 것이 생명이다. 다양한 모양을 한 자연처럼, 다양한 악기의 오케스트라처럼 생명은 다양한 것이 하나가 되어 자기를 이루며 살아간다. 그러나 인간은 생명을 떠나 선악과 등급으로 갔다. 선은 더욱 선이 되려고 하고 악을 미워하고 멀리한다. 그래서 이분법이 생기고 인간 역사의 갈등과 편견이 생기는 것이다. 이것이 심해지면 전쟁으로 가게 된다.

인간 사회에는 어쩔 수 없이 등급 즉 계급이 형성된다. 그런데 그 계급이 지나치게 선악의 이분법으로 치우치게 되면 그 사회는 붕괴한다. 상위 계급은 하위 계급을 수용하며 공생의 방향으로 나가지 않고 상위는 더욱 수직 상향을 꿈꾸며 하위 계급을 더욱 압제하고 학대한다. 이렇게 되면 그 사회는 붕괴할 수밖에 없다. 우리는 이를 그리스, 로마와 프랑스의 카페 왕조에서 살펴보았다.

카페 왕조에서 이를 다시 자세히 살펴보자. 카페 왕조가 가장 부흥하였을 때는 하위 계급을 수용하여 코뮌이 발달할 때였다. 그러나 그 이후 왕권이 자신만의 권력을 강화하고 수직 상향하려고 하였을 때 하위 계급은 압제를 받았고 이를 통해 결국 카페 왕조는 몰락했다. 인간의 상향욕구는 부패와 향락으로 이어지면서 카페 왕조는 퇴행할 수밖에 없었다. 이 모든 것이 자신을 채우고 보존하려는 선악의 확장 때문이었다.

이러한 뜻에서 100년 전쟁과 잔 다르크의 출현은 중요한 의미를 갖는다. 프랑스와 영국의 전쟁은 사실 외국과의 전쟁이라기보다는 내전의 성격이 강한 전쟁이었다. 당시 영국 국왕은 프랑스의 봉신이었기 때문에 왕과 신하의 전쟁이었다. 영국은 프랑스와 전쟁을 할 수 있는 전력이 되지 않았다. 프랑스가 영국을 너무 몰아쳤기 때문에 영국이 어쩔 수 없이 방어적인 전쟁을 시작한 것이었다. 강국인 프랑스가 약자인 영국을 조금이라도 수용하고 받아주었으면, 지금 영국까지 프랑스의 영토가 되었을지도 모른다. 영국이 먼저 전쟁을 일으켰지만, 프랑스가 자신을 너무 강화하고 보존하기 위해 영국을 압박하였기 때문에 전쟁이 발발했다. 그래서 강한 것이 강한 것을 더 강화하고 보존하려 하였고 약한 것을 더욱 몰아세웠기 때문에 전쟁이 발생한 것이었다.

그런데 전쟁에서는 반대의 일이 일어났다. 약한 영국이 압도적으로 우세했다. 이 역시 선악과 계급의 인간 사회에 의미 있는 교훈이 된다. 인간의 역사는 강자가 항상 승리하는 것이 아니고 때로는 약자가 승리하는 것을 보여주는 것이었다. 그 강하고 위대한 로마가 야만이고 작은 게르만에 무너진 것을 보면 알 수 있다. 그리고 강한 프랑스가 약한 영국에 무너지고 말았다. 강하다는 것은 허상이었다. 무거운 짐이었다. 이처럼 새로운 역사는 약하고 작은 곳에서 시작되는 것이었다.

그러나 인간의 전쟁은 더 작은 미생물에 허물어졌다. 미생물은 이처럼 인간에게 크나큰 역사적 교훈을 준다. 흑사병 앞에 모든 인간이 무기력해진 것이었다. 가장 비천하고 작은 미생물이 가장 강한 존재가 된 것이었다. 이처럼 미생물은 기회 있는 대로 인간의 역사에 개입하여 이를 깨우쳐 주었다. 그러다가 다시 전쟁이 계속되어 프랑스가 다시 위기에 몰렸다. 그런데 다시 놀라운 일이 일어났다. 거의 미생물에 가까운 한 어린 처녀 잔 다르크가 나타나 모든 전세를 뒤엎고 프랑스에 승리를 안겨 준 것이었다. 이처럼 100년 전쟁은 가장 작은 자들의 승리였다. 강하고 위대해지려는 인간에게 약하고 작은 것이 얼마나 소중한지 일깨워주는 전쟁이었다. 이를 늘 기억해야 인간은 바르게 발달할 수 있다는 것이 이 전쟁과 잔 다르크의 교훈이었다.

이는 선악과 등급과 계급으로 살아가는 인간에게 진정한 발달이 어디에서 오는지를 다시 한번 기억하게 하는 중요한 교훈이었다. 이것은 인류문명과 인격발달에 아주 중요한 원리이다. 이를 나중에 해체철학에서는 해체성이라 하였고 미래 인류가 풀어야 할 중요한 과제로 등장한다.

국가 정체성의 출현

100년 전쟁의 의미에 대해 두 번째로 생각해보아야 할 점도 역시 100년 전쟁이 인간발달에 미친 영향에 대한 것이다. 잔 다르크를 통한 교훈을 프랑스는 얼마나 깨우치고 수용하였을까? 샤를 7세는 잔 다르크가 죽은 이후 인간발달의 길을 제대로 갔을까? 그런 것 같지 않았다. 잔 다르크를 제거하는 것부터가 인간발달의 역행이고 퇴행이다. 그렇다고 외적으로는 프랑스가 잘못되고 있는 것은 아니었다. 잔 다르크의 죽음 이후 프랑스는 더욱 각성하여 외적으로는 발전하는 분위기였다. 새로운 화기인 대포를 연구하고 제조하여 전쟁을 준비했다.

무엇보다도 100년 전쟁은 전통적인 봉건제를 흔들었다. 이는 인간발달에 중요한 의미가 있다. 과거 봉건제에서 왕은 큰 힘이 없었다. 여러 영주를 대신하는 역할이며 왕이 직접 소유한 영토도 영주들보다 적었다. 그래서 서로 힘을 더 갖기 위해 왕과 영주의 힘겨루기가 끊임없이 계속되었고 이로 인해 농민과 평민의 삶은 고달팠다. 100년 전쟁이 영국 왕이 프랑스의 영주로서 자신의 영토에 대한 소유권을 주장하면서 시작했기에, 과거와 같은 봉건제가 지속하는 한 이러한 영토 분쟁은 끊임없이 일어날 수밖에 없었다. 그리고 100년 전쟁은 영국과 프랑스라는 국가가 주체가 되어 싸웠기에 봉건제의 영주개념보다 국가에 대한 개념과 정체성이 더 중요하게 부각되었다.

또 하나는 이 전쟁을 통해 중세 봉건제를 받치고 있던 기사 집단이 몰락한 것이었다. 근사한 갑옷의 중세 기사는 영국의 장궁에 맥을 추지 못했다. 그나마 명맥을 유지하던 기마병 기사도 대포의 출현으로 더 이상 위협의 대상이 아니었다. 이로 인해 봉건제의 중추적인 역할을 하던 기사가 힘을 쓰지 못하니 봉건제가 약화되지 않을 수 없었다.

100년 전쟁은 결국 영토가 국가의 소유인가 아니면 영주의 소유인가 하는 것을 판정하는 전쟁이었다. 과거 봉건제에서는 영주의 권한이 더 강하였지만, 100년 전쟁을 통해 영주보다 국가가 더 강해진 것이었다. 처음에는 영주와 왕의 대결이었지만, 나중에는 국가 간의 전쟁이었다. 그 결과 국가의 백성이 고통을 당했다. 그래서 이 전쟁 이후 왕권이 강화되면서 점차 왕이 영주의 땅을 소유하게 됐다.

프랑스는 영국에 승리하면서 군사적으로 자신감을 갖게 됐다. 그리고 왕이 내세운 화력이 봉건제의 기사를 압도하였기 때문에 영주들이 왕에게 더 이상 저항하기 어려웠다. 그래도 끝까지 버티는 영주들이 있었는데, 전통적으로 프랑스에 늘 반기를 들었던 부르고뉴와 부르타뉴였다. 그들을 무조건 무력으로만 압제할 수만은 없었다.

왕권을 강화하는 프랑스

샤를 7세 이후 왕은 루이 11세Louis XI(1423~1483)였는데, 그는 프랑스 국왕 중 최초의 절대군주로 알려져 있다. 과거 카페 왕조에서도 중앙집권을 강화하려는 왕이 있었지만, 절대군주로 군림한 왕은 루이 11세가 처음이었다. 왕권이 강화되자 영주들은 서로 동맹을 맺어 왕에게 대항했다. 이런 경우 무조건 무력으로 영주들을 굴복시키기는 어렵다. 동시에 모두를 공격할 수 없기 때문이다. 그래서 루이 11세는 무력으로 위협을 가하면서도 뒤로는 그들의 동맹을 와해시키는 교묘한 술수를 썼다.

그는 이런 식으로 영지를 획득해갔다. 그래서 그의 간교한 권모술수 때문에 루이 11세를 '세계의 거미'라고 부르기도 했다. 이런 가운데서도 가장 강력한 영주이며 독립 왕국까지 꿈꾸며 국왕에게 끝까지 저항하던 부르고뉴의 샤를 공작이 낭시 전투에서 전사했다. 가장 강력하던 영주가 패하게 되니 다른 영주들도 왕에게 굴복하게 됐다. 그래서 루이 11세는 프랑스 대부분을 통일하였고 이로써 지방분권적 봉건제는 거의 막을 내리게 됐다. 그래도 통일 프랑스의 마지막 걸림돌이 되는 영지가 있었는데, 부르고뉴였다. 샤를 공작이 죽었지만, 부르고뉴를 무력으로만 귀속시킬 수 없었다.

그래서 루이 11세 다음 왕인 샤를 8세Charles VIII(1470~1498)는 그 영지를 힘으로 압박하면서 영주인 안느와 결혼하여 그 땅을 귀속시키려 했다. 그러나 후사가 생기지 않자 대를 이어 루이 12세Louis XII(1462~1515)와 결혼하였지만, 딸만 얻게 되어 다시 실패했다. 그들은 포기하지 않고 그의 딸인 클로드와 다음 왕인 프랑수와 1세와 결혼하게 하여 마침내 그 영지를 얻게 됐다. 3대에 걸쳐 포기하지 않고 끝까지 노력한 결과 부르고뉴를 획득한 것이었다. 프랑스가 절대 왕권을 확보하기 위해 얼마나 지독하게 노력하였는지를 보는 좋은 예가 될 것이다.

프랑스를 통일한 왕들은 이제 내부적으로는 걸림돌이 되는 것이 없었고 유럽에서 가장 빠르게 통일하였기에 프랑스의 국력과 무력은 유럽의 최강이 됐다. 이렇게 되면 자연히 그들의 관심을 외국으로 향하게 된다. 좋은 먹잇감이 있으면 찾아 먹고 싶은 것이었다. 오랫동안 영국과의 전쟁과 국내 전투로 밖에 관심을 갖지 못했지만, 이제 모든 것이 안정되고 힘이 생기니 국력을 팽창하고 싶은 마음이 솟구치는 것이었다. 신성로마제국을 건드리기에는 힘이 부족하였고 스페인도 만만하지 않았다. 그러나 이탈리아는 제대로 된 통일 국가가 없었고 교황의 힘도 과거와 같지 않기에 이탈리아를 넘보고 있었다.

　이탈리아는 11~13세기 십자군 전쟁으로 재미를 톡톡히 보아 아주 부유해졌다. 그러나 그들은 그 힘을 군사보다는 예술과 학문에 쏟아 13~15세기 동안 르네상스를 이루었다. 프랑스는 늘 로마제국에 대한 향수와 환상을 가지고 있었다. 그러나 그동안 자신들을 돌보느라 정신이 없었기에 로마를 생각할 틈이 없었는데 이제는 살만해지니 로마에 대한 환상이 다시 살아나기 시작했다. 경제적으로 회복되고 안정되면 제일 먼저 해보고 싶은 것이 문화생활과 명품 쇼핑과 해외여행이 되듯 프랑스 왕들도 그러했다.

이탈리아를 연속적으로 침공하는 프랑스

그래서 프랑스는 남부의 나폴리와 시칠리아가 과거 자신들의 조상인 앙주 왕가의 땅이었다는 명분을 내세워 이탈리아를 침공했다. 그래서 샤를 8세는 대포를 위시해서 막강한 군사력으로 그들을 침공하여 그 땅을 정복했다. 그러나 그들도 만만하지 않았다. 그들도 동맹군을 결성하여 교황, 이탈리아의 여러 공국과 스페인의 신성로마제국이 하나 되어 그들을 몰아내었다. 너무 준비 없이 군사력만 믿고 전쟁을 벌인 결과 외교적으로 실패하고 말았다.

　그러나 그들은 이것으로 포기하지 않았다. 다음 왕인 루이 12세는 외교적으로 미리 준비하여 교황과 스페인을 자기편으로 만든 다음 침공하여 성공했다. 그러나 그들은 스페인에게 이용당하고 말았다. 결국 스페인이 프랑스를 몰아내고 그 땅을 차지했다. 프랑스가 이탈리아를 계속 차지하지는 못하였지만, 실패한 것만은 아니었다. 전쟁하는 동안 그들은 이탈리아의 르네상스가 무엇인지를 보았고 많은 예술품을 전리품으로 챙겼다. 당시만 하더라도 프랑스는 예술과 학문 분야에서는 낮은 수준이었다. 늘 전쟁에만 시달렸기에 문화예술에 관심을 가질 여유가 없었다. 그러나 이제는 배가 부르니 이탈리아의 르네상스의 가치와 수준이 무엇인지를 보게 되었고 무력만으로 일등 국가가 될 수 없다는 것을 알게 됐다.

프랑스가 유럽의 최강국이 되다

100년 전쟁 이후 프랑스는 달라졌다. 국가적 민족적 정체성이 뚜렷해졌으며 유럽의 최강국이 됐다. 그리고 프랑스를 통일하고 막강한 절대군주의 나라가 됐다. 이러한 변화가 프랑스의 인간발달에 어떠한 영향을 주었는지를 살펴보려고 한다. 외적으로 보면 엄청난 발전과 성장이 있었다. 이는 프랑스의 인격적 발달을 의미한다. 그러나 인격은 외적으로 보이는 것만으로 모든 것을 평가받을 수는 없다. 인격은 보이는 외적 자기와 보이지 않는 내적 자기가 있기 때문이다. 내적 인격은 다시 감정적인 중자기와 초월적인 내자기로 이루어져 있기에 이 세 자기가 균형 있게 발달해야 건강한 인격과 인간의 발달이 가능하다.

100년 전쟁 이후 프랑스의 외적 인격과 자기는 분명히 발달했다. 외적인 정체성과 자부심도 생겼다. 그리고 나라가 발전하니 부르주아 계층도 늘어나고 부유해지기 시작했다. 귀족계층이 다소 위축되었지만, 이탈리아의 침공으로 얻어지는 르네상스의 문화적인 풍요로움에 대한 욕망을 가질 수 있어 이것으로 잃은 것을 보상할 수도 있었다. 최하층 농민들의 삶은 변함없이 힘들었지만, 나라가 부유해지고 강해지니 나름 자부심을 느끼며 살 수 있었다. 이러한 점들은 인간발달의 긍정적인 면이었다.

  그러나 이러한 면만 있는 것은 아니었다. 대신 절대 왕권의 강화되니 하부 계급이 심하게 억압을 받았다. 억압은 내적 인격을 위축시켜 발달을 저해한다. 물론 외적인 발전을 위해서는 어느 정도의 억압은 필요하다. 발루아 왕조의 억압은 그동안 멈추었던 프랑스의 외적 발전을 가속화하는 면에서는 어느 정도 수용할 수밖에 없었다. 그러나 권력은 멈추지 않았다. 더 강한 권력으로 자기를 보존하려고 하기에 다른 계층의 인격을 지나치게 압제하게 됐다. 발루아 왕조의 억압이 아주 심한 수준은 아니었지만, 그러한 위험을 내포하고 있었다. 그리고 르네상스의 문화가 본격적으로 유입되면서 이것 역시 인간발달에 또 다른 요인이 됐다. 그래서 앞으로 절대 왕권의 억압과 르네상스가 어떻게 만나 조화를 이룰 것인지 아니면, 서로 충돌할 것인지가 그들의 인격발달을 지켜보는 중요한 관점이 될 것이다.

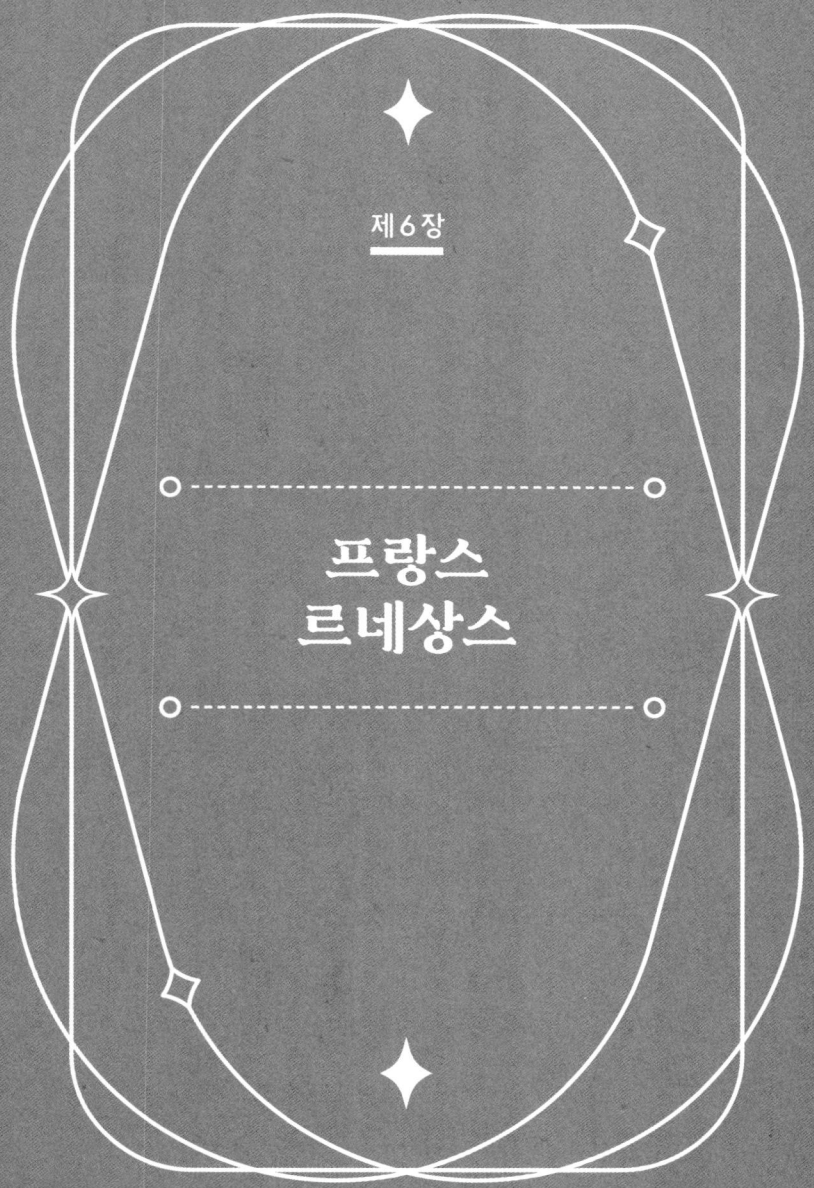

제6장

프랑스
르네상스

프랑스 르네상스의 시작

이탈리아의 르네상스를 프랑스의 것으로 만들려는 야심찬 왕이 있었으니 그가 바로 프랑수아 1세Francois Ier(1494~1547)였다. 그는 루이 12세가 후사가 없이 죽자 가장 가까운 친족 남자로서 운 좋게 왕위에 오를 수 있었다. 당시 프랑스 왕들의 큰 관심은 이탈리아 정복이었다. 그러나 다 정복한 것 같았지만, 계속 지배하지 못하고 물러서게 됐다. 그래서 정통성이 다소 부족한 그가 왕으로 인정받는 길은 이탈리아 침공을 마무리하는 것이었다. 그래서 밀라노를 침공했다. 그곳을 지배하던 스위스 군을 무찌르고 밀라노와 북부 롬바르디아를 점령했다.

 프랑수아 1세는 야심가라 이것으로 만족할 사람은 아니었다. 더 큰 땅과 패권에 대한 욕심이 있었다. 이탈리아를 탐내는 사람들은 과거 로마제국의 황제에 대한 환상이 있는 경우가 많았다. 프랑수아 1세도 이탈리아를 정복하고 유럽을 평정함으로 프랑스의 국왕을 넘어 황제가 되고 싶었다. 그런데 이미 유럽과 로마의 황제처럼 큰소리치고 있는 사람이 있었는데, 그가 신성로마제국의 카를 5세Karl V(1500~1558)였다. 당시 카를 5세의 영토는 과거 로마제국 이상으로 거대했다. 자신이 황제가 되기 위해서는 카를 5세와의 전쟁이 필연적이었다. 그리고 신성로마제국은 프랑스에 직접적인 위협이 되었기에 그와의 전쟁을 피할 수 없었다.

프랑스는 당시 막강한 대포부대를 거느리고 있어서 승산이 있다고 생각했다. 그러나 막상 전쟁을 시작해보니 카를 5세의 군대는 이를 대비하고 있었다. 대포를 피할 수 있는 참호를 파놓고 대포에 이어 공격해오는 프랑스의 막강한 중갑기병을 이길 수 있는 전략도 미리 짜놓고 있었다. 그것은 차승총(머스킷티어) 부대였다. 이러한 전략으로 카를 5세는 밀라노의 파비아 전투에서 프랑스를 격파하고 프랑수아 1세를 포로로 잡았다. 프랑스는 이탈리아에 대한 모든 권리를 포기한다는 조약과 함께 비싼 몸값을 지불하고 프랑수아 1세를 돌려받는 굴욕을 겪었다.

이 전쟁으로 기사와 기마병을 중심으로 하던 중세기 시대는 완전히 끝나게 됐다. 그 전에도 차승총이 있었지만, 대량의 차승총 부대 앞에서는 과거의 군대는 힘을 쓸 수 없었다. 과거에도 그러했지만, 전쟁이 화기에 더욱 의존하다 보니, 전쟁은 국력 즉 경제력의 싸움이 됐다. 카를 5세는 스페인 국왕을 겸임하고 있었고 신대륙을 통해 들어오는 막강한 재력으로 프랑수아 1세의 군대를 압도할 수 있었다. 물론 카를 5세도 지나친 전비 지출로 나중에 재정 파탄이 나서 스페인에 큰 부담을 주었지만, 초기에 연전연승할 수 있었던 것은 막강한 경제력이 뒷받침되었기 때문이었다.

　굴욕을 겪은 프랑수아 1세는 어떻게 해서라도 되갚아 주고 싶었다. 신성로마제국과 사이가 안 좋은 여러 나라나 제후국들과 연합하여 여러 차례 카를 5세와 싸웠으나, 매번 패하고 말았다. 얼마나 그를 이기고 싶었으면 종교가 다른 사라센과도 연합하기도 했다. 그러나 힘으로는 그를 이길 수 없었기에 더 이상의 전쟁은 포기했다. 그러나 그의 강한 자존심이 그를 그냥 물러서게 하지 않았다. 그는 다른 것으로 그를 이기고 싶었다. 그것은 이탈리아의 르네상스를 도입하여 로마 황제다운 나라로 만드는 길이었다. 더 고상한 가치로 이겨보려는 것이었다. 이것이 프랑스인을 늘 프랑스인답게 만드는 자존심이었다.

　그는 키도 크고 건장한 체구를 가졌지만, 어려서부터 인문학과 예술에도 깊은 조예가 있어 이탈리아의 르네상스를 제대로 볼 수 있었다. 그는 먼저 르네상스의 기초가 인문학이라는 것을 파악하고 인문학 발전에 힘을 쏟았다. 인문학의 기초는 언어이기에 그리스어와 라틴어를 연구하고 프랑스로 번역하는 작업을 했다. 그리고 프랑스어를 공용어로 채택하여 모든 공문서를 라틴어가 아닌 프랑스어로 작성하도록 했다. 프랑스 작가인 클레망 마로Clement Marot(1496~1544), 프랑수아 라블레Francois Rabelais(?~1553)와 같은 작가를 지원했다. 그리고 기욤 뷔데Guillaume Bude(1467~1540)라는 인문학자를 발굴하여 인문주의 학교와 도서관을 창설하였으며, 블루아성에 왕실 도서관도 설립했다. 그래서 뷔데는 프랑스어 발전에 크게 기여했다.

르네상스를 외형적으로 가장 잘 표현할 수 있는 것이 건축이었다. 루아르 강변의 블루아성을 증축하고 샹보르성을 건축했으며, 파리 근방의 퐁텐블로성을 건축하고 파리의 루브르궁을 개축했다. 이탈리아의 화가와 조각가 등을 초빙하여 실내장식을 르네상스식으로 꾸몄다. 그중에는 유명한 조각가이자 금은 세공사로서 벤벤누토 첼리니 Benvenuto Cellini(1500~1571)가 있었고 화가로는 안드레아 델 사르토 Andrea del Sarto(1486~1530)와 레오나르도 다빈치 Leonardo di da Vinci(1452~1519)가 있었다. 특별히 다빈치는 프랑수아 1세와 가까운 루아르강의 앙부아즈 궁에 살면서 왕과 깊은 교제를 나누었다. 그 덕에 그의 걸작인 〈모나리자〉를 프랑스의 루브르 박물관에서 볼 수 있게 됐다.

프랑수아 1세는 아주 세심하고 철저했다. 이탈리아의 르네상스를 외적인 면만 따라 하지 않고 그들의 음식과 생활양식까지도 프랑스에 도입하려고 했다. 그래서 그는 며느리(아들 앙주 2세의 아내)로 피렌체 메디치 가문의 딸인 카트린 드 메디시스 Catherine de Medicis(1519~1589)를 맞아들였다. 그녀가 올 때 이탈리아 요리사도 데리고 와서 이탈리아의 요리를 도입할 수 있었다. 그때까지만 해도 프랑스에는 변변한 요리가 없었는데, 그녀로 인해 프랑스 요리가 지금의 요리로 발전하게 됐다. 그리고 그녀는 단순하게 르네상스를 전파하는 전도사를 벗어나 프랑스의 인격발달에도 중요한 영향을 미쳤다.

피렌체, 메디치가와 프랑스

카트린에 관해 이야기하기 전에 먼저 이탈리아의 피렌체와 메디치가에 관해 이야기하려고 한다. 중세기는 농사를 기초로 하는 봉건제가 기본적인 사회구조였다. 그러나 피렌체는 중세 때부터 아주 독특했다. 봉건적 농업 외에 상업, 기술과 금융(고리대금업)과 같은 새로운 일을 시도하고 실험하던 도시였다. 시대를 앞선 도시였다. 피렌체는 중세의 두 권력인 신성로마제국의 황제와 교황의 통제로부터 다소 자유로운 경제특구와 같은 도시였다. 그래서 이러한 실험을 해볼 수 있었다. 그들은 처음에는 시민들이 중심이 되어 자치적으로 다스리는 꼬무네였다. 그러나 서로 싸우게 되니 도시의 가장 유력한 가문의 수장을 시뇨리아 Sinoria로 하여 다스리게 하는 지배체제로 바꾸었다.

메디치가는 처음부터 피렌체를 지배한 가문은 아니었다. 더 오랫동안 경제를 지배하던 명문가들이 많았기에, 메디치가의 존재감은 거의 없었다. 그러다가 15세기부터 메디치가가 두각을 나타내기 시작했다. 메디치가 피렌체를 지배하게 되는 데는 코시모 메디치 Cosimo Medici(1389~1464)와 그의 손자 로렌초 메디치 Lorenzo Medici(1449~1492)의 공이 크다. 그들이 이렇게 세력을 얻게 되는 데는 아주 특별한 계기가 있었다.

원래 교황은 한 명이어야 하지만, 역사적으로 두 명의 교황이 있었던 시절이 적지 않았다. 이를 대립 교황이라고 했다. 가장 심각한 대립 교황은 아비뇽 교황이 세워지면서 발생했다. 그 후 로마에 교황이 다시 선출됐다. 대립 교황을 인정하지 않고 자신이 통합 교황임을 주장하는 피사 교황까지 선출되어 3명의 교황이 있었던 시절도 있었다. 피사는 피렌체와 거의 한 지역이기 때문에 메디치가는 피사 교황의 재정을 담당했다. 그런데 이를 못마땅하게 본 신성로마제국의 황제가 콘스탄츠 공의회를 소집하여 세 교황을 폐위하고 한 명의 로마 교황을 선출하도록 했다.

그러나 메디치 가문은 교황권을 잃고 볼모로 잡힌 피사 교황을 개인적으로 끝까지 돌보는 신의를 보였다. 새 통합 교황이 된 마르티누스 5세 Martino V(1368~1431)는 이러한 메디치가의 신의를 소중하게 여겨 로마 교황청의 재정을 맡겼다. 이를 통해 메디치가 급부상하게 됐다. 이는 끝까지 신의를 지킨 것에 대한 보답이었다. 원래 장사꾼들은 손해를 멀리하고 이익이 있는 곳을 본능적으로 찾아간다. 신의보다 이익이 더 중요한 가치였다. 그러나 메디치가가 손해 보는 일을 신의를 지키기 위해 끝까지 최선을 다한 것을 보고 교황청의 재정을 메디치가에 맡긴 것이었다.

이 일로 그들이 급성장하자 또 한 번의 위기가 찾아왔다. 세속적이고 탐욕이 많았던 교항 시스토 4세 Sisto IV(1414~1484)가 교황령을 확장하기 위해 피렌체를 노리고 있었다. 그래서 그가 직접 개입한 것은 아니지만, 그들의 수하가 로렌초 메디치 형제를 암살하려고 했다. 이로 인해 로렌초의 동생이 살해되자 메디치가는 교황의 수하들을 잡아 사형시켰다. 이 일로 교황이 노하여 당시 가장 강한 국가인 나폴리의 페르디난도 1세 Ferdinando I(1423~1494)와 동맹을 맺어 피렌체를 공격했다. 전쟁에 승산이 없는 경우 장사꾼들은 자기가 살기 위해 도시를 버리고 도망간다.

평소 메디치 가문은 시민들 위에 군림하지 않고 시민들 편에 서서 그들의 어려운 일들을 헌신적으로 돌보았기에 시민들은 메디치 가문의 어려움에 동조하여 같이 싸우자고 했다. 그러나 로렌초는 시민들의 희생을 걱정하여 이 일은 내가 책임진다고 하며 홀로 단판하기 위해 나폴리로 떠났다. 그는 얄팍한 장사꾼이 아니었다. 자기 생명을 걸고 시민을 살리기 위해 자신이 끝까지 책임을 다한 인간적인 지도자였다. 그는 나폴리에 3개월 체류하며 페르디난도를 설득한 결과 화친을 맺을 수 있었고, 그 후 그는 금의환향하여 피렌체 시민으로부터 더욱 공고한 메디치 가문의 지지와 존경을 받을 수 있었다. 그래서 그 이후 사람들은 로렌초를 '위대한 로렌초'라고 했다.

프랑스 이야기를 하다가 이렇게 피렌체와 메디치가에 대해 길게 설명하는 것은 그들의 모습이 아주 특별하기 때문이다. 정치와 장사는 문제가 있을 때 힘과 술수로 돌파해가는 것이 일반적인 관례이다. 정치권력과 돈 앞에서는 부모 자식과 친구도 없다고 한다. 그 속에서 인간의 보편적인 가치를 찾는다는 것은 사막에서 바늘을 찾는 것과 같이 어려운 일이다. 특히 유럽의 문명사에서는 더욱 그렇다. 그러나 그들은 위기가 있을 때마다 인간의 가치와 덕목을 기초로 하여 이를 믿고 돌파해나갔다. 이를 기초로 하여 그들은 위대한 피렌체의 르네상스를 이룬 것이었다. 르네상스는 단지 돈이 많다고만 이룰 수 있는 것은 아니었다. 인격 발달이 같이 준비되어야만 이룰 수 있는 고차적인 결실이었다.

종교와 봉건제라는 등급과 계급사회에서 자신의 계급을 보존하고 자신의 이익과 욕망을 극대화하지 않고 인격을 배려하는 가치관을 갖는다는 것은 거의 불가능에 가까운 일이었다. 그래서 그들이 이룬 르네상스의 위대한 유산은 돈으로 자신의 권위와 힘을 과시하려는 저급한 것이 아니었다. 그들이 이룬 르네상스의 진정한 가치는 그들이 이룬 현상보다 그 배후에 있는 그들의 정신과 마음에 있었다. 진정한 르네상스란 인간이 중심이 되는 인문학과 예술을 회복하는 것이었는데, 그들은 삶 속에서 이미 그러한 가치를 지향하고 실천하고 있었다. 그들은 진정 그리스와 로마의 인간을 학문으로 연구하고 이를 아름답게 표현하고 싶었기에 위대한 르네상스를 꽃피울 수 있었다.

그래서 피렌체는 미래 유럽이 지향해야 할 문명의 진정한 의미와 목표를 보여주었다. 등급과 계급으로 보존되는 구조에서 인간이 계급에 종속되는 것이 아니라, 인간이 주체가 되는 길을 찾아간 것이었다. 그들은 그러한 이상적 공동체와 사회를 꿈꾸었던 것이었다. 대부분 문명은 시작은 인간이었지만, 나중에는 권력, 돈과 무력, 계급과 세속적인 욕망이 주인이 되어 인간은 종속되고 소외됐다. 이런 문명은 늘 붕괴했다. 그러나 그들은 과거 로마가 다 이루지 못한 것을 넘어설 수 있는 실험을 놀랍게 했었다. 그리고 이것을 앞으로 유럽공동체가 나아갈 방향으로 제시한 것이었다.

그런데 그들도 인간이었다. 항상 그러할 수만은 없었다. 그들에게도 권력과 경제력이 충분해지니 그 후손들은 초심을 잃기 시작했다. 후손들은 창업자의 정신을 계승하기보다는 우선 자신들이 가지고 있는 힘인 권력과 경제력에 의존하게 됐다. 인간에게는 무척 자연스럽고 늘 반복되는 일이었다. 자손들의 힘이 강해지니 그들은 추기경이나 교황으로도 선출됐다. 메디치 가문 출신의 클레멘스 7세 Clemente VII(1478~1534)라는 교황이 있었는데, 그가 막강한 힘을 가지게 되니 더 많은 권력을 얻기 위해 당시 최고의 위치에 있던 신성로마제국의 카를 5세에 도전장을 내밀었다. 혼자 힘으로 힘드니 코냐크 동맹을 맺어 맞섰다. 이를 대노大怒한 카를 5세가 로마로 쳐들어와 로마를 쑥대밭으로 만들었다. 놀란 피렌체 시민들은 원인을 제공한 메디치가에 불만을 터뜨리며 반란을 일으켰다.

여기서 카를 5세와 프랑수아 1세의 길이 바뀌었다. 프랑수아 1세는 무력으로 카를 5세를 이길 수 없다는 것을 알고 문예에 승부를 걸었다. 그래서 프랑수아 1세는 이탈리아의 르네상스를 그대로 전수받아 발전시켰지만, 카를 5세는 자신의 무력으로 로마의 르네상스를 완전히 짓밟고 말았다. 그래서 프랑수아 1세가 결국 승리한 것이었다. 그 이후 프랑스는 유럽의 군사와 문예의 대국이 되었지만, 독일은 제대로 된 통일을 이루지 못하고 기울기 시작했다.

카트린 드 메디시스

이 정도의 배경을 가지고 피렌체 가문의 카트린에 대해 이야기하려고 한다. 카트린은 아주 특별한 인생을 살았다. 그래서 그녀를 소설이나 드라마의 주인공처럼 기구한 한 인생을 산 여인으로 언급하고 대충 지나갈 수도 있다. 그러나 그녀에게 인간발달적 측면에서 특별한 것이 있기에 이를 자세히 분석해보려고 한다. 잔 다르크 이상으로 프랑스에 특별한 의미를 갖는다고 생각된다. 그녀는 출생에서 죽을 때까지 한평생을 파란만장하게 살았지만, 그 삶 속에는 그냥 지나칠 수 없는 특별한 내용과 의미가 있다. 그것이 이 책에서 찾고 있는 문명과 인간발달에 관한 것이기에 더 깊이 추적하고 분석해보려는 것이다.

카트린은 메디치 가문의 직계 장손이었다. 그녀의 아버지인 로렌초 2세는 위대한 로렌초의 직계손자이다. 그래서 카트린은 로렌초의 증손으로 그의 유일한 상속녀였다. 그녀의 어머니는 프랑스인이고 프랑수아 1세가 중매하여 결혼식도 프랑스에서 올렸다. 그러나 불행하게도 카트린이 태어나자 말자 부모가 거의 동시에 질병으로 죽고 고아가 됐다. 물론 가족들이 돌보아주었지만, 부모보다 나을 수는 없었다.

카를 5세의 침입으로 피렌체 시민들이 반란을 일으켰을 때도 대부분 메디치 가문의 사람들은 탈출하였지만, 부모가 없던 어린 카트린만은 탈출하지 못하고 인질로 잡혔다. 그리고 그녀는 심한 고초를 겪으며 죽음 직전까지 갔었다. 그러나 카를 5세와의 협상이 잘 진행되어 메디치가가 다시 피렌체에 복귀하면서 그녀도 살아남을 수 있었다. 그녀는 큰 가문의 상속자였지만, 태어날 때부터 버림받았고 전쟁 통에 다시 죽음 가운데 버림받는 등 어린아이로서는 감당하기 어려운 연속적인 트라우마를 겪었다.

그녀가 성년이 되었을 때, 프랑수아 1세가 그녀를 기억하고 자신의 둘째 아들의 아내로 받아들였다. 처음에는 남편이 차남이기 때문에 왕후로 시집온 것이 아니었다. 원래 외국인은 왕후가 될 수 없었다. 그러나 장남이 죽으면서 남편이 왕이 되는 바람에 그녀도 앙리 2세Henri II(1519~1559)의 왕후가 됐다. 프랑수아 1세는 그녀가 어려서부터 어려움을 겪은 것을 안타까워하며 프랑스 왕가로 와서 행복해지길 바랐지만, 그녀의 버림받음은 나라를 옮겨서도 계속됐다.

그의 남편인 앙리 2세는 노골적으로 연상의 자유부인인 디안과 사랑에 빠졌다. 자신이 왕후인데도 디안이 왕후 행색을 하며 카트린을 무시했다. 엄청난 버림받음이었다. 이곳이 객지라서 유일하게 의지해야 할 남편에게 버림받는 것도 고통스러운데 족보도 없는 여인에까지 무시를 당하니 그녀의 억울함과 아픔은 얼마나 컸겠는가? 그러나 그녀는 워낙 이런 일에 훈련이 되었는지 조용히 견디며 살았다. 거기에다 자신의 유일한 후원자였던 시아버지인 프랑수아 1세도 별세하여 더욱 외롭고 힘들 수밖에 없었다.

그 속에서 살아남는 길은 왕손을 생산하는 것이었지만, 이 일도 쉽지 않았다. 그런데 놀라운 반전이 생겼다. 10년을 견디며 노력한 끝에 그녀의 태가 갑자기 열리면서 4남 3녀를 우르르 얻었다. 그러다가 자신을 힘들게 하던 남편도 사고로 죽게 되어 아들 세 명이 차례로 프랑스 국왕(프랑수와 2세Francois II(1544~1560)), 샤를 9세Charles IX(1550~1574), 앙리3세Henri III(1551~1589))이 됐다. 그리고 두 딸 중 한 사람은 나바로의 왕(나중에 프랑스 앙리 4세Henri IV(1553~1610)가 됨)의 왕후가 되었고 또 다른 딸은 유명한 에스파냐의 필리페 2세의 세 번째 왕비가 됐다.

그리고 자녀가 어릴 때 왕이 되었기에 오랫동안 섭정을 하여 권력도 쥘 수 있었다. 이처럼 그녀의 인생은 롤러코스터의 인생이었다. 모든 것을 다 잃어 끝났다고 생각하면 의외로 놀라운 반전이 일어났고 이제 살 만하다고 생각하면 다시 모든 것이 무너지는 아주 이상한 일이 연속적으로 일어났다. 이제는 고생 끝에 유럽 역사상 가장 축복받은 왕후와 어머니가 됐다. 자녀가 다 최고의 나라에서 왕과 왕후가 되었고 그녀는 왕 이상의 권력과 부귀영화를 누릴 수 있었다. 모두가 부러워할 만한 상황이었다. 그러나 그의 롤러코스터는 거기서 끝나지 않았다. 아니 오히려 이제부터 진짜 롤러코스터가 시작됐다.

신구교 종교전쟁

프랑스의 르네상스는 궁정 중심으로 시작되었기 때문에 당장 프랑스의 문화와 예술이 변화된 것은 아니지만, 르네상스는 프랑스인의 잠재되어 있던 능력과 욕망을 깨우기에 충분했다. 이와 함께 그들을 깨운 사건이 있었다. 그것은 종교개혁이었다. 독일은 루터의 영향을 받았지만, 프랑스는 스위스 칼뱅의 영향을 받았다. 특히 프랑스 남부가 많은 영향을 받았다. 종교개혁은 집단의 권위보다 개인의 인격에서 나오는 믿음을 중요시했다. 특별히 프랑스는 기술과 상업이 많이 발달되어 이미 부르주아 계층이 폭넓게 형성되어 있었다. 봉건제가 허물어지고 왕권의 시대가 되었기 때문에 부르주아들의 활동이 더 자유로웠다. 그래서 그들은 과거 중세기의 산물인 가톨릭교보다 신교를 더 쉽게 받아들였다. 그러나 개인의 자유와 인격을 더 중요시하려는 사회적인 풍조는 절대 왕권을 지향하는 프랑스에 그렇게 달가운 소식은 아니었다.

그래서 그들을 탄압하기 시작했다. 처음에는 단순한 종교적인 탄압이었지만, 신교의 세가 꺾이지 않자 신교를 폭력적으로 탄압하기 시작했다. 그래서 그 후로는 신구교의 종교전쟁으로 발전했다. 프랑스의 신구교 전쟁은 단순한 종교전쟁이 아니라 국가의 권력과 결탁되어 음모와 잔인한 집단적 살해가 난무한 참혹한 전쟁이 됐다. 프랑스는 당시 남부와 서부를 중심으로 칼뱅주의 신교를 받아들이는 사람들이 급증했다. 귀족의 3분의 1이 신교도였고 많은 부르주아가 참여했다. 이들을 위그노라고 했다. 기존 권력을 쥐고 있던 가톨릭 세력들은 이들이 단순한 신앙인이 아니라 정치권력에 위협을 준다고 생각하여 탄압했다. 기즈 Francois de Guise(1519~1563) 가문이 중심이 되어 아직 어린 프랑수아 2세와 그 이후 9세에 왕이 된 샤를 9세에게 종교탄압을 하도록 강요했다. 여기에 저항하는 신교도의 반란도 만만하지 않았다.

신구교 화해에 힘을 쏟은 카트린

카트린은 프랑스 대혁명 다음으로 가장 혼란하고 고통스러웠던 역사의 중심에 있었다. 이 시기의 그녀에 대한 평가도 아주 극단적이다. 그녀는 이 시기에 평화를 추구한 왕후로 칭송받기도 하지만, '검은 왕비'와 '폭력의 전도사'라는 정반대의 평도 있다. 아직 역사적으로 정확한 평가가 내려져 있지 않지만, 확실한 것은 이 잔혹한 격동기에 외국에서 온 한 여인으로서 한쪽으로 치우치지 않고 균형을 잡으면서 70세까지 천수를 다했다는 것만으로도 대단한 인물인 것은 틀림없다.

 신구교 갈등과 전쟁이 일어날 때 카트린은 섭정을 하고 있었다. 그래서 그녀는 전쟁을 막아보려고 적지 않은 노력을 했다. 물론 그녀는 가톨릭이었고 기존 정치 세력의 중심이었다. 이러한 배경에서 보면 그는 구교의 편에 서서 신교를 탄압하는 것이 자연스럽다. 그러나 그녀는 한쪽에 치우치지 않고 그들을 중재하려고 했다. 그래서 푸아시Poissy 콜로키움을 개최하여 양측의 대표와 토론하며 화의해보려고 하였으나 실패했다. 그 이후 그녀는 신교도가 집에서는 예배를 보아도 된다는 생 제르맹 칙령을 반포했다. 이러한 화해의 시도가 오히려 구교도들의 반발을 자극하여 집에서 예배를 드리던 신교도가 학살을 당했다. 이를 '바시학살masscre of Wassy'이라 하고 이것이 첫 번째의 종교전쟁이었다. 역시 신교들도 봉기하여 여러 곳에서 신교와 구교가 충돌했다.

카트린은 계속해서 중재하는 칙령을 내어놓아도 그들의 충돌을 막을 수 없었고 더 악화되기만 했다. 중재는 서로가 양보해야 하기에 서로에게 피해의식을 가지게 된다. 그래서 화해의 시도는 서로의 강경파를 자극하는 결과를 낳았다. 그렇다고 중재를 중단할 수도 없었다. 그러다가 엄청난 사건이 터지고 말았다.

카트린은 끊임없이 신구교의 화해를 모색했다. 이번에는 결혼으로 화해를 시도했다. 자신의 딸 마르그리트를 신교의 실력자인 나바르의 왕 앙리(나중에 프랑스의 왕 앙리 4세가 된다)와 결혼시키는 것이었다. 이 결혼은 프랑스의 수도 파리에서 거행됐다. 그러나 이러한 거대한 행사는 항상 거사의 기회가 된다. 신교도들은 이를 기회로 구교도에게 그동안 당한 것을 복수하기 위해 모여들었다. 구교는 구교대로 신교를 몰살하는 기회로 준비하고 있었다. 결혼식은 무사히 끝났지만, 그 직후에 상상할 수 없는 대학살이 일어났다.

구교도가 신교도를 무참하게 학살한 것이었다. 그냥 죽인 것이 아니라 시체를 끌고 다니다가 참수하고 내장도 끄집어내는 야만적인 학살을 자행하였다. 가장 고상해야 할 종교가 가장 야만적인 모습을 드러낸 것이었다. 이것이 인간의 실상이기도 했다. 이를 생 바르텔레미 학살이라고 한다. 이는 파리만이 아니라 전국적으로 일어났다. 당시에는 희생자가 10만 명 정도라고 했지만, 역사가들은 5천에서 1만 명 정도로 본다. 생명을 가장 소중히 여겨야 할 기독교가 조금 다른 교리로 인해 이처럼 고귀한 생명을 무참하게 살육한 것을 우리는 어떻게 이해하고 받아들여야 할까?

상당히 조직적으로 진행된 학살이지만, 아직 정확한 배후를 밝히지 못하고 있었다. 그러나 구교도가 신교도를 학살한 것만큼은 확실한 사실이었다. 이처럼 카트린이 화해를 시도할 때마다 더 잔혹한 결과만 일어나게 되니, 오히려 그녀의 평화정책에 대해 의구심을 품는 사람도 생기게 됐다. 그래서 그녀를 오히려 살상의 숨은 주역으로서 '검은 왕비'니 '폭력의 전도사'라는 별명을 붙이기도 했다. 이처럼 그녀는 갈등을 봉합하려는 지속적인 노력에도 불구하고 더 악화만 시킨 결과를 낳게 되니 평탄한 삶은 역시 그녀에게는 있을 수 없는 일이었다.

샤를 9세가 죽고 그의 동생인 앙리 3세Henry III(1551~1589)가 왕이 됐다. 앙리 3세는 종교에 대해서는 중립적이었지만, 어머니 카트린과 다르게 독단적으로 행동했다. 그는 후사가 없었고 동생이 있었지만, 동생이 죽게 되자 다음 왕은 가장 가까운 방계인 나바르의 앙리 왕으로 정해졌다. 그런데 그는 신교의 주세력이었기 때문에 구교의 심한 반발에 부딪혔고, 프랑스와 에스파냐의 구교세력이 동맹을 맺어 앙리 3세를 공격하는 바람에 그는 다른 성으로 도피했다. 거기서 그는 구교에서 가장 존경을 받던 권력자인 기즈와 단판하는 척하다가 그를 살해했다. 구교에서 앙리 3세를 가만히 둘 리 없었다. 그는 결국 구교도에 의해 살해당하고 말았다. 그 전에 카트린도 사망하여 그녀의 기구한 인생도 끝을 맺게 됐다. 그러나 그녀가 남긴 종교전쟁의 저주는 계속됐다.

이제 나바르 앙리 4세가 프랑스의 국왕으로 취임해야 하는데, 구교의 반대가 노골적이니 어쩔 수 없이 그들을 달래기 위해 구교로 개종하여 가까스로 왕이 됐다. 그런 다음 그는 카트린이 남긴 정신에 따라 유명한 '낭트 칙령'을 선포하여 30년간의 위그노 전쟁을 종료시켰다. 신교들의 예배와 신분을 보장하는 칙령이었다. 물론 구교들의 반발이 심했지만, 그는 강행했다. 그리고 그는 여러 가지 선정을 베풀어 프랑스에서 가장 존경받는 국왕 중에 한 사람이 됐다. 그리고 그는 부르봉 왕가를 시작했다. 그렇지만 그도 구교의 보복을 피해갈 수 없었다. 결국, 그는 선정에도 불구하고 구교도에 의해 살해당하고 말았다.

카트린의 저주

카트린이 시작한 신구교의 화해에 대한 중재는 그녀가 시도할수록 악화의 길로 갔고 그녀가 죽은 후에도 신구교 갈등으로 인해 아들인 앙리 3세와 사위인 앙리 4세가 살해당했다. 그러나 '낭트 칙령'으로 유종의 미를 거두는 것 같다가 루이 14세 때 이 칙령이 취소됨으로 위그노인 100만 명이 프랑스를 떠났다. 그중에는 중요한 기술자와 상인들이 상당히 포함되어 있었고 그들의 일부는 신흥 강국인 프로이센으로 가서 그들의 경제와 군사력을 키우는 데 중요한 역할을 했다.

　19세기에 결국 프로이센이 프랑스를 침략하여 (보불전쟁) 그들을 쫓아낸 루이 14세의 베르사유 궁전에서 독일 제국을 선포하는 굴욕을 겪게 했다. 독일은 계속 발전하여 20세기의 1, 2차 세계대전을 일으켜 프랑스를 엄청난 고통에 빠트렸다. 이러한 독일의 발전에 위그노의 공로를 부인할 수 없을 것이다. 일차적인 신구교 갈등은 16세기에 시작되어 18세기 루이 14세 때에 일단락되었다. 거의 3세기동안 지속되었으니 엄청나게 오랫동안 카트린의 저주가 계속되었다. 그러나 더 장기적인 여파를 생각하면, 그 저주는 20세기 세계대전까지 이어졌다고 볼 수 있다. 그녀의 저주가 거의 500년 계속되었다고 생각하면 이를 결코 가볍게 지나갈 수 없는 일이다.

　사실 이를 카트린의 저주라고 하는 것은 그녀에게 너무도 억울하고 가혹한 일이다. 그녀는 선한 노력을 하였을 뿐인데, 어떻게 결과가 이렇게까지 나빠졌을까? 이를 그냥 역사의 한 에피소드로 지나갈 수 있을지 모르지만, 역사를 인격과 인간발달의 과정으로 보려는 이 책의 방향에서는 결코 지나칠 수 없는 사건이라 생각된다. 그래서 이 과정을 인간발달이라는 측면에서 다시 생각해보려고 한다.

카트린의 정신 역동

문명과 역사를 크게 보면 인간발달의 방향인가 아니면 인간발달의 정체와 퇴행의 방향인가로 볼 수 있다. 전자를 인간화라고 한다면 후자를 비인간화라고 볼 수 있다. 문명의 발달이 이 두 가지 중에 어떠한 방향으로 가느냐에 따라 문명의 내용과 성격이 결정된다. 인간의 문명은 인간 속에 있는 좋은 덕목과 능력을 개발하여 발전시킴으로 발생하는 것이다.

그러나 인간은 인간 자신을 지속적으로 개발하기보다는 인간이 만든 것을 의존하게 됐다. 인간이 만든 것은 인간에서 나온 것이었지만, 그 힘은 스스로 보존력을 가지고 자라 인간을 소외시키고 비인간화하는 도구가 됐다. 그 대표적인 것이 정치와 계급구조, 권력, 무력, 경제력과 세속적인 문화 등이다. 겉으로는 인간이 주체인 것 같지만, 속으로는 그 도구가 주체가 되고 인간은 종속되고 소외됐다. 그래서 인간은 주체적 삶을 살지 못하고 비인간적 타자로서 살게 됐다. 이로써 인간의 합리적 능력과 덕목德目은 점점 상실되고, 대신 탐욕과 적개심과 같은 부정적 감정과 악목惡目이 심하게 되어 문명이 기울게 됐다.

이러한 문명의 흥망성쇠를 겪으며 르네상스까지 왔다. 르네상스는 과거 상실되었던 그리스와 로마의 인간을 회복하려고 했다. 인문학과 예술, 건축을 통해 인간을 다시 회복하는 운동이 있었고 피렌체가 그 중심에 있었다. 그 후 이탈리아의 르네상스가 쇠락하고 르네상스를 프랑스가 이어받았다.

프랑수아 1세는 피렌체의 르네상스를 받아들이는 데 적극적이었다. 그는 인적 교류를 통해 르네상스를 직수입하였다. 인적 교류의 대표적인 사람이 레오나르드 다빈치와 카트린 드 메디시스였다. 다빈치는 예술 분야에서 영향을 주었다면 카트린은 그 외의 여러 분야에서 깊은 영향을 미쳤다. 그녀는 정치에 직접 관여하여 인간이 주도하는 정치를 시도하였으나, 완고한 종교적 갈등으로 성공하지 못했다. 그러나 그 외 그들의 삶과 문화에 깊은 영향을 미쳤다. 대표적인 것이 요리, 파티, 향수, 마카롱 같은 과자와 발레 등이었다. 그녀를 통해 프랑스 요리와 식사 예절이 발달되었고, 파티와 사교와 다양한 예술 등이 발전됐다.

이제 그녀의 롤러코스터 같은 인생의 의미와 그녀는 엄청난 정치적인 노력에도 불구하고 왜 결과가 그렇게 나빠졌는가를 설명해보려고 한다. 그녀는 태어나면서부터 부모를 잃고 고아가 됐다. 그 후 어린 시절 피렌체 시민반란군에게 홀로 잡혀 죽음 직전까지 가는 트라우마를 겪었다. 그리고 그녀가 메디치가의 장손으로 유일한 상속녀이기 때문에 친척들이 도와준다면서 그녀의 재산을 가로채려고 했다. 그래서 친척인 교황 레오 10세와 클레멘스 7세의 보호를 받기 위해 로마에 가있는 중에 메디치가의 가세가 점점 기울어져 그녀가 결혼할 즈음에는 파산지경까지 갔었다. 그녀가 결혼할 때에 약속한 지참금도 챙겨갈 수가 없을 정도였다. 그녀로서는 너무 억울한 일이었다. 그녀가 로마에 주로 있었기에 어떻게 재산이 바닥났는지 알 수 없었고 결국 상속도 거의 받지 못하고 프랑스로 시집가게 됐다.

프랑스에 가서 시아버지인 프랑수아 1세의 보살핌은 있었지만, 남편의 노골적인 외도와 내연녀 디안이 왕후처럼 설쳐대는 바람에 고초를 겪었다. 거기에다 자녀도 생산하지 못해 버림받음이 계속됐다. 그런데 연약한 한 여인이 어떻게 이런 극한 상황을 견디며 살았을까? 일반적으로 이 정도의 트라우마와 버림받음이 계속되면 심한 우울증이나 정신질

환으로 정상적인 생활을 하기 어렵다.

그러나 그녀는 그 고통의 시간을 담담하게 견디었고 마침내 왕후로서 당당한 삶을 살며 천수를 누렸다. 물론 고초는 계속되었지만, 그녀의 삶은 자신의 건강을 유지하는 정도만이 아니라 나라와 병적인 사람들까지 돌보는 여유를 보였다. 심한 병으로 죽어야 할 환자가 오히려 건강한 의사가 되어 나라를 치유하려고 애를 썼던 것이었다. 그녀는 정치와 종교의 극한적인 대립 속에서도 중심을 잃지 않고 이를 중재하고 치유하려고 하였다. 도대체 이러한 힘은 어디에서 나올 수 있었을까?

특별한 신앙의 힘이었을까? 어떤 정신적인 치료를 받아서인가? 우리는 그녀를 신비롭게 생각만하지 그 정확한 이유는 알기 어렵다. 그러나 전체적인 흐름을 보면서 유추해볼 수는 있다고 생각한다. 그녀는 의지하는 모든 것을 다 잃었다. 부모, 보호자, 재산, 남편의 사랑 등 보통사람들이 의지하는 대부분의 것을 상실한 삶을 살았다. 보통 이것 중 하나만 상실해도 심한 좌절과 우울에 빠지는데, 그녀는 도대체 이 가운데서 무슨 힘으로 살아남았을까?

처음에는 그녀도 다른 사람처럼 보이는 어떠한 것을 의지했을 것이다. 그러나 이를 연속적으로 상실하다보니 이것을 의지하다가는 계속 고통을 받을 수밖에 없다는 것을 어린 나이지만 통찰했을지 모른다. 이를 통찰하는 데는 메디치가의 훌륭한 조상들의 전해오는 이야기가 도움되었을 것이다. 메디치가를 부흥시킨 두 위대한 조상인 코시모와 로렌초의 이야기를 그녀는 익히 들었을 것이다.

그들은 놀랍게도 어려움이 있을 때 보이는 것을 의지하지 않고 인간의 선한 힘을 의지했다. 돈과 정치 그리고 무력을 의지하기보다는 인간의 신뢰, 의리, 책임감과 희생정신 등을 더 소중하게 여겼다. 인간의 덕목을 더 중요하게 여긴 것이었다. 그리고 이러한 인간의 덕목 배후에는 신앙의 힘이 같이 있어야 하기에 인간의 선한 성품과 신성을 의지하였을 것이다.

이것이 그녀가 이러한 고난을 견디어온 힘이었을 것으로 생각된다. 그 힘을 인내하고 기다리니 그녀에게 좋은 일이 열리기 시작했다. 죽음에서도 살아남았고 자녀가 전혀 생기지 않다가 10명이나 출산하는 일도 생겼다. 그리고 그 자녀들이 왕과 왕후가 되는 축복도 받았다. 그래서 그녀는 종교와 정치의 극단적인 대립 속에서도 보이는 전통과 권력의 힘에 좌우되지 않고 인간의 보편적인 지성과 이성 그리고 덕목을 믿고 중재를 계속할 수 있었다. 이러한 노력은 그냥 정치적인 시도가 아니었고 그녀의 인간에 대한 믿음의 결과였다. 정치적인 시도라면 한두 번으로 끝날 수밖에 없지만, 그녀는 30년 이상을 끊임없이 화해와 중재를 시도하였던 것은 이러한 믿음이 아니었으면 불가능하였을 것이다.

문명에서의 빛과 그림자

그런데 이런 피눈물 나는 노력에도 결과는 왜 그렇게 나빠졌는가? 인간은 이러한 선한 노력에 대해 왜 이처럼 모질고, 하늘은 무심하기만 하였을까? 어떻게 결과가 그렇게 악화되어 그녀가 어둠의 왕후와 마녀라는 소리까지 듣게 되었을까? 이는 마치 선한 일을 한 잔 다르크가 배신을 당하며 마녀로 참혹하게 죽은 것과도 유사한 일이다. 이는 문명사에서 아주 중요한 문제라고 생각된다.

문명사를 인격발달로 볼 때 인격이 긍정적으로 발달할 때 항상 한 면만 발달하는 것이 아니었다. 십자군 전쟁도 원래는 순수한 신앙적인 동기에서 시작되었으나, 나중에는 세속적인 욕망으로 부패한 종교전쟁이 됐다. 그리고 종교개혁들도 선한 동기를 시작되었으나 결과는 참혹한 전쟁이라는 결과를 낳았다. 일반적인 전쟁보다 종교분쟁은 더 야만적이었다. 프랑스의 위그노 전쟁이 그러했고 독일의 30년 전쟁도 그러했다.

인간의 능력이 개발되어 산업혁명과 대해양 시대를 열었고 학문적으로는 이성의 계몽주의가 발달하였지만, 그 결과는 식민지 정복과 착취, 노예무역, 원주민 학살이라는 야만적인 행위가 자행되었고 계몽주의와 기독교도 이를 방관했다. 그리고 산업혁명으로 잘살게 되었지만, 노동착취와 빈부격차는 더욱 극심하여 공산주의가 탄생하게 됐다. 이로 인해 20세기에 이념전쟁으로까지 치닫게 됐다. 19세기에 이성의 철학과 낭만주의 예술이 꽃을 피우고 과학으로 새로운 세상을 열었지만, 20세기에 와서 인류역사상 가장 참혹한 세계대전을 두 번이나 치렀다. 그리고 가장 과학, 철학과 예술이 발달하고 가장 근면하고 성실한 독일 사람들이 가장 잔인한 세계대전을 두 번이나 일으킨 이유는 무엇인가? 인간의 문명의 본체는 과연 무엇인가? 이를 통해 이런 질문을 하지 않을 수 없을 것이다.

인간의 밝은 발달은 항상 이러한 어두운 흑역사를 동반하는 것을 볼 수 있다. 그리고 항상 흑역사가 밝은 역사를 이기는 것을 볼 수 있었다.

이러한 원리에서 카트린의 선한 역사가 왜 더 어두운 역사로 발전되었는지를 설명해볼 수 있을 것이다. 그리고 선한 잔 다르크가 배신을 당하고 비참하게 죽게 되었는지도 이러한 맥락에서 이해해볼 수 있을 것이다. 유럽 문명의 흥망성쇠를 통해서 선으로 시작했다 악으로 끝맺는 수많은 경우를 이러한 원리로 설명해 볼 수 있을 것이다.

그러나 이러한 설명은 현상적인 것이지 역동적이거나 원인적인 설명은 되지 못한다. 왜 빛과 그림자가 문명사에 늘 동반하고 결국 그림자가 우세하게 끝나는 이유는 무엇일까? 인간은 일반적으로 합리적으로 설명하기 어려우면, 초월적인 선과 악의 싸움이나 천사와 악마의 싸움 등으로 설명해보려는 습관이 있다. 그러나 여기서는 이를 초월적으로 해석하기보다는 심층적으로 분석해보려고 한다.

결국, 이러한 문제는 인간의 심층을 제대로 이해해야 알 수 있다. 이는 의식과 무의식의 싸움에서 나오는 것으로 보아야 한다. 의식은 선을 추구한다. 그러나 우리의 마음에 선한 것만 있는 것은 아니다. 우리의 무의식에는 부끄럽고 못난 것들이 수없이 많다. 이러한 것이 의식에 나오면 안 되기에 의식은 이를 억압하고 학대한다. 그래서 선이 강해지면 그만큼 무의식의 악이 강하게 억압받는다. 정신분석학자인 융_{Carl Gustav Jung(1875~1961)}은 의식을 빛이라고 했고 무의식을 그림자라고 했다. 처음에는 빛과 그림자는 대칭 관계를 갖는다. 그러나 무의식은 억압으로 탄력을 받으면서 점점 힘을 키우게 된다. 그러나 처음에는 억압되어 있어 이를 볼 수는 없다.

그래서 처음에는 선한 것이 지배하는 것처럼 보이다가 나중에 더 이상 억압할 수 없게 되어 그림자는 폭발한다. 그 결과 그림자가 더 크게 나타나 문명이 어둠에 덮이게 된다. 이는 마치 화산폭발이나 지진과 비슷하다. 눌려 있던 무의식의 어둠은 의식의 선함보다 강하기 때문에 결국 무의식의 어둠이 역사와 문명을 압도하게 된다. 그래서 선한 문명이 야만성을 이길 수 없었던 것이다. 그다음 인간은 이를 각성하고 다시 선한 의식으로 출발하여 선한 문명을 부흥시킨다. 그러나 이는 다시 어둠으로 가서 문명의 흥망성쇠를 반복한다.

흥망성쇠의 순환에서 벗어나는 길

이것이 문명이 순환하는 원리이지만, 꼭 이렇게 되어야 하는 것은 아니다. 이러한 흥망성쇠의 순환에서 벗어나 지속적 발달이 불가능한 것은 아니다. 이는 문명이 선악의 법으로 갈 때 필연적으로 일어나는 현상이다. 그러나 생명의 법으로 갈 때는 이러한 순환에서 얼마든지 벗어날 수 있다. 생명은 선악과 달리 수용과 사랑의 법으로 살아간다. 카트린은 신구교 모두를 수용하고 사랑했다. 그리고 몽테뉴도 그러했다. 그러나 세상은 이를 받아들이지 못하고 선악의 알고리즘으로 판단하고 선이 악을 억압했다. 의식의 선이 무의식의 악을 억압하니 문명의 빛과 그림자가 발생하여 흥망성쇠의 순환으로 가는 것이었다.

사실 카트린이 마녀는 아니다. 그는 선악을 나누지 않고 수용하니 세상의 선악은 이를 더욱 반발하여 극단적 신구교의 싸움으로 나간 것이었다. 물론 카트린에 의해 시작된 것이지만, 신구교의 전쟁은 카트린이 일으킨 것이 아니라 선악의 법이 그렇게 만든 것이다. 알고리즘의 저차정보의 블랙홀이 만든 멸망의 길이었다. 이러한 저차정보의 블랙홀을 인식하지 못하니 카트린을 마녀로 몰아세운 것이었다. 사실 그 블랙홀이 마녀이고 저주였다. 이를 잘 구분하여 문명이 블랙홀로 빠지지 않도록 해야 할 것이다.

이를 막을 수 있는 길은 작은 것, 선에서 벗어난 해체적인 것을 수용하는 것이다. 프랑스가 기존의 구교가 신교를 수용하고 공존할 수 있었다면, 인격발달이 계속되어 프랑스가 더욱 부강해졌을지 모른다. 그리고 프랑스와 독일이 적대적인 관계로 가지 않을 수도 있었을 것이다. 과거 100년 전쟁 전에 강한 프랑스가 약한 영국을 수용하고 공존할 수 있는 길을 찾았다면 전쟁으로 가지 않고 오히려 프랑스와 영국이 하나가 되었을지도 모른다. 100년 전쟁 때, 프랑스가 영국에 계속 패하여 해체 위기에 몰렸을 때, 약한 잔 다르크를 수용함으로 위기에서 벗어날 수 있었고 그녀가 희생제물이 되므로 100년 전쟁을 끝낼 수 있었다.

이처럼 역사는 작은 자들을 수용하든지 아니면 배척하고 억압하는지에 따라 결과가 달라지는 것을 볼 수 있다. 이는 의식과 무의식의 법에도 적용된다. 의식이 무의식을 억압만 하지 않고 수용하고 공존하는 길을 찾아간다면, 의식과 무의식도 하나가 되어 인격이 더욱 발달해갈 수 있을 것이다. 이는 앞으로 문명이 문제에 봉착할 때마다 이러한 문제가 제기될 것이다.

부르봉 왕가

앙리 2세와 카트린에서 나온 세 아들이 연이어 프랑스 왕이 되었고 그 마지막이 앙리 3세였다. 그런데 후손이 없어 여기서 발루아 왕조가 단절됐다. 그리고 딸 마르그리트(마고)가 나바르 왕과 결혼하였으나 후손을 낳지 못하여 가장 가까운 방계인 앙리 4세가 왕위에 오르게 됐다. 그래서 앙리 4세부터 부르봉 왕가가 시작됐다. 마고도 후손을 낳지 못하니 메디치가에서 시집온 마리 드 메디시스Marie de Medicis(1573~1642)와 재혼했다. 카트린의 롤러코스트는 그녀가 죽어서도 계속됐다고 했다. 그녀는 10명의 자녀를 낳았고 4명의 자식이 모두 프랑스의 왕과 왕비가 되었지만, 후사가 없었다. 그래서 발루아 왕가는 단절되고 부르봉 왕가로 넘어가게 된 것이었다. 카트린의 자녀가 많았지만, 후손이 생기지 않아 왕조가 끝나게 됐다.

거기에다 또 이상한 일이 일어났다. 카트린과 닮은꼴인 왕비가 메디치가로부터 프랑스에 시집왔는데 그녀는 카트린과 정반대의 길로 갔다. 그녀는 왕비 마리였다. 그녀도 카트린처럼 롤러코스트의 인생이었다. 우선 그녀와 닮은 점은 피렌체의 메디치가의 여인이었고 그녀도 앙리 4세의 아들을 낳았지만, 남편의 사랑을 받지 못했다. 앙리 4세의 정식 정부가 있었기 때문이었다. 그리고 남편이 먼저 죽고 어린 왕(루이13세)으로 인해 섭정한 것도 카트린을 닮았다. 그러나 그 외의 점들은 카트린과 아주 반대로 갔다. 카트린은 조용히 참으면서 기회를 엿보고 있었고 섭정을 했지만, 그렇게 정치적이거나 권력을 탐하지 않았다.

그러나 마리 왕비는 남편으로부터 소외되는 것을 참지 못하고 분노를 터트렸다. 그리고 권력과 정치에 지나치게 집착하여 자신의 사람을 두면서 권력을 휘둘렀다. 아들이 성인이 되었는데도 섭정을 내려놓지 않아 아들이 쿠데타까지 일으켜 어쩔 수 없이 물러날 정도였다. 그리고 그녀의 야욕이 심해 아들이 어머니를 성에 유폐하였다. 그것으로 끝나지 않고 자기가 미는 다른 아들이 왕이 되도록 반란을 일으키기도 했다. 이처럼 끝까지 포기하지 않고 권력과 정치의 중심에 서려고 한 여인이었다.

그리고 남편이 가톨릭 광신도에게 살해당했는데, 이를 몰래 사주했다는 이야기가 있을 정도로 남편을 증오하며 권력을 탐했다. 그리고 섭정을 할 때 자기 사람을 측근에 두어 남편이 이룬 정책을 대부분 뒤집어 반감을 사기도 했다. 견실한 국고의 재정을 사치와 낭비로 탕진하였고 신교도들을 탄압했다. 결국 아들이 다시 관용을 베풀어 복권해주었으나, 계속해서 반란을 도모하여 결국 추방당하고 말았다. 그녀는 여생을 타지에서 쓸쓸하게 보내다 카트린과 같은 나이인 69세에 죽었다.

마리와 카트린을 대비해보는 것은 단순한 흥밋거리를 제공하기 위한 것은 아니다. 앞서 말한 빛과 그림자의 역사를 한 번 더 강조하기 위함이다. 더 흥미로운 것은 마리로 인한 흑역사와 대비되는 프랑스의 명明역사가 있었다는 것이었다. 역사가 좋은 방향으로 가면 더 좋아질 수도 있는데, 대부분 그렇게 되기보다는 어두운 역사로 교체되고, 어두워지면 더 깜깜해져야 하는데 다시 밝은 역사로 전개되는 역사의 아이러니이다. 이것이 역사의 흥망성쇠라고 했다.

카트린은 명역사였지만 흑역사를 불러들였고, 마리는 흑역사였지만 명역사를 불러들였다. 일반적인 선악과 도덕 그리고 논리와 같은 알고리즘으로는 설명하기 어려운 현상이 역사에는 수없이 일어난다. 혼돈이다. 될 것이라고 했는데 안 되고 안 될 것이라고 했는데 되는 일이 인생에 있어서도 수없이 일어난다. 야구나 축구 같은 스포츠에서도 늘 일어난다. 그래서 스포츠를 통해 인생을 본다고 한다. 증시나 경제에서도 이런 일이 너무도 자주 일어난다. 그래서 인생은 예측할 수 없고 혼돈스럽다. 이를 앞서 의식과 무의식으로 설명하였지만, 무의식 속에는 알고리즘으로 설명하기 어려운 새로운 복잡성이라는 법이 있어서 더욱 그렇다. 이에 대해서는 나중에 다시 자세히 설명할 것이다.

프랑스에서 가장 밝은 역사가 마리의 흑역사와 동반되어 나타났는데 바로 그녀의 남편인 앙리 4세와 아들 루이 13세 Louis XIII(1601~1643)이다. 이 두 왕은 프랑스에 있어서 아주 중요한 인물이다. 밝은 역사라고 해서 모든 것이 밝다는 뜻은 아니다. 한 면이 밝으면 다른 어두운 면이 항상 존재한다. 이는 동양사상에서 말한 음과 양의 이론이기도 하지만, 의식과 무의식의 양면성일 수도 있다.

동양사상의 도가 道家에서는 이를 일음일양지위도 一陰一陽之謂道라고 했다. 역사는 왜 한번 양이면 음이 되고 음이 되면 다시 양이 되는가? 앞서 문명에서 양이 발달하면 음이 발생하는 것을 설명했지만, 음이 된 다음 양이 다시 발생하는 것을 설명하기는 그렇게 쉽지는 않다. 음이 블랙홀로 멸망하는데 다시 양으로 어떻게 다시 발달할 수 있는지 이를 설명하기가 쉽지 않은 것이다. 도가에서는 더 큰 우주와 자연의 법이 있어서 가능하다고 설명하고 있다. 우주에는 더 고차적인 법 혹은 정보가 있어서 그럴 것이라고 막연하게 설명하고 있다. 이에 관해서는 이 책의 마지막 부분에서 다시 자세히 설명할 것이다. 어떻게 우주의 고차정보가 인간의 문명에 개입할 수 있는지 이를 과학적으로 설명해볼 것이다. 여기에서는 음이 양으로 변하는 것은 더 고차적인 법이 개입되기 때문에 가능하다는 정도로만 언급하고 끝내려고 한다. 이제 앙리 4세가 펼친 프랑스의 명역사를 살펴보자.

앙리 4세

앙리 4세Henri IV(1553~1610)는 부르봉 왕가를 시작했다. 그는 프랑스의 남쪽의 작은 나바르 왕국의 왕이었다. 정통 프랑스라기보다는 스페인과 경계에 있으면서 스페인의 지배를 더 많이 받아온 곳이었다. 그가 프랑스 왕가로 들어오게 된 것은 그가 신교의 지도자였기 때문이었다. 그래서 카트린이 신구교의 균형을 잡기 위해 딸인 마고를 그에게 시집보낸 것이었다.

프랑스 왕족과의 결혼이 행복할 것 같았지만, 결코 순탄하지 않았다. 마고는 정숙한 여인이 아니었다. 성적으로 자유분방했다. 왕비가 된 다음에도 그녀의 자유분방한 행동은 계속되어 앙리 4세가 힘들어했다. 그리고 두 사람이 결혼이 계기가 되어 그 잔혹한 생 바르텔레미 학살이 일어나 결혼에 대한 큰 트라우마가 있었다. 이처럼 새로운 역사는 강력한 중심에서 시작하는 것이 아니라 항상 경계의 작고 아픈 곳에서 시작하는 것이었다. 이는 카트린과 비슷한 경우이다.

아프고 힘든 것이 자신을 파괴시키기도 하지만, 이것이 자신을 더욱 성숙하게 하는 자양분이 될 수 있다. 카트린의 경우가 그러했다. 아픔을 통해 자신의 좋은 능력과 덕목을 키울 수 있었다. 방해와 역경이 있어도 포기하지 않고 인간에 대한 믿음을 가질 수 있었다. 이처럼 앙리 4세도 자신이 어려움을 겪어보았기에 따뜻한 인품을 가질 수 있었고 백성의 어려움에 대한 공감의 능력이 발달할 수 있었다. 앙리 4세의 가장 큰 업적은 농민과 노동자와 같은 하층민과 민생에 대한 깊은 관심을 가지고 그들을 위한 경제정책을 수립했다는 것이었다. 실제로 그들의 삶이 많이 나아졌다.

그는 자신의 신앙이 신교였지만, 나라를 안정시키기 위해 구교로 개종했다. 그리고 위그노의 신앙을 인정하는 낭트 칙령을 내려 위그노가 안정적으로 일할 수 있게 했다. 국력을 종교전쟁에 낭비하지 않고 경제에 집중하여 농민과 상인들이 잘 살 수 있는 중농정책과 중상정책을 내놓았다. 특히 위그노가 안정적으로 일할 수 있게 하여 상업과 기술이 발전할 수 있었다. 이로 인해 경제가 발전하였고 국가 재정이 튼튼해졌다. 나라가 부강해지니 시민들의 삶을 더 풍성하게 하는 예술과 도시건축에도 많은 투자를 했다. 그래서 예술과 문화를 후원하였고 파리에 퐁네프 다리, 보주 광장, 도핀 광장 등을 만들고 루브르궁을 개축하고 자신의 성도 건축하는 등 파리를 아름답게 가꾸는데 많은 노력을 했다.

그러나 샤를 8세의 이탈리아 원정에서부터 시작된 프랑스의 르네상스는 프랑수아 1세와 앙리 2세의 절정기를 거쳐 앙리 4세에서 막을 내렸다. 그리고 프랑스는 절대왕정으로 들어갔다. 앙리 4세는 르네상스의 막을 내리고 절대왕정의 기초를 다진 왕이었다.

　앙리 4세를 프랑스의 내실을 다지고 부강한 프랑스의 기초를 마련한 위대한 왕으로 불린다. 그러나 모든 사람이 좋은 면만 있는 것은 아니다. 그림자가 역시 있었다. 왕비가 정상적이지 않은 탓인지, 여성에 대한 애정결핍이 있었는지, 많은 정부를 거느린 호색가로도 유명하다. 그럼에도 프랑스 역사에 가장 좋고 선한 왕으로 기억되고 있다. 위그노를 보호하는 정책으로 인해 늘 구교의 위협에 노출되어 있었다. 그래서 늘 조심하며 다녔음에도 그는 광신도에 의해 죽임을 당하고 말았다. 그는 이러한 죽음을 예감하였는지, '으윽, 칼에 찔렸다'라는 말을 남기고 죽었다고 한다.

제 7 장

절대 왕정의
시대

르네상스에서 절대왕권으로

프랑스에서 르네상스가 끝나고 절대왕정이 시작됐다고 했는데, 그렇다면 이러한 변화는 무엇을 의미할까? 특별히 인격발달의 측면에서 르네상스와 절대왕정의 차이는 무엇일까? 한마디로 하면 르네상스는 억압되었던 인간이 조금씩 살아나 발달해갔다면 절대왕정에서는 인간발달이 다시 멈추었다는 것을 의미한다. 절대왕정이 된다는 것은 인간이 주체인 삶이라기보다는 권력과 국가와 같은 비인격적 힘이 주체가 된다는 뜻이다.

 이탈리아에서는 르네상스가 르네상스로 끝났다. 더 이상의 통일 국가로서 발전하지 못했다. 그 이후 이탈리아의 르네상스는 프랑스로 넘어갔다. 프랑스의 르네상스는 이탈리아와는 달랐다. 물론 프랑스는 이탈리아의 문예 부흥을 적극적으로 받아들였으나, 피렌체의 메디치가에서 있었던 것과 같은 인간 회복과 발달에까지 이르지 못했다. 메디치가에서 시도한 인간 회복과 발달에 대한 불빛이 카트린을 통해 희미하게라도 전해졌고 또 몽테뉴가 이를 살려보려고 하였지만, 그 불길은 제대로 붙지 않았다.

프랑스는 왕족과 귀족이 중심이 되어 이탈리아의 예술과 건축을 도입했다. 이를 통해 그들 속에 잠재돼있던 감성적 능력을 깨울 수 있었다. 그러나 이탈리아의 참 정신인 인간 회복과 발달은 제대로 이루지 못했다. 그들의 탐욕과 과시욕으로 끝난 아쉬움이 있었다. 프랑스의 상류계층은 이탈리아로부터 값비싼 예술품과 건축을 도입하였지만, 일반 프랑스인들은 그렇게 할 수 없었다. 대신 그들은 이탈리아가 문예 부흥을 가능하게 하였던 그들의 경제체제를 도입하였다. 즉 그들의 상업과 기술 그리고 금융과 같은 경제활동을 도입하면서 프랑스의 경제도 발전될 수 있었다. 이를 통해 부르주아 계층이 활성화됐다.

경제발전은 억압된 그들의 능력과 욕망을 깨웠다. 특별히 계급과 집단에 억압되어 있던 개인의 욕망을 깨워 사유재산에 대한 욕구를 갖게 했다. 그런데 경제발전은 인간을 깨우지만, 인간의 덕성보다는 인간의 욕망과 이기심 같은 부정적인 감정을 먼저 깨울 수 있다. 프랑스는 경제발전이 그들을 어떠한 길로 인도할지 선택의 기로에 있었다.

그런데 마침 그들에게는 종교개혁의 바람이 불었다. 그들은 칼뱅의 신교를 통해서 인간의 덕성에 대한 믿음을 가지면서 경제발전을 이루었다. 이러한 신교를 믿는 프랑스의 부르주아와 중산층을 위그노라고 했다. 그래서 그들은 인간발달을 이루며 진정한 중류층의 르네상스를 이루어갔다. 위그노는 놀라운 속도로 프랑스에 퍼져갔다. 그러나 그들의 자유 사상이 기존체제를 흔든다고 생각한 프랑스의 권력층은 위그노를 탄압했다. 그리고 종교전쟁으로까지 번지게 됐다.

종교전쟁은 결국 그들의 인간발달과 르네상스를 멈추게 했다. 그리고 그들은 인간발달보다 절대왕권의 길을 택했다. 중산층의 르네상스가 무너지게 되니 상류층들의 르네상스만 남게 되었는데, 그들은 인간발달보다는 자신들의 욕망을 채우고 자신의 신분을 과시하는 퇴행적 르네상스로 갔다. 그래서 진정한 의미의 르네상스는 끝나게 됐다.

루이 13세와 리슐리외

르네상스의 인간 회복을 시도한 카트린과 앙리 4세가 있었지만 역부족이었다. 오히려 앙리 4세는 절대왕권을 시작한 왕이 되었고 다음 왕위를 물려받은 루이 13세Louis XIII(1601~1643)는 절대왕권을 더욱 다졌다. 루이 13세는 어려서 불행했다. 욕구불만의 어머니인 마리가 아들을 심하게 학대했다. 아들이 어려서 왕위에 오르자 섭정을 시작하면서 그녀의 횡포는 더 심해졌다. 사치와 향락으로 국고를 탕진하고 남편 앙리 4세에 대한 분노로 그가 해놓은 길과 반대로 갔다. 어렵게 성사시킨 낭트 칙령이 흔들릴 정도로 위그노를 탄압하여 그들의 불만이 쌓여갔다. 아들이 성인이 되었는데도 섭정을 내려놓지 않자, 아들이 쿠데타를 일으켜 어머니를 유폐시킴으로 친정을 시작할 수 있었다. 그 이후에도 아들을 몰아내고 자신이 편애하는 아들 가스통을 왕위에 앉히려고 했다. 아들의 관용과 간청에도 고집을 꺾을 생각을 하지 않자, 결국 국외로 추방할 수밖에 없었다.

루이 13세는 아버지 앙리 4세보다 더 고통스러운 어린 시절을 보내었고 한평생 어머니의 따뜻한 사랑을 받지 못했다. 그래서 그는 여성을 믿지 못하고 혐오하여 여성을 가까이 두지 못했다. 어머니의 심한 병리와 모성의 결핍 속에서도, 그는 비교적 건강하게 바른길을 갔다. 그가 그럴 수 있었던 것은 건강한 부성이 있었기 때문이었다. 좋은 아버지를 이상화하고 동일시할 수 있었다. 그리고 그는 아버지와 같은 좋은 리슐리외_{Richelieu(1585~1642)} 재상을 만났다. 그리고 그는 어려운 가운데서도 그를 아버지처럼 신뢰하며 여러 난국을 돌파해갔다. 이를 통해서 그는 절대왕권의 기초를 다질 수 있었다.

어머니 문제부터 시작해서 위그노 문제, 외교와 경제문제 등 모든 문제를 그를 신임하며 해결해갔다. 다행히 리슐리외는 철저하게 왕과 국가의 이익을 위해 일한 사람이었다. 국가가 부강해야 산다는 철학 아래 부국강병을 이루었으며 철저하게 실리적인 외교와 경제정책을 펼쳤다. 그래서 프랑스는 구교이지만, 합스부르크 왕조를 견제하기 위해 30년 전쟁에 신교 편으로 참여하여 승리했다. 3차에 걸친 위그노 반란도 평정하였고 지방 영주의 세력도 잠재우면서 중앙집권을 확립했다. 그는 절대왕권에 도전하는 3부제도 폐지하여 프랑스 대혁명 직전까지 거의 150년간 소집되지 않았다. 루이 13세는 리슐리외를 얼마나 의지하였는지 그가 죽은 지 6개월도 못 되어 그도 죽고 말았다.

앙리 4세는 많은 아픔 속에서 자랐지만, 그는 이 아픔을 통해 어려운 사람을 공감할 수 있는 성품을 배양했다. 그래서 그는 왕권 강화를 자신을 위해 사용하기보다는 민중에게 선정을 베풀고 나라를 부강하게 만드는 데 사용함으로 프랑스 역사에서 가장 이상적인 왕으로 기억되고 있다. 루이 13세도 심한 아픔을 겪으면서 자랐다. 그러나 그는 이를 통해 자신의 깊고 선한 인성을 개발하기보다는 선한 아버지를 동일시하는 방어기제에 머문 아쉬움이 있었다. 그래서 그는 자신이 직접 정치하지 못하고 리슐리외 재상을 의지하고 신뢰하는 것으로 나라를 부강하게 한 것은 사실이지만, 민중의 아픔을 공감하는 선정을 베풀지 못했다. 오히려 민중들의 삶이 어려워져 여러 곳에서 반란이 일어나기도 했다.

리슐리외는 어려운 시절에 프랑스의 국력을 유럽 최고의 국가로 끌어올린 업적을 남겼다. 30년 전쟁을 통해 합스부르크를 완전히 제압하였고 그 이후로 독일은 황폐화됐다. 물론 그 이후 독일이 다시 프로이센을 중심으로 발전하여 보불전쟁을 일으켜 승리하였지만, 그전까지 거의 300년간을 프랑스가 유럽 최강국의 자리를 누릴 수 있었다. 그 시작이 루이 13세였고 리슐리외 재상이었다. 그러나 한편으로는 르네상스를 통해 겨우 기틀을 마련한 인간 회복이 다시 허물어지는 시기이기도 했다. 이 시대상을 알렉상드로 뒤마 Alexandre Dumas(1824~1895)는 소설 '삼총사'에서 잘 그리고 있다. 그의 소설에서는 리슐리외 재상은 인권을 탄압하는 나쁜 재상으로 나온다.

그는 전쟁과 왕권 강화를 위해 세금을 올릴 수밖에 없었다. 그래서 이에 대해 민중들의 봉기가 빈번했다. 그중에 대표적인 봉기가 '맨발의 난'

이라고 불리는 노르망디의 농민봉기였다. 노르망디 봉기는 10년에 걸쳐 산발적으로 일어났으나 이 맨발의 난이 정점이 되어 심해지자, 리슐리아 재상은 이를 더 이상 방치할 수 없어 폭도들을 잔혹하게 진압했다.

중앙집권에 대한 반발은 농민에게만 있었던 것은 아니었다. 리슐리외에 대한 귀족의 반발도 만만하지 않았다. 그래서 리슐리외는 늘 반란과 암살의 위험에 노출되어 있었다. 그러던 중 자신이 신임하던 생 마르가 리슐리외에 대한 불만을 가지고 반대파 귀족들과 결탁하여 암살 음모를 꾸미고 있었다. 리슐리외는 이를 미리 발각하여 그를 처형했다. 생 마르를 신임하였던 리슐리외와 루이 13세는 충격 때문인지 그를 처형한 후 연이어 사망했다. 리슐리외는 생 마르가 죽은 지 4개월 후에 죽고, 루이 13세는 리슐리외가 죽은 지 6개월 만에 사망했다.

프롱드 난의 트라우마

리슐리외와 루이 13세가 죽고 루이 14세가 왕이 되었지만, 그는 다섯 살이었기에 어머니인 안 도트리쉬Anne d'Autriche(1601~1666)가 섭정하였고 리슐리외의 후임으로 마자랭Mazarin(1602~1661) 추기경이 재상에 올랐다. 강력한 리슐리외와 루이 13세가 죽었으니 중앙집권이 다소 완화될 것으로 기대했지만, 결과는 정반대였다. 마자랭은 재정의 어렵게 되자 세금을 더 올리면서 법관 매관을 허용하려고 했다. 이를 고등법원이 반발하자 마자랭이 주모자들을 색출하여 체포하는 강경책을 썼다. 그동안 불만이 쌓여 있던 귀족들과 민중들이 고등법원과 함께 무기를 들고 파리 중심가에서 폭동을 일으켰다. 이것이 프롱드 1차의 난이었다.

　이때 어린 루이 14세와 어머니는 몰래 파리를 빠져나와 생 제르맹 별궁으로 피신했다. 1차의 난은 오래 지나지 않아 왕실과 고등법원 사이에 타협이 이루어져 끝나게 됐다. 그러나 곧이어 2차 프롱드 난이 일어났다. 이번에는 왕실의 실권을 쟁취하려는 권력 싸움에서 시작됐다. 루이 14세가 어렸고 마자랭의 위치 역시 견고할 때가 아니어서 정국이 어수선했다. 이때를 기회로 실권을 잡아보려는 군인과 마자랭 간의 권력 투쟁이 시작됐다. 서로 엎치락뒤치락하며 오랫동안의 내전 상태로 들어갔다. 군 세력이 당시 적군인 스페인 군대까지 끌어들이자 반란세력이었던 고등법원과 시민들이 왕실 편으로 돌아서면서 반란이 평정됐다. 그 후 루이 14세와 마자랭은 파리시민의 열렬한 환영을 받으며 파리로 귀환했다.

　왕권 강화를 저지하기 위해 발생한 프롱드 난이 평정되고 나니 왕권이 더욱 강화될 수밖에 없었다. 그리고 무엇보다도 긴 시간의 도피 생활을 통해 죽음의 위협을 느꼈던 루이 14세는 그 트라우마를 극복하기 위해 귀족을 압제하는 절대왕정에 강하게 집착했다. 그래서 프랑드 난으로 루이 13세가 닦아놓은 절대왕권에 잠깐의 혼란이 있었지만, 이를 평정한 후에는 절대왕권을 향해 고속 질주하게 됐다.

루이 14세

루이 14세Louis XIV(1638~1715)는 프롱드 난으로 도피할 때는 소년이었지만,

1653년 프롱드 난을 평정하고 파리로 귀환할 때는 성인이 됐다. 그는 다음 해에 대관식을 거행하고 마자랭으로부터 정치, 행정, 경제와 외교에 대한 수업을 착실히 받았다. 그는 선왕인 루이 13세처럼 재상에게 모든 정치를 맡기지 않았다. 왕이 실력이 있어야 한다는 신념이 있었고, 이를 뒷받침할 수 있는 능력 또한 충분히 갖추고 있었다. 그 결과 오랫동안 국가의 재정을 담당해온 재무장관 푸케의 부정축재를 찾아내어 반란 음모로 체포하였고 1661년 마자랭 재상이 사망한 후 재상 없이 자신이 직접 국사를 챙기며 친정 체제를 강화했다. 그리고 콜베르Jean-Baptiste Colbert(1619~1683)에게 재무총감을 맡겼고 그는 충실하게 나라의 재정을 살찌웠다.

루이 14세는 귀족에 대한 혐오가 있었기 때문에 귀족보다는 실력 있는 부르주아를 많이 기용했다. 콜베르도 부르주아 상공인 출신으로 실제적인 중상정책을 펼칠 수 있었다. 그래서 무역과 공업을 발전시키고 이와 함께 중농정책도 실시하고 식민지도 개척했다. 관료제를 정비하고 군사력도 키워 절대왕정의 기초를 단단히 다질 수 있었다. 거기에다 루이 14세의 총명함과 열정이 더해져서 프랑스의 국력은 절정에 이르러 유럽의 최고의 국가가 됐다.

나라가 안정되어가니 그동안 눌러두었던 자신의 무의식이 꿈틀거리기 시작했다. 그 무의식이란 어려서의 트라우마였다. 그는 10세부터 5년간 프롱드 난으로 인해 파리를 떠나 생 제르맹 궁에서 도피 생활을 했다. 때로는 죽음의 위협 속에서 두려움으로 떨었던 적도 있었다. 그리고 자신을 거부한 파리라는 도시가 싫었다. 그러던 중 재무장관 푸케가 베르사유 근방에 지은 화려한 보 르 비콩트 성을 보고 충격을 받았다. 신하가 이 정도의 궁에 사는 데, 자신의 궁은 너무 초라하다고 생각하여, 자신을 위한 다목적의 궁궐을 꿈꾸게 되었고 이를 실천에 옮기는 대역사를 감행했다. 이것이 베르사유궁의 건축이었다.

파리는 루이 14세의 할아버지인 앙리 4세가 르네상스식 건축을 많이 지어 당시에는 아주 근사한 도시였지만, 이제는 인구가 늘어나고 가난한 사람들이 몰려오면서 지저분하고 치안이 불안한 도시가 됐다. 그리고 그곳에 사는 귀족들을 믿을 수 없어 또다시 반란을 꾀할지도 모른다는 트라우마가 늘 자신을 따라다녔다. 나라가 안정되니 그는 그곳을 떠나고 싶었다. 그래서 그가 상상한 베르사유궁전을 짓기 시작했다. 그는 건축에 세부적인 것까지 직접 관여하며 엄청나게 집착했다. 건축에만 20여 년, 준비 기간까지 합하면 거의 30년을 걸쳐 세계 제일의 궁정을 완성했다. 궁정만이 아니라 정원과 호수 등 모든 것을 완벽하게 가꾼 꿈의 궁정과 동산이었다.

루이 14세와 프랑스의 정신 역동

루이 14세가 선두에서 가는 길이 곧 프랑스가 가는 길이었고 그들의 모습이었다. 그리고 프랑스가 간 길을 세계가 따라가고 있다. 그래서 그들을 알아보는 것은 인간을 아는데 아주 중요하다. 루이 14세와 프랑스가 간 길은 갑자기 시작된 것이 아니다. 이미 로마와 르네상스가 갔던 길이었다. 프랑스는 르네상스를 통해 이를 받아들여 루이 14세 때에 베르사유궁전으로 집대성한 것이었다. 이것은 인류 문명에서 인간이 이룬 몇 가지 정점 중에 중요한 한 사건이었다. 그래서 루이 14세와 베르사유궁전은 인류 문명사에서 상징적으로 아주 중요한 위치를 차지한다.

인간은 무엇을 위해 살고 어떻게 살아가고 있는가? 이를 가장 적나라하게 사실적으로 보여주는 것이 바로 루이 14세였다. 첫째로 루이 14세는 어려서 자신이 겪었던 죽음의 공포와 두려움에서 벗어나려고 했다. 그러기 위해서는 자신을 지켜줄 수 있는 힘과 재력이 있어야 했다. 먼저 이를 착실히 이루었다. 그는 자신이 직접 일을 챙기며 모든 면에서 부강한 프랑스를 이루었다. 보통은 이 정도만 되어도 살만하다.

그런데 그는 여기에 머물지 않았다. 더 화려하고 완벽한 꿈의 궁전과 정원을 건축했다. 그리고 불안한 파리를 떠나 안전한 베르사유로 거처를 옮겼다. 그는 더 확실히 안전하고 화려한 곳을 택했다. 베르사유궁전은 자기만 거하는 궁전은 아니었다. 많은 귀족도 그곳으로 옮겨 살 수 있는 아주 큰 궁전이었다. 자기만 아니라 귀족들도 같이 향유하는 곳으로 만들었다. 이것이 신의 한 수였다. 그리고 그곳에 인간이 할 수 있는 가장 재미있고 좋은 모든 것을 누릴 수 있는 낙원으로 만들었다.

먹고 마시고 춤추고 노는 것만을 위한 공간은 아니었다. 그곳에서 경건한 신앙생활도 할 수 있었다. 그는 그곳에서 매일 미사를 드렸다. 루이 14세는 홀로 이곳에 있으면 파리에 있는 귀족들이 무슨 짓을 꾸밀지 불안했다. 그래서 그들을 이곳으로 오게 하여 왕과 함께 미사도 드리고 다른 예술과 향락도 즐길 수 있게 했다. 이를 통해 그들을 통제할 수 있었다. 루이 14세의 예상대로 귀족들은 그곳의 생활에 빠지게 됐다. 그래서 그들을 무력화시킬 수 있었다.

　이러한 그들의 모습은 이미 로마에서 시작된 것이었다. 로마인도 로마라는 도시가 베르사유궁전 같았다. 그들은 로마의 신전에서 제사도 드리고 그곳에서 인간이 향유할 수 있는 모든 것을 향략적으로 즐겼다. 이를 통해 그들의 불만을 잠재우고 왕권을 안전하게 유지할 수 있었다.

　베르사유궁전은 인간이 갈망하는 길이고 문명의 길이었다. 왕과 귀족만이 아니라, 부르주아, 일반 평민도 모두 이 길을 따라갔다. 물론 부르주아나 살기 어려운 평민들은 왕의 이러한 행태를 비난하며 분노하였지만, 적어도 속으로는 자신들도 언젠가는 그렇게 하고 싶은 마음을 부인하기 어려울 것이다. 그래서 모두가 속으로는 그 길을 원했다는 것이다. 그리고 세계가 파리와 프랑스를 사랑하는 것은 그들에게도 이러한 욕망이 있기 때문이었다. 이것이 문명이 지향하는 방향이었다. 자신의 두려움을 방어하고 자신의 욕망을 채우기 위해 이 길로 가는 것이다.

　그러나 방어는 문제를 원인적으로 해결하는 것이 아니고 문제를 감추고 회피하는 길이다. 아픔을 보지 않고 피하기 위한 것이 방어기제이다. 그렇다고 방어기제가 좋지 않다고 이야기하는 것은 아니다. 이런 방어기제 때문에 인간은 안정적으로 살아갈 수 있고 나름 건강을 유지할 수 있다. 인간은 방어기제가 없이는 살 수 없다. 방어기제는 마치 인간의 옷과 장식과 비슷하다. 옷과 장식물은 모든 인간이 필요로 한다. 그러나 옷과 장식이 자신이 아니라는 것을 알아야 한다. 옷은 옷일 뿐 자신과 혼돈하면 안 된다. 그러나 이를 자신으로 착각하든지 지나치게 집착하면 문제가 생긴다.

인간이 주인이 되고 옷은 인간의 방편이나 도구여야 한다. 그런데 도구가 주인이 되면 인간은 그 속에 종속되고 노예가 되어 죽는 것이다. 베르사유궁전은 그들에게 마약과 같았다. 인간이 이를 단순히 즐기는 것으로 끝나지 않고 그 속에 종속되면서, 인간은 비인간으로 소외되어 죽어간다. 우리는 방어가 필요하지만, 방어 안에 방어와 반대되는 진정한 자기가 있다는 것을 알아야 한다. 놀랍게도 베르사유궁전과 반대되는 궁전이 파리에 있었다. 그곳을 '기적의 궁전 cour des miracles'이라고 했다. 파리에 있던 도둑과 불량자 3만 명이 모여 사는 그곳을 이렇게 부른 것이었다. 이는 융이 말한 그림자이다. 베르사유궁전을 빛이라는 방어라면 기적의 궁전은 그림자로써 그들의 본질이었다.

그러나 루이 14세는 자신의 그림자를 수용하여 원인적으로 해결하기보다는 파리에서 추방하거나 빈민구호병원을 지어 그곳에 수용하려고 했다. 말이 병원이지 부랑자 수용소와 같은 곳이었다. 그리고 그들을 관리하고 감독할 경찰 총감제도를 마련하여 그들을 비인격적으로 압제했다. 그래도 그들은 사라질 수 없었다. 이러한 일은 파리에서만 일어나는 일이 아니고 우리의 무의식에서 일어나고 있다. 지금도 우리 속에 빛의 방어와 반대되는 그림자를 우리는 억압하고 학대하며 살아가고 있다. 이것이 파리이고 프랑스의 모습이었고 이것이 곪아 터진 것이 100년 후의 프랑스 대혁명이었다.

전쟁과 재정 위기

그들이 병적 방어를 보였다고 한 국가나 한 개인이 곧장 멸망하는 것은 아니다. 병적 방어기제는 더 심한 병적 방어를 불러들이면서 문제가 된다. 루이 14세는 베르사유궁전이라는 방어기제로 만족하지 않았다. 그는 자신이 위대한 국왕임을 프랑스만이 아니라 전 유럽에 알리고 싶었다. 다른 나라의 사신들도 그곳에 와서 자신의 권위와 위대함 앞에 무릎 꿇기를 원했다. 그리고 그는 무리한 정복 전쟁을 벌였다.

프랑스는 자신의 영토를 피레네와 알프스의 두 산맥과 라인강이라는 자연을 국경으로 삼는 '자연국경'을 늘 주장해왔다. 그래서 이를 지키기 위해 침략전쟁을 벌였다. 이미 30년 전쟁으로 오스트리아와 스페인의 신성로마제국은 힘을 쓰지 못하고 저물어가고 있었다. 그런데 프랑스는 과욕을 부렸다. 스페인의 합스부르크 왕가가 후손이 없게 되자 루이 14세 조카가 마지막 왕 카를로스 2세의 왕후인 것을 구실로 자신들이 왕위를 물려받아야 한다고 주장했다. 그러자 오스트리아의 신성로마제국 레오폴드 1세 Leopold I(1640~1705)가 가만히 있지 않았다. 혼자 힘으로는 상대하기 어렵기에 프랑스를 견제하려는 다른 유럽 국가들인 영국, 포르투갈, 네덜란드와 프로이센 등과 동맹을 맺어 프랑스에 대항했다. 그래서 프랑스는 유럽 연합국과 10년 넘게 전쟁을 벌였다.

이를 스페인 왕위계승 전쟁이라 했다. 간신히 승리하여 왕위가 부르봉 왕가로 오게 되었지만, 이로 인해 프랑스는 엄청난 재정부채를 안게 됐다. 그리고 식민지에서는 영국과 영토전쟁을 하는 등 전쟁이 끊이지 않았다. 거기에다 국내에서도 낭트 칙령을 폐지하는 바람에 위그노가 반란을 일으켜 이를 막는데도 적지 않은 군대가 동원됐다. 그중에 카미자르에 일어난 반란이 가장 거세었다. 지나친 종교탄압과 외국추방에 맞서 민중으로 구성된 위그노가 반란을 일으켰다. 서로 타협점을 찾지 못하고 분노로 서로를 잔혹하게 학살하는 내란으로 번져갔다. 막강한 군대를 동원한 정부군에 의해 내란은 가까스로 평정됐다. 이로 인해 그나마 숨어 있던 위그노마저도 프랑스를 떠나 경제적 손실을 더 크게 입었다.

그리고 종교와 절대군주에 대한 비판이 볼테르, 장-자크 루소와 몽테스키외와 같은 계몽주의자들에 의해 시작됐다. 이러한 불씨는 결국 부르봉 왕가의 붕괴를 부른 프랑스 대혁명으로 이어지게 됐다.

절대왕정의 말로

이러한 연속적인 전쟁과 위그노 탄압으로 프랑스의 재정은 급속도로 악화되었다. 루이 14세의 특히 낭트 칙령을 깨고 위그노를 추방한 것은 스페인에서 무어인과 유대인을 추방한 것 이상으로 프랑스에게 큰 손실을 가져왔다. 상업과 공업의 단단한 기초를 이루고 있던 그들을 스스로 잘라내어 자신들의 경제를 허문 것이었다. 밖으로는 무리한 전쟁과 안으로는 위그노의 탈출은 프랑스의 경제를 악화시키는 결정적인 요인이었다. 거기에다 자연재해도 있었다. 1709년 기록상 가장 혹독한 추위가 찾아왔다. 이미 흉작, 중세重稅와 전쟁으로 힘들게 지내던 프랑스 농민과 시민에게 추위까지 찾아오니 강이 얼어붙어 식량을 공급받을 수 없게 됐다. 거기에다 대기근도 일어났다. 이로 인해 80만 명이나 굶어 죽었다. 그래서 시민들의 폭동이 일어났다. 이것이 화려한 절대군주의 참상이었다.

모든 것이 병적인 방어에서 온 것이었다. 이처럼 보통 방어로는 불안과 욕구가 계속 올라오니 더 병적인 방어기제로 확장하다가 이를 감당하지 못하고 스스로 허물어진 것이었다. 그래서 루이 14세가 병들고 죽어가는 노년은 무척 비참했다. 그리고 직계자손들이 계속 죽어 왕위를 증손자에게 물려주어야 했다. 과식으로 몸이 비만 했고 여러 곳에 병이 있어 심한 통증으로 고통했다. 그리고 자신이 무리하게 한 일에 대해 많이 후회했다. 특히 필요 이상의 전쟁으로 백성들에게 고통을 준 것을 후회한다고 왕위를 물려받을 증손자에게 말했다고 한다. 그리고 그는 마침내 사망하여 장례행사가 6주간 진행되었지만, 백성은 애도하기보다는 기뻐하고 춤을 추었다고 한다. 이것이 절대왕정의 마지막 모습이고 인간이 추구하는 병적 방어의 실상인 것이다.

루이 14세만 그런 것이 아니었다. 그를 따르던 프랑스도 조금씩 붕괴하기 시작했다. 그리고 부르봉 왕가는 100년 후 프랑스 대혁명으로 붕괴하였고 이를 계기로 잠시 건강한 인간의 모습을 찾는가 했는데, 다시 그들은 루이 14세가 간 길을 따라가다가 200년 후에는 끝내 세계대전으로 붕괴하고 말았다.

루이 15세

루이 15세Louis XV(1710~1774)는 5세에 왕이 되어 역시 섭정이 필요했다. 왕의 친척인 오를레앙 공 필리프 2세Philippe II(1674~1723)가 섭정을 맡았다. 그는 먼저 절대화된 왕정을 바로 잡기 위해 귀족과 법원의 권위를 회복시키려 했다. 루이 14세가 금지한, 왕의 정책에 대한 비토권을 고등법원이 다시 회복시켰다. 그리고 가장 시급한 것이 루이 14세가 남긴 재정 파탄을 수습하는 일이었다. 실물 경제를 당장 회복하기는 어려웠기에 먼저 민심을 회복하려고 무리수를 썼다. 필리프 2세는 금융가인 존 로우라는 망명객이 제안한 정책을 받아들여 재정개혁을 시도했다. 이 개혁은 담보로 돈의 유통을 늘려 재정을 회복시키는 다소 위험한 금융정책이었다. 그리고 식민지의 자원을 활용하는 무역독점회사를 설립했다. 처음에는 호황을 맞았지만, 이는 버블이 되어 결국 터지고 말았다. 식민지 미시시피에서 시작된 버블 붕괴는 프랑스에까지 미쳐 경제는 파탄이 났다.

처음에는 정치개혁을 위해 베르사유궁을 떠나 루브르궁으로 왕의 거처를 옮겼으나, 파리 시민의 민심이 나빠지자 다시 베르사유궁으로 돌아갔다. 필리프 2세가 죽고 그다음 재상으로는 플뢰리Fleury(1478~1743) 추기경이 임명됐다. 그는 온화한 성격으로 건전한 중상주의 정책을 통해 재정을 어느 정도 회복하였고 전국의 도로를 건설하고 교육에도 힘을 쏟았다.

루이 15세는 23세의 성인이 됐다. 증조할아버지인 루이 14세가 전쟁을 하지 말라는 유언을 잊고 그는 자신의 업적을 세우기 위해 폴란드 왕위계승 전쟁에 무리하게 뛰어들었다. 그러나 플뢰리 추기경의 외교술로 큰 전쟁을 치루지 않고 동부의 영토를 확장하는 것으로 끝냈었다. 그런데 루이 15세의 병적 방어는 여기서 끝나지 않았다. 역시 루이 14세의 증손자답게 다시 전쟁을 벌였다. 플뢰리 추기경의 만류에도 오스트리아 왕위계승 전쟁에 뛰어든 것이었다. 그런데 이번 전쟁은 간단하게 끝나지 않았다.

오스트리아의 카를 6세Karl VI(1685~1740)가 서거하고 딸인 마리아 테레지아Maria Theresia(1717~1780)에게 왕위를 물려주는 것에 반발하여 프로이센이 슐레지엔을 침공했다. 이로 인해 오스트리아 왕위계승 전쟁이 발발했다. 오스트리아와 영국이 한편이 되고 프랑스와 스페인이 프로이센과 한편이 되어 1차 전쟁을 벌였으나, 오스트리아 연합국이 승리하여 프랑스는 패전국이 되어 아무것도 건지지 못했다. 그래서 다시 여론이 악화됐다. 거기에다 전쟁으로 인한 재정부채를 갚기 위해 증세까지 시도하였으나, 고등법원이 반대하여 무산됐다. 그리고 식민지 전쟁에서 영국에 패하여 식민지를 많이 잃게 되어 국왕에 대한 여론이 더욱 나빠졌다. 그러나 2차 왕위계승 전쟁에서는 프로이센이 승리하여 슐레지엔 소유권을 얻었고, 테레지아는 왕위계승을 인정받았다.

플뢰리가 사망하자 루이 15세는 40세가 되어서야 친정을 시작했다. 그는 '친애 왕'이라는 별명으로 좋은 왕으로 기대를 모았으나, 결단력 있게 개혁을 하지 못하고 실정을 거듭하는 무능한 왕이 됐다. 특히 정부情婦인 퐁파두르Pompadour(1721~1764) 부인이 왕의 평생 연인으로 궁정에 들어오면서 20여 년간 정치의 대소사에 관여했다. 이러한 그녀의 권력을 견제하는 파벌이 형성되면서 권력투쟁도 심하게 일어났다. 재정부실을 만회하기 위해 귀족과 성직자에게도 과세를 부과하려고 하였으나, 그들의 반발로 무산됐다.

풍파두르 부인은 특히 높은 교양과 지적인 매력을 가지면서도 우아한 의상으로 입고 다녀 그녀의 의상을 로코코의 대표 복식으로 삼았다. 그리고 그녀는 많은 예술품을 수집하였고 살롱을 열어 당대의 사상가와 문학가들이 모여 그들의 학문과 예술을 서로 나누고 발전시킬 수 있었다. 그녀의 살롱에 영향을 받아 많은 귀족 부인들이 살롱을 열어 사상가와 예술가들을 후원했다. 그래서 탄생한 것인 프랑스의 계몽주의이다. 당시의 유명한 사상가와 예술가로는 볼테르, 몽테스키, 잔 자크 루소와 몰리에르 등이 있었다. 그들의 자유사상과 계몽사상은 후일 프랑스 대혁명의 사상적 기초가 되었다.

오스트리아의 마리아 테레지아는 과거 오스트리아 왕위계승 전쟁에서 프로이센에게 슐레지엔을 빼앗긴 것이 억울하여 이를 되찾기 위해 프로이센과 다시 전쟁을 계획했다. 테레지아는 프랑스의 퐁파두르 부인 그리고 러시아의 엘리자베타 여제와 삼부인 동맹을 맺어 7년 전쟁(1756~1763)을 벌였다. 프로이센은 영국과 동맹을 맺었다. 처음에는 반프로이센 동맹이 우세하여 베를린 점령 직전까지 갔으나, 오스트리아군의 철수와 러시아의 배신으로 프로이센이 승리했다. 이를 통해 새로운 유럽의 판도가 형성되었는데, 대륙에서는 프로이센이 강국으로 부상했고 대륙 밖에서는 영국이 최강국으로 떠올랐다. 특히 식민지에서 영국과 프랑스가 싸워 프랑스가 연전연패하는 바람에 대부분의 식민지를 잃었다.

이를 통해 프랑스는 안팎으로 부실한 국가로 전락했다.

프랑스는 전쟁을 통해 부실한 재정을 만회해보려고 했다가 오히려 더 많은 부채를 떠안게 됐다. 그래서 국가 수입의 반 이상이 부채 이자로 나갈 정도로 재정이 악화됐다. 이러한 연속적인 악재를 통해 민심이 이탈하고 루이 15세는 무능한 왕으로 낙인이 찍혀 암살의 위협에 노출되기도 했다. 다행히 암살범을 잡아 백성들에게 공포를 심어주기 위해 그를 잔인하게 고문하고 공개로 처형했다. 그리고 자녀들이 계속 사망하여 손자에게 왕위를 물려주게 됐다.

나름, 조세와 사법개혁을 시도하였으나, 심한 반발과 결단력의 부족으로 실패하고 말았다. 남부 마르세유와 프로방스 지방을 중심으로 흑사병이 유행하여 많은 사람이 희생됐다. 그래서 루이 15세는 그의 선왕만큼이나 말년이 불행했고 병으로 시달렸다. 우울증과 천연두를 앓으며 고생하다가 재위 59년 만에 죽었다. 루이 14세 때처럼 그의 죽음을 슬퍼하는 백성은 없었고 더 기뻐했다고 한다.

절대왕정은 무엇을 남겼는가?

앙리 4세가 절대왕정의 기초를 닦고 루이 14세 때 절대왕정이 최고조에 달했다가 루이 15세 때 왕정이 허물어지기 시작하여 루이 16세 때에 프랑스 대혁명으로 왕정이 완전히 무너지고 말았다. 이러한 프랑스 절대왕정의 의미는 무엇일까? 특별히 이 책의 주제인 인간발달의 차원에서 이를 살펴보려고 한다.

절대왕정은 우선 백성을 강하게 억압하는 것이기에 국민이 주체가 되는 공화주의나 민주주의에 비해 전근대적이고 부정적인 정치체제로 볼 수 있다. 그러나 부정적인 면만 있는 것은 아니다. 외국의 침략이 빈번할 경우, 국가가 왕을 중심으로 뭉치지 않으면 살아남을 수 없다. 특히 프랑스처럼 주위에 강대국들이 늘 넘보고 있는 경우에는 더욱 그러하다. 영국, 신성로마제국, 스페인 등이 늘 프랑스를 노리고 있기에 그들이 살기 위해서는 국가라는 정체성과 함께 왕을 중심으로 한 강력한 국가가 있어야 했다. 전쟁이 일어나면 국토가 황폐해지면서 가장 고생하는 것이 농민이고 백성이었다. 그래서 그들은 강력한 왕권을 통해 국가가 부강하기를 원한 것이었다.

국가가 부강해지면 방어로만 끝나는 것이 아니라 외국을 공격함으로 부강해질 수도 있기에 백성은 왕권이 강화되고 국가가 강력해지는 것을 부정적으로만 볼 수 없었다. 왕권이 강화됨으로 억압이 늘어나는 것은 사실이지만, 이를 통해 얻는 것이 더 많다면 그러한 불편은 견딜 수 있었다. 그래서 앙리 4세 때 왕권이 강화되면서 나라가 살기 좋아지니 백성들도 이를 반겼다. 그래서 백성에게는 절대왕정의 정치적인 문제보다는 경제가 더 중요했다. 어떤 정치체제이든 잘 먹고 살 수만 있다면 체제는 그렇게 큰 문제가 아니었다. 절대왕정의 붕괴는 결국 경제에서 실패했기 때문이었다.

기독교와 교회도 절대왕정과 비슷한 원리로 붕괴됐다. 봉건제에서 교회는 많은 특권을 누렸다. 초기에는 교회가 가난한 농민들에게 농사를 지을 기회를 주고 그들을 보살폈지만, 나중에는 그들의 기득권을 지키기에 급급하여 백성들이 어려워도 그들의 재산을 나눌 생각을 하지 않았다. 나라가 어려워지자 부유한 귀족과 교회가 세금을 내어야 하는데, 그들이 반대하여 번번이 실패로 돌아갔다. 귀족들은 원래 그렇다고 하더라도 교회는 어려운 사람들을 돌봐야 하는데, 자신들의 배만 불리고 있으니 백성의 원성을 살 수밖에 없었다.

경제가 어려워지면 그들의 불만이 왕권과 교회를 향해 터져 나올 수밖에 없었다. 그들은 하늘과 같은 절대왕권과 신성에 대해 저항한다는 것은 쉬운 일이 아니었다. 보통은 힘이 없으니 힘들고 불만이 있어도 참고 살다가, 너무 힘들고 억울한 마음이 들면, 이렇게 죽을 바엔 한번 살려달라고 외쳐보자는 식으로 저항을 하는 것이었다. 그렇다고 그들이 절대 권력에 정면으로 맞서거나 그 권력을 허물고 자신들이 그 위치에 오르려고 하는 것은 아니었다.

그렇지만 그들에게도 이러한 기회가 서서히 다가오고 있었다. 루이 14세는 필요 이상의 전쟁으로 국가 재정이 어려워졌고, 이로 인해 왕권이 서서히 몰락하게 됐다. 그리고 귀족들의 권력도 과거만큼 대단하지는 않았고 왕권과 함께 약화되고 있었다. 대신 부르주아라는 새로운 시민계급이 떠오르고 있었다. 그들은 처음에는 경제력을 가지기는 했지만, 평민이었기에 어떠한 영향력을 행사하기는 어려웠다.

그러다가 그들의 역량을 자극하고 결집할 수 있는 기회가 왔었는데 그것이 르네상스였다. 르네상스의 문화와 예술은 부르봉의 절대왕정에 의해 더욱 세련된 왕실문화와 생활로 발전되었고 이러한 문화는 귀족들에게 전달되고 귀족들은 이를 다시 왕실 밖으로 전파했다. 세련된 귀족

문화는 살롱, 카페 등을 통해 평민들에게도 전달됐다. 그래서 여유 있는 부르주아들도 이러한 문화를 누리면서 그들의 삶이 격상될 수 있었다.

이를 통해서 왕족과 귀족만이 아니라 이제는 누구든지 상류 계급의 삶에 기대와 환상을 가질 수 있게 됐다. 이것이 그들의 잠재된 욕구와 욕망을 깨우면서 자기 정체성까지도 찾는 기회가 됐다. 이것이 개인이 발견만으로 끝나지 않고 집단적인 문화의 힘으로 작용했다. 르네상스는 감성적인 면만 깨운 것은 아니었다. 인간의 잠재된 지성과 이성도 깨어나기 시작했다. 이탈리아의 르네상스의 예술과 문화가 부흥할 수 있는 데는 그리스와 로마에 대한 인문학이 뒷받침된 것처럼 프랑스에서도 이러한 인문학이 동시에 발전됐다.

절대왕정은 이처럼 평민을 감성적인 면과 지성적인 면에서 깨우는 역할을 했다. 한편으로는 평민을 절대 권력으로 억압하였지만, 그들이 발전시키고 누린 르네상스의 예술과 문화 덕분에 평민이 깨어나기 시작했다. 이에 대해서는 다음 장에서 더 자세히 다룰 것이다. 이처럼 절대 권력은 조금씩 저물어가고 있었고 새로운 평민계급이 서서히 깨어나고 있었다.

제8장

근대 문학과
사상 속의 인간

위마니스트와 고전주의

토마스 아퀴나스Thomas Aquinas(1224년/1225년?~1274)가 파리대학에 머물면서 새로운 아리스토텔레스Aristotle(BC384~322)의 사상과 이성의 신학을 전파하여, 이것이 프랑스에서 인간의 이성과 지성을 깨우는 계기가 됐다. 그러나 중세 신학의 한계 때문에 인간의 능력이 신적인 권위에서 자유할 수는 없었다. 그 이후 르네상스와 종교개혁을 통해 중세기의 한계를 넘어 인간의 능력을 더 많이 개발하고 발전할 수 있었다. 복음주의자들은 구교의 권위적 전통에서 벗어나 개인이 믿음만으로 의롭고 행복하게 살 수 있다고 믿었고 이를 발전시켜 종교개혁을 이루었다. 프랑스는 구교 국가였지만, 한동안 칼뱅 신학의 영향으로 신교가 많이 발달했다. 한때는 그들의 신앙의 자유가 인정되었지만, 결국 신교도들인 위그노는 추방당하고 말았다. 그럼에도 신교는 프랑스에 인격발달적 측면에서 적지 않은 영향을 미쳤다.

그리고 프랑스에서 르네상스의 영향으로 인본주의학자인 위마니스트humanist가 등장했다. 그들은 그리스와 로마의 고전을 연구하면서 새로운 각도로 자연과 인간을 보았다. 라블레, 롱사르, 몽테뉴 등이 대표적인 작가였다. 그들은 구교와 봉건제에 억압되었던 인간의 존엄성과 행복을 회복하는 길을 찾으려고 노력했다. 인간은 스스로의 지성과 이성으로 바로 살아갈 수 있으며 자연을 모성으로 하여 자연을 배우며 자연과 함께 행복을 누릴 수 있다고 보았다.

이러한 사상들이 발전하면서 16세기에 들어서서 몽테뉴와 같은 학자의 사상으로 결실됐다. 몽테뉴는 위마니스트이지만 인문학자 즉 모럴리스트moralist의 시작으로도 볼 수 있다. 그는 종교이든 자연이든 인간을 중심으로 받아들였고, 그 안에서 진정한 행복의 길을 찾으려고 했다. 17세기에 와서는 이러한 사상들은 모럴리스트의 문학과 사상으로 발전했다. 이와 함께 고전주의도 새롭게 등장했다.

고전주의는 루이 14세 때 문학, 예술과 극을 장려하면서 발생한 사조이다. 대표적인 작가들로 몰리에르, 라신, 라 퐁텐, 브왈로 등이 있었다. 고전주의는 위마니스트처럼 그리스와 로마의 고전에 기초를 두면서 엄밀한 구성, 자연스러움과 참다움의 탐구, 절도節度로서의 취미, 심리의 정확한 분석, 문체의 간결함과 다듬음 등을 강조했다.

르네상스의 영향을 받은 위마니스트들은 인간의 행복과 감정을 중시하며 사치와 쾌락적인 방향으로 흘러갔다면, 고전주의는 절대왕권 시대의 중요한 가치인 질서와 통제를 중요하게 생각했다. 그래서 그들은 감정적인 표현을 하더라도, 품위를 잃지 않는 절도를 강조했다. 그들은 감정에만 치우치지 않고 이성과 감정의 균형을 잡으려고 했다. 이것이 프랑스인의 심성적 기초를 마련하는데 아주 중요한 역할을 했다.

프랑스인의 심성을 닮은 몽테뉴와 데카르트

17세기부터는 절대왕정 시대의 시작이라고 볼 수 있다. 17세기의 대표적인 사상가는 데카르트와 파스칼이다. 절대왕정이란 권위적인 통제와 질서의 시대를 말한다. 르네상스에 의해 인간의 자유와 인본주의가 어느 정도 자라기 시작하였는데, 다시 절대적 권위와 통제가 시작된 것이었다. 그러나 이는 종교적인 권위와 통제와는 다소 다르다. 신이 아니라 인간에 의한 절대성이기 때문에 인간이 계속 중심에 있다는 점이 다른 것이다. 인간은 무력과 폭력만으로 통제할 수 있는 것은 아니다. 합리적인 질서와 체제, 즉 법에 의한 통제가 어느 정도 바탕이 되어야 한다. 이러할 때 인간의 지성과 합리성이 중요한 역할을 하게 된다. 그리고 형식과 체제도 중요한 통제 수단이 된다.

그래서 절대왕정에서 고전주의도 나오고 이성과 지성의 학문과 예술도 발달할 수 있었다. 그러나 본질적으로는 절대왕정의 권위는 합리성과 이성과 병행하기 어려웠다. 그러나 현실적으로 어쩔 수 없이 공존해야만 했다. 프랑스인은 적응력이 뛰어났다. 이 시대의 사상가와 예술가들은 이를 적절하게 조화할 수 있는 길을 찾아갔다. 그들은 먼저 합리성과 형식이라는 고전주의를 통해 권위와 통제를 수용하면서도 아주 묘하게 억압을 푸는 길을 찾았다. 그리고 제한되었지만, 그 안에서 자유와 감정을 표현하는 길을 찾았다. 이것이 프랑스인의 이중성이고 묘미였다. 프랑스의 이중성은 오래전부터 있었으나 본격적으로 시작한 때가 절대왕정 시대였다. 그들의 사상과 예술에서 이러한 이중성이 어떻게 나타났었는지 살펴보자.

데카르트Rene Descartes(1596~1650)는 이를 어떻게 풀었는지를 보자. 그의 철학을 합리주의 철학이라고 한다. 그러나 그의 합리성은 모든 것을 의심하는 것이었다. 어떠한 합리성도 의심하며 검증하여야 한다는 것이었다. 그러나 의심하는 의식만은 의심할 수 없고 변할 수 없는 절대적 존재라고 했다. 그 존재를 자기의 정체성으로 보았다. 그의 철학으로 보면 절대왕정은 절대일 수가 없었다. 이를 의심하는 의식의 주체만이 절대적 존재가 되는 것이다.

이를 의심하는 시민이 곧 주인이 되는 것이다. 물론 그의 철학은 순수하게 사변적인 내용이고 어떠한 정치적 의도는 없었지만, 절대왕정 안에서 진리와 자기를 절묘하게 찾아가는 길을 열었다고 볼 수 있다. 그래서 나중에 절대왕정은 결국 허물어지고 시민이 주체가 되는 민주 공화정이 시작될 수 있었다. 그리고 데카르트는 프랑스인의 가장 기초가 되는 인격의 주체성을 확립한 것이었다.

이러한 이중성과 모호성은 사실 절대왕정에서 본격적으로 표출되었지만, 그 시작은 그 이전부터 싹트고 있었다. 그 첫 번 신호탄이 몽테뉴Michel Eyquem de Montaigne(1533~1592)였다. 그는 인간을 있는 그대로를 수용하고 인정함으로써 인간을 찾으려고 했다. 그렇다고 인간 외의 것을 거부한 것도 아니었다. 모든 것을 있는 그대로 받아들이지만, 그것이 인간을 지배하도록 버려두지는 않았다. 그냥 그대로 이해하고 활용하는 것이었다.

구교도 신교도 있는 그대로 받아들였지만, 하나의 종교를 집착하거나 몰두하지는 않았다. 세상의 다양한 체제와 권위도 있는 그대로 받아들이고 할 수 있는 만큼만 했다. 그래서 그는 왕도 만나고 판사와 시장市長 일도 했다. 그러나 세상일이나 명예 등에 집착하지 않았다. 그만둘 때가 되면 그냥 두고 떠났다. 항상 있는 그대로의 행복을 누리려고 했다. 세상의 모든 것이 다 중요했지만, 인간보다 우선될 수는 없었다. 그래서 그는 모든 것 속에서 인간인 자신이 항상 우선이었고 주인이었다.

이러한 몽테뉴의 지혜는 프랑스 사람에게 깊이 뿌리내리어 그들도 그렇게 행복을 찾아가고 있었다. 그는 인간을 중심으로 하여 그 외의 것이 무엇이든 인간을 위해서 수용하고 받아들였다. 이것이 프랑스인의 모호성과 이중성의 시작이라고 볼 수 있다. 여우와 같은 지혜를 가진 프랑스인의 원조이기도 하다. 그를 프랑스인의 가장 기초가 되는 심성을 마련한 사상가로 볼 수 있을 것이다. 그래서 몽테뉴와 데카르트를 프랑스인의 기초적 심성과 생각을 닮은 프랑스인의 원조로 볼 수 있을 것이다.

신과 인간의 조화를 찾아가다

데카르트는 인간을 생각하는 의식에서 찾았다. 생각은 불완전하지만 생각할 수 있는 의식에서 인간의 존재를 찾은 것이었다. 그런데 파스칼 Blaise Pascal(1623~1662)은 조금 달랐다. 조금 더 심층적으로 나아갔다고 볼 수 있다. 과거에는 신과 인간이 이분법적이었다. 신이냐 인간이냐 하는 갈림길에서 하나를 선택해야 했다. 신을 선택하면 인간을 포기하는 것이고 인간을 선택하면 신을 포기하는 것처럼 생각했다. 인간은 신을 떠나면 죄악으로 심판을 받아 파멸되는 것으로 생각했다. 그리고 인간이 신에게 머물면 인간은 신에게 절대 맹종으로 종속되는 피해의식이 있었다. 마치 신을 절대왕정의 군주처럼 생각한 것이었다. 중세와 그 이전의 신관은 이러했다. 그들의 인격발달 수준만큼 신을 이해했다.

  인간이 맺는 신과의 관계는 부모와 자식과 비슷하다. 그리고 정치체제로 보면 봉건제와 비슷하다. 자식은 어릴 때는 부모에게 절대적으로 의존하지만, 점차 분리되어 독립한다. 자식이 부모에게서 독립한다고 원수가 되거나 서로 무관해지는 것은 아니다. 더욱 성숙하게 서로 도움을 주는 좋은 관계가 될 수도 있다. 신과 인간의 관계도 비슷하다. 문명을 인격발달 차원으로 본다면 인간의 역사는 신으로부터의 분리하고 독립해가는 과정으로 보아야 하지만, 그렇다고 완전히 절연된 관계로 보는 것이 분리라고 생각할 필요는 없는 것이다. 자식이 성인이 된 다음 부모와 전혀 무관해지지 않는 것처럼 인간도 신과 무관해질 필요가 없는 것이다. 새롭고 성숙한 관계로 정립되는 것이지 꼭 절연되어야만 하는 것은 아니다.

  봉건제는 원래 평민과 군주는 상호 보완의 관계에서 시작됐다. 이처럼 인간과 신도 절대적 종속 관계에서 봉건제처럼 상호 보완적 관계로 볼 수 있다. 그러나 봉건제는 상대적 관계보다 절대 지배와 종속 관계로 가기 때문에 문제가 생겼다. 인간도 신과 절대복종과 종속 관계로 생각했기 때문에 적지 않은 문제가 생겼다. 그 이후 인간은 신을 떠나 절연된 관계를 추구하려고 했다. 이처럼 인간은 절대 권력과 양극적인 관계를 맺으며 그 사이에서 혼란을 겪었다.

역사적으로 신과 인간의 관계를 더욱 성숙한 관계로 재정립하려는 시도가 있었다. 종교개혁이 바로 그러한 시도였다. 구교는 절대적 의존과 맹종이었지만, 신교는 믿음과 신뢰의 인격적인 관계로 발전시켰다. 물론 그렇다고 신과 인간이 대등한 계약관계가 되는 것은 아니었다. 절대적 맹종에서 인격적인 신뢰로 재정립되는 것이었다. 자식이 성장했다고 해서 부모와 친구처럼 대등해지는 것은 아니다. 자식이 성장하더라도 늘 부모로서 존경하고 감사하면서도 좋은 관계를 맺어갈 수 있다. 이처럼 신과의 관계도 일방적 복종 관계에서 은혜와 사랑의 인격적 관계가 가능한 것이었다. 물론 나중에는 신교에서도 인격적인 관계가 붕괴되었지만, 적어도 처음 종교개혁의 정신은 그러했다. 그리고 몽테뉴도 상호 거부가 아닌 새로운 관계를 실험했다.

지성과 신성의 조화를 찾은 파스칼

그렇다면 파스칼이 신과의 관계를 어떻게 정립하려고 하였을까? 파스칼은 천재적인 과학자였다. 자연을 합리성으로 탐구한 과학자였다. 그의 과학적 업적은 무수하게 많다. 그런데 그는 후반에는 사상가와 신학자로서 저서를 남겼다.(물론 그의 저서는 사후 정리되어 출판되었지만) 그는 과학자로서 인간을 합리적이고 과학적으로 관찰했다. 그 결과 인간은 연약한 존재라는 것을 알았다. 인간은 이성과 지성으로 위대한 생각을 할 수 있지만, 흔들리는 갈대로 보았다. 인간은 이러한 불안을 인정하면 좋지만, 이를 거부하고 회피하려고 하기에 여러 문제가 생긴다고 보았다. 그래서 인간은 세속적인 쾌락에 빠지는 것이었다. 이것이 당시 절대왕정과 귀족들의 문제이기도 했다. 이는 과학처럼 인간이 경험으로 알 수 있는 사실이었다.

그는 과학자였기 때문에 신과 신앙에 대해서도 과학적으로 접근했다. 신을 과학적으로 증명할 수는 없지만, 차선次善으로 확률적 접근을 했다. 그리고 인간은 자신의 삶을 과학적으로 정확하게 예측하거나 증명할 수 없었다. 대신 인간은 확률적으로 가능성이 많은 것을 선택할 수는 있었다. 그래서 신을 찾는 것이 인간에게 확률적으로 인간에게 유익하다고 생각했다. 그래서 신이 없이 사는 것보다 신을 바르게 찾음으로써 인간에게 더 유익하고 도움이 된다고 보았다. 그래서 그는 신앙이 확률적으로 인간에게 도움이 되기 때문에 권했다. 그가 할 수 있는 최선의 과학적 판단과 권고였다. 그리고 이러한 근거를 경험할 수 있는 객관적 현상으로 자세히 설명했다. 이것이 그의 저서 팡세의 내용이었다.

그는 신으로부터 인간을 찾아간 것이 아니라, 인간의 실존으로부터 신을 찾았다. 인간의 실존에 신이 필요하다는 것이었다. 이것이 객관적으로 인간에게 도움이 된다고 역설했다. 이는 20세기 양차 세계대전을 겪은 인류가 절망의 실존에서 신을 다시 찾은 실존주의 철학과 같은 맥락이었다. 이것이 중세 신학과 다른 면이었다. 그는 17세기의 합리주의적 사상의 흐름 속에서 인간이 신을 어떻게 만날 수 있는가를 사색하였던 것이었다.

프랑스 철학자는 아니지만, 이러한 합리주의적 흐름에서 신성을 더욱 발전시킨 철학자들이 있었다. 스피노자Baruch Spinoza(1632~1677)는 자연에 내재한 신성에 관해 설명하였고, 라이프니츠Gottfried Wilhelm Leibniz,(1646~1716)는 파스칼과 같은 과학자로서 물질의 본질인 단자를 통해 초월적 신성을 설명했다. 이것이 중세의 권위적인 신앙과 달라진 근대의 신학적 접근이었다. 이처럼 신에 대한 이해와 만남은 무조건 맹종이나 거부의 이분법이 아니라, 시대에 따라 발달하고 변하고 있었다.

모럴리스트

17세기에 궁정을 중심으로는 고전주의가 발달했다면, 궁정 외곽으로는 모럴리스트로 발달해갔다. 궁정은 절대 권력의 영향에 직접 노출되어 고전주의를 벗어날 수 없었다면, 궁정 밖은 다소 자유로운 모럴리스트가 자리 잡을 수 있었다. 이처럼 프랑스는 늘 이중구조로 발달해갔다. 궁정의 영향을 받은 귀족들은 밖에서 살롱을 개설하여 자신들의 새로운 문화를 형성했다. 그곳에 드나드는 사람들은 궁정의 고전주의와 화려한 로코코의 영향을 동시에 받으면서 새로운 자기만의 문화를 형성해갔다. 17세기에는 모럴리스트로 발전했고 18세기로 가서는 계몽주의로 발전됐다.

모럴리스트는 위마니스트와 비슷한 인문주의 성향이나 그들보다 더 깊게 인간을 탐구했다. 16세기의 몽테뉴는 위마니스트이면서도 모럴리스트를 시작한 사람이었다. 그리고 17세기에는 파스칼, 라 로슈푸코, 라 브뤼예르 등이 활약하였고, 18세기에 와서는 보브나르그 등이 활약했다. 모럴리스트는 프랑스 사람의 특징이었고 그들 문학의 특징이기도 했다. 프랑스 사람은 특별히 사람에 대한 관심이 많았다. 그들은 인간은 누구인가? 인간의 내면에는 무엇이 있는가? 등을 알고 싶었고 이를 탐구하기를 즐겼다. 인간의 심리를 관찰하고 인간의 관습과 습관을 알고 싶은 것이었다. 프랑스인들은 인간의 성정性情을 알아 이를 표현하고 드러내고 싶은 욕구가 남다르게 많았다.

그래서 유럽 각국의 문학의 특징을 비교해서 말할 때, 이탈리아는 예술과 상상력의 정열이 강했다면, 영국은 감수성과 시적인 특징이 두드러졌으며, 독일은 몽상과 형이상학적 성향이 강했다. 이에 비해 프랑스는 인간을 연구하려는 것이 문학적 특징이라 할 수 있었다. 이러한 프랑스의 문학적 특징이 바로 모럴리스트에서 나타났다.

이미 모럴리스트 몽테뉴와 파스칼에 대해서는 언급하였기에 라 로슈푸코 Francois de La Rochefoucauld(1613~1680)를 소개하려고 한다. 그는 대귀족 가문 출신으로 젊어서부터 궁정 생활을 시작했다. 프롱드 난 때, 루이 13세와 14세 때의 마자랭 추기경에 반대하여 전투하다가 부상을 입고 정치를 그만두고 문학에 전념했다. 그 이후 사블레 부인의 살롱에서 문예 애호가들과 교류를 하며 지내면서 그가 경험한 많은 사람들에 대해 세밀하게 관찰한 내용을 〈격언집〉으로 출간했다. 인간이 겉으로는 고전적인 질서와 미덕을 중시하는 것 같지만, 속으로는 자존심, 허영심, 이기심과 이해타산과 같은 본능이 더 큰 동력으로 작용한다고 보았다. 이러한 인간관찰은 파스칼이 인간을 분석한 내용과 유사했다.

라 브뤼예르Jean de La Bruyere(1645~1696)는 줄 곳 파리에서 살면서 화려한 궁정과 살롱 그리고 가난한 시민들에 이르기까지 다양한 삶을 관찰했다. 그는 내면보다 그들의 삶을 날카롭게 파헤친 글을 〈레 카라테르〉란 책에 남겼다. 그는 인간의 도덕성의 문제만을 다루기보다는 사회적인 병폐를 과감하게 파헤쳤다. 특히 그는 민중의 비참한 현실을 고발하였으며 이를 해결할 수 있는 것으로 지성과 덕을 기초로 한 이성적 사회를 꿈꾸었다. 그가 꿈꾼 이상이 나중에 프랑스 대혁명으로 결실됐다. 이러한 현실을 고발하고 이상을 꿈꾸는 사람들이 늘어나면서 자연스럽게 나타난 것이 18세기의 계몽주의였다.

17세기에는 합리주의와 자유주의가 진보적인 사상을 형성해가는 반면, 전통과 질서를 중시하는 보수적인 사상이 이에 반발하면서 신구의 조화와 함께 갈등이 있었다. 그러나 18세기에는 절대왕정이 허물어지면서 진보적인 사상이 우세해져 계몽주의의 시대가 본격적으로 시작됐다.

계몽주의

계몽이란 빛을 밝힌다는 뜻이기에 그 이전은 어두웠다는 뜻이다. 왜 그 이전은 어두웠을까? 그들은 어떤 자신감과 신념으로 자신을 빛이라 부르고 어둠을 밝힐 수 있다고 감히 생각했을까? 원래 빛은 신이었고 그

아들인 그리스도 예수가 어두운 세상에 빛을 비추기 위해 왔었다. 그들은 마치 자신이 구세주인 예수와 같은 존재로 세상을 밝히겠다고 하는 것이었다. 왜 그들은 세상을 어둡다고 하였고 그들은 자신의 무엇을 빛이라고 감히 말할 수 있었을까?

그들은 유럽의 암흑이 중세기에서 시작됐다고 생각했다. 중세기 암흑의 두 주범은 기독교와 봉건제였다. 기독교와 교회는 스스로 빛이라고 하였지만, 실상은 어둠이었다. 잘못된 권력과 진리를 빛으로 착각하며 살았던 유럽의 시대를 어둠으로 본 것이었다. 그리고 그들이 편리하게 살기 위해 만든 봉건제가 또 다른 암흑이었다. 암흑의 힘은 절대적인 권력과 특권이었다. 이로부터 나온 압제와 부정, 잘못된 인습과 전통, 편견과 미신 등이 바로 전근대적 어둠이었다.

그들이 말하는 빛은 인간의 빛이었다. 잘못된 신의 어둠을 바로 잡을 수 있는 빛이 인간 속에 있었다는 것이다. 그 빛은 인간의 지성과 이성이었고 인간의 윤리와 도덕이었다. 인간을 역사와 문명의 중심으로 삼았다. 인간 외의 것에서 나온 것들을 허구적이고 병든 어둠으로 보고 인간에서 나오는 빛을 잘 살려 세상을 계몽하겠다는 꿈을 꾼 것이 계몽사상이었다. 이 빛은 프랑스에서 먼저 시작됐다. 이는 인생의 주인이 더 이상 부모였던 신이 아니라 자식인 인간이라는 것을 선포한 것이었다. 이것이 근대문명의 시작이었다. 문명의 인격발달이 성인과 개인으로써 자리 잡게 된 것이었다. 이제는 부모 없이 스스로 일어서서 험악한 세상을 개척하며 정복해가겠다는 역사적인 선포이고 선언이었다.

이는 절대 권위였던 루이 14세가 죽고 나서 수면 아래 있던 인간이 수면 위로 올라오면서 더욱 적극적으로 선포된 것이었다. 위와 밖의 권위에서 시작된 질서와 통제가 인간 스스로에게 맡겨지고 주어진 것이었다. 이것이 평등과 자유 그리고 자율 사상이었다. 이것이 계몽주의의 핵심 사상이었다.

루이 14세의 절대 권력은 사라졌지만, 아직 왕권이 현실적으로 건재하였기에 그들이 현실적 권력에 도전하기는 어려웠다. 그래서 그들은 약화된 교회와 신성의 권위에 대해 먼저 도전했다. 인간의 권력도 신권에서 나오기 때문에 외적 권력을 허물기 전에 먼저 종교의 허상을 허물어야 했다. 이를 허무는 힘은 인간의 분석적 비판 정신에서 나왔고, 그 사상은 17세기에 시작된 데카르트의 비판철학과 인간의 주체사상이었다. 이와 함께 억압된 인간의 능력과 감정을 정당하게 인정하고 이를 인간 중심의 활력으로 삼았다.

몽테스키외, 볼테르와 디드로

그들은 종교의 권위를 허무는 데는 적극적이었지만, 아직 현실의 정치권력을 허물 수 있는 힘과 여건은 허락되지 않았다. 그러나 언젠가 일어날지 모르는 그 날을 위해 그들은 학문적인 준비를 하고 있었다. 물론 절대왕권 아래에서 이러한 사상적 연구도 쉬운 일은 아니었다. 그러나 그들 속에 꿈틀거리는 자유와 평등에 대한 갈망을 그 누구도 누를 수 없었다. 그 첫 번째 인물이 몽테스키외 Montesquieu(1689~1775)였다. 그는 직접적으로 이러한 자유사상을 발표할 수 없었다. 그래서 그는 먼저 문학작품을 통해 간접적으로 이러한 사상의 배경을 마련했다. 그리고 직접 프랑스의 정치체제를 비판할 수 없었기에 〈페르시아 인의 편지〉에서 외국인의 눈을 통해 프랑스의 문제를 간접적으로 비판했다.

그리고 그다음 〈로마인의 흥망 원인론〉을 발표하였는데, 역사를 통해 프랑스 권력의 문제를 간접적으로 비판했다. 그는 이 책에서 역사의 발전에서 신의 섭리를 배격했다. 그리고 20년이란 오랜 세월을 걸쳐 그의 최대의 역작인 〈법의 정신〉을 준비하여 1748년에 발표했다. 그는 이 책에 모든 것을 다 쏟아부었기에, 저술한 이후에 실명할 정도로 약해졌다.

그는 이 책을 통해 프랑스의 절대군주제를 과감하게 비판했다. 그러면서 국민이 정치적 자유를 누릴 수 있는 삼권분립을 기초로 한 의회정치를 제안했다. 혁명적인 사상을 담고 있었던 그의 책은 당연히 교회와 국가의 금서목록이 될 수밖에 없었다. 그러나 그의 책은 근대 정치학, 법학, 사회학과 역사학 등의 기초가 되었고, 그 이후에 나온 루소의 〈사회계약론〉과 함께 프랑스 대혁명을 가능하게 한 위대한 사상이 됐다.

몽테스키외와 거의 같은 시기에 활약한 사상가로서 볼테르Voltaire(1694~1778)가 있었다. 그는 몽테스키외보다 다양한 문학 장르를 통해 그의 사상을 전파했다. 그는 정치적인 풍자를 한 죄목으로 바스티유 감옥에 투옥된 다음 국외로 추방됐다. 그 이후 영국에 머물며 영국의 의회제도, 언론과 종교의 관용을 경험하고 뉴턴의 과학, 로크의 철학과 셰익스피어 문학 등을 다양하게 공부했다. 그는 종교와 신성을 인정하였으나, 인간을 억압하는 종교가 아니라 인간을 위한 종교와 신성이 되어야 한다고 주장했다. 그리고 신은 만물에 보편적으로 존재하기에 신을 우주의 지성에서 찾았고 인간의 지성도 이러한 지성에서 나온다고 했다. 그는 신을 종교에 가두어 놓지 않고 우주와 인간 속의 신으로 확장하여 근대 이신론理神論의 기초를 마련했다.

그러나 그는 인간을 신성으로 격상시켰지만, 인간을 파스칼처럼 부정적으로 보았다. 그래서 인간에게는 자신의 신성을 깨우는 계몽이 필요하다고 생각하여 적극적인 계몽 활동을 했다. 디드로와 협력하여 백성을 계몽하는 〈백과사전〉 저술에 참여했고, 자신의 여러 작품을 통해 정치와 시대의 악습을 공격하고 실제로 재판의 불공평한 희생자들을 구제하기 위해 많은 노력을 했다. 그는 정치적으로 영국의 의회제를 이상화하며 절대군주제를 비판했다. 인간이 행복하기 위해서는 자유와 평등이 가장 중요하다는 것을 믿었고 이에 반하는 사회와 종교의 악습을 개혁하려고 노력했다. 이를 통해서 인간이 진정 행복해질 수 있다고 주장했다. 그는 이것을 계몽의 목적으로 생각했다.

몽테스키외와 볼테르를 뒤이어 나온 디드로Denis Diderot(1713~1784)는 여러 면에서 더욱 진일보한 사상을 내어 놓았다. 계몽주의 사상가들은 모두 전통적 종교와 신으로부터 자유했다. 몽테스키외는 종교와 정치의 분리를 주장하였지만, 종교 자체를 부정한 것은 아니었다. 볼테르도 신성을 이신론으로 확장하였지만, 신성을 인정했다. 그러나 디드로는 처음에는 이신론을 받아들이다가 나중에는 무신론과 유물론으로 옮겨갔다. 그리고 신을 대신하여 인간이 인간의 행복을 위해 노력해야 한다고 했다. 그는 인간을 부정적으로 보지 않고 긍정적으로 신뢰했다. 신이 없이도 인간 스스로 충분히 세상과 인간을 책임지고 발전시킬 수 있다고 믿었다. 그는 일원론적인 세계관을 가지고 인간의 노력을 중요시했다.

그래서 그는 영국의 〈백과사전〉을 번역하면서 프랑스 고유의 집필진을 동원하여 새롭고 창의적인 새로운 백과사전을 편찬했다. 진보적인 사상으로 인해 많은 박해를 받고 투옥을 당하기까지 하였지만, 25년에 걸쳐 이 거대한 작업을 완수했다. 그리고 앞선 계몽주의 사상가들은 진보적인 면이 있었지만, 과거의 고전주의적 전통을 크게 벗어나지 않았다. 그러나 디드로는 고전주의를 벗어나는 개혁을 단행했다. 고전주의적인 추상성과 보편성을 벗어나 현실의 문제를 더욱 구체적으로 다루었다. 그리고 억압된 감정을 중요시하여 더욱 자유롭게 표현했다.

물론 이러한 개혁은 디드로만의 노력으로 이루어진 것은 아니었다. 17세기의 고전주의를 벗어나려는 시도는 이미 여러 작가에 의해 시도됐다. 대표적인 작가가 마리보 Marivaux(1688~1763)였다. 그는 인간의 심리를 세련되게 묘사하였고 인간의 사랑에 대한 감정을 섬세하게 표현했다. 그러나 아직 순수하고 아름다운 고전성을 벗어나지 못한 경향이 있었다. 그리고 르사주 Lesage(1668~1747)는 인간 사회가 빚어낸 기쁨과 슬픔을 그들의 다양한 말과 행동을 통해 표현했다. 그는 어떠한 일에도 절망하지 않고 이를 있는 그대로 받아들이고 살아가야 한다는 인생철학을 제시했다. 이러한 점은 몽테뉴의 인생철학과 상통하는 면이기도 했다. 이성만이 아니라 감정을 본격적으로 예찬한 작가가 있었는데 그가 아베 프레보 Abbe Prevost(1697~1763)였다. 형식은 고전성을 벗어나지는 못했지만, 내용적인 면에서는 감정을 적극적으로 표현하고 이를 도덕과 종교보다 중시하는 근대성을 보였다. 그의 심리묘사는 아주 뛰어났다.

루소

이러한 사상과 문학이 쌓이면서 위대한 장 자크 루소 Jean-Jacques Rousseau (1712~1778)를 탄생시켰다. 루소는 태어나자말자 어머니를 잃고 10세 때 아버지마저 실종되는 등, 거의 고아로 자랐다. 여러 집을 전전하며 고생하며 방황하다가, 좋은 사람들을 만나며 독학으로 책을 읽으며 공부할 수 있었다. 무엇보다도 그는 자신의 불우한 환경으로 인해 악해지거나 병들 수도 있었지만, 그는 좌절하지 않고 인간에 대한 긍정적인 마음을 잃지 않았다. 그래서 그의 사상은 더욱 위대한 것이었다.

그가 이렇게 살아갈 수 있었던 힘은 무엇이었을까? 그는 이를 자연에서 찾았다고 했다. 인간의 사회는 소유 욕구로 병들고 부정적으로 갈등할 수밖에 없지만, 자연이 서로 베풀며 나누어주기에 인간을 치유하고 긍정적인 본성을 유지할 수 있게 된다고 했다. 그는 인간은 자유하고 평등하게 태어났지만, 소유욕에 메여 서로를 종속시키고 불평등해진다고 했다. 그래서 인간을 주체로 하는 평등한 민주사회와 국가를 새로운 사회계약을 통해 세워야 한다고 주장했다. 이것이 그의 최고의 역작인 〈사회계약론〉의 핵심 내용이었다. 그의 이러한 정치사상은 프랑스 시민혁명과 그 이후 민주주의의 발전에 중요한 밑거름이 됐다.

그는 〈에밀〉을 통해 인간을 바르게 교육하는 길에 대해서도 당시로는 상상할 수 없는 혁명적인 길을 제시했다. 그는 인간의 본질적인 신성과 선한 본성을 믿고 이를 인격적으로 존중하고 키워주는 것이 참교육의 길이라고 했다. 엄격한 규율과 통제로만 바른 교육을 할 수 있다고 생각하던 시대에 그의 교육철학은 시대를 너무 앞선 것이었다. 그래서 많은 사람에게 혼돈을 주기도 했다. 루소 자신도 자신의 자식을 고아원에 맡긴 위선적인 아버지로 현실적인 혼돈과 비난이 있었지만, 그는 이를 극복하며 만인의 선한 부모로서 당당하게 일어났다. 그는 자신과 이러한 일에 대한 긍정적인 확신이 없었다면 이러한 용기를 내기 어려웠을 것이다.

프랑스 계몽주의의 특징

계몽주의는 역사와 삶의 주체가 신으로부터 인간에게로 옮겨진 것이었다. 그들은 인간에 내재한 이성의 힘으로 삶을 바르고 밝게 살아갈 수 있을 것으로 믿었다. 그리고 아직 종교의 미신과 어둠 속에 갇혀있는 민중을 깨워 그 길을 같이 가기를 독려했다. 인간은 그동안 너무 억압되어 살았다. 정치적 권력과 종교의 억압 속에서 인간은 스스로 할 수 없는 약하고 무력한 존재로 생각되었다. 그러나 알고 보니 인간은 스스로 많은 것을 할 수 있는 존재였다. 그래서 계몽주의자들은 이를 알리고 계몽하여 새로운 자유와 평등의 나라를 이룰 수 있다고 믿었다. 당시로는 불가능한 혁명적 사상이었으나, 영원할 것 같았던 절대 권력도 무너지기 시작하니, 이를 통해 언젠가는 이러한 시대가 도래할 것이라는 희망과 용기를 가지게 됐다.

그들이 찾은 인간의 능력은 이성과 지성이었다. 지성으로 놀라운 과학의 발전을 이루었고 새로운 산업도 가능하게 됐다. 그리고 대항해 시대도 열었고 신성을 대신할 수 있는 도덕성과 초월성을 인간의 이성과 예술에서 찾았다. 그리고 그들은 인간과 사회를 계몽했다. 그러나 가장 심하게 억압되었던 것은 인간의 감정이었다. 감정은 지성과 이성을 방해하는 것으로 생각했고 특히 종교에서는 이를 죄악시했다. 그리고 왕권에 의해 아직도 강력한 질서와 통제를 받고 있었으니, 자연히 인간의 감정은 통제되고 억압되지 않을 수 없었다.

그러나 인간이 자신의 주체로 등장하면서 감정이 자유를 얻는 것은 자연스러웠다. 더 이상 억압될 수 없었다. 과거에는 감정이 도덕과 질서를 해치는 것으로 인식되어 억압되었으나, 이제는 인간의 좋은 능력에 활력을 주는 긍정적인 면이 강조됐다. 그리고 계몽주의에서는 인간의 행복이 가장 최우선시 되었기에 인간은 이성과 함께 감정이 수반되어야 행복할 수 있다고 생각했다.

그래서 계몽주의에서 지성과 이성이 우선시 되었지만, 감정도 자연스럽게 표현됐다. 디드로에 의해서 감정이 표출되었고 루소도 자연과 인간의 본성 속에 있는 감정을 긍정적으로 보았다. 그리고 고전주의가 느슨해지면서 마리보, 르 사주와 프레보와 같은 작가들에 의해서 인간 심리와 감정이 섬세하게 표현됐다. 이러한 흐름은 더욱 본격적으로 감정을 중심에 두는 낭만주의로 발전했다.

독일의 낭만주의는 이성적 계몽주의에 대한 반발로 나온 것이었지만, 프랑스의 낭만주의는 계몽주의와 함께 낭만주의가 싹트고 있었던 점이 특징적이었다. 이성과 감정 모두가 억압되었지만, 이것이 표출될 때에는 독일과 프랑스가 달랐다. 독일에서는 이성과 감정의 갈등적 관계가 강조된 반면, 프랑스에서는 보완적 관계로 발전했다. 프랑스는 이분법적으로 서로를 배제하지 않고, 서로를 절묘하게 공존시키는 이중성을 여기에서도 볼 수 있었다.

그러나 이러한 감정의 표출은 아직 고전주의적인 분위기에서 완전히 벗어나지 못한 태동기였다. 그래서 이때의 낭만주의를 프레로망티즘 즉 전기前期낭만주의라 했다. 그리고 19세기에 와서 낭만주의가 다시 한계에 부딪히면서 레알리즘 즉 사실주의가 발전했다. 사실주의 역시 갑자기 나타난 것이 아니고 18세기 계몽주의 때부터 조금씩 태동되기 시작했다. 고전주의의 추상성과 보편성 속에 억압되어있던 인간의 현실적인 모습을 억압하지 않고 표현하기 시작한 것이었다. 디드로가 먼저 이를 시도했다. 그래서 프랑스의 18세기 계몽주의는 이미 19세기의 낭만주의와 사실주의를 포함하고 있었다는 것이 특징적이다. 프랑스의 계몽주의는 사조가 중심이 된 것이 아니라 인간이 중심이 되어 발전한 것이기 때문에 사조를 뛰어넘는 이러한 현상이 일어났다고 볼 수 있다.

사조라는 것은 나중에 학자들이 범주화하면서 붙인 이름이다. 프랑스의 사조는 인간이 중심이 되어 발전한 것이기 때문에, 프랑스 계몽주의는 독일의 계몽주의에서 나타난 이성 중심보다는 인간 중심이었다. 인간 속에 억압되어 있던 것은 이성만이 아니라 감정과 현실의 삶 모두였기에 이성만 분리되어 나오지 않고 다른 기능도 같이 나왔던 것이었다. 그래서 이성이 중심인 계몽주의에서도 사조를 뛰어넘어 감정과 사실주의가 같이 나타났었다.

16, 17세기까지는 종교가 인간과 함께 변화됐다. 몽테뉴도 그러했고

파스칼이 그러한 역할을 했다. 그러나 18세기 계몽주의에서는 종교가 조금씩 힘을 잃어가고 이신론, 무신론 그리고 유물론에 묻히게 됐다. 그리고 신성을 인간이 대신했다. 인간 속에 신성을 찾으려고 한 것이 계몽주의였다. 볼테르가 그러했고 루소는 더욱 그러했다. 인간을 긍정하고 인간 속에 있는 신성을 개발하고 발전시킴으로 바른 인간과 사회를 만들어 갈 수 있다고 믿었다. 인간의 감정을 잘 돌보고 현실의 문제를 잘 해결하면 행복을 누릴 수 있을 것으로 믿었다.

프랑스의 18세기는 신이 설 자리가 없었다. 신이 땅에 남긴 것은 힘이 없는 교회와 아직 힘으로 버티고 있는 왕권밖에 없었다. 교회와 신은 이미 현실에서 힘을 잃은 것 같으니 인간이 쉽게 거부할 수 있었지만, 왕권은 눈에 보이는 오래된 권력이고 무서운 군대가 지키고 있었기 때문에 쉽게 허물어질 수 없었다. 그렇다면 종교와 신성은 인간의 역사와 문명에서 이제 완전히 사라질 수 있을까? 앞으로 인간에게서 신은 어떤 의미가 있는 것일까?

인간이 발달하듯이 신성도 함께 변화될 수는 없을까? 파스칼이 신성을 말한 최후의 사상가일까? 프랑스에서 종교와 신이 어떻게 될 것을 살펴보는 것도 프랑스의 문명사를 연구하는데, 또 다른 흥미로운 관점이 될 것이다. 이에 대해서는 현대 프랑스를 정리하면서 다시 생각해볼 것이다.

계몽주의는 현실의 왕권도 허물어질 수 있다는 가능성을 준비하고 있었다. 계몽주의는 시민이 주체가 되는 시대가 언젠가 올지 모른다는 예상 하에 이를 미리 준비하고 있었다. 그런데 이러한 일이 현실에서 드디어 일어나고 말았다. 그것이 프랑스 대혁명이었다.

제9장

프랑스 대혁명

루이 16세는 누구인가?

프랑스 대혁명에 대해 설명하기 전에 몇 가지 생각해볼 것이 있다. 꼭 대혁명이 일어났어야 했는가? 다른 가능성은 없었는가? 또 왜 혁명이 프랑스에서만 일어났는가? 다른 나라에서는 일어날 수 없었는가? 이러한 질문에 대답하기 위해서는 루이 16세Louis XVI(1754~1793)의 이야기를 하지 않을 수 없다. 프랑스인들은 처음부터 대혁명을 원한 것은 아니었다. 그들은 먹고사는 것이 가장 중요했다. 잘 먹고 살 수만 있다면 누가 정치를 하던 사실 큰 문제는 아니었다. 과거부터 왕은 부모처럼 백성이 먹고사는 것만큼은 책임지는 '도덕 경제economic morale'라는 정신이 있어 이것만 지켜진다면 어떠한 왕권이든 인정하는 측면이 있었.

이러한 상호 신뢰와 계약은 봉건제부터 오래된 관습과 문화와 같은 것이었다. 계몽주의가 발달해도 그것은 학자들의 몫이지 현실은 여전히 왕권이 강력하게 지배하고 있었고 시민들은 이러한 통제와 억압에 익숙해 있었다. 누구도 그들이 주인이 되어야 한다는 꿈을 꿀 수도 없었다. 인간이 달에 가는 것만큼 먼 이야기였다.

그러나 그들도 워낙 먹고살기가 어려워지고 권력이 자신들을 너무 못살게 굴면 가끔 어쩔 수 없이 저항했다. 그렇다고 왕을 백성들이 보는 앞에서 공개적으로 참수한다는 것은 상상할 수 없는 일이었다. 누가 부모 같은 왕을 그렇게 죽일 수 있다는 말인가? 아무리 민주주의라고 하지만, 왕을 그렇게 참혹하게 죽일 이유는 없었다. 이렇게 되는 데는 루이 16세 개인의 문제가 컸다고 볼 수 있다. 몇 번의 갈림길에서 얼마든지 벗어날 길이 있었음에도 루이 16세는 기회를 놓치고 말았다.

그는 포악하고 사치한 왕도 아니었다. 다른 왕들처럼 정부情婦를 여럿 두는 그런 왕도 아니었다. 일편단심 왕후 마리 앙투아네트 Marie Antoinette d'Autriche(1755~1793)만을 사랑한 남자였다. 그리고 성품도 온유하고 남을 배려하는 사람이었다. 그러나 그는 소심하고 우유부단했다. 결단력이나 일관성이 없었다. 어떠한 자신만의 소신과 원칙도 없었다. 남의 말을 듣고 하다가 잘못되면 또 다른 이야기를 듣는 식이었다. 한마디로 신뢰하기 어려운 사람이었다. 한 인간으로서는 이해할 수 있지만, 수많은 백성을 먹여 살려야 하는 아버지 같은 국왕이 되기에는 부적격자였다.

그들은 국왕의 도덕에 대해 뭐라고 하지 않는다. 그냥 가십거리로 생각하지 그것 때문에 왕을 퇴위시켜야 한다는 생각을 하지 못한다. 왕은 자신들과 다른 인간으로 기대한다. 부모나 신처럼 강력한 지도력과 결단력을 원하고 이를 실천할 수만 있다면, 그들은 사소한 인간적 실수에 대해서는 관용적이다. 왕은 어떻게 하더라도 자신들을 먹고살게 해주면 된다. 그런 능력만 있으면 되지 어떤 사람이라는 것에 그렇게 큰 관심은 없다. 이러한 문화는 아직도 그들에게 있다. 지금도 프랑스 대통령은 그들의 사생활이 어떠하든 거기에 대해 비난하지 않는다.

그러나 민중이 가장 싫어하는 것은 왕의 무능이다. 능력만 있으면 도덕성은 크게 문제 삼지 않지만 아무리 인성이 뛰어나도 능력이 없다면 그들은 참기 어려운 것이었다. 그러나 루이 16세는 자신만의 환상과 망상의 세계에서만 살았지, 현실을 볼 줄도 모르고 현실에서 살지 못했다. 현실을 파악한다면 도저히 그러한 생각과 행동을 할 수 없는 사람이었다. 두려움이 많아서 자신의 세계에서 현실로 나오지 못하는 그러한 왕이었다. 그리고 강박적 성격의 소유자였다. 자물쇠 만드는 일에 강박적으로 집착하였고 21이란 숫자에 강박적으로 집착했다.

루이 16세의 정신 역동

여기서 잠깐 그의 성격을 분석해보려고 한다. 그의 성격이나 정신병리를 분석할만한 충분한 자료가 없기에 정확한 분석은 불가능하지만, 제한된 자료만으로 유추해보려고 한다. 그는 원래 왕이 될 수 없었다. 그의 아버지가 왕위를 물려받아야 했다. 그러나 그가 어렸을 때 부모 모두를 잃었다. 그래서 어린 나이에 왕세자가 됐다. 부르봉 왕가는 왕손이 귀했다. 루이 14세는 손자까지 다 잃고 겨우 증손자인 루이 15세가 왕위를 물려받았다. 다행히 루이 14세가 오래 살아 가능한 일이었다. 그런데 루이 15세 때에도 아들은 죽고 손자가 왕세자가 됐다. 혹시 손자가 잘못되면 왕손이 끊어지게 되니 얼마나 그를 과잉보호하였겠는가?

아마 위험한 것을 못하게 하고 건강을 위해 특별한 관리를 받았을 것이다. 과잉보호는 어떻게 보면 감옥과 같은 생활이다. 과잉보호는 아이를 염려와 두려움에 갇히게 한다. 두려움 때문에 자기가 마음대로 할 수 있는 것이 별로 없다. 안전하게 보호하기 위해 그러한 생활에 익숙했을 것이다. 그래서 그는 순응적이고 강박적일 수밖에 없었다. 그가 열쇠 만드는 것에 집착한 것도 그가 늘 감옥과 같은 생활에서 나오고 싶어 그러지 않았나 생각된다. 그는 자신의 것을 주장할 수 없었고 외부에서 하자는 대로 따라해야 했다. 그래서 그는 자신의 환상과 망상의 감옥에 갇혀 살 수밖에 없었다. 그러니 현실이 무엇인지 제대로 알 수 없었다.

이처럼 무력한 루이 16세는 비교적 젊은 21세에 왕위에 올랐다. 어린 왕에게 주어진 현실의 문제는 산더미 같았다. 가장 큰 문제가 부채와 늘어나는 이자였다. 그래서 이를 해결하기 위해서 진보적인 튀르고를 재무총감에 앉혔다. 그는 자유주의 경제로 개혁을 시도하였으나 급진적이라 실패하고 말았다. 그리고 다시 국가주도의 통제 경제로 바꾸었다.

그런데 프랑스는 자신들이 어려운데도 미국독립전쟁을 도왔다. 재무총감이 반대하였음에도 루이 16세가 참전을 결정했다. 이 역시 현실의 문제를 직시하지 못하는 루이 16세의 병이었다. 영국을 이겨보겠다는 환상과 망상에 빠져 자신들의 현실을 망각하고 전쟁에 뛰어든 것이었다. 다행히 미국과 프랑스 연합국이 승리하였지만, 이로 인해 얻은 실질적인 이익은 거의 없었다. 미국은 계속해서 영국과 무역을 하였지 프랑스에 도움을 주지 못했다.

오히려 전쟁에 참여한 군인들이 미국의 자유와 평등정신을 배워 이것이 프랑스 대혁명의 또 다른 불씨가 되기도 했다. 결국 프랑스는 이로 인해 짊어져야 할 재정적자만 눈덩이처럼 늘어났다. 국가재정의 반 이상을 부채 이자를 갚는데 사용해야 하니 프랑스의 경제는 절망적이었다. 이것은 루이 16세가 만든 현실에 대한 무지의 결정적인 실책이었다.

프랑스 대혁명의 시작

그래서 어쩔 수 없이 루이 16세는 새로운 세금을 신설하기 위해 삼부회를 소집해야 했다. 삼부회는 성직자, 귀족 그리고 평민으로 구성되어 있었다. 성직자와 귀족은 인구의 2%에 불과하였지만, 그들의 토지는 35%였다. 그런데도 그들은 세금을 내지 않았다. 이미 평민들은 과도한 세금을 내고 있었는데, 다시 평민에게 세금을 부과하기 위해 삼부회가 소집되었던 것이었다. 그런데 투표는 개인별이 아닌 신분별로 하기로 정해지면서 평민들은 이에 반발하여 독자적인 국민주권을 주장하는 국민의회를 구성했다.

왕은 국민의회의 해산을 명령하고 삼부회의장을 폐쇄해버렸다. 그러나 국민의회는 이에 굴하지 않고 테니스코트장에 모여 해산을 거부하는 서약을 했다. 국왕의 명령에도 불구하고 국민의회에 적지 않은 성직자와 귀족들도 참석했다. 그들이 국왕의 명령을 거부하자 우유부단한 왕은 어쩔 수 없이 국민의회를 인정했다. 그리고 곧이어 국민의회는 최고 입법기관인 제헌 국민의회로 발전됐다.

이제 대세가 국민의회로 넘어가는 것을 알아챘으면 왕은 이에 조금씩 협조하는 것이 현실적인 판단일 것이다. 그러나 왕의 현실 인식 부족과 우유부단함이 다시 도지기 시작했다. 국민의회를 무력으로 탄압하려고 군대가 동원되고 있다는 소식이 파리시민에게 알려졌고, 당시 시민에게 인기가 좋던 자크 네케르 재무총감이 갑자기 해고당하였다. 이에 대해 위협을 느낀 시민들이 모여들었고, 시민들은 곧 있을 학살에 대비하기 위해 무기로 봉기해야 한다고 주장했다. 그래서 그들은 무기를 탈취하기 위해 바스티유 감옥을 습격했다. 바스티유 감옥은 당시 죄수가 몇 명 없었지만, 부르봉 왕가의 폭정의 상징이기도 했기에 이를 공격하여 무기를 탈취했다. 7월 14일 바스티유 감옥은 함락되었고, 이 날이 프랑스 대혁명의 기념일이 될 만큼 혁명의 기폭제가 됐다.

실질적으로나 상징적으로 바스티유 감옥 습격은 구왕정제가 허물어지는 것으로써 큰 의미를 가졌다. 이러한 혁명의 소식은 전국으로 퍼졌고 여러 곳에서 반란에 참여했다. 지역에 따라 주민들이 국민 방위대와 자치 위원회 등을 결성하고 국가 기관을 장악하기도 했다. 국왕이 임명한 군대와 관료들은 저항하지 않고 이를 방치했다. 이로써 프랑스 전역은 왕권의 통제와 질서에서 벗어나 혼란에 빠지게 되었으며, 이때를 '대공포' 시기라 불렀다.

대공포를 수습하기 위해 제헌 국민의회는 '봉건제도 폐지', '영주권 특권 폐지', '인간과 시민의 권리 선언문' 등을 채택했다. 이를 통해 개인의 평등하고 자유로운 신분을 보장하는 '국민 주권론'이 명료화됐다.

　이제 모두가 제헌 국민의회가 대세임을 인정해야 했고 권리 선언문을 받아들일 수밖에 없었다. 그리고 앞으로 이 과정을 어떻게 평화롭게 이행하여 '입헌군주제'로 잘 정착하는가가 남아있었다. 그런데 루이 16세는 여기서 자신의 폐쇄적인 생각에 빠져 현실을 제대로 인식하지 못했다. 그는 제헌 국민의회가 확정한 것을 거부했다. 그리고 군대를 베르사유궁으로 이동시켰다. 거기에다 귀족들이 해외로 도피하며 그들을 위해 일하던 사람들이 실직하였고, 대흉작까지 겹치는 바람에 빵 값이 폭등했다. 시민들은 다른 것은 몰라도 배가 고픈 것은 참을 수 없었다. 그래서 이번에는 여인들이 7천 명 이상 모여, 왕이 있는 베르사유궁으로 행진했다. 당황한 루이 16세는 인권선언을 재가한다고 발표하였으나, 이것으로 진정되지 않고 궁궐에 난입하여 왕을 강제로 파리의 튀틀리 궁으로 데리고 갔다. 그리고 거기서 파리시민들이 왕을 감시했다.

　파리에서 루이 16세는 사실상 입헌군주제의 왕으로 업무를 보았다. 정국은 국민의회가 주도하였고 다양한 개혁이 이루어졌다. 재정적자가 가장 시급한 문제였는데 이를 해결하기 위해서 교회의 재산을 국유화했다. 그리고 이를 담보로 공채인 아시냐를 발행했다. 앞서 살펴본 대로 교회의 권위는 이미 계몽주의 사상에 의해 허물어졌지만, 현실적으로는 여전히 국가의 보호를 받고 있었다. 그러나 이를 계기로 현실적으로도 교회가 더 이상 특권층이 될 수 없었다. 이와 함께 정치에서 교회를 배제하는 반교권주의가 본격적으로 대두됐다. 이에 대해 교회와 교황청의 저항이 있었고 이로 인해 교황청과 외교적으로 단절됐다.

그 외 경제, 행정과 사법제도의 개혁들이 단행되었지만, 순조롭지만은 않았다. 국민의회의 개혁 세력 안에서도 갈등과 분열이 있었다. 그리고 여기저기에서 소요와 분쟁이 잇따랐다. 그리고 다른 유럽의 군주들은 프랑스의 이러한 혼란이 자신들에게 미칠 것을 걱정하고 있었다. 무엇보다 루이 16세의 편이 되어줄 교회 지도자들도 힘을 잃고 교황청과도 단절됐다. 귀족들도 자기 살기가 바빠 국외로 도피하여 왕 주위에 의지할 사람이 없었다. 그래도 국민의회와 대화 통로를 맡아주던 온건파 미라보 백작이 루이 16세의 힘이 됐다. 그는 입헌군주제가 잘 정립되면 왕이 안전할 것이라고 왕을 안심시켜 왔다. 그런데 그마저도 갑자기 사망하여 루이 16세는 더욱 고립됐다.

루이 16세의 폐쇄 공포증

루이 16세는 고립을 느끼게 되면 갇히는 것 같은 심한 불안을 느꼈다. 일종의 폐쇄 공포증 같은 것이었다. 그런데 현실에서는 여전히 탈출구가 없었다. 그러나 그는 불안을 견딜 수 없어 이로부터 탈출하고 싶었다. 이를 잘 아는 왕비는 친정인 오스트리아로 탈출할 것을 제안했다. 그는 국왕으로 외국으로 몰래 도피한다는 것은 있을 수 없는 일이라는 것을 알았지만, 그의 불안감 때문에 현실을 직면하지 못하고 도피할 생각만을 하였다.

이는 공황장애나 폐쇄 공포증 환자가 불안감이 오면 무조건 그 상황을 벗어나려는 것과 같았다. 그래서 그는 몰래 탈주를 시도했다. 그러나 그들은 목적지를 불과 50km를 앞두고 바렌에서 체포되어 파리로 연행됐다. 여러 번 이런 모습으로 사태를 악화시켜왔지만, 이번만큼은 돌이킬 수 없는 결정적인 실책이었다.

지금까지는 백성들은 연약한 국왕이지만, 그래도 자신들을 보호해주는 상징적인 부모로 받아들였다. 그래서 실권은 없어도 상징적으로도 군주로 남아주길 원하여 입헌군주제를 준비하고 있었다. 아쉽더라도 이를 수용하고 받아들이면 되는데, 그는 자신이 아무것도 할 수 없이 갇힌 것 같은 것을 견딜 수 없어 탈출을 감행했다. 그는 스스로 아무것도 할 수 없는 상황에 빠지면 이를 견디지 못했다. 그래서 그는 늘 열쇠를 만들어 그 방을 탈출하려고 했다. 그의 인생은 갇힌 방을 탈출하는 게임의 연속이었다.

그러나 이제는 더 이상 게임이 아니었다. 본인은 어쩔 수 없는 병리 때문에 그렇게 행동했지만, 백성들은 그렇게 봐주지 않았다. 이를 아주 심각하게 받아들였다. 그들은 왕을 환자로 생각하기보다는 부모로 생각했다. 그래서 그들은 자식을 버려두고 야간도주한 부모를 더 이상 용납할 수 없었다. 백성들은 그 배신감 때문에 이제는 그를 왕으로 인정할 수 없었다. 이번의 탈출 기도는 되돌릴 수 없는 결정적 패착이 되고 말았다. 그래서 그는 감금되고 법의 심판을 기다려야 했다.

혁명군과 9월 학살

이번 사건으로 입헌군주제도 물 건너가게 됐다. 그것은 공화정 파의 입

김이 너무 세어졌기 때문이었다. 루이 16세는 무력하고 무익한 존재만으로 전락한 것은 아니었다. 이제는 그들의 혁명을 공격하는 위험한 존재가 됐다. 그것은 프랑스의 혁명군은 주위의 왕권 국가의 표적이 되었기 때문이었다. 오스트리아도 그렇지만, 오스트리아는 사실 힘이 없었고 당시 프랑스 혁명을 가장 위험하게 본 것은 신흥강국 프로이센이었다. 그리고 그들은 프랑스를 넘보고 있었다.

그들을 끌어들이는 것이 루이 16세라는 생각에서 혁명군과 시민들은 루이 16세를 가만히 둘 수 없었다. 그래서 그가 감금되어 있던 튈르리 궁을 습격했다. 궁 수비대와의 치열한 전투로 많은 사상자가 발생하였고 혁명군은 파리 시내에 있는 과거 군주제의 상징물들을 모조리 파괴했다. 루이 16세는 무사히 도피하였지만, 그 이후는 궁전이 아닌 감옥에 갇히게 됐다. 이러한 혁명군의 주류는 상퀼로트 Sans culottes 라는 노동자들이 중심이 되어있었고 그들이 혁명의 전면에 나서게 됐다. 이들은 혁명 자치단체인 '파리 코뮌'을 창설하고 군주제 폐지에 앞장서며 혁명군의 타격부대 역할을 했다.

그리고 실제로 프로이센이 프랑스를 침공했다. 그들은 잘 훈련된 정규군들로 파죽지세로 프랑스를 공격해왔다. 프랑스 혁명군들은 당황하지 않을 수 없었다. 그런데 그들은 먼저 프로이센과 싸우기 이전에 후방에 있는 반혁명 음모를 소탕해야 한다고 하며 파리 감옥에 갇혀있던 용병, 왕실 수비병, 귀족, 반혁명주의자, 사제 등을 포함하여 1000명이 넘는 죄수들을 무참하게 학살했다. 그리고 여러 곳을 다니며 닥치는 대로 무자비하고 야만적인 학살을 단행했다. 이를 9월의 학살이라고 한다.

이러한 무정부 상태에 대한 소식은 즉시 유럽 전역에 퍼졌다. 이는 앞으로 있을 공포정치의 전조이기도 했다. 모두가 이를 반대하였지만, 급진적 자코뱅파와 그 수장인 로베스피에르는 폭력 자체는 나쁘지만, 혁명을 위해서는 필요악으로 인정했다.

혁명군은 잔혹한 학살로 사기가 충천하였는지 프랑스를 향해 진격해오는 프로이센을 맞이하여서도 승리했다. 이를 발미Valmy 전투라 했다. 이로써 내외에 프랑스 혁명과 공화제를 방해하는 위험 요인들은 다 제거하였으며, 이로 혁명군은 더욱 자신감을 얻어 사기충천했다. 그래서 발미 전투에서 승리한 날인 9월 22일을 공화제 원년의 첫날로 선포했다. 남은 것은 루이 16세를 처리하는 것이었다. 이제 아주 의미도 없고 쓸모없는 왕이 된 그를 어떻게 처리하는가를 의논하기 시작했다. 이는 프랑스 대혁명에 중요한 의미를 갖기 때문이었다.

루이 16세의 죽음

그를 재판에 회부하여 판단하자는 온건파 지롱드파와 재판도 없이 처형해야 한다는 과격파 자코뱅파로 의견이 나누어졌다. 결국 재판에 회부되어 국민공회의 과반이 넘는 찬성을 받아 '반혁명적 음모' 죄로 사형언도를 받았다. 그리고 그는 수많은 프랑스 시민들이 보는 가운데 프랑스 혁명의 승리의 상징물이며 마지막 제물로써 단두대에 올라가 사형을 받았다. 한 인간으로 보면 연민이 느껴지는 죽음이다. 그러나 백성은 그의 죽음을 반겼고 이로 인해 다시는 왕정을 떠올릴 수 없었다. 그런데 그는 의외로 죽음 앞에서 당당했다. 평소 그는 두려움이 많고 탈출구가 없는 상황이면 안절부절 못 하였는데, 탈출구가 없는 마지막 죽음 앞에서는 왕으로 당당했다. 끝까지 그는 현실을 직시하지 못하고 자신의 망상적인 환상에 살았기에 그러했을까? 그는 죽으면서도 자신을 프랑스의 황제로 백성 앞에서 큰소리를 쳤다. 이는 내면의 내공에서 나오는 당당함이라고 보기보다는 그의 병리에서 나온 현실 왜곡의 망상으로 보는 것이 더 타당할 것이다.

어쩌다 프랑스 대혁명

여기서 프랑스 대혁명의 본질을 한 번 더 상고해보고자 한다. 프랑스 대혁명은 전통적인 왕정을 허물고 시민과 백성이 주인이 되는 새로운 나라를 세우는 것이었다. 과거의 절대적인 권위를 허물고 자신이 주인이 되는 나라가 되는 것이었다. 그래서 대혁명은 압제 당하던 시민들이 힘을 모아 강력하였던 절대 권력을 허무는 것이었다. 그리고 이와 함께 절대적인 신성과 교회의 권위도 완전히 허물어졌다. 그래서 모든 것이 시민의 손에 쥐어진 것이었다. 이제 그들이 스스로 국가의 주인이 되고 새로운 체제와 법을 만들어 그 법과 체제로 살아가야 했다. 이제 부모가 허물어지고 자식이 부모가 되었고 신이 허물어지고 인간이 신이 된 것이었다.

이것은 프랑스 대혁명을 의식으로만 보면 사실이었다. 그런데 표면에 드러난 과정의 배후를 보면 이것만으로 설명되지 않는 부분도 있었다.

이 책은 역사와 문명의 변화를 인간의 인격과 심층이라는 측면으로 분석해왔기에 프랑스 대혁명도 이러한 각도에서 재평가해보려고 한다. 즉 대혁명을 무의식과 마음의 흐름으로 분석해보려는 것이다.

사실 그들은 처음부터 그들이 나라의 주인이 되려고 혁명을 시작한 것은 아니었다. 절대 권력이 그렇게 문제가 되었던 것은 아니었다. 그리고 그 권력을 허물려고 혁명을 한 것도 아니었다. 그들의 관심은 사실 먹고 사는 문제였다. 권력이 문제된 것은 아니었다. 그들은 권력에 아주 익숙해져 있었다. 자식이 부모와 가정에 익숙하듯, 시대가 아무리 바뀌어도 왕은 그들에게는 부모였고 나라는 하나의 큰 가정과 같았다.

때론 조금 무서운 아버지, 때로는 조금 부드러운 아버지 정도였지 그렇다고 부모를 내쫓고 자기가 부모가 되려고 한 것은 아니었다. 왕과 나라는 어떻게 보면 가정처럼 천륜으로 받아들이고 살아왔다. 그들은 먹고사는 게 아주 힘들지 않고 권력이 자신들을 심하게 다루지 않는다면 사실 권력에 대해서는 그렇게 큰 관심은 없었다. 혁명을 일으켜야 할 이유는 없었다. 누가 선동한다고 해도 힘들게 참여할 이유도 없었다. 자식이 편하지 부모가 되면 고달프다는 것을 알기에 부모를 몰아낼 생각을 쉽게 할 수 없었다.

그런데 그들은 자기도 모르게 하다 보니 그렇게 됐다. 이를 우리는 프랑스 대혁명이라고 부르는 것이다. 그들은 어쩌다 부모가 되고 어른이 됐다. 이를 '어쩌다 대혁명'이라고 부를 수 있을지 모른다. 인류역사상 가장 위대하고 숭고한 프랑스 대혁명을 어쩌다 대혁명으로 격하시키는 것이 불쾌할지 모르지만, 이 책은 어떠한 이념과 이상보다 인간의 참모습을 찾아보는 것이기 때문에 이러한 혁명 속에 있는 인간을 솔직히 살펴보는 뜻에서 이러한 분석을 해보는 것이다.

그리고 프랑스는 다른 유럽 국가에 비해 가장 중앙집권이 심하였던 나라였다. 지금도 우리는 프랑스를 자유와 평등의 나라로 생각하지만, 사실 중앙집권과 통제가 가장 심한 나라이다. 그들은 중앙집권식의 프랑스에 대한 자부심이 대단하다. 이를 통해 그들이 발전하였고 위대한 국가가 됐다. 그래서 그들은 이러한 프랑스를 자랑스럽게 생각했고 그 나라 백성이 된 것에 대해 자부심이 대단하다. 이처럼 그들은 그렇게 민주적이지 않다. 통제와 억압에 더 익숙하다. 그들이 자유와 평등을 추구하는 것은 지나친 억압에 대한 반작용으로 나온 것이지 그들의 원래의 모습은 아니었다. 그래서 프랑스 혁명도 그들이 처음부터 원한 것이 아니고 어떻게 하다 보니 거기까지 간 것이었다.

어쩌다 부모가 되고 신이 된 프랑스

그들이 교회와 기독교에 대한 것도 비슷하게 일어났다. 기독교가 그들을 압제한 것은 사실이지만, 그렇다고 그들이 신에 대해서까지 그렇게 반발할 이유는 없었다. 그래서 신에 대한 순수한 신앙과 인간이 만든 종교와는 구분할 필요가 있다. 그런데 그들은 어떻게 하다 보니 반교권 운동으로 기독교와 신까지 그들의 삶에서 배척하게 됐다. 그들은 왕을 그렇게 배척할 이유가 없었듯이 신도 그렇게까지 배척할 이유는 없었다. 그런데 그들은 그렇게 되고 말았다. 그리고 신과 종교가 사라진 자리에 인간이 주인으로 들어서게 됐다.

이것이 그렇게 신나고 좋은 일만은 아니다. 인간이 신의 자리를 대신하는 것이 간단한 일은 아니다. 자식이 부모가 되는 것은 몰라도 신이 되는 것은 정말 부담되는 일이다. 부모 노릇도 힘들지만 신 노릇은 더욱 힘들고 피곤한 일이다. 우리는 무슨 일이 있으면 늘 신에게 불평하고 원망한다. 그래서 그런 기도와 원망을 다 들어야 하는 신은 정말 힘든 자리이다. 그런데 이제는 신이 없고 신을 대신해서 인간의 정부가 그 자리에 있게 됐다.

이제 과거에 백성들이 신에게 하소연하던 것을 인간에게 하게 됐다. 정부가 백성들의 모든 원망을 대신 들어주어야 했다. 그리고 문제가 있으면 파업을 하고 데모를 한다. 이를 다 겪어야 하는 것은 정말 부담스런 일이다. 정치와 행정을 하며 백성을 돌보는 것도 힘든데, 그들의 원망 불평까지 들어주어야 하는 것은 정말 힘든 일이다. 어쩌다 보니 그들은 부모가 되고 신이 된 것이었다. 그래서 그들의 혁명은 신나는 것만은 아니었다. 그들이 거부할 수 없는 불편한 진실이 되고 말았다. 이처럼 그들의 혁명은 인류가 우러러볼 만큼 그렇게 이상적이고 멋있는 것만은 아니었다.

대혁명의 실질적 원인

어떻게 하다가 이렇게 되었을까? 우리는 그 과정을 잘 살펴보았다. 그 과정에는 루이 16세가 있었다. 루이 16세가 아니었으면 혁명이 아니고 다르게 되었을지도 모른다. 그들은 루이 16세를 거부할 생각은 없었다. 먹고 살게 해주면 되었고 어떻게 하다 보니 국민의회가 생기게 되었는데 의회도 처음에는 왕을 추방하거나 제거할 생각을 한 것은 아니었다. 의회군주제로 바꾸어 계속 왕이 있어 주길 원했다.

루이 16세는 폭군도 아니었다. 백성을 권력과 무력으로 학대하고 억압한 것도 아니었다. 그렇게 실정을 많이 한 것도 아니었다. 선왕들에 비하면 온건하고 착한 왕이었다. 선왕들이 잘못한 정책으로 재정상태가 워낙 나빴기에 그도 어쩔 수 없었다. 누가 왕이 되어도 힘들었다. 그런데 그는 사형까지 당하고 말았다. 왜 이렇게까지 악화되어야 했을까? 한마디로 그는 무력했기 때문이었다. 권력이 너무 강해서 그들이 저항한 것이 아니라 너무 무력하였기에 그를 물러나게 한 것이었다. 부모가 가정을 돌보지 않고 가출을 하면 어쩔 수 없이 소년소녀가 가장이 되는 것처럼, 루이 16세는 무력한 데다가 자식을 버리고 가출까지 하니 결국 잡혀 물러나게 된 것이었다.

그래서 프랑스 대혁명을 대단한 시민 민주혁명으로 설명하지만, 사실은 내용적으로 보면 그런 것은 아니다. 무력한 부모에 대한 배신감과 분노 때문에 그렇게 된 것이었다. 신성과 교회에 대해서도 마찬가지였다. 신이 너무 절대 권력을 휘둘러서 그런 것이 아니다. 교회가 백성을 돌보지 않고 자신들이 너무 힘든데도 신이 도와주거나 아무런 조치를 하지 않기에 그런 신을 부모로 모시기 싫다고 거부한 것이었다. 한마디로 신이 너무 무력한 것에 대한 배신감과 분노였다. 세상이 이렇게 악하고 자신의 자식들이 이렇게 어렵게 살아가는데, 왜 신이 도와주지 않고 자신들이 이렇게 싸우도록 버려두는가에 대한 배신감이었다.

그래서 프랑스 대혁명은 어쩔 수 없이 부모가 쫓겨나고 소년소녀가 가장이 된 그런 경우이다. 그래서 대혼란과 무질서가 예상될 수밖에 없었다. 갑자기 부모가 사라졌으니 애들이 우왕좌왕할 수밖에 없었다. 그들은 준비되지 않았다. 그 전에 계몽주의 학자들이 준비한 것으로는 턱도 없었다. 사상적인 혁명이 아니라 실제의 혁명이었고 현실이었기에 이론으로 되는 것은 아니었다. 많은 사람이 억압된 것이 풀리면서 얼마나 많은 혼란과 갈등이 겪었는지 모른다.

그들은 이런 것을 예상하거나 준비하지 못했고 결혼 전 임신을 하여 얼떨결에 부모가 된 것처럼 민주주의가 시작된 것이었다. 그들이 왕정과 신의 실체를 본 것처럼 민주주의를 통해 인간의 실체를 보게 될 것이다. 자식은 부모를 반복한다. 왕이 인간이었던 것처럼 민주주의도 인간에서 벗어날 수 없을 것이다. 프랑스는 인간을 찾아 탐구하는 나라이기에 그들은 이를 선택하였고 이제 이를 통해 드러날 인간의 참모습이 드러나게 될 것이다.

혼돈의 대혁명

아버지와 같았던 왕정이 무너지고 이제 시민이 스스로 국가의 주인이 되어야 했다. 많은 시행착오와 혼돈이 있었다. 계몽주의 사상가들이 미리 이러할 때를 예상하고 국민이 주권을 갖는 나라에 대해서 적지 않은 이야기를 하였지만, 이는 어디까지나 사상과 이념이었지 실제적인 이야기는 아니었다. 주인이 없는 나라에서 이제 주인을 만들어가야 했다. 프랑스가 이를 어떻게 헤쳐 나갔는지 살펴보려고 한다.

프랑스 대혁명의 시작은 1789년에 소집된 삼부회이다. 삼부회에서 표결방식에서 늘 불리하였던 평민대표가 인원수 표결을 주장하며 테니스코트에서 모여 '국민의회'를 결성하고 프랑스 왕국의 새로운 헌법이 제정될 때까지 해산하지 않을 것을 선언했다. 그 이후 바스티유 감옥을 습격하면서 본격적인 혁명이 시작되었고 그 혁명의 중심이 국민의회였다. 그 이후 국민의회는 봉건적 특권을 폐지하고 사법, 행정과 경제개혁 등을 단행했다. 그리고 1791년 9월에 능동시민에게 선거권을 부여하는 선거를 통해 의회를 구성하는 '91 헌법'을 제정했다. 이를 통해 부르주아 중심의 체제가 확립됐다. 그러나 고질적인 재정문제 등을 해결하는 것은 여전히 어려웠다.

91 헌법에 따라 과거의 국민의회는 해산되고 10월에 새로운 의회가 형성되었는데, 이를 '입법의회'라고 했다. 입법의회는 의장석을 중심으로 우측에 온건한 페이앙파가 있었고 좌측에는 급진적 공화파가 있어 이것이 우파와 좌파의 기원이 됐다. 집권 초기는 페이앙파가 주도권을 잡았지만, 프랑스 혁명을 두려워한 오스트리아와 프로이센이 대불 동맹을 맺고 공격해온다는 소식에 불안해지자 강경파인 자코뱅파가 의회를 주도했다.

국민의회의 힘만으로는 외국군대를 감당할 수 없었다. 당시 실제 혁명의 타격부대는 상퀼로트라는 파리노동자 집단이었다. 그들이 무장봉기를 일으켜 1000명 이상의 죄인을 학살하는 9월의 학살을 감행했고 시민 정부를 세우면서 프로이센과 전쟁을 선포했다. 그들의 사기가 충천하여 프로이센과의 발미 전투에서 승리했다. 이 승전을 기념하는 날에 프랑스 공화국 수립을 선언했다. 이것이 프랑스의 제1 공화국이다. 이로써 국민의회가 해산되고 1792년에 '국민공회'가 세워졌다.

국민공회는 1793년 루이 16세의 사형을 결정하고 단행했다. 이를 두려워한 주위의 국가들이 대불 동맹을 다시 맺었는데 오스트리아, 프로이센과 함께 영국과 스페인도 동참했다. 이를 틈타 국내에서는 반혁명 반란이 일어났다. 왕당파가 주도한 툴롱 반란이 가장 큰 반란이었다. 스페인 해군본부가 있는 툴롱에서 영국해군의 힘을 업고 왕당파가 반란을 일으켰다. 그런데 이 반란을 나폴레옹이 진압했다.

그는 일개 포병 장교로 전투에 참여하였으나, 그의 포병 전술이 빛을 발하여 영국해군과 왕당파를 격파하는데 큰 공을 세웠다. 그는 승전의 공로로 하급 장교에서 장군으로 고속 승진했다. 이것이 나폴레옹이 프랑스 정치무대에 등장하는 계기가 됐다. 이러한 승진에는 여러 요인이 있었다. 그는 정치장교였다. 이 전투의 승리로 강경한 공화파인 자코뱅파가 정권을 확실하게 잡을 수 있었다. 그래서 그는 자코뱅파에 줄을 서서 고속 승진을 할 수 있었다. 또 대부분 해군 장군들이 왕당파와 연관되어 있었기 때문에 그들이 망명하거나 체포되는 바람에 쉽게 장군으로 승진할 수 있는 운도 따랐다.

자코뱅파가 정권을 장악하면서 그들은 자코뱅 헌법을 선포했다. 이 헌법은 놀랍게도 재산과 관계없이 모든 성인 남자에게 선거권을 부여하는 혁신적인 것이었다. 그러나 이는 끝내 실행되지 못했다. 정권을 잡고 있던 자코뱅파가 강력한 지도력이 필요하다는 요구에 따라 국민공회를 해산하고 혁명정부를 세웠다. 그리고 그들은 반혁명 인사를 숙청할 목적으로 공안위원회와 혁명재판소를 세웠다. 초기에는 공안위원회는 당통Danton(1759~1794)이 위원장을 하면서 국민공회처럼 온건파와 과격파가 균형을 잘 잡아나가고 있었다. 그러나 로베스피에르Robespierre(1758~1794)가 공안위원장이 되면서 아주 과격해지는 독재정치를 했다. 그는 온건파인 당통과 과격파인 에베르Hebert(1757~1794) 모두를 제거했다. 그리고 1793년 1년 동안 30만 명을 체포하고 그중 1만 7천 명을 사형시켰다. 그리고 일만 주민도 30만 명 이상을 학살하는 만행을 저질렀다. 아주 극심한 야만적 공포정치를 보여준 것이었다.

　이러한 공포정치로 인해 혁명에 대해 반감을 가진 사람들이 늘어나게 됐다. 결국 반로베스피에르 세력들이 힘을 모아 1794년에 그를 체포하고 처형했다. 이를 테르미도르 반동이라고 한다. 혁명재판소는 해산되었지만, 역으로 공포정치를 일으켰던 자코뱅파가 대량으로 학살당하였고 그동안 억눌러있던 반혁명파와 왕당주의파의 보복적인 테러도 일어났다.

　그다음 해인 1795년 8월에 '95년 헌법'이 제정되었고 유산계급의 제한 선거에 의한 양원제 입법부와 5명의 총재가 주도하는 행정부가 들어섰다. 이를 '총재정부'라고 했다. 그러나 이러한 과정 역시 순탄하지 않았다. 과거 왕정 정치는 오랫동안 아버지와 신성과 같은 권위가 있었다. 프랑스 대혁명은 이러한 과거의 권위를 허물어트린 것이기에 자식들이 새로운 정치체제와 권위를 만들어야 했다.

그 체제는 앞서 언급한 대로 국민의회, 입법의회, 국민공회, 공안위원회와 총재정부 등으로 이어졌다. 그리고 그 권위는 선거와 법이었다. 그러나 선거는 아주 제한적이었다. 재산을 가지고 세금을 일정 금액 이상 내어야 선거권을 받는 제한적 선거였다. 대부분 부유한 부르주아만이 선거에 참여할 수 있었고 그 수는 9만 명 정도였다. 당시 프랑스 인구가 3000만 명이었으니 극히 일부에 불과했다.

물론 프랑스 혁명은 부르주아가 중심이 되었지만, 그들의 힘만으로는 불가능했다. 소위 상퀴로트라는 노동자들이 혁명의 전선에 서서 타격부대 역할을 하였고 프로이센과의 전투에서도 큰 역할을 했다. 그러나 그들은 많은 희생에도 불구하고 선거와 정치에서는 배제됐다. 그들은 정치를 직접 할 수 있는 역량이 부족하였지만, 적어도 그들을 대변할 수 있는 지도자가 있어야 했다. 주로 공화정파, 혹은 과격파인 자코뱅파가 그러한 역할을 했다. 그래서 자코뱅은 모든 평민이 다 선거에 참여할 수 있는 법을 제정하기도 하였지만, 공포정치를 하는 바람에 실행되지 못했다. 로베스피에르가 공포정치를 할 때 하층민을 대변하던 자코뱅파의 에베르까지 숙청하는 바람에 그들은 지도자를 잃고 말았다.

거기에다 로베스피에르가 처형당한 테르미도르의 반동 이후, 최고 가격제가 폐지되어 경제는 더욱 악화됐다. 프랑스의 고질적인 문제는 경제 문제인데 그 누구도 이를 해결할 방도를 찾지 못했다. 통제 경제까지 철폐되니 빵의 기근이 심화되면서 식량 위기가 왔다. 그래서 이를 견딜 수 없었던 하층 계급의 사람들이 폭동을 일으켰다. 그러나 정부 군대가 이를 진압하여 그 이후 1830년 7월 혁명까지 상퀼로트의 봉기는 볼 수 없었다.

툴롱 전투 이후 잠잠했던 왕당파들은 공포정치로 인해 혁명에 대한 회의가 생기자 다시 정치에 나섰다. 그들도 총재정부 선거에 참여하여 과거의 왕정 정치를 회복하려고 하였지만, 부르주아들이 과거 자신들의 기득권을 유지하는 '3분의 2법'을 통과시키는 바람에 좌절됐다. 그 이후 왕당파들은 폭동을 일으켜 국민의회를 습격했다. 이를 방데미에르 쿠테타라고 하였고 이를 나폴레옹이 진압했다. 이를 통해 나폴레옹은 허물어진 자코뱅파의 족쇄에서 풀려나 새롭게 시작하는 총재정부에 참여할 수 있었다. 새롭게 수립된 총재정부는 혁명성이 강한 '93년 헌법' 대신 온건한 '95년 헌법'을 제정했다.

대혁명을 통해 드러나 무의식

이것이 나폴레옹이 출현하기 전까지의 프랑스 대혁명의 과정이었다. 나름 부르주아가 중심이 되어 혁명을 헤쳐 나갔으나, 그들의 대표성과 권위에 문제가 있었기에 그들은 불안정할 수밖에 없었다. 그리고 능력 있는 확실한 지도자가 나오지 못한 점도 문제였다. 당통, 로베스피에르, 에베르 같은 지도자들이 배출되었지만, 서로 분열하며 죽이는 바람에 제대로 된 지도자를 키우지 못했다. 가장 큰 문제가 공포정치였다. 왜 이런 문제가 발생하게 되었을까? 이는 절대왕정 때에도 없었던 일이었는데 혁명정부에서 이런 잔혹한 일이 생긴다는 것을 이해하기 어렵다. 그래서 그 이후에 혁명에 대한 회의가 적지 않았다.

그들의 가장 큰 문제는 두려움과 자신감의 결여였다. 과거 영원할 것 같았던 왕도 단두대에서 사라졌는데 그들은 더욱 쉽게 허물어지고 죽을 수 있다는 두려움이 있었다. 그래서 그들은 정권을 잡았을 때 반대파들을 확실하게 힘으로 제압하려고 했다. 그래서 약간의 반혁명적인 요소를 보이든지 자기들을 조금만 반대하여도 처형했다. 포용하고 수용할 수 있는 자신감과 여유가 없었다. 그만큼 그들의 혁명이 늘 위태롭고 불안정했다.

그리고 그들은 불안감 때문에 여러 계층의 다양한 목소리를 들을 수 없었다. 그래서 선거권을 제한하여 자기들과 비슷한 부르주아들만을 중심으로 정치하려고 했다. 그러다 보니 다른 계층의 사람들이 불만이 많았고 그래서 그들의 권위와 정통성에 문제가 생길 수밖에 없었다. 그리고 절대왕정에서 지속해온 적자재정이 가장 큰 문제였다. 풍년이 되면 그런대로 넘어가지만, 흉년이 오면 백성들의 불만이 심하게 터지기 때문에 그들의 정치는 불안할 수밖에 없었다. 그렇다고 이런 문제를 정면으로 돌파할 수 있는 능력이나 지도력이 있는 것도 아니었다. 이러한 혼돈의 원인은 결국 의식의 억압이 풀어지면서 그들 속에 있던 무의식이 한꺼번에 나왔기 때문이었다. 그들이 상상하지 못했던 무의식을 보며 당황하며 혼돈 가운데 빠지게 된 것이었다.

결국 이러한 무의식의 혼돈을 해결할 수 있는 길은 예전처럼 무의식을 통제할 수 있는 강력한 힘을 가진 의식과 그러한 권위와 능력을 가진 지도자밖에 없었다. 자신들을 통제하지 못하는 무력한 지도자들에게 실망하며 다시 강력한 지도자를 원하는 것이었다. 그들이 왕정을 거부한 것은 왕정의 절대 권력보다는 무력함 때문이었고 신과 기독교에 대해서도 마찬가지였다. 자신들을 잘 살게 해주는 권력이라면, 사실 체제가 그렇게 문제 되는 것은 아니었다. 혁명 이후 난국을 타개할 수 있는 유능한 지도자가 나와야 하는데, 그런 지도자가 나타나지 못했다. 이러한 혼란의 시대가 결국 영웅을 만들 수밖에 없었고 이에 맞추어 등장한 사람이 바로 나폴레옹이었다.

제 10장

나폴레옹의
프랑스

영웅 나폴레옹에 환호하는 프랑스

나폴레옹Napoleon Bonaparte(1769년~1821)의 등장 이전에 프랑스 정국에 대해 좀 더 자세히 이해할 필요가 있다. 총재정부가 들어섰으나 지지기반이 여전히 약했다. 가장 큰 문제가 경제적 문제였다. 인플레이션과 가난이 그들이 풀어야 할 가장 큰 문제였다. 이를 가장 피부로 느끼는 계층은 하층민이었고 이를 선동하는 급진적 언론인으로 바뵈프Francois-Noel Babeuf(1760~1797)가 있었다. 그는 총재정부의 실정을 폭로하며 파리 시민들이 이 정부를 무너뜨리기 위해서는 '제2의 9월 학살'과 같은 과격한 행동이 필요하다고 대중을 선동했다. 그리고 모두가 평등하게 재산을 공유할 수 있어야 한다는 급진적인 평등사상을 주장했다. 정부는 처음에는 이들의 과격한 발언이 왕당파를 견제할 수 있고 오히려 총재정부의 필요성을 도와준다고 생각하여 방치하였으나, 그들이 실제 정부를 전복하려는 음모를 계획하고 있다는 소식을 듣고는 그들을 다 체포하여 처형했다.

그리고 또 하나의 위협은 대외적인 것이었다. 오스트리아와 프로이센의 대불동맹 공격이었다. 그러나 프랑스는 이를 잘 활용하면 오히려 프랑스에 도움이 될 수도 있었다. 프랑스는 내부적으로 재정문제를 해결할 능력이 없었다. 이를 해결하기 위해서는 전쟁 배상금같이 외부에서 오는 재정 수입이 필요했다. 그래서 전쟁이 그들에게 기회가 될 수 있었다. 이를 위해서 강력한 군대가 필요했다. 이때 나선 것인 바로 나폴레옹이었고 그는 이탈리아로 가서 당시 이탈리아를 지배하고 있던 오스트리아와 전쟁을 벌여 승리했다. 이 전쟁의 승리로 오스트리아와 캄포포르미오 화약(和約)을 맺고 벨기에와 이탈리아 북부의 롬바르디아를 오스트리아로부터 넘겨받고 전쟁 배상금도 받았다.

이러한 승전 소식은 그동안 혼란과 가난 가운데 있었던 프랑스에 가뭄의 단비와 같은 기쁨이었다. 그래서 나폴레옹은 단번에 프랑스의 국민적 영웅이 됐다. 그러나 이를 경계하려는 세력에 의해 이집트로 보내졌으나, 그의 정치적 야심을 꺾을 수 없었다. 나폴레옹은 1799년 이집트를 이탈하여 파리에서 쿠데타를 일으켰다. 그 이후 그는 총재정부를 해체하고 자신이 제1 통령이 되는 통령정부를 세웠다. 그는 정부의 정치 이념을 프랑스 대혁명의 계승으로 삼았고 이를 확립하기 위해 나폴레옹 법전을 1804년 3월에 제정 선포했다. 이 법의 핵심 정신은 만인이 법 앞에서 평등하다는 것이며, 개인의 재산권, 계약의 자유, 신앙과 노동의 자유 등을 보장한다는 것이 주요 골자였다. 이 법은 프랑스만이 아니라 다른 유럽 근대국가의 기초가 됐다.

혁명 정신을 중심에 두지만, 로베스피에르와는 반대의 길을 갔다. 자기와 다른 여러 분파와 세력을 포용했다. 가톨릭교회, 왕당파와 극단적 공화파도 수용했다. 그는 군대를 장악하고 있었고 국민적 지지가 절대적이었기 때문에 자신감이 있었다. 그래서 다른 주장을 하는 세력을 포용할 수 있었다. 이러한 나폴레옹의 혁명정부는 다른 유럽의 왕정국가에 큰 위협이 됐다. 그리고 그는 유럽이 이러한 혁명 정신으로 새롭게 변화되어야 한다고 주장했다. 이에 대해 위협을 느낀 주위의 왕정국가들은 대불동맹을 맺어 프랑스에 대항했다. 1차 대불동맹은 앞서 나폴레옹이 이탈리아에서 오스트리아에 대해 대승을 거두고 1797년 캄포폴리오 조약으로 종결되었지만, 그들은 한 번의 전쟁으로 물러서지 않았다. 그 이후 1798년에 러시아, 오스트리아, 영국이 2차 대불동맹을 맺고 프랑스에 대항했다. 이 역시 나폴레옹이 오스트리아와 영국을 각각 격퇴하고 각각 뤼네빌 조약과 아미엔 화약을 맺어 해체시켰다.

이렇게 대불동맹에 연달아 승리하자 나폴레옹에 대한 국민적 성원과 신뢰는 하늘을 찔렀다. 그래서 그는 종신 통령으로 추대되었고 더욱 효율적인 국정 운영을 위해 자신이 황제가 되는 것을 묻는 국민투표를 시행하여 압도적인 찬성으로 1804년에 황제가 됐다. 더 위협을 느낀 대불동맹은 그다음 해에 다시 프랑스를 공격했다. 트라팔가르 해전에서는 영국의 넬슨에게 패하였지만, 대륙에서는 그 유명한 아우스터리츠 전투에서 오스트리아와 러시아 연합국을 대파하여 프레스부르크 조약으로 3차

동맹도 해체시켰다.

　나폴레옹은 이 전투에서의 승리로 프랑스만이 아니라 유럽의 황제로 등극하게 됐다. 그래서 독일의 여러 공국을 통폐합하여 라인동맹으로 대체하였고 1806년에 신성로마제국을 완전히 해체하여 자신이 유럽의 유일한 황제로 나서게 됐다. 이에 반발한 프로이센이 프랑스에 선전포고하자 나폴레옹은 예나와 아우어슈테트에서 프로이센을 물리치고 수도인 베를린까지 진격하여 프로이센을 항복시켰다. 이에 위협을 느낀 러시아가 다시 공격하였으나, 그들까지 격파하고 틸지트 조약으로 4차 동맹을 와해시켰다. 프로이센은 멸망 직전이었으나, 이 조약을 통해 막대한 배상금을 지불하고 군비를 제한하는 조치로 살아남을 수 있었다.

나폴레옹의 몰락

이제 남은 나라는 영국이었다. 영국은 섬나라이고 해군력이 막강하고 나폴레옹은 한 번 그들에게 해전으로 패한 적이 있기에 해군력으로 그들을 상대할 수 없었다. 그래서 그는 영국을 봉쇄하는 대륙봉쇄령을 발동하여 모든 유럽이 이에 참여하도록 했다. 나폴레옹은 이제 명실공히 유럽의 황제였다. 그러나 경제적인 이득 앞에서는 이러한 조치가 계속 유지되기 힘들었다. 스페인과 포르투갈이 첫 번으로 이를 위반했다. 그래서 나폴레옹은 1807년 이베리아반도로 들어가 부르봉 왕조를 허물고 자신의 조카를 왕으로 세웠다. 이것이 잠자고 있던 스페인의 민족주의를 깨워 그들의 반란이 끊이지 않았다. 특별히 그들의 산악 지형을 이용한 게릴라 공격은 프랑스가 감당하기 어려웠다. 그래서 결국 프랑스군은 많은 군사를 잃고 1814년 스페인으로부터 철군했다.

그 이후 러시아가 프랑스를 배신하고 영국과 교역을 했다. 자존심이 상한 나폴레옹은 마지막 남은 러시아를 응징하기 위해 러시아를 침공하기로 결정했다. 이미 유럽의 여러 국가가 나폴레옹에 협조적이었기에 그들이 제공한 군대와 함께 61만의 대군을 결성하여 1812년에 러시아 원정을 떠났다. 이것이 나폴레옹의 무리수였고 이로 인해 그는 몰락하기 시작했다. 그는 모스크바까지 진격하였으나 도시는 텅 비었고 불에 타고 있었다. 러시아는 프랑스군을 정면으로 맞설 수 없었기 때문에 모든 군수물자를 없애버리는 청야전술淸野戰術로 맞섰다. 나폴레옹은 그곳에서 러시아의 항복을 기다리다가 혹한을 버틸 수 없어 결국 퇴각하였고 이를 기다리던 러시아가 기습공격을 감행하여 그 많은 대군을 대부분 잃고 말았다.

그 후 영국을 중심으로 6차 대불동맹을 맺어 프랑스로 퇴각하던 나폴레옹 군대를 라이프치히에서 격파하고 파리까지 점령했다. 프랑스와 1814년 퐁텐블로 조약을 맺어 나폴레옹을 퇴위시키고 엘바섬으로 추방했다. 그리고 프랑스에서는 루이 18세가 왕위에 오름으로 부르봉 왕정을 복고시켰다. 나폴레옹은 왕정복고로 어수선한 틈을 타서 1815년 엘바섬을 탈출하여 재집권에 성공했다. 유럽은 7차 대불동맹을 맺어 프랑스와 결전을 워털루에서 벌였으나, 웰링턴의 영국군과 프로이센군에 의해 나폴레옹이 다시 패하고 말았다. 그 후 나폴레옹은 헬레나 섬에 유배되었고 1821년 사망했다. 이로써 프랑스의 나폴레옹 제정시대는 막을 내리게 됐다.

나폴레옹의 의미

프랑스 혁명으로 인한 대격동기에 프랑스와 유럽에 혜성같이 나타난 나폴레옹은 과연 어떤 의미가 있을까? 그의 출현은 여러 가지로 특별한 의미를 지닌다. 이 책은 역사를 인격발달의 측면으로 분석하려고 하기에 그의 현상도 '인간은 무엇인가?'라는 관점에서 살펴보려고 한다.

프랑스 대혁명은 계몽사상과 부르주아가 중심이 되어 과거의 거대한 전통을 허문 대변혁이었다. 그러나 전통적인 권위에 의한 통제가 허물어지니 대혼란이 왔었다. 이는 의식의 통제가 깨어지고 억압된 무의식이 올라오면서 생기는 혼돈과 같았다. 거기에다 당장 풀어야 할 현실적인 문제도 급박했다. 먹고 사는 문제부터 왕정복고를 노리는 대불동맹의 공격은 생존에 아주 급박한 문제였다. 그들의 개혁과 생존이라는 두 마리 토끼를 다 잡아줄 수 있는 대안이 절실하게 필요했다. 이러한 위기에는 능력 있는 영웅의 출현을 고대하기 마련이다.

이에 맞추어 걸출한 인물 나폴레옹이 등장한 것이었다. 바로 그들이 기대하고 찾고 있던 영웅이었다. 그는 어떻게 이 위기의 프랑스를 구원할 수 있었을까? 프랑스는 개혁을 위해서는 공화파가, 생존과 안정을 위해서는 전통을 고집하는 왕당파가 필요했다. 그러나 그들은 결코 하나가 될 수 없었고 서로 싸우면서 프랑스의 국력을 약화시키고 있었다. 이런 모순을 하나로 해결한 사람이 바로 나폴레옹이었다.

그는 군인으로서 공화파에 속하면서 왕당파를 무찔렀다. 그리고 그는 대불 전쟁에서 승리하면서 군부의 지지를 받고 있었다. 그래서 개혁을 하면서도 무력이라는 힘으로 통제와 안정을 가져올 수 있었다. 쿠데타를 통해 그는 단번에 혼란의 정국을 수습하였고, 대혁명의 정신을 담은 나폴레옹 법전을 만들고 개혁을 단행했다. 그리고 대불 전쟁에서도 연승하며 프랑스의 국위를 회복하며 경제적으로도 안정을 이루었다. 그리고 프랑스의 개혁만이 아니라 유럽 전체를 개혁하기 위해 유럽과 전쟁을 벌였다. 유럽은 그의 개혁을 반겼다. 물론 기존의 왕정세력은 반발하였지만, 공화정을 꿈꾸는 시민들은 이를 환영했다.

그러나 개혁을 기대했던 유럽은 나폴레옹에게 실망하기 시작했다. 그가 연 새로운 시대는 그들이 기대한 시민의 나라가 아니라 강력한 나폴레옹 제국이었다. 그의 제국으로 왕정은 허물어졌지만, 황제라는 권위적이고 전체주의적 체제가 새롭게 등장했다. 거기에다 자신들의 전통과 삶이 혼돈에 빠지면서 그들은 허탈하였고, 나폴레옹에 반발하려고 하였지만, 그들의 군대가 강력하다 보니 두고 보는 수밖에 없었다. 결국, 나폴레옹은 과대망상에 빠져 유럽을 헤집고 다니다가 스스로 무너지고 말았다. 그는 어떻게 단번에 유럽을 정복할 수 있었고 어떻게 패망하게 되었을까? 물론 이에 대한 외적인 분석은 이미 충분히 되어있기에 여기서 다시 반복할 필요는 없을 것이다.

이 책에서는 앞서 말한 대로 나폴레옹을 인간적 측면에서 분석해보려고 한다. 나폴레옹은 대혁명 이후의 프랑스의 문제를 가장 효과적으로 완벽하게 해결해주는 그러한 영웅이었다. 그러나 잠깐 해결되는 것 같앉으나 다시 그들은 혼돈에 빠지게 됐다. 결국, 나폴레옹도 한 인간이었다. 그도 억압된 한 인간이었고 억압된 프랑스의 모습이었다.

프랑스 대혁명을 통해 드러난 그들의 모습은 바로 유럽 문명이 찾아가는 인간의 모습이었다. 그리고 나폴레옹은 앞서 인간을 찾아가는 프랑스의 전형적인 모습이었다. 그의 위대함은 인간의 위대함이었고 그의 병은 인간의 병이었다. 그리고 그의 몰락은 몰락하는 인간의 모습이었다. 그는 앞으로 시작될 인간의 본* 역사를 미리 보여주는 예고편 같았다. 그렇다면 그를 통해 어떤 모습의 인간을 볼 수 있었을까?

로마인을 따라가는 유럽인

앞으로 드러날 인간의 모습은 이미 로마인에게서 대부분 나타났었다. 로마인은 원래 이탈리아 본토인이 아니었다. 그들은 트로이 난민으로 로마에 이주한 사람이었다. 그런데 그들은 본토인과 잘 융합하여 오히려 그들이 주인이 되었고 그들과 함께 지중해를 정복하고 대제국을 이루었다. 앞서 그들이 이렇게 급성장할 수 있었던 것은 현실적인 합리성과 개방성 때문이라고 했다. 그들은 처음에는 공화정으로 출발하였으나 대제국을 효율적으로 경영하고 발전시키기 위해서 황제가 필요하다고 생각하여 시저와 옥타비아누스 때부터 제정으로 바뀌었다.

그리고 그들은 황제의 위대한 로마제국을 건설했다. 그 이후 로마와 황제는 사라졌지만, 로마는 늘 유럽의 이상과 환상이었다. 그들도 로마제국과 같은 화려한 제국과 문화를 누리기를 원하였고 난세의 영웅들은 시저와 옥타비아누스와 같은 황제가 되고 싶었다. 그래서 대제국을 세웠던 프랑크 왕국의 클로비스Clovis(446~511)가 그랬고 그 후 카롤링거 왕조의 샤를마뉴Charlemagne(747년~814)도 그러했다. 그리고 신성로마제국도 로마제국의 영광을 재현하고 싶어 이름도 그렇게 붙이고 오토 1세Otto I(912~973)가 황제로 등극했다. 그러나 신성로마제국은 이름만 그러했지 내용으로는 유럽을 지배하지 못하다가, 합스부르크의 카를 5세와 펠리페 2세에 와서는 실질적으로 유럽을 지배하는 황제로 군림하였다. 그들은 황제만으로 만족하지 못하고 교황까지 더하여 모든 권위와 명예를 자기 손에 넣으려고 했다.

그 이후 프랑스에서는 프랑수아 1세와 루이 14세가 그러한 꿈을 실현해보려고 했다. 그 이후 나폴레옹이 나타났었다. 그는 원래 이탈리아 영토였던 코르시카섬에서 태어나서 자랐다. 그리고 그는 로마제국의 역사와 황제들에 대한 환상이 있었고 그러한 고전을 많이 읽었다. 그는 프랑스 본토 사람이 아니고 원래 로마인처럼 작은 변방인 코르시카 출신이었다. 프랑스에 가장 쉽게 녹아들 수 있는 길이 군인이 되는 것이라 생각하여 사관학교에 입학하였고, 당시 그들이 쉽게 가지 않는 포병 장교가 됐다. 그리고 그는 포병이 앞으로의 전쟁에 핵심 화력이 될 것이라는 것을 미리 알았기에 이를 선택한 것이었다.

그는 그 예상대로 대포로 출세할 수 있었고 연전연승했다. 그래서 그는 아무런 배경이 없었지만, 대포와 그의 정치력만으로 아주 빠르게 승진했다. 프랑스와 유럽의 역사상 이처럼 밑바닥에서 가장 높은 위치에 단번에 오른 자는 나폴레옹이 전후후무할 것이다. 정상적인 시대였다면 불가능한 일이지만, 당시 급변하는 혼란기였기에 가능했던 일이었다. 그는 여러 면에서 새로운 개혁을 단행하여 앞으로 올 미래 사회와 국가의 기초를 마련했다. 그래서 그는 단순히 정치적인 야망만을 쫓다가 허망하게 몰락한 사람으로 끝나지 않고 정치, 법, 경제, 사회, 군사와 전쟁 등에서 새로운 시대를 연 위대한 사람으로 기억되고 있다.

신분 상승의 표상이 된 나폴레옹

변방에 있던 무명 장교가 개인적인 노력과 능력만으로 단번에 프랑스의 영웅이 될 수 있다는 것은 기적에 가까운 일이다. 그는 아무런 배경이 없었다. 그러나 기존의 세력과 가치관이 허물어지는 혁명의 시대였기 때문에 가능한 일이었다. 그가 귀족 출신이었다면 이러한 출세는 불가능하였을 것이다. 변방에서 자란 사람이기에 새롭게 볼 수 있었고 오히려 선택될 수 있는 장점이 될 수 있었다. 그래서 그는 자신의 약점을 강점으로 바꾼 사람이었다.

전통적인 권위와 세력이 허물어질 때 인간 속에 잠들어 있던 욕망이 깨어난다. 과거 조선 시대에 양반과 상놈의 신분이 확고할 때는 상놈은 아무리 노력해도 그 신분에서 벗어날 수 없었다. 그러나 조선이 망하고 신분제가 허물어지니 누구든지 노력만하면 신분이 상승될 수 있었다. 그래서 너도나도 열심히 공부하고 돈을 벌어 출세하려고 했다. 그동안 억압되어 있던 신분 상승에 대한 욕구가 깨어나 과거보다 더 열심히 살게 됐다. 나폴레옹도 그러한 사람 중에 하나였다. 물론 그러한 사람들이 수없이 많았을 것이다. 그런데 그는 어떻게 그렇게 신분 상승을 단번에 이룰 수 있었을까?

나폴레옹이 그가 가진 문제에도 불구하고 여전히 숭상을 받는 것은 그는 개인의 능력만으로 단숨에 최고도의 신분 상승을 이루었다는 것이다. 혁명 이후 신분제가 타파되고 누구에게나 신분 상승 기회가 주어졌지만, 실제 이것이 어떻게 가능할지를 잘 모르는 때에, 그가 혜성같이 나타나 이것이 가능하다는 것을 보여준 사람이었다. 그래서 이 길이 누구든 가능할 수 있다는 것을 열어주었다. 신분 상승은 모든 사람의 꿈이기에 그가 잘못한 것이나, 몰락한 것은 크게 문제 되지 않았다. 그가 그렇게 단신으로 성공한 것만으로 근대와 현대인의 숭상을 받을 만했다. 이는 시골의 이름 없는 소년들이 단숨에 세계적인 스타가 된 방탄 소년과 유사하였다. 전 세계 청소년들이 방탄 소년에 열광하듯 당시 많은 사람이 나폴레옹에 열광했다.

나폴레옹이나 방탄 소년에게 운이 따른 것은 사실이지만, 운만 따른다고 될 수 있는 일은 아니었다. 개인의 능력을 개발하고 엄청난 노력을 하였기 때문이었다. 과거에는 아무리 노력하고 능력이 뛰어나도 신분 상승의 기회가 쉽게 주어지지 않았는데, 프랑스 대혁명 이후에는 자신만 능력을 개발하고 노력하면 신분 상승이 가능하다는 것을 그가 보여준 것이었다.

그렇다면 나폴레옹이 개발한 개인의 능력이란 어떤 것일까? 그 능력의 기초는 합리적인 지성과 정치개혁을 이룰 수 있는 이성이었다. 그리고 이를 현실에서 이루기 위해서는 개방성과 정치적인 수완이 필요했다. 이러한 능력으로 나폴레옹은 신분 상승을 이룬 것이었다. 이러한 능력은 이미 로마가 개발하였던 것과 같은 것이다. 거기에다 현실을 잘 파악하여 효과적으로 적응해가는 프랑스인 고유의 지혜가 있었다. 이를 여우 같은 지혜라고 말할 수 있을 것이다.

이처럼 그는 모두가 바라는 이상과 환상을 이루었기 때문에 영웅이 될 수 있었다. 그래서 그는 마치 요즈음으로 치면 운동선수나 연예인처럼 사람들의 인기를 누릴 수 있었다. 그리고 새로운 개혁과 정치적인 안정 그리고 전쟁을 통해 얻은 국위 선양과 경제적 이득으로 사람들이 그를 좋아하지 않을 수 없었다.

자신을 잃어버린 나폴레옹

그래서 그는 모든 것을 다 얻었고 이룰 수 있었다. 그러나 그의 욕망은 멈추어지지 않았다. 그는 프랑스의 황제가 되었고 그 이후 유럽을 호령하는 로마 황제가 됐다. 그래서 그는 꿈꾸던 모든 것을 이루었다. 그는 로마 황제가 되어 시민이 주체가 되는 새로운 유럽 제국을 건설하고자 했다. 그러나 그는 모순에 빠졌다. 이를 효율적으로 이루기 위해서는 그는 더욱 강력하고 절대적 군주가 되어야 했다. 개혁을 이루기 위해 자신은 반개혁적으로 되어야 했다. 이는 마치 로베스피에르가 프랑스의 개혁을 위해 공포정치를 한 것과 다름없었다. 다른 대상은 개혁하려고 하였지만, 자신은 개혁의 대상이 아닌 절대 권력이 된 것이었다. 요즘 말로 하면 내로남불이었다. 이것이 인간의 모습이었다. 시작은 개혁이고 평등이지만, 그 속에 욕망과 두려움이 강하게 일어나면 이런 모순을 통해 자신을 방어하고 합리화하는 병리가 일어나는 것이었다.

나폴레옹은 유럽의 황제가 된 이후로는 자신의 병리와 망상에 빠져 현실을 제대로 인식할 수 없었다. 그래서 자신의 영원하고 견고한 제국을 자신의 때에 완성하고 싶어 무리수를 두었다. 그것이 영국에 대한 해상봉쇄였다. 그는 황제로서 모든 것을 완벽하게 통제하고 완성하고 싶었다. 그래서 영국을 완전히 봉쇄하고 유럽을 완벽하게 통제하려고 했다. 그러나 유럽의 변방인 스페인과 포르투갈 그리고 러시아는 몰래 영국과 교역을 했다. 나폴레옹은 자신의 자존심에 이를 수용할 수가 없어 대군을 이끌고 두 변방을 징벌하려고 하다가 결국 붕괴하고 말았다.

나폴레옹은 코르시카라는 작은 변방 출신이었다. 그는 짧은 시간에 작은 변방에서 유럽의 중심으로 들어가 황제가 되는 기적을 이루었다. 그것도 뒤 배경도 없이 오직 단신으로 뛰어들어 놀라운 일을 이룬 것이었다. 유럽 역사에 단번에 이처럼 위대한 일을 이룬 사람은 없었다. 그 어떠한 로마 황제도 이루지 못한 것을 그는 이루었다. 그러나 그는 자신이 누구였는지를 잃어버렸다. 그리고 그는 날 때부터 황제인 것처럼 자신의 욕망에 빠져 있었다. 자신이 누구였는지를 잃어버리면 끝없는 욕망에 시달릴 수밖에 없었다.

자신이 변방의 무명 청년이었던 것을 기억한다면 자신이 이룬 것을 늘 자족하고 감사하며 누릴 수 있었을 것이다. 한없는 욕망의 사슬에서 벗어날 수 있었을 것이다. 그리고 변방의 어려운 사람들을 이해하고 수용할 수 있었을 것이다. 완벽한 통제보다 수용과 자비를 베푸는 정치를 할 수 있었을 것이다. 과거 로마제국이 멸망할 때 변방인 게르만을 심하게 탄압하다가 역으로 그들에 의해 멸망했다. 원래 로마 정신은 현실의 합리성과 개방성이었다. 그런데 이를 잊어버리고 변방의 소수자를 박해한 것이었다. 그들이 참다가 반발하기 시작한 것이 로마 멸망의 시작이었다.

이는 문명의 흥망성쇠의 아주 중요한 원리이다. 나폴레옹도 자신을 잃어버리고 변방의 소수자를 수용하지 못하고 공격하다가 역으로 그들에 의해 허물어진 것이었다. 자기를 기억하고 되돌아보는 것이 중요한데, 자신을 보지 않고 환상과 망상으로 도망간다면 결국 허물어질 수밖에 없었다. 이것이 인간의 모습이고 병리이다. 우리는 이를 프랑스의 역사를 통해 계속 보아왔다.

제 11 장

대혁명 이후의
근대 프랑스

왕정복고

1814년 퐁텐블로 조약으로 나폴레옹 시대는 막을 내렸다. 그 후 프랑스 대혁명과 나폴레옹 이후 혼돈 가운데 있었던 유럽을 다시 구체제로 전환하기 위해 빈에서 국제회의가 열렸다. 오스트리아 왕이 임명한 메테르니히 수상이 이 회의를 주재하였는데, 회의의 주제는 유럽을 다시 과거의 전통과 왕정으로 복고하는 것이었다. 이를 빈체제라 했다. 이로 인해 프랑스는 과거 부르봉 왕가를 다시 회복하여 루이 18세^{Louis XVIII(1755~1824)}가 왕위에 올랐다. 그러나 프랑스는 이미 시민혁명의 영향이 확산되어 절대왕정으로 돌아가는 것이 불가능하였기에, 대신 입헌적 왕정체제로 타협점을 찾았다. 그래서 입헌 내각이 선거로 선출되었는데, 선거권은 아주 제한적이어서 인구 3천만 명 중 부유한 부르주아 9만

명에게만 주어졌고 피선거권은 그중 1만 6천 명에게만 주어졌다.

빈체제에 대한 논의는 1815년에 끝났고 그 이후 유럽은 질서와 안정을 추구하는 구체제로 전환되는 것 같았지만, 프랑스 혁명과 나폴레옹으로 인해 깨어난 유럽이 그렇게 쉽게 잠재워질 수 없었다. 구체제를 흔드는 신호가 된 것은 그리스의 독립전쟁이었다. 그리스 독립전쟁은 그리스인들의 민족주의와 자유주의에서 시작된 것이지만, 유럽이 그리스 독립전쟁을 도왔기 때문에 구체제의 갈등이 시작된 것이었다. 과거 거대했던 오스만 투르크가 힘을 잃어가자 그들의 영토에 욕심을 내고 있던 영국, 프랑스와 러시아가 그리스 독립을 지원하면서 구체제의 균형이 깨어지기 시작했다. 그러나 구체제 중에서 오스트리아와 프로이센은 그리스 독립을 반대했기에 그들은 균열된 것이었다. 1821년 시작된 그리스 독립전쟁은 1829년에 그리스가 독립에 성공함으로 끝나게 됐다.

7월 혁명과 2월 혁명

빈체제가 느슨해진 틈을 타 1830년 프랑스에서 다시 혁명이 일어났다. 루이 18세는 입헌내각과 시민들에게 협력했지만, 그다음 왕인 샤를 10세 Charles X(1757~1836)는 과거 절대왕정으로 복귀하려고 했다. 그래서 의회를 탄압하고 언론과 출판의 자유를 억압했다. 그리고 과거 귀족이 상실한 재산을 보상해주기 위해 국채 이자를 낮추었다. 대부분의 국채를 소유한 부르주아들이 반발하였고 거기에다 경제 불황과 곡가 폭등까지 일어나자 파업과 폭동이 일어났다. 샤를 10세는 총선거에서 반정부세력이 승리할 때마다 의회를 해산하고 언론을 심하게 탄압했다. 이에 반발한 시민들이 바리케이드를 치고 군대와 충돌하면서 7월 혁명이 시작됐다. 일부 군대까지 혁명에 가담하면서 왕이 있던 루브르궁까지 점령당하게 되면서 샤를 10세는 영국으로 망명하고 말았다.

7월 혁명으로 부르봉 왕조는 끝나고 오를레앙가의 루이 필리프Louis-Philippe(1773~1850)가 왕으로 추대되어 새로운 입헌군주제가 시작됐다. 그러나 과거 전제적 형태의 입헌군주제가 아닌 부르주아 시민이 주도하는 자유주의 입헌군주제였다. 7월 혁명의 가장 핵심적 불만은 제한된 선거권이었는데, 그 후 선거법이 개정됐다. 개정된 선거법으로 30세 이상 300프랑 이상 남성 납세자에서 25세 이상 250프랑 이상의 남성 납세자로 선거권이 확대됐다. 이로써 선거권자가 9만에서 20만 명으로 늘어났지만, 여전히 부유한 부르주아들만 정치에 참여할 수 있었다. 프랑스의 7월 혁명은 프랑스만으로 끝나지 않았다. 옆의 벨기에가 자극을 받아 네덜란드로부터 독립했다. 폴란드, 이탈리아와 독일 등에서도 자유주의 운동이 일어났지만, 성공하지는 못했다.

7월 혁명은 빈체제의 왕정복귀를 타파하는 신호탄이 된 것은 사실이나, 내용으로는 크게 달라진 것은 없었다. 왕정이 계속되었고 과거는 왕이 주도한 입헌군주라면 이제는 부르주아가 주도하는 것 외에는 크게 달라진 것이 없었다. 부르주아도 정권을 잡게 되니 과거 왕정과 크게 다를 것이 없었다. 자신들을 보존하고 새로운 개혁을 거부하는 것이 과거 왕정과 비슷했다. 선거권이 과거보다 조금 늘었지만 전 인구의 0.7 퍼센트에 불과했다. 산업혁명으로 노동자들이 늘어나고 여러 노동문제가 발생하고 있었지만, 정부는 그들을 탄압하는 정책으로 일관했다. 그리고 결사의 자유도 제한되고 반정부 활동을 심하게 탄압했다. 거기에다 경제 불황과 흉작으로 인해 노동자들을 포함한 국민의 고통이 극심했다. 한편으로 선거권 확대를 위해 시도가 계속되었으나 번번이 실패로 끝나고 말았다.

1848년 2월에 드디어 선거법 개정을 위한 시위가 일어났고 이를 무력으로 막으려는 군대와 충돌하면서 시위대와 시가전이 벌어졌다. 시위대가 파리를 장악하게 되자 루이 필리프 왕은 영국으로 망명하였고 대신 라마르틴을 수반으로 하는 공화정 임시정부가 들어섰다. 이를 2월 혁명이라 했다. 이 혁명의 주체는 노동자와 사회주의자들이었다. 그러나 그들은 과거 혁명에 대한 학습효과 때문인지 무질서한 방향으로 가지 않고 온건한 공화주의자들이 주도하여 1848년 제2공화국을 출범시켰다.

2월 혁명은 과거의 프랑스 여러 혁명과 다른 점들이 많다. 물론 과거 혁명도 일반 시민이 참여하였지만, 주체가 부르주아와 부유한 농민이었다. 그리고 부르주아 안에서도 진보와 보수가 있어 좌와 우익이라는 개념이 생겼지만, 전체적으로는 소수의 상류층이 주도하는 혁명이었다. 이는 경제력이 있는 극소수만 참여하는 선거권과 피선거권에서 잘 나타났다. 그러나 2월 혁명부터는 노동자라는 새로운 계급이 혁명에 참여하였다. 이번에는 노동자들이 좌파가 되고 기존의 부르주아나 토지를 소유한 농민들이 우파가 됐다. 4월에 국민의회 구성을 위한 총선이 있었는데, 우파인 온건파가 압승했다. 그들은 곧장 반사회주의적 정책을 실시하며 사회주의자를 탄압했다. 이에 대해 노동자들이 6월에 폭등을 일으켰으나 곧 진압됐다. 이때 희생된 사람이 1만 명 이상이었고 체포된 사람도 1만 명 이상이었다. 계엄령이 선포된 가운데, 3권을 분립하였지만, 대통령 권한을 강화하는 새로운 부르주아 헌법이 제정됐다.

나폴레옹 3세의 제정

그리고 12월 선거를 통해 나폴레옹의 조카인 루이 나폴레옹Charles Louis Napoleon Bonaparte(1808~1873)(나중에 나폴레옹 3세가 됨)이 대통령으로 선출됐다. 나폴레옹의 흔적이 완전히 지워지지 않고 다시 프랑스에 그의 후손이 등장한 것은 우연한 일로 넘길 수만은 없을 것이다. 질서 가운데 개혁을 원하는 그들의 마음이 나폴레옹을 그리워하게 하였고 그의 후광을 입은 루이 나폴레옹이 압도적 지지를 받아 당선될 수 있었다. 프랑스의 2월 혁명은 프랑스만으로 끝나지 않고 유럽 전체로 파급되어 빈체제가 흔들리는 결과를 낳았다. 독일, 오스트리아, 영국 등에서도 민중들의 혁명과 시위가 있었지만, 프랑스만큼 성공하지는 못했다.

　루이 나폴레옹도 결국 나폴레옹의 길을 따라갔다. 효과적으로 개혁을 추진하기 위해서는 자신이 황제가 되어야 한다고 생각하여 스스로 쿠데타를 일으켜 의회를 해산하고 제2 공화국에서 제2 제정으로 바꾸어 1852년에 자신이 나폴레옹 3세가 됐다. 반대파들을 무력으로 진압하고 체포했다. 그중에 빅토르 위고Victor-Marie Hugo(1802~1885)도 포함되어 있었다. 그는 6월 봉기를 소재로 하여 〈레미제라블〉을 쓰고 루이 나폴레옹을 반대하는 집필 활동을 하다가 국외로 추방됐다.

무력으로 독재를 하였지만, 그의 재위 기간에 프랑스가 경제적으로 발전할 수 있었고 나폴레옹에 대한 향수 덕분에 그는 나폴레옹보다 두 배에 가까운 기간인 거의 20년 동안 프랑스를 지배하였다. 그의 제정이 막을 내린 것은 국내정치 때문이라기보다는 프로이센의 비스마르크 Bismarck(1815~1898) 재상의 계략에 말려 프로이센과 전쟁을 했기 때문이었다. 프로이센은 유럽에서 가장 후발주자였지만 착실하게 무력과 경제력을 키워갔다. 과거 30년 전쟁과 나폴레옹의 베를린 정복을 통한 뼈아픈 기억이 있었기에 그들은 절대왕권을 통해 국력을 착실하게 키워 유럽의 신흥강국으로 떠오르고 있었다.

그 후 그들은 자신들을 과거에 괴롭혔던 오스트리아와 전쟁을 벌였고 그다음은 나폴레옹의 나라 프랑스와 전쟁을 했다. 마침 그의 후손인 나폴레옹 3세가 지배하고 있었기에 그를 전쟁으로 끌어들여 무참하게 패배시켰다. 그리고 파리와 베르사유 궁궐까지 들어가 그곳에서 독일 황제의 대관식을 거행했다. 그리고 1871년 프랑크푸르트 조약을 맺어 알자스와 로렌지방을 독일 영토로 편입시키고 50억 프랑의 배상금을 지불하도록 했다. 그들은 이렇게 과거의 굴욕을 통쾌하게 앙갚음한 것이었다.

파리 코뮌과 제3 공화국

프랑스로서는 치욕적인 사건이었지만, 한편으로는 시민들은 패전을 반기기도 했다. 이를 통해 나폴레옹 3세의 제정이 막을 내릴 수 있었기 때문이었다. 그 이후 제3 공화국(1870~1940)이 수립되어 새로운 의회가 출범했다. 그런데 이 의회는 대부분 왕당파와 부르주아 공화파들이 차지하였고 사회주의와 급진파는 아주 소수만 선출됐다. 프로이센과의 휴전을 반대하고 의회에 대해 반발하는 노동자와 영세 수공업자들이 봉기하여 그들의 혁명정부를 세웠다. 이를 파리 코뮌이라고 했다. 역사적으로 노동자들이 세운 최초의 정부로서의 의미는 있었지만, 준비가 덜 되었고 그 안에 여러 종류의 사람들이 모여 통일되지 못하는 바람에 이 정부는 72일 만에 정부군에 의해 무너지고 말았다.

이때 정부군과 파리 코뮌과의 전투는 일주일간 파리에서 진행되었는데, '피의 일 주간'으로 얘기할 만큼 아주 처참한 시가전이었다. 이때 파리는 화재, 무차별 보복성 살해 등으로 시체로 가득한 아수라장이 됐다. 쌍방이 서로에게 저지른 야만성과 잔혹성은 상상하기 어려울 정도였다. 이성과 지성으로 어둠을 밝히기 위해 시작된 혁명이 어떻게 이런 잔혹한 야만성으로 발전되었는지 인간에 대한 회의가 들지 않을 수 없었다. 이 기간에 2만 5천 명이 총살을 당하였고 유형流刑과 투옥당한 자도 1만 명이 넘었다.

제3 공화국은 70년간 지속됐다. 초기에는 파리 코뮌으로 큰 혼란을 겪었으나 그 후 이를 진압한 왕당파가 정권을 잡으면서 안정을 찾았다. 그러나 프랑스는 왕당파가 계속해서 지배하기에는 이미 인격적으로 성장해버렸기에 선거에서 곧 공화파가 정권을 잡았다. 그 이후부터는 공화파가 계속 집권했다. 물론 공화파 안에서도 여러 성향으로 나누어져, 개혁의 방향과 속도를 놓고 충돌하였지만, 공화주의만은 단결하여 지켜나갔다. 정치적으로 늘 혼란스러웠지만, 사회적으로는 '벨 에포크'라는 프랑스 최고의 번영기를 누렸다. 그리고 프랑스와 파리는 유럽 문명의 중심이 됐다. 이 시기에 발달한 예술과 사회문화에 대해서는 다시 자세히 언급할 것이다.

많은 개혁이 시행되었으나 그중에 정교분리와 의무, 무상 교육이 가장 돋보였다. 가톨릭이 주로 맡아왔던 교육을 정부가 직접 맡아 초등교육을 무상으로 실시했다. 이로써 교육이 더 이상 특권층의 전유물이 아니고 모든 국민이 평등하게 받을 수 있게 됐다. 그리고 공교육을 통해 시민교육, 시민의 책임과 의무, 애국 사상 등을 보급했다. 이를 바탕으로 그들은 프랑스의 민족주의가 강화되었고 대외적으로는 제국주의로서 식민지 확장을 꾀했다.

프랑스가 이렇게 확장되어갔지만, 그들에게는 지울 수 없는 트라우마가 있었다. 그것은 프로이센의 침략으로 인한 치욕적인 굴욕감이었다. 그리고 프로이센은 여전히 발전하고 있었고 군대를 강화하고 있었다. 그래서 프랑스는 늘 프로이센이 다시 그들은 침략할지 모른다는 불안감에 있었다. 이런 불안감이 있을 때는 강력한 우파의 정권이 득세할 기회이기도 했다. 이를 이용하여 우파의 음모가 있었는데 그것이 곧 블랑제 사건이었다. 조르주 브랑제 Georges Boulanger(1837~1891)는 원래 알제리 식민지 반란과 파리 코뮌을 진압한 군인으로서 대표적 우익인사였다. 그러나 그가 정치에 관심을 가지면서 친구인 급진파 정치인인 클레망소 Georges Clemenceau(1841~1929)의 도움으로 공화주의자로 변신하면서 육군 대신에 취임했다.

프랑스 사람들은 나폴레옹에 대한 좋은 기억이 있었다. 프랑스는 늘 개혁의 딜레마에 빠져 있었다. 그들은 개혁을 원했지만, 개혁은 늘 보수주의자들과 충돌하면서 혼돈과 무질서를 가져왔다. 그래서 그들은 안정 가운데 개혁을 할 수 있는 나폴레옹과 같은 강력한 지도자를 그리워하고 있었다. 블랑제는 군대 대신이면서도 공화주의의 개혁을 시행하였기에 국민은 그를 전폭적으로 지지했다. 그리고 대외적으로도 자신들을 위협하는 프로이센에 대해서도 강경책을 펼쳐 비스마르크의 양보를 받아내기도 했다.

그리고 그는 공화주의자였지만, 강한 의회로 인해 정국이 불안하다고 생각하여 의회의 권한을 축소하려는 극우파와 손을 잡았다. 더 큰 정치적 변화를 이루기 위해서는 나폴레옹처럼 쿠데타를 일으켜야만 했다. 그러나 그는 소심하였는지 합법적인 정권창출을 통해 이를 추진하려다가 반대파의 반격으로 위기를 맞았다. 그가 체포될 위기에 빠지게 되자, 국외로 피신하였고 결국 그는 외국에서 자살하고 말았다. 국민은 그의 연약함에 실망하였고 그 이후로는 나폴레옹과 같은 난세의 영웅은 다시 나오지 못했다.

70년간의 공화정을 지나면서 많은 갈등과 혼란이 있었지만, 초기에는 주로 왕당파와 공화주의와의 갈등에서 나왔다. 그러나 불랑제 사건 이후부터는 왕당파와 보수파의 기세가 꺾이고 온건한 공화주의가 정권을 잡았다. 온건 공화주의는 공화주의를 지향하지만, 중산층과 보수적인 공화주의자들이 주도하면서 다소 권위적이었고 질서와 통제를 중시했다. 그리고 군대의 지지를 받고 있었다. 그러다가 정국이 급진적인 공화주의자들에게 넘어가게 됐다. 그 계기가 된 사건이 바로 유명한 드레퓌스 사건(1898)이었다.

드레퓌스Alfred Dreyfus(1859~1935)는 유대인 프랑스 장교였는데 억울하게 스파이 죄목으로 종신형을 받고 공개적으로 모욕을 받았다. 그러나 사실은 다른 스파이가 했다는 증거가 나왔으나, 군대의 권위를 유지하기 위해 이를 묵살했다. 당시 유명한 소설가인 에밀 졸라Emile Zola(1840~1902)가 그 부당성을 고발하는 〈나는 고발한다〉는 글을 언론에 발표하였고, 지식인들과 클레망소와 같은 급진적 공화주의자들이 이를 지지했다. 이러한 저항으로 인해 드레퓌스는 석방되었지만, 당시에는 완전히 무죄선고는 받지 못하다가 100년 후에 군부가 공식적으로 그의 무죄를 인정했다. 이를 계기로 보수적 공화주의자들이 물러나고 급진적 공화주의자들이 정권을 주도했다.

1차 세계대전과 대공황

당시에는 누가 정권을 잡든 프로이센과의 전쟁 이후 형성된 민족주의와 식민지 확장을 위한 제국주의를 거부할 수 없었기에 강력한 군대를 유지해야만 했다. 사회주의자들은 이러한 비용을 인민과 노동자들의 복지에 투자해야 한다고 주장했다. 이를 주장한 대표적인 사람이 장 조레스Jean Jaures(1859~1914)였는데, 결국 그는 민족주의자에 의해 사살당하고 말았다. 그리고 곧장 1차 대전이 터졌다. 독일이 전쟁 준비를 많이 하여 프랑스를 침공하였으나, 프랑스도 전쟁 준비를 게을리하지 않은 탓에

밀리지 않고 선방을 했다. 그러나 전쟁이 장기화되면서 과거와 달리 양측의 희생이 급증했다.

프랑스의 희생자는 140만 명이었고 독일의 희생자는 200만 명이었다. 특별히 프랑스와 독일의 전쟁을 참호에서 서로 일진일퇴하며 죽이고 죽는 지옥과 같은 전쟁이었다. 참호 전쟁으로 희생자들이 급격하게 늘어났다. 프랑스는 1914년에 20세가 된 프랑스 청년들의 반 이상이 전쟁에 희생되어 국민적인 충격이 너무도 컸었다. 처음 참전 시에는 정치 성향을 떠나 민족주의로 단결하여 전쟁에 임하였으나 희생이 극심하게 늘어나자, 전쟁에 대한 회의가 일어나기 시작했고 실제로 군대에서도 무모한 공격에 대한 항명반란이 일어나기도 했다.

그러나 시작된 전쟁에서 패할 수 없기에 급진적 공화주의자였던 클레망스가 고령임에도 불구하고 프랑스 총리가 되어 타협하지 않고 끝까지 싸워 승리했다. 그 결과 1차 대전의 승전국이 됐다. 프랑스는 과거 보불전쟁의 치욕을 설욕하기 위해 1차 대전의 패전조약을 같은 베르사유궁의 거울의 방에서 행하였다. 그러나 승전국인 영국, 프랑스, 미국이 독일의 패전조약에 관한 입장이 각각 달랐다. 희생이 가장 많았던 프랑스가 독일에 대해 가장 가혹하게 배상을 요구했다. 다시는 전쟁을 일으키지 못할 정도로 독일을 해체시키려 했다.

이렇게 독일을 궁지로 몰아넣으려는 시도가 독일을 해체시키기는커녕 오히려 그들을 민족주의로 뭉치게 했다. 그 중심에 바로 히틀러Adolf Hitler(1889~1945)가 있었다. 그리고 독일이 군사적으로 일어서지 못하게 하는 많은 요구가 있었지만, 실제로는 독일의 전쟁을 막을 수 있는 견제

장치가 부실했다. 이로 인해 결국 2차 세계대전이 발발하고 말았다.

1차 대전이 끝나고 1929년 대공황이 오기 전까지 1920년대의 10년은 프랑스가 그동안 억압되었던 것들이 한꺼번에 터지는 대폭발이 왔었다. 19세기 말 프랑스는 세계의 예술, 문화와 학문을 주도하는 부흥기를 맞고 있었지만, 정치적인 불안정과 1차 대전으로 인해 이를 더 이상 꽃피우지 못했다. 전쟁에서 살아남은 자들이 그 기쁨과 함께 그동안 억압되었던 감정과 해방감을 맘껏 폭발시켰다. 자유로운 창조적 예술과 개인주의가 발전하였고 대중이 감각적인 유흥에 열광하는 등 이러한 10년을 '광란의 해'라고 했다.

그러나 미국에서 시작된 대공황이 유럽까지 덮치는 바람에 풍요로운 광란이 막을 내리고 경제와 정치가 다시 힘들어졌다. 프랑스와 같이 감정적으로 자유롭고 들떠 있는 경우 경제가 어려워지면, 정상적인 수입보다 비정상적으로 수익을 올려보려는 유혹이 있게 된다. 그래서 이러한 심리를 이용하여 소위 정크 본드junk bond같은 위험한 고수익 채권이 등장했다. 이러한 채권을 공공기관이나 정관계 유명 인사들이 매입하고 보증하면 그 위험도가 감소할 수 있기에 이를 이용한 정크 본드가 대대적으로 판매됐다. 그런데 이것이 결국 금융사기로 이어져 1934년 엄청난 사회적 파장을 불러일으켰다. 이를 스타비스키 사기 사건이라 했다. 이 사기 사건은 단순 사기 사건으로 끝나지 않고 정치권이 깊이 연루되었기에 정권을 잡고 있던 급진당 정치인들도 물러났다.

급진당의 부패를 통해 다시 정권을 잡아보려는 우익정당과 인사들이 1934년에 반정부 시위와 폭동을 일으켰다. 이에 대해 파리 경찰들이 강경 진압을 하여 유혈사태로까지 발전했다. 그래서 30여 명이 사망하고 2천 명이 넘는 부상자가 발생하여 제3 공화국에서 가장 많은 사상자가 발생하는 유혈사태가 됐다. 그러나 우익단체가 적극적으로 저항하지 못해 정권을 전복시키는 데 실패하였고, 오히려 이를 통해 좌파연합인 '인민전선'으로 정권이 넘어가게 됐다. 그 이후 사회주의와 공산당의 좌파연합이 정권을 잡았다. 이 정권은 제3 공화국이 끝을 맺는 2차 대전까지 계속됐다.

좌익정권의 프랑스

프랑스는 프랑스 대혁명 이후 어떠한 방향으로 가야 할지 아무도 알 수 없었다. 마치 어디로 갈지 모르고 망망대해를 항해하는 배와 같았다. 처음에는 우익과 좌익이 왔다 갔다 하다가 다시 나폴레옹의 제정과 왕정으로 되돌아갔다. 그 후 공화정과 제정이 왔다 갔다 했다. 그러다가 제3 공화정이 되었는데, 그중에 제3 공화정이 비교적 안정적이었다. 제3 공화정도 70년을 지속하는 동안 처음에는 보수 성향을 보이다가 점차 중도에서 좌편향으로 가다가 마지막에는 극좌 정권이 집권했다.

프랑스는 오랫동안 왕정과 강력한 중앙집권 가운데 있었기 때문에 보수와 우익에는 익숙하지만, 좌익의 경험은 많지 않았다. 그래서 좌익 정부는 늘 이상은 좋았지만, 실제 행정과 정치에서는 그렇게 좋은 결과를 내지 못했다. 그리고 우익단체들이 좌익을 두려워하여 저항이 심했고 좌익 안에서도 서로 주장이 달라 잘 단합하지 못했다. 그래서 혁명의 주체로서 정권을 뒤집는 데는 큰 역할을 하였지만, 행정과 정치의 주체로서는 신뢰를 줄 만큼 안정적이지 못했다. 그러나 이제 프랑스도 혁명을 한 지 150년이나 흘렀고 그동안 수많은 시행착오를 거듭하면서 성숙하였기에 이제는 성공적인 좌익정부가 될 수 있을 것으로 기대됐다. 그리고 그동안의 혁명세력이 늘 부르주아가 중심이 되었지만, 좌익정부를 통해 처음으로 부르주아를 벗어난 새로운 정치를 기대해볼 수 있었다.

그렇다면 그들의 성적표는 어떠했을까? 그들은 처음에는 이상적인 개혁을 단행했다. 당시 아직 투표권도 없던 여성을 장관으로 3명이나 입각시키고 노동자의 근로조건과 삶을 향상시키는 여러 조치를 시행했다. 특히 노동자에게 의무적으로 연 2주의 유급휴가를 주어 부유한 부르주아들만 즐기던 바캉스를 노동자와 일반 시민들도 즐길 수 있게 했다. 그래서 바캉스 붐이 전국적으로 불어, 과거 귀족들만 누리던 관광지에서의 휴식과 문화를 전국민이 누릴 수 있었다. 그러나 이러한 축제를 계속하기에는 이른 감이 있었다. 대공황의 휴유증으로 경제가 계속 불황 가운데 있었고 아직 이상을 지탱해줄 만큼 현실이 따라오지 못했다. 그리고 개혁의 방향과 속도를 놓고 인민전선 내의 갈등이 있어 인민전선은 사실상 붕괴하고 말았다.

국가의 재정 위기가 계속되고 물가가 상승하면서 더 이상의 개혁이 불가능하게 됐다. 이상적인 노동시간도 고실업과 산업 생산의 침체로 인해 현실적으로 실행하기가 어려웠다. 그리고 프랑스의 정치와 사회는 이러한 개혁의 방향에 대해 심각하게 갈등하고 분열 가운데 있었다. 그런 가운데 조용하던 독일이 히틀러의 등장으로 심상치 않게 전쟁 분위기를 조성하고 있었다. 히틀러는 더 많은 시간을 벌기 위해 뮌헨에서 독일, 이탈리아, 영국, 프랑스 4개국이 모여 평화 협상을 벌였다. 영국과 프랑스는 어떻게 해서라도 전쟁을 피하고 평화를 유지하기 위해 독일에게 많은 양보를 하였고 이것이 결국 2차 대전으로 발전하는 계기가 됐다.

2차 세계대전을 통해 드러난 프랑스의 무기력과 굴욕

당시 프랑스는 1차 대전에서 너무도 많은 청년이 희생했기 때문에 그 어떤 정치인도 전쟁 이야기를 꺼내기 어려웠고 전쟁을 준비하자는 이야기를 할 수 없었다. 그리고 국민은 열심히 일하기보다는 인생을 향유하며 즐기고 싶은 욕구 가운데 있었기에 다시 전쟁의 위기로 긴장하려고 하지 않았다. 전쟁의 위기를 알고 있는 정치인이라도 선거를 위해서는 이런 이야기를 할 수 없었다. 프랑스는 이처럼 평화와 문화를 누리고 싶었고 이러한 것에 자부심을 느끼고 있었을 때, 독일은 무서운 화력으로 단번에 밀고 들어왔다. 프랑스의 반응은 1차 대전 때와는 아주 달랐다. 1차 대전에서는 그들은 독일과 치열하게 싸웠다. 물론 이로 인해 그들이 당한 희생은 너무도 컸다. 그러나 2차 대전에는 프랑스는 거의 저항하지 못했고 하지도 않았다. 2차 대전에서는 프랑스는 너무도 무기력했다. 1차 대전의 트라우마로 도망가기에 바빴다.

지도자나 국민도 독일에게 순순히 자신의 땅을 내어주었고 그 안에서 적응하며 살려고 했다. 죽지 말고 살자는 굴욕적인 모습이었다. 과거 프랑스의 당당하고 특히 자유와 평등을 이루기 위해 목숨을 걸고 싸웠던 대혁명의 후예라고 보기에는 너무도 초라하고 비굴해 보였다. 드골 Charles de Gaulle(1890~1970)을 포함한 일부 세력이 영국으로 넘어가 '자유 프랑스'를 결성하고 구국운동을 벌였고 국내에서는 레지스탕스가 활약했다고 하였지만, 그저 흉내를 내는 정도였다.

그리고 정말 굴욕적이고 비참한 것은 나치에 스스로 협력하는 페탱 Henri Petain(1856~1951) 정부를 수립했다는 것이다. 전쟁의 희생을 줄이고 평화를 위한다는 명목으로 프랑스 남부 비시에 친독정부를 세운 것이었다. 어쩔 수 없이 세워진 것이 아니라 자발적으로 협조하였고 독일의 정책에 적극적으로 협력했다. 그래서 유대인 학살에도 앞장섰다. 더욱 놀라운 것은 90% 이상의 프랑스인이 비시정부를 지지했다는 사실이었다. 그들은 더 이상 어떠한 이상과 가치가 중요한 것이 아니었다. 그들이 원하는 것은 평화였고 그들은 이 속에서 춤을 추며 그들의 문화와 인생을 향유하길 원했다.

이것이 150년 이상 피를 흘리며 고상한 인류의 가치와 이상을 추구하며 자랑스럽게 살아온 프랑스의 모습인가? 그들은 이 값싼 평화와 인생을 향유하기 위해 그토록 오랜 기간 싸우며 여기까지 왔던 것인가? 이것이 인류에게 프랑스가 주는 선물이고 교훈인가? 프랑스 대혁명의 유산을 가진 자랑스러운 프랑스의 모습으로 보기에는 무척 씁쓸하다. 마지막 프랑스 좌익정권의 실책으로 전가하기에는 그들의 모습이 너무도 초라하다.

그렇다고 누구도 그들을 쉽게 판단하거나 돌을 던질 수는 없다. 죄 없는 자가 돌로 치라는 예수의 말처럼, 프랑스가 아니라 인간 자체를 숙연하게 돌아보게 한다. 이것은 프랑스만의 문제라기보다는 그들이 열심히 찾아온 인간의 문제로 보아야 할 것이다. 그래서 이제 프랑스 대혁명 이후 150년간을 다시 한번 되돌아보려고 한다. 정치 사회적으로는 이미 많은 분석이 있었기에 이를 다시 반복하려는 것은 아니다. 이 책의 방향인 인간과 발달과정이라는 관점에서 이를 살펴보려는 것이다. 그 속에 있는 인간이 누구인가를 살피며 고민하기 위해서이다.

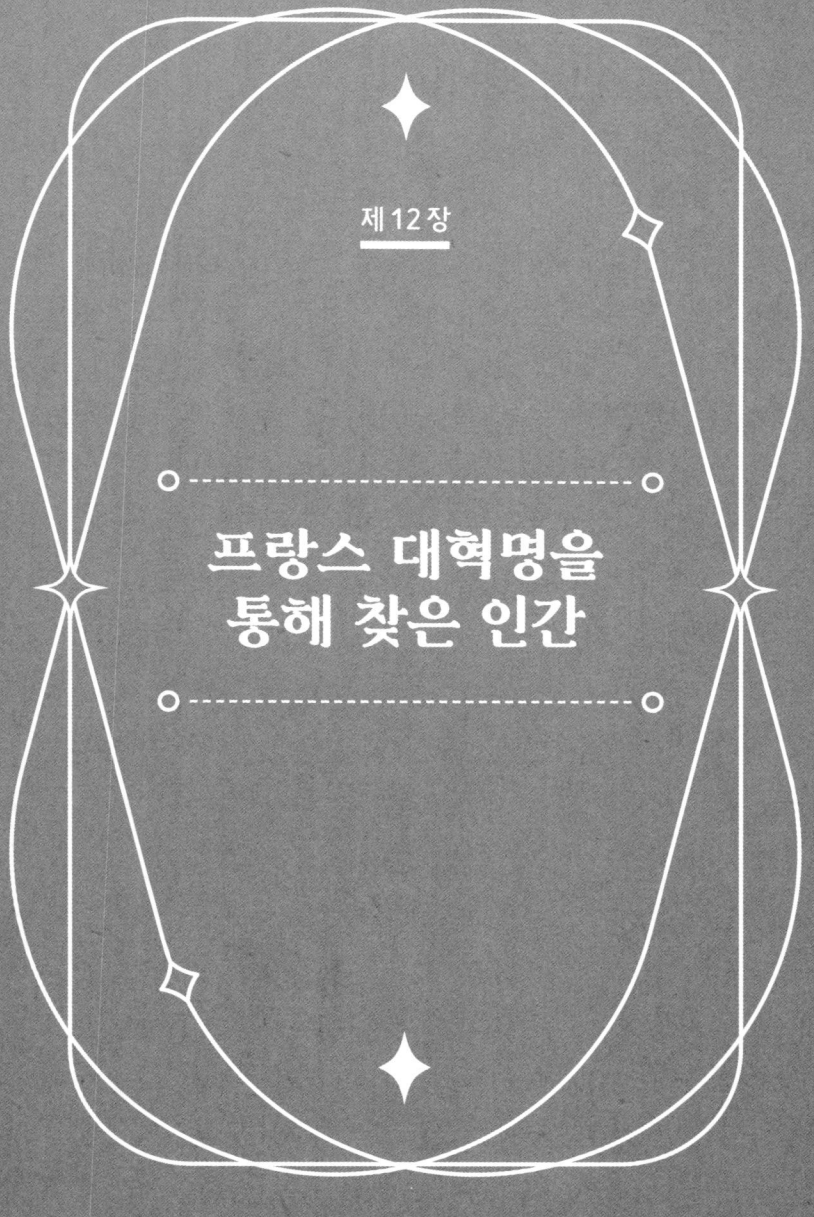

제12장

프랑스 대혁명을
통해 찾은 인간

이탈리아의 르네상스를 이어받은 프랑스

프랑스가 발달할 수 있었던 계기는 그들이 일찍이 통일 국가를 수립하고 르네상스를 재빠르게 수입하면서부터였다. 프랑스의 르네상스가 시작할 때는 상류계급 즉 왕족과 귀족을 중심으로 발달하여 중산층이나 하층계급으로 전파되기가 어려웠다. 그러나 부르주아 층이 성장하면서 르네상스가 중류계층으로 조금씩 퍼져갈 수 있었다. 중류층의 성장에는 종교개혁이 큰 역할을 하였다. 그리고 당시 열린 왕들은 상류층의 르네상스를 시민들이 누릴 수 있도록 배려했다. 대표적인 왕이 앙리 4세였다.

프랑스는 르네상스를 통해 자신감을 가지면서 강력한 왕권으로 발전했다. 이로 인해 외적 르네상스는 발전할 수 있었지만, 내적인 인격발달은 오히려 정체되고 역행되었다. 인격발달의 위기가 온 것이었다. 절대

왕권은 위그노라는 중산층을 심하게 박해했다. 그래서 인격이 점차 억압되고 퇴행하고 있었다.

물론 카트린과 몽테뉴같이 르네상스로 열린 사람들이 위그노를 수용하기 위해 노력하였지만, 시대적인 흐름을 막기에는 역부족이었다. 그리고 루이 14세에서는 이러한 절대왕권이 절정에 이르렀다. 억압과 통제가 극심해진 것이었다. 그러나 왕족과 귀족은 화려한 문화와 예술로 그들의 억압을 풀었지만, 아래의 백성들은 힘들게 살아갔다.

억압이 강하면 눌린 감정이 일어나게 된다. 하층계급은 억압을 풀 수 있는 길은 없었으나, 부르주아들은 그래도 가능한 길이 있었다. 귀족들이 왕족들이 즐기는 문화를 밖으로 가져와서 즐기게 한 살롱문화가 바로 그들의 출구였다. 그래서 살롱을 중심으로 그들은 예술, 문학과 학문 등으로 그들의 억압된 것을 조금이라도 풀 수 있었다. 상류계급은 계급대로 로마의 길을 따라갔고 하층계급은 기회가 있는 대로 상류층을 따라 하고 싶었다. 이것이 신분 상승의 욕구였고 프랑스의 가장 보편적인 욕구가 됐다. 신분은 대표적인 선악의 법이었다. 등급과 사회적 신분은 선악의 법에서 나온 것이었다.

루이 14세는 이미 최고의 자리와 절대적인 부와 권력을 쥐고 있었어도 이를 만족하지 못하고 더 이상의 신분 상승을 욕망했다. 로마제국과 황제라는 최고의 신분이 되고 싶었다. 그래서 그는 로마의 황제 이상의 삶을 누릴 수 있는 베르사유궁을 건축하였고 거기서 행사를 끊임없이 진행했다. 그리고 밖으로는 자신의 힘과 권위를 내세우기 위해 정복 전쟁을 했다. 그 결과가 재정 파탄으로 갔었다. 인간의 끝없는 선악의 욕망으로 결국 왕권이 붕괴하는 길로 갔었다.

프랑스 대혁명의 의미-인간이 주인인 삶

그러나 부자는 금방 망하지 않았다. 3대는 간다고 했는데 정확하게 루이 16세까지 3대를 가다가 종말을 맞았다. 프랑스 대혁명이 일어난 것이었다. 앞서 밝힌 것처럼 프랑스 대혁명은 그들이 처음부터 왕권을 무너뜨리려고 봉기한 것은 아니었다. 먹고 살기 위해 저항한 것이었다. 그러나 루이 16세의 무력함으로 결과적으로 왕권까지 무너지게 되었다. 몇 번의 기회가 있었으나 루이 16세의 정신병리로 그 기회를 놓치고 끝내 단두대에까지 갔었다. 우리는 이를 자유와 평등을 향한 인간 승리라고 말한다. 이성의 빛이 어둠을 밝혔다고 말한다. 그것은 나중의 학자들이 그렇게 설명하고 해석하였을 뿐이지, 실제 혁명의 동력은 그냥 생존을 위한 인간의 절규였다.

결과적으로 그들은 왕에게 너무 실망했다. 왕이 백성을 팽개치고 도주한 것이었다. 왕의 무책임과 무력함에 화가 난 백성들은 왕을 끌어내리고 죽이라고 한 것이었다. 이것이 프랑스 대혁명이었다. 그들은 이제 신도 잃고 왕도 잃었다. 그들은 이제 고아처럼 스스로 살아야 했다. 이것이 민주주의이다. 자신이 주인이 되어 대신할 정치인을 선거를 통해 뽑아 그들에게 정치와 행정을 맡기는 것이었다. 자신과 같은 시민 중에 능력 있고 책임감 있는 사람을 뽑아 그들에게 자신의 삶을 맡기는 것이 민주주의였다. 백성이 주인이라고는 하지만, 맡은 사람이 알아서 해야 하는 것이 민주주의이다. 한번 부모가 영원한 부모가 되는 것이 아니라 임시부모를 세우는 것이다. 그리고 선거를 통해 부모를 얼마든지 바꿀 수 있다. 그래서 자식인 내가 주인인 삶을 사는 것이다. 결국 모든 책임은 내가 지는 것이다.

자기 찾기로서의 프랑스 혁명

이제부터는 인간이 주인인 삶이었고 그 속에서 인간의 적나라한 모습을 보게 됐다. 지금까지는 신과 왕에게 의존하며 인간은 복종하면 되는 억압적인 삶이었다. 억압 가운데 살기 때문에 자신이 누구인지 자신 속에 뭐가 있는지 잘 알지 못했다. 그러나 이제는 자기가 주인이 삶을 살아야 했다. 이는 자신의 몫을 챙겨 자기의 삶을 살아보기 위해 아버지 집을 떠나는 아들과 같은 것이었다. 아버지 집에 있으면 아버지의 뜻이 중요하고 아버지가 시키는 일만 하면 먹고 살 수 있었다. 자기가 뭘 좋아하는지 할 수 있는지를 알 필요도 없었다. 그래서 아들은 자기를 찾고 싶어 집을 떠난 것이었다. 이 아들이 프랑스였다.

그래서 그들은 프랑스 혁명을 통해 어떻게 자기를 찾았을까? 억압됐다가 드러난 자기는 어떠했을까? 그들은 겉으로는 자유와 평등의 자기를 찾았지만, 실상 드러난 자기는 그와는 달랐다. 의식의 자기와 무의식에서 드러난 자기와 달랐다. 당시는 무의식이라는 개념이 없었지만, 결국 드러난 그들의 모습은 무의식 속에 있던 자기였다. 이제 그러한 그들의 무의식을 살펴보려고 한다.

이제 프랑스 대혁명을 통해 드러난 인간을 살펴보려고 한다. 그냥 자유와 평등과 같은 이상이나 이성과 민주주의와 같은 사상이 아니라, 그 속에 있던 인간을 조명해보려는 것이다. 좋고 나쁘고도 아니고 이상과 야만도 아닌, 있는 그대로의 인간을 살펴보려는 것이다. 그들이 찾은 것은 인간이었기에 이를 통해 그들이 찾은 인간이 무엇인지를 만나려는 것이다.

자신과 인간에 대한 불신

가장 먼저 드러난 것은 불신이었다. 불신은 두려움과 직결됐다. 그동안 신을 믿고 왕을 믿었다. 자기들과 뭔가 다를 것이라 생각하고 믿었다. 그러나 그들이 허물어졌다. 이제 자신을 믿어야 하고 자기가 선택한 지도자를 믿고 자신의 삶을 맡겨야 했다. 겉으로는 믿는다고 하지만 믿음은 무의식에서 올라오는 것이다. 믿음은 어려서 부모가 수용해주고 사랑해주는 모성을 통해서 형성된다. 이 믿음은 인격발달에 가장 중요한 힘이다. 이를 통해 대상과 자기에 대한 신뢰가 가능해진다. 그런데 그들의 부모인 왕들이 그들을 모성으로 돌봐주기는커녕 억압하고 버렸다. 그러니 그들은 대상과 자신에 대한 불신이 자동으로 형성되어 있었다.

그러나 그들은 믿을 수 있는 대상이 왕밖에 없었기에 왕을 믿고 살았다. 그러나 속으로는 왕을 믿지 않았다. 그런데 이제는 자신들이 지도자가 됐다. 그러나 그들에게 무슨 신뢰가 형성되어 있었겠는가? 권위와 능력이 있던 왕도 믿지 못했는데 자기 같은 평민 지도자를 어떻게 믿을 수 있었겠는가? 그리고 서로가 믿을 수 없었다. 그들의 공동체는 불신으로 가득 차 있었다. 이것이 가장 먼저 만난 그들의 마음이었다.

먼저 자신을 믿어야 하는데 자기에 대한 신뢰가 부족했다. 신과 왕에게 의존하던 무기력한 평민이 자신의 삶을 어떻게 풀어나가야 할까? 자신을 믿고 자신에게 자신의 인생을 맡기는 것이 불안했다. 그래서 그들은 선거권과 피선거권을 제한했다. 믿을 만한 사람들에게 국한했다. 사회적으로 성공하고 세금을 많이 내는 사람만을 대상으로 했다. 그리고 전혀 사회경험이 없는 여자들을 선거에서 배제했다. 국민의 극히 일부분인 성공한 부르주아들만 그들은 신뢰했다.

그리고 그렇게 정권을 잡은 자들은 자신은 과거 교회와 왕과 같은 권위가 없는 것을 안다. 그리고 얼마든지 자신이 반대파에 의해 무너질 것을 안다. 그래서 불안하고 서로를 불신하는 것이다. 그래서 자기와 조금이라도 다른 점이 있으면 그들을 제거하려고 했다. 이것이 극단적으로 나타난 것인 로베스피에르였다. 그래서 그는 공포정치를 펼치면서 엄청난 사람을 처형하고 구금했다. 과거 어떠한 교회와 왕이 한 것보다 더한 독재와 잔인함을 보였다. 이것이 첫 번 드러난 인간의 모습이었다.

신과 왕을 믿지 못해서 인간이 주인이 되었는데, 인간은 자신을 포함해서 인간을 믿지 못하는 것이 가장 큰 문제였다. 불신은 여러 문제를 야기했다. 먼저 편집병적 특성을 보였다. 그래서 법을 많이 만들고 법을 강하게 요구했다. 법으로 의심하고 판단하는 것이었다. 이것이 심하게 나타난 것이 로베스피에르의 공안 위원회였다. 법치주의 국가라고 하지만, 사실 서로를 믿지 못해 많은 법과 규칙을 만들어, 이를 지키지 않으면 가차 없이 제거하는 것이 불신의 정치였다. 이러한 편집증 증상은 현실을 왜곡하며 삶에서도 비효율적이었다. 자신의 힘을 의심하고 따지는 데 대부분 사용하기에 현실의 문제를 제대로 해결하지 못한 경우가 많았다.

이것이 심해지면 서로 편을 만들어 서로를 의심하고 반대하는 분파 싸움을 했다. 그래서 하나가 되어 급한 문제를 제대로 해결하지 못하였다. 과거 왕이 있을 때는 그의 권위로 효율적인 정치를 하였지만, 민주주의는 서로를 불신하기에 서로 싸우다 보니 제대로 일하기 어려웠다. 효율성이 떨어지게 됐다. 너무 느리고 혼돈이 심해지면, 독재정권이 나서기도 하였다. 이것은 민주국가에서 늘 일어나는 갈등이었다. 그래서 프랑스도 독재자인 나폴레옹을 적극 지지했었다.

법치국가라는 이상은 좋지만, 그 바탕이 불신과 두려움이라면 이를 다시 생각해보아야 한다. 일상의 삶에서 서로를 믿고 산다면 사실상 법은 필요 없다. 가정에서 법을 내세우지 않고 친구를 법으로 판단하지 않는 것과 같은 것이다. 사람을 믿는 사람을 법 없이 살 사람이라고 한다. 우리는 법을 자꾸 따지는 사람을 그렇게 좋아하지 않는다. 너무 심하면 이런 사람을 편집병적 사람이라고 한다. 물론 법은 필요하다. 우리를 보호하고 잘못되었을 때 법의 판단이 필요하다. 그러나 모든 것을 법의 판단으로만 해결하려고 하는 것은 그 속에 불신과 두려움이라는 부정적인 감정이 있음을 알아야 한다.

불신은 결국 선악의 법에서 시작됐다. 생명은 서로를 믿는다. 몸의 세포들이 서로 믿지 않고 어떻게 하나가 되어 생명을 유지할 수 있겠는가? 머리는 발을 믿고 오른손은 왼손을 믿는다. 좌뇌와 우뇌가 하나 되어 몸을 움직인다. 그러나 의식은 무의식을 믿지 못하고 억압한다. 방어로 무의식을 억압한다. 서로를 믿어주어야 생명이 살아가는데, 의식이 무의식을 불신하여 무의식 속의 생명이 압박받아 죽어간다. 의식의 불신은 결국 의식을 지배하는 선악의 법 때문이다.

생명을 살리기 위해서는 선악의 법을 내려놓고 생명의 법으로 가서 서로를 믿고 수용하고 기다려 주어야 한다. 이를 용서와 사랑이라고 했다. 사랑은 감정이 아니고 믿고 기다리는 것이다. 인격이 살고 생명이 힘을 얻을 수 있는 길은 믿고 기다리는 것이다. 이 사랑의 법이 생명과 인격의 법이고 힘인 것이다.

분노와 폭력

두 번째로 드러난 인간의 모습은 분노와 폭력성이었다. 프랑스 혁명은 평화와 평등을 위한 것이었는데, 정반대의 결과가 일어났다. 엄청난 폭력과 분노가 폭발했다. 앞서 말한 공포정치와 그 반대파가 정권을 잡은 다음에도 보복으로 수많은 사람이 처형됐다. 그 후 하층계급인 상퀼로트가 봉기하여 잔인한 9월 학살을 감행했다. 이러한 폭동은 좌파, 우파와 왕당파와 관계없이 그들이 저항하거나 이를 진압하면서 발생했다.

7월 혁명과 2월 혁명 때도 수많은 사람이 폭력으로 죽었다. 그리고 6월 폭동 때도 많은 사람이 희생되거나 체포됐다. 이런 사건이 일어날 때마다 기본적으로 만 명 이상 죽거나 다치고 체포됐다. 그중에서 가장 잔혹한 폭력과 살상이 난무했던 것이 파리코뮌과의 1주일간의 전투였다. 이를 '피의 일주일'이라고 할 정도로 잔인했다. 그리고 비교적 평화로웠다고 하는 제3 공화국 때도 많은 사람이 희생되고 다치는 유혈 폭동이 일어났다.

그리고 폭력은 대포 같은 화력이 동원되면서 전쟁 같은 양상으로 번졌다. 나폴레옹은 폭동을 진압하는데 대포를 무자비하게 사용했다. 그리고 전쟁에서도 대포를 포함하여 강력한 화력이 등장하여 엄청난 희생이 있었다.

나폴레옹이 벌린 유럽에서의 전쟁으로 수많은 프랑스 젊은이가 희생되었고 그 이후 1차 대전 때에는 상상할 수 없을 정도의 잔인한 전쟁과 희생이 있었다. 이는 강력한 화력의 등장 때문이었다. 과거의 전쟁과는 비교할 수 없을 정도의 폭력성과 희생이 따랐다. 과학과 경제적 발전이 낳은 폭력성이었다. 그래서 그들은 2차 대전을 거의 포기할 정도로 무기력하게 투항하였다. 이러한 폭력과 희생을 피하는 것이 잘 한 것인지, 살기 위해 굴욕을 택한 것이 부끄러운 일인지 그 누구도 쉽게 판단하기 어려울 것이다.

그러나 그들은 독일에 협조하면서 많은 유대인을 희생시켰다. 그리고 독일과 싸우기 위해 영국과 미국의 많은 젊은이가 대신 희생됐다. 자신이 희생할 것을 대신 남을 희생시킨 것을 프랑스의 자존심으로 어떻게 받아들일지, 그들이 이러한 고통을 직면할 수 있을지, 질문해보지 않을 수 없다.

이러한 모든 일이 프랑스 대혁명 이후에 일어난 것이었다. 과거 중세 봉건제와 종교가 지배할 때나 왕이 다스릴 때보다, 결코 적지 않은 사람이 폭력으로 희생됐다. 혁명이 인간을 인간답게 살 수 있게 해주기보다는 과거보다 더 심한 폭력과 분노가 터져 나오는 계기가 됐다. 과거 폭력은 힘 있는 권세가들이 주도한 것이라면, 이제는 그 힘이 모두에게 돌아간 만큼 폭력과 분노도 누구나 터뜨릴 수 있었다. 그래서 더 많은 폭력과 무질서가 난무한 세상이 됐다.

무의식이 풀리면서 폭력과 분노가 일반화된 것이었다. 분노는 억압이 만든 것이었다. 억압의 기초는 선악의 법이었다. 약하고 못난 사람은 강하고 잘난 사람의 억압과 학대를 받을 수밖에 없었다. 전에는 강력한 신권이나 왕권으로 인간의 분노와 폭력성을 통제하였지만, 이제 이것이 무너지니 이를 통제하기가 쉽지 않았다. 물론 공권력이 동원되지만, 이로 인한 부작용 또한 만만하지 않기에 이러한 분노와 폭력성은 백성이 주인이 되는 국가에서 어쩔 수 없이 일어나는 일이 되었다.

물론 그렇다고 유럽의 모든 나라에서 프랑스처럼 혁명이 자주 일어나지는 않았다. 프랑스가 유독 정권교체와 혁명이 많았다. 그리고 폭력적인 봉기와 분노 표출도 다른 나라에 비해 강했다. 프랑스가 다른 나라에 비해 억압과 통제가 강했던 것이 사실이다. 그러나 다른 나라도 억압이 심했다. 그러나 유럽의 각 나라가 억압의 방식과 이를 해결하는 방법이 각각 달랐다. 그리고 분노를 표출하는 방식도 달랐다. 언제 가능하면, 유럽 5개국의 억압방식과 정도 그리고 분노의 정도와 이를 표출하는 방식에 대해 비교한다면 무척 흥미로울 것으로 생각한다. 나중에 5개국에 대한 글을 마무리하면서 5개국의 전체적으로 비교해보려고 하는데, 이때 이러한 문제 대해서도 분석해보는 것이 각 나라의 문명과 특징을 이해하는 데 도움이 될 것으로 생각된다.

프랑스는 다른 나라에 비해 억압에 의한 분노도 많았지만, 이를 오래 누르지 못하고 쉽게 폭력적으로 표출하는 경향이 있었다. 물론 절대왕정 때에는 그렇게 쉽게 표출할 수 없었다. 그러나 대혁명 이후 잦은 혁명과 불안정한 정세로 그들은 다른 나라에 비해 쉽게 분노하고 폭력적으로 되는 경향이 있었다. 그러다 보니 이러한 분노 표출이 문화가 되고 그들의 성격이 되기도 했다. 그러나 그들은 이탈리아 사람처럼 일상에서는 쉽게 화를 내지는 않는다. 평소에는 자신의 감정을 통제하며 억압하는 편이지만, 시위처럼 특별할 때는 아주 격렬하게 분노를 표출하며 폭력적으로 되는 경향이 있었다. 그리고 그들은 언제 내가 그랬느냐는 식으로 다시 익숙한 억압과 통제의 삶으로 돌아간다.

물론 분노는 지나친 억압에서 나온 것이기 때문에 이를 다른 방식을 풀 수 있는 기회가 주어지면 폭력성이 감소할 수 있다. 이를 푸는 길은 문화, 스포츠, 예술과 여유 있는 삶이다. 결국 경제력이 뒷받침되면 나름 이를 통제하며 살 수 있다. 그러나 삶도 어려워지고 다시 억압이 강해지면 이를 저항하고 항의하는 분노는 언제든지 터질 수 있는 것이다. 물론 분노는 자신을 보호하고 지키는 힘이 되기도 한다. 분노가 꼭 부정적인 것만은 아니다. 자신의 억울함과 아픔을 표현하는 강력한 수단이기도 하다. 그래서 인류의 문명과 역사는 분노와 폭력을 통해 새로운 시대를 열기도 했다. 그러나 미리 이러한 분노와 폭력성을 해결할 수 있는 길이 있다면 더 바람직할 것이다.

억압과 분노의 가장 핵심적 이유는 강한 선악의 법 때문이다. 사회가 선악의 법으로 살아야 하는 것은 사실이지만, 너무 지나친 선악은 바람직하지 않다. 선악의 반대가 되는 생명의 법, 즉 수용과 사랑이 같이 작동되어야만 건강한 사회가 된다. 개방과 수용의 정신이 선악과 균형을 맞출 때 그 사회와 문명은 건강하게 발전할 수 있고 또 인간발달도 정상적으로 일어날 수 있다. 프랑스인이 분노 표출이 많은 것은 선악에 대한 욕구가 강하고 이를 평소에 너무 억압하며 살기 때문이다. 물론 겉으로 보면 그들은 독일인이나 스페인인처럼 심하게 억압하는 것 같지 않아 보이지만, 깊은 곳에는 그들 못지않게 심하게 억압하고 있다고 볼 수 있다.

신분 상승의 욕구

이제 세 번째로 드러난 인간의 모습을 살펴보려고 한다. 억압은 인간의 기본적인 욕구를 누르게 한다. 그래서 억압이 풀리면 억압되었던 욕구들이 드러나다가 때로는 폭발하기도 한다. 욕구와 욕망은 개인마다 다르겠지만 그래도 공통적으로 귀결되는 욕구가 있는데, 이를 한마디로 하면 신분 상승의 욕구라고 할 수 있다. 이러한 욕구는 로마에서 시작됐다. 로마제국은 철저한 신분 계급의 사회였다. 그러나 영구적인 신분제는 아니었고 어느 정도 합리적으로 열린 사회였다.

그래서 노예들도 자유인이 평민이 될 수 있었고 평민이 되면 로마시민이 되려고 하였다. 로마시민이 되면 왕족이나 귀족들이 누리는 혜택을 어느 정도 누릴 수 있었다. 물론 이러한 신분 상승이 쉬운 것은 아니었지만, 그래도 이러한 것이 가능하다는 것만으로도 누구나 그러한 욕구는 가지며 열심히 살았다. 이러한 욕구만으로도 로마가 발전하는데, 적지 않은 도움이 됐다.

그러나 로마도 경제가 나빠지고 상류계층의 억압이 강해지면서 신분 상승의 기회가 차단되고 또 하층계급과 변방의 민족들이 약탈을 당하면서 로마가 붕괴되었다. 그 이후 중세기 때에는 봉건제로 인해 신분 상승이 많이 제한되었지만, 십자군 전쟁과 이탈리아의 르네상스를 통해 다시 신분 상승의 기회가 주어졌다. 그러나 이탈리아의 신분 상승은 르네상스와 함께 막을 내리고 말았다.

그 이후 신분 상승의 기회는 프랑스로 옮겨졌다. 통일 프랑스로 인해 국력이 강해지고 또 르네상스의 유입으로 인해 왕권과 귀족의 삶의 수준이 부러울 정도로 상승됐다. 그들의 신분적 이상은 늘 로마의 상류계층이었다. 그래서 그들은 과거 로마와 르네상스가 누리던 높은 수준의 삶을 누릴 수 있었다. 그리고 종교개혁과 경제발전으로 중산층 즉 부르주아 층이 늘어나면서 그들도 신분 상승에 대한 욕구를 갖게 됐다. 그리고 부유한 자들은 어느 정도 그러한 삶을 살 수 있었다. 그러나 신교와 위그노에 대한 핍박과 왕권 강화로 인해 이 길도 막히게 됐다.

이를 깬 것이 프랑스 대혁명이었다. 과거 신분제는 없어졌지만, 이제는 누구든지 열심히 일하면서 부유해지면 과거 상류계층들이 살았던 삶을 살 수 있었다. 과거 신분으로 신분 상승을 할 수는 없지만, 그들이 살았던 삶의 수준을 살아보는 것으로 상승된 신분을 누릴 수 있기에 누구나 이러한 욕망을 가지게 됐다. 이를 한마디로 신분 상승의 욕망이라고 할 수 있을 것이다. 그러나 현실적으로는 쉽지 않았다. 이러한 신분 상승이 그래도 가능할 수 있었던 계층은 일부분의 부유한 부르주아였다.

그러나 국가와 사회적 혼란이 거듭되면서 신분 상승의 욕구에도 많은 혼선이 생기게 됐다. 높은 신분이 하루아침에 허망하게 무너지는 것을 보면서 자신의 신분이 상승하는 것을 두려워한 것이었다. 높은 신분이 되면 언제 다시 타도의 대상이 되어 죽을지도 모르는 불안 속에 살아야 했기에 노골적으로 이러한 욕망을 드러내기가 어려웠다. 그렇다고 그러한 욕구가 사라진 것은 아니었다. 이를 통해 신분 상승에 대한 이중적인 태도가 형성된 것이었다. 즉 한편으로는 높은 신분을 비난하면서도 한편으로는 이를 갈망하는 그러한 이중적인 가치관을 가지게 됐다. 이러한 습관은 지금까지도 프랑스인에게 남아있다.

프랑스인의 신분 상승 욕구는 그 어느 나라보다 강하지만, 아닌척하며 살아간다. 그리고 그들은 높은 신분보다는 그들이 사는 삶을 영위함으로 이를 간접적으로 누리려고 한다. 높은 신분은 오히려 비난의 대상이 될 수 있으니 낮은 신분이라도 귀족이 누리는 삶을 사는 것으로 그 욕망을 대신하는 것이다. 이것이 프랑스인들의 신분과 계급에 대한 이중성인 것이다. 그래서 그들은 겉으로 계급이 없는 평등사회를 외친다. 그러나 은밀하게는 계급의식과 신분 상승 욕구가 여전히 강하게 남아있다. 그래서 그들의 삶으로 들어가면 이러한 모순적 이중성을 어렵지 않게 볼 수 있다.

그런 가운데 프랑스의 신분 상승의 획기적인 사건이 있었다. 나폴레옹이었다. 그는 변방의 평범한 평민이었다가 단숨에 프랑스의 최고의 지위에 올랐고 그것도 모자라 유럽의 황제로까지 등극했다. 프랑스인은 이러한 나폴레옹에 열광했다. 나폴레옹을 그들의 영웅으로 숭상하는 데는 여러 이유가 있겠지만, 가장 큰 이유는 그들이 그렇게 갈망하던 신분 상승을 단숨에 이룬 실제 인물이었기 때문이었다.

그 이후 부르주아가 아닌 일반 평민도 자신이 능력을 갖추고 노력을 하면 신분이 상승할 수 있다는 믿음을 가지게 되었고 실제 그러한 일들이 일어나게 됐다. 과거 왕족과 귀족만이 누리던 문화와 삶을 그들도 누릴 수 있었다. 살롱 문화가 그러했고, 왕족의 요리사들이 레스토랑을 통해 제공하는 요리와 귀족들이 입는 명품을 대중이 돈만 있으면 얼마든지 누릴 수 있었다. 귀족들의 예술과 학문도 이제 누구나 누릴 수 있었다.

이제는 더 이상 왕족이나 귀족이라는 신분도 없다. 산업혁명과 자본주의의 발달로 누구나 노력해서 돈을 벌면 귀족 이상의 삶을 향유할 수 있게 됐다. 꼭 정치인, 재벌 혹은 연예인이 아니라도 누구나 이러한 여유의 삶을 살 수 있게 된 것이었다. 이를 처음으로 실감해본 것이 19세기 말과 20세기 초의 '벨 에포크' 시대였다. 그들이 꿈꾸던 문화와 예술을 맘껏 향유할 수 있는 놀라운 시대였다. 상류계급의 대중화가 시작된 것이었다. 이때 파리는 유럽의 중심 도시였고 이를 즐기기 위해 수많은 유럽인이 파리를 찾았다. 특히 유럽의 예술가들은 파리를 가지 않고는 새로운 예술을 창작할 수 없을 정도였다. 파리는 거의 천국과 같은 곳이었다. 물론 빛만 있는 파리는 아니었다. 그림자와 어둠도 같이 있는 도시였다. 가난하고 더럽고 어두운 곳도 많았다. 그러나 가난하든 아니든 꿈을 꿀 수 있는 도시가 바로 파리였다.

트라우마의 회피 반응으로서의 신분 상승 욕구

그러다가 참혹한 1차 대전이 터졌다. 수많은 젊은이가 무참하게 죽어갔다. 많은 젊은이가 그들 미래에 있을 신분 상승을 맛보기도 전에 지옥 같은 참호 속에서 비참하게 죽어갔다. 신분 상승의 추구한 인간 문명의 허망함을 보게 하는 전쟁이었다. 그런데 전쟁이 끝나자마자 스페인 독감이 유럽과 전 세계를 강타했다. 그런데 스페인 독감의 사망자는 1차 대전의 사망자의 2~3배에 가까웠다. 프랑스도 전쟁과 전염병으로 인해 거의 10년간 엄청난 사람이 죽어가는 것을 경험하였다. 이러한 경험을 트라우마라고 한다. 그래서 1920년대는 인간이 제정신으로 살아가기 정말 어려운 지옥 같은 10년이었다. 이 기간을 살아간다는 것이 인간으로서 얼마나 고통스럽고 힘들었겠는가? 특히 인간의 감정에 예민하고 섬세한 프랑스인에게는 더욱 힘들었을 것이다.

19세기의 프랑스가 신분 상승을 꿈꾸었던 것과 20세기에서 그들이 추구한 신분 상승은 다른 것이었다. 겉으로는 비슷할지 몰라도 이를 추구하는 무의식은 달랐다. 과거의 신분 상승은 억압된 욕구를 푸는 것이었다면 20세기에 트라우마를 겪은 다음에 나타난 신분 상승 욕구는 다른 무의식에서 나왔다. 트라우마에 대한 회피 반응으로의 신분 상승 욕구였다. 트라우마를 겪게 되면 그 첫 번 반응이 회피이다. 그 누구도 트라우마를 그대로 직면할 수 없다. 그래서 그들은 자신들을 돌이켜 볼 새도 없이 이 악몽을 잊기 위해 세속적 향락에 몰두하였다.

특히 이러한 현상이 프랑스에서 두드러지게 나타났다. 왜 그러했을까? 지옥 같은 10년은 그들이 꿈꾸던 신분 상승과는 정반대의 악몽이었다. 10년 동안 그들은 돼지 같은 삶이었고 하루살이 벌레 같은 목숨이었다. 신분 상승이 아니라 완전히 몰락한 벌레 같았다. 평소에 귀족의 삶을 동경하던 그들이었기에 이를 인정하고 견딘다는 것은 너무도 고통스러웠다. 그들의 꿈이 산산조각이 나고 대신 시궁창과 같은 삶을 살아야 했다. 그래서 그들은 이를 잊기 위해서는 더욱 신분 상승이라는 환상에 매달릴 수밖에 없었다. 세속적 향락을 통해 그들은 신분 상승의 착각에 빠질 수 있었고, 이 착각이 그들을 비참한 고통에서 벗어나게 해주는 도피처였던 것이었다.

그들의 이러한 몸부림을 그 누구도 말릴 수 없었다. 그리고 1920년부터 10년간 지속되었고 그 10년을 광란의 해라고 했다. 그렇다고 그들은 이제 할 만큼 했으니, 이제 끝내고 정신 차리자고 스스로 절제할 수 없었다. 욕구를 푸는 것이 아니라 트라우마에 대한 회피 반응이었기에 중독성이 있었다. 그래서 스스로 끊을 수 없었다. 아이들이 게임에 중독되는 것과 비슷하다. 불안을 회피하기 위해 게임을 하게 되면 쉽게 중독된다. 다른 여러 중독 현상의 배후에도 이러한 회피 반응이 무의식으로 있다.

그래서 스스로 하지 못하니 외부로부터의 힘이 작용되었다. 이를 중단할 수밖에 없는 외부적인 재난이 오면서 이를 중단하게 된 것이었다. 1910년대의 고통을 기억하게 하는 새로운 재난이 왔었다. 1929년에 시작된 세계 대공황이었다. 세계 대공황은 1930년대 거의 10년간을 미국과 유럽을 강타하였다. 그래서 그들은 세속적 광란을 계속할 수 없었다. 그리고 그들은 다시 바닥으로 내려갔다. 좀 올라가려면 다시 바닥으로

곤두박질치는 게 문명이었다. 인간 문명을 앞서가는 프랑스였기에 이러한 문명의 모습을 그대로 겪게 됐다.

그러나 옆의 독일은 프랑스와는 다른 길로 트라우마를 해결하려고 하였다. 독일은 1차 대전의 패전으로 나라가 거의 사라질 지경까지 갔다. 그들의 트라우마는 프랑스의 것보다 결코 적지 않았다. 그러나 그들은 세속으로 도피할 수 없었고 늘 그들이 하던 대로 병적인 이상주의로 도피하였다. 그 병리의 중심에 히틀러가 있었다. 그는 열광적인 연설을 통해 절망과 두려움 가운데 있던 독일국민에게 민족주의라는 파쇼로 도피하게 하였다. 독일국민은 그에게 열광하였다. 그리고 그들은 열심히 일하며 그동안 굴욕과 분노를 되갚을 기회를 넘보고 있었다. 프랑스는 이러한 위험을 알고 있었지만, 그들의 중독된 신분 상승의 욕망 때문에 그 어떤 정치인들도 전쟁 이야기를 꺼낼 수 없었다. 선거에서 표를 얻으려면 그들의 기분을 맞추어주어야 했다. 오히려 그들이 그렇게 할 수 있도록 정책적으로 배려하였다.

그래서 프랑스는 점점 그들의 욕구를 채워줄 수 있는 좌파정권으로 넘어가고 있었다. 그들의 욕구는 좌파정권으로도 채울 수 없어 강력한 사회주의와 공산당 정권으로 갔었다. 이들은 국민이 원하는 대로 노동시간을 줄이고 휴가를 대폭 늘려 귀족 같은 삶을 즐길 수 있게 해주었고 정부가 줄 수 있는 많은 혜택을 국민에게 나누어 주었다. 사실 대공항의 여파로 경제가 힘든데도 그들은 이를 기쁘게 받아들였다. 그들은 돈을 모아 여름에 휴가를 떠나는 재미로 살았다. 모두가 귀족처럼 적게 일하면서 많은 시간을 카페에 앉아 떠드는 여유로운 삶을 향유했다. 이것이 자연스럽게 형성된 프랑스의 문화이고 저녁과 주말의 삶이 됐다. 그러나 일을 즐기지 않으니 경제가 발전할 수 없었고 미래를 위해 준비할 수도 없었다. 특히 군사적인 준비는 더 소홀하였다.

그 결과가 2차 대전에서 드러난 참혹하고 굴욕적인 모습이었다. 그들에게는 과거의 프랑스가 보였던 당당한 모습을 찾아볼 수 없었다. 무기력하고 비굴했다. 내용이 없는 자존심만 내세웠고 자신들의 행동에 대해 합리화만 했다. 1차 대전 때 조국을 지키기 위해 그 많은 젊은이가 죽어갔는데, 그들이 지킨 조국을 너무도 쉽게 내어주었고 오히려 적군에게 적극적으로 협력했다. 그리고 그들은 전쟁에서 죽는 것보다, 이게 낫지 않느냐고 합리화했다.

죽어간 젊은이들에게 부끄러움을 느끼지도 않을 만큼 살아남은 것에 대해 당당했다. 이것이 신분 상승의 허망한 잔치로 도피한 결과였다. 이것이 그들이 찾은 인간이었다. 그들은 인간이 되길 원해서 열심히 살았고 그래서 찾은 인간이 이러한 모습이었다. 그러나 이러한 인간에 대해 그 누구도 돌을 던질 수 없었다. 인간이라면 이런 상황에서는 이럴 수밖에 없다고 자위하면서 자신들에 대해 당당하였다. 당당할 수 있는 그들이 부럽기도 하다. 그렇지만 이것이 인간이 할 수 있는 최선이었을까 하는 질문은 여전히 남는다. 다른 길은 없었을까? 이것이 프랑스가 찾아왔던 인간의 길이였을까? 이해는 할 수 있고 뭐라고 판단할 수는 없지만, 가장 앞서 힘들게 인간을 찾아온 그들의 모습을 보면서 다소 멍해지는 느낌을 감추기 어렵다. 그러나 프랑스는 이를 통해 새로운 뭔가를 찾아갈 것을 믿으며 계속 그들이 간 길을 가보려고 한다.

욕망이 주도하는 삶

인간은 좋은 것을 추구하고 힘들고 나쁜 것을 거부하고 회피하는 본능이 있다. 이를 선악의 본능이라고 할 수 있다. 좋은 것을 추구하고 안 좋은 것을 거부하고 회피하는 본능이다. 이를 통해 인간은 생존하고 발전할 수 있다. 그런데 프랑스인들이 이를 열심히 추구하였다고 그것을 문제라고 볼 수는 없을 것이다. 그렇다면 앞서 분석한 그들의 문제는 어디에서 나온 것인가? 그들이 문제가 있다면 그것은 무엇일까? 이에 대해 살펴보려고 한다.

신분 상승은 인간의 기본 본능이고 선악의 본능이다. 이를 억압하는 것이 잘못된 것이지 이를 추구하는 것은 바람직한 인간의 발달로 보아야 한다. 그래서 신분 상승은 억압된 욕구를 풀어주는 선기능이 분명히 있다. 과도한 중앙집권과 억압으로 눌려있던 욕구를 풀고 채우는 것은 인격발달에 도움이 됐다. 과거 로마제국과 르네상스 때에도 이러한 감정표출이 인격 성장에 도움이 됐다. 그리고 프랑스는 대혁명을 통해 인간을 찾았고 그들 속에 잠자고 있던 이러한 본능을 깨워 이를 열심히 실현하며 살아왔다. 이것이 인격발달이고 인간의 건강한 자기실현이었다.

문제가 되는 것은 사실 그것 자체라기보다는 과도하든지 치우치는 것이다. 세상을 살아가는데 선악의 법이 필요하고 그것 자체가 문제가 되는 것은 아니다. 문제가 있다면 선악보다, 선만을 과도하게 추구하고 악을 지나치게 억압하는 것이다. 그렇게 될 때 나중에 억압되었던 악이 폭발하면서 선을 잡아먹는 것이 문제가 되는 것이다. 이를 방지하기 위해서는 과도한 선을 추구하기보다는 억압된 것을 미리 수용하고 풀어주는 것이 필요하다. 선악의 균형과 화해가 필요한 것이다.

감정은 억압된 생명의 소리이다. 그래서 억압된 감정을 풀고 그 속에 있는 생명을 바로 돌보고 생명을 살려야 한다. 감정이 때로는 부정적이고 과격하더라도 이를 허용할 수 있어야 한다. 이를 너무 도덕적으로 막아서는 안 된다. 프랑스의 경우 감정적인 것을 비교적 수용하는 사회적 분위기이다. 이러한 면에서는 건강하다고 볼 수 있다. 그들은 르네상스를 받아들이면서부터 특히 이러한 분위기가 자연스럽게 형성됐다. 그 이후 절대왕정에서 억압과 통제가 심했지만, 억압된 감정을 풀 수 있는 다양한 길이 동시에 열려 있었다. 과거 로마제국처럼 억압과 감정표출이 동시에 조화를 이루면서 그들이 발전해왔다. 이것이 프랑스의 이중성이었다.

그런데 19세기 말부터는 이러한 조화가 깨어지고 감정이 너무 과도하게 무절제하게 표출됐다. 이때부터 한쪽으로 치우치게 된 것이었다. 특히 부정적인 감정이 지나치게 만연되는 사회적 분위기에 빠지게 됐다.

이는 아이가 감정에만 빠져 계속 사춘기를 보내는 것과 비슷하였다. 이러할 때 부모는 걱정하지 않을 수 없다. 성인이 되어서도 매사에 사춘기처럼 거부하고 반항만 한다면, 아이의 성장이 멈추어졌든 아니면 퇴행이 일어나고 있다고 생각할 수밖에 없다. 감정의 표출이 필요하지만, 감정에만 너무 빠져 바른 성장이 멈추게 되는 것은 바람직한 것이 아니다. 감정표출이 필요하지만, 이것 자체가 삶의 목적이 되어서는 안 된다. 스트레스 해소는 필요하지만, 이것이 건강하게 살기 위해서이지 스트레스 해소가 삶의 목적일 수 없는 것과 유사하다.

　프랑스는 처음에는 억압된 감정을 푸는 것으로서 건강한 발달의 모습을 보였지만, 트라우마 이후에는 도피적인 현상으로서 감정을 추구하였기에 감정에 중독되었다. 이것이 첫 번의 이유라고 볼 수 있다. 도피적인 감정추구는 인격발달보다는 정체와 퇴행으로 가게 한다. 그래서 사회가 전체적으로 건강하게 미래를 준비하기보다는 퇴행적인 분위기에 빠지게 됐다. 그 결과 2차 대전이라는 참혹한 결과를 낳았다. 아이가 사춘기에만 머물고 자기발전을 하지 않아 대학도 못가고 직업교육도 제대로 밟지 못해 청년기를 제대로 보내지 못한 것과 비슷한 것이었다.

　감정표출에 빠지는 두 번째 이유로서 감정 속에 있는 자기 보존성 때문이다. 감정은 자기감정을 유지하고 보존하려는 성향을 강하게 갖는다. 처음에는 감정을 표현하는 이유가 분명히 있어서 표출하게 된다. 이는 물론 건강한 기능이다. 그런데 어쩔 수 없이 자꾸 그러한 상황이 발생하여 반복적으로 표출하다 보면 이제는 감정을 표출할 이유가 없는데도 감정에 중독되어 자동으로 표출하기도 한다. 감정의 보존성으로 인해 감정표출이 강화되는 것이다. 그래서 분노, 우울, 외로움, 열등감과 두려움 등의 감정에 중독되어 만성적인 감정 장애에 빠지는 것이다. 처음에는 주체인 인간이 살기 위해 감정을 표출하였지만, 나중에는 감정이 주인이 되어 인간은 감정의 종이 되는 것이다. 주체의 혼돈이 일어나는 것이다.

　세 번째 이유로 과거의 지나친 억압이 오랫동안 있었던 경우이다. 프랑스는 과거 오랫동안 억압과 통제된 삶을 살았기 때문에 한 번 맛본 자유를 경험하고 나면 다시 과거처럼 긴장과 억압 가운데 돌아가는 것을 거부할 수 있다. 억압적인 삶에 대한 알레르기 같은 반응으로 볼 수 있다. 그래서 그들은 감정을 절제하며 다시 미래를 위해 준비하며 긴장하는 것을 감각적으로 거부할 수 있는 것이다. 이를 현상적으로 보면 프랑스가 자유를 너무 간절히 원하는 것으로 이해할 수 있을지 모르지만, 사실은 그들이 이를 거부하는 것은 이미 그들 속에 억압과 통제가 지나치게 형성이 되어있기 때문이다. 그래서 이런 반응 자체가 그들의 억압과 자유의 이중성을 말하는 것이다.

그들이 진정 자유롭다면 다시 자신을 추스르고 억압할 수 있어야 했다. 이를 거부한 것은 이미 너무도 심하게 억압되어 있기 때문이었다. 알레르기 반응이란 이미 그들 속에 억압에 대해 과민하게 노출되어 있었기 때문인 것이다. 그래서 그들이 자유를 찾는 것은 억압의 또 다른 모습이기도 하다.

민중을 바로 인도할 길은 무엇인가?

그러나 인간은 긴장과 이완의 균형이 필요하다. 건강한 생명은 규칙적인 긴장과 이완의 리듬을 가져야 한다. 사회와 국가와 같은 집단도 이러한 리듬이 필요하다. 그래서 이러한 리듬이 잘못되어 너무 긴장되거나 너무 이완되어있을 때, 집단의 지도자가 이를 바로 잡아주어야 한다. 그러나 민주주의에서는 이것이 쉽지 않다. 시민이 주인이다 보니 지도자가 이를 알면서도 선거를 의식하여 그들을 방치하게 된다. 이것이 소위 말하는 포퓰리즘이다. 지도자는 자신들의 인기를 위해 대중이 잘 못가고 있어도 이를 적극적으로 개선하기가 어렵다. 지도자는 감정적인 대중에게 휘말려 갈 수밖에 없는 것이다. 이는 시민이 주인이 되는 삶의 심각한 문제이다. 민주주의가 좋지만, 대중의 잘못을 그 누구도 바로 잡을 수 없는 것이 민주주의의 최대 문제인 것이다.

　왕이 잘못되면 시민들이 봉기해서 끌어내릴 수도 있지만, 민중이 잘못되면 그들에게 잘못됐다고 그 누구도 질책할 수 없는 것이 민주주의의 문제이다. 대중도 왕처럼 잘못 나갈 때가 있다. 대중이 폭도나 폭군으로 변할 때도 있다. 그러나 이 대중을 이길 수 있는 그 누구도 없다. 민심은 천심이다. 시민이 주인이라고 하며 그들을 신의 위치에 두려고 한다. 이것이 대중이 신이 되고 왕이 되는 민주주의의 뼈아픈 문제이다. 이러한 대중을 바로 잡는 길은 한가지이다. 감당할 수 없는 엄청난 재난이나 전쟁과 같은 것이다. 인간 스스로가 아니라 인간이 어쩔 수 없는 강력한 재난, 질병과 전쟁이 아니면 스스로 그들을 제어할 힘이 없는 것이다.

　이러한 민주주의의 문제와 위험을 프랑스가 여러 차례 보여주었다. 인간이 주인이 되어 인간발달에 많은 도움이 된 것은 사실이었지만, 이러한 문제점도 있다는 것을 결코 간과해서는 안 된다. 그렇다고 이런 문제점 때문에 과거의 군주제나 전체주의로 돌아가자는 것은 결코 아니다. 그 이후 프랑스는 이를 풀어 보려고 많은 실험과 시도를 해본 것은 사실이나, 아직 뚜렷한 해답을 찾지 못하고 있다. 이는 앞으로 인류가 풀어야 할 큰 숙제 중에 하나이다. 그러나 많은 사람이 민주주의를 시작한 프랑스가 이를 풀어주기를 여전히 바라고 기다리고 있다. 그래서 이를 나중에 진지하게 고민해보려고 한다.

우주적 정보체제의 한 부분으로서 인간의 문명

지금까지 인류의 역사와 문명에서 인간 스스로 문제를 해결하지 못할 때, 외부로부터 감당할 수 없는 재난이나 전쟁으로 새로운 돌파구를 찾은 경우가 적지 않았다. 그리고 이를 통해서 인간 문명이 발달해온 것도 사실이었다. 그래서 이제는 이러한 문제를 인간 문명의 한 현상으로 포함하여 설명해야 한다. 그러나 이러한 재난과 전쟁은 인간 밖에서 오는 불가항력적인 것이라 이를 인간의 문명과 연결하기가 쉽지 않다. 그동안 이를 인간 문명과 연관시킨다면, 인간이 어쩔 수 없는 하나의 비극 아니면 어떠한 초월성과 연관하여 생각하는 정도가 최선이었다. 이를 인간의 문명과 직접적인 연관성을 가지고 설명한 적이 거의 없었다. 역사는 실증적이어야 하는데 이를 실증적으로 설명하기가 어렵기 때문이었다.

그러나 이 책에서는 문명을 정보이론으로 설명해왔기 때문에 이를 정보이론으로 설명해본다면 이러한 현상도 이해할 수 있지 않을까 기대해본다. 인간의 정보는 인간으로만 끝나는 것이 아니라, 자연 그리고 우주의 정보와 연결되어 진화하고 발달해간다. 외적으로는 큰 영향이 없어 보일지라도 내부적으로는 서로의 정보가 연결되어 있다는 것이다. 그래서 인간의 역사와 문명도 결국 큰 자연과 우주의 진화의 흐름의 한 부분으로 흘러간다고 볼 수 있다. 우주는 어떠한 방향으로 진화되어가고 있는데, 인간의 문명도 결국 그 큰 흐름의 일부로서 흘러간다는 것이다. 인간은 우주와 자연의 주인인 것처럼 살아가고 있지만, 내용적으로는 거대한 우주의 흐름의 한 일부에 불과한 것이다.

이는 여러 학자가 이미 언급한 바 있었다. 나중에 설명하겠지만 프랑스에서는 철학자인 베르그송 Henri-Louis Bergson(1859~1941)과 고고학자이면서 신학자인 떼이야르 드 샤르댕 Pierre Teilhard de Chardin(1881~1955)이 이를 주장하였다. 그리고 철학자 화이트헤드 Alfred North Whitehead(1861~1947)와 여러 물리학자도 이러한 가능성을 지적한 바 있었다. 인간이 우주와 함께 인격적인 발달을 해나가야 하는데, 어떠한 이유에서 이것이 정체되고 오랫동안 퇴행하고 있을 때 자연과 우주의 거대한 흐름이 이를 방관하지 못한다는 것이다. 같은 방향으로 가기 위해 이러한 잘못된 흐름을 해체시키고 새로운 진화를 위해 어떠한 개입이 가능하다는 것이다.

이를 정보이론으로 말하면 인간이 강력한 알고리즘 저차정보로 인해 고차정보로 발달해가지 못할 때, 고차적 우주정보가 인간의 저차정보에 개입하여 블랙홀로 가는 인간 문명을 해체시킬 수 있다는 것이다. 이는 자연계에서도 일어나고 인간의 정치와 사회, 경제 시스템에서도 일어날 수 있다. 그리고 바이러스를 포함한 전염병에도 적용될 수 있다. 그래서 인간만이 정보와 인격이 있는 것이 아니라 자연, 우주와 인간의 사회 모두가 정보와 인격이 있어 동반해서 발달해가는 것이다. 인간이 저차정보에 잘못 중독되어 오랫동안 퇴행에서 벗어나지 못할 때 우주와 자연은 외부의 재난과 전쟁 등을 통해 인간의 저차정보를 해체시킬 수 있다는 것이다. 그래서 이를 통해 우주가 동반발달을 이루어가려는 것이다.

인간이 자연의 생태계에 포함되어 살듯 인간의 역사와 문명도 거대한 우주의 생태계와 정보체계에 포함되어 상호 영향을 주고받는다. 그리고 이러한 진화와 발달은 인격적으로 상호 연결되어 있어 같이 인격적인 발달을 해가는 것이다. 인간 문명의 인격발달은 인간의 것만이 아니라 우주의 한 부분으로서 발달해간다. 그래서 우주적 생태계의 고차정보의 영향을 인간의 정보가 피할 수 없다. 과거에는 이러한 우주적 초고차정보를 초월세계 혹은 신성으로 표현하였지만, 이제는 과학적인 개념으로 이렇게 설명해볼 수 있는 것이다.

다시 회복되어야 할 고차정보

인간은 프랑스 대혁명을 통해 인간이 모든 것의 주체가 되고 대신 과거의 주체였던 신성과 왕권을 인간의 삶에서 배제하였다. 그런데 인간의 정보만으로 고차적인 세계와 우주에서 생존해나간다는 것은 위험천만한 일이다. 인간의 정보는 선악의 알고리즘 정보가 주$_主$를 이루기 때문에 그 이상의 고차정보로 되어있는 사회와 자연을 저차적인 알고리즘으로 이해하고 판단해나간다는 것은 논리적으로 불가능한 일이다. 인간의 네비게이션은 평면적이다. 그러나 사회와 우주의 정보 차원은 3차원 이상이다. 인간이 상상할 수 없는 4차원의 이상의 정보체계이다. 그래서 이러한 세상을 2차원 네비게이션만으로 운전해간다는 것은 너무도 위험한 일이다. 그래서 프랑스가 그러한 문제를 겪을 수밖에 없었다.

인간이 세상의 주인이 되는 것은 좋지만, 인간의 네비게이션을 업그레이드시키지 않고는 이러한 문제를 극복할 수 없는 것이다. 인간이 잘못된 신성을 배제한 것은 필요했지만, 인간의 알고리즘만으로는 고차적인 세상과 미래를 도저히 감당할 수 없는 것도 인정해야 한다. 그래서 인간은 2차 대전의 재난이 끝난 다음 깨어있는 학자들을 통해 이러한 주장을 펼친 바 있었다. 가장 먼저 실존철학에서 이러한 주장이 있었는데 그들은 인간이 다시 초월세계를 추구해야 한다고 했다. 물론 과거 중세기 식의 초월세계여서는 안 된다. 중세기의 초월은 사실 초월이 아니고 강한 종교와 교리적인 알고리즘의 저차정보였기에 이는 당연히 허물어져야 하고 배제되어야 했다. 그러나 초월 자체인 초고차정보와 인간이 더 이상 차단되어서는 안 된다. 어떤 식으로든 인간의 정보가 고차성으로 확장되어야 하는 것이다.

그다음 이를 주장한 학자들이 프랑크푸르트학파였다. 그들은 이성과 지성 중심의 저차적 정보체계를 허물어야 한다고 했다. 그래서 이를 허무는 부정성을 강조하였고 초현실적 예술을 통해 고차성으로 확장되어야 한다고 했다. 그리고 그 이후 프랑스 학자들이 중심이 된 해체철학에서는 이를 더욱 적극적으로 강조하여 저차적 사상을 해체하고 고차적인 정보에 열려야 한다고 주장했다. 그들이 주장한 내용을 정보이론으로 해석하면 알고리즘의 정보에서 복잡성 정보로 확장해야 한다는 것이었다. 그리고 그 이후 정보과학의 발달을 통해 알고리즘 정보를 넘어서는 복잡성의 인공지능을 개발하였다. 이처럼 2차 대전 이후 인간은 알고리즘의 네비게이션을 복잡성 정보의 차원으로 확장하려고 노력하였다. 더 자세한 내용에 관해서는 이 책 마지막 부분에서 다시 다룰 것이다.

인간의 능력을 믿을 수 있는가?

프랑스 대혁명을 통해 억압되었던 프랑스가 자신을 드러낸 네 번째 모습은 무엇이었을까? 자신과 인간에 대한 불신, 분노와 폭력성, 신분 상승에 대한 욕망 등과 함께 마지막으로 보인 자신의 모습은 무엇이었을까? 그것은 자신들의 능력에 대한 부분이었다. 그동안 신과 왕의 절대권력은 그들의 절대적 능력에 대한 신뢰와 의존이었다. 상대적으로 자신들은 열등하고 할 수 없기에 능력이 있는 자들이 지도자 즉 왕과 영주가 되어 자신들을 바로 이끌어주기를 바란 것이었다. 아이들이 어리고 능력이 부족하기에 어른인 부모를 의지하는 것과 같다. 그리고 자신은 부모를 한없이 크게 보며 자신을 무력하고 열등하게 여긴다.

    그러나 아이들이 자라면서 능력을 배양하고 자신들도 할 수 있다는 자신감을 가지면서 부모에게서 독립하여 자신의 힘으로 살아간다. 인간도 절대 능력의 신을 떠나 자신의 능력을 개발하여 자신의 나라와 문명을 세워갔다. 그리고 인간 중에 출중한 자를 왕으로 뽑아 그들을 따르며 살아가는 역사를 만들어왔다. 그러나 그들이 의지하고 믿었던 왕들이 자신들을 돌보지 않고 무력한 것을 보고 화가 나서 왕을 몰아내고 자신들이 왕이 될 수 있는 길을 열었다.

    그리고 개인도 할 수 있는 능력을 많이 개발하고 배양했다. 지성과 이성이 바로 인간의 능력이었고 이를 통해 현실에서 놀라운 문명의 발전을 이루었다. 무엇보다 지성을 통해 산업혁명과 대항해 시대를 열었고 과학의 엄청난 발전을 이루었다. 이성의 철학과 사상 그리고 민주주의도 발전시켰다. 산업혁명과 자본주의와 금융을 통해 경제적으로도 과거에 비해 엄청나게 발전하여 풍요로운 삶을 누릴 수 있었다.

보편적 교육, 대중 매체와 출판을 통해 대중들도 많은 지식을 알게 되었다. 그리고 예술과 문화를 발전시켜 누구든지 이를 향유할 수 있었다. 인간 속에 이러한 엄청난 능력과 잠재력이 있는 것을 미처 알지 못했다. 엄청난 학문과 문명의 발전이었다. 이제 인간은 소수의 능력이 아닌 집단의 폭발적인 능력을 통해 희망찬 미래를 밝혀갈 수 있게 됐다.

프랑스 대혁명 직후 보통 인간들은 자신의 능력을 아직 잘 알지 못했다. 부르주아들이 그래도 세상을 살면서 자신의 능력을 개발하였기에 그들 중에 출중하고 자신감이 있는 자들이 지도자가 됐다. 그리고 그들은 계몽주의와 과학을 통해 자신의 지성과 이성을 개발하였고 민주주의도 실험하였다. 그러나 결과는 앞서 설명한 대로 신통하지 못했다.

그들은 서로를 불신하고 이성과 합리성이 아닌 감정과 폭력으로 문제를 해결하려고 했다. 그래서 법과 체제를 제정하였으나 이것 역시 매번 편의에 따라 바뀌었다. 지성과 이성도 일관성을 유지하지 못했다. 상황과 감정에 따라 변화가 심했다. 앞서 말한 대로 대중들도 선거를 통해 바르게 판단하지 못했다. 감정적이고 이기적이었다. 자신들이 편하고 좋은 대로 선거를 했다. 그래서 프랑스 혁명 이후 150년은 혼란과 무질서의 시대였다. 겉으로는 발전되는 것 같고 풍요로웠지만, 인간을 신뢰하기에는 너무도 많은 어려움이 있었다.

그래도 제3 공화국이 가장 안정적이었고 그 안에서 좌파, 우파 그리고 극좌파 등을 실험해보았지만, 그 어느 것도 이상적이라고 볼 수 없었다. 장단점이 분명했고 그들은 하나 되지 못했다. 19세기 후반은 인간의 능력이 개발되어 새로운 미래를 향해 진군하며 희망에 부풀어 올랐던 시기였다. 그러나 20세기 초에 양차 세계대전이 일어나며 그 발전된 이상으로 파괴와 야만성이 드러나고 엄청난 희생을 초래하게 됐다. 2차 대전을 종식한 핵폭탄이 또 다른 미래의 상징으로 떠올랐다. 인간 능력의 한계를 뛰어넘는 양자의 세계가 열리고 그 힘이 결집된 것이 바로 핵폭탄이었다. 핵과 양자는 인간 능력의 상징이었다. 이 능력이 어떠한 방향으로 다시 인류에게 위협이 될지 아무도 모른다. 이것이 인간 능력에 대한 인간의 희망과 좌절에 대한 두려움이다.

인간은 진실로 인간을 책임질 수 있는 능력이 있는 것인가? 이를 가장 앞서 실험한 나라가 프랑스이다. 그들은 150년 이상을 이것을 위해 열심히 살았으며 싸워왔다. 그런데 인간의 능력이 인간의 문명을 지켜갈 수 있는 것인가? 프랑스가 2차 대전이 끝나고 그들은 회의 가운데 빠질 수밖에 없었다. 그들은 자신의 능력으로 2차 대전을 마무리할 수 없었다. 영국과 미국의 희생을 통해 그들은 승전국이 됐다. 부끄러운 승전국이었다. 그들은 무기력했다. 열등했다. 승전을 누릴 자격이 없었다.

인간의 능력은 대단하였지만, 저차적 알고리즘 안에서였다. 세상과 우주는 초고차정보로 움직이는데 인간의 저차적 정보로는 바로 눈앞에서 일어나는 일을 조절하는 정도밖에 되지 못한다. 이것이 인간 정보 차원의 한계이다. 이것을 알아야 한다. 프랑스 대혁명 이후 인간은 엄청난 능력을 개발하였지만, 그 한계가 무엇인지 알았다. 이제 이를 어떻게 극복할 것인가? 이를 위해서는 먼저 자신의 한계를 알고 인정하는 것이 필요하다. 그래서 이를 극복할 길이 보이기 때문이다.

자신을 바로 보려고 하지 않는 인간의 방어 본능

그런데 인간의 문제는 자신을 바로 보려고 하지 않는 것이다. 인간이 능력이 있고 없고의 문제보다 그리고 인간의 문제가 무엇인가를 아는 것보다 더 중요한 것은 인간이 인간의 문제를 솔직히 인정하려고 하지 않는다는 것이다. 인간에게는 좋은 점도 있지만, 때로는 자신이 보기 싫은 자신의 모습이 드러날 때가 있다. 그런데 이를 솔직히 인정하고 다시 자신을 바르게 돌아보며 새롭게 출발하면 좋은데, 보통 그렇게 하기가 쉽지 않다.

특별히 자존심이 강한 프랑스는 자신의 문제를 솔직히 인정하기가 더욱 어려웠다. 사실 이는 프랑스만의 문제만은 아니었다. 전범국이며 패전국이었던 독일도 겉으로는 어쩔 수 없이 현실의 문제를 인정하였지만, 깊이 자신을 보는 작업을 하기가 어려웠다. 합리화하고 대충 넘어가는 경우가 많았다. 같은 전범국인 일본은 더욱 심했다. 아직도 깊이 사과하는 모습을 보기가 어렵고 과거 전범을 나라에 충성한 자로 생각하고 있다. 이처럼 누구든지 자신의 고통스럽고 아픈 곳을 그대로 인정하고 직면하기는 쉽지 않았다. 특히 트라우마를 경험하고 나면 더욱 그렇다. 이것이 인간의 솔직한 모습이다.

프랑스는 승전국이지만 독일에 협력한 부분이 있었기에 패전국이기도 했다. 여기에서도 그들의 이중성을 볼 수 있었다. 그런데 그들은 이를 솔직히 인정하려고 하지 않았다. 그들의 강한 자존심 때문에 그들의 수치스럽고 무력한 모습을 감추려고 하였다. 자신들보다 열등하다고 생각했던 미국과 자신들과 늘 경쟁해왔던 영국의 도움을 받은 것을 인정하려고 하지 않았고 진정으로 감사하지도 않았다. 자신이 그들보다 못해지는 것을 인정하지 않으려고 한 것이었다. 그리고 그들은 위대한 프랑스를 외치며 아무 일도 없었던 것처럼 열심히 살았다. 드골이 앞장서서 이러한 프랑스를 끌고 나갔다.

자신의 아픈 것을 인정하는 것이 개인적으로도 어려운데, 이것을 집단과 국가가 한다는 것은 더욱 어려운 일이다. 국민이 좋아하지 않는 일을 그 어느 정치지도자도 용기를 내어 시도할 수 없었다. 대충 덮어두고 가려고 했다. 인간은 열등하고 무력한 것보다 이를 인정하지 않으려고 하는 것이 더 큰 문제이다. 이것이 힘들지만, 직면해야 하는 것은 이를 반복하지 않기 위해서이다. 이를 인정하고 개선하지 않으면 반복할 수밖에 없다. 그래서 아프고 힘들어도 이를 인정하고 그 원인을 찾아 해결해야만 후손들이 문제를 반복하지 않을 수 있다. 자신보다 자신의 자식들을 위해서 그렇게 해야 한다. 이것이 동물과 다른 인간의 모습이다.

프랑스는 혁명 이후 이를 반복적으로 경험해왔지만, 이를 진정으로 인정하는 개인도 집단도 쉽지 않았다. 이러한 문제가 가장 고통스럽게 제기된 것이 바로 1차 대전이었다. 그들은 그 후에 너무 아팠기에 망각하려고 했다. 자신들의 문제를 진지하게 돌아보지 않았다. 그래서 그들은 2차 대전을 너무도 무력하고 굴욕적으로 겪었다. 그래도 그들은 자신을 직면하려고 하지 않았고 부끄러운 승전국의 기쁨에 만족하려고 했다. 이것이 프랑스의 문제였다. 물론 일부 프랑스의 지식인들이 이를 제기하며 고발하였지만, 그렇게 큰 영향을 주지 못했다.

이것이 마지막 인간의 문제였다. 자신의 아픔을 보지 않고 방어하려는 인간의 몸부림이 프랑스 혁명을 통해 마지막으로 드러난 모습이었다. 인간의 방어 본능을 이기는 길은 그 어디에도 없었다. 외부에 의해 방어가 깨어지기 전까지는 스스로 이를 허물고 직면하는 인간을 정말 보기 어려웠다.

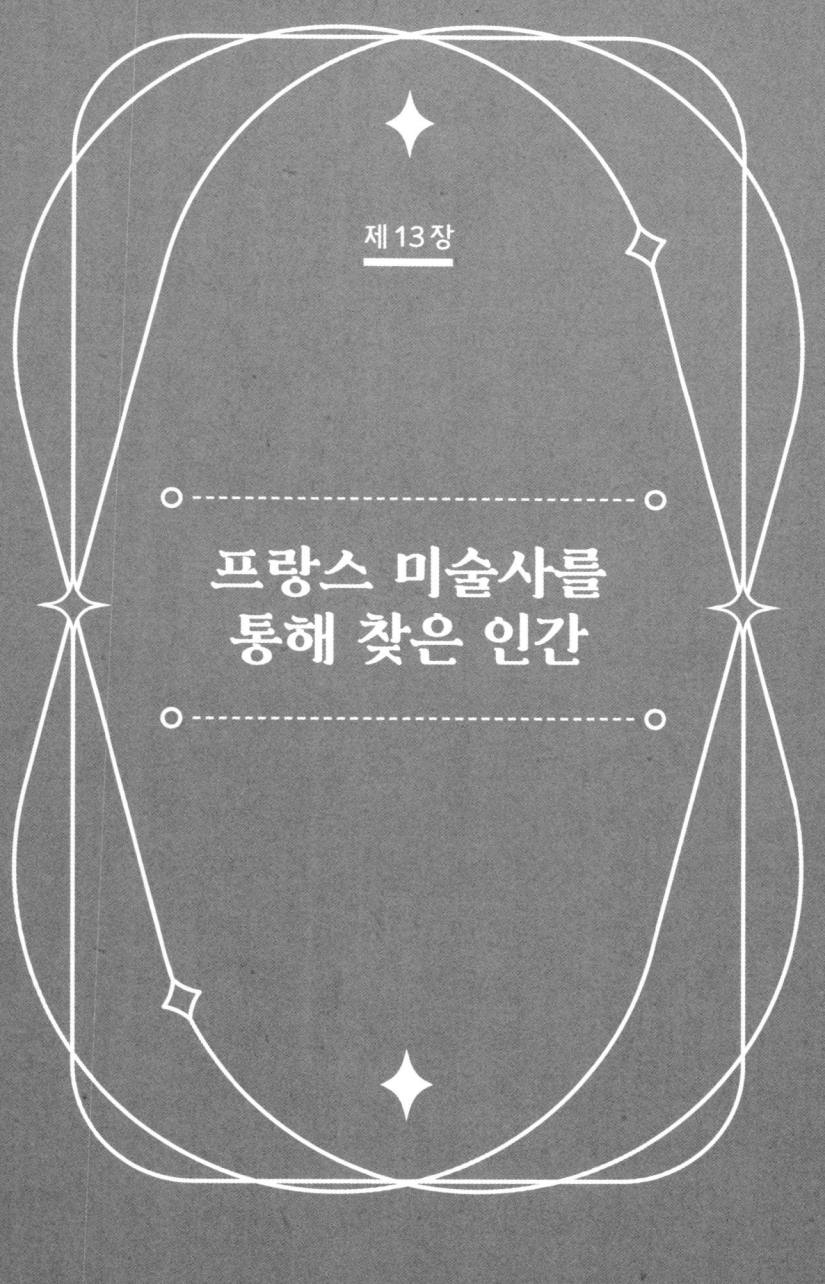

제13장

프랑스 미술사를
통해 찾은 인간

프랑스 미술의 시작

프랑스 미술은 이탈리아의 르네상스를 도입함으로 시작됐다. 15세기 말 샤를 8세 때부터 르네상스를 도입하기 시작하여 16세기 초 프랑수아 1세 때 절정을 이루었다. 초기 르네상스는 이탈리아의 것이었고 프랑스 고유의 르네상스를 형성하지 못했다. 그러다가 플랑드르 예술가들의 도움으로 조금씩 프랑스 양식의 건축과 미술로 변해갔다. 프랑스 양식이란 르네상스의 단정하고 우아한 고전적 양식에서 벗어나 사치스럽고 격정적이고 자유스러운 양식으로 변해가는 것을 말한다.

처음에는 르네상스 풍을 따라 하면서 조금씩 르네상스에서 벗어나고 있었기에 이를 매너리즘mannerism 양식이라 했다. 이는 르네상스에서 바로크로 이행되어가는 과도기적 양식이었다. 16세기 중후반으로 가면서 프랑스 고유의 화풍과 건축이 어느 정도 자리 잡게 되었다. 부르봉 왕가를 시작한 앙리 4세 때 퐁텐블로 궁전을 중심으로 형성된 퐁텐블로파가 더욱 심한 과장과 격렬한 명암을 도입하면서 풍요로운 바로크 양식으로 발전됐다. 이때 네덜란드의 화가들이 많은 영향을 주었다.

이러한 분위기로 인해 프랑스는 바로크와 매너리즘이라는 다소 자유로운 풍조로 자신을 표현할 수 있었다. 그러나 아직 자신의 것으로 충분히 자리 잡지는 못했다. 그들은 이탈리아, 프랑드로, 네덜란드 등의 예술을 모방하며 자기 것을 찾아가고 있었다. 그런데 자기를 충분히 찾기도 전에 절대왕권이라는 강력한 권위와 통제에 부딪히게 됐다. 절대왕권의 영향으로 형성된 문화사조가 고전주의였다.

프랑스적 이중성

절대왕정 자체가 아주 모순적이었다. 절대라는 개념은 엄격한 통제와 질서를 의미하지만, 왕정은 평범함을 넘어서는 권위, 위엄과 화려함을 내포하고 있었다. 통제받는 사람들은 질서 가운데 있어야 하지만, 통제하는 왕권은 맘껏 자유롭고 화려해도 되는 모순이 있었다. 이러한 데서 질서와 절제와 장엄함을 추구하는 고전주의가 발달했다. 그렇다고 과거의 바로크가 사라진 것은 아니었다. 바로크는 여전히 왕권의 권위를 표현하는 데 필요하였지만, 어느 정도의 절제와 질서의 틀 가운데서 표현되어야 했다. 이 속에서 화려함과 질서가 공존하는 이중성이 시작된 것이었다.

그래서 이러한 이중성이 프랑스 예술사조의 특징이 되었고 프랑스인의 기본적인 인성이 되었다. 이런 공존은 첫째로 궁전 건축에서 볼 수 있었다. 절대왕정의 상징이 화려한 궁전이었다. 가장 대표적인 것이 베르사유궁전이었다. 궁정의 외부는 형식과 질서를 중시했다. 특별히 넓은 정원을 아름다우면서도 대칭적인 질서로 설계하여 왕실의 권위와 영화에 압도당하게 했다. 그리고 건축물의 외형도 대칭으로 장엄하고 장대한 분위기를 연출했다. 이 모든 것에 고전주의 기법이 도입된 것이었다. 그러나 궁전의 내부는 바로크의 화려하고 장엄한 분위기로 장식됐다. 그 안에 화려한 장식과 조각 그리고 그림들은 여전히 바로크 풍을 유지하고 있었다.

그리고 절대왕정 시대에는 왕정에서 직접 왕립 회화, 조각 아카데미를 열어 예술가들을 지원하며 통제했다. 아카데미는 예술에 관한 학문적 연구도 진행하였는데 처음에는 르네상스의 고전주의, 플라톤과 신플라톤주의의 예술 이론을 기초로 하였으나, 점차 계몽주의의 영향으로 지성과 이성의 보편적 합리성을 추구했다. 이를 통해 더욱 발전된 프랑스 고전주의의 이론을 확립할 수 있었다. 이러한 학문의 도입은 자유분방한 감각과 감정적 예술을 합리성과 조화를 이루게 하는 이중성의 또 다른 단면이라 볼 수 있다. 그러나 국가가 예술가들을 관리하고 규제하는 것에 예술가들이 반발하기 시작했다. 이를 계기로 예술가 고유의 자유와 감정을 중시하는 집단이 형성되면서 나중에 낭만주의와 사실주의로 발전됐다.

그리고 화풍에서도 이중성을 보였다. 감정적인 바로크적 화풍을 중시라는 루벤스Rubens파와 이성적인 르네상스의 화풍을 따르는 푸생Poussin 파로 나누어졌다. 그래서 루벤스파는 색채와 명암을 중시했고 푸생파는 선과 소묘를 중시했다. 이러한 회화의 이중성은 아카데미 안에서 이론적 논쟁을 유발하여 미술에 대한 비평과 교육이라는 새로운 분야로 발전하기도 했다.

루이 14세가 중심이 된 17세기를 왕정의 세기라고 한다면 그가 죽은 후인 18세기는 귀족의 세기로 볼 수 있다. 왕정이 약화되면서 고전주의의 영향력도 쇠퇴해졌다. 그래서 고전주의의 틀 안에서 늘 꿈틀거리던 바로크가 다시 기지개를 피기 시작했다. 사회 풍조도 억압에서 풀려나면서 가볍고 재미있는 분위기로 바뀌었다. 이러한 시대와 함께 무거운 바로크는 경박한 로코코 양식으로 변화됐다. 이는 바로크의 감정이 억압되어 있다가 풀리면서 나온 현상이었다. 이중성은 이처럼 인간 속에서 서로 갈등하며 새로운 인간의 모습을 찾아가게 하였다.

그러나 프랑스는 로코코의 자유분방한 감정을 그대로 버려두지 않았다. 이번에는 외적인 왕정의 규제가 아니라 이성적인 견제가 들어온 것이었다. 로코코의 경박함에 대한 반발이 생긴 것이었다. 인간에게는 깊은 영혼이 있는데, 로코코는 이를 무시하고 너무 감각적인 즐거움만을 추구하는 것 같아 이를 못마땅하게 본 것이었다. 그래서 등장한 사조가 신고전주의였다. 이처럼 프랑스의 이중성은 정체되지 않고 끊임없이 발전하고 변모해갔다. 신고전주의를 설명하기 전에 다른 문학과 사상에서 이러한 이중성이 어떻게 나타났는지를 살펴보려고 한다.

문학과 사상에서 나타난 이중적 공존

프랑스에서 르네상스가 발달할 수 있었던 것은 프랑수아 1세와 같이 르네상스를 강하게 원하였던 왕이 있었고 이를 수용할 수 있는 통일 국가가 뒷받침되었기 때문이었다. 왕조를 중심으로 시작된 르네상스가 중류층에까지 확산되는 데에는 부르주아의 역할이 컸다. 부르주아가 이처럼 발전하는 데는 위그노라는 신교의 영향을 무시할 수 없을 것이다. 그래서 프랑스에 르네상스가 정착하는데 구교와 신교의 공존이 큰 힘이 됐다. 이 역시 이중성의 공존이었다.

그러나 절대왕권이 들어서면서 두 종교는 갈등하기 시작하다가 결국 위그노가 추방당하게 됐다. 이로써 이중성에 타격을 입으면서 르네상스도 움츠러들었다. 그러나 절대왕권은 자신들의 위용을 과시하기 위해 여전히 르네상스와 바로크가 필요하였기에 절대 권력 안에서도 이중성은 살아남을 수 있었다. 그 이후는 앞서 설명한 대로 바로크와 고전주의의 공존 상태가 지속됐다.

이러한 이중성은 프랑스인의 보편적인 성향이기에 문화와 예술 다방면에 나타났다. 앞서 프랑스의 문학과 사상에 관해 설명하였지만, 여기서는 그 속에 존재하고 있는 이중성을 중심으로 다시 살펴보려고 한다. 프랑스의 문학과 사상의 출발을 토마스 아퀴나스로 볼 수 있을 것이다. 아퀴나스는 신성이 중심이었던 신학에 인간의 이성을 도입하여 대등한 공존은 아니지만, 신성과 인성이 공존할 수 있는 문을 열었다. 이것이 프랑스 인격발달과 성격 형성의 시작이라고도 볼 수 있다. 그 이후 아퀴나스가 열어둔 인간의 문을 통해 르네상스가 들어옴으로 인본주의라는 학문이 발전할 수 있게 됐다.

　인본주의 문학자를 위마니스트라 하였고 그들은 그동안 종교와 봉건제에 억압되었던 인간의 존엄과 행복을 소중하게 여기며 인간의 지성과 이성의 능력을 개발하였다. 위마니스트의 최고봉은 역시 몽테뉴였다. 그의 사상은 모든 것을 그대로 공존하게 하여 누리는 것이었다. 용서와 화해의 공존이었다. 그래서 그는 신구교의 화해를 위해서도 왕후 카트린에 힘을 보태었다.

　그 후 절대왕권과 함께 고전주의는 모든 예술사조에 영향을 주었다. 그래서 질서, 절제와 이성을 중시하는 고전주의 문학과 사상이 발달하게 됐다. 이로 인해 인간의 감정과 쾌락적 행복추구가 억압되어 사라지는 것 같았지만, 프랑스는 결코 일방적일 수 없었다. 어떻게 해서라도 공존의 길을 찾아나갔다. 이성과 질서가 지배하는 것 같았지만, 위대한 데카르트가 나와서 이러한 절대적 이성을 의심하고 회의할 수 있는 인간의 의식을 강조했다. 그리고 그 의식을 인간의 주체로 삼았다. 놀라운 반전이었고 역시 프랑스인다웠다. 합리성과 자기라는 인간이 공존할 수 있는 길을 연 것이었다.

　그리고 그들은 계속해서 공존의 길을 모색했다. 파스칼은 인성과 신성의 공존을 찾았다. 그는 인간도 살고 신도 사는 상생의 길을 합리적 과학으로 찾았다. 절대왕정이 허물어지면서 귀족 중심의 살롱 문화가 활발해졌다. 이 영향으로 인간을 더 깊이 탐구하는 모럴리스트들이 등장했다. 그들은 도저히 만나기 어려운 양극의 고전주의와 로코코의 공존을 시도했다. 이러한 대담한 시도는 계몽주의에서도 계속됐다.

아퀴나스에서 시작된 신과 인간의 공존이 파스칼을 지나 계몽주의에 오면서 더 혁명적인 변화를 겪게 됐다. 그들은 신성을 멀리서 찾지 않고 인간과 자연 속에서 찾았다. 그들에게 있어서 이성은 그들이 그동안 밖에서 찾았던 신성과 같은 것이었다. 그동안 신이 비추었던 빛을 인간의 이성에서 찾았던 것이었다. 엄청나고 대담한 공존의 선포였다. 피조물인 인간과 자연이 신성과 거의 대등한 위치로 공존하게 됐다.

그러나 또 하나의 절대 권력인 왕권이 있었는데, 아직 현실적으로 왕권과 인간이 동등할 수는 없었다. 그러나 그들은 계몽주의 사상으로 그러한 시대를 준비하고 있었다. 몽테스키외, 볼테르와 디드로 등이 그러한 사상가들이었다. 그런데 놀랍게도 그들은 현실에서도 절대왕권을 무너뜨리고 자신들이 왕이 되는 혁명을 일으켰다. 이제는 자신과 왕이 공존하는 새로운 시대를 연 것이었다. 이것이 프랑스의 대혁명이었다.

프랑스 대혁명 이후의 다중적 공존

이미 신과 인간이 공존하고 이제 왕과 평민이 공존하는 시대가 됐다. 이제 프랑스는 인간이 역사와 문명의 주인이 됐다. 당당한 주체로서 자신을 실험하고 탐구하며 자신의 삶을 살아갈 수 있게 됐다. 다른 나라의 사람들은 프랑스의 실험을 주목하고 있었다. 과연 그들은 어떻게 될까? 프랑스가 이 길을 바로 잘 간다면, 그들도 따라가고 싶었다.

그런데 그들의 기대와는 달리 그들 속에서 그렇게 아름답고 이상적인 것만 나오지 않았다. 그들은 인간의 지성과 이성에 엄청난 기대를 하였지만, 역사적 현장은 그렇지 못했다. 물론 놀라운 변화도 있었다. 그들은 이렇게 저렇게 인간이 해볼 수 있는 것은 다 해보았다. 자신들이 하고 싶은 것도 해보았다. 그러나 그들이 경험한 것은 과거에는 없었던 다양하고 혼돈스러운 모습들이었다.

그들에게는 이상적인 이성과 지성만 있었던 것은 아니었다. 앞에서 분석한 대로 인간의 무의식 속에 있던 여러 부정적인 감정들도 같이 나왔다. 자신과 인간에 대한 불신, 두려움과 피해의식 등이 나와 파벌을 만들고 서로를 적대시했다. 그리고 자기와 조금만 달라도 처형하는 공포정치가 행해지기도 했다. 그중에서 분노와 폭력성이 가장 위험하고 고통스러운 것이었다. 과거 절대 종교와 왕권 때보다 결코 덜하다고 볼 수 없는 부정적인 모습들이 다양하게 표출됐다.

그 이후 9월 학살, 7월 혁명과 2월 혁명, 6월 폭동, 파리 코뮌의 피의 1주일, 제3 공화국의 유혈 폭동, 나폴레옹의 전쟁, 1, 2차 대전 등 프랑스 대혁명 이후 150년간 잔인한 폭력이 끊이지 않았다. 그리고 억압되어 있던 인간의 욕망과 신분 상승의 욕구가 폭발하면서 이기심, 사치와 향락 등의 세속적 욕구가 끊임없이 표출됐다. 이를 과거의 그 어떠한 도덕과 규율로 통제하기 어려웠다. 자유스럽지만, 혼돈스런 사회적 풍조가 만연했다.

그들에게는 늘 풀어야 할 정치, 경제와 사회의 문제도 산적했다. 이를 풀기 위해 인간의 능력인 지성, 이성과 의지 등을 앞세워 다양한 실험과 시도를 해보았다. 입헌 군주제, 우파와 좌파 공화정, 민주주의, 사회주의와 공산주의 등 다양한 정치체제를 시도해보았다. 그러나 장단점이 모두 있었고 그 어떠한 것도 이상적인 것은 없었다. 그래서 한때는 과거보다 더 극심한 절대 권력의 제정과 왕정으로 돌아가기도 했다.

그리고 이성과 지성이 그들의 부정적인 힘과 야만성을 예방하고 극복하는 힘이 되지 못했다. 앞서 언급한 대로 그들은 극심한 폭력과 함께 자신들은 민주주의를 주장하면서도 식민지에서는 약탈과 학살을 자행하는 야만성을 보였다. 이에 대해 그들의 이성과 지성은 비판하지 않았고 오히려 국익을 위한 것으로 환영했다. 그리고 그들은 결국 1, 2차 대전이라는 참혹한 전쟁으로 그들의 대혁명을 마무리했다. 그러나 그들은 대혁명의 결산에서 드러난 자신들의 모습을 인정하려고 하지 않았고 회피했다. 이것이 프랑스 대혁명으로 드러난 인간의 모습이었다. 그들이 실험한 인간의 진면목이었다. 그렇다고 이러한 그들의 모습을 그 누구도 비판할 수 없었다. 프랑스는 인간의 거울이었기에 자신을 비추는 거울을 향해 돌을 던질 수 없었다. 바로, 자신인 인간의 이야기이기 때문에 그저 허탈하게 쳐다볼 수밖에 없었다.

프랑스 대혁명은 이처럼 인간의 혼돈과 아픔을 드러낸 사건이었다. 차라리 자신들을 억압하고 아닌 척하고 사는 것이 나았을지 모른다. 자유를 찾아 나서서 자기를 찾아보니 참으로 한심하고 비참한 인간이었다. 마치 자기를 찾겠다고 집을 나선 탕자의 모습과 같았다. 망연자실茫然自失할 수밖에 없는 자신의 모습이었다.

프랑스 대혁명은 인간을 아주 복잡한 모습으로 드러내었다. 한 가지가 아니었다. 이중성 정도도 아니었다. 몇 가지로 설명할 수 없는 아주 혼돈되고 복잡한 모습이었다. 그들은 과거에는 신성과 왕권으로 단순하게 살면서 그래도 그 속에서 인간을 찾아 공존하는 이중성으로 살아왔지만, 이제는 복잡한 다중적 인간으로 살아야 했다. 그들은 대혁명이 빅뱅이 되어 다양한 조각으로 폭발한 것이었다. 그러한 자기가 복잡하고 혼란스러워, 그들은 다시 단순하게 살고 싶어 나폴레옹을 황제로까지 받아들이고 시키는 대로 하며 살았다. 그러나 그들은 다시 예전으로 돌아갈 수 없었다. 그들은 계속 폭발하고 분열해나갔다. 그래서 그들은 다중적인 모습의 인간이 되었고 그들의 문화와 사회는 다중성이 갈등하며 공존하는 현장이 됐다.

이에 맞추어 그들의 예술과 사상은 어떻게 변하게 되었을까? 이제 앞서 중단했던 그들의 예술에 대해 계속 이야기해보려고 한다.

프랑스 미술에 나타난 정체성의 혼돈

절대왕권 속에서 그들의 저항은 아름다웠다. 아이들이 부모에 반항하고 저항하는 것은 그렇게 어려운 것이 아니었다. 무조건 부모를 반대하면 되기 때문이었다. 부모가 이렇게 하자면 저렇게 하고 부모가 저렇게 하자면 이렇게 하면 됐다. 이에 대한 이론적인 배경이 중요한 것은 아니었다. 물론 이러한 저항에 많은 갈등과 희생이 요구되지만, 억압으로부터 자유를 쟁취하려는 한마음으로 열심히 할 수 있었다. 서로 다른 사상과 배경이 있더라도 저항을 위해서는 하나가 될 수 있었다. 정치적으로도 다른 이념과 배경이 있어도, 왕정에 대해 저항하는 것으로 하나가 될 수 있었다.

그러나 기득권이 허물어지고 자신이 기득권이 되었을 때는 그렇게 단순하지 않다. 아이가 성인이 되고 자신이 부모가 되었을 때는 반항할 때와는 다르다. 많은 것을 생각해야 하고 그 이론적 배경이 있어야 하고 또 자신이 책임을 져야 한다. 무조건 반대하던 때와는 다르다. 프랑스 대혁명도 그렇게 변해야 했다. 그들의 예술과 사상도 이처럼 변해가고 있었다.

앞서 설명한대로 그들의 절묘한 이중성으로 어려운 절대왕정을 잘 견디며 발전해왔다. 그런데 이제 그들을 억압하던 절대왕정이 허물어졌다. 그렇게 되면 그동안 억압되었던 인간의 여러 파편이 폭발되어야 했다. 사회가 이처럼 소용돌이 치고 있는데 그들도 함께 그들의 복잡한 무의식을 드러내며 새로운 미술을 실험하고 준비해야 하는데, 이상한 일이 일어났다. 오히려 예술과 사상계는 조용했다.

오히려 반대 현상이 일어났다. 절대왕정이 무너지면 고전주의도 같이 무너져야하는데 반대로 고전주의가 강화되는 신고전주의가 등장하는 기현상이 발생했다. 현실에서는 억압된 감정이 폭발하였지만, 예술과 사상에서는 감정적으로 조용했다. 정말로 인간은 알 수 없는 생명체이다. 왜 이런 아이러니가 일어났을까? 억압이 심할 때와 억압이 풀릴 때의 차이일까? 반대할 때는 힘이 강해지다가 막상 이루고 나니까 그 동력이 약해져서 그런 것일까?

앞서 설명한 대로 인간은 억압받을 때는 무조건 저항하고 압박에 맞서 폭발하려고 하지만, 막상 억압이 풀리면서 자신의 모습이 적나라하게 드러나면 오히려 이를 직면하기를 두려워한다. 자기 속에 저항하였던 그 대상의 모습이 그대로 있고, 때로는 그보다 더 심할 수 있기 때문이다. 독재자를 무너뜨린 혁명투사가 지도자가 된 다음 과거의 독재자보다 더 심한 독재자가 된 경우를 거의 법칙처럼 보기 때문이다. 자식이 부모를 반대하다가 자신도 부모 이상으로 같은 모습으로 변해가는 것을 인정하지 않으려는 것과 비슷하다.

그래서 대중의 욕구는 그들을 직면하기보다는 이상화하기를 원했다. 혁명을 통해 드러난 자신을 직시하기보다는 감추고 이를 이상적으로 포장하기를 원하는 것이었다. 그래서 그들은 자유분방한 예술보다 이상적인 고전주의를 택하였다. 이것이 인간의 묘한 마음이었다. 이것이 프랑스인의 방어기제이기도 하였다. 이상을 그렇게 싫어하고 허물기 원하면서도 자신들을 솔직히 보기보다는 다시 이상화하려는 것이었다. 엄청난 아이러니가 아닐 수 없었다. 그래서 그들은 과거 단순한 고전주의로 만족하지 못하고 자신을 이상화하는 애국적이고 영웅적인 고전주의를 원하였다.

이러한 혼란기에 등장한 나폴레옹의 영향도 컷을 것이다. 그들이 혼돈의 대혁명을 통과하면서 나폴레옹 같은 강력한 통제를 그리워하였고 그래서 나폴레옹이 나타나자 그를 대대적으로 환영하였다. 나폴레옹 자신이 바로 살아있는 신고전주의였다. 그들은 고통스러운 현실을 뛰어넘기 위해 이러한 방어적인 예술이 필요했던 것이었다. 그들은 스스로 다시 이상적인 질서와 아름다움을 찾았다. 고전주의만으로는 시대적으로 뒤떨어진 것 같으니 거기에다 낭만주의적 감정을 입혀 신고전주의를 만든 것이었다. 이처럼 그들은 자신들의 억압된 감정을 적나라하게 표현하기보다는 신고전주의로 이상화시킨 것이었다.

이러한 그림의 가장 대표적인 것이 프랑스 혁명을 가장 상징적으로 표현한 것으로 유명한 들라크루아 Eugene Delacroix(1798~1863)의 〈민중을 이끄는 자유〉이다. 민중들은 억압적일 때는 자유로운 화풍을 찾지만, 자유가 주어지면 오히려 이상적이고 고전적인 화풍을 찾는다. 이것도 프랑스인들의 이중적 공존과 균형감각에서 나온 것인지도 모른다.

프랑스인이 혁명을 통해 자신을 찾을 것으로 생각했지만, 오히려 어디로 어떻게 가야 할지 모르는 정체성의 혼돈에 빠졌다. 그래서 그들은 혼돈에서 조금이라도 벗어나기 위해 이러한 예술을 원한 것이었고 예술가들은 그들에 맞추어주었다. 이러한 예술을 생각하면 예술과 프랑스인에 대해 다소 씁쓸한 마음을 느끼지 않을 수 없다. 너무 방어적이기 때문이다. 위기를 바르게 헤쳐 좀 더 고차원적인 예술로 갈 것으로 기대했는데, 이러한 반동적인 모습에 씁쓸한 마음을 느끼지만, 이것 역시 솔직한 인간의 모습이기에 우리의 것으로 받아들여야 할 것이다.

그러나 예술은 역시 여기에 머물 수 없었다. 그리고 프랑스인은 너무 힘들어 잠시 쉬어갈 수는 있었지만 결코 안주하지는 않았다. 그들은 계속 자기의 길을 갔다. 이제 그들이 어떠한 과정을 통해 그들의 길을 갔는지 살펴보려고 한다.

봄을 준비하는 겨울 프랑스

우리는 중세기를 모든 것이 얼어붙고 정체된 겨울로 생각한다. 생명이 성장하지 못한 시기가 중세기인 것은 사실이다. 그것도 거의 천년을 죽어지냈다. 그러나 학자들은 중세기를 완전히 죽은 시대로 보지 않고 그 이후의 폭발을 준비한 겨울로 보기도 한다. 종교개혁을 준비한 사제와 교사들이 있었고 종교를 넘어서 깊은 영성을 추구하는 수도사도 있었다. 그리고 봉건제의 농사에서 벗어나 기술과 상업 등으로 개인적 경제활동도 시작됐다. 그리고 부분적이지만 입헌 군주제와 대의 제도도 시도되고 있었다. 무엇보다 스콜라 신학의 발달과 아리스토텔레스의 재발견 등으로 토마스 아퀴나스와 같은 신학자가 나올 수 있었다. 그리고 대학과 교회를 중심으로 교육기관도 늘어나고 있었다. 비록 겨울이었지만 그 속에서 농축된 생명이 준비되고 있었으며 이런 겨울이 있었기에 르네상스와 종교개혁이라는 봄을 맞이할 수 있었다.

프랑스의 대혁명과 함께 예술과 사상계에도 대폭발이 있을 것으로 기대했던 것과 달리 오히려 겨울이 찾아왔다. 예술가들은 과거처럼 좋은 작품 활동을 계속하였지만, 대혁명으로 기대한 혁명적인 새로운 작품이 등장하기보다는 과거로 회귀하는 것 같은 분위기를 보였기에 겨울이라고 말해보는 것이다. 그러나 완전히 얼어붙은 겨울이라기보다는 어떻게 보면 새벽이 깊을수록 어둠이 깊어지는 그러한 겨울일 수 있었다.

그렇다면 그들은 아침과 봄을 어떻게 준비하고 있었을까? 그들은 프랑스 대혁명을 통해 노출된 인간을 어떻게 이해하고 받아들이고 표현했어야 했을까? 그들은 이에 대해 고민하며 새로운 탈출구를 모색하고 있었다. 그들은 겉으로는 신성과 왕정에서 벗어나 자유를 누리고 있었지만, 사실 그들은 아직도 대부분 과거에 머물러 있었다. 의식은 해방을 맞았지만, 무의식은 과거의 권위와 통제 가운에 있었다는 뜻이었다. 의식과 무의식의 균열이었다.

물론 대혁명 이후 그들의 무의식이 산발적으로 터져 나왔지만, 완전히 폭발할 수는 없었다. 대부분의 무의식은 아직도 권위와 통제 가운데 눌려 있었기 때문이었다. 그래서 혼돈이 왔던 것이었다. 그들은 이처럼 복잡한 무의식적 자신을 감히 상상할 수 없었다. 자신들 속에 이러한 모습이 있다는 것을 인정할 수도 없었고 남의 이야기나 소설을 보듯이 구경하는 입장이었다. 이를 뼈저리게 자신으로 인정하고 받아들이는 데는 많은 시간과 과정이 필요했다.

그들의 예술은 아직 의식의 수준이었고 무의식은 약간 묻어나오는 정도였다. 본격적으로 무의식에 들어갈 용기와 방법을 몰랐다. 그래서 그들은 불안했고 그 불안이 과거로 돌아가게 하였다. 그러나 그들은 계속 거기에 머물 수 없었다. 잠시 힘드니 도피할 수는 있지만, 계속 자신을 부인하며 도망갈 수만은 없었다. 어떻게 자기를 찾을 수 있을까? 고민하던 중에 그들을 깨운 것이 있었다. 그것은 스페인과 그들의 미술이었다. 물론 프랑스는 이미 그들 스스로 봄을 준비하고 있었다. 준비가 없이는 어떠한 자극도 자신의 것이 될 수 없다. 그들이 먼저 준비된 것을 스페인이 깨웠던 것이었다. 그래서 이러한 움직임에 대해 먼저 이야기하고 그다음 스페인으로 넘어가려고 한다.

현대 프랑스 미술의 태동

이제 프랑스는 억압의 긴 겨울을 지나 봄을 맞이하고 있었다. 프랑스 혁명이 그렇게까지 격렬하게 사람을 움직였지만, 그들의 견고한 무의식은 꿈쩍하지 않았다. 가끔 자기도 모르게 반응적으로 폭발하는 경우는 있었지만, 이것이 자신이라는 것을 인정하며 이를 당당하게 드러내기까지는 적지 않은 시간이 필요했다. 그 작업은 역시 가장 섬세하고 예민한 예술가들의 몫이었다. 예술가들은 그들의 무의식을 조금씩 보며 이를 표현하는 작업을 시도하였다.

근대 프랑스 미술에서 현대미술로 이어주는 화가들이 있었다. 그들은 과거의 전통에서 크게 벗어나지 못했지만, 프랑스 대혁명의 영향이 워낙 컸기 때문에 그들 역시 미세하지만, 그 영향권에 있었다. 그러나 프랑스는 혁명에서 드러난 무의식을 수용하지 못하고 그들 나름의 해법을 찾은 것이 나폴레옹과 같은 영웅을 찾는 것이었다. 혁명과 왕정의 통제를 동시에 해결할 수 있는 길이 바로 혁명적 영웅의 탄생이었고 그 영웅은 왕을 뛰어넘어 황제가 되는 것도 허용하는 아이러니를 보였다. 그렇게 억압적 왕정에 반대하여 그 많은 피를 흘린 프랑스가 왕정보다 더 심한 황제의 독재를 허용한 것은 아이러니가 아닐 수 없었다. 도대체 그들의 무의식에는 무엇이 있었길래 그들은 독재적인 황제를 숭상하기까지 했을까? 그들은 과연 무엇에 환호한 것이었을까?

그들은 대혁명 이후도 변하지 않았다. 여전히 절대적 권력과 통제가 편하였고 익숙했다. 자유와 평등은 하나의 허구적인 구호였지 진정한 그들의 무의식으로부터의 갈망이라고 보기는 어려웠다. 이러한 그들을 가장 솔직하게 드러낸 것이 그들의 예술이었다. 미술은 여전히 고전주의에 머물러 있었고 혁명의 어쩔 수 없는 영향으로 낭만주의가 조금 가세하는 정도였다. 그들의 주류는 여전히 통제와 억압이었고 그 반발로서의 감정적 낭만주의가 동반되는 이중적 공존이 그들의 최선이었다.

그래서 그 시대의 최선은 고전주의 혹은 신고전주의였고 이와 함께 낭만주의가 가미되는 정도였다. 고전주의의 작가로서 대표적인 인물이 자크-루이 다비드Jacques-Louis David(1748~1825)였다. 그는 나폴레옹의 공식적 화가였고 주로 나폴레옹의 영웅적인 모습을 그림에 담았다. 그는 고전주의에서 더 발전하여 더 극적이고 혁명적인 열정을 담은 신고전주의적 그림을 그렸다. 그들은 혁명의 자유와 고전주의의 통제라는 양극의 모순된 공존 속에 있었다. 그들은 겉으로는 변화된 것 같았지만 변화되지 않았다. 그들의 변화는 수동적인 것이고 완고한 억압과 통제에 대한 반응이지 자유와 평등이 주체적인 변화는 아니라는 뜻이었다.

그렇지만 수동이든 능동이든 그들이 변화되고 있는 것은 사실이었다. 그래서 이러한 변화가 그들의 회화에도 점점 영향을 미치고 있었다. 그들의 본질은 신고전주의였지만, 그 안에 반동이 조금씩 일기 시작했다. 이제 이러한 변화에 관해 설명해보려고 한다. 다비드 이후의 대표적인 두 화가에서 이를 살펴볼 수 있다. 다비드 이후 프랑스의 대표적인 두 화가가 장 오귀스트-도미니크 앵그르Jean-Auguste-Dominique Ingres(1780~1867)와 외젠 들라크루아Eugene Delacroix(1798~1863)였다.

앵그르는 다비드의 제자였고 다비드의 신고전주의를 이어받아 프랑스 학술원의 책임자로 프랑스 화풍을 이끌었다. 그는 전통적인 드로잉과 선을 중시하며 선이 완성된 다음 그 위에 채색했다. 그러나 들라크루아는 색을 중시하며 선은 색의 경계일 뿐이며 더욱 강력하고 자유로운 색을 통해 자신의 감정을 표현했다. 그래서 들라크루아는 신고전주의에서 낭만주의로 넘어가는 진보적인 성향을 보였다. 두 사람의 성향이 확연하게 달라 서로의 계파를 형성하여 서로를 비난하며 싸우기도 했다.

두 계파가 보수와 진보의 갈등은 있었지만, 전체적으로 보면 신고전주의의 영향권 아래서의 갈등이라고 볼 수 있다. 그러나 그들은 결코 신고전주의에만 머물지는 않고 새로운 것을 향해가고 있었다. 다소 보수적인 앵그르도 새로운 형태와 선을 시도함으로 관능적인 감성과 자유를 표현하려고 했다. 그래서 현대의 드가, 르누아르와 피카소 등에게 영향을 주었다. 들라크루아는 다양하고 격렬한 색채와 붓놀림을 통해 그 이후의 인상주의 화가에게 적지 않은 영향을 미쳤다. 그래서 그들은 프랑스의 신고전주의에서 낭만주의와 현대미술로 넘어가는 데 중요한 가교 역할을 했다. 그러나 그들을 현대미술을 시작한 작가로 보기에는 그들의 기법과 무의식이 충분하게 드러나지 않았다.

프랑스를 깨운 스페인

프랑스가 중세기의 깊은 어둠 속에 있었을 때도 그들을 깨운 것은 스페인이었다. 당시 스페인을 지배하고 있던 이슬람 국가인 안 안달루스 왕국이 있었다. 그들의 수도는 코르도바였고 당시 파리의 인구가 2만 명

정도였는데, 코르도바는 10만 명이나 될 정도로 유럽 최고의 문명을 자랑했다. 그들은 예술과 학문도 발전하여 아리스토텔레스의 철학을 연구하는 학자들을 배출했다. 그래서 그들은 아리스토텔레스를 비롯한 높은 수준의 학문을 프랑스에 전달했다. 중세기의 프랑스는 아리스토텔레스로 깨어나기 시작했다. 유럽 르네상스의 시작이 바로 스콜라 철학과 토마스 아퀴나스였다. 그래서 유럽은 스페인에 많은 빚을 지고 있었다.

그런데 이번에도 프랑스를 깨운 나라가 스페인과 그들의 미술이었다. 스페인은 프랑스가 르네상스를 시작할 무렵 그들은 이미 유럽의 대제국이었다. 신대륙을 발견하고 대항해시대를 열었고 합스부르크 왕가와 결합하여 유럽과 세계를 군림하고 있었다. 물론 그 이후 프랑스가 절대왕정으로 발전하면서 스페인이 서서히 허물어지기 시작했지만, 그래도 아직 과거의 영광을 무시할 수 없었다.

물론 프랑스 대혁명 당시 스페인은 형편없는 나라였고 프랑스가 선진국이었다. 그래서 후진국인 스페인의 문물을 도입할 것이 없었다. 무엇보다도 프랑스는 시대를 앞서 위대한 대혁명을 이룬 나라고 스페인은 아직도 절대왕정으로 잠자고 있는 나라인데 그런 스페인이 역으로 프랑스를 깨웠다는 것이 이해하기 어려운 일이다. 전체적으로는 그런 것이 사실이지만, 스페인에는 시대를 앞서가는 위대한 천재들이 있었고 그들이 지향한 것들이 프랑스를 깬 것이었다. 그렇다면 프랑스 예술가들은 스페인에서 무엇을 발견하였을까?

그들의 삶과 미술에서 그들이 원하던 무엇인가를 찾은 것이었다. 이 책은 스페인을 소개하는 책이 아니기에 이를 자세히 설명하기는 어렵다.

더 자세한 설명을 원하면 저자의 다른 저서인 〈초현실의 나라, 스페인〉을 참조하기 바란다. 여기에서는 그들이 찾고 있는 것을 요약해서 간단히 설명하려고 한다. 스페인은 혼돈의 나라였다. 그래서 초현실의 나라라고까지 부를 정도였다. 그들의 정체성에서 혼돈이 가장 심했다. 스페인을 지배한 나라가 무수하게 많았다. 이탈리아도 여러 나라가 침략하였지만, 그래도 그들은 로마라는 뿌리가 있어서 그들의 정체성을 지킬 수 있었다. 그러나 스페인은 바탕 자체가 뒤집어지는 역사가 반복되었기에 그러한 역사 속에서 과연 우리는 누구인가? 라는 정체성의 혼돈이 있었다.

그동안 프랑스는 하나로 살아왔지만, 그들이 대혁명을 겪으면서 정체성의 혼돈이 온 것처럼 스페인은 원래부터 이러한 혼돈 속에 살아왔다. 그러다가 그들이 기적적으로 가톨릭 왕국으로 통일을 이루었다. 그러나 다시 그들의 왕은 신성로마제국의 합스부르크에서 왔고 그다음에는 프랑스의 부르봉에서 왔다. 그리고 그들은 기독교와 강한 왕정으로 스페인 국민을 억압했다. 그들은 신대륙이라는 경제적 혜택을 전혀 누리지 못하고 외국에서 온 왕들이 이끄는 전쟁에 참전하느라 온갖 고초를 다 겪었다.

그들은 혼돈 속에 있었지만, 한편으로는 강한 억압 속에 살았다. 그러나 그들은 억압으로 눌러 살 수 없는 뜨거운 국민성이 있었다. 이러한 그들의 심성이 그들의 삶과 예술에 스며 나온 것이었다. 그들의 폭발적인 힘이 그들의 삶과 예술에 스며 나온 것이었다. 프랑스는 그것을 포착하고 이를 모방했다. 모방은 자기 것으로 만드는 지름길이었다.

스페인은 프랑스 이상으로 오랜 기간 종교와 왕권의 억압과 통제를 받았다. 그러나 프랑스만큼 강한 억압은 아니었으며, 그들 나름대로 삶과 문화 속에서 억압된 것을 풀며 살아왔다. 그들의 강한 역동성과 감정은 쉽게 억압되기 어려웠다. 프랑스인은 예술을 통해 자신을 표현하기보다는 어떠한 사조에 메이는 경향이 있었다. 그들은 자신의 미술을 만들기보다는 수입해온 것으로 무언가를 표현하려고 했다. 자기와 자신들의 감정을 표현했지만, 그렇게 본질적인 자기는 아니었다. 이상화되고 통제된 것이었다. 그들은 진실한 자기를 표현하기보다는 예술사조로서의 르네상스, 바로크, 로코코와 고전주의의 그림을 그렸다. 그리고 감정을 표현하는 낭만주의였기에 그들은 감정을 표현했다. 다들 그렇게 그림을 그리면서 그렇게 감상했다.

그러다가 대혁명을 통해 자신들의 무의식이 폭발하는 것을 보았지만, 이를 어떻게 이해하고 예술로서 표현해야 할지 몰랐다. 의식으로 이상화하려고만 하였지 자신들의 적나라한 모습을 인정하고 표현하는 것이 너무도 서툴렀다. 그런데 그 길을 스페인에서 발견한 것이었다. 스페인은 미술을 통해 자기를 표현하고 있었다. 같은 억압된 상황이었지만, 자신을 교묘하게 표현하고 있었다. 그들의 자기는 인간을 찾는 것이었다. 인간의 이념과 사조가 아니라 그 속에 있는 인간의 참모습을 찾기 위해 그림을 그리고 있었다. 그들의 그림 속에 바로 프랑스가 찾아야 할 인간이 있었다.

르네상스도, 바로크도 인간이었지만 이 역시 형식과 통제 속의 인간이었다. 그래도 조금 인간의 모습이 나오기는 했지만, 약간의 잠재된 무의식이었지 본격적인 무의식은 아니었다. 프랑스 화가들은 처음에는 이탈리아, 네덜란드 화가들을 모방하였지만, 나중에는 주로 스페인 화가들을 모방했다. 그래서 그들이 모방한 스페인 화가들에 관해 이야기해 보려고 한다.

프랑스에 영향 준 스페인 화가들

프랑스 루브르에는 스페인 작가들의 작품이 있었고 가끔 스페인 특별전이 있어 그들이 직접 마드리드에 가지 않아도 스페인 작가들의 작품을 접할 수 있었다. 19세기 중반에 루브르에서 모사를 요청받은 작가 중에 스페인 작가들이 많았고 가장 많이 요청받은 작가가 무리요였고 그다음이 벨라스케스였다고 한다. 무리요Bartolome Esteban Murillo(1617~1682)는 17세기 중 후반기에 주로 활동한 화가이고 세비야에서 활동했고 수도원에서 그림을 그렸다. 그는 시대에 앞서 인간의 내면과 삶을 사실적이고 자연주의적으로 표현했다. 당시의 스페인은 겉으로는 황금세대라고 했지만, 주민의 삶을 늘 고통 가운데 있었다. 그러나 그는 그 속에서 인간의 내면을 아름답게 표현했다. 인간의 내면을 담았으나 이상적인 모습으로 그린 것이었다. 그러나 그림에서 인간의 사실적 내면을 볼 수 있는 것만으로도 프랑스인들에게는 충격이 됐다.

그리고 이를 표현하는 부드러운 붓질과 생동감 있는 색조로 인간의 진실을 표현하는 그들의 기법과 역동성이 그들에게 새로운 자극이 됐다. 두 번째로 프랑스인에게 영향을 준 스페인 화가는 리베라이다. 리베라Jusepe de Rivera(1591~1652)는 스페인 태생이지만 대부분 이탈리아에서 활동하였기에 그를 순수한 스페인 화가로 생각하기는 어렵지만, 그는 스페인의 정체성이 뚜렷했고 당시 스페인령인 나폴리에서 주로 활동하였기에 스페인의 영향을 무시할 수 없었다.

무엇보다 그의 그림에서 스페인을 강하게 느낄 수 있었다. 그는 이탈리아의 르네상스 후기에 가장 혁신적인 화가로 알려졌던 카라바조의 후계자로 알려져 있다. 카라바조Michelangelo Merisi da Caravaggio(1571~1610)는 르네상스의 기법에서 벗어나 과감하게 빛의 명암법을 도입했고 인물이 아닌 정물을 그리기도 했고 그 외 낭만주의와 자연주의의 특성을 도입한 혁신적인 화가였다. 특히 그의 명암법은 그 후 유럽에 큰 영향을 주어 루벤스Peter Paul Rubens(1577~1640)와 렘브란트Rembrandt Harmenszoon van Rijn(1606~1669) 등과 같이 빛을 중시하는 작가들이 탄생하게 됐다. 카라바조의 사후에 명암대비 화법을 유럽에 전달한 화가가 바로 리베라였다.

프랑스는 이미 네덜란드를 통해 바로크적 명암법을 도입하였기 때문에 리베라를 통해 명암법의 영향을 받은 것은 아니었다. 리베라는 이러한 기법을 통해 인물의 개성과 내면을 더욱 깊이 표현하였기에 바로 이러한 점이 프랑스 화가들에게 깊은 인상을 준 것이었다. 무리요에서 시작된 인물 표현은 리베라에서 더욱 깊어진 것이었다. 그리고 그의 인물은 이상적인 인간이 아닌 걸인, 주정꾼, 부랑자 등과 같은 사실주의적인 인물이었다. 그 외 스페인 화가로서 프라시스코 데 수르바란Francisco de Zurbaran(1598~1664)이 있었다. 그의 작품은 많지 않지만, 특별히 수도승의 깊은 영성을 인물에 표현하였고 정물화도 그렸다. 그는 자연주의와 사실주의적인 섬세한 표현을 통해 영성의 신비성을 더욱 깊이 표현했다.

스페인의 가장 대표적인 화가인 벨라스케스Diego Rodriguez de Silva y Velazquez(1599~1660)는 그의 그림이 스페인 특별전 등을 통해 알려졌고 특히 프랑스 현대 작가들에게 영감을 주어 그들이 그의 작품을 많이 모방했다. 벨라스케스 역시 빛의 명암을 중시하였지만, 그의 작품이 프랑스 화가에게 영향을 준 것은 독특한 그의 그림 때문이다.

프랑스는 의식으로 억압과 통제를 하는 것에 익숙해 있었기에 그들은 무의식으로 들어가는 것에 무척 서툴렀다. 무의식이라고 해야 옅은 잠재의식 정도였다. 그런데 스페인 화가를 통해 그들이 접근하지 못하던 인물과 인격의 깊은 내면을 접하게 되면서 그들도 자신을 들여다보는 길이 열리게 되었다. 그러나 그들의 내면을 그렇게 간단하지 않았다. 의식과 달랐다. 특히 프랑스 대혁명 이후 드러난 그들의 무의식은 아주 다양하고 서로 이해하기 어려운 복잡한 것이었다. 과거에는 통제하는 중심이 있었고 이에 반발하는 것이 이중적으로 공존하는 정도였는데, 혁명 이후 그들의 무의식은 폭탄의 파편처럼 여러 조각으로 나누어졌다. 늘 하나에 의해 통제받고 있던 그들에게는 이러한 무의식은 정말 어려운 세계였다.

그런데 벨라스케스의 그림에는 이러한 복잡한 것들이 표현되고 있었다. 서로 하나가 될 수도 없고 다양하고 서로 관계가 없어 보이는 것들이 하나의 화폭에 표현됐다. 벨라스케스가 궁정화가로 있었던 스페인의 당시가 그렇게 모순적이고 복잡한 상태였다. 그는 이러한 복잡하고 다중적인 것을 하나의 그림에 표현한 것이었다. 숨은 그림 찾기처럼, 그는 거울까지 동원하면서 그의 다중적인 느낌과 무의식을 하나의 평면에 담은 것이었다. 놀라운 일이었다. 정말 미술사에 혁명적인 일이었다. 프랑스 대혁명이 많은 것을 터트렸듯이 그의 그림도 대혁명처럼 많은 것을 폭발시킨 것이었다. 그래서 입체주의를 시작한 피카소Pablo Ruiz Picasso(1881~1973)와 초현실주의를 시작한 살바도르 달리Salvador Dali(1904~1989)가 벨라스케스의 작품을 그렇게 좋아했던 것이었다.

그리고 마지막으로 스페인의 고야Francisco Goya(1746-1828)라는 화가가 있었다. 그의 그림은 로코코 풍의 감성적이고 밝은 그림에서부터 현대미술의 사조인 사실주의, 인상주의, 표현주의와 초현실주의 등의 다양한 화풍을 볼 수 있었다. 그래서 프랑스 화가들은 그의 그림을 통해 통제된 화법을 벗어나 그들 무의식에서 올라오는 다양하고 때로는 괴이하더라도 이를 다양한 기법으로 과감하게 표현하는 것을 볼 수 있었다.

프랑스는 현실 정치에서는 놀라운 대혁명을 일으켰지만, 이는 어쩔 수 없는 폭발이었지 그들의 의식과 무의식까지 이를 감당할 만큼 충분하게 성숙되지 않았다. 그런데 그들은 스페인을 통해서 무의식을 어떻게 접근하고 표현할 수 있는지를 알고 배울 수 있었다. 그래서 그들이 조금씩 신고전주의를 벗어나 현대적 화풍으로 성숙하는 계기를 열었다. 외적 혁명만이 아니라 이제는 내면에서도 혁명이 일어나고 있었다. 그들이 내면적인 혁명은 오히려 겉으로는 왕정과 종교로 억압되어 있다고 생각했던 스페인으로부터 도입됐다는 것이 흥미로웠다. 이처럼 스페인은 겉으로는 미성숙한 정치와 사회 가운데 있었지만, 내적으로는 이를 이미 초월하는 성향을 보였던 것이었다. 이것이 스페인의 독특한 성격이기도 했다.

프랑스 현대미술을 연 선구자들

앞서 설명한 대로 프랑스는 혁명을 통해 드러난 자신들의 솔직한 모습을 인정하려고 하지 않았다. 부정하고 거부했다. 이를 계몽주의로 이상화하기만 했지 그들의 솔직한 아픔과 모순을 회피했다. 프랑스의 미술은 이렇게 인간을 회피하고 인간이 아닌 이상과 거대한 무언가에 자신을 의탁하고 숨기려고 했다. 이것이 신고전주의였다. 그러나 이렇게 숨긴다고 완전히 가려지는 것은 아니었다. 그들은 스페인의 영향으로 자신 속에 있는 복잡한 무의식을 조금씩 인정하고 그대로 표현하기 시작했다. 이것이 바로 모더니즘 즉 현대미술의 시작이었다. 그래서 인간의 솔직한 모습이 그림에 나타나기 시작한 것이 현대라고 볼 수 있었다. 그 모습이 어떠하든 인간이고 자신이기에 자신이 주체가 되는 예술과 삶이 시작된 것이었다.

이를 처음으로 받아들이고 인간의 삶과 모습을 그대로 그리기 시작한 프랑스 화가가 쿠르베Jean-Desire Gustave Courbet(1819~1877)였다. 그는 〈돌 깨는 사람들〉과 〈오르낭의 장례〉라는 작품에서 고향 사람들의 힘든 노동 현장과 마을의 삶을 있는 그대로 묘사했다. 그의 이러한 그림은 스페인 화가 리베라, 수르바란과 벨라스케스의 영향을 받은 것이었다. 이를 미술 사조로 보면 자연주의와 사실주의의 등장이라고 할 수 있다. 그러나 그 속에 더 중요한 것은 그림의 주인이 인간이 되고 있다는 것이었다. 그의 그림 〈화가의 화실〉에서는 벨라스케스의 〈시녀〉에서 와 같은 현대성이 나타나고 있다. 인간의 다중적인 모습이 하나의 그림에 실려 있었다. 근대의 이중성에서 현대의 다중성으로 넘어가는 기념비적 작품이었다.

쿠르베는 삶에서도 인간을 찾기 위해 몸부림친 실존적 인물이었다. 혁명의 격동기에 혁명을 지지하는 사회주의자, 공화주의자로서 파리 코뮌에 참여하여 예술가 총연맹위원장을 맡았다. 그리고 그는 전통적인 관학체제의 전시에는 출품하지 않았고 그의 미술의 공로를 인정하여 수여한 훈장도 거부했다. 그리고 파리 코뮌이 실패하는 바람에 투옥과 망명 등의 고난을 겪다가 끝내 사망하고 말았다. 그의 삶도 그의 그림처럼 인간을 찾고 인간이 주체가 되는 삶이었다. 그는 깜깜한 권위와 통제의 무의식에서 삶과 화폭에 그의 몸을 던지면서까지 절실하게 모더니즘의 길을 간 선구자였다.

쿠르베가 닦은 이 길을 가면서 프랑스 현대미술의 문을 연 화가가 있었다. 바로 마네Edouard Manet(1832~1883)였다. 마네는 쿠르베처럼 격렬한 삶을 살며 전통을 거부한 사람은 아니었다. 그는 부르주아적인 배경으로 조용하였지만, 쿠르베처럼 전통적인 그림을 배격했다. 남들이 원하는 그림, 어떠한 것에 의한 그림이 아니라 있는 그대로의 인간과 현실을 그리려고 했다. 그는 인간을 찾는 그림을 그리고 싶어 그는 초기에는 스페인 화가의 그림과 스페인을 주제로 하는 그림을 주로 그렸다. 2년간 스페인과 연관된 그림이 15점이나 될 정도였다. 이를 통해 그는 인간을 그릴 수 있게 되었고 그 후 그는 기념비적인 두 작품을 내놓게 됐다.

〈올랭피아〉와 〈풀밭에서의 점심〉이 바로 마네 자신과 프랑스 현대미술의 기념비적인 작품이었다. 두 작품 다 여인의 누드를 주제로 했다. 전통적으로 누드는 화가들에게 있어 아주 묘한 주제였다. 여인의 누드는 종교적으로나 도덕적으로 금기시되어야 했다. 현대의 누드도 그렇다. 여인의 누드는 돈을 내고 은밀하게 보는 것이지 미술관에서 공개적으로 볼 수 있는 것은 아니었다. 교양을 갖춘 사람이나 신앙을 가진 사람이 쉽게 볼 수 없는 것이 누드인데, 누드 그림은 대부분 화가의 단골 메뉴였기에 모두가 공개적으로 볼 수 있었다. 그것도 예술로 고상하게 포장하며 여인의 누드를 훔쳐본다는 것은 정말로 대단한 아이러니였다. 앞서 말한 인간의 이중성이다. 예술이라는 고상함을 통해 여인의 누드를 관음할 수 있는 것이 바로 누드화의 이중성인 것이다.

  이러한 이중성을 감추기 위해 누드화는 항상 이상화되어야 했다. 여신, 비너스 등과 같이 현실에서는 볼 수 없는 이상적이고 신비로운 여인으로 육체적인 감성을 감추어야 했다. 그래야 죄의식이나 수치감이 없이 감상할 수 있기 때문이다. 그런데 마네는 그의 두 작품에서 이러한 전통을 과감하게 깨어버리고 여인의 육체를 있는 그대로 노출했다. 그렇다고 그가 여인의 춘화도를 그린 것이 아니고 예술작품으로서 그렇게 한 것이었다. 여인의 누드와 관계된 많은 것을 느끼고 노출하는 과감한 작품이었다. 그래서 사람들은 당혹스러워 이를 비난하고 거부했다. 그는 여인의 누드를 자연스럽고 아름답게 표현했다. 인간의 그대로의 모습과 또 다중적인 느낌과 무의식을 드러내는 현대성을 시도한 것이었다. 그의 이러한 시도를 자연주의 혹은 사실주의라는 개념으로 이해하지만, 이는 억압되었던 인간의 무의식을 표출하는 작업이었다.

그러나 대중이나 많은 예술가조차도 이를 받아들이지 못했고 마네는 예술가로써 제대로 인정받지 못하고 말년을 병중에 쓸쓸하게 보내다가 1883년 51세로 운명하였다. 그러나 사후에 대부분 비평가가 그를 프랑스 현대미술의 창시자로 칭송했다. 프랑스의 현대미술의 본격적인 출범이 인상주의라고 본다면 마네 역시 인상주의를 연 창시자로도 볼 수 있다. 그러나 마네는 자신을 인상주의 화가로 생각하지 않았고 그들의 단체전에 한 번도 출품한 적은 없었다. 그의 주위에 젊은 인상주의 화가들인 모네, 피사로, 드가, 르누아르, 세잔 등이 마네를 그들의 수장으로 모시려고 하였지만, 그는 자신의 그림에서 더 이상 벗어나지 않았다. 그러나 그의 아방가르드 정신은 분명히 인상주의라는 새로운 영역의 길이 되기에 충분하였고 그래서 미술사적으로도 그를 인상주의를 연 화가로도 평가하는 것이다.

마네의 아방가르드 정신이 어떻게 인상주의를 여는 가교가 되었을까? 마네가 그림 속에 있는 과거의 도식화된 틀을 깨고 다양한 가능성과 다중성의 길을 연 것을 그의 아방가르드 정신으로 볼 수 있을 것이다. 인간의 생각과 감정은 무척 다양하다. 사람마다 다르고 상황마다 다르다. 그러나 과거 프랑스는 이러한 다양성을 거부하고 하나의 획일적인 전통과 권위로 통제하려고 했다. 이로 인해 인간이 억압되고 인간은 하나라는 전체에 종속됐다.

인간을 찾고 발달한다는 것은 그 전체와 획일성을 허물고 인간의 다양성과 다중성을 인정하고 살리는 것이다. 이미 프랑스 대혁명에서 이를 이루었으나 그들의 무의식은 이러한 인간발달을 두려워하고 저항했다.

그래서 그들은 혁명 이후 저항과 방어 속에서 방황하며 새로운 길을 모색하고 있었다. 그런데 화가들이 이를 찾아가고 있었다. 그 시작이 쿠르베였고 그다음이 마네였다. 그들의 그림은 획일성을 부수고 그 속에 있는 개인의 다양한 느낌과 감정을 표현했다. 이것이 아방가르트 정신이었고 진정한 내적인 혁명이었다. 그래서 그림이 모호해지고 다중적인 의미를 지니게 됐다.

마네는 명확한 윤곽이나 세밀한 묘사보다 모호한 상태로 남겨두어 사람의 인상에 따라 다양하게 그림을 볼 수 있게 했다. 이러한 점이 인상주의의 시작으로 볼 수 있다. 그리고 그는 확실한 윤곽보다 붓 자국으로 그림을 볼 수 있도록 하여 인상주의의 기법을 이미 사용했다. 그래서 그가 아무리 부인해도 그를 인상주의를 시작한 화가로 부르는 것이다.

인상주의

인상주의는 왜 현대성을 의미할까? 왜, 어떻게 인상주의가 시작되었고 인상주의가 인간의 발달과 어떠한 연관성이 있을까? 인상이란 그림의 주체가 대상에서 대상을 보는 인간이 주체가 되는 것을 의미한다. 대상이 절대적이고 고정된 것이 아니고 대상을 보는 인간의 인상에 의존되기에 인간이 미술의 주체가 되는 것이다. 그래서 대상에 의해 억압된 인간이 발달하는 것을 의미하기에 현대성을 갖는다고 볼 수 있다.

그렇다면 인간의 인상이 주체가 되므로 그림에서 일어나는 것은 무엇일까? 어떠한 현상이 일어나는 것일까? 인간이 주체가 되는 길은 인상주의에만 일어나는 일은 아니었다. 사실주의, 자연주의와 낭만주의에서도 인간이 주체가 되어가고 있었다. 이를 통해서 인간의 삶과 감정이 주체가 되었다. 이러한 것으로 이미 인간이 주체가 되고 있는데, 꼭 인간의 인상이 주체가 되어야 하는 이유는 무엇일까? 인간의 인상이란 의미는 인간의 삶과 감정과 어떻게 다른가? 즉 사실주의나 낭만주의와 인상주의는 어떻게 다른 것인가?

둘 다 인간이 주체인 것은 사실이지만, 차원이 다소 다르다. 사실주의와 낭만주의에서의 인간은 어떠한 전체성을 유지한다. 인간의 삶이라는 전체성과 감정이라는 전체성이 있다. 그러나 인상주의에서는 인간의 전체성을 상실한다. 인간이 분해된다. 인상주의 전의 그림은 형태를 중시한다. 그러나 인상주의는 형태보다 색을 중시한다. 과거의 그림은 형태가 주인이 되고 색은 부수적이다. 인상주의에서는 색이 주인이 되고 형태는 색에 의해서 형성된다. 인상주의에서는 색으로 분할한다. 이를 점묘법이라 한다. 그리고 대상을 블록화한다. 인간의 형태도 해체되는 것이다. 물론 그림의 형태가 있지만, 일단 점묘로 분해된 다음 재구성되어 형태가 만들어진다. 이것이 인간발달과 무슨 관계가 있는 것인가? 이러한 과정에 인간이 어떻게 살아있고 발달되는 것인가? 그렇게 간단하고 쉽게 이해할 수 있는 것은 아니다.

인상주의에서는 고정된 형태와 색이 없다. 상황의 인상에 따라 달라지는 것이다. 색도 달라지고 형태도 달라진다. 대상이 결정되어 있는 것이 아니라 대상과 빛이 만나면서 인간의 망막에 맺히는 인상에 따라 대상이 변하는 것이다. 감정이나 삶이 아니라 인간의 본질적인 인상이 그림의 주체가 된다. 그래서 인간의 무수한 인상이 그림 속에 포함되는 것이다. 인상주의에서는 모든 것이 모호하고 중첩적이다. 한 가지 색과 형태가 아니다. 그래서 사실주의와 낭만주의에서 보이는 다중성과 비교할 수 없을 정도로 본질적인 다중성이 있는 것이다. 이것이 인간이다. 인간은 이처럼 대상과 상황에 따라 다르게 반응하는 것이다.

인간의 무의식에서 올라오는 다양한 것과 대상이 부딪히면서 이해할 수 없는 다중적인 모습이 드러나는 것이다. 인상주의의 그림은 이러한 무수한 다중성을 표현하는 것이었다. 그래서 사실주의와 낭만주의와 비교할 수 없을 정도로 인간의 본질적인 다중성이 드러나는 것이었다. 그래서 인상주의는 인간의 의식에 머물지 않고 무의식으로 깊이 들어가게 한다. 이처럼 인상주의는 인간의 무의식을 드러내기에 이를 현대미술로 받아들이는 것이다.

인상주의의 발달

인상주의는 이렇게 시작하지만, 멈추지 않고 계속 발달했다. 인상주의가 어떻게 발달하는지 살펴보면서 그 속에 인간이 어떻게 발달하는지를 살펴보려고 한다. 인상주의는 대상 자체가 아니라 대상을 통해 인간이 느끼는 인상을 추구했다. 그러다 보니 그들의 그림은 점점 대상으로부터 자유롭게 되어 자신의 인상으로 빠져드는 경향으로 갔다. 대상의 흔적이 희미해지고 자신의 인상만 남는 것이었다. 그래서 구상적 대상이 아니라 경계와 윤곽이 모호해지는 추상이 됐다.

그래서 이러한 인상주의 발달에 거부감을 느낀 화가들도 있었다. 고전적인 대상을 벗어나는 인상까지 가려는 모험에 더 이상 참여하지 않고 대상으로 다시 회귀하려는 인상주의자들이 생긴 것이었다. 르누아르, 드가, 세잔 등이 그러한 작가였다.

그러나 끝까지 순수한 인상주의를 고집한 작가들이 있었는데 그 선봉에 모네Claude Monet(1840~1926)가 있었고 피사로Camille Pissarro(1830~1903)와 시슬레Alfred Sisley(1839~1899)도 참여했다. 대상은 원소로 구성되어 있다. 그러나 그 원소는 절대적이지 않았다. 그 대상이 나에게 인식되기 위해서는 광자 곧 빛이 매개역할을 해야 한다. 대상에서 출발한 그 광자 곧 빛은 공간을 통과하면서 또 다른 원소들과 부딪히면서 나의 망막에 도달한다. 망막에서 나의 다른 원소들과 반응하며 그 대상을 느낀다. 이미 그 대상은 그 대상이 아니었다. 그 과정에서 내가 보는 인상이고 반응이었다. 대상과 동일할 수 없다. 그래서 그 대상은 곧 나의 인상이다. 그 인상으로 사물을 재구성해야 한다. 내가 만든 새로운 대상이 되는 것이다. 이것이 인상주의의 과학적 설명이다.

그래서 인상주의의 그림은 대상의 모습이 아니라 나의 인상의 모습이다. 인간이 대상과 만물의 주체가 되는 것이다. 이는 정신분석에서 말하는 대상관계 이론이기도 하고 나와 대상의 관계이기도 하다. 여기서 말하는 인간과 주체도 사실 대상처럼 확정된 것이 아니다. 대상이 나의 인상이듯 나도 대상의 인상이다. 나도 없고 대상도 없다. 대상과 나의 관계일 뿐이다. 이를 표현하는 것이 순수인상주의이다. 그리고 현대적인 인간의 모습이다. 나는 누구인가? 인간은 누구인가? 대상과 무수하게 관계되고 그 인상으로 구성된 것이 나이다. 나의 대상은 곧 나의 인상이고 관계이다. 결정되어 있지 않고 계속 움직이고 발달한다. 이는 현대 해체철학이 지향하는 방향이기도 하다.

인간의 뇌는 대상을 그대로 인식하지 않는다. 그 차이를 인식함으로 대상을 인식한다. 이는 해체철학에서 말하는 차이와 반복의 이야기와 통한다. 차이가 대상을 만들고 차이가 반복됨으로 나의 인상과 대상이 형성되는 것이다. 사실 인간이 알고 있는 대상은 허구이다. 차이가 반복됨으로 만든 허구적 인상이다. 그러나 그것은 인간의 인식이고 인상이다. 인간은 이처럼 가상과 허구 속에 산다. 대상은 나의 인상이라는 가상이고 허구이다. 반드시 그렇게 되어야 할 이유가 없다. 그러나 이 가상과 허구는 곧 나이기도 하고 나의 존재이기도 하다. 무척 아이러니한 인간의 모습이다.

허구를 자신으로 받아들이고 살아야 하는 것이 인간이다. 허구인 줄 알지만 모든 것이 허구이니 허구를 실재로 받아들이며 살아야 하는 것이 인간이다. 사이버가 사이버인 줄 알지만 사이버를 실재로 생각하며 살아야 하는 것이 현대문명인 것처럼, 인상이 이제 실재가 되는 현대성 속에 살아야 하는 것이 인생이다. 이를 추구하는 것이 인상주의이다. 아주 과학적으로 현대적이다. 해체적이다. 이는 불교에서 줄기차게 주장해온 이야기이기도 하다.

신인상주의

이처럼 대상을 자신의 인상으로 해체하여 재구성한 작가들을 신인상주의라고 한다. 신인상주의는 조르주 쇠라 Georges Seurat(1859~1891)가 기존의 인상주의의 화법과 다른 새로운 기법을 개발함으로 시작됐다. 신인상주의는 인상주의의 영향은 받았지만, 회화를 과학적으로 연구하는 가운데 개발되었다. 대상은 빛이고 화폭은 물감이라는 색이다. 그런데 빛과 물감의 색은 본질적으로 다르다. 빛은 광자라는 양자이다. 빛은 섞을수록 밝아진다. 이를 가산 혼합이라 한다. 그러나 물감은 물질이다. 양자가 아닌 분자이다. 이를 섞게 되면 명도가 더 떨어진다. 이를 감산 효과라고 한다. 쇠라는 가능한 그림이 빛의 상태를 유지하기 위해서 가능한 색을 섞지 않는 방법을 고안했다.

그것이 분할주의 혹은 점묘법이라 했다. 색을 섞지 않고 점들로 분할하여 화면에 병치하여 사람의 망막이 이를 빛으로 혼합하여 느끼게 하려고 했다. 놀라운 과학적 발상이었다. 사실 점묘법은 폴 시냐크 Paul Signac(1863-1935)가 처음 도입하였고 쇠라는 더 넓게 색을 분할하여 화면을 체계적 영역으로 분할했다. 이처럼 쇠라는 점묘를 분할주의로 발전시켰다. 이를 인상주의 화법에 적극적으로 도입한 작가가 피사로였다. 그래서 이를 시작한 쇠라, 시냐크와 피사로를 신인상주의 화가로 부르는 것이다.

쇠라는 일찍 사망하였고 신인상주의 기법을 중간에 도입하였던 피사로는 너무 냉정한 과학주의에 회의 느껴 다시 인상주의로 돌아갔다. 그래서 시냐크가 신인상주의의 대표주자가 됐다. 그는 그의 화법으로 반고호와 마티스와 같은 젊은 화가에게 깊은 영향을 주었다. 쇠라는 광학과학으로 새로운 화법을 개발했지만, 그 이후 과학이 밝힌 바에 의하면 그의 이론은 과학적이지 않았다고 했다. 화면에서 색을 섞지 않았다고 해서 가산혼합이 일어나는 것이 아니라는 것이 밝혀졌다. 점묘 혹은 분할은 상대적인 명암을 보이는 것이지 빛과 같이 절대적인 가산을 보이는 것은 아니었다. 빛은 빛이고 물감은 물감이지 물감이 빛이 될 수 없다는 것이었다. 이것이 과학적인 해석이었다.

  신인상주의가 결국 비과학으로 밝혀졌다고 해서 그들의 시도가 모두 사이비라는 뜻은 아니다. 그들이 추구한 것은 과학을 통해서 인간을 찾으려는 시도였다. 대상의 허구가 아니라 대상의 본질을 바로 찾으려는 인간의 노력이었다. 대상의 허구에서 벗어나야 인간을 바로 볼 수 있기 때문이었다. 지금까지 인간은 늘 대상에 종속되어왔기에 대상의 허구성을 벗겨야 인간을 바로 찾을 수 있었다. 그래서 그들은 이러한 작업을 한 것이었다. 인간이 주체가 되어 대상을 바로 보자는 것이 그들의 정신이었고 프랑스 대혁명의 정신이었다.

  비록 그들이 찾은 과학이 사이비라고 해도 그들이 추구한 주체에 대한 탐구와 자유정신은 여전히 중요한 의미를 가지고 있었다. 그래서 신인상주의는 그 이후의 화가들에게 새로운 인간의 세계를 열어주는 문과 가교가 될 수 있었다. 대상을 허물 수 있는 추상성이 그들로 인해 탄생한 것이었다. 그들로 인해 의식의 구상성을 허물고 무의식에 있는 추상의 아름다움을 찾아갈 수 있는 위대한 문이 열린 것이었다. 신인상주의의 분할화법이 기하학적 추상의 길을 열었고 분할화법을 통해 원색 위주의 강렬한 표현주의의 추상성도 가능하게 됐다. 그리고 과학을 미술에 도입하여 예술과 과학이 공존할 수 있는 새로운 예술에 대한 가능성도 열어주었다.

후기 인상주의

인상주의를 기점으로 인해 현대 인간을 향한 다양한 실험과 시도가 계속됐다. 프랑스 대혁명으로 드러난 인간을 어떻게 정리하며 앞으로 가야할지 그 누구도 몰랐다. 철학은 철학대로, 미술과 문학은 각자의 길을 가며 인간을 실험하고 있었다. 그중에 미술이 가장 혁신적으로 인간을 실험하고 있었다. 자유한 인간 속에 과연 무엇이 있을까? 그 인간은 누구이고 이제 그 인간은 어떻게 살아가야 할까? 이 책은 늘 인간이 중심이 되어 이들을 살펴보려고 한다. 이제 신인상주의에서 후기 인상주의로 넘어오면서 인간은 어떻게 되었을까?

후기 인상주의의 대표는 고흐Vincent van Gogh(1853~1890)이다. 고흐는 아주 독특한 사람이다. 이제 그의 그림만을 설명하지 않고 그의 인간으로서의 여정과 함께 그의 그림을 이해해보려고 한다.

고흐는 1853년 네덜란드에서 목사의 장남으로 태어났다. 그는 일찍 죽은 형의 이름을 받아 고흐로 불렸다. 이는 초현실주의 화가인 살바도르 달리와 같은 경우이다. 그도 형의 이름으로 받아 타자의 정체성으로 자라났다. 고흐는 출생부터 자기가 아닌 타자로 자라야 했다. 자기 박탈과 함께 목회에 바쁜 부모의 사랑을 제대로 받지 못해 모성 박탈도 함께 있었다. 그래서 늘 자신감이 없었고 학교에 제대로 적응하지 못했다. 그래서 학교를 중단하고 16세에 직업전선에 뛰어들었다. 그 일은 화랑의 일이었다. 이로 인해 미술과 인연이 맺어지게 됐다. 화랑 일을 잘하여 런던 지점으로 승진하여 옮겨갔다. 동생 테오Theodorus "Theo" van Gogh(1857~1891)도 학업을 중단하고 같은 화랑 일을 하면서 형제애가 더 두터워졌다.

고흐는 런던으로 옮긴 다음 사춘기가 늦게 찾아왔다. 20세였던 고흐는 자신의 미래와 정체성에 대해 방황했다. 그림에 관심 갖기도 하고 런던의 도시 빈민의 고통을 고발하는 소설에 관심 갖기도 했다. 그리고 하숙집 여주인의 딸과 짝사랑도 했다. 이런 방황을 통해 자신을 찾지 못하자 그는 우울증에 빠지게 됐다. 파리 지점으로 옮겨보았으나 우울증이 더 심해져 결국 화랑으로부터 해고 통보를 받았다. 그 후 그는 아버지를 따라 목회자의 길로 가는 것이 자신의 소명이라 생각하여 신학교에 진학했다. 신학교에서도 제대로 적응 못 하다가 간신히 탄광촌에 임시직 발령을 받아 근무했다. 그러나 거기서도 그는 광부들에게 자신의 것을 다 나누어주는 등 그들의 고통과 자신을 지나치게 동일시하는 바람에 신학교에서도 해직 통보를 받았다.

모든 면에서 좌절이었다. 사회에서는 부적응 자였고 집안에서는 골치 아픈 문제아였다. 그는 부모로부터 버림받았고 전적으로 의탁하였던 신으로부터도 버림받았다고 생각했다. 그는 동생 테오의 조언과 도움으로 화가의 길을 가기로 했다. 처음에는 네덜란드에서 정물과 농민의 삶을 주로 그렸다. 밀레 Jean-Francois Millet(1814~1875)의 사실주의적 작품을 따라 하였지만, 당시의 그림은 대체로 어두웠다. 그는 제대로 그림을 배우기 위해 네덜란드의 예술 아카데미에 들어갔지만, 여기서도 적응하지 못하고 결국 파리로 갔다. 거기서 인상주의 화가를 만나고 그들의 화풍을 배우기 시작하면서 그의 그림이 달라졌다.

고흐의 삶은 자기 찾기였다. 그의 인생은 타자로 시작됐다. 부모, 신과의 동일시를 통해서 자기를 찾아보려고 했지만, 좌절됐다. 밑바닥의 인생과 자신과 동일시하며 거기서 자기를 찾아보려고 하였지만, 이 역시 좌절됐다. 여인과의 사랑에서도 좌절됐다. 자기를 찾지 못해 우울과 어둠 속에서 화가의 길을 갔지만, 그림에서도 확실하게 자기를 찾기가 어려웠다. 그런데 그가 인상주의를 접하면서 놀라운 변화가 생겼다. 그의 그림이 살아나기 시작했다. 그가 살아난 것이었다. 그가 찾던 것을 발견했다. 그것은 인상주의의 밝은 색과 강렬한 원색이었다. 그동안 어둠과 좌절 속에 있었던 그는 그 빛과 색으로 자신을 찾게 된 것이었다.

그래서 인상주의의 색과 빛으로 자신 속에 억압되었던 것을 표현할 수 있었다. 인상주의의 색채는 곧 자신이었다. 그러나 그는 파리의 인상주의에 만족하지 못하고 더 강렬한 자연과 태양 빛에서 자신을 찾고 싶어 프랑스 남부 프로방스의 아를로 떠났다. 그는 거기서 위대한 대작들을 그렸다. 그는 자연과 태양을 보며 미친 듯이 기뻐했고 이를 화폭에 담았다.

어디서나 고흐의 문제는 경제적인 어려움이었다. 당시 인상주의는 주류 미술에서 벗어나 있었기에 사람들이 반기는 그림이 아니었다. 그래서 판매하기 어려웠다. 동생 테오가 화상이라 형의 그림을 팔기 위해 애를 써도 작품으로 인한 수입은 없었다. 그래서 경제적인 모든 것을 동생에게 의존해야 했다. 아를로 옮겨서도 동생에 부쳐주는 생활비로 살아야 했다. 그리고 비싼 물감을 많이 써야 하는 그림을 그렸기에 비용은 더욱 늘어났다. 이것이 늘 고흐를 괴롭혔다. 그래서 그는 아를에 화가들의 공동체를 마련해서 어떻게 해서라도 비용을 줄여보려고 했다. 그 첫번 초청자가 고갱 Paul Gauguin(1848~1903)이었다.

좌절된 삶을 살았던 고흐는 아를의 자연과 태양을 보면서 흥분하기 시작했다. 억압되었던 자기와 사랑이 태양의 강렬한 빛을 받으며 폭발하기 시작한 것이었다. 그의 이러한 모습은 정상적인 정신 상태로 보기 어려웠다. 고흐는 삶의 좌절로 늘 우울하였기에 우울장애가 있었다는 것은 쉽게 인정할 수 있다. 그런데 그가 아를에 가서부터는 우울만이 아니라 비현실적인 발작 증상이 나타나 정신병원에 여러 번 입원했다. 이에 대한 정신의학적인 진단이 필요한데, 아직 정확한 병명이 밝혀진 바는 없다. 비현실적인 정신병이 나타날 때 가장 가능한 진단이 조현병(정신분열병) 아니면 조울 장애일 것이다. 그리고 측두엽의 이상으로 인한 발작 증상도 의심해볼 수 있다.

그런데 그의 우울 증상과 그가 아를에서의 그림 성향과 그의 과격한 자해와 극도의 불안정한 감정 등을 유추해서 볼 때, 우울증과 조증이 같이 나타나는 조울 장애가 아닌가 생각된다. 그가 파리에서 처음에는 우울했지만, 인상주의의 강한 색채의 자극을 받으면서 조증이 조금씩 진행되었다고 볼 수 있을 것이다. 더 강한 태양과 자연의 자극을 찾아 아를로 떠난 자체가 이미 조증의 시작일 수도 있다. 그리고 그는 그곳에서 태양의 강한 빛과 자연의 강한 원색으로 인해 억압된 무의식이 폭발하면서 본격적인 조증이 된 것이 아닌가 생각된다.

그는 억압된 강한 감정을 표출하기 위해서는 옅은 붓의 터치만으로는 부족함을 느꼈다. 그래서 물감을 두껍게 바르는 임파스토impasto기법으로 그림을 그렸다. 자신의 강렬한 욕구과 감정을 표현하기 위해서는 더 강력한 색채와 질감이 필요했던 것이었다. 그래서 물감 비용이 만만하지 않았다.

특히 그는 모성결핍과 사랑의 좌절이 심했다. 태양의 빛은 그의 억압된 사랑의 좌절을 끄집어내기에 충분히 따스했고 뜨거웠다. 특히 태양을 노랑으로 보았고 태양과 관계된 해바라기와 야간의 등까지도 온통 밝은 노란색으로 그렸다. 노란색은 그가 그렇게 그리워하던 모성의 사랑이었다. 그래서 나온 것이 고흐의 대표작 중 하나인 〈밤의 카페 테라스〉였다. 카페의 테라스처럼 그의 우울하고 어두운 마음이 사랑의 노랑빛으로 밝아진 것이었다. 거기서 사랑의 담소를 맘껏 나누고 싶었다. 그리고 그의 집을 온통 노란색으로 칠하고 그 안에서 따스한 사랑의 공동체를 꿈꾸었다. 그리고 그는 사랑하는 동료인 고갱을 초청한 것이었다.

그러나 서로 강한 개성을 가진 화가가 공동체를 이룬다는 것은 거의 불가능하였다. 결국 고갱과의 관계는 깨어지고 말았다. 그 사랑의 좌절로 인해 그는 귀를 잘라버리는 충동적 자해를 했다. 귀는 관계를 의미한다. 귀를 통해 서로 대화하며 사랑을 나누는데 서로 대화가 단절되니 결국 자신의 귀를 저주하고 학대해버린 것이었다. 사랑의 좌절이었다. 귀의 또 다른 의미에 대해서는 나중에 다시 분석할 것이다.

이러한 충동적인 증상으로 인해 그는 인근의 정신병원에 입원했다. 그는 입원과 퇴원을 반복하였지만, 그러한 가운데서도 그는 그림을 중단하지 않았다. 그림은 그의 생명과 존재 이유였기에 결코 포기할 수 없었다. 그는 다시 파리 근교로 옮겨왔으나, 결국 자신의 그림이 인정받지 못한 것과 이로 인해 동생에게 지나친 부담을 안겨 준 것을 비관하여 권총 자살을 시도했다. 그는 이 후유증으로 결국 사망하고 말았다. 고흐가 죽은 6개월 후 동생 테오도 사망했다.

그리고 그의 그림은 동생 부인인 요안나가 관리하며 회고전을 통해 사람들에게 알려지게 됐다. 그의 생전에는 그의 작품이 거의 판매되지 않았으나, 그 이후로 세계적으로 최고가의 작품으로 판매됐다. 그는 자신의 모든 것을 그림에 쏟았으나 소울 메이트인 동생 외에는 누구의 인정도 받지 못했다. 그러나 죽음에 이르는 그의 고통으로 인해 후세 수많은 사람의 영혼을 위로하고 살리는 위대한 그림을 남기게 됐다.

무의식이 지배하는 새로운 세상

그는 그림과 정신병으로 폭발을 하였고 그의 그림은 후기 인상주의로서 미술사에 위대한 업적을 남겼다. 그렇다면 그의 그림은 인간발달에 어떠한 의미를 갖는 것인가? 프랑스 대혁명 이전의 인간은 대부분 의식의 법으로 살아왔다. 의식으로 무의식을 억압하고 통제하며 권위와 질서의 체제로 살아왔다. 그래야 안정되고 발전할 수 있으니 모두가 그렇게 살았다. 인간의 억압된 것은 기회가 되는 대로 적당히 풀어가면 큰 불만 없이 살 수 있었다.

그러나 어떻게 하다 보니 부모였던 왕은 죽고 어린 자식이 가장이 되는 나라가 됐다. 처음해보는 나라 살림이 쉽지 않았다. 그들은 해볼 수 있는 것을 다 해보았지만 기대한 만큼 만족스럽지 못했다. 그러나 결과가 어떠하든 이제는 다시 과거로 돌아갈 수 없었다. 그래서 어떻게 해서라도 인간을 찾아가며 인간이 주인이 되는 나라를 세워야 했다. 그러나 그 누구도 인간이 누구인지를 잘 몰랐다. 지성과 이성이면 다 될 줄 알았고 억압된 감정을 잘 살려내면 행복할 줄 알았다. 그러나 인간 속에 이렇게 복잡하고 이해할 수 없는 것들이 많은 줄 그 누가 알았겠는가? 너무도 당혹스러웠다. 인간은 진정으로 누구인가? 인간을 가장 섬세하게 찾을 수 있는 사람이 미술가였기에 그들을 통해 인간이 누구인지를 찾아 간 것이었다.

그들은 대상이 지배하는 세상에서 인간이 주인이 되는 그림을 그렸다. 그것이 인상주의 그림이었다. 인상주의에서는 대상의 원 형태를 허물고 인간의 인상으로 다시 형태를 그렸다. 인간이 상상한 허구적인 대상이 아니라 대상 자체를 과학적으로 분석하며 인간의 인상으로 대상을 다시 그렸다. 그래서 대상이 점묘와 분할주의로 분해내지는 해체됐다. 그 대상의 본질은 형태가 없기에 인간의 의식을 통과할 수 있었다. 인간의 의식은 형태와 질서를 추구한다. 그런데 신인상주의의 색과 점묘는 형태가 없는 색 자체이기 때문에 질서와 구조를 추구하는 의식을 통과하여 무의식으로 쉽게 들어갈 수 있었다.

그리고 대상의 색과 빛을 직접 무의식에서 받아 그림을 그린 사람이 고흐였다. 그 빛과 색은 고흐의 무의식에 잠자던 강렬한 것을 깨웠다. 그래서 그는 그토록 강렬한 색으로 자신의 무의식을 표현한 것이었다. 그래서 그의 그림을 표현주의라고도 한다. 대상이 아니라 자신 속의 무의식과 대상이 부딪혀 만든 것을 그대로 표현한 것이었다. 그의 억압되고 좌절된 것을 강력한 색으로 표현한 것이었다. 그는 그림만이 이렇게 그린 것이 아니라 그의 삶도 의식의 통제를 벗어난 정신병적인 삶을 살았다. 그의 그림은 곧 그의 마음이었고 삶이었다.

이것이 고흐를 통해 본 인간발달이었다. 프랑스 혁명은 인간의 잠자고 있던 무의식을 드러내었고 그들은 그들의 의식으로 이를 감당하고 조절하기가 어려웠다. 그렇다고 과거처럼 의식으로 억압하는 사회로 돌아갈 수도 없었다. 이제는 무의식이 드러나고 이끄는 대로 갈 수밖에 없었다. 그렇다고 의식이 무방비 상태로 방관만 해서는 안 되었다. 그러나 무의식이 의식보다 더 강하게 지배하는 세상으로 온 것이었다. 이제는 인간이 인간의 문명을 조절하고 통제할 수 없게 됐다. 인간 문명의 주체가 인간의 무의식이 되었기 때문이었다. 이제는 이 무의식을 잘 알아야 했다.

이 무의식을 알아가는 것이 현대이다. 현대 예술과 철학이 바로 무의식을 주제로 하는 것이기 때문이다. 이를 학문적으로 정리한 것이 프로이트 Sigmund Freud(1856~1939)의 정신분석이지만, 그 이전부터 이미 무의식이 지배하는 사회로 가고 있었다. 그 기점이 바로 프랑스 대혁명이었다. 의식이 지배하던 세상이 끝나고 무의식이 지배하는 세상으로 변해간 것이 바로 이 혁명이었다. 그래서 혼란과 이해할 수 없는 일들이 계속해서 일어난 것이었다.

프랑스 대혁명 이후는 결국 의식의 사회에서 무의식의 사회로 전환한 것이라고 볼 수 있다. 물론 정치와 사회는 여전히 의식의 통제와 질서 가운데 있지만, 무의식에도 열려 있기에 강력한 무의식이 의식의 세계를 얼마든지 허물어뜨릴 수 있었다.

정신분석학자인 융은 의식과 무의식을 빛과 그림자의 관계로 설명한 바 있었다. 그림자인 무의식을 방어하는 관계로써 의식의 빛을 설명한 것이었다. 문명을 빛으로 볼 수 있다. 선악의 선이기도 하고 인간의 이상이기도 하다. 문명은 인간이 좋고 바라는 것을 실제로 이루는 것을 의미한다. 왜 인간은 이러한 빛의 이상을 원하고 집착할까? 그것은 바로 무의식의 그림자를 방어하기 위한 것이기 때문이었다. 그래서 문명의 빛이 강할수록 그만큼 무의식의 어둠이 크다는 것을 의미했다. 양극의 대칭 관계가 의식과 무의식의 관계인 것이다.

이는 바로 조울 장애의 양극성과 유사한 관계이다. 고흐의 그 밝고 강렬한 색과 빛은 그의 무의식만큼 어둡고 외롭고 차가운 아픔이 있었다는 것을 말하는 것이다. 그 어둠이 드러나는 것이 우울증이었고 그 반대가 드러나는 것이 조증이었다. 이러한 조울 장애가 바로 문명의 양극성이라고 볼 수 있다. 문명이 밝고 빛날수록 그 무의식에는 어둠과 야만성이 숨겨져 있다는 것이었다. 이것이 드러난 것이 프랑스 대혁명 이후의 프랑스 사회였다. 특히 문명이 가장 발달한 19세기 중반 이후에 이러한 현상이 가장 두드러졌다. 그리고 그 야만성이 폭발한 것이 20세기의 양차 세계대전이었다. 이처럼 프랑스의 문명은 우울과 조증의 양극성이 반복적으로 드러난 것이었다. 이것이 문명과 인간의 관계인 것이다. 그래서 우리는 문명사에서 인간을 더욱 깊이 탐구해보아야 한다. 이제 더 본격적으로 현대와 그 속의 인간을 탐구해보려고 한다.

제14장

프랑스 20세기 현대미술

19세기와 20세기 미술의 경계에서

19세기 후기 인상주의에서 20세기의 현대미술로 넘어가는 마지막 경계에 있었던 화가들이 있었다. 후기 인상주의의 고흐는 형태를 허물고 빛과 색채만으로 의식을 해체하고 무의식으로 들어갈 수 있었다. 그는 무의식의 깊은 곳에 들어갔지만, 무의식 전체는 아니었다. 무의식으로 들어가는 하나의 가능성으로 자유스런 색과 빛을 사용한 것이었다. 그래서 그는 깊은 영혼에까지 들어갈 수 있었다. 그러나 무의식의 전체 그림은 아니었다. 심부의 한 부분이었다. 이제 무의식을 더 전체적으로 볼 수 있는 길이 열려야 했다. 무의식이 전체로 열려야 현대성이 전개될 수 있기 때문이다. 이를 준비한 화가들이 있었다.

그들은 인상주의에서 그림을 시작했지만, 인상주의의 색과 빛에 머물지 않았다. 형태를 찾아 인상주의를 떠났지만, 그들의 그림에는 인상주의적인 색이 여전히 남아있었다. 그러나 그들은 그림의 큰 하나의 요소인 형태를 포기할 수 없어 색보다 형태를 찾아 인상주의를 떠난 화가들이었다. 그들은 세잔, 르누아르와 드가였다. 물론 그들은 하나의 예술의 주류를 형성한 것은 아니었다. 그러나 그들은 19세기와 20세기의 현대미술을 연결하는데, 중요한 역할을 한 화가들이다. 특별히 그중에서 세잔은 그 연결고리에 결정적인 역할을 한 화가이다.

먼저 르누아르와 드가에 대해 설명하려고 한다. 이 두 화가는 모두 인상주의 그림을 그리다가 인상만으로는 인간의 다양한 상황을 담는 데 한계를 느껴 인상주의를 떠나게 됐다. 그래서 이들은 그림의 형태를 다시 찾았다. 인간의 삶과 즐거운 일상의 분위기를 그림에 담기 위해서는 인상만으로는 힘들고 그림의 형태가 필요했다. 그러나 잘못하다가 보면 복고풍으로 갈 수 있었다. 고전주의나 사실주의, 혹은 자연주의로 갈 수 있는 것이다. 인상주의에서 찾은 현대성을 유지하면서 형태를 갖춘 그림을 그리고 싶었다. 현대성이란 의식을 벗어나 무의식으로 들어가는 것을 의미한다. 형태가 고착화되면 의식에 종속되는 그림이 된다. 그렇게 되면 무의식으로 들어갈 수 없다.

그래서 그들은 형태를 최소화하는 그림을 시도했다. 형태가 있지만 고착화되지 않고 순간적으로 움직이는 듯한 형태를 그린 것이었다. 마치 사진의 스냅과 같은 순간의 형태로서, 형태가 있지만 살아 움직이는 역동성으로 의식을 통과하여 무의식으로 들어가게 하는 것이었다. 질서에 고정된 형태와 사실이 아니었다. 사실이지만 살아있는 사실로서 의식에 멈추어지지 않고 무의식을 자극하는 그림이었다.

그리고 그들은 여전히 인상주의적 색채를 사용함으로 역시 무의식을 자극할 수 있었다. 그래서 르누아르Auguste Renoir(1841~1919)와 드가Edgar Degas(1834~1917)는 고흐만큼 깊은 무의식을 건드리는 것은 아니었지만, 넓은 무의식을 포용할 수 있는 그림을 그렸다. 그들의 그림은 일상에서 인간의 어떠한 무의식적인 감정과 분위기를 느끼고 해주었고 특히 드가는 인간 심리를 통찰하고 성찰할 수 있게 해주었다. 그러나 이 두 화가는 무의식의 깊은 부분까지는 접근하지 못했다. 잠재의식의 옅은 부분이었지만, 넓게 움직이는 그러한 무의식을 느끼게 하는 그림을 선보였다.

그런데 세잔Paul Cezanne(1839~1906)의 그림은 더욱 독특했다. 지금까지 인간은 대상을 대상으로 보지 않았다. 대상을 통해 어떠한 가상, 상상 혹은 이상을 대상으로 대치하여 보았다. 자기가 혹은 사람들이 전통적으로 관습적으로 만든 대상이었다. 그러다가 대상을 자연으로 혹은 사실로서 그대로 관찰하기 시작하였고 그 대상을 그대로 보려고 노력했다. 과거보다는 대상이 사실로서 발전된 것은 사실이지만, 그래도 그 속에 이미 형태와 색채가 관습적으로 정해진 것이었다. 그런데 인상주의는 이를 깨었다. 그러나 이미 정해진 것을 허물고 자신의 망막에 들어온 인상으로 색채를 표현했고 그 색채의 인상에 의해 형태가 만들어졌다. 대상이 아닌 인간의 인상이 주체가 되는 대상이 된 것이었다. 그래서 그 대상이 깊은 인간의 무의식에 들어가 무의식의 인상까지도 끄집어낼 수 있었던 것이었다. 대단한 인간의 발견이고 발전이었다.

그런데 그 인상은 인간의 순간적인 포착이었다. 인간은 그러한 순간이 엄청나게 많다. 이런 순간, 저런 순간이 모여서 나의 인식과 지각을 만들어낸다. 그리고 이러한 지각이 모여 사람들의 이야기와 분위기를 연출한다. 모든 대상은 인상만 있는 것이 아니라 삶이 있고 이야기가 있고 분위기와 전달하는 마음과 심리도 있다. 이러한 것을 그림에 담고 싶은 것이 화가의 마음이다. 순간의 인상보다 조금 더 많은 정보를 담는, 즉 사람이 움직이고 속삭이면서 만들어내는 어떠한 이야기와 분위기를 말하고 전달하고 싶은 것이었다. 순간적인 포착이지만, 영화 같은 그림일 수도 있다. 그것이 르누아르와 드가의 작품이었다.

인상주의의 그림보다 더 많은 정보를 담은 그림이었다. 인간의 마음을 담을 수 있었다. 무의식이라는 마음까지 확장할 수 있는 길을 연 것이었다. 그러나 그들의 그림은 무의식이라는 마음을 충분히 담기에는 한계가 있었다. 그림의 정보가 제한적이었다. 더 많은 정보를 담는 그림으로 확장될 필요가 있었다. 이를 이룬 화가가 바로 세잔이었다.

인간의 의식은 다양한 대상의 가장 가능성이 높은 통계치를 가상으로 인식한다. 그러나 무의식에서는 이미 다양한 대상의 인식이 저장되어 있고 이것이 복합적으로 인식된다. 순간순간의 인상이 축적되어 다양한 경험이 무의식에 저장되어 있고 그 수많은 정보로 우리는 대상을 인식하는 것이다. 의식에서는 한 가지 대푯값으로 인식하지만, 우리는 그 대푯값도 사실은 수시로 달라지는 가운데 대상을 인식하는 것이다. 우리는 이를 경험이라고 한다. 하나의 대상을 관찰할 때 수많은 인식이 경험된다. 시간에 따라, 방향에 따라, 빛과 바람에 따라, 당시의 기분, 감정과 기억에 따라 대상을 무수하게 변하는 것이다. 의식은 이를 다 인식하지는 못하지만, 무의식은 이런 다층적이고 다중적인 인식을 한다.

무의식의 다중성을 연 세잔

세잔은 이를 실험하고 이 전체의 정보를 하나의 화폭에 담고 싶었다. 그래서 그는 정물과 모델을 100회 혹은 150회 이상 반복하며 그림을 그리면서 그 차이를 느끼고 그림에 반영했다. 그래서 하나의 그림에서 다양한 형태가 중복해서 나오고 색채도 인상주의에서보다 훨씬 더 다양하게 나타나게 됐다. 자연히 의식되는 일반적인 원근법과 색채는 깨어질 수밖에 없었다. 그의 그림은 통계의 대푯값이 아니라 통계를 이루는 자료의 중첩된 정보로 나타났다. 놀라운 시도이고 발견이었다. 그래서 세잔은 의식의 법을 깨고 무의식으로 들어갈 수 있는 새로운 체제를 연 것이었다. 세잔이 연 이 문을 통해 색채의 자유를 선포한 것이 마티스Henri Matisse(1869~1954)의 야수주의였고 형태를 해방시킨 것이 피카소Pablo Ruiz Picasso(1881~1973)의 입체주의였다. 그리고 이 모든 현실의 법을 해체하고 새로운 화면의 세계를 연 것이 초현실주의의 달리Salvador Domingo Felipe Jacinto Dali(1904~1989)였다. 이러한 현대예술의 시작이 세잔이었다.

과거 인간은 하나의 법과 힘에 의해 지배와 통제를 받아왔다. 그 법이 신이었고 왕이었다. 그 법이 허물어진 것이 프랑스 대혁명이었고 이제는 인간의 주인이 됐다. 그런데 그 이후 인간이 누구인지를 잘 알지 못해 방황했다. 인간은 처음에는 신과 왕 대신 지성과 이성의 법으로 인간이 잘 살아갈 수 있을 것으로 생각했다. 그런데 모든 것이 지성과 이성으로 통제되고 조절되지 않았다. 새로운 감정이라는 것이 돌출해 나왔다. 감정은 합리적이지도 않았고 이성의 지배를 받지도 않았다. 그렇다고 감정이 움직이는 대로 방관할 수도 없었다. 대혼란이었다. 그래서 지성과 이성의 법으로 감정을 억압하고 통제하려고 했다. 그런데 처음에는 통제되는 것 같다가 나중에 더 크게 폭발하여 문명이 붕괴하는 재난과 파국을 보게 됐다. 지성과 이성은 의식의 통제 가운데 있었지만, 감정은 무의식이라는 세계에서 사라지지 않고 힘을 키워 폭발한 것이었다.

인간의 지성과 이성은 의식의 법의 지배를 받는다. 앞서 세상과 의식은 선악의 법으로 움직인다고 했다. 선악의 법은 알고리즘 정보이다. 어떠한 알고리즘에 따라 좋고 나쁜 것을 계산하고 나눌 수 있기에 이를 선악의 법이라고 한다. 특별히 지성은 합리성과 논리라는 알고리즘으로 움직이고 이성도 윤리 도덕이라는 알고리즘으로 작동한다. 물론 칸트가 말한 이성은 알고리즘을 넘어선 고차적인 세계이다. 그러나 의식에서 작동하는 이성은 대부분 알고리즘적 선악의 법으로 움직이기에 알고리즘이라고 볼 수 있다.

그러나 감정과 무의식은 알고리즘으로 작동하지 않는다. 알고리즘을 넘어선 정보처리를 복잡성 정보라고 한다. 이는 복잡한 자연과 사회의 법이기도 하다. 이는 알고리즘적 계산이 아니라 복잡한 신경망의 병렬적 정보처리로 정보를 얻는다. 인공지능의 딥러닝 deep learnig 방식이다. 정보는 알고리즘이 아니라 통계로 얻어진다. 그래서 복잡성 정보는 알고리즘 정보보다 고차원적 정보가 된다. 감정과 무의식은 대부분 복잡성 정보로 처리되기에 의식의 알고리즘과 선악의 법으로 조절하기 어려운 것이다. 복잡성 정보는 다층적이고 다중적인 정보가 중첩되어 있다. 그래서 인간의 무의식과 감정은 다중적으로 중첩되어 알고리즘만으로는 표현될 수 없었다.

그래서 화가들은 감정과 무의식의 다중성과 중첩성을 표현하기 위해서는 대상의 알고리즘을 해체하고 다중성과 중첩성의 길을 열어야 했다. 이를 처음으로 연 것이 세잔이었고 더욱 본격적으로 실험하고 개발한 것이 현대 여러 미술의 흐름이었다.

의식의 법을 해방시킨 야수주의와 입체주의

현대미술은 형태와 색채의 알고리즘을 해체하고 무의식과 감정의 다중성을 담기 위해 다양한 실험과 노력을 했다. 그 대표적인 흐름이 야수주의와 입체주의였다. 그리고 이 두 파는 합쳐져서 하나가 됐다. 그들은 현실과 의식에서의 색채와 형식의 알고리즘을 해체하고 무의식의 다중적인 감정과 정보에 따라 자유로운 색과 입체적 형식을 도입했다. 그래서 인간의 무의식을 자유롭게 화폭에 담을 수 있게 했다.

피카소가 입체주의를 본격적으로 시도한 첫 번의 작품이 〈아비뇽의 처녀들〉이다. 아비뇽의 처녀들은 창녀들이지만, 이는 창녀만을 그린 것은 아니다. 창녀를 보거나 경험할 때 그 속에는 수많은 여인과 사랑에 대한 기억과 경험, 아픔, 그리움과 같은 복잡한 감정들이 주마등처럼 지나간다. 이 수많은 것들을 화폭에 담고 싶은데 하나의 형태와 색으로 이를 표현한다는 것은 불가능했다. 태고적 모성, 어머니에 대한 기억, 첫 사랑과 짝사랑에 대한 기억, 그 이후 내가 만난 여러 여인에 대한 다양한 기억과 감정들이 복잡하게 중첩적으로 느껴지고 이를 하나의 평면의 화폭에 담을 수 있는 길이 무엇이었을까? 그것이 입체주의와 중첩적 색채였을 것이었다. 그래서 그는 다양한 각도와 자세의 여인을 입체적으로 그렸고 사랑에 대한 다양한 경험을 청색, 장미색과 검은색 등으로 자유롭게 표현했다.

그래서 이를 통해 피카소의 무의식에 있는 여인과 사랑에 대한 복잡한 생각과 감정을 중첩적으로 표현할 수 있었다. 의식의 눈으로 보면 이상한 그림이지만, 무의식으로 느끼기 시작하면 너무도 풍성하고 다중적인 느낌과 생각이 우러나오는 위대한 그림이었다. 이것이 프랑스 대혁명 이후 사람들이 찾던 인간의 모습이었다. 혁명 전에는 인간은 억압되어 있었기에, 한가지나 서로 갈등하거나 공존하는 이중적인 선악이 대부분이었다. 그러나 혁명 이후는 수없이 다양한 인간의 모습이 나타났다가 사라져가기에 인간이 과연 무엇이고 누구인지 혼돈스러웠다. 그래서 다시 과거의 권위와 통제를 찾기도 했다.

이러한 다중적이고 혼돈스러운 인간의 모습은 바로 인간의 무의식이었다. 억압된 무의식이 풀리면서 그 속에 상상할 수 없었던 인간의 다양하고 다중적인 모습이 나온 것이었다. 이를 그림에서 이렇게 풀어낸 것이었다. 인간의 의식으로 통제하며 살아가는 것 같지만, 결국 무의식의 다중성과 감정의 지배를 받을 수밖에 없었다. 이를 표현할 수 있는 길을 연 것이 현대미술이었다.

그런데 이것만으로도 인간의 무의식을 표현하는데 어려움을 느낀 예술가들이 있었다. 야수주의와 입체주의가 과거에 비하면 엄청나게 자유로워졌지만, 무의식의 다중성을 표현하는데 한계가 있었다. 그래서 현실의 대상을 더 해체하려는 작가들이 나타났었다. 과거에는 현실의 대상을 변용하는 정도에서 무의식의 자유를 표현했다면, 이제는 의식의 알고리즘을 완전히 해체하는 수준으로 무의식을 표현하려는 작가들이 나온 것이었다.

의식을 해체한 상징주의와 초현실주의

이러한 작가들이 상징주의와 초현실주의였다. 이들의 그림에서는 대상은 완전히 사라지고 상징으로만 나타나며 그림의 주체도 의식은 완전히 사라지고 무의식으로만 채워졌다. 이러한 초현실주의는 모더니즘을 넘어 포스트모더니즘으로 넘어가게 했다. 초현실주의와 포스트모더니즘은 과연 인간을 어떤 방향으로 이끌 것인가? 그리고 왜 인간은 이처럼 현실로부터 해방되기를 원하는 것인가?

초현실주의란 현실의 법을 초월하는 것이다. 그러나 인간은 초현실로 결코 살 수는 없다. 좋으나 싫으나 인간은 현실 속에서 살아야 한다. 현실에서 인간이 주인으로 살기 위해서는 인간은 현실의 법을 결코 무시할 수 없다. 그런데 왜 예술은 현실을 넘어선 초현실과 무의식의 인간을 추구하는가? 이것이 인간에게 무슨 유익이 된다고 이러한 시도와 실험을 계속해나가야 하는가?

이는 현실과 의식의 법인 지성과 이성에 대한 철저한 배신감 때문이었다. 인간은 프랑스 대혁명 이후 인간이 주인이 되면서 지성과 이성에 희망을 걸었지만, 1, 2차 세계대전으로 인류가 지금까지 경험하지 못한 대재난을 겪고 인간의 지성과 이성에 대해 좌절하지 않을 수 없었다. 그래서 초현실주의와 포스트모더니즘을 통해 새로운 가능성을 찾아보기 위해 희망을 걸어보는 것이었다.

모더니티와 포스트모더니즘

모더니티와 포스트모더니즘에 대한 다양한 정의와 관점이 있다. 모더니티란 말은 현대라는 뜻인데 내용적으로 보면 근대를 포함하기도 한다. 중세의 종교와 왕정의 권위를 벗어나, 인간의 지성과 이성이 주체가 되어가는 과정을 역사적으로 근대라고 말한다. 이 시기를 종교개혁 이후로 본다면 16세기부터 프랑스 대혁명이 일어난 18세기 말까지를 근대로 볼 수 있을 것이다. 그렇지만 근대는 인간이 완전히 문명의 주체가 된 시기는 아니다. 근대부터 인간이 역사의 주체로 등장한 것이지, 그 이후 실질적인 주체가 되기 위해 많은 과정과 시간이 필요했다. 그래서 근대를 주로 과거 주체였던 교회와 왕정과 인간이 갈등하거나 부분적으로 공존하며 지나온 시기로 볼 수 있을 것이다.

그러다가 인간이 역사의 실제적인 주체가 된 것은 프랑스 대혁명 이후였다. 그러나 프랑스 대혁명으로 인간이 주체가 됐다고 하지만, 어떤 면에서는 새로운 시작이지 주체성의 완결이라고 볼 수는 없었다. 대혁명 이후 인간은 자신이 누구인지도 알지 못하면서 엄청나게 방황했다.

자신을 알지도 못하는데, 이미 역사와 문명의 주체가 되어있어 역사는 인간과 함께 혼돈과 방황의 시기를 겪어야 했다. 그 이후 미술에서 인간을 찾아가면서 인간이 의식만이 아니라 무의식과 감정까지도 포함한다는 것을 알게 됐다. 여기까지가 앞서 설명한 근대와 현대의 인간 이야기였다.

이러한 과정에서 인간이 역사의 주체로 등장하는 과정을 몇 단계로 나누어 볼 수 있다. 첫 단계는 인간이 처음으로 주체로 등장한 16세기와 18세기의 근대가 될 것이다. 이 시기에도 인간이 등장하였지만, 아직 주체는 되지 못하고 이를 위한 준비 단계로 보는 것이 좋을 것이다. 그 이후 인간이 역사의 전면에 등장한 프랑스 대혁명 이후인 19세기 전반부를 두 번째 단계로 볼 수 있다. 이때는 인간이 주체였지만, 의식과 지성과 이성이 주도한 단계였다. 그리고 19세기 후반부와 20세기 전반부까지를 세 번째 단계로 볼 수 있는데, 이때는 인간의 무의식과 감정이 주체로 등장하였다.

그렇다면 이러한 단계에서 모더니티는 어떻게 보아야 할까? 모더니티는 인간이 역사의 주체가 되는 과정이기에 앞서 말한 세 단계 모두를 모더니티라고 할 수 있을지 모른다. 그러나 진정한 의미에서 인간은 무의식과 감정의 영역이 포함되어야 하기에 실질적인 모더니티라고 볼 수 있는 것은 19세기 후반부 이후인 세 번째 단계만을 의미한다고 볼 수 있을 것이다. 이는 인간이 의식을 열고 무의식으로 들어가는 때를 진정한 모더니티로 볼 수 있는 것이다. 그래서 그 시작을 인상주의의 문을 연 마네로 보는 것이 타당할 것이다.

모더니티의 시작은 지성과 이성의 의식이 출발하면서였다. 그러나 지성과 이성이 한계를 보이기 시작하였고, 그 후 이성과 지성에 억압되어 있던 감정과 무의식이 새로이 등장하였다. 이때부터가 진정한 모더니티의 시작으로 볼 수 있는 것이다.

　그러나 감정과 무의식은 더 혼돈스러웠다. 지성과 이성의 의식에서도, 무의식과 감정에서도 인간의 해답은 나오지 않았다. 의식과 무의식, 지성, 이성과 감정 모두에게서 좌절을 느낀 인간이었다. 인간이 역사와 문명의 주인이 되고자 노력하였지만, 그 결과는 처참하게 실패였다. 인간은 역사의 주인이 될 수 있을 것인가? 인간의 문명과 인간에게 희망은 있는가? 과연 인간을 믿을 수 있는가? 과거 신을 믿을 수 없었고 왕을 믿을 수 없었는데 마지막 희망이었던 인간을 믿을 수 없다면 인간은 종말을 향해 달려갈 수밖에 없을 것이다.

　인간에게는 아무것도 남은 것이 없었다. 그래서 나온 것이 초현실주의였다. 현실 속에 있는 인간의 모든 것을 부정하고 파괴해버리는 것이었다. 인간의 현실은 아무런 의미가 없기에 무조건 파괴하고 해체해버린 것이었다. 과거 역사와 문명에서 추구하였던 모든 가치를 허무는 것이었다. 무엇을 찾기 위해서가 아니었다. 다른 것을 할 수 없으니 그래도 허무하게 기대하는 것보다 먼저 포기해보자는 것이었다. 보들레르의 심정이었을 것이다. 그렇게 되면 어떻게 될지 한번 보자는 식으로 어떻게 보면 자포자기의 심정으로 현실을 부정해보는 것이었다. 그리고 우리가 조절할 수 없고 알 수 없는 미지의 세계에 무언가 모를 희망을 걸어보는 것이었다. 이것이 바로 포스트모더니즘의 시작이었다.

의식의 법을 떠나는 포스트모더니즘

포스트모더니즘은 이처럼 콜럼버스가 미지의 대륙을 향해 대항해를 시작한 것처럼 의식의 유럽대륙을 떠나 미지의 무의식이라는 신대륙을 향해 모험을 떠난 것이었다. 콜럼버스는 미지의 신대륙을 유럽의 방식으로 정복했다. 총, 균, 쇠로 정복한 것이었다. 그래도 북아메리카는 유럽과 다른 민주주의의 길로 가서 지금 미국을 이루었다. 그리고 미국이 유럽이 전쟁으로 가장 어려울 때 큰 힘이 되어주었다. 이처럼 무의식이란 신대륙을 어떻게 만나고 다루어야 할지 깊이 생각하고 고민해보아야 한다. 의식의 지성과 이성 그리고 선악의 법으로 다루어서는 무의식의 대륙에서 건질 것이 아무것도 없을 것이다. 오히려 무의식의 반란으로 더 큰 위기를 맞을 것이다. 과거 그렇게 해서 20세기의 양차 대전이 일어났다는 것을 잘 기억해야 할 것이다.

그렇다면 무의식을 어떻게 접근해야 할까? 그 안에 어떠한 새로운 법이 있을까? 인류가 발견하지 못한 새로운 가능성이 그 안에 있을까? 그냥 원시의 숲으로 가득 차고 야만인들이 의식의 문명인을 잡아먹는 그런 미개하고 무질서한 나라만일까? 그래서 의식의 총, 균, 쇠로만 정복하고 통제해야 할까?

포스트모더니즘에서 발견한 새로운 무의식의 법이 있었을까? 있었다면 그것은 무엇이었을까? 의식의 법은 지성과 이성에 의한 선악의 법이었다. 그러나 이러한 법으로는 인간은 더 이상 문명을 이룰 수 없다는 것이 인류가 20세기를 경험하며 내린 결론이었다. 물론 그렇다고 인류가 이를 포기하고 다른 길을 간다는 것은 결코 아니다. 인류는 여전히 다시 아니, 더욱더 선악의 길로 가고 있다. 그러나 그 길의 끝이 너무도 잘 보인다. 선이 크고 좋은 만큼 악이 더 크고 악하여 인간과 그 문명을 잡아먹을 것이기 때문에 인간의 종국은 뻔히 보인다. 인류는 다른 선택이 없기에 그냥 해온 관성대로 다시 그 절벽과 절망을 향해 맹목적으로 달려가고 있다.

과거보다 더 무서운 과학과 정보의 힘으로 달려가고 있다. 그 앞에 인간과 문명은 더욱 무력하다. 인류의 앞날은 아무도 모른다. 이제는 브레이크 없이 가속력을 더하여 달려가고 있다. 그러나 인류를 걱정하는 최소한의 지식인과 예술인들이 포스트모더니즘을 추구하며 인류의 해법을 찾아보고 있다. 사실 이것이 인류 문명에 얼마나 실제로 도움이 될지 아무도 모르며 그냥 종말에도 한 그루의 나무를 심는 심정으로 이러한 일을 하고 있을지 모른다. 종말의 세계를 향해 달려가는 사람들은 이와 반대로 가고 있는 이들을 정신병자 정도로 생각하고 있을지 모른다.

무의식은 일단 의식과 반대되는 방향이다. 무의식은 지성과 이성도 아니고 감정이 주로 지배하고 감정은 선악이 아니다. 우리는 의식이 문명의 최첨단으로 생각한다. 의식의 지성이 최첨단 과학을 낳았으니 그렇게 생각한다. 그러나 사실 과학의 알고리즘 정보는 가장 낮은 수준의 정보이다. 자연과 우주는 인간의 알고리즘만으로 움직이지 않는다. 뉴턴이 자연과 우주에서 알고리즘의 역학을 발견하고 이를 기초로 과학이 눈부시게 발전하였는데, 자연과 우주가 알고리즘으로만 움직이지 않는다고 하니 쉽게 이해되지 않는다.

물론 눈에 보이는 세계에서는 뉴턴 역학이 작용하는 것은 사실이다. 그러나 현대과학은 미시세계에서는 뉴턴의 고전역학이 작동하지 않는 양자의 세계가 있음을 발견하였고 더 큰 세계에서는 고전역학을 뛰어넘는 상대성이론이 작동한다고 했다. 그리고 우주와 자연을 실제로 움직이는 힘은 양자에서 나온다. 그래서 자연과 우주를 알고리즘 과학으로만 설명할 수 없다. 알고리즘은 인간이 활동하는 의식에서만 작동하는 법으로 봐야 한다.

그래서 의식이 아닌 무의식에서는 또 다른 법이 있다. 그러나 인간은 모든 것을 의식의 선악의 법으로만 보니 무의식의 법을 원시적이고 비과학적으로 보는 것이다. 애꾸눈으로만 사는 사람은 두 눈이나 세 눈으로 사는 사람을 모두 괴물로 보는 것과 같다. 우리는 과학과 선악의 법이 가장 원시적인 법일 수도 있다는 것을 알아야 한다. 무의식은 적어도 선악의 알고리즘이 작동되지 않고 최소한 복잡성과 양자정보가 처리되는 고차원적 정보 세계라는 것을 알아야 한다. 무의식이라는 신대륙은 마치 다른 행성의 우주인들처럼 지구인보다 훨씬 더 발전된 과학과 정보로 살아간다는 것을 인정해야 한다.

무의식에서만 작동하는 새로운 법을 찾다

그래서 지구와 의식의 법을 내려놓고 새로운 무의식이라는 우주의 법을 배워야 한다. 무의식은 우선 복잡성으로 작동한다. 복잡성은 알고리즘과 많이 다르다. 선악은 이분법이지만 복잡성은 다중성이다. 이분법은 상호 배제와 불신이지만, 다중성은 상호 수용과 신뢰이다. 모든 것이 상호 교류하고 결합함으로 새로운 것을 만들어낸다. 좋은 것만 택하고 나쁜 것을 배제하는 법이 아니다. 큰 것만 취하고 작은 것을 버리는 것이 아니다. 때로는 아주 작은 것에서 새로운 놀라운 일이 시작된다. 알고리즘은 작은 영역에는 정확하지만, 광역으로 가면 작동되지 않는다. 광역은 수많은 정보가 복잡성으로 작용하기 때문에 혼돈스럽지만, 그 안에서 새로운 질서를 만들어낸다. 이것이 자연계 복잡성의 법이다.

의식이 살아가기 위해서는 선악의 법이 필요하지만, 모든 것을 선악으로 판단하고 배제해서는 안 된다. 작은 영역은 선악의 법이 필요하지만, 더 큰 영역에서는 선악을 내려놓고 수용하며 믿고 기다릴 수 있어야 한다. 이것이 무의식과 감정의 법이다.

이 복잡성을 넘어서면 양자의 법이 더 있다. 더 미세한 세계이다. 자연과 우주는 양자정보 처리를 통해 유지된다. 인체의 몸과 생명도 대부분 양자의 법으로 유지된다. 알고리즘으로 움직인다고 알고 있는 의식의 본질도 양자라고 과학적으로 밝혀지고 있다. 그래서 생명체는 대부분 양자로 움직이며 특히 무의식은 궁극적으로 양자의 법으로 움직인다고 보아야 한다.

양자는 고전역학과 알고리즘의 법과는 다르다. 개체성을 갖지 않는다. 확률로서 존재한다. 관계성이기도 하다. 그리고 선악이 아니고 중첩이다. 다중적인 중첩으로 존재한다. 여기에서 있고 저기에도 있다. 뉴턴의 법으로는 설명이 안 된다. 작지만 그 속에 엄청난 에너지가 있다. 이를 볼 수 있는 것이 핵분열과 융합의 에너지이다. 핵폭탄이 바로 양자

에너지이다. 그리고 양자는 하나의 결이 되어 움직인다. 이러한 무의식의 새로운 법을 우리는 익혀야 한다. 이것은 원시성이 아니고 최첨단 과학이다. 뉴턴의 과학보다 더 발전된 미래의 과학인 것이다. 무의식은 이처럼 인류에게 새로운 법을 깨우쳐 준다.

무의식으로 들어가면 개체가 사라지고 관계성이 존재한다. 자기가 없이 서로가 하나 되어 관계만 존재하는 것이다. 그리고 중첩으로 존재하는 것이다. 나와 대상이 서로 하나로 중첩되어 존재하는 것이다. 양자는 크지 않다. 작은 떨림과 울림을 통해 느끼고 전달된다. 작지만 하나가 되어 엄청난 힘을 발휘한다. 의식과 선악 그리고 알고리즘과는 완전히 다른 법이다. 이러한 무의식에 열려야 하는 것이다. 예술이 이러한 법을 인간에게 열어주고 있다. 특별히 포스트모더니즘이 이러한 무의식의 새로운 법을 우리에게 전파해주고 있다.

포스트모더니즘에서는 작고 없는 무가치하고 무의미한 것에서 새로운 것을 찾는다. 기존의 거대한 것, 큰 것, 바른 것을 해체하고 작은 차이의 울림에 귀를 기울인다. 과거 진품이 아니라고 무시하였던 복제품 즉 시뮬라크르가 우연, 비합리성, 비인과성과 무의미한 것들과 결합하고 작동하며 새로운 것을 만들어내고 있다. 복잡성의 법이다. 그리고 초현실은 다중적이다. 어떠한 법이 없다. 선악을 허물어 모든 것이 공존하고 중첩되어 새로운 울림과 떨림을 만들어낸다. 이러한 소리와 형태 그리고 색을 보며 인간의 무의식에서 복잡성과 양자가 같이 반응하며 울리는 것이다. 우주의 법, 몸의 법이 같이 공명하며 하나가 되는 것이다. 이것이 무의식의 새로운 법인 것이다. 이것이 의식을 초월하는 새로운 법이 되는 것이다. 인류는 무의식 속에 있는 이 초월의 법을 발견하고 이 법으로 절망적인 미래를 희망으로 밝혀보려고 하고 있다. 더 자세한 포스트모더니즘의 정신에 대해서는 프랑스의 현대사상과 철학 편에서 다시 다룰 것이다.

제15장

프랑스 현대철학과 사상

인간을 추구하는 프랑스 철학

흔히들 독일은 관념이고 사변적 철학이 발달하였고 영국은 경험과 실증적 철학이 발달했다고 한다. 그렇다면 프랑스의 철학의 특징은 무엇일까? 이 둘을 포용하며 중간 입장을 보인다고 흔히들 말한다. 이 둘을 단순하게 포용하기보다는 인간 안에서 통합하는 철학이라고 말할 수 있다. 다른 나라는 인간보다 다른 어떠한 법을 중시하는 경향이 있지만, 프랑스는 인간을 더 중심이 둔다. 그래서 프랑스 철학은 인간에게 일어나는 것들을 인간 안에서 통합하는 인간 중심의 철학이라 할 수 있다. 이는 앞서 프랑스의 역사와 문명에서도 같은 현상이 일어났다.

　프랑스의 사상은 16세기 르네상스의 영향으로 시작되었는데, 늘 중심에 인간이 있었다. 그래서 그들을 위마니스트 즉 인문주의학자들이 인간을 연구하였고 인간이 어떻게 사는 것이 가장 행복한가에 대해 관심을 보였다. 그리고 그 이후 계몽주의가 발달하였지만, 순수한 이성과 지성에 대한 관념적 연구보다는 이성과 지성을 통해 인간의 어떻게 살아가야 하는가? 신을 어떻게 만나고 인간을 어떻게 교육하고 또 인간은 어떠한 법과 정치체제로 사는 것이 좋은 것인가? 등과 같이 인간이 중심이 되는 사상을 펼쳤다. 문학도 인간의 감정과 성격과 심리를 중심으로 한 내용이 많았다. 이들을 인본주의 작가라고 하였다.

프랑스 철학의 시조는 데카르트이다. 데카르트의 철학은 분석과 회의를 통한 바른 인식을 추구하기에 경험론적 철학으로도 볼 수 있고 또 그는 정신과 물질이 분리하여 존재와 관념을 추구하였기 관념적인 철학으로도 볼 수 있다. 그러나 그의 철학의 중심은 경험과 관념보다는 인간 주체에 대한 것이다. 의식하고 의심하는 주체를 인간의 중심으로 보았기에 이 역시 인간의 철학, 주체의 철학이라 볼 수 있다. 이처럼 프랑스 철학은 관념과 실증 모두를 중요하게 생각하지만, 인간을 중심에 두었다. 그들은 인간보다 과학, 관념과 이념이 주체가 되는 것을 거부하였다. 인간이 중심에 있어야 인간에서 나오는 모든 것을 통합할 수 있기 때문이었다.

프랑스의 근현대 철학은 베르그송Henri-Louis Bergson(1859~1941)에서 시작했다. 물론 그 이전에 멘 드 비랑Maine de Biran(1766~1821)과 라베쏭Ravaisson-Mollien(1813~1900)같은 철학자가 있지만, 그들 역시 이러한 프랑스의 전통에서 크게 벗어나지 않았다. 데카르트는 사유하는 주체로서 인간을 찾았다면, 멘 드 비랑은 여기에서 한 발 더 나가 인간의 의지적 주체를 철학의 중심으로 찾았다. 라베송은 인간의 생명을 철학의 중심에 두었다. 이러한 철학적 토양에서 발전된 것이 베르그송의 철학이었다.

베르그송 철학의 특징

이처럼 프랑스 철학은 인간의 밖에서 일어나는 이념과 이상 혹은 합리성과 과학이 중요한 것이 아니라 나의 의식과 삶에서 일어나는 생각과 의지, 그리고 내가 살아간다는 것이 더 중요한 주제였다. 관념과 경험도 중요하지만, 인간 안에서 그 의미를 찾고 인간과 통합하려는 것이 프랑스의 철학이었다. 인간이 제외된 그 어떤 것도 거부했다. 내가 그것을 위해 살아가는 것이 아니라 내가 무엇을 느끼고 무엇을 어떻게 살아가는가가 더 중요했다.

초월성을 거부하는 것은 아니지만, 외적 초월성보다는 내재적 초월성을 중요하게 생각했다. 이를 생명으로 보았고 생명이 생성하고 운동하며 자신을 펼쳐나가는 것을 인간의 삶과 역사로 보았다. 경험과 합리성이 중요하지만, 나와 무관한 유물론과 과학이 아니라 내재적 초월성이 펼쳐지는 경험으로써의 유물론과 합리성에 의미를 둔 것이었다. 이처럼 프랑스의 철학은 모든 것을 인간과 생명에서 통합하려고 했다. 이러한 철학적 기초를 마련한 것이 베르그송이었다.

베르그송은 인간의 정신과 존재를 설명하는데, 아주 독특한 개념으로 접근했다. '기억'이라는 것을 통해 접근했다. 기억은 인간의 인지기능 중 일상적으로 아주 중요한 기능이다. 인간을 이상화시킨 어떠한 개념보다 인간이 일상으로 경험하는 기능에서 철학적 주제와 개념을 찾은 것이었다. 그리고 기억은 보이는 대상 즉 물질과 연관되며, 뇌기능의 직접적인 결과이다. 이처럼 그는 정신을 순수 사유적인 개념으로 설명하지 않고 물질과 연관된 기억으로 설명하려고 했다.

그렇다고 그는 유물론에 빠지지 않았다. 그는 기억의 본질을 물질을 초월한 순수기억으로 보았다. 그 기억이 물질과 접촉하면서 이미지를 생성하고 이 이미지를 기억하고 교류함으로 지각과 정신기능이 발생한다고 했다. 생성된 기억은 다시 잠재적 기억이 됐다가 또 다른 물질과 이미지를 생성하며 새로운 기억을 만들어내며 지속한다고 했다. 이처럼 그는 물질과 정신의 이원론을 유지하면서 하나로 만나는 일원적 이원론으로 데카르트의 이원론을 극복했다.

이러한 반복을 지속하면서 생명은 변화하고 새롭게 창조적 진화를 해 간다고 했다. 베르그송의 철학에는 과거 철학에서 볼 수 없었던 아주 창의적으로 독특한 개념들이 많다. 앞서 말한 정신을 '기억'이라고 한 것도 그렇고, 시간을 '지속'이라는 개념으로, 그리고 표상이라는 개념보다 '이미지'라는 것을 사용한 것도 그렇다. 남들과 차이 나게 함으로 자신을 돋보이게 하려는 프랑스인의 자존심 때문에 괜히 만들어낸 개념은 아니다.

그는 앞서 말한 대로 순수한 사유적 개념인 정신보다 물질과 교류하는 실제적인 개념으로써 기억을 사용했다. 그리고 시간이라는 물리적 혹은 사유적 개념보다 지속이라는 독특한 개념을 사용했다. 지속과 시간은 어떻게 다른가? 뉴턴의 고전역학에서는 시간은 단순한 물리적 도구이고 정량적인 수이다. 그래서 나누어질 수도 있고 합해질 수도 있다.

그리고 이러한 시간이 철학에 도입되면서 물리적 개념이 그대로 사용됐다. 그러나 아인슈타인은 상대성이론에서 시간을 공간의 한 차원으로 시공을 하나의 개념으로 확장했다. 시간의 물리적 개념을 깨고 어떠한 내용을 가진 새로운 개념으로 확장됐다. 그리고 그 이후 양자역학에서는 고전적인 시간 개념이 허물어졌고 양자 중력에서는 물리적 시간이라는 개념 자체도 사라졌다.

그래서 베르그송은 이러한 과학의 진전을 미리 통찰하였는지, 그는 시간이라는 말보다 '지속'이란 개념을 사용했다. 지속은 일단 물리적 개념이 아니다. 인간의 삶에서 얻어지는 시간이고 지속은 인간의 시간을 의미한다. 지속은 생물학적 운동이고 인간의 움직임이다. 멈추어질 수 없고 나누어질 수 없는 개념이다. 그리고 도구적 개념도 아니다. 어떠한 목적을 가지고 자신의 잠재태를 드러내고 다른 기억과 이미지들과 교류하며 새로운 도약과 진화를 향해 나아가는 생성적 운동으로써의 지속인 것이다. 이는 아인슈타인의 시간성의 확장과 양자역학에서 물리적 시간을 초월하는 현상까지도 포함할 수 있다. 중요한 것은 지속이라는 시간이 아니라 내용이다. 그 내용을 위해서는 시간을 얼마든지 초월할 수 있는 것이다.

그다음으로 '이미지'란 개념이 있다. 표상이라는 개념과 이미지는 어떻게 다른가? 왜 표상이라는 전통적 개념을 사용하지 않고 이미지로 말하였는가? 표상이란 개념은 다소 확정적이고 죽어있다. 그러나 이미지는 수시로 변하며 생명체처럼 움직이는 운동성을 지닌다. 그래서 반응성과 유연성을 표현하기 위해서 표상이라는 개념보다 더욱 생동적인 이미지가 필요했다. 그리고 이미지는 크고 작은 것이 없이 모두가 중요했다. 여러 기억이 서로 영향을 주며 하나의 이미지를 형성하기에 부분보다 전체가 중요했다.

그리고 이미지는 고정되지 않고 계속 생성하는 운동하는 역동성을 보인다. 그래서 이미지는 단일적인 개념이라기보다는 상호 연결망을 갖는 복잡성의 개념이다. 이러한 기억의 특성과 생성을 설명하기 위해서는 이미지라는 개념이 표상보다 더 적합하였다. 그리고 각 이미지는 개인마다 상황마다 다르다. 베르그송은 이를 차이로 설명하고 있다. 그리고 이 차이는 나중에 들뢰즈의 해체철학에 아주 중요한 개념이 된다.

기억, 지속과 이미지를 설명하면서 베르그송의 중요한 사상의 중요한 부분을 설명했다. 이를 기초로 하여 베르그송의 사상을 전체적으로 다시 종합하여 설명하려고 한다. 그래야 그다음의 프랑스 철학으로 넘어갈 수 있기 때문이다.

베르그송 철학과 한계

과거에는 인간 스스로의 가능성에 대한 기대는 없었다. 인간은 자기의 삶의 대한 결정권과 주체성이 없었다. 신성과 왕권이 결정해주는 대로 살아야 했다. 자기를 깊이 이해하고 알 필요가 없었다. 그러다가 자기를 의탁한 신성과 왕권이 기대한 만큼 인간을 책임져주지 않았기에 인간이 전면에 나서서 자신의 삶을 결정해야 했다. 르네상스, 종교개혁, 계몽주의와 대혁명을 거치면서 인간이 스스로 선택권과 결정권을 갖게 되었다. 이는 인간 주체성의 회복이었다.

　철학에서는 데카르트에 의해 인간이 사유의 주체성을 갖게 되면서 이러한 변화가 일어났다. 그렇다면 인간은 어떠한 근거와 힘으로 삶을 살아갈 수 있을까? 인간이 주체성을 가지고 살아갈 수 있는 능력과 근거는 무엇인가? 인간은 사유의 힘, 즉 지성과 이성에서 그 힘을 찾았고 또 인간 의지와 감성까지 찾으면서 더 풍부한 인간적 자원을 확인할 수 있었다. 이러한 자신감을 가지고 인간의 주체적인 삶을 시작하였지만, 현실적 결과는 비참했다. 여기에 대해서는 프랑스 대혁명 이후 150년간의 인간의 삶에 대해 설명하면서 언급한 바 있었다.

　이제 베르그송의 철학은 이러한 인간에 대해서 무엇이라고 이야기하고 있는지를 살펴보려고 한다. 그는 인간이 과연 주체적인 삶을 잘 살아갈 수 있을 만큼 충분한 존재로 전망하였는가? 베르그송은 이에 대해 무척 긍정적이었다. 그는 인간 속에 초월적인 순수한 존재가 있다고 했다. 이를 그는 순수기억이라고 하였고 잠재태로 보았다. 그러나 인간은 이것만으로는 살아갈 수 없었다. 육신을 가지고 물질의 세상에서 살아가야 했다. 인간의 잠재태와 물질의 이미지가 만나면서 새로운 이미지 기억을 만들고 이것이 다시 잠재태의 기억이 되었다. 그리고 이 잠재태는 다시 현실의 이미지와 접촉하면서 계속 새로운 현실태를 생성했다. 그는 이것이 순환 발전되면서 인간은 창조적으로 진화해갈 수 있다고 했다. 이처럼 베르그송은 역사와 문명을 긍정적으로 보았다. 인간의 초월과 현실적 잠재력이 잘 교류하고 조화함으로 현실 속에서 창조적으로 진화 발전해갈 수 있다고 본 것이었다.

그러나 인간의 역사는 베르그송이 예상한 만큼 창조적이지도 않았고 진화하지도 못했다. 프랑스 대혁명 이후 과연 인간은 진화하였는가? 물론 과학적인 차원에서는 엄청난 발전과 문명의 외적인 면에서도 많은 발전을 이루었다. 그러나 인간의 행복을 위한 삶의 창조적 진화가 있었는가? 프랑스 대혁명 이후 150년간을 본다면 결코 그렇게 긍정적으로 볼 수는 없었다. 그리고 대부분 석학과 지성인들은 이러한 인간에 대해 절망했다. 프랑스가 찾은 인간은 과연 인간인가? 창조적 진화를 할 수 있는 인간인가? 실험 결과는 아니었다. 그렇다면 철학자들은 이것에 대해 무엇이라고 하는가? 특히 프랑스 철학은 이에 대해 무엇을 이야기하고 있는가?

이에 대해 베르그송 철학에 대한 비판이 나온다. 그가 인간의 삶에 관해 이야기하였지만, 너무 자연주의적인 입장이었지 인간의 실존적 삶에 대한 고려가 충분하지 않았다는 것이었다. 우주, 생명의 큰 진화의 방향에서 인간의 실존적인 문제를 너무 거시적인 관점으로만 바라보았다는 것이다. 이러한 이유에서 실존주의 철학자들에 의해 베르그송이 비판을 받게 됐다. 그리고 또 하나의 문제는 인간을 의식의 차원에서만 기능적으로 보았다는 것이었다. 인간은 그렇게 긍정적인 기능과 의식으로만 살아가지 않는다. 인간의 무의식에는 많은 부정적인 감정과 건강한 의식의 기능을 방해하는 힘이 있었다. 그것이 인간의 문명과 역사를 파괴시켰다.

의식적 주체의 무력함

이를 간과하고 인간의 의식적인 기능만으로 역사를 긍정적인 진화로 나아갈 것을 기대할 수 없다는 것이었다. 그래서 무의식이라는 또 다른 힘을 인식하고 받아들여야 한다고 주장했다. 지금까지 역사를 이끄는 주류와 다른 새로운 힘과 무의식적 구조에 관한 연구들이 계속되면서 인간을 새로운 각도에서 보려는 철학적 흐름이 있었다. 이는 19세기 말 니체Friedrich Wilhelm Nietzsche(1844~1900), 마르크스Karl Marx(1818~1883)와 프로이트Sigmund Freud(1856~1939)로부터 시작되었고 20세기로 와서는 소쉬르Ferdinand de Saussure(1857~1913)의 언어학, 레비-스트로스Claude Levi-Strauss(1908~2009)의 인류학, 알튀세르Louis Pierre Althusser(1918~1990)의 정치, 경제학적 역사 분석, 라캉Jacques Lacan(1902~1981)의 정신분석 등이 이러한 새로운 철학적 사조를 이끌었다.

역사를 이끄는 힘을 인간 의식의 기능과 주체성에서만 찾지 않고 무의식과 같이 지금까지 인지하지 못한 새로운 영역의 구조에서 찾으려고 했다. 이를 전체적으로 구조주의라고 했다. 그래서 인간은 인간의 주체가 되기에는 역부족이었다. 인간의 의식보다 큰 무의식적 구조가 있어 이를 인식하고 변화시키지 않으면 인간의 선한 의지와 기능만으로는 역사를 바르게 이끌 수 없다는 것이었다. 그래서 베르그송이 말한 창조적 진화가 불가능하다는 것이었다.

지금까지 인간은 의식과 현상만을 변화시키면 할 수 있을 것으로 생각하였지만, 인간의 의식을 넘어서 거대한 병적 구조가 있다는 것을 알고 인간은 그 앞에 무력할 수밖에 없었다. 의식이 아무리 노력해도 의식적 노력은 빙산의 일각에 불과했다.

전통적 형이상학의 문제

그런데 인간의 문제는 무의식이나 구조주의로도 해결되지 않았다. 그래서 인간은 계속하여 자신의 문제가 어디에서 발생하는지를 탐구했다. 그들은 그동안 있었던 철학적 문제를 종합하면서, 결론적으로 전통적 철학에 문제가 있음을 인지했다. 철학자들은 인간을 깊이 사유하며 인간을 이끌어야 하는 책임이 있다. 신도 권력자도 아닌 인간이 주체여야 하는데, 인간이 무엇인지를 바로 일깨워주는 선각자가 바로 철학자였다. 그런데 그들은 지금까지 그들이 인간에 대해 사유한 방식에 문제가 있었다는 것을 솔직하게 고백했다. 그래서 인간의 문제를 바로 파악할 수 없었다는 것이었다.

인간이 신을 떠나 인간을 찾기 시작하였지만, 인간은 신을 떠날 수 없었다. 자식이 외적으로는 부모를 떠나 성인이 되었지만, 부모는 이미 그들 속에 형성되어 있기에 진정한 의미에서는 떠나지 못하고 있었다. 이처럼 인간이 신과 종교를 외적으로는 결별하였지만, 그들은 그들 속에는 여전히 신성이 자리 잡고 있었다. 플라톤은 이러한 신성을 이데아라고 했다. 그리고 인간은 자신 속에 있는 신성으로 외적인 신성과 같은 절대왕정을 만들어 그들을 신처럼 받들었다. 그 왕정도 허망하게 무너지지 그들은 자신 속에 있는 이성과 지성을 신성처럼 의지하려고 하였다. 그리고 외적으로는 인간이 주인이 되는 민주주의에서 신성을 찾으려고 하였다.

그런데 인간이 스스로 찾은 신성이 과연 실제의 신성일까? 자식 속에 형성된 부모가 실제의 부모일까? 라는 질문과 같은 것이었다. 부모와 연관된 기억과 이미지가 만든 부모의 형상이었지 실제는 부모는 아니었다. 그 형상이 실제 부모인 것처럼 착각하며 부모를 떠나지 못하고 있었던 것이었다. 이처럼 인간 속에 형성된 신성도 사실은 과거 신에 대한 기억, 기대와 연관된 이미지들이 복합적으로 만든 신의 형상이지 실제 신성은 아니었다. 하나의 가상적인 허상이었다.

인간은 인간에게 주어진 이러한 이상과 신성을 형이상학이라고 불렀고 그 본질은 로고스 학문이었다. 과거 신에 있었던 로고스를 인간에게서 찾았던 것이 철학이었다. 그 로고스는 영원불변하는 동질성을 갖는 것이었다. 결국, 인간은 신을 벗어나지 못했다. 그래서 인간은 인간에 있지도 않은 허구적인 영원불변의 로고스를 찾으며 그동안 철학을 해왔던 것이었다. 신과 인간은 본질적인 구조와 본성이 다르다. 물질이 고전적 물질과 양자가 본질적으로 다르듯이 인간과 신은 본질적으로 다르다. 물론 인간과 신이 중첩되는 영역도 있지만, 적어도 본질적인 차원은 다르다는 것을 인정해야 한다.

왜 이런 문제가 생기게 되었을까? 그것은 인간의 인식과 형이상학과 초월성과의 간극 때문이었다. 인간이 고차원적 존재를 인식하는 사고와 언어에 제한이 있었다. 이를 칸트가 분명히 지적하였다. 칸트는 형이상학을 형이하학적 언어와 사고로 접근하거나 표현하는 데 한계가 있다고 하였다. 그래서 인간이 이데아라고 할 때는 이미 이데아는 아니다. 인간이 존재라고 한다면 이미 존재가 아니다. 인간이 현실 세계에서 양자를 양자로 만날 수 없고 양자를 만나면 이미 양자가 아닌 것처럼 인간이 생각하는 것과 그 이상의 본질은 다른 것이었다. 그런데 인간은 그것이 같은 것인 줄 착각하고 사유하며 살았다. 이는 정보체제와 언어의 문제이기도 하다. 인간은 표현할 수 없는 것에 침묵해야 하는데 계속 언어로 표현하며 생각을 해왔다.

인간이 그동안 만난 로고스와 형이상학은 모사품을 만난 것이지 본질인 이데아는 아니었다. 인간이 만난 신은 신 자체가 아니라 신의 형상을 본뜬 우상과 종교이듯 인간은 신성이나 초월의 형이상학을 동일성 그대로 만날 수 없었다. 인간의 정보와 언어의 한계였다. 이를 인정하고 만나야 한다. 그렇다면 인간과 형이상학의 만남은 불가능한가? 그렇다면 그동안 인간이 신을 만나고 존재에 대해 사유한 것은 도대체 무엇인가? 허상이고 허구인가? 진정 모든 것이 우상이었는가?

부정의 철학

현대철학은 이러한 인간의 문제에 대해 어떻게 이야기하며 이를 돌파하려고 하는가? 이를 가장 진지하게 도전한 것이 니체였다. 인간이 추구한 신성과 이성에 대해 그는 허구성을 간파했다. 그러나 그는 여전히 초인의 초월성을 추구했다. 그가 추구한 초인은 과연 어떻게 가능한가? 그 초인은 허구적이지 않은가? 실존주의도 초월성을 주장했다. 그렇다면 그들의 초월성의 근거는 무엇인가?

　인간이 양자를 만나기 위해서는 특별한 장치가 필요하다. 모든 현실이 동결되는 절대온도가 필요하다. 요즈음 상온에서도 양자를 만날 수 있는 길을 찾아보고 있지만, 본질적으로 쉬운 일은 아니다. 이처럼 차원이 다른 세계를 만나기 위해서는 같은 차원이 아닌 특별한 조건이 필요하다. 현대철학이 이러한 특별한 조건을 어떻게 찾아가고 있는지를 알아보려고 한다.

　니체는 일단 기존의 모든 것을 부정하고 허물어야 한다고 했다. 현상학의 후설Edmund Husserl(1859~1938)은 판단중지를 통해 기존의 판단을 허무는 것을 주장했다. 그리고 하이데거Martin Heidegger(1889~1976)는 존재를 객관적 근거가 없는 탈근거der Abgrund로 보면서 존재는 이처럼 은폐되면서도 드러남의 사이das Zwichen를 통해 보이는 현존재에 전달될 수 있다고 했다. 그리고 정신과 의사이면서 철학자인 그로버스Gordon Globus(1934~2022)는 이를 양자뇌역동Quantum Brain Dynamic을 통해 존재와 현존재의 역동을 설명했다. 그는 양자장의 쌍coupling반응을 통해 존재가 현존재로 드러난다고 했다. 야스퍼스Karl Jaspers(1883~1969)도 이와 비슷하게 신은 신의 암호를 통해 현실에 잠깐 나타났다가 사라진다고 했다. 이 역시 양자 현상과 비슷하다.

　신성이 인간의 언어와 정보가 되면 허구가 되기에 이처럼 양자장의 쌍반응처럼 일시적으로 나타났다가 현실과 에너지와 정보를 교환하고 사라져야 한다. 인간은 이처럼 양자의 반응으로써만 신성이나 형이상학을 만날 수 있는 것이다. 그리고 프랑크푸르트학파의 학자들은 이성의 부정을 통해 이성을 만나야 한다고 했다. 특히 아도르노Theodor Ludwig Wiesengrund Adorno(1903~1969)는 무한 부정의 변증법에다 부정 변증법까지 부정할 수 있을 정도의 해체정신으로 이성을 만나야 한다고 했다. 그리고 문화와 예술이 표준화되고 도식화되는 것을 거부하며, 초현실적 아방가르드 예술만을 진정한 예술로 인정했다.

동일성을 허무는 해체철학의 등장

이러한 작업을 더욱 치밀하게 한 철학자들이 있었는데, 그들이 바로 프랑스의 해체철학자들이다. 그들을 후기구조주의자 혹은 포스트모더니즘 철학자들이라고 한다. 그들은 서구의 전통철학인 합리주의와 계몽주의의 전통을 거부했다. 인간의 신성과도 같은 지성과 이성의 힘을 거부한 것이었다. 지성과 이성은 동질성 혹은 동일성을 추구한다. 선악의 기준에서 진리 즉 로고스를 추구하는 것이다. 이는 앞서 밝힌 대로 허상이 될 수밖에 없었다. 소쉬르는 언어의 의미는 전통적인 기의에서 나오는 것이 아니라 기표의 차이에서 만들어진다고 했다. 언어의 의미는 기표의 차이의 관계망에서 만들어지는 것이었다. 그는 언어의 의미를 이처럼 서로 다른 기호들 사이에서 일어나는 차연 운동으로 설명했다.

인간이라는 개체는 서로 다른 차이로 존재한다. 동일성이라는 전체에 함몰되어 구속된 개체를 차이로써 해방시킨 것이 해체철학이다. 인간 사회와 의식의 우세한 법이 선악의 이분법이다. 이를 정보이론으로 설명하면 알고리즘 정보처리이다. 이는 현실 세계에서 가장 강력한 법이다. 신성과 권력으로부터 나온 법은 최고의 선이 되어 강력한 자기 보존력을 갖는다. 알고리즘 정보 자체는 아주 강력한 보존력을 갖는데, 거기에다 신성과 권력의 힘까지 가세하면 그 정보는 최고의 보존력을 갖는 정보가 된다.

그래서 그 알고리즘의 보존력 때문에 어떠한 개인의 차이도 흡수해버린다. 개인이 사라지고 전체의 동일성만 남게 되는 것이다. 그래서 이 정보는 인간의 무의식을 동일성으로 억압하고 무의식의 다양한 차이를 무시하게 되는 것이다. 생명이란 다양한 차이로 존재하는데, 생명이 동일성으로 보존됨으로 생명이 좌절되어 분노와 폭력성을 갖게 된다. 이것이 쌓여 있다가 폭발하는 것이 전쟁이고 야만성이었다. 그래서 이러한 동질성의 보존력이 있는 한 인간의 문명은 아무리 발달해도 결국 붕괴할 수밖에 없었다.

그래서 개인들이 차이로 살아나야 한다. 전체로부터 다양한 개인의 차이가 수용되고 인정되어야 한다. 이것이 인간을 살리고 무의식을 해방시키는 것이다. 해체철학이 바로 이 작업을 한 것이었다.

베르그송으로의 회귀

이는 사실 이미 베르그송에 의해 시작된 작업이었다. 그가 말한 창조적 진화는 이러한 개인의 차이를 인정하며 서로의 망을 통해 이루어질 수 있었다. 그동안 인류의 문명이 창조적으로 진화하지 못하고 퇴행한 것은 개인적 차이가 거부되고 전체로 억압되었기 때문이다. 그는 우주와 자연의 법이 인간 사회의 진화에도 적용된다는 것을 간파했다. 이를 두고 그의 철학이 지나치게 자연주의적인 담론이라고 비판해서는 안 된다. 그의 이론대로 되지 못한 것이 그의 철학의 문제라기보다는 그가 주장한 대로 차이의 망을 형성하지 못했기 때문이었다. 이를 새롭게 발견하고 주장한 것이 바로 들뢰즈였다.

들뢰즈Gilles Deleuze(1925~1995)는 라이프니츠Gottfried Wilhelm Leibniz(1646~1716)의 주름이론을 바로크 미학으로 재해석하면서 접힘과 펼침의 주름이론을 전개했다. 그는 형이하학이 접힘을 통해 형이상학과 접촉한 후, 우연과 불확정적인 펼침의 해체적 과정을 통해 다시 다양한 차이를 창출해낸다고 했다. 이는 양자의 고차적 정보가 양자요동과 붕괴 등의 무작위성과 불연속으로 저차적인 복잡성과 알고리즘 정보로 드러나는 과정과 유사하다. 그리고 이러한 운동성과 생성과정을 이미 베르그송이 그의 창조적 진화에서 언급한 것이었다.

베르그송은 과거 기억이나 순수기억이 접힘 즉 존재적 잠재태로 닫혀 있다가 현실 즉 물질의 이미지들과 접촉하며 현실태로 펼쳐진다고 했다. 이를 통해서 생명이 창조적 진화를 할 수 있다고 했다. 이를 통해 다양한 개체의 차이도 형성된다. 이는 들뢰즈가 접힘과 펼침의 주름이라는 과정을 통해 생명체가 진화해간다고 한 것과 같은 설명이다. 즉 생명과 자아는 고정된 것이 아니고 끊임없이 해체됐다 생성되는 과정을 통해 존재해가는 것이다. 이는 대상관계 이론에서 말하는 개인의 주체와도 같은 개념이다. 개인의 주체는 이미 확정된 것이 아니고 대상의 관계에 의해 역동적인 운동 속에 형성되는 것이다.

이러한 이론은 우주적 진화로도 확장된다. 물리학자 봄_David Joseph Bohm(1917~1992)_은 우주는 내포적 접힌 질서로의 접힘과 외연으로와 펼침의 과정을 통해 외연적 질서가 형성된다고 했다. 그는 이를 내포적 접힌 질서와 외연적 펼침 질서의 전운동_holomovement_이라고 했다. 고고학자이며 신부인 떼이야르 드 샤르댕도 우주의 발달 과정을 오메가 포인트를 향한 수렴적 진화로 설명한 바 있었다.

무의식의 문명을 지향하며

의식은 대부분 선악의 알고리즘적 사고로 정보처리를 한다. 여기서 나오는 정보는 어쩔 수 없이 선악을 중심으로 서로 갈등하며 더 우세한 정보로 보존되려고 한다. 보존성을 강화하기 위해 종교, 권력과 무력 등을 도입한다. 이러한 것이 문명을 이룬다. 그러나 한편에서는 다른 문명이 싹튼다. 무의식의 문명이다. 대부분의 무의식은 의식의 선악에 의해 억압된다. 그러다가 때가 되면 의식이 붕괴되면서 무의식이 폭발한다. 이것이 반문명의 실상이다. 이를 통해 문명이 붕괴했다. 이것이 지금까지 인류가 무수하게 반복해온 문명의 발달과 붕괴의 과정이었다.

무의식을 억압하고 통제하면 이러한 문명과 반문명이 생기지만, 무의식을 다르게 이해하고 받아들이면 인간은 이러한 역사의 굴레에서 벗어날 수 있다. 그동안 인간은 무의식에 열려 있었지만, 무의식을 어떻게 통제해야 할지 몰랐다. 진정으로 무의식이 새로운 인류의 소망이 되고 창조적 힘이 되기 위해서는 무의식에 대한 새로운 정보처리가 필요하다.

억압과 통제만으로 대해서는 안 된다. 그렇게 되면 무의식은 눌리고 결국 폭발로 반응한다. 새로운 무의식의 이해와 역할이 필요한 것이다. 이것이 앞서 말한 여러 종류의 철학적 실험과 시도이다. 이를 종합적으로 정리하면 의식과 다른 새로운 정보처리의 도입이 필요한 것이다. 무의식을 선악으로 판단하고 이 법으로 억압하고 통제해서는 안 된다.

무의식은 선악의 알고리즘으로 처리될 수 없다. 무의식은 의식과 달리 다양성과 차이를 인정하는 복잡성의 정보처리로 이해하고 접근해야 한다. 자연계와 복잡한 사회와 경제문제도 복잡성의 문제이다. 이를 의식의 질서 차원에서 보면 혼돈chaos이다. 이러한 무의식의 특성을 더욱 잘 설명한 정신의학자가 있다. 들뢰즈와 함께 '천 개의 고원'이란 책을 저술한 펠릭스 가타리Felix Guattari(1930~1992)이다. 그는 무의식을 분자적 욕망들이 기계적이고 자동적으로 접촉하고 교류하며 조립되고 해체되는 그러한 분열적 세계라고 했다. 이를 복잡성으로 처리되는 정보의 세계라고 말할 수 있다. 분열적이고 해체적이지만, 그 속에는 선악과 다른 분석과 종합을 통해 새로운 질서의 생성도 같이 일어난다. 그래서 자연과 사회가 진화해나간다. 무의식은 알고리즘적 선악을 중심으로 작동하는 것이 아니라, 천 개의 고원처럼 리좀rhizome을 형성하며 작동한다. 알고리즘적 중심을 해체하고 다양한 차이를 인정하고 스스로 접촉하고 교류하며 그 안에서 방향과 질서를 찾아가도록 버려두는 것이다. 뇌가 신경망 형성을 통해 작동하는 것과 같은 것이다. 이러한 복잡성 정보처리를 통해 생명체와 우주가 창조적 진화를 이루어가는 것이다.

무의식의 원천인 몸

그러나 무의식은 복잡성 정보처리만으로 끝나지 않는다. 인간의 무의식은 뇌에서 나오는 것으로 생각하지만 사실 그 원천은 몸이다. 생명도 몸 속에 있고 감정도 몸에서 나온다. 인간이 무의식을 새로운 자기로 추구하면서 필연적으로 몸을 만나게 된다. 무의식의 심층은 몸이고 감정이기 때문이다. 그리고 몸에는 초월적 영성도 존재한다. 인간이 찾는 모든 것이 사실 몸에 있다.

그동안 인간은 뇌에서 모든 것을 찾았다. 인간이 이만큼 문명이 발달할 수 있었던 중요한 요인 중에 하나가 인지기능과 언어였다고 유발 하라리Yuval Noah Harari(1976~)가 지적했다. 이러한 언어와 인지기능은 인간이 동물과 달리 특별한 뇌를 가졌기 때문이었다. 특히 전두엽의 발달이 인간 문명의 발달에 가장 큰 역할을 했다. 그래서 인간은 뇌의 알고리즘 정보처리를 모방하여 컴퓨터를 만들었고 신경망을 모방하여 인공지능도 만들었다. 전산과 인공지능은 인류 문명을 급속도로 발전시켰다.

그러나 인간의 본질은 뇌가 아니었다. 무의식이 뇌에서 나오기는 하지만 그 원천은 몸이라는 것이 과학적으로 밝혀지고 있다. 과거 몸은 동물적인 것으로 생각했다. 몸의 지능은 동물 수준이고 몸은 본능적인 욕구로만 움직이는 미성숙하고 퇴화된 것으로 생각했다. 그러나 몸에는 뇌 이상의 지능과 정보처리가 있다는 것이 밝혀지면서 몸의 중요성이 대두됐다. 인간은 자신을 찾아가는 과정에서 의식에서 무의식으로 가고 있는데, 무의식을 깊이 만나다 보면 인간은 결국 몸을 만나게 되어있다.

철학에 있어서도 몸의 중요성이 제기됐다. 이미 스피노자가 생명과 몸의 중요성에 대해 말하며 감정이 몸에서 나온다고 했다. 그리고 몸을 철학적 주제로 가장 진지하게 다룬 학자가 니체이다. 그는 서구철학의 문제가 뇌의 이성에 머물렀기 때문이라고 했고 그는 몸의 이성과 몸의 감정을 이성적 중심으로 삼아야 한다고 주장했다. 그리고 마르크스와 프로이트도 몸을 그들 사상의 중심에 두었다.

몸의 철학이 왜 중요한가?

그 이후 프랑스 철학자들이 몸을 철학의 중요한 주제로 삼았다. 해체철학에서 푸코 Paul-Michel Foucault(1926~1984)와 들뢰즈도 니체를 이어 몸을 중요하게 생각하였고, 레비나스 Emmanuel Levinas(1906-1955)와 미셸 앙리 Michel Henry(1922~2002) 등의 프랑스 현상학자들도 몸을 철학의 주요 과제로 다루었다. 특별히 메를로 퐁티 Maurice Merleau-Ponty(1908~1961)는 몸을 지각의 중심으로 보았다. 그래서 그의 현상학을 몸의 현상학이라 한다. 그는 지각을 뇌의 지각에 국한하지 않았다. 몸이 복잡성 지각의 중심이며 몸이 중심이 되어 삶 속에서 생성적 지속을 해갈 수 있다고 했다. 그래서 그는 몸을 통해서만 진정한 지각적 현상을 만날 수 있다고 했다.

특별히 프랑스인들은 몸의 체험을 중요하게 생각했다. 프랑스인을 쾌락적이라고 할 만큼 그들은 몸의 감각을 중요하게 생각했다. 프랑스 요리는 그들의 탁월한 몸의 미각이 있었기에 가능했고, 그들의 명품 패션 역시 발달된 감각이 뒷받침되어야만 가능한 것이었다. 그리고 그들은 몸의 감각을 통해 사랑을 느끼고 표현하는 것을 중요하게 생각했다. 이처럼 프랑스인은 그들의 삶의 중심에 몸이 있는 것을 소중하게 여기며 즐겼다.

몸은 왜 이렇게 중요한가? 단지 쾌락과 감각이 있기 때문만은 아닐 것이다. 몸에는 뇌와 비교할 수 없는 엄청난 고차적 정보처리가 일어나기 때문이다. 뇌가 정보처리의 중심이라고 생각하지만, 뇌는 하나의 포털이나 플랫폼에 불과하다. 정보의 원천은 몸이다. 뇌는 몸의 정보를 모아서 처리하는 것에 불과하다. 물론 뇌의 가장 중요한 기능 중에 의식이 있다. 이 의식 외에는 모든 기능이 몸에 미치지 못한다. 이 의식은 양자와 같은 고차정보로 움직이기 때문이다. 그리고 아직 몸과 의식이 양자로 어떻게 연결되고 있는지 우리는 아직 잘 알지 못한다. 그러나 우리는 의식의 양자로 몸의 양자를 만날 수 있다. 이것이 명상과 관상기도이다.

몸은 대부분 무의식에서처럼 복잡성 정보처리로 작동된다. 그리고 몸은 복잡성만으로 생명체가 유지될 수 없기에 엄청난 양의 양자정보 처리가 동시에 일어난다. 몸에는 이러한 고차적인 양자정보 처리가 많이 일어나기에 중요한 것이다. 양자는 알고리즘이나 복잡성과 비교할 수 없을 정도로 아주 고차적인 정보이다. 모든 초월적 정보처리가 곧 양자정보라고 이야기할 수는 없더라도 적어도 양자정보가 초월성의 문이 되는 것은 사실이다. 앞서 하이데거의 존재와 현존재의 관계를 양자정보 처리로 설명한 것처럼, 인간의 형이상학, 신성, 예술성과 초월성 등은 바로 양자정보를 통해 접근할 수 있는 것만은 확실하다.

인간의 초월적 세계의 내용과 현상이 양자정보의 현상과 닮은 점이 많기에 양자정보는 인간의 초월적 세계를 여는데 아주 중요하다. 그래서 양자정보는 인간의 문제를 해결하는데도 앞으로 중요한 역할을 할 것으로 기대된다. 그런데 인간에게서 양자정보가 가장 많이 있는 곳이 몸이기 때문에 몸을 철학과 문명의 중심으로 보는 것이 아주 과학적이라고 볼 수 있다.

그런데 여기에 인간의 딜레마가 있다. 과거 로마나 프랑스가 붕괴할 때 몸의 세속적 타락이 중요한 요인이었다고 분석한 바 있었다. 그런데 인간이 고상한 성품을 개발하지 않고 몸을 다시 중심에 두어야 한다는 것이 과연 문명에 바른 방향이라고 볼 수 있을까? 그러나 과거 로마와 프랑스에서의 몸의 쾌락에 집착한 것이 사실 몸의 문제는 아니었다. 더 근본적인 문제는 뇌에서 온 것이었다. 뇌가 지나치게 선악의 법으로 보존되면서 몸이 억압되었기에 몸이 그러한 욕구로 폭발한 것이지 몸이 원래 그렇게 된 것은 아니었다. 뇌가 제대로 몸을 도와주지 못하고 뇌가 주인이 되어 몸을 억압하고 학대하였기 때문에 생긴 현상이었다. 몸이 병들어서 나타나는 증상이었지 건강한 몸의 현상은 아니었다.

여기서 또 다른 질문이 생긴다. 뇌는 몸을 학대하고 억압한 적이 없다고 주장할 수 있다. 뇌는 몸이 원하는 것을 다해 주고, 맛있는 것도 먹게 해주고 몸이 원하는 것을 다해 주며 호강시켰는데 몸을 억압하고 학대했다는 것은 뇌의 입장에서는 억울하다고 변명할 수 있을 것이다. 물론 뇌가 몸을 돌보아주었다는 것은 현상적으로는 맞는 말이다. 그러나 내용적으로는 그렇지 않았다. 뇌는 여전히 몸을 억압하고 학대했다. 겉으로 명품을 사주고 몸에 좋을 것을 다 해주는 것이 몸을 대접하고 사랑하는 것은 아니다. 몸을 애완견 정도로 생각하고 잘해주는 것이 과연 몸을 제대로 돌본 것인가?

우리는 자식이 마음으로 병들었을 때 자주 듣는 말이 있다. 자식이 해달라는 것을 다 해주었는데 어떻게 아프냐고 부모가 하는 하소연을 듣는다. 자식은 보이는 것으로 부모가 잘해주기보다는 자신을 인격으로 존중해주기를 원한다. 자식이 인격으로써 진정 무엇을 원하는지도 모르고 겉으로만 좋은 것으로 치장해주는 것을 자식 사랑이라고 생각하는 부모에 대해 자식이 항의하는 것이다. 그리고 자식이 원하는 것보다 부모가 해주고 싶은 것을 한 것을 진정한 사랑이라고 보기 어렵다. 진정한 사랑은 대상의 인격을 믿어주고 기다려주는 것이다. 무엇을 해주는 것이 사랑의 본질은 아니다.

우리는 몸을 자식처럼 진정한 인격으로 대하고 존중해주어야 한다. 몸에는 고차적인 초월성과 생명이 있다. 그래서 몸에는 높은 수준의 인격이 있다. 그렇다고 몸은 신성시하자는 뜻은 아니다. 몸을 몸의 수준만큼 대접해주자는 것이다. 인격과 초월성으로 존중하며 대화하며 사랑하고 믿어주자는 것이다. 우리는 모든 부정적인 아픔과 삶의 쓰레기를 몸에 다 처넣는다. 우리에게는 아픔의 모든 상처와 기억이 몸에 남아있다. 우리는 몸의 아픔에 얼마나 공감하며 돌보고 있는가? 우리는 몸을 얼마나 소중히 여기며 인격적으로 대하고 있는지를 몸에게 물어보아야 한다. 강아지와 고양이보다 못하게 자신의 몸을 대하고 있지 않은가? 몸에게 얼마나 긍정적인 이야기를 하고 있는가? 대부분 부정적인 감정으로 대하고 있지 않은지 몸과 솔직하게 대화해보아야 한다.

프랑스의 현대철학에 와서 인간은 결국 무의식과 몸까지 도달했다. 그리고 몸의 언어가 지성과 이성이 아니라 감정이라는 것을 알게 됐다. 감정적 언어를 잘 개발하여 몸과 깊은 대화를 할 수 있어야 한다. 인류가 정보사회 즉 인공지능 사회에서 살아남고 계속 창조적 진화를 해나갈 수 있는 길은 몸과 몸의 언어인 감정을 얼마나 존중하고 발달시키는가에 달려있다. 프랑스 대혁명 이후 인간은 결국 몸과 감정의 무의식으로 발달해가고 있다. 과거처럼 뇌의 선악으로 몸과 무의식을 부정적으로 억압하지 않고 인격적으로 교류하며 인간의 무한한 몸과 무의식의 세계를 긍정적으로 잘 살릴 수 있어야 한다.

무의식의 문명을 실천하는 법-용서와 사랑

마지막으로 인간의 몸과 무의식을 인간의 현실에 창조적으로 살려내는 또 다른 길을 소개하려고 한다. 지금까지는 다소 이론적이고 학문적인 설명이었다. 해체철학, 정보이론 등은 다소 이론적이다. 그래서 이러한 설명은 사상적인 이해로만 끝나기가 쉽다. 실천적인 면에서는 다소 어렵게 느껴진다. 실생활에서 무의식과 몸 그리고 감정을 인격적으로 대하고 그 속의 초월성을 살릴 수 있는 쉬운 길은 없을까?

의식의 선악의 법이라는 것도 다소 이론적인 설명이다. 실제 생활에서 이를 만날 수 있는 길은 '판단'을 통해서이다. 선악을 아는 것이 판단이기 때문이다. 우리가 판단하는 대부분의 것이 선악에 대한 것이다. 그래서 우리는 판단을 통해 선악을 알고 적용하는 것이다. 의식은 무수한 판단을 하며 산다. 내가 판단을 얼마나 하고 사는 가를 통해 의식이 선악에 얼마나 종속되어 있는가를 알 수 있다. 물론 세상에서 살아가기 위해서는 선악과 등급에 대한 계산과 판단이 필요하다. 그러나 모든 것을 판단해야 하는 것은 아니다. 판단을 쉬어야 할 때가 있다. 일이 끝나고 사람을 만나고 몸이 쉬어야 할 때는 판단을 중지해야 한다. 필요 이상의 판단을 멈추어야 한다. 현상학에서 말하는 것처럼 판단중지를 해야 한다. 판단은 저차정보인 알고리즘의 대표적인 인지이기 때문에 고차정보는 이에 눌리고 병들게 된다.

그렇다면 의식에서 무의식으로 내려가고 몸의 고차적 초월정보를 접하려면 어떻게 해야 할까? 철학적 용어가 아닌 쉬운 길은 없을까? 이를 한마디로 하면 '용서와 사랑'이라고 할 수 있다. 무의식은 복잡성이다. 서로의 차이를 인식하고 인정하는 것이 복잡성이다. 판단은 선택이지만 차이는 선택이 아니고 수용이다. 선악은 알고리즘으로 서로 닫고 살지만, 무의식과 몸에서는 서로의 차이에 대해 열고 수용하고 용서해야 한다. 그리고 사랑까지 할 수 있으면 더욱 좋을 것이다. 사랑은 한마디로 믿어주는 것이다. 나의 몸과 무의식과 감정이 부정적이라 할지라도 믿어주고 기다리는 것이 나를 사랑하는 것이다. 용서와 사랑은 곧 몸의 고차정보 즉 복잡성과 양자정보를 여는 문과 같다. 프랑스는 이미 톨레랑스와 박애정신으로 이를 실천하고 있다. 물론 문제는 있지만 그래도 이를 가장 앞서 실천하고 있기에 그들은 무의식에 가장 열려 있다고 볼 수 있다.

우리는 이를 명상에서 실습할 수 있다. 명상은 의식을 내려놓는 것이다. 우리는 조용히 명상을 하려고 하면 온갖 복잡한 생각이 올라온다. 생각이 생각에 꼬리를 무는 것은 생각을 판단하고 있기 때문이다. 우리는 늘 의식으로 판단하며 산다. 그래서 머리가 아프다. 판단을 통해 자신을 감시하고 통제하려고 한다. 이것이 스트레스의 원인이다. 명상은 이를 내려놓는 것이다. 판단을 내려놓는 것이다. 무슨 생각이 올라오든 판단하지 않고 가만히 두는 것이다.

수동적인 내려놓기에서 능동적으로 발전하며 이러한 자신을 수용하고 믿어주고 기다려주는 것이 필요하다. 이 과정이 바로 용서와 사랑이다. 자신 속에서 무슨 생각과 감정이 올라와도 이해하고 수용하고 용서하고 사랑하는 것이다. 공감해주는 것이다. 이를 통해 무의식을 더 열리게 되고 자신의 생명도 열리고 깊은 초월과 고차정보로 들어갈 수 있다. 우리는 늘 이렇게 명상하며 살기는 어렵다. 일상에서 자주 판단을 내려놓고 용서와 사랑의 마음으로 자신을 보고 이웃을 볼 수 있다면 무의식이 열리고 인격적이고 생명을 교류하는 삶을 살 수 있을 것이다.

이를 반복하는 것이 창조적 진화의 길을 가는 것이다. 앞서 말한 접힘과 펼침의 법이고 해체철학의 정신이기도 하다. 그러나 해체철학은 이것으로 끝나지 않는다. 이제 해체철학의 궁극적 도달지점은 초월적 정보이다. 해체와 초월이 어떻게 만날 것인가는 다음에 다시 자세히 설명할 것이다. 이것이 인간이 최종적으로 도달하고 발달해야 할 지점이기 때문이다.

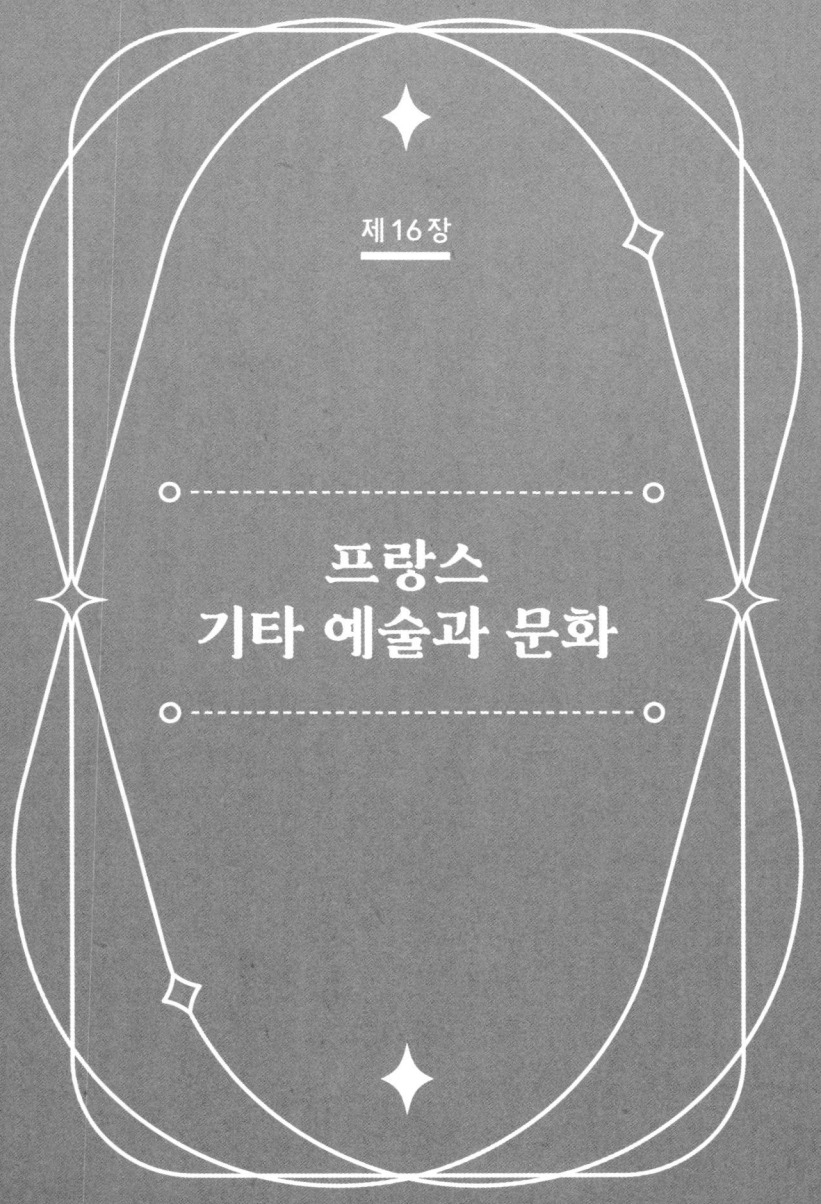

제16장

프랑스
기타 예술과 문화

1) 프랑스 고전 음악

프랑스 중세 음악

유럽 각국의 음악이 특색이 있는 것처럼, 프랑스 고전 음악도 다른 나라와 다른 특색을 보인다. 이 글에서는 프랑스의 음악이 어떻게 시작되고 발달되었는지를 살펴보면서 그 특징을 찾아보려고 한다. 유럽의 고전 음악은 교회음악에서 시작했다. 처음으로 형식을 갖춘 교회음악은 6세기에 시작된 그레고리안 성가였다. 이 음악에서는 인간의 감정을 절제하며 오직 신만을 예배하려고 하였기에 음악은 단성單聲 선율로만 구성됐다. 그러다가 12세기 초부터 두 성부聲部 이상의 서로 다른 음을 노래하는 오르가눔Organum이란 형태의 다성 음악이 나타났다.

이러한 다성 음악이 가장 발달한 곳이 프랑스였다. 단성 음악과 달리 다성 음악에서는 인간의 아름다움을 추구하는 성향이 드러난다. 인간의 무감각한 중성 상태가 아니라, 아름다운 감각과 감정을 동원하여 신을 찬양하려고 하였다. 지금은 당연하지만, 당시로는 큰 용기가 필요했다. 이탈리아 르네상스의 인문주의가 프랑스 음악에서 먼저 일어난 것이었다. 프랑스는 중세의 암흑기부터 이처럼 인간을 드러내는 성향이 나타났다. 이러한 다성 음악이 특별히 포도주 생산으로 유명한 보르도가 있는 남서부 아키텐 지방에서 활발히 일어났다. 그 후 다성 음악은 북쪽 파리로 퍼져나가, 13세기 노트르담 대성당이 지으면서 그곳에서 더욱 장식이 풍부한 다성 음악으로 발전하였다.

이때 레오냉Leonin(1135~1201)이라는 작곡자가 오르가눔 대전집을 내었고, 페로탱Perotin(1160~1230)이란 작곡자는 3~4부의 오르가눔을 작곡했다. 그리고 음악에 가사를 붙였는데, 처음에는 같은 리듬의 다성에 같은 가사를 붙였다. 이를 콘둑투스라고 했다. 그 후 서로 다른 리듬과 다른 가사를 둔 다성 음악이 나왔는데, 이를 모테트라 했다. 모테트를 통해 가사가 음악의 중요한 요소로 등장했다. 이처럼 다성 음악은 12~13세기 프랑스를 중심으로 다양하게 발달했다. 이를 통해 인간의 아름다움과 다양한 음악을 추구하는 프랑스인들의 성향을 엿볼 수 있었다.

14세기의 프랑스는 무척 어둡고 고통스러운 시대였다. 그들은 홍수, 기근과 흑사병 등으로 인구의 1/3이 사망하는 재난을 겪었다. 그리고 100년 전쟁까지 겹치면서 심한 고통을 겪고 있었다. 이러한 재난과 함께 교회는 아비뇽 유수 등으로 권위가 많이 추락됐다. 그래서 음악은 교회 중심에서 세속의 귀족과 왕족 중심으로 옮겨가기 시작했다. 그러면서 음악도 많이 변했다.

이러한 새로운 음악의 탄생을 '아르스노바'라고 했다. 이러한 음악에 앞장선 작곡가가 필립드 비트리Philippe de Vitry(1291~1361)와 기욤 드 마쇼 Gillaumede Macchaut(1300~1377) 였다. 비트리는 온음, 반음, 4분음, 8분음과 쉼표 등 현대에 사용하는 리듬체계를 혁신적으로 도입했다. 그래서 이를 통해 리듬의 유동성과 다양성을 추구할 수 있었다. 그리고 마쇼는 미사곡만으로 되어있던 모테트에 세속 노래도 포함하는 등 다양한 장르의 음악을 개발했다.

그리고 '아르스 수브틸리오르'라는 과거보다 더욱 섬세하고 기교적인 음악이 나타났다. 이러한 음악은 상류층 귀족과 궁정을 대상으로 연주되었으며, 주로 사랑을 주제로 하는 세속적인 노래가 많았다. 그리고 새로운 형식의 다성 발라드, 롱도 및 바를레로 등의 음악이 등장했다. 노래가 과거보다 더 세련되었으며, 고상하고 호화로운 양식으로 작곡됐다. 아비뇽 교황청은 이러한 세속음악을 반대하기보다는 후원했다.

프랑스 르네상스 음악

유럽의 르네상스는 13세기부터 15세기에 이탈리아의 여러 도시를 중심으로 발달했다. 주로 그림과 건축, 조각 등의 미술이 중심이 되었고 인문학 등의 학문 연구도 발달했다. 이 기간 동안 음악은 미술만큼 특별히 발달하지는 않았다. 앞서 설명한 대로 르네상스 동안 음악은 프랑스가 인간 중심적인 다성 음악으로 더 발전했다. 그러나 미술, 건축과 인문학 등은 이탈리아의 르네상스가 독보적이었다. 그 영향이 15세기가 되어서 북쪽 유럽에 전파되었고 이를 통해 프랑스 음악은 다시 한 번 도약했다.

르네상스로 인해 불협화음은 엄격하게 통제하고 3도와 6도 음정을 넓게 사용하는 새로운 협화음의 대위법이 등장했다. 이를 통해 질서 가운데서 더욱 아름다움과 감각을 즐길 수 있게 됐다. 그리고 중요한 것은 과거 그리스에서는 시와 음악이 분리되지 않았던 것을 알면서, 음악에서 가사를 중요하게 여겼다. 과거의 음악은 음악 중심이었다. 가사가 있더라도 음악에 종속됐다. 그러나 가사가 중요해지면서 가사의 내용을 전달하기 위한 새로운 음악이 나타났다. 그래서 모방 대위법과 호모포니 텍스처 같은 새로운 음악 양식이 나타났다. 과거에는 성부에 따라 가사가 달라 가사 전달에 어려움이 있었으나, 이 텍스처의 등장으로 4성부 가사를 같은 리듬으로 부르게 됐다.

그리고 가사의 감정을 전달하기 위해 특별한 음정, 선율과 대위적 진행이 더 발달했다. 특별히 온음계 외에 반음계가 처음으로 도입됐다. 신에게 드리는 음악에서 시작된 음악이 가사를 중시하는 음악으로 발전되면서, 더욱 인간에게 가까이 가게 됐다. 특별히 16세기 인쇄술의 발달로 음악은 더 많은 사람에게 영향을 주는 삶의 한 영역이 됐다.

이러한 르네상스의 음악에서도 프랑스가 가장 발달했다. 15세기 초에 프랑스 부르고뉴 지방에서 프랑스 고유의 음악인 샹송이 발달했다. 이때 부르고뉴는 정치적으로 영국의 영향을 많이 받는 등 다소 독립적인 위치에 있었다. 라틴어가 아니라 프랑스어를 가사로 붙인 다성 음악을 샹송이라고 했다. 그리고 이러한 샹송을 부르고뉴 샹송이라 했다.

당시 부르고뉴 궁정 예배당 음악가로 일한 기용 뒤 페Guillaume Du Fay(1400~1474)는 많은 미사, 성가와 모테트 등을 작곡하고 연주했다. 그리고 부르고뉴 궁정악사로 일한 뱅수아Gilles Binchois(1400~1460)도 샹송을 많이 작곡했다. 그가 작곡한 샹송을 뱅수아 샹송이라 했다. 15세기 중반에는 플랑드로 작곡가인 장드 오케헴Johannes Ockeghem(1410~1497)과 앙투안 뷔루아Antonie Busnoys(1430~1492)도 교회음악과 샹송을 작곡했다. 15세기 후반과 16세기 초에는 야코브 오브 레히트Jacob Obrecht(1457~1505), 헨리쿠스 이삭Henricus Isaac(1450~1517), 조스댕 데 프레Josquin des Pre(1450-1455~1521) 등이 새로운 세대 작곡자로 등장하였는데, 그들은 중세기 분위기를 벗어난 새로운 음악을 선보였다. 그들은 자유로운 대위법으로 흐르는 듯한 선율과 다양한 리듬을 통해 가사의 내용을 더욱 살리는 음악을 작곡했다. 그러면서도 음악의 형식과 구조를 중시했다.

16세기 종교개혁의 영향으로 개신교 칼뱅 음악이 출현하였는데, 그들은 경건한 신앙 신조에 따라 즐겁고 화려한 다성 음악보다는 단순한 신앙 고백적인 음악을 작곡했다. 그들은 프랑스어 시편을 가사로 한 다성적 시편을 많이 작곡하여 불렀다. 이때 대중들이 쉽게 따라 부를 수 있는 세속 노래도 많이 나왔다. 그래서 음악이 상품화되는 경향도 나타났다. 대중이 쉽게 부를 수 있도록 간단한 장절식 음절 호모포니 등이 사용된 샹송이 많이 작곡됐다.

프랑스 근대음악

17세기는 바로크 시대로서 다양한 음악기법이 출현했다. 즉 불협화음도 나오고 조성, 박자 등이 과장되고 극적인 효과를 위해 대담함을 보이는 양식이 나타났었다. 특히 프랑스는 절대왕정의 시대로서 바로크적인 궁정 음악이 많이 발달했다. 특히 루이 14세 때 장 밥티스트 륄리Jean-Baptiste Lully(1632~1687)는 궁정 발레, 궁정 예배 음악과 오페라 등을 작곡했다. 그리고 그는 궁정 성악에서 대중적 양식에까지 다양한 유형의 성악을 작곡하였는데, 특별히 이러한 실내 성악을 에르라 했다.

17세기부터는 이탈리아에서 오페라가 발달하여 대중적 인기를 끌었다. 그리고 18세기에는 코렐리Arcangelo Corelli(1653~1713), 비발디Antonio Lucio Vivaldi(1678~1741)가 나타나 이탈리아 음악이 크게 발달하였으나 국력이 뒷받침되지 못하는 바람에 이탈리아에서 계속 발달하지 못하고 음악의 중심이 합스부르크의 빈으로 옮겨갔다. 그리고 18세기 후기에는 오스트리아와 독일이 음악의 중심이 됐다. 텔레만Georg Philipp Telemann(1681~1767), 헨델Georg Friedrich Handel(1685~1759), 바흐Johann Sebastian Bach(1685~1750), 하이든Joseph Haydn(1732~1809)과 모차르트Wolfgang Amadeus Mozart(1756~1791) 등이 나타나 바로크와 초기 고전주의 음악을 선보였다. 이때 프랑스는 17세기만큼은 아니나, 여전히 파리를 중심으로 궁정 음악이 발전했다. 이때 프랑수아 쿠프랭François Couperin(1668~1733)과 장 필립 라모Jean Philippe Rameau(1683~1764) 등이 활발한 작곡과 공연 활동을 벌였다. 특별히 발레, 오페라가 많이 공연되었고, 새로운 음악 이론도 선보였다. 이러한 공연은 궁정에서 주로 있었지만, 상류 귀족층과 부르주아 일반인도 참석할 수 있었다.

19세기에는 음악에서도 혁명적인 사건이 있었다. 바로 베토벤Ludwig van Beethoven(1770~1827)의 출현이었다. 유럽의 역사를 프랑스 대혁명의 전후로 나누듯이 음악도 베토벤의 전후로 나누어진다. 그는 고전주의 음악을 완성하는 동시에 고전주의를 허물며 새로운 낭만주의의 길을 갔다. 그는 형식을 중시하였지만, 형식보다 예술성, 감정과 영감들의 풍부한 음악적 내용을 표현하는 새로운 음악 세계를 열었다.

음악을 그냥 듣고 즐기는 것이 아니라 음악이라는 예술의 깊은 세계를 연 것이었다. 프랑스 대혁명이 잠자고 있던 인간의 주체성을 깨운 것이라면 베토벤은 음악을 통해 인간에게 잠자고 있던 예술과 영감을 깨운 것이었다. 이를 고전이라는 음악 양식을 통해 이룬 것이 가히 혁명적이라고 할 수 있을 것이다. 베토벤은 프랑스 혁명을 유럽에 전파하려던 나폴레옹과 자신을 동일시하여 그에게 영웅교향곡을 헌정하려고 하였으나, 그의 혁명이 역행하고 있는 것을 보며 실망하여 이를 취소했다. 결국 두 영웅은 하나로 만나지 못하고 베토벤만이 영원한 음악의 영웅으로 남게 됐다.

프랑스 대혁명 이후의 음악

프랑스에는 나폴레옹만 있었던 것은 아니었다. 프랑스 음악계에도 베토벤 못지않은 영웅이 있었다. 베토벤의 영광이 워낙 커서 가려져 있었지만, 베토벤 이상으로 혁명적인 음악을 선보인 작곡가가 있었다. 그가 바로 베를리오즈Hector Berloz(1803~1869)였다. 그는 고전주의이지만, 시대를 앞서 급진적 낭만주의, 표제적 낭만주의를 선보였다. 새롭고 풍부한 관현악법과 대담한 음색, 화성과 선율을 보이며 낭만적 감정을 강렬하게 표현했다. 그의 대담성은 베토벤 이상 혁명적이었다. 그리고 당시 파리는 유럽 제일의 음악가들이 모여드는 곳이었고, 특별히 쇼팽Frederic Francois Chopin(1810~1849), 파가니니Niccolo Paganini(1782~1840)와 리스트Franz Liszt(1811~1886)와 같은 특급 연주가들이 높은 수준의 음악을 선보였다. 파리의 관중들은 그들의 신들린 연주를 들으며 그들의 높은 경지의 음악에 경탄을 금치 못했다.

　베를리오즈 이후 프랑스에는 훌륭한 음악가들이 많이 배출되었으나, 독일 낭만파 음악가에 가려져 그들의 음악이 제대로 평가받지 못했다. 쥘 마스네Jules Massenet(1842~1912), 구노Charles Gounod(1818~1893), 비제Georges Bizet(1838~1875), 생상스Camille Saint-Saens(1835~1921)와 같은 작곡자들이 좋은 오페라, 발레와 관현악곡 등을 작곡했다. 그들은 그들만의 음악기법으로 독일음악과 다른 프랑스만의 서정성과 아름다움 또한 이국성 등을 표현했다. 이와 함께 카바레와 레뷰 그리고 카페-콘서트 등을 통해 다양하고 즐거운 대중음악도 발전됐다.

　이러한 19세기의 음악을 배경으로 하여 위대한 20세기 프랑스 음악이 탄생했다. 20세기의 가장 위대한 프랑스 작곡가는 드뷔시Claude Debussy(1862~1918)였다. 독일의 음악이 고전주의와 낭만주의에 머물고 있을 때 그는 미술의 인상주의 영향을 받아 새로운 음악을 시도했다. 19세기 독일의 낭만주의는 말러Gustav Mahler(1860~1911)와 슈트라우스Richart Georg Strauss(1864~1949) 등을 통해 새로운 낭만주의로 변해가고 있었다. 더욱 강렬하고 웅대한 깊이의 낭만주의를 확장되어가고 있었다.

그러나 드뷔시는 지금까지 누구도 시도해보지 못한 새로운 음악적 차원에 도전하였다. 소리의 빛을 찾아가는 인상주의와 상징주의적 음악을 시도했다. 음의 순간적인 아름다움과 기쁨 그리고 음이 주는 기분과 느낌, 정취, 시각성 등을 소리로 연출하려고 하였다. 음악의 구조보다 음 자체의 아름다움을 찾음으로 미술의 인상주의처럼 인간의 깊은 무의식을 두드렸다. 그를 이어서 라벨Maurice Ravel(1875~1937) 역시 인상주의적 음악을 발전시켰는데, 그는 더욱 숙련된 기교와 복잡한 화성을 통해 깊고 화려한 음의 세계를 표현했다.

프랑스 음악의 절정으로서 메시앙

프랑스 현대음악의 절정은 역시 메시앙Olivier Messiaen(1908~1992)이었다. 그는 2차 대전의 아픔을 직접 겪은 프랑스인이었다. 프랑스인에게는 2차 대전은 기억하고 싶지 않은 고통이었다. 조국 프랑스가 너무도 허망하게 허물어졌기 때문이었다. 그는 포로수용소에서 독일군의 배려로 작곡과 연주를 할 수 있었는데, 거기서 나온 대표적인 작품이 〈시간의 종말을 위한 사중주〉였다. 그는 영성이 깊은 가톨릭 신자로서 수용소에서 죽음과 종말을 경험하면서 이를 우주와 내면의 깊은 영성으로 승화시키는 음악을 작곡했다.

그만의 독특한 화음과 리듬으로 그는 우주적 무아지경과 영성적 깊은 세계를 음악으로 표현했다. 이를 위해서 그는 세속적인 일반 리듬을 해체하고 힌두 음악에서 영감을 받은 새로운 리듬을 찾았다. 이를 음가 duration 혹은 부가 리듬 additive rhythm이라 한다. 시간을 나누는 박자가 아니라 시간을 더하는 방식의 새로운 리듬을 찾아 영원한 우주적 시간을 표현하려고 했다. 그의 이러한 리듬을 역행 불가능한 no retrograde 리듬이라 하였으며, 이를 통해 인간의 내면을 대칭적 영원으로 확장할 수 있었다.

그의 음악은 프랑스 미술과 철학이 인간을 찾아가는 방향과 일치했다. 그의 음악 역시 미술과 철학에서처럼 인간의 의식을 넘어서 깊고 무한한 무의식으로 들어가고 있었다. 이를 위해서 그는 기존의 리듬을 해체하고 새로운 리듬과 호흡으로 그 세계로 들어갈 수 있게 해주었다. 그는 개인의 단순한 무의식만이 아니라 깊고 초월적인 영원한 세계로까지 우리의 무의식을 확장하였다. 이는 베르그송의 창조적 진화와 맥을 같이하면서 들뢰즈의 해체철학과 연결되고 있었다. 더 자세한 내용에 대해서는, 이 책 마지막 부분에서 초월적 무의식을 다루면서 다시 언급할 것이다.

프랑스 음악의 특징

서양 고전 음악은 교회음악에서 시작됐다. 신을 예배하고 찬양하기 위해 음악이라는 형식이 발달된 것이었다. 그러다가 음악도 다른 문명과 함께 점차 인간 중심으로 변하였다. 그래서 인간의 감정과 삶을 음악에 담아 노래하고 즐기는 음악이 됐다. 인간의 다양한 삶과 마음의 세계를 표현하기 위해 다양하고 섬세한 음악의 여러 기법과 형식이 개발되면서 지금의 음악에 이르게 됐다. 이러한 점은 어떤 나라에서든 공통적으로 나타나지만, 나라에 따라 다른 특징을 보이는 것도 사실이다. 그렇다면 프랑스의 음악은 어떠한 특징을 보일까? 이를 하나로 설명한다는 것은 사실 거의 불가능하다. 복합적인 내용이 많기에 프랑스 음악이 무엇이라고 단정적으로 표현하기는 어렵다.

그럼에도 그동안 프랑스인을 분석해온 흐름에서 그들의 음악도 설명해보려고 한다. 먼저 유럽 각국의 음악적 특성을 간단히 언급해보자. 음악의 원조라고 할 수 있는 이탈리아의 음악은 어떠한 사조나 형식에 구애받지 않고 자유롭다. 그리고 인생의 여러 감정을 음악적으로 아름답게 표현하며 즐기려고 한다. 이러한 이탈리아의 음악적 성향을 표현하는 것이 벨칸토 음악이다. 부드럽고 아름다운 소리를 통해 그들의 감정을 감미롭게 표현하려는 것이다. 대신 스페인의 음악은 그들의 독특한 리듬으로 역동성이 강하게 부각되지만, 한편으로 깊은 슬픔과 섬세함이 있다. 그리고 이국적인 요소가 강하게 스며들어 있다. 보헤미안, 아프리카와 이슬람 등의 영향을 무시할 수 없을 것이다.

독일 음악은 역시 독일인의 특성이 담뿍 담겨 있다. 그들은 완벽한 형식과 구조를 좋아한다. 그러나 한편으로는 이를 깨고 확장하는 시도도 과감하게 행한다. 그래서 깊고 진지하다. 어떠한 이상적인 예술과 깊은 세계를 탐구하는 경향이 뚜렷하여 많은 사람이 고전 음악의 정수로서 독일음악을 선호한다.

그렇다면 프랑스 음악은 어떠할까? 그들의 음악은 한가지로 말하기 어렵다. 다양성이 있다. 프랑스는 이탈리아의 영향도 받았고 스페인과 독일의 영향도 받아 그들의 음악적 요소가 다 포함되어 있다. 이탈리아처럼 인간의 아름답고 자유로움을 추구하면서도 스페인적인 강한 리듬과 이국적인 요소도 있다. 그리고 진지하고 깊은 세계를 추구하기도 한다. 그리고 음악적 형식과 구조도 중요시한다. 그래서 모든 유럽적 요소를 다 포함하고 있다고 볼 수 있다. 이를 쉽게 이야기하면 짬뽕 음악 혹은 여러 요소를 다 포함하여 자신만의 특징이 없는 음악이라고 말할 수 있을지 모른다.

이런 말은 프랑스인들이 가장 듣기 싫어하는 말이다. 자신의 독창성이 없이 다른 나라 음악을 모방하는 듯한 음악이 프랑스의 것이라고 하면 그들은 이를 결코 인정하지 않을 것이다. 그렇다고 사실은 그런데, 그들의 자존심과 고집 때문에 이를 거부하는 것은 아니다. 물론 예술의 시작은 모방에서 시작한다. 서로 다른 나라의 영향을 받은 것이 사실이다. 그렇다고 프랑스는 결코 무분별하게 외국의 음악을 수입하는 것은 아니다. 그들이 스스로 자신의 음악을 만들다 보니 그렇게 된 것이지 모방하다 보니 그렇게 된 것은 아니다.

프랑스 음악을 이해하려면 앞서 분석한 프랑스의 인간발달과정을 먼저 이해해야 한다. 결국, 그들의 인간발달과정에 따라 모든 예술과 문화가 그렇게 발달해온 것이었다. 그리고 그들의 정치와 문명에 프랑스인이라는 인격이 중심에 있다. 그래서 이러한 인격발달과정에서 그들의 음악도 이해해야 한다.

이중적이고 모호한 프랑스 음악

유럽 문명의 공통분모가 있다면 그것은 억압이다. 유럽 국가들이 각기 달라도 공통적인 것은 기독교와 왕정 국가 그리고 봉건제였다. 모두 권위적인 체제였다. 그래서 그 공통분모가 억압일 수밖에 없었다. 그 속에서 인간은 억압적인 삶을 살 수밖에 없었다. 그런데 이 억압을 해결하고 풀어가는 방법은 각 나라마다 달랐다. 이것이 그들의 성격을 결정하는 요인이었다.

권위적인 아버지 밑에서 자란 자식들이 같은 억압을 받았더라도, 성격이 서로 다르다. 만일 여러 형제들이 같이 자랐다면 형제들의 성격이 공통적인 부분도 있지만, 각기 다른 점도 많을 것이다. 무서운 아버지를 대하며 적응하는 방식이 각기 다르기 때문이다. 무조건 복종형이 있고 겉으로는 복종하는 척하면서 밖에서는 반대의 삶을 살며 요령을 피우는 자식도 있다. 복종을 잘하다가 한 번씩 반항하는 아이도 있을 수 있다. 대체로 막내는 조금 자유롭게 자랄 수 있지만, 형들이 얼마나 무섭게 자랐는지를 보며 알아서 조심하기도 한다. 이처럼 유럽의 각국의 성격은 하나의 억압을 두고 각기 대처하는 방식이 달랐다.

이제 억압에 대해 유럽 각국이 어떻게 대처하는지를 살펴보자. 이것이 그들의 음악을 이해하는 데 중요하기 때문이다. 장남 이탈리아는 장남으로 너무 억압적인 삶을 살아 그들은 억압 알레르기를 보인다. 억압과 비슷한 것만 봐도 거부한다. 그래서 그들은 아주 자유분방하며 인생을 즐기려고 한다. 살기 위해 어쩔 수 없이 질서와 법을 지키지만 할 수 있는 대로 거부한다. 대신 가족의 법과 정으로 살아간다. 그래서 그들의 음악에는 자유롭게 자신을 표현하며 인생을 달콤하게 즐기고 싶은 마음이 느껴진다.

스페인은 대체로 심지가 약해서 억압과 복종의 삶에 겉으로 잘 적응하며 살아간다. 그러다가 한 번씩 아주 거칠게 폭발한다. 그래서 그들은 리듬이 강한 폭발적인 음악을 즐긴다. 그러나 그들은 평소에는 억압되어 외롭고 슬프다. 그래서 그들 음악의 깊은 부분은 슬프고 서정적이다. 그러나 그들은 외적으로는 그렇지 않은 척하며 화려하게 자신을 장식하며 인생을 즐긴다. 이러한 것들이 그들의 음악에 나타나 있다.

독일은 억압이 강해 성격이 되어버렸다. 질서와 완벽주의가 그들의 성격과 문화가 된 것이다. 그래서 그들의 음악에는 형식과 구조가 아주 중요하다. 자유롭지 않다. 그러나 그들은 억압만으로 결코 살 수 없다. 이를 해결하고 풀어야 한다. 그들이 푸는 방식은 독특하다. 억압과 형식을 깨지만, 더 초월적인 깊이와 이상을 추구한다. 남쪽 사람들처럼 자유분방하게 자신을 표출하지 못한다. 자신을 자유롭게 하는 더 큰 세계와 이상적인 것을 추구한다. 그래서 그들의 음악은 더 깊고 크고 웅장하다. 더 큰 질서의 세계로 나가 자신을 펼치는 것이다. 그들의 음악에서 이러한 독일인의 모습이 나타나 있다.

프랑스인은 어떠한가? 프랑스인의 기본적인 성격은 억압과 통제이다. 겉으로는 자유롭고 자신의 감정대로 살아가는 것 같지만, 속에 있는 가장 기본적인 성격은 강한 억압과 통제이다. 겉으로 보이는 반대의 성격은 이에 대한 반발과 반응으로 생기는 것이지, 자유과 감정적인 것이 그들의 주± 성격은 아닌 것이다.

그래서 그들은 모순적인 이중성이 그들의 성격이 되는 것이다. 그들은 겉으로 자유로운 것 같지만 속으로는 엄청나게 통제를 하며 산다. 그래서 혼돈이 온다. 이것이 그들의 음악에 그대로 나온다. 그들의 음악은 구조와 형식을 중시하지만, 또한 아주 자유롭다. 감정적이고 격정적이다. 그렇다고 독일음악처럼 깊은 이상을 추구하는 것도 아니다. 형식과 자유의 갈등과 균형을 즐긴다.

이중성 자체가 모호한 개념이다. 이중성은 충돌과 갈등이 되면서도 잘하면 조화와 균형이 될 수도 있다. 그래서 그들은 이중성을 푸는 방식도 이중적이다. 갈등과 조화라는 이중성이 다시 겹치게 되는 것이다. 그래서 그들은 이중의 이중이기에 그들을 이해하기가 어렵다. 그들 자신도 자신을 쉽게 이해하지 못한다. 자기가 누구인지 혼돈스럽다. 프랑스 음악도 이처럼 모호하고 이중적이다. 그래서 이탈리아, 독일과 스페인 음악처럼 그 색깔이 뚜렷하지 않고 모호하며 복합적이다.

앞서 말한 대로 프랑스 음악에는 각국의 다양한 모습들이 존재하는 이유는 그들을 모방해서가 아니라 그들 자체가 모호하고 복합적이기 때문이다. 그래서 이는 모방이 아니라 그들만의 창의적인 모습이기도 하다. 프랑스인들은 이러지도 저러지도 못하며 이렇게도 해보고 저렇게도 해보면서 살아간다. 이를 자유롭다고 말할 수도 있지만, 어쩔 수 없이 그들은 그렇게 사는 것이다.

이러한 프랑스의 모습은 그들의 말에도 나타난다. 각국의 말을 비교해보아도 음악과 비슷하다. 이탈리아, 스페인과 프랑스 언어는 같은 라틴어 구어에서 나왔기에 모음이 강한 성향은 비슷하다. 그중에 이탈리아의 모음이 가장 강하다. 이는 그들이 모성이 강한데서 나오는 특징으로 생각되고 그들의 강한 감성을 주로 모음으로 표시하는 경향이 강해서 그런 것 같다. 그리고 그들은 벨칸토 발성을 통해 모음을 아름답게 다듬은 탓에 그들의 모음은 밝고 아름답다. 그러나 모음이 강하여 때로는 거칠게 들리기도 한다. 스페인의 말은 부드러우면서도 거친 경음硬音이 발달되어 있다. 그들은 겉으로는 부드럽지만 깊은 곳에 억압되어 있는 강한 분노가 있어 경음으로 표시되기는 것이다.

독일은 거친 자음이 특징적이다. 그들은 보이는 현실을 그대로 부딪치며 현실을 완벽하게 통제하려고 하기에 이것이 그들의 말에 그대로 나타난다. 그래서 모음이 복부에서 나오면서 구강의 구조물과 강하게 부딪치는 소리가 많이 나온다. 프랑스는 이탈리아처럼 모음이 강하지는 않지만 그래도 모음이 발달되어 있다. 그러면서 자음은 직선적이지 않고 부드럽다. 그러면서 울림을 주면서 모호한 소리를 낸다. 이처럼 그들의 말에서 그들의 모호성과 회피성이 잘 드러난다. 영국은 언어적으로는 독일의 영향을 많이 받았지만 문화적으로는 프랑스의 영향을 많이 받아 독일적인 강한 악센트와 프랑스적인 부드러움을 동시에 가지고 있다. 이는 그들의 성격적인 특징이기도 하다.

이처럼 그들은 음악과 말에서처럼 그들은 현실을 직접적으로 부딪치기 보다는 모호한 상태로 두면서 회피하는 경향이 있다. 물론 그들도 필요하면 현실에 대해 격렬하게 부딪치며 싸운다. 그래서 대혁명도 일어났고 수많은 투쟁과 격렬한 싸움이 있었다. 그러나 처음부터 그렇게 현실에 대해 직선적으로 부딪치려는 것은 아니다. 가능한 그들은 균형을 잡으며 적응하려고 한다. 그리고 그들은 앞에서 적극적으로 자신의 의도를 표현하려고 하지 않는다. 이것도 아니고 저것도 아닌 상태로 가능한 모호하게 두려고 한다. 그러다보니 그들의 마음은 답답할 수 있다. 그래서 그들은 이러한 마음을 풀어야 한다. 그들은 이를 어떻게 풀어나갈까? 이를 해결하고 풀어나가는 것이 프랑스인이다.

인간을 찾아가는 음악

그래서 그들은 답답한 것을 풀기 위해서 모여서 맛있는 것을 먹고 와인을 마시며 떠들어야 한다. 그들의 길거리 카페문화가 많은 이유이다. 그들은 저녁 시간이면 삼삼오오 모여 이렇게 이야기하며 자신의 답답한 것을 풀어야 한다. 이렇게 해야 억압된 욕구와 외로움을 어느 정도 풀 수 있다. 그들의 음악에는 그들의 이러한 이야기가 많다. 프랑스의 샹송은 음악보다 이야기가 앞선다. 그들의 음악은 이야기가 중요하다. 그들의 샹송은 말하듯이 노래한다. 이야기를 표현하기 위해 음악이 필요했다. 다양한 이야기를 위해 다양한 화음도 리듬도 필요했고 그래서 이러한 프랑스 음악이 발달한 것이었다.

그러나 그들은 이것만으로 충분하지 않아 그들은 세상의 좋은 것을 만들고 즐기면서 살아야 한다. 그들의 욕구에 가장 공통으로 자리 잡고 있는 것이 신분 상승의 욕구이다. 누구나 귀족처럼 살고 싶은 욕구이다. 화려하고 멋진 삶을 향유하고 싶은 욕구로 그들의 스트레스를 푸는 것이었다. 그래서 그들은 화려하고 멋있는 음악을 추구했다. 그리고 여유가 있으면 해외로 나가고 싶기에 이국적인 것을 선호하기도 했다.

그들은 단순한 억압과 통제만이 아니라 푸는 방식도 이중적이었다. 그들은 억압과 통제 가운데 있었기에 늘 갇혀 사는 것처럼 답답한 마음이 강하다고 했다. 그래서 그들에게는 그 어떤 나라보다 해방에 대한 욕구가 강했다. 신분 상승으로 해방감을 맛보기도 하지만 이는 일시적이었다. 이를 통해 본질적으로 해방의 욕구가 채워질 수 없었다. 그래서 인간의 해방을 추구했다. 그래서 그들은 프랑스 대혁명도 해내었다. 그들은 정치만이 아니라 예술과 학문에서도 해방을 추구했다.

그들의 예술과 사상은 인간의 자유와 해방을 향해나갔다. 의식의 자유, 즉 지성과 이성으로 의식의 자기 찾기를 했고 이것이 막히자 그들은 무의식으로 들어갔다. 무의식 안에서의 자유를 누리기 위해 과거의 전통적인 색과 음을 거부하고 새로운 빛의 색과 음을 찾았다. 이중성을 넘어 상징, 입체와 초현실을 추구했다. 그래서 무의식의 자유와 해방을 찾아 새로운 세계로 떠났다. 음악도 드뷔시에서 시작하여 메시앙으로 확장되면서 우주와 영성의 무의식으로 들어갔다. 이처럼 그들은 진정한 자유와 해방을 찾아 떠난 것이었다.

그러나 그들은 프랑스 대혁명이 자유를 줄 것으로 생각했지만, 그들은 이중성의 덫에 걸려 더 참혹한 감옥에 갇히게 됐다. 그들은 제2의 바스티유 감옥을 열고 해방을 찾았다. 그것이 무의식이었다. 무의식을 신대륙처럼 탐험하며 과거 총, 균, 쇠로 정복한 신대륙이 아니라 의식의 언어와 논리를 내려놓고 무의식 원주민의 언어를 배우며 그들의 고차적인 언어로 탐험을 조심스럽게 시작한 것이었다. 그들의 인상주의, 상징주의, 표현주의, 입체주의, 초현실주의가 그러했다. 구조주의 정신분석학자 라캉은 의식의 주체를 거부하고 새로운 무의식의 주체를 찾았다. 그들의 구조주의와 포스트모더니즘은 이처럼 무의식의 새로운 언어를 통해 새로운 세계를 연 것이었다. 이와 함께 그들의 음악도 놀랍게 열린 것이었다.

  독일음악이 연 무의식과는 다른 차원이었다. 20세기 무조와 12음계 그리고 초현실의 현대음악과도 다른 차원의 음악이었다. 메시앙의 음악은 새로운 질서 속에 있는 무한과 초월이었다. 그의 독특한 리듬을 통해서 이것이 가능하게 했다. 그냥 해체만의 초월과 공허한 무의식이 아니었다. 무질서 속의 새로운 영원한 질서였다. 무시간 속에 있는 영원성이었다. 이는 앞으로 포스트모던의 세계가 어떻게 나아갈지를 보여주는 계시라고 생각한다. 이는 베르그송과 들뢰즈가 보여준 프랑스 철학의 또 다른 실험이었다.

2) 프랑스 음식

음식 예술

어느 나라의 음식을 예술의 반열에 올려놓고 이야기할 수 있을까? 음식은 식생활이고 문화일지는 모르지만, 예술의 경지에까지 올려놓을 수 있을까? 프랑스의 음식, 특별히 그들의 요리는 예술의 경지로 다루어도 결코 지나치지 않다. 그들의 식재료부터, 요리법, 식사예법 그리고 이를 즐기고 감상할 수 있는 미식가에 이르기까지 이 모든 것을 예술로써 누리기에 부족함이 없다. 현대 프랑스 요리의 대부이면서 요리의 황제라는 칭호를 들어온 에스코피에 Georges Auguste Escoffier(1846~1935)는 "요리는 제게 영혼의 자매이고, 시의 여신이다"라고 했다. 이처럼 프랑스의 음식은 예술의 경지를 이룰 만큼 깊고 세련됐다. 그들의 음식을 예술이라고 하는 것은 단순히 그들의 음식을 칭송하기 위해 만든 수사법이 아니다. 예술이란 단순한 감각으로만 끝나지 않고 깊은 여운을 통해 인간의 영혼을 울리는 것인데, 그들의 요리는 이러한 감동을 줄 만큼 충분한 자격과 격조가 있다고 볼 수 있다.

다양한 예술과 문화의 장르가 있다. 그중에 가장 대중적인 것이 음식일 것이다. 철학과 미술은 일반인이 따라가기가 쉽지 않다. 음악도 쉽지는 않지만, 그래도 대중이 가까이 다가가기가 조금은 용이하다. 음식이 예술의 영역이라면 가장 대중과 가까운 영역이 될 것이다. 그래서 음식은 그 나라의 인격과 성격을 가장 잘 표현한다. 그들의 음식을 통해 지금까지 해온 대로 프랑스인을 살펴보려고 한다. 그들을 이해해야 음식을 이해할 수 있고 또 음식만큼 그들의 인격적 특징을 명확하게 드러내는 것이 없기에 음식을 통해 프랑스인을 탐구해보려는 것이다.

자랑스러운 프랑스라는 땅

음식의 시작은 식재료이다. 식재료가 음식을 좌우한다고 해도 과언이 아니다. 그들의 식재료는 특별하다. 그들은 그들의 땅에 대한 자부심이 대단하다. 거의 신앙에 가깝다. 그래서 자기들 땅에서 나오는 식재료에 대한 자부심 대단하다. 거기서부터 예술이 시작되는 것이다. 프랑스는 하늘이 축복한 땅이다. 넓은 평야와 산과 풍부한 수자원 그리고 기온, 습도와 바람이 농사에 최적화되어있다. 이런 땅이 이 세상에 그 어디에도 없을 정도이다. 그래서 다들 프랑스를 부러워한다. 특별히 많은 나라가 붙어사는 유럽에서는 프랑스의 땅을 너무도 부러워했다. 그래서 그들의 땅을 넘보는 전쟁이 끊이지 않았다.

원래 프랑스인의 조상은 켈트족이었다. 그들 역시 게르만 출신이고 거칠고 야만적이었다. 그러나 그 땅에 들어가 살면서 안정이 되어 부드러워졌다. 땅이 사람을 만들었다. 그래서 그들은 바이킹과 게르만족과 다른 민족이 됐다. 그 땅에 들어와서 살면 누구나 자연스럽게 프랑스인이 되는 것이었다. 그들은 혈통이 다른 다민족을 이루고 살아도 그 땅에서 사는 이상 하나의 프랑스인이 됐다. 그 땅이 그들을 하나 되게 하였다. 그래서 그들의 정체성은 그들의 땅이었다. 그러니 그 땅에서 나오는 식자재에 대한 애정과 음식에 대해 남다른 자부심을 가질 만했다.

독일인의 정체성은 숲과 나무였다. 그래서 그들은 뿌리가 깊은 것을 좋아하고 이상적 하늘로 뻗어가려고 하였다. 땅에 뿌리를 두는 현실성이 강하면서도 하늘에 대한 이상이 높았다. 이탈리아도 프랑스만큼은 아니라도 좋은 땅이 있었다. 그러나 그들은 통일 국가를 이루지 못하고 늘 외침에 시달리면서 불안정한 삶을 살아야 했다. 그래서 안정적인 농사를 짓고 살기가 어려웠다. 그래서 그들은 땅보다 가족과 공동체 마을이 그들의 중심이 되고 정체성이 됐다. 스페인은 북쪽은 깊은 산악이고 남쪽은 풍부한 자연이 있지만, 중심이 되는 카스티야는 광야였다. 광야는 현실적으로 없기에 그들은 비현실적 허상에 매달리며 살았다. 그래서 좋은 기회를 비현실적인 망상으로 여러 번 망쳐버리고 말았다.

그러나 프랑스는 비옥한 땅에서 나오는 농산물로 가장 안정적이고 인간다운 삶을 살 수 있었다. 물론 그들에게도 전쟁과 재난 그리고 봉건제와 절대왕정과 같은 압제가 있었지만, 그래도 그들에게는 좋은 땅이 있었기에 비교적 인간다운 삶을 살 수 있었다. 그래서 유럽에서 인간이 중심이 되는 역사와 문명을 가장 먼저 이룰 수 있었다. 땅이 그들을 인간으로 대접하였기에 좋은 식물을 먹으며 인간다운 인간으로 자랄 수 있었다. 그래서 그들은 유럽에서 가장 인간발달을 먼저 이루었다. 토양이 식물을 결정하듯, 땅이 그 위에 사는 사람을 만드는 것이었다. 이처럼 프랑스의 성격을 이해하기 위해서는 그들의 땅을 이해해야 한다.

음식에 열광한 프랑스

문명이 발달하지 못할 때는 음식은 생존을 위한 양식이었다. 그러나 문명이 발달하면 음식은 즐기는 대상이 되었다. 이를 위해서는 즐길 수 있는 좋은 음식이 필요했다. 좋은 음식을 위해서는 요리가 필요했다. 이러한 음식이 발전하면서 음식은 쾌락의 도구가 됐다. 그래서 로마제국 때에는 음식을 식도락으로 즐겼다. 로마제국이 망하고 나서 이러한 음식 문화가 사라지고 음식은 다시 생존 양식이 됐다. 그리고 기독교 국가였기 때문에 탐욕적인 식생활을 금하기도 했다.

그리고 기독교에서는 땅을 그리스도의 몸으로 생각한다. 그리스도가 빛으로 성육신하여 땅을 창조하고 소산물을 주었기 때문에 땅과 소산물을 음식으로 취할 때 이에 대해 감사제를 드려야 했다. 이 전통이 이어져 추수감사절이 됐다. 그리고 신약에서 예수는 자신을 몸과 피로 먹으라고 했다. 중세에는 음식을 인간과 하늘을 이어주는 영성체로 생각했다. 이처럼 음식과 식사는 하나의 신앙고백이었다.

음식을 먹을 때 음식만 먹는 것이 아니라 이에 대한 감사와 사랑을 함께 먹어야 했다. 그리고 풍족하지 않더라도, 일용할 양식만으로도 감사해야 했다. 그들이 음악을 통해 신을 찬양한 것처럼 음식을 통해 신을 만나고 감사하는 예배를 드렸다. 이것이 중세 기독교 정신이었다. 프랑스인에게는 특별히 땅과 음식에 감사할 것이 많았다. 땅이 그들을 인간으로 대접한 만큼 그들도 땅에 대해 감사하며 땅을 잘 대접해야 했다.

그러나 프랑스가 인간을 절제하는 단성음악에서 인간적인 다성음악으로 넘어간 것처럼 그들도 음식에서 인간의 즐거움을 찾기 시작했다. 프랑스인다운 변화였다. 음식의 르네상스였다. 그들의 음식을 깨운 것은 이탈리아의 르네상스였다. 음악에서는 프랑스가 이탈리아보다 르네상스가 앞섰지만, 음식은 이탈리아에서 넘어왔다. 프랑수와 1세가 며느리를 메디치가에서 데려오면서 음식도 같이 넘어왔다. 그녀가 데리고 온 요리사들이 가져오고 만든 새로운 음식, 설탕, 커피, 크림, 초콜릿과 아이스크림 등이 그들의 미각과 시각을 자극하고 깨웠다.

인간으로서 풍부한 잠재력이 있었던 그들에게 이러한 자극은 잠자고 있던 사자를 깨운 것이나 같았다. 그들은 깨어난 감각과 감성으로 그들의 음식을 더욱 다양하고 섬세하게 개발하였다. 그들은 무섭게 발전했다. 이렇게 발전하는데, 가장 큰 힘이 된 것은 그들의 땅이었다. 그들이 음식에 눈을 뜨게 되니 그들의 땅의 농작물이 보이기 시작했다. 이탈리아보다 더 풍성하고 좋은 식재료가 그들의 땅에 늘려있었고, 그들은 이를 경작하고 사용하기 시작한 것이었다.

그리고 그들이 음식을 발전시켜는 데는 개인만이 아니라 왕과 국가가 나서서 장려했다. 국왕은 자신의 권위를 위해 좋은 음식이 필요했다. 권위 있는 사람이 되기 위해서는 평민들과 다른 특별한 음식을 먹어야 했다. 그래서 요리사를 양성하여 좋은 요리를 장려했다. 그리고 그들은 새로운 요리를 개발하고 이에 대한 레시피를 모아 전달하고 가르쳤다. 그리고 인쇄술이 발달하여 요리책도 내어 보급했다. 첫 번으로 나온 요리책이 17세기 때 앙리 4세 요리사였던 라 바렌La Varenne(1618~1678)이 쓴 〈르 비앙디에Le Viandier〉였다. 이처럼 왕과 국가가 나서서 요리를 개발하고 양성하니 음식이 발달하지 않을 수 없었다.

신분 상승의 욕망으로서의 음식

그들이 이처럼 요리와 음식에 열광하게 된 또 다른 이유가 있었다. 좋은 토양과 자연에서 살게 되면 인간의 생명도 좋은 농산물을 먹고 자라난다. 생명이 살아나면 자기를 찾고 싶고 성장하기를 원한다. 더욱 인간다운 모습으로 살고 싶은 것이다. 르네상스를 통해 그들의 생명이 깨어나면서 그들은 여러 방면으로 인간을 찾아 나갔다. 그중에 음식은 인간의 생명을 가장 직접적으로 자극할 수 있기에 그들은 음식을 통해서도 자신을 찾고 싶었다. 이는 자신에게 좋은 음식을 만들어 대접하는 것이었다. 이를 통해 그들의 인격과 생명은 더욱 발달할 수 있었다. 그래서 프랑스인이 프랑스인다워지는 데 중요한 역할을 한 것이 음식이었다. 이처럼 음식은 자신을 형성하는데 아주 중요했다.

한국, 일본과 중국 사람이 다른 것은 그들의 음식이 다르기 때문이다. 물론 성격이 다르니 음식이 달라지고 음식이 달라지니 성격도 달라진다. 이처럼 프랑스의 음식이 프랑스인을 만든 것이었다. 음식이 그들을 깨우니 그들은 달라졌다. 그들의 욕구가 깨어났고 그 욕구는 신분 상승으로 분출되기 시작했다. 왕족은 왕족대로 있는 것을 만족하지 못하고 더 대단한 권세와 명예를 누리고 싶었다. 그들의 꿈은 늘 로마제국과 황제였다. 그들은 늘 그들처럼 되고 싶었다. 음식은 그들이 로마의 황제가 되게 하는 상징이었다. 귀족은 왕족처럼 살고 싶었고 부르주아는 귀족처럼 되고 싶었다. 평민도 기회가 있는 대로 신분 상승을 욕망했다. 이 욕망을 가장 잘 표현하는 것이 바로 음식이었다.

높은 신분은 음식으로 자신의 신분을 과시했다. 왕족과 귀족은 자신들의 품위, 권위와 권력을 과시하고 유지하는 수단으로 음식을 사용했다. 그리고 음식 에티켓을 만들어 이를 통해 자신의 품격을 높이고 상대방의 기를 누르려고 했다. 음식은 신분 사회를 만들고 상류층이 하류층을 조절하고 통제하는 정치적인 도구가 되기도 했다. 그리고 식사는 프랑스가 자신을 외교적인 우위를 유지하고 상대국을 조절하는 외교적인 수단이 되기도 했다. 이처럼 음식은 신분의 상징이 되었고 그래서 신분 상승을 위해서 품격 높은 식사를 찾았다.

이러한 식사문화가 극에 달한 것이 루이 14세였고 루이 16세 때 왕정이 몰락할 때까지 계속됐다. 나폴레옹은 평민 출신이고 워낙 일중독이 심해 여유 있게 식사를 즐기지 못했다. 대신 외무대신인 탈레랑Charles-Maurice de Talleyrand-Perigord(1754~1838)이 연회와 사교모임을 주도했다. 나폴레옹은 중요한 외교사절을 맞을 때, 요리사와 외무대신에게 전투하듯 요리를 하고 식사를 통해 외교전에서 승리하도록 독려했다.

프랑스 대혁명 이후는 왕궁과 귀족 중심의 식사가 과거처럼 번창할 수 없었다. 대신 귀족을 중심으로 살롱과 카페문화가 번성하면서 음식과 다과 문화가 발달했다. 그리고 왕궁과 귀족의 요리사들이 나와서 레스토랑을 차리면서 프랑스 요리가 대중화되기 시작했다. 신분 상승을 열망하던 프랑스인들은 너도나도 레스토랑으로 몰려들었다. 음식을 통해 자신의 신분 상승을 일시적이나마 누리며 행복해했다. 유명 요리사들이 자신의 레시피를 모아 요리책을 출간하면서 프랑스 요리는 더 많은 사람에게 보급되어 프랑스인들만이 아니라 외국인들까지도 프랑스 귀족의 음식을 즐길 수 있었다. 이처럼 음식을 통해 신분 상승의 욕구는 프랑스인만이 아니라 모든 문명인의 본능이 됐다.

쾌락의 식도락과 인격으로써의 식사

맛있는 것을 먹고 즐기는 본능과 이를 통해 신분 상승의 욕구를 채우는 것은 자연스러운 인간의 현상이다. 이것이 그렇게 문제 될 것은 없다. 그러나 프랑스는 여기에서 멈추지 않았다. 음식의 가장 중요한 본질은 허기를 채우고 생명체를 생존하게 하는 것이다. 이를 통해 몸이 건강해진다. 그리고 이를 가능하게 한 음식에 대해 사랑과 감사함을 느끼는 것이 그다음으로 중요하다. 이를 통해 정신적으로도 건강해질 수 있다. 이처럼 음식은 인간의 육신과 정신 모두를 건강하게 유지해준다.

그다음으로 음식은 인간의 건강한 영성을 갖게 한다. 모든 음식은 희생제물이다. 음식은 다른 생명을 희생시켜 자신을 보존하는 것이다. 생명의 희생 없는 음식은 없다. 그래서 음식은 엄숙하고 소중한 것이다. 특히 육식은 더욱 그렇다. 음식을 먹는 것은 전쟁 아닌 전쟁이다. 전쟁은 자신을 누군가 해치려고 할 때 자신을 방어하기 위해 상대를 희생시키는 것이다. 그러나 음식은 다른 생명이 인간을 해치지도 않는데, 인간의 생존을 위해 그들을 희생시키는 것이다.

그래서 식사의 본질은 엄숙하고 경건하여야 한다. 식사는 하나의 예식이 되어야 한다. 신앙을 갖든 아니든 기도하며 엄숙하게 음식을 먹어야 한다. 음식의 영양분만이 아니라 희생에 대한 감사와 사랑도 같이 먹어야 한다. 그리고 자신도 그렇게 나누고 희생하는 삶을 살아야 한다. 자신도 자신만을 위해서 사는 것이 아니라 다른 생명을 살리기 위해 자신을 나누고 희생하는 삶을 살아야 하는 것이다. 이것이 생명의 망의 원리이고 이를 통해 자연이 유지된다. 이처럼 음식은 인간의 육, 정신과 영성을 살찌우는 소중한 양식이다.

그런데 인간이 무슨 만물의 영장이라고 인간만은 이 생명의 망에서 빠져나와 지배자로 군림한다. 인간만은 자연에 대해 절대왕정의 제왕처럼 살아간다. 감사함이나 사랑이 없이 오직 자신의 쾌락과 보존만을 위해 다른 생명을 희생시킨다. 그리고 감각의 극대화를 위해 자연을 학대한다. 과거 로마제국에서 이렇게 음식을 세속적 쾌락으로 즐기다가 멸망하였다. 그러한 현상이 프랑스에서도 일어났다. 자신의 허기를 채우는 것까지는 인정한다고 하지만, 허기가 아닌 쾌락을 위해 음식을 먹는 것이 과연 음식과 자연에 대한 바른 자세일까?

자연이 특별히 좋은 식자재로 프랑스인을 인격으로 대접하였는데, 그들은 자연을 인격으로 대접하지 않고 자신 쾌락의 도구로만 사용하며 학대하는 것이 바른길일까? 이런 식생활은 자연에 대한 배신이 아닐까? 그리고 이러한 음식문화가 과연 인간을 모든 면에서 건강하게 할 수 있을까? 육신만을 배 불리고 감각을 즐겁게 하는 것만으로 인간이 진정으로 건강해질 수 있을까?

프랑스인이 특별히 즐기는 음식들이 있다. 그중 하나가 거위 간이다. 이를 푸아그라 foie gras라 한다. 간이 지방이 많은 지방간일수록 맛이 더 나기에 거위를 가두어 놓고 기름진 음식만을 먹인다. 거위가 음식을 거부하면 거위 입에 깔때기를 꼽고 음식을 쑤셔 넣는 학대를 가한다. 그래서 장이 파열되는 거위도 허다하다고 한다. 또한, 프랑스인은 알을 좋아한다. 특별히 철갑상어의 알을 캐비아라 하여 이것이 정력에 좋다고 하여 남성들이 즐겨 찾는다. 그래서 철갑상어가 멸종위기에 있다고 한다. 그리고 프랑스인의 돼지 사랑은 남다르다. 머리에서 발끝까지 돼지의 모든 것을 먹는다. 간, 창자 그리고 껍질까지 남김없이 요리에 사용한다.

그리고 그들이 자랑하는 고품종의 포도주 역시 포도를 학대함으로 얻어진다. 좋은 포도일수록 땅이 건조하고 척박해야 한다. 괴로움이 많아야 포도가 생존하기 위해 뿌리를 깊이 내리고 알짜 영양분을 빨아올린다. 그래서 포도와 땅을 학대할수록 포도가 좋아진다고 한다. 그러나 그들은 그 누구보다 자연을 사랑한다고 한다. 그리고 프랑스인의 가장 큰 자부심이 그들의 자연과 땅에 대한 것이다. 그래서 그들은 생태보존에 가장 앞장선다. 그러나 그들의 음식문화는 결코, 그렇지 않다. 여기에서도 그들의 묘한 이중성이 나타난다. 그들의 이처럼 모순투성이다. 이러한 모순과 갈등을 안고 사는 것이 그들이다.

인간의 생존을 위해서 다른 생명의 희생은 어쩔 수 없다고는 하지만, 지나친 미각의 쾌락과 자신의 보존만을 위해 다른 생명을 희생하는 것에 대해서는 다시 생각해보아야 한다. 자연의 망과 순환 고리 안에 인간이 있다는 것을 알고 겸허하고 감사하는 마음으로 그 순환에 참여해야 한다. 최근 생태계에 대한 많은 이야기가 유럽에서 나오고 프랑스가 가장 앞장서고 있지만, 생태계의 진정한 반성은 음식문화에서부터 출발해야 한다. 특히 프랑스는 자연의 혜택을 가장 많이 받은 나라이기에 자연에 대해 가장 경외심과 감사함을 표시해야 한다. 자연에게 인격으로 보답해야 자연도 인간에게 보답하기 때문이다.

프랑스의 이러한 세속적 쾌락 문화가 극에 달했을 때가 19세기 말과

20세기 초까지였다. 그리고 1차 대전이 일어났다. 그런데 그 전쟁은 예전의 전쟁과 다르게 특별했다. 전쟁이 일어나면 결판이 나야 하는데, 수년째 몇 백 미터를 두고 일진일퇴를 하는 참호전으로 진행되었다. 프랑스의 기름지고 좋은 땅인 마를, 베르됭과 솜 근방에서 인류전쟁사에서 가장 참혹한 참호전이 일어난 것이었다. 가장 생명력이 넘치던 프랑스 젊은이들은 시신과 쥐, 벌레와 배설물 등이 뒤범벅이 된 참호에서 비참하게 죽어갔다.

그들은 그 참호에서 식사했다. 그들이 얼마 전까지 누렸던 화려한 식탁과는 너무도 다른 극단의 식사였다. 그리고 그 속에서 그들이 즐겨 먹던 돼지처럼 오물과 벌레 속에서 비참하게 죽어갔다. 이렇게 1차 대전에 희생된 프랑스 군인이 140만 명이었고 1914년 20세 된 프랑스 청년의 반이 전쟁에서 죽었다. 대부분 이 비참한 참호에서 죽어야 했다. 축복의 땅이 저주의 땅이 된 것이었다.

이를 그들의 식사문화에 대한 어떠한 인과응보적인 결과로 설명할 수는 없을 것이다. 그러나 너무도 극단적인 프랑스 땅에 대한 모습이기에 이에 대해 생각해보자는 뜻에서 이러한 이야기를 해보는 것이다. 땅이 프랑스를 인격적으로 대접하였기에 그들도 자연과 음식에 대해 인격적으로 대해야 한다. 이것이 생태계의 질서이고 원리이다. 그들이 땅과 음식을 인격적으로 대하지 않으면 땅도 그들을 인격적으로 대하지 않을 수 있다. 땅도 살아있는 생태계의 일부이기에 우리는 땅에 대해서도 같은 인격으로 대할 필요가 있는 것이다. 이는 프랑스만이 아니라 지구 모든 사람에게 적용되는 원리일 것이다.

음식 앞에서도 이완되지 못하는 프랑스인

인생의 삶을 전쟁터로 비유하기도 한다. 그래서 인생은 긴장의 연속이다. 그러나 인간은 긴장만하고 살 수는 없다. 긴장은 곧 스트레스이다. 그래서 긴장과 스트레스를 푸는 시간을 가져야 한다. 즉 이완의 시간이 있어야 다시 긴장할 수 있다. 인간이 가장 이완되는 시간은 수면이다. 수면 다음으로 이완할 수 있는 시간이 식사 시간이다. 인간이 식사를 즐길 수 있는 것은 바로 이완을 할 수 있기 때문이다. 그래서 식사의 기본은 이완이다. 이완되어야 소화도 잘 된다. 긴장하며 먹으면 탈이 날 수 있다.

바쁜 현대인들은 식사 시간도 아까워 패스트푸드를 찾는다. 대표적인 나라가 미국이다. 미국의 이미지를 떠올리면 운전하면서 한 손으로 햄버거를 먹고 콜라를 마시는 장면이다. 이런 미국사람을 프랑스인은 경멸한다. 그래서 프랑스에 미국 패스트 푸드인 맥도날드가 들어왔을 때 그들은 경멸했다. 그것이 무슨 음식이고 식사냐고 했다. 적어도 프랑스인은 식사를 즐기며 최소한 2~3 시간을 이야기하며 즐겨야 한다고 주장한다. 실제로 그들은 그렇게 식사를 즐긴다. 그야말로 최고의 이완된 시간인 것이다. 이러한 식사에 프랑스산 와인이 빠질 수 없다. 와인만큼 이완에 좋은 것은 없다.

그런데 앞서 여러 번 프랑스인의 성격에 관해 이야기하면서 그들의 이중적인 모순과 모호성에 대해 언급했다. 그들의 식사에서도 이러한 이중성과 모순이 보인다. 그들은 가장 이완된 식사를 즐기는 것 같지만,

사실은 그렇지 않다는 것이다.

　프랑스 음식의 특징을 말할 때 자주 듣는 말이 있다. 떼루와Terroir, 즉 자연의 맛이라는 뜻이다. 프랑스의 음식은 우수한 식자재에서 시작한다고 했다. 그들의 기름진 땅에서 나오는 농산물이 있기에 그 자연의 맛을 즐기며 먹는 것이 그들 요리의 정수精髓이다. 인공적 조미료나 가공보다는 자연의 맛을 느끼게 하는 것이 프랑스 요리의 가장 큰 특징이다. 그러나 이것은 하루아침에 이루어진 것이 아니다. 그들의 엄청난 노력과 관리가 뒤따랐기 때문이었다. 그들의 농산물과 음식은 무엇이든 명품이 된다. 무조건 상술만으로 그렇게 된 것은 아니다. 먼저 그들은 그러한 맛을 구별해내는 능력이 있다. 지역마다 토질, 물, 바람, 온도, 습도, 경작방법과 전통이 다르다. 좋은 맛을 내는 품종은 뭔가 다른 자연과 경작의 조건이 있는 것이다. 각 지역마다 이러한 품종을 잘 파악하고 관리하는 것이 그들이 음식을 명품으로 만드는 비결이다.

　그들이 자랑하는 포도주가 그렇다. 좋은 포도주를 위해 그들이 관리하는 조건이 무척 까다롭다. 그리고 그들이 자랑하는 치즈 역시 지역마다 다양한 맛이 있다. 그래서 샤를 드골 전 대통령이 프랑스 정치에 대해 언급하면서가 "1년 365일보다 더 많은 치즈를 생산하는 국민을 통솔하기란 참으로 어려운 일이라고"고 하였는데, 이만큼 정치가 어렵다고 말하는 것이기도 했지만, 사실은 프랑스의 치즈와 음식이 특별하다는 것을 은근히 자랑하는 말이기도 했다.

　그들은 이러한 자신들의 농산물을 중앙 정부에서 철저하게 관리 통제한다. 그들은 1935년에 유럽에서 가장 앞서 농산물 원산지 품질관리

체제인 AOC~Appellation d'Orgine Controlee~라는 제도를 만들었고 이어서 더 철저한 품질관리를 하기 위해 DOC~Denominatione di Orginie Controlee~라는 제도를 도입했다. 그리고 이를 유럽연합으로 확장하여 1992년부터는 IGP~Indication Geographique Protegee~라는 농산물 관리체제를 만들었고 더 세부적인 등급제도인 AOP~Appellation d'Orgine Protegee~를 도입하여 이중삼중 품질관리 체제를 도입하였다. 이 시스템으로 가장 철저하게 관리받는 것이 프랑스 와인이었다.

그래서 프랑스의 음식은 자연의 자연스러운 맛만이 아니라 이러한 관리와 통제를 받아왔기 때문에 그 우수한 맛이 유지된다. 이것이 프랑스가 만들면 무엇이든 명품이 되는 이유이다. 그들은 이것만으로 끝나지 않는다. 그 위에 이야기를 입힌다. 농산물과 음식에 대한 전통, 역사와 문화와 연관된 이야기가 항상 포함된다. 그리고 아름다운 디자인을 곁들인 상표와 포장을 통해 브랜드화 한다. 그리고 과학적으로 이것이 왜 명품이고 건강에 어떻게 좋은지에 대한 정보도 제공한다. 그리고 이를 마케팅 한다. 이러한 종합적 과정을 통해 명품이 탄생하는 것이고 그래서 전 세계인이 프랑스 음식을 위시하여 그들이 만든 것을 최고의 명품 예술로 극찬하며 즐기는 것이다. 그들은 이러한 것을 가장 잘 할 수 있는 명품의 귀재들이다.

이처럼 그들의 식재료와 음식 자체가 아무렇게나 자연스럽게 나온 것이 아니다. 최고의 자연산이지만 최고의 통제와 관리를 받음으로 탄생되는 것이다. 그래서 음식 자체가 자연만이 아니라 통제와 관리가 포함되어 있다. 그래서 그들의 음식은 자연의 이완과 통제의 긴장이 겹쳐진

묘한 결과물인 것이다. 이를 안다면 그들은 음식 앞에서 마냥 이완만 될 수 없다. 누가 그렇게 하라고 말하지 않아도 그들도 이러한 음식을 대하면서 이중성을 갖게 된다. 그들도 음식 앞에서 자연의 맛만큼 이완되기도 하지만, 통제된 만큼 그들도 자연스럽게 긴장되는 것이다. 이것이 음식을 대하는 자연스러운 태도이다.

그래서 프랑스 음식은 햄버거처럼 아무렇게나 즐길 수 없다. 길거리에서 싸구려 와인을 마시면서 떠드는 카페와는 다른 품격이 필요한 것이다. 진정하게 프랑스 음식을 즐기려면 그냥 이완되어서는 안 된다. 그들의 음식만큼 식사의 예절을 지켜야 한다. 프랑스인들이 다른 것은 비교적 관대하지만, 식탁에서만은 예절이 아주 엄격하다. 아이들을 비교적 자유롭게 키워도 식탁 교육만은 빠트리지 않는다. 그래서 프랑스인의 식탁은 아주 편하게 아무 이야기나 떠드는 곳은 아니다. 고급스러운 화재와 유머도 준비해야 한다. 고상하지만 부드러워야 한다. 너무 진지해서도 안 되고 너무 세속적이어도 안 된다. 그들의 특성인 모호한 이중성을 잘 유지해야 한다.

한국 사람은 이런 식탁에 초대받으면 체할 것 같다. 뜨거운 찌개를 불어가며 먹고 소주를 마시며 맘껏 떠들어야 하는 한국인의 식성에는 영 안 맞는다. 그들의 식사는 신분 상승의 자리이기 때문에 이처럼 긴장해야 한다. 그리고 식탁에 오른 음식과 식재료가 어디에서 나와서 어떤 관리를 받는지도 알아야 한다. 음식과 원산지에 관해 공부도 해야 한다. 특히 포도주에 대해서도 잘 알아야 하고 치즈에 대해서도 지식이 필요하다. 이 음식이 나오기까지 어떠한 관리를 받는지를 알면서 음식을 즐겨야 하는 것이다. 이를 이야기하며 맛을 즐기며 공유할 수 있어야 한다. 맛에 대해 느낌도 잘 표현할 수 있어야 한다. 난 잘 몰라요 하며 무식을 드러내어서는 안 된다. 무지가 미덕이 아니다. 무시를 당한다.

아직 그들에게는 신분이 아주 중요한 기준이 된다. 겉으로는 자유와 평등을 외치지만 속으로는 철저한 신분 사회이다. 겉으로는 나는 자유스럽고 자연스러운 것을 좋아한다고 하지만, 속으로는 억압과 통제로 뭉쳐져 있다. 이를 겉으로 잘 표시하지 않아 그들을 잘못 알고 있을 뿐이다. 그들은 철저하게 모호한 이중성을 보이고 이를 즐기기도 한다. 이처럼 그들의 식탁은 결코 이완된 곳만이 아니다. 피 튀기는 정도는 아니지만, 나폴레옹이 말한 대로 전투의 장이기도 하다. 그래서 긴장해야 한다. 그러나 긴장한 것처럼 보여서는 안 된다. 겉으로는 부드럽고 아주 이완된 것처럼 보여야 하지만, 속으로는 긴장을 풀어서는 안 되는 것이다.

그들의 음식만큼 먹는 것도 쉽지 않다. 이탈리아인들이 식사를 대하는 것과 아주 대조적이다. 그들은 너무 이완되고 시끄러워 걱정이다. 그리고 스페인도 음식 앞에서는 아주 이완된다. 그들은 겉과 속이 모두 이완되는 것이다. 프랑스는 음식 앞에서도 속까지 이완되지 못한다.

과자와 디저트의 나라 프랑스

그들은 식사가 끝나면 과자, 케익, 과일 등의 디저트를 즐긴다. 이제 그 의미에 대해서 생각해보려고 한다. 과자와 케익 등도 프랑스가 가장 발달됐다. 그리스와 로마 시대에도 꿀과 과실을 이용한 단 과자가 있었다.

그러나 로마제국의 멸망과 함께 사라졌다. 중세기에도 과자가 있었지만, 달지 않았다. 과자를 주로 교회와 수도원에서 만들었는데, 성체와 같이 신에게 드려지고 신과 인간을 이어주는 상징적인 것으로 먹었다. 인간의 미각을 전혀 고려하지 않은 과자였다. 그러다가 십자군 전쟁으로 동방의 설탕이 유입되면서 단 과자들이 나왔다.

그리고 프랑스에 과자가 유입된 것도 역시 메디치가의 카트린에 의해서였다. 그때 다양한 과자, 케이크, 초코릿과 아이스크림 등이 전해졌고, 대항해시대 이후 사탕수수와 다양한 향신료 등이 전해지면서 본격적으로 과자, 케익 등이 만들어졌다. 당시는 미인의 기준이 통통해야 하였기에 단 과자와 케익을 즐겨 먹음으로 살을 불리는 경우가 많았다. 당시 루이 14세의 총희인 몽테스팡 부인은 통통한 몸매여서 그녀를 따라 과자를 많이 먹어 뚱뚱해지려고 하는 여인들이 많았다고 한다.

과자와 디저트는 역시 여인들이 더 즐겼다. 남자 중심의 권위적인 식사에서 긴장된 여인들은 좀 더 가벼운 수다를 떨며 이완하고 싶었을 것이었다. 그럴 때 과자 등의 후식은 기막힌 역할을 했다. 과자를 먹을 때는 까다로운 식사 예절도 없다. 그래서 그들은 긴장을 풀고 식사에서 못한 뒷얘기들을 가까운 사람들과 모여서 할 수 있었다. 달고 자극적인 후식은 사람의 마음을 풀어주고 약간 흥분시켜주는 역할을 하기에 이러한 화기애애한 분위기를 연출하는데 최고였다.

프랑스의 식사는 남자가 중심이라면 과자 등은 여인이 중심이 되는 시간이었다. 여인에게도 정치가 필요했다. 왕 주위에 경쟁 관계인 여인들끼리 왕의 관심을 받기 위해 맛있는 과자와 케익을 만들어 이를 가지고 사랑을 받으려고 했다. 특히 루이 15세 때 왕의 총희인 퐁파드루 부인이 워낙 절세미인이었고 다재다능하여, 나중에 정식 왕비인 마리가 왕의 사랑을 받기 위해 맛있는 과자로 왕에게 공세를 했다. 그러나 마리는 퐁파드루 부인을 이길 수 없었다. 특별히 비운의 여인으로 알려진 루이 16세 부인 마리 앙투아네트의 과자 사랑은 남달랐다.

  절대왕정 때 왕궁에서 본 것을 귀족 부인들이 자신들의 카페와 살롱을 열어 맛있는 과자와 차 등으로 예술가와 문인, 철학자들을 초대했다. 이처럼 식사만이 아니라 과자는 과자대로 프랑스의 새로운 문화를 만드는 데 큰 공헌을 했다. 프랑스 대혁명 이후에는 이러한 카페, 살롱 그리고 레스토랑을 통해 과자와 케익 등이 대중에게 전파되면서 프랑스는 과자와 케익의 나라가 됐다. 여인들을 통해 프랑스의 섬세하고 화려한 문화예술과 학문이 전파되는데 이러한 과자가 큰 역할을 하였다. 그래서 프랑스는 격식과 권위의 경직된 분위기만 아니라 자유롭고 부드러운 재미있는 모습도 같이 발달할 수 있었다. 이를 통해 프랑스는 더욱 다양하고 중첩적인 풍부한 문화와 예술의 나라가 될 수 있었다.

예술로서의 음식

문명은 인간의 능력이 개발되고 발달하는 만큼 발달하였다. 지성과 이성은 철학과 과학을 낳았고, 시각과 청각의 발달은 미술과 음악이라는 예술을 발달시켰다. 이와 함께 인간의 미각도 발달하여 음식문화를 만들고 이를 예술의 경지까지 올렸다. 그렇다면 인간은 과연 이 미각을 어떻게 사용해야 하는가? 인간이 생존을 목적으로만 음식을 먹는다면 다양하고 깊은 미각이 꼭 발달할 필요가 있었을까? 이는 인간의 성이 과연 생식만을 위한 것인지 그 이상의 사랑을 위한 것인지에 대한 질문과 유사할 것이다. 몸의 모든 감각은 각자의 기능이 따로 있지만, 하나로 통합되는 기능이 더 중요하다. 각 감각을 하나로 느끼며 생명을 더욱 풍성하게 하는 중요한 기능이 있는 것이다. 어떤 감각은 얕고 깊고 구분할 수 있는 것이 아니라 모든 감각이 오케스트라의 악기처럼 하나가 되어 생명을 위해 깊은 느낌과 감동을 줄 수 있는 것이다.

그래서 미각도 다른 감각처럼 예술이 될 수 있다. 시각이나 청각도 처음에는 중성적이었고 극도로 절제됐다. 오직 신을 인식하고 경외하는데 드려져야 했다. 성경의 시편에 있는 대로 인간은 모든 감각을 동원하여 신을 찬양하며 그에게 영광을 돌려야 했다. 그래서 인간의 감각을 인간의 유익과 쾌락을 위해서는 사용해서는 안 됐다. 그러다가 인간이 중심이 되는 문명으로 발전하면서 감각이 인간을 위해 사용되었다.

흔히 인간은 지성과 이성은 높은 수준이고 감정이나 감각은 낮은 수준으로 생각한다. 특히 감각은 동물적이고 본능적인 것으로 생각한다. 그러나 사실은 그렇지 않다. 우리가 생각하는 것과 반대로 지성과 이성이 가장 낮은 수준이고 감정과 감각이 더 높은 수준일 수도 있다. 인간의 가장 깊고 고도한 영역인 영성과 예술성으로 들어갈 때 지성과 이성을 사용하는 것은 아니다. 오히려 이를 내려놓으라고 한다. 그리고 감정까지도 배제하라고 한다. 오직 감각을 통해서 그 세계로 들어가라고 한다. 감각의 깊은 영역을 예술이라고 하고 영성이라고 한다. 우리는 모두 생명의 존재이지만 생명 자체를 느끼지 못한다. 몸에서 느껴지는 것은 생명의 현상이지 생명 자체는 아니다. 그러나 감각은 희미하기는 하지만, 생명 자체에서 나오는 것을 느낄 수 있게 해준다. 감각을 통해 초월성에 대해 느끼는 것도 유사하다.

생명의 소리로서의 미각

그래서 순수감각을 유지하는 것은 인간에게 아주 중요하다. 그 감각 중에 사실 미각이 가장 중요하다. 미각은 음식을 느끼게 한다. 음식은 생명을 만나는 가장 직접적인 도구이다. 소화기는 생명을 만나는 가장 섬세하고 예민한 기관이다. 그래서 생명에 문제가 생기면 가장 먼저 반응하는 것이 소화기이다. 속이 거북하고 답답하고 아픈 것이다. 속병이 생기는 것이다. 그래서 소화기에 생명이 있다고 해도 과언은 아니다. 그래서 사람들은 먹는 것을 통해 자신의 문제를 해결하려고 한다. 그래서 인간의 문제 중에 식사와 관계되는 것이 가장 많다. 음식과 알콜 중독도 다 식사의 문제이다. 고지혈, 당뇨와 비만도 다 식사의 문제이다. 인간이 가장 마음대로 조절하기 어려운 것이 식사인 것이다.

간난 아이는 세상을 입술을 통해서 처음 만난다. 무엇이든지 입으로 가져간다. 입은 자신을 보존하고 보호하는 가장 중요한 기관이다. 인간의 가장 큰 문제인 선악과도 먹는 것이었고 예수의 구원도 그의 몸을 먹음으로 이루어진다고 했다. 예수를 먹지 않으면 구원이 없다고 했다. 그리고 예수 자신도 최후의 만찬을 베풀었다. 이처럼 기독교는 식사의 종교라 해도 과언이 아니다. 바른 식사는 이처럼 아주 중요하다. 식사가 생명을 살리고 죽이기 때문이다.

좋은 것을 먹으면 건강하고 나쁜 것을 먹으면 생명이 병든다. 이것이 육신의 법이다. 생명에도 이것이 적용된다. 식사는 보이는 양식만 먹는 것이 아니고 맛과 촉각을 통해서 다른 것도 같이 먹어야 한다. 우리는 왜 먹는 것을 절제하지 못하는가? 왜 먹는 것으로 몸이 병들게 되는가? 몸은 보이는 영양분만 먹는 것이 아니기 때문이다. 다른 것도 같이 먹는다. 왜 인간은 미각에 중독되고 식도락을 즐기는가? 왜 로마 사람과 프랑스 사람들은 미각이라는 쾌락에 빠지게 되었는가? 음식이 또 다른 역할을 하기 때문이다.

음식은 허기진 마음, 허전한 마음, 아픈 마음과 답답한 마음을 달래고 잊고 대신 채워주는 역할을 하기에 먹는 것에 집착하는 것이다. 먹는 것만 먹지 않고 그 안에 다른 것을 먹는다. 담배를 피우는 사람이 연기만 마시지 않고 술을 마시는 사람이 알콜만 마시지 않는다. 그때 필요한 감정을 같이 먹고 마신다. 음식에는 감정이 항상 수반된다. 그런데 그 감정들은 생명의 문제를 본질적으로 해결해주기보다는 일시적으로 방어해주는 진통제 역할을 한다.

그래서 약효가 떨어지면 또 먹어야 한다. 그래서 중독 현상이 생기고 인간이 음식을 절제할 수 없는 이유가 바로 여기에 있는 것이다. 식도락은 바로 음식을 예술로 먹는 것이 아니라 방어수단으로 이용하는 것이다. 아이들이 게임에 빠지는 것과 같은 기전이다. 잠시 자신 생명의 문제를 잊게 해주는 것 같은 착각에 빠지게 하는 것이다. 그리고 나면 다시 허전하여 또 다른 미각의 음식을 찾는 것이다. 밑 빠진 독에 물을 붓는 식의 음식중독이 되는 것이다.

생명을 살리는 미각 예술로서의 음식

그러나 예술로서의 음식은 다르다. 식도락과 예술은 다르다. 식도락의 감각은 감각으로 끝난다. 순간으로 끝난다. 그리고 다시 그 감각을 찾는다. 그러나 예술은 울림과 떨림으로 기억되고 그 여운이 지속된다. 더 깊어진다. 우리가 예술을 사랑하는 것은 감각을 채우기 위한 것이 아니다. 감각을 매개로 깊은 세계를 만나 생명이 이를 공명하는 것이 예술이다. 예술은 방어적이지 않다. 방어를 깨고 더 깊은 세계로 들어가게 한다. 생명이 눌리고 아픈 가운데 있을 때 이를 치유하고 회복하는 길을 열어주고 보여준다.

음식은 기본적으로 사랑이다. 만물의 생명이 자신을 우리에게 내어주는 사랑이 음식 속에 있다. 그렇다면 인간은 이런 희생의 사랑을 먹을 자격이 있는가? 인간은 자연과 생명에 대해 그렇게 희생하고 자신을 내어주었는가? 내가 돈을 내었다고 그 음식에 대해 충분히 값을 치렀다고 생각할 수 있는가? 음식 값은 단지 요리, 판매, 유통하고 농사한 사람의 비용으로 내는 것이지 음식 자체의 재료값은 아니다. 음식 재료는 자연의 희생을 통해 공짜로 받는 것이다. 그래서 우리는 음식을 먹을 때마다 내가 용서받는 마음으로 먹어야 한다. 받아먹을 자격이 없지만, 용서와 사랑으로 음식을 받아먹는 것이다. 그래서 모든 음식은 용서와 사랑이다.

음식을 먹으며 용서와 사랑을 같이 먹어야 한다.

이를 통해 생명을 살리는 것이다. 생명은 판단과 요구만을 받으며 살아왔다. 사랑과 인정보다는 버림받음을 받으며 살아왔다. 음식도 그렇게 먹는다면 생명은 더욱 병들 것이다. 음식을 용서와 사랑으로 먹는다면 그 속의 영양분은 충분히 대사되어 우리의 몸과 마음을 건강하게 할 것이다. 용서와 사랑이 깨어나면 생명이 살아나면서 모든 음식 속에 있는 것을 느끼며 미각이 살아난다. 꼭 일류 요리사의 음식이 아니라도 음식 속에 있는 모든 자연의 아름다운 분자들이 교향곡처럼 나의 혀를 두드릴 것이다. 분자만이 아니라 양자까지 울릴 수 있다면 음식은 항상 예술이 될 수 있다. 이것이 생명을 치유하는 음식으로써의 예술인 것이다. 프랑스의 음식은 이미 예술의 경지에 들어가 있다. 그러나 감각만을 울리고 끝나는 낮은 수준의 예술이 아니라, 더 깊은 부분까지 울릴 수 있는 예술로 승화되었으면 한다.

베르그송은 인간의 기억과 물질의 이미지가 서로 망으로서 만나며 창조적 진화를 해갈 수 있다고 했다. 물질은 비가역적으로 진화되면서 고체화되고 그 타성과 반복성, 공간적 확장으로 이완되고 하강한다. 대신 생명은 의식의 흐름인 지속을 통해 생성하고 상승한다. 생명은 우주의 근원적인 생명의 힘인 엘랑비탈과 결합하며 물질의 해체적인 힘을 극복하며 창조적 진화를 이끌어나간다. 이처럼 음식의 이미지와 인간의 기억이 생명 안에서 결합하며 창조적 진화를 이끌어갈 수 있다. 프랑스의 음식은 이러한 창조적 진화를 할 수 있는 충분한 준비가 되어있다. 그래서 미각의 울림을 통해서 메시앙의 영원한 세계가 열릴 수 있을 것이다.

프랑스의 음식이 메시앙의 음악처럼 혀와 몸에 울려 퍼지기를 기대해보는 것이다.

우리는 무의식이 이처럼 초월적인 무한의 세계로 열리기를 기대하고 있다. 프랑스의 예술과 해체철학이 이를 향해 가고 있는 것처럼, 프랑스의 음식도 그러한 세계로 가기를 바라고 있다. 그들의 음식 예술은 이미 그렇게 준비되었기에, 단지 감각만을 충족하고 다시 박탈되는 저차원의 감각이 아니라 고차적인 세계로 인도하는 그러한 예술이 되길 바라는 것이다.

3) 프랑스 영화

이야기로 시작하는 프랑스 영화

이 글에서 프랑스 영화를 전반적으로 소개하거나 분석하려는 것은 아니다. 이 책에서 계속 견지해온 인간발달의 관점에서, 프랑스 영화를 살펴보려는 것이다. 특별히 영화가 프랑스와 프랑스 사람을 어떻게 바라보고 어떤 문제를 제기하였는지를 중심으로 살펴보려고 한다. 1929년에 루이스 부뉴엘Luis Bunuel(1900~1983)이 그의 친구인 초현실주의 화가인 살바도르 달리Salvador Dali(1904~1989)와 함께 초현실주의적 영화인 〈안달루시아의 개〉를 제작했다. 당시 너무 충격적이고 실험적이어서 그렇게 인정받지 못했다. 그리고 그들은 모두 스페인사람이었고 프랑스에서 계속 영화를 만들지 못하고, 부뉴엘은 미국, 멕시코로 옮겨 영화 작업을 했다.

그 이후 프랑스 영화를 주도한 그룹은 '시적 리얼리즘'을 추구한 메르셀 카르네, 쥘리앵 뒤비비에와 장 루느아르 등이었다. 그들의 영화는 프랑스의 모순된 사회 부조리를 고발하고 그 안에 소외된 사람의 비참한 모습을 사실주의적으로 그려내었다. 그들은 프랑스인답게 이를 시적으로 그려내었다. 앞서 프랑스 음악에 관해 이야기할 때 그들의 음악이 발달하게 된 계기가 그들의 이야기라고 했다. 그리고 그들의 노래는 음악보다 이야기가 중심이었다고 했다. 그 이유에 대해서도 설명한 바 있었다.

영화 역시 그들은 영상보다 이야기가 우선이었다. 프랑스 영화의 가장 큰 특징을 말하라고 한다면 내러티브 즉 이야기가 주도한다는 것이다. 그래서 영화에서 대사와 대화가 아주 중요하였다. 그들은 시적인 아름다운 대사를 채용하면서 화면을 그 대사에 맞게 구현했다. 프랑스 음악에서 가사가 중요하였고 음악은 가사를 표현하는 배경이 되었던 것처럼, 프랑스 영화는 영상보다 대사가 중요했다. 그리고 영상은 대사를 상징적으로 표현하는 수단으로 사용되는 경우가 많았다. 확실히 그들은 이야기를 좋아하는 나라임에는 틀림없었다.

프랑스의 허상을 깨다

그중에서 장 르누아르Jean Renoir(1894~1979)를 주목할 필요가 있다. 그는 인상주의 화가인 오귀스트 르누아르의 둘째 아들로서 프랑스만이 아니라 세계 영화사에서도 위대한 감독으로 인정받고 있다. 그의 대표작으로 유명한 〈게임의 규칙〉이 있다. 프랑스 영화는 프랑스와 프랑스인의 이중성과 모순을 다양하게 고발하고 있는 것이 특징이다. 프랑스는 위대한 대혁명을 이루었다. 혁명의 정신은 자유와 평등이었다. 그리고 그들은 혁명 이후 다양한 정치와 인간을 실험했다. 그 과정에서 앞서 여러 번 언급한 대로 많은 모순이 있었다. 프랑스인은 솔직하지만, 자신의 문제를 스스로 드러내지 않고 회피하려는 경향이 있었다. 그들은 자존심이 아주 강하였다. 그 자존심이 스스로의 허상이 되기도 하였다. 영화인들은 이러한 그들의 허상을 벗기고 가장 솔직한 모습을 드러내려고 했다. 그들의 허상이 아닌 사실을 고발하려고 한 것이었다.

그들 속에 있는 변하지 않는 모습들, 그리고 예상치 못한 야만성, 욕망, 폭력성, 권위와 계급의식 등이 드러나면서 이와 갈등하고 싸워가면서 인간을 찾아가고 있었다. 때로는 자신의 문제를 직면하지만, 방어하고 도피하고 부정하기도 했다. 이러한 삶이 고달프고 답답하고 힘들 수밖에 없었다. 이것이 인간의 길이고 인간을 찾아가는 길이었다. 이러한 데서 영화인들은 그들의 이러한 삶과 진실을 고발하고 그 해법을 찾아 나섰다.

그들의 문제 중에 가장 심각한 것이 계급의식이었다. 계급의식은 하나의 사회적인 게임규칙과 같았다. 혁명을 통해 그들은 계급에서 벗어나 평등과 자유를 추구하였지만, 그들 본능 속에 있는 신분 상승의 욕구와 계급과 권위의식은 변하지 않았다. 장 르누아르는 그의 영화에서 이를 적나라하게 고발했다. 이 영화는 1930년대에 처음 발표되었는데 당시 이 영화가 사회 질서와 도덕을 해친다는 이유로 상영금지를 받았다. 그리고 1960년대가 되어서야 금지가 풀려 재상영했다. 그리고 그는 이러한 내용을 살리는 새롭고 다양한 영화기법을 도입했다. 로케이션 촬영, 자연광, 빠른 카메라 무빙과 심도 구현과 같은 기법을 과감하게 사용하였고 불규칙적 촬영방식을 통해 전혀 다른 분위기의 장면이 갑자기 나타나기도 했다.

그리고 그는 1930년대에 여러 영화를 통해 노동과 이념 문제 그리고 휴머니즘 같은 현실적 문제를 비판하고 고발했다. 그는 이를 사실적 묘사만으로 끝내지 않고, 시적인 대사와 새로운 영상 기법 등으로 영화의 영역을 확장시켰다. 이처럼 그는 1970년대까지 예술성이 높은 영화를 꾸준히 제작했다.

신사실주의와 뉴벨바그 운동

2차 대전 이후 이탈리아를 통해 신사실주의 영화가 제작됐다. 신사실주의는 기획이나 연출에 의한 영화제작을 지양하고 현실을 있는 그대로 노출하고 관객이 그 현실에 참여하여 스스로 느끼고 판단할 수 있게 하는 새로운 영화기법이었다. 감독의 의도나 사상, 도덕, 교훈과 이념에 의해 이야기가 전개되기보다는 사실을 있는 그대로 보여주는 방식이었다. 그래서 잘 생긴 유명배우보다 삶의 현장에 있는 평범한 사람을 출현시키고 인위적인 조명이나 촬영 세트보다 현실을 그대로 노출시켰다. 이러한 새로운 조류가 1950년대 유럽을 휩쓸었고 프랑스에도 영향을 주어 프랑스에서도 신사실주의 영화들이 많이 등장했다.

이를 통해 프랑스 현실 속에 있는 서민들의 아픔과 문제들을 노출하고 고발하는 영화가 많이 제작됐다. 그러나 프랑스는 이탈리아에서 시작된 신사실주의만으로 만족할 수 없었다. 그들만의 새로운 영화를 시도하는 운동이 젊은 영화인과 감독을 중심으로 50년대 말부터 60년대 초까지 일어났었다. 이를 '뉴벨바그 Nouvell Vague(새물결)' 운동이라고 했다. 신사실주의는 현장의 현실과 사건을 다루었으나, 이들은 특히 인간의 내면에 집중하였고 현장의 사건보다 이야기와 대화를 통해 전개해나갔다. 그리고 뉴벨바그는 작가의 개인적인 의도와 생각이 영화에 강하게 영향을 미치게 되어 작가주의 영화의 시작이라고 할 수 있었다.

이를 위해 과거에 사용하지 않던 새로운 촬영과 편집기법이 사용됐다. 미리 사전에 기획한 스토리보드보다 현장에서 얻은 이미지들을 후반에 적소에 넣는 '미장센 mise en scene'이라는 파편적 편집과 '몽타주 Montage'라는 임의적 편집을 사용했다. 과거 부드럽고 안정적인 카메라 촬영에서 벗어나 불규칙적이고 돌발적이고 불안정한 새로운 카메라 기법도 많이 시도됐다. 공간의 배경도 야외와 현장의 이미지를 중시하였고 시간도 과거, 현재와 미래를 오고 가는 기법을 사용했다. 그리고 영화의 이야기와 사건에 대해서도 명확한 내용이나 결론을 제시하기보다는 프랑스인답게 모호하고 중첩적인 혼돈 상태로 버려두었다. 결국, 영화를 통해 남겨진 여운과 불확실성을 관객이 받아 그 문제를 더 깊이 느끼고 생각해볼 수 있게 했다.

뉴벨바그도 68운동의 영향으로 집단적 영향을 잃게 됐다. 그 이후 프랑스 영화는 뉴벨바그와 같은 중심이 되는 집단은 사라졌으나, 뉴벨바그의 영향은 무시할 수 없었다. 그래서 최근 다양한 매체의 등장과 허리우드의 물량 공세 가운데서도 젊은 작가들에 의해 꾸준히 작가주의와 독립적인 예술영화가 실험되고 있다.

인간을 찾아가는 영화

프랑스 영화는 결국 프랑스와 프랑스 사람에 대해 프랑스식으로 접근한다. 프랑스식의 가장 대표적인 것이 프랑스 영화이다. 프랑스식이란 무엇일까? 사람마다 보는 관점이 다르기에 한마디로 이야기하기는 어렵지만, 이 책에서 일관성 있게 추구하였던 관점으로 본다면, 인간이 우선되는 것을 의미한다고 볼 수 있다. 인간을 우선시한다는 것은 인간에서 나오지 않은 그 어떤 것도 거부한다는 뜻이다. 특별히 그것이 인간을 압박하고 힘들게 할 때 이에 대한 저항이 두드러지게 나타난다. 그리고 인간이 원하는 것을 소중히 여기는 것이 프랑스식이라고 말할 수 있을 것이다.

그래서 그들은 종교와 신을 가장 먼저 거부했다. 그리고 권위적인 정치와 권력도 거부했다. 아무리 좋은 것이라도 인간을 압박한다면 그것이 이상적인 것일지라도 거부했다. 물질과 문명 그리고 사회체제도 필요하면 거부했다. 과거의 전통과 관습도 거부하고 인간의 본능과 욕구를 소중히 여겼다. 인간이 즐거워하고 기뻐하는 것을 보호하려고 했다. 인간을 소외시키고 압박하는 것을 찾아 비판하고 고발했다. 그러나 하나의 이념이나 도덕으로 저항한 것이 아니라 스스로 생각하고 참여하도록 문제를 제기한 것이었다. 영화가 또 다른 이상이 되거나 도덕이 되지 않도록 했다. 이를 표현하는 방식에서도 전통적인 가치관과 방법을 과감하게 버리고 새로운 것을 찾아 실험하고 시도하려고 했다. 그리고 한 개인 작가의 의도와 감정을 소중히 여겨 다양한 목소리를 들어보려고 하는 작가주의를 지향했다.

솔리다리테를 고발하다

프랑스가 가장 소중히 여기는 가치들은 솔리다리테(연대連帶), 톨레랑스(관용), 평등, 자유, 혁명, 욕망, 삶과 역사 등이다. 모두가 인간이 추구하는 소중한 가치들이다. 그들이 오랜 시간 많은 투쟁과 희생을 통해 얻은 그들만의 귀한 자산이다. 그리고 이것이 그들의 자랑이고 자부심과 자존감의 원천이기도 했다. 그러나 이것이 자신에게서 나왔지만, 이것이 전통과 이념이 되어 자신들을 다시 힘들게 할 때는 그들은 이를 다시 허물어야 했다. 그리고 그 속에 남아있는 잘못된 모순들을 찾아 해결하려고 했다. 이것이 진정한 프랑스의 정신이고 프랑스인이었다. 물론 모든 프랑스인이 이렇게 생각하고 행동한 것은 아니었지만, 적어도 깨어있는 사람들을 중심으로 이러한 시도는 계속됐다.

  이를 가장 잘 할 수 있는 사람들이 영화를 사랑하는 사람이었다. 영화는 다른 예술 장르와 달리 대중과 사회에 주는 영향이 아주 크기에 이러한 생각과 꿈을 가진 사람들이 모이게 됐다. 그래서 유럽의 여러 나라의 영화인들은 영화만을 사랑하기보다는 사회에 깨어있는 사람들이 적지 않았다. 특히 스페인의 경우가 그러했다. 프랑스의 영화인 중에서도 이러한 의식을 보인 뜻있는 작가들이 많았다. 이제 이러한 관점에서 프랑스 영화작가들이 어떠한 작품을 남겼는지를 살펴보려고 한다.

칸 영화제에서 황금종려상을 두 차례나 수상한 거장 감독인 다르덴 형제인 장 피에르 다르덴Jean-Pierre Dardenne(1951~)과 뤼크 다르덴Luc Dardenne(1954~)가 있었다. 그들은 벨기에 출신이지만 프랑스의 문제를 심도 있게 다루었다. 그들은 주로 소수자, 소외인의 삶을 다룬 영화를 만들었다. 그들은 작은 이야기를 통해 프랑스의 어두운 곳을 드러내었다. 프랑스가 소수자에 관심을 가질 수 있는 길은 연대 정신 즉 솔리다리테였다. 자신이 소수자가 아니라도, 소수자에 대한 인간적인 연대의식으로 그들의 아픔을 공감하고 그들의 문제에 참여하였다. 이러한 운동에도 불구하고 여전히 작은 자가 남아있기에 그들은 연대의식을 다시 깨우려했다.

연대의식은 어려운 사람을 도와주는 단순한 공감이나 동정이 아니다. 솔리다리테의 배경에는 평등이 있다. 어려운 사람과 연대하는 것은, 나는 지금은 약자가 아니지만 나도 언제가 그렇게 될 수 있다는 것을 전제로 하는 것이다. 실제로 그러한 일이 일어나지 않아도 인간은 본질적으로 약자이고 자신도 어려울 때 누군가 자신과 같은 마음으로 연대해서 도와야만 살 수 있다는 것을 알기에 같은 약자로서 연대하는 것이다. 인간은 모두 연약하기에 서로 연대하며 도와야 한다는 것이다. 이는 인간 평등에 대한 깊은 통찰에서 나온 것이다.

그러나 연대에도 한계가 있다. 자신이 손해를 보면서까지 연대할 수 있을까? 이를 질문하는 것이 그의 영화 〈내일을 위한 시간〉이었다. 한 직장여성이 우울증을 치료하느라 휴직하여 다시 복귀하려고 하였을 때 회사가 이를 거부했다. 이를 합법적으로 하기 위해서는 동료직원의 찬성투표가 필요했다. 그리고 사장은 찬성표를 던지도록 직원들을 보너스로 유혹했다. 그래서 그녀는 각 직원을 만나면서 설득하려고 했다. 직원들의 반응을 통해 솔리다리테에 대한 인간의 다양한 모습을 볼 수 있었다. 사장은 투표가 끝난 다음 새로운 제안을 했다. 여직원을 수용하는 대신 법적으로 해고가 가능한 임시직 직원 한 사람을 해고하겠다고 했다. 솔리다리테를 주장한 그녀에게 중대한 시험이었다. 그런데 그녀는 자신이 해고당하지 않기 위해 자기보다 더 약한 직원을 희생시키는 것을 용납할 수 없었다. 그래서 그녀는 자신이 해고당하는 것을 결정하고 회사를 나왔다. 그리고 자기보다 약한 자를 구한 것이었다.

솔리다리테를 통해 끊임없는 자기를 보게 하는 영화이다. 과연 나는 나를 희생하면서까지 약자와 연대를 할 수 있을까? 내가 그 입장이라면 어떠할까? 하는 질문을 던지는 것이었다. 물론 정답이나 결론은 없다. 그렇지만 자신에게 계속 질문은 해야 했다. 이 질문의 힘이 바로 프랑스의 힘이었다. 데카르트의 위대한 철학도 이 질문에서 시작한 것이었다.

톨레랑스를 고발하다

프랑스의 또 다른 힘은 톨레랑스이다. 자기와 다른 사람을 수용하는 것이다. 이것 역시 솔리다리테와 같이 평등사상에서 출발한다. 내 생각이 중요하듯이 다른 사람도 나와 같이 중요하기 때문에 서로 다른 것을 수용하는 것이다. 그러나 이 수용도 한계가 있다. 상대방이 나에게 해를 입히는 적일 때도 수용할 수 있을까? 이는 마치 상대가 오른 뺨을 때리면 왼 뺨도 내어주라는 예수의 말씀과도 같은 것이다. 이러한 질문을 하는 영화가 있었다. 2010년 칸 영화제 심사위원 대상을 받은 자비에 보부아Xavier Beauvois(1967~) 감독의 〈신과 인간〉이라는 영화였다.

지금 프랑스는 이슬람이라는 종교를 얼마나 수용할 수 있는가가 중요한 시험대에 올라와 있다. 지금 이슬람은 프랑스에서 여러 가지로 소외되어 있기 때문이었다. 이처럼 이 영화에서도 알제리의 근본주의 이슬람과 정부군 사이에 있는 한 수도원의 이야기로 시작한다. 그 수도원은 일곱 명의 프랑스 수도사와 한 명의 프랑스 의사가 신의 소명으로 거기에서 톨레랑스를 시험해보고 있었다. 극단적인 이분법 가운데서 과연 중도나 중립이 가능한가? 대부분 이런 경우에는 양측에서 다 버림받는다. 우리나라는 과거 한국전쟁에서 좌우익의 비참하고 억울한 죽음을 많이 경험했다. 일본 강점 때에는 친일과 독립운동이라는 이분법으로 이를 겪었다. 이러한 이분법은 지금까지도 우리를 괴롭히고 있다.

수도사들은 어느 한쪽이 부상을 입고 죽어 가면 그들을 도와야 했다. 그렇게 되면 다른 쪽에서는 같은 편이라고 하여 보복을 했다. 수도원은 죽음 앞에서도 끝까지 중립을 지키며 그들을 공평하게 도우려고 하다가 결국 모두에게서 버림받고 말았다. 동등하게 수용한다는 것이 불가능했다. 그럼에도 그들은 살 수 있는 길을 버리고 수용의 길을 갔었지만, 그곳에는 죽음이 기다리고 있었다. 도저히 보통 인간으로서는 갈 수 없는 길이었다. 깊은 영성과 신앙심이 없다면 불가능한 그 길을 그들은 갔었다. 수도사들도 특별한 사람이 아니었다. 그들도 죽음이 두려웠고 불안 가운데 있었던 평범한 프랑스의 젊은이였다. 한쪽 편으로 도피하려는 유혹이 있었다. 그럼에도 그들은 신앙으로 참수용의 길로 갔었다.

이 영화는 물론 무엇이 최선이라고 교훈을 주는 영화는 아니다. 여러 가지를 생각하게 하고 고민하며 스스로에게 질문하게 만드는 영화였다. 나라면 어떻게 할 것인가? 인간이 할 수 없으니 신앙의 힘을 의탁해서라도 과연 그 길을 갈 수 있을 것인가? 이러한 질문을 프랑스에게 던지는 것이었다. 기독교인이 아니라도, 기독교 전통 속에 있는 프랑스가 과연 이슬람을 얼마나 자신들의 종교처럼 수용할 수 있을 것인가? 그들은 지금 기독교 신앙을 잃어버렸다. 그러나 진정한 톨레랑스를 위해 다시 기독교 신앙을 회복해야 한다면 그들은 신앙을 회복할 수 있을 것인가? 이러한 무수한 질문을 하게 되는 것이다. 이것이 영화가 할 수 있는 위대함이다. 물론 영화를 보고 나면 이러한 질문 자체도 잊어버리지만, 그들은 계속해서 질문을 던짐으로 프랑스가 이에 대해 반응하게 하는 것이었다.

앞서 말한 프랑스의 두 정신인 솔리다리테와 톨레랑스의 바탕은 평등이다. 프랑스 대혁명의 정신도 평등이었기에 프랑스의 가장 뿌리가 되는 정신과 힘은 평등이다. 그리고 평등만으로 끝나지 않고 자유와 박애를 추구한다. 인간으로서 이루어야 할 가장 이상적인 가치이다. 그래서 이것이 프랑스 국기의 의미이기도 하고 프랑스 대혁명의 정신이기도 하다.

그런데 그들이 자랑하는 가치는 과연 그들에게 얼마나 뿌리내리고 있을까? 앞서 여러 차례 프랑스인의 이중성과 모호성에 대해 언급하였지만, 이러한 이상적 가치에 대해서도 그들은 이중성을 보이는지 모른다.

그들은 겉으로는 자유를 외치지만 속으로는 억압과 통제 가운데 있다. 그래서 자유가 순수한 이상이라기보다는 속에서 강하게 억압하고 통제하는 힘에 대한 반발로 생긴 이차적 속성으로 볼 수 있다. 그리고 그들은 평등을 추구하지만, 그들 속에는 깊은 계급의식이 있고 그들의 삶의 동력 가운데 가장 강력한 것이 신분 상승의 욕구이다. 그래서 그들의 평등의식 역시 순수한 이상이라기보다는 계급 차별에 대한 반발로 생긴 것으로도 볼 수 있다. 그리고 박애 역시 순수한 이상이라기보다는 그들 속에 깊이 뿌리내리고 있는 이기심과 욕망에 대한 방어일 수도 있다.

프랑스의 이중성과 다중성을 고발하다

이러한 그들의 이중성과 모순을 고발한 영화가 있었다. 라시드 부샤렙 Rachid Bouchareb(1953~) 감독의 〈영광의 날들〉이라는 영화이다. 이 감독은 알제리계 프랑스인이다. 프랑스가 2차 대전에서 알제리 용병에게 한 역사적인 사건을 영화화한 내용이다. 2차 대전에서 프랑스는 거의 싸우지 않고 항복하였고 그들이 살기 위해 나치에 적극적으로 협조까지 한 불편한 진실이 있었다. 프랑스 대혁명의 후손으로서 무척 부끄러운 일이었다. 그런데 그들이 2차 대전에서 승전국이 될 수 있었던 것은 알제리 용병들이 공로를 무시할 수 없었다. 연합군과 함께 주로 알제리 용병들로 구성된 프랑스군이 프로방스에 상륙하여 독일을 물리치는 데 공을 세운 것이었다. 그들은 대부분 이슬람 군인이었다.

그들은 프랑스 삼색기의 깃발 아래 모집되고 전쟁에 참여하였으나, 프랑스 군인과는 다른 대접을 받았다. 그들에 대한 배려가 없는 차별을 받았다. 그리고 그들은 총알받이로 비참하게 죽어갔다. 이러한 차별의 과정을 이 영화는 아주 구체적으로 고발했다. 그리고 그들의 희생에 대한 역사적인 정리도 아직 충분히 되지 않았고 아직도 알제리인과 이슬람에 대한 차별이 존재한다. 프랑스인의 과거 식민지에 대한 탄압과 착취가 다른 유럽 국가에 비해 아주 심한 편은 아니었지만, 그래도 프랑스 대혁명의 국가로서는 용납하기 어려운 잔인한 학대와 차별이 있었다. 이것이 문명국 유럽과 프랑스의 이중성과 모순이었다.

뭐니 뭐니 해도 프랑스의 가장 큰 자부심은 프랑스 대혁명이다. 프랑스의 이상인 자유, 평등과 박애의 역사적 근거가 대혁명이었고 이로 인해 자유민주주의의 시작될 수 있었기에 이에 대한 자부심은 당연한 것이다. 그러나 사실 대혁명이 역사가들이 평가하는 대로 그러한 혁명이었고 그러한 가치를 실현하기 위해 시도된 것이었을까? 이 책에서 이미 프랑스 대혁명에 대해 자세히 설명한 바 있었다. 그런데 누구도 그들 역사의 최고봉이고 이상인 대혁명을 비판적으로 다룬다는 것은 쉬운 일이 아니다. 그들의 자존심을 건드리는 것이기 때문이다. 결국 이를 할 수 있는 것은 학자가 아니고 영화인이었다. 그래서 그들은 영화에서 금기시되는 대혁명을 포장하지 않고 있는 그대로 다루었다.

피에르 숄레 Pierre Schoeller(1961~)라는 감독이 〈원 네이션〉이란 영화에서 이를 대담하게 다루었다. 1789년 프랑스 대혁명이 시작되면서 루이 16세가 처형되는 3년간을 있는 그대로 영화에 담았다. 역사적인 사건이지만, 역사의 주역들을 주인공으로 다루지 않고 그 사건들 속에 있는 평범한 시민들의 모습을 그대로 담으려고 했다. 그래서 그는 프랑스 혁명을 이끈 사람이 아니라 이 속에 있었던 평범한 프랑스인의 관점에서 보려고 하였다. 그리고 영화의 제목을 원 네이션이라고 했다.

영화의 내용은 하나가 아니고 분열과 분열의 연속이고 수많은 생각을 가진 사람들이 나오는데 왜 원 네이션이라고 했을까? 이것이 프랑스라는 의미라는 뜻이라고 생각된다. 즉 프랑스는 결코 하나가 될 수 없기에 서로를 이해하고 수용하며 사는 것이 프랑스이고 그들의 정신이라는 것을 말하고 싶은 것이었다. 역설적으로 보면 프랑스가 하나 되지 못한 것이 프랑스의 원 네이션이라고 이야기하고 싶은 것이기도 했다. 그래서 그들은 서로 너무 달랐다. 자유, 평등, 박애로 하나가 된 것이 아니었다. 서로 다른 것을 인정하고 같이 사는 것이 프랑스였다. 이중성과 모호성이, 다원성과 분열이 프랑스답다는 것을 말하고 싶었는지도 모른다.

이제 영화를 살펴보자. 이 영화의 시작은 루이 16세이다. 그가 빈민가 아이들의 발을 씻어주는 세족식으로 영화가 시작한다. 이 장면은 많은 것을 동시에 압축적으로 이야기한다. 물론 루이 16세의 모습은 위선적일 수 있지만, 그의 선한 모습을 보여주기도 한다. 그리고 루이 16세가 백성들의 아버지 같은 모습이라는 것을 암시하기도 한다. 루이 16세에 대한 다중적인 의미이다. 이러한 그가 3년 후, 단두대에서 사라진 것에 대한 것에 대해 많은 생각과 감정을 느끼게 해주는 것이었다. 앞서 이 책에서도 언급하였지만, 이 장면은 적어도 루이 16세가 백성을 폭력적으로 압제하거나 착취한 왕은 아니었다는 것이다. 그런데도 왜 아버지 같은 왕이 비참하게 죽게 되었을까? 자유, 평등과 박애를 주장하는 혁명의 의미를 다시 한번 생각하게 하는 장면이었다. 그렇게 백성의 자유를 압제한 왕은 아니었다. 심했다면 오히려 루이 14세가 더 심했다. 그는 자기 맘대로 절대왕정을 이끌었다. 그러나 루이 14세 대해서는 제대로 된 반발을 하지 않았다.

    그리고 왕이 탈출하려다가 잡혀 왔을 때 백성들은 여전히 그를 왕으로 인정하고 있었다. 그리고 그를 사형시키는 것에 대해서도 많은 논란의 과정이 있었다. 그가 왕으로 무력하였지만, 그렇게 악한 왕이 아니라 그를 쉽게 사형시키기가 어려웠다. 그리고 그들이 혁명을 시작한 것은 자유와 평등을 쟁취하기 위한 것이 아니라 배가 고파서 먹을 것을 달라고 한 것이었다. 그리고 그들이 그렇게 어려운 것은 루이 14세 때 시작된 것이었고 지금 빵이 없는 것은 루이 16세의 폭정으로 인한 것은 아니었다. 왕이 좀 더 관심을 가지고 먹을 수 있게 해달라는 백성의 호소였다.

    그런데 왕은 계속 자신의 책임을 회피하면서 도망 다니다가 결국 잡혀 죽게 된 것이었다. 자유와 평등과는 직접 연관된 사건은 아니었다. 무능함과 폭정은 다른 개념이었다. 그리고 왕이 물러난 다음에도 진정한 자유와 평등이 온 것은 아니었다. 여전히 계급과 통제는 계속됐다. 왕에서 부르주아로 바뀌었을 뿐이었다. 그들은 진정 백성을 생각하는 것은 아니었다. 자신들의 이권과 손익을 계산할 뿐이었다. 그리고 진정한 절대 평등을 외친 자는 급진주의자 로베스피에르였다. 그런데 그는 가장 폭력적인 사람이었다. 이것이 대혁명의 아이러니와 모순이었다.

 그리고 혁명 속에는 하나의 가치와 사상이 있는 것이 아니라, 서로 다른 가치와 배경으로 나누어져 있었다. 왕과 민중, 군주제와 공화국, 부르주아와 평민, 계급과 평등 등 하나 되지 못하고 서로 갈등하며 싸우는 혼돈의 다중적인 혁명이었다. 이것이 프랑스였고 인간이었다. 우리는 이를 자유, 평등과 박애로 포장하고 이상화하지만, 혁명은 이러한 이상을 거부했다. 있는 그대로의 모순을 드러내는 것이 혁명이었다. 이것이 인간이라고 말하는 것이다. 그래서 프랑스 대혁명은 자유, 평등과 박애가 아니라 그들이 찾았던 인간이었고 인간의 이야기였다. 이것이 그들이 자랑하는 프랑스 대혁명의 모습으로 영화가 그린 것이었다. 어떠한 결론은 없다. 각자가 느끼고 반응하는 것이 이 영화가 주는 것이었다. 이것이 프랑스이다.

프랑스의 욕망을 고발하다

프랑스에는 또 다른 아이러니가 있다. 욕망에 대한 것이다. 욕망의 화신인 루이 14세가 있었다. 그는 인간이 욕망하는 모든 것을 거침없이 해버린 절대군주였다. 백성들이 사실은 루이 16세보다 더 미워해야 하는 왕이었다. 프랑스의 재정위기는 그로부터 시작됐다. 그런데 이상하게도 프랑스인들은 루이 14세를 그렇게 미워하지 않는다. 미워하지 않은 정도가 아니라 은근히 자랑하고 흠모하기도 한다. 그가 세운 베르사유궁전은 프랑스의 자랑이고 그 덕에 관광수입도 올린다. 그래서 프랑스인은 루이 14세를 미워하지 않는 것일까? 이것이 프랑스의 또 다른 아이러니이다.

그를 미워하지만 미워할 수 없는 이유는 그는 인간 욕망의 화신이었기 때문일 것이다. 그의 욕망에 공감하는 프랑스인의 영원한 모델이 되기 때문에 그들은 루이 14세를 거부할 수 없는지도 모른다. 로마제국과 황제가 프랑스의 이상이었던 것처럼 이를 몸소 이룬 루이 14세를 의식으로는 비판하지만, 무의식으로는 흠모할 수도 있다는 것이다. 역시 프랑스인들의 이중성이 여기서도 나타나는 것 같다. 프랑스인의 가장 강력한 욕망은 신분 상승이고 신분 상승의 최고봉은 바로 루이 14세이기 때문에 그를 부정하면 자신들을 부정하는 것이 되기 때문에 그를 거부하기가 어려운 것이다. 그래서 그는 프랑스 대혁명의 이상에 어긋나는 절대왕정의 최고봉이었지만, 지금도 프랑스인들의 잠재적인 이상이 되고 있다. 그와 함께 프랑스인은 독재자 나폴레옹도 영웅으로 흠모하고 있다. 그 역시 그가 평민으로 놀라운 신분 상승이라는 욕망을 이루었기 때문이었다.

이를 꼬집은 영화가 있었다. 제라드 코르비오Gerard Corbiau. 0.(1941~) 감독의 〈왕의 춤〉이란 영화였다. 루이 14세의 총애를 받았던 두 예술가 륄리Jean-Baptiste Lully(1632~1687)와 몰리에르Moliere(1622~1673)에 대한 이야기이다. 왕은 특별히 발레를 좋아했다. 그래서 륄리는 왕이 맘껏 춤출 수 있는 음악을 만들었다. 그래서 왕의 총애를 받았다. 그리고 왕은 몰리에르가 연출한 희극을 무척 즐겼다. 그래서 그도 왕의 총애를 받았다. 륄리와 몰리에르는 서로 왕의 인정을 받고자 서로 경쟁하기도 하고 협력하기도 했다.

 춤을 즐기던 왕이 드디어 춤을 추기가 어려워졌다. 나이가 들고 비만해지면서 춤을 출 수 없게 된 것이었다. 륄리에게 위기가 온 것이다. 그러나 그는 몰리에르의 제안으로 코메디 발레라는 새로운 장르를 만들어 연극까지 주도하면서 오히려 몰리에르를 몰아내려고 했다. 그가 개발한 장르가 나중에 프랑스식 오페라로 발전했다. 그러나 이 영화의 주인공인 륄리와 몰리에르가 쓸쓸하게 죽어가는 것으로 영화는 끝을 맺었다. 그리고 영원할 것 같은 루이 14세도 자신의 삶을 후회하며 고통 가운데 죽어갔다. 그리고 그가 남긴 것은 재정 파탄의 프랑스였고 그 후손들은 이로 인해 엄청난 고통을 겪어야 했다.

 프랑스인의 영원한 환상이고 꿈인 베르사유의 욕망은 이처럼 허망하게 막을 내렸다. 프랑스 대혁명의 동력과 이상이 자유, 평등과 박애인 것 같았지만, 속으로는 결국 신분 상승의 욕망이었다. 모두가 귀족과 왕족 그리고 그 정점인 루이 14세처럼 되고 싶었다. 그 혁명은 왕족과 귀족을 몰락시켰고 부르주아가 그 자리를 대신했다. 그리고 나중에는 평민들이 그 자리를 차지했다. 모두가 귀족과 왕족이 되고 싶었다. 그래서 계급과 신분은 결코 사라지지 않았다. 내가 귀족이 되면 누군가가 낮은 평민이 되어야 했다. 이제는 이민자, 흑인과 이슬람 출신이 그 자리를 대신하였다. 그들은 겉으로는 같은 평민이지만, 자기도 모르고 그들이 귀족이 되어 그들을 무시하고 차별했다. 혁명은 결국 자리를 바꾸는 회전문이었지 진정한 자유와 평등이 이루는 이상은 아니었다. 결국 욕망을 근사하게 표현한 것이었다.

욕망의 허망함을 이 영화는 보여주고 있는 것이었다. 프랑스는 대혁명 이후 기회 있는 대로 세속적인 욕망으로 작은 루이 14세들이 들끓었다. 이 영화에 나오는 륄리와 몰리에르가 그들이었다. 그러한 욕망이 프랑스를 휩쓸었을 때가 19세기 말과 20세기 초였다. 이를 '벨 에포크'라고 했다. 그리고 1차 대전 이후 다시 한번 욕망의 시대가 휩쓸고 지나갔다. 그리고 현대에 이르기까지 그들의 욕망은 식을 줄 몰랐다. 모두가 귀족의 삶을 조금이라도 맛보며 살고 싶었다.

이를 비판하거나 그 욕구가 잘못됐다고 말하기 위해 고발하는 것은 아니다. 그 욕구를 인정하고 즐기고 누리는 것이 인간의 솔직한 모습이다. 대혁명이라는 이상이 아니라 그 속에 있는 인간의 이야기로써 있는 그대로 노출해보는 것이다. 프랑스는 인간의 나라이고 대혁명도 인간이 만들어간 이야기라는 것을 말하고 싶은 것이다. 그러나 욕망은 공짜가 아니었다. 항상 비용 즉 그만한 대가가 있었다. 그들은 이러한 비용을 치르면서라도 이를 채우고 싶었다. 벨 에포크 시대는 그 후의 1차 대전이라는 대가를 치러야 했고, 그 이후 욕망의 10년은 2차 대전이라는 비용을 치러야 했다. 그리고 절대왕정의 욕망은 엄청난 재정 적자라는 대가를 치렀고 그 결과 프랑스 대혁명까지 치러야 했다. 이러한 것도 결국 인간의 이야기인 것이다.

그들의 삶을 돌아보다

프랑스가 또 사랑하는 것이 있다. 그들의 삶이다. 그들은 자신의 삶을 아주 소중한 가치로 여긴다. 특별히 그들의 감정을 표출하는 욕망의 삶을 소중히 여긴다. 그리고 그들만의 지성과 이성적인 삶을 자랑스러워한다. 그들은 본능만으로 살지 않는다. 생각하고 비판하며 지성과 이성을 존중한다. 그리고 그들은 예술을 사랑한다. 예술적 삶을 존중하고 자랑하며 사는 것이다. 다른 민족이 따라갈 수 없는 그들만의 자랑스러운 삶이었다. 그러나 이러한 삶에도 모순과 이중성이 있다. 허망한 것들이 있었다. 마냥 자랑할 만한 것은 아니었다.

이를 아주 적절하게 보여준 영화가 있었다. 이브 로베르Yves Robert(1920~2002) 감독의 〈마르셀의 여름〉이라는 영화였다. 이 영화는 프랑스인들이 늘 그리워하는 벨 에포크 시절을 회고하는 내용이다. 그 시절 주인공이 아버지를 따라 프랑스 남부 프로방스에서 휴가를 보낸 시간을 회고하면서 그들의 삶을 돌아보는 이야기이다. 영화에는 다양한 사람과 그들의 삶이 중첩되어 나온다. 보수적인 사람, 진보적인 사람, 신부, 반교권주의자, 도시인, 농촌 사람들이 엉켜져 있다.

그 시대가 그러했다. 서로를 이해하며 하나가 되고 싶은 사람들도 있었고 다른 것으로 서로를 미워하고 경멸하는 사람들도 있었다. 그들이 지향하는 가치관처럼 그들은 서로에게 관용적이거나 연대하지 못했다. 그리고 평등하지 않았다. 이것이 그들의 삶이다. 겉으로는 평등하고 서로에게 관용을 베푸는 것 같았지만, 실상은 그렇지 못하며 각자의 삶을 살아가기에 바빴다. 그들이 서로를 봐줄 수 없었던 것은 각자가 아픔과 갈등을 회피한 채, 도피적인 삶을 살기 바빴기 때문이었다. 방어적이었기 때문에 마음을 열고 다른 사람의 삶을 볼 수 있는 여유가 없었다. 그러나 그들은 이유야 어떠했든 겉으로는 즐겁게 잘 살았고 행복했다. 그러나 아쉬웠다. 좀 더 서로를 이해하고 하나가 되지 못한 것에 대한 아쉬움이 있었다. 그 후에는 다시 그러한 행복한 시간이 오지 않았다. 과거 행복한 시절을 그리워하기보다는 그 시절을 좀 더 서로를 이해하고 관용하며 살았더라면 그 행복이 더 오래가지 않았을까 하는 아쉬움이 있었다. 이 영화에서 이러한 그들의 모습을 자연스럽게 보여주었다. 그렇다고 어떠한 메시지를 주는 것도 아니었다. 그냥 그들의 모습을 보여주는 것으로 대신했다. 이것이 그들의 영화였다.

자신의 내면과 문제를 직면하는 영화

1960년대 초에 젊은 감독들을 중심으로 누벨바그라는 운동이 일어난 것처럼 1990년대 다시 젊은 감독들을 중심으로 새로운 운동이 있었다. 이를 '내면적 신사실주의'라고 하였다. 과거 집단과 사회에 대한 신사실주의에서 벗어나 자신의 내면을 깊이 들여다보는 운동이었다. 결국 인간 개인으로 돌아가서 자신을 조용히 보려는 시도였다. 그들은 대혁명 이후 자신을 실험하며 여기까지 왔다. 실험을 통해 드러난 모습은 결국 자신의 투사投射이기에 이를 통해 자신을 보고 만나는 것도 중요하였다. 프랑스인은 남을 비판하는 것은 잘하지만, 자신을 진정으로 깊이 돌이켜보는 것은 쉽지 않다고 했다. 그래서 이들은 프랑스인들의 내면을 깊이 파고드는 작업을 하였다.

프랑스의 예술과 사상이 자신을 만나기 위해 의식에서 무의식과 감정의 세계로 들어간 것처럼 영화도 개인의 더욱 깊은 세계를 성찰하는 시도를 했다. 자신의 성장기와 정체성, 이성과 동성을 통한 성의 정체성, 가까운 관계를 통해 드러난 자신의 모습, 진정한 행복과 사랑 속에 있는 자신의 문제와 감정 등을 탐구하는 영화들이 많이 나왔다. 이러한 영화는 현상만을 다루는데 그치지 않고 깊은 심리분석과 무의식에 대한 정신분석까지 들어갔다. 그리고 그동안 프랑스인에게 배제되었던 종교와 영성의 문제를 다루기도 했다. 결국 자신을 바로 이해해야지만 이웃과 집단을 알 수 있기에 개인의 자신에게 초점을 맞춘 것이었다.

프랑스의 지속적인 관심은 작은 자, 소외된 자와 소수 인에 대한 것이다. 그래서 프랑스 영화는 이민자, 이슬람, 파리의 외곽지역의 가난한 사람들, 여성에 대해 깊은 관심을 가지고 그들의 소외된 삶을 가장 앞장서서 다루고 있다. 그리고 프랑스의 미래와 교육의 문제에 대해서도 영화는 늘 관심을 가지고 다룬다. 특히 현재 젊은 사람들의 고민이 무엇이며 그들은 미래를 어떻게 기대하고 있는지도 아주 중요한 관심사이다. 이처럼 프랑스 사회에 중요하지만, 사회가 간과하고 깊이 생각하지 못하는 문제들을 영화인들은 새롭게 끄집어내어 이를 자신의 문제로 고민하게 만든다. 이처럼 프랑스 영화가 솔리다리테를 가장 열정적으로 실천하고 있다고 볼 수 있다. 현대의 프랑스는 사실 과거의 프랑스다운 모습을 많이 잃고 가고 있다. 그래도 아직 프랑스다운 모습을 가장 많이 보이고 있다면 그것은 프랑스 영화일 것이다. 이러한 프랑스 영화의 힘이 있기에 프랑스는 많은 어려움 가운데서도 꿋꿋이 그들의 모습을 지켜나가고 있지 않은가 생각된다.

4) 프랑스 문학

낭만주의의 발달

프랑스 대혁명 이전의 문학에 대해서는 이미 설명한 바 있었다. 이제 대혁명 이후의 문학에 대해 설명하려고 한다. 대혁명 이후 나타난 문학사조는 낭만주의였다. 18세기의 고전주의에서 조금씩 낭만주의가 시작되고 있었고 18세기 말부터 19세기 초까지는 낭만주의의 시작이라고 할 수 있는 프레로망티즘이 나타났다. 그전까지는 계몽주의 영향으로 이성이 중심이었으나, 이성만으로 충분하지 않자 인간의 감정을 중시하는 낭만주의가 시작됐다.

프랑스 낭만주의는 프랑스에서만 나온 것은 아니었다. 프랑스 밖의 낭만주의 영향을 무시할 수 없었다. 유럽은 과거의 집단적 가치가 허물어지고 개인이 삶의 중심이 되면서 개인의 자유로운 감정적 표현이 중요해졌다. 그래서 로망주의의 연극, 소설과 시들이 쏟아져 나왔다. 특별히 19세기의 전반기는 혼돈과 발전의 시기였다. 수없이 일어나는 정치체제의 변화와 혁명들, 신분계급의 혼란, 새로운 자본주의와 산업혁명의 등장, 과학기술의 변혁과 함께 새로운 사상과 가치와 전통적인 것과의 갈등 등 모든 삶에서 혼란과 변화가 일어났었다.

이처럼 급변하는 시기에는 인간이 감정에만 머물러 있을 수 없었다. 그래서 낭만주의는 감정의 표현에만 국한되지 않고 인간의 것이면 무엇이든 자유롭게 생각하고 표현하는 사조로 확장됐다. 그동안 억압되어 있던 것이라면 무엇이든 표현하고 상상하고 새롭게 펼쳐나갔다. 급변하는 사회 속에서는 부분적인 현상만으로는 혼돈에 빠질 수밖에 없기에, 현상의 전체와 현상을 극복할 수 있는 더 크고 초월적인 것까지 찾아보려고 노력했다. 자연과 위대한 이상과 같은 깊은 본질까지 통찰하는 생각과 상상을 자유롭게 펼쳐나갔다.

이러한 시대적인 변화 속에서 가장 돋보인 프랑스 작가로는 빅토르 위고Victor-Marie Hugo(1802~1885)였다. 위고는 극작가, 소설가와 시인으로써 인간에 대한 다양하고 영향력 있는 작품을 썼다. 그는 영감어린 언어와 삶으로 시대의 예언자처럼 격동기의 프랑스를 이끌었다. 프랑스가 가야 할 새로운 가치와 이상을 찾으며 문학에만 머물지 않고 정치에도 참여했다. 그리고 현실에 안주하기보다는 늘 새로운 길을 향해 떠나는 고통의 삶을 살았다. 그 외 라마르틴, 비니, 뮈세와 네르발 등의 낭만주의 시인들도 다양한 시를 통해 프랑스인의 마음을 새로운 인간의 세계로 이끌었다.

사실주의와 자연주의의 발달

그리고 낭만주의는 낭만주의에만 머물러 있지 않았다. 극변하는 사회의 현실을 외면할 수 없었다. 그래서 낭만주의는 사실주의와 동시에 발전할 수밖에 없었다. 특별히 소설에서 이러한 현상이 일어났다. 처음에는 낭만주의 소설에서 시작하였지만, 점차 사실주의로 넘어가게 됐다. 대표적인 작가가 발자크와 스탕달이었다. 그들은 소설에서 구조적이고 객관적인 관찰과 보편성 같은 사실적 측면을 중시했다. 그리고 일상의 삶과 역사적 사실을 도입하며 사실적인 내용이 소설에 중요한 주제가 됐다.

발자크Honore de Balzac(1799~1850)는 당시 유행하던 살롱에 드나들면서 여러 종류의 부르주아들을 관찰했다. 그는 온갖 종류의 사람들을 아주 구체적이고 사실적으로 관찰하며 자신의 소설에 등장시켰다. 거의 2500명이나 되는 많은 사람들이 그의 소설에 등장했다. 그는 그들을 통해 당시 물질과 향락을 추구하는 풍조를 고발했다. 그런데 그 자신도 그러한 사람이었다. 그는 소설을 쓰는 것이 부업일 정도로 다양한 사업을 벌였다. 그러나 하는 일마다 실패하여 늘 빚에 시달렸다. 다행이 소설이 잘 팔려 빚을 조금씩 갚아 갔지만, 사교계에 드나들며 허망한 사업으로 돈을 탕진하는 바람에 빚쟁이가 늘 따라다녔다. 거의 조증 환자와 같은 병적 삶이었다.

사실 그의 소설과 그의 삶이 당시 프랑스의 모습이었다. 그는 세상의 물질과 허영심에 쫓겨 살아가는 프랑스인의 모습을 다양하게 표현했다. 그의 대표작인 〈고리오 영감〉에서 물질이 가족의 전통적인 관계를 허무는 비참한 모습을 사실적으로 묘사하기도 했다. 당시에는 너무도 이러한 어처구니없는 삶이 많았기에 그는 소설에서 이를 추적하며 묘사하였다.

또 다른 소설작가인 스탕달Stendhal(1783~1842)은 그의 소설 〈적과 흑〉에서 신분 상승의 측면에서 프랑스를 고발했다. 프랑스 대혁명은 높은 이상과 이성만으로 가능한 것은 아니었다. 그중에 가장 큰 하나의 동력은 신분 상승의 욕구였다. 대혁명 이후 실제적으로 신분 상승이 가능할 수 있었던 사람은 부유한 부르주아들이었지 일반 평민들에게는 그림의 떡이었다. 그러다가 나폴레옹이 평민도 신분 상승할 수 있다는 가능성과 희망을 보여주었다.

그는 프랑스인에게 누구든지 노력하고 운만 따른다면 당대에 원하는 만큼 신분이 상승할 수 있다는 희망을 심어주었다. 그래서 그들은 그러한 기회를 노리고 있었다. 그중에 가장 가능한 길이 나폴레옹처럼 군인이 되든지, 사제가 되는 길이었다. 스탕달의 〈적과 흑〉은 바로 군인과 사제의 옷 색을 말하는 것이었다. 당시 프랑스는 차분하게 실력으로 신분상승을 추구하기보다는 불법과 불륜을 통해 단번에 복권당첨과 같은 신분상승을 노리는 사람들이 많았다. 스탕달은 그의 소설에서 이러한 프랑스 병든 사회를 고발했다.

사실주의의 절정을 이룬 소설가는 플로베르Gustave Flaubert(1821~1880)였다. 플로베르는 사실에 대해 더욱 구체적이고 자세한 자료 조사와 관찰을 중시했다. 그는 이런 사실만을 기술하는 것으로 끝나지 않고 문체의 내적 힘으로 사실을 변용하는 기술도 보였다. 이를 통해 그는 단순히 사실을 기술하는 소설을 넘어 사물을 새롭게 보는 독창적 세계를 열었다. 플로베르는 그의 소설 〈보바리 부인〉에서 당시 억압되어 있던 여인의 사랑에 대해 허상과 실상을 사실주의적으로 표현했다. 프랑스 사회가 억압된 욕구를 어떻게 드러내고 다루어야 할지를 알지 못하고 방황하고 있을 때, 그는 한 여인의 삶을 통해 그들이 가야할 길을 제시했다.

낭만주의가 사실주의를 자연스럽게 포함하듯이 사실주의는 자연히 자연주의를 포함했다. 그래서 사실주의의 출발은 자연주의의 출발을 의미하기도 했다. 그래서 사실주의에서 자연히 자연주의 소설로 넘어갔다. 사실주의가 19세기 중반에 주로 일어났다면, 자연주의는 후반으로 가면서 일어난 사조였다.

사실주의에서 시작한 소설들이 사실을 엄격하고 객관적으로 관찰하고 묘사하다보면 과학적인 시각을 가질 수밖에 없었다. 그래서 사실주의는 자연히 자연주의 소설로 넘어갔었다. 이러한 자연주의 소설을 쓴 대표적인 작가가 모파상과 에밀 졸라였다. 모파상Guy de Maupassant(1850~1893)의 소설은 사실주의에서 시작하였지만, 자연주의적인 소설이기도 했다. 모파상은 그의 사실주의 소설인 〈여인의 일생〉, 〈비곗덩어리〉와 〈목걸이〉 등을 통해 프랑스 혁명과 이상 그리고 귀족, 종교, 공화주의와 부르주아에 대한 허상과 환상을 부수고 그 속에 있는 인간의 욕망, 허영심과 이기심 등을 고발했다. 그리고 그 안에서 다시 소수인과 약자가 불평등하게 학대받고 고통당하고 있는 것을 폭로했다. 과연 대혁명은 무엇을 위한 것인가? 인간이 물질로 부유하고 행복해진다는 것의 참의미는 무엇인지를 희생양이 된 그들을 통해 질문했다.

자연주의 소설의 절정은 에밀 졸라Emile Zola(1840~1902)였다. 졸라는 당시의 여러 계층, 즉 부르주아, 노동자, 농민들과 삶을 같이 살아가면서 자료를 조사하고 수집했다. 마치 과학자가 실험을 하면서 객관적 자료를 수집하듯이, 그도 현장에서 그들을 관찰하며 자료를 수집한 것이었다. 그는 이를 바탕으로 소설을 치밀하게 썼다.

그의 대표적인 작품은 광부들의 비참한 삶을 담은 〈제르미날〉이었다. 그들의 열악한 노동조건을 사실적으로 묘사하며 그들의 투쟁현장을 소개했다. 그는 이러한 고발에 많은 타협과 방해를 받았으나 굽히지 않고 광부들의 참혹한 현실을 고발했다. 그리고 그는 〈목로주점〉을 통해 파리의 다양한 노동자들의 비참한 삶을 사실적으로 묘사하며 고발했다. 그의 가장 유명한 작품은 당시 사회적으로 유명하였던 드레퓌스 사건의 무죄를 주장한 〈나는 고발한다〉였다. 그는 자신의 희생을 각오하면서까지 불의한 정치권력과 싸워 당시 행동하는 지성인의 모형이 됐다. 당시 병들어 가고 있는 사회를 소설로서만 고발하는데 끝나지 않고 직접 불의한 권력과 맞서 싸운 그의 모습은 당시 병들어가고 있었던 프랑스 사회에 큰 경각심을 심어주었다.

인격발달을 따라가는 문예사조

문예사조는 어떻게 발달하게 되었을까? 왜 고전주의에서 낭만주의 그리고 사실주의와 자연주의 그 다음에는 상징주의와 초현실주의 등으로 발달하게 되었을까? 인류가 진화하듯이 문예사조가 진화하는 것일까? 어떤 유전인자가 있어서 그렇게 발달하는 것일까? 문예사조의 주인은 인간이기에 결국 인간이 발달하다보니 이에 따라 문예사조로 발달하는 것으로 보아야 할 것이다. 그래서 프랑스의 문예사조의 변천은 프랑스 사람의 발달과정을 의미한다고 볼 수 있다.

프랑스 인격 발달의 시작은 르네상스였다. 이로 인해 인문주의와 인본주의가 발달했다. 이는 사춘기와 비슷하였다. 이를 통해 그동안 억압되었던 인간의 감정이 일시적으로 나타났었다. 그러나 청년기로 가면서 지성과 이성이 발달했다. 지성과 이성은 자연스럽게 감정을 통제했다.

그러나 감정은 죽지 않고 살아서 바로크로 발전하였고 지성과 이성은 고전주의로 갔다. 그러나 왕정과 봉건제의 영향으로 고전주의가 더 강세를 보이면서 바로크의 감정은 더 이상 살아나지 못했다. 그렇다고 중세기처럼 완전히 억압될 수는 없었다. 감정은 감정대로 발전하였지만, 고전주의라는 형식과 질서 안에 있어야 했다. 이는 일방적인 관계보다는 갈등의 긴장과 공존을 통한 이중성의 형태였다. 이러한 이중성은 나중에 프랑스의 성격이 됐다.

그러다가 프랑스 대혁명이 일어났다. 이와 함께 억압되었던 인간의 감정도 적극적으로 표출됐다. 그래서 고전주의가 풀리면서 감정을 중요시하는 낭만주의가 발달하였다. 그러나 혼란이 심했기 때문에 이를 스스로 통제하려고 했다. 그리고 과거 전통과 습관이 아직도 살아남아 있기에 하루아침에 감정이 자유롭게 표현될 수는 없었다. 그래서 낭만주의와 함께 신고전주의도 나타났었다. 그러나 대혁명 이후 서서히 과거의 전통과 관습도 많이 바뀌었다. 그리고 과학과 산업혁명 그리고 자본주의의 발달로 경제적으로 부유해지면서 인간의 감정이 과거에 비해 많이 자유로워졌다. 특별히 인간의 숨어있던 욕구와 욕망이 솟아오르면서 사회는 더욱 복잡해지고 혼란스러워졌다.

과거에는 왕족이나 귀족만 이러한 욕구를 표출할 수 있었지만, 이제는 누구든지 경제력과 능력만 뒷받침 되면 자신의 욕구를 펼칠 수 있었다. 이러한 욕망이 신분 상승의 욕구로 분출됐다. 과거는 일부 상류층에 국한되어있던 욕망이 모두에게 번지게 되니 강자와 약자가 서로 경쟁하고 싸우는 사회가 됐다. 그 안에는 너무도 많은 종류의 사람이 나타나고 수

많은 일들이 일어났다. 그 속에는 너무 많은 이야기와 사건들이 있었다.

그래서 과거 인간의 감정을 순수하게 표현하는 것만으로는 인간을 이야기하기가 어려웠다. 다양한 인간의 이야기를 담는 새로운 형식이 필요했다. 그것이 사실주의와 자연주의였다. 그들은 각종 인간의 다양한 이야기를 구체적으로 관찰하고 자세히 표현하였다. 형식이 사실주의와 자연주의이지 그 내용은 인간의 복잡한 감정과 삶에 대한 이야기였다. 인간이 그렇게 복잡하게 발달한 것이었다. 억압된 인간이 발달하니 이처럼 복잡하고 혼란스러운 사회가 된 것이었다. 이를 표현하는 방식도 거기에 맞추어 발전했다.

의식을 해체하며 초월의 길을 열다

그런데 인간의 변화가 너무 복잡하고 다양하여 사실주의와 자연주의로도 다 담을 수 없게 됐다. 인간의 감정도 너무 복잡하고 강렬하였고 인간의 욕망은 끝이 없었다. 그래서 인간을 표현하는 새로운 문예사조가 필요하였다. 그것이 상징주의였다. 인간의 의식적인 기술이나 표현만으로 인간의 다양하고 깊은 욕구를 따라잡을 수 없었다. 그리고 끊임없이 올라오는 욕구를 지성이나 이성으로 도저히 제어할 수 없었다. 종교와 도덕은 너무도 낡은 유물이었다. 사람들은 자신의 욕구로 약육강식하며 정글 속에서 살아가는 맹수와 같았다. 욕구만 있는 것이 아니라, 싸움에서 좌절하고 분노하는 감정들까지 뒤범벅되면서 점점 흙탕물 같은 사회가 됐다.

사실주의와 자연주의 글로 한두 번은 고발할 수 있지만, 더 이상 그러한 글도 먹히지 않는 무감각한 사회가 됐다. 달콤한 낭만은 이미 맛을 잃은 지 오래였다. 이러한 흙탕물 감정에서 탈출할 수 있는 좀 더 새로운 문예사조가 필요했다. 그래서 탄생된 것이 현대, 즉 아방가르드라는 문예사조였다. 문학에서는 보들레르Charles Pierre Baudelaire(1821~1867)가 첫 문을 열었다. 그는 어린 시절부터 상처를 안고 살았다. 그는 방탕하며 방황하는 삶을 살았다. 기존의 것을 뒤집고 반도덕적 가치로 반항적인 삶을 살았다. 이런 가운데 출간한 〈악의 꽃〉은 반도덕성으로 처벌됐다.

사람들은 자기 속에 우울, 권태와 좌절이 있으면서도 이를 직면하지 않고 허상과 환상을 쫓으며 살아갔다. 위선이고 거짓이었다. 그는 이를 고발하며 솔직하고 대담하게 인간의 어둠과 고통을 들여다보고 거짓된 희망보다 진실된 죽음을 바라보았다. 이러한 솔직한 그의 고백이 오히려 사람들에게 공감을 주었다. 글은 더 이상 거짓의 허상을 붙들어서는 안 된다. 인간의 솔직한 것을 보여줄 수 있어야 했다. 그래서 그는 있는 그대로의 아프고 어두운 이야기를 쓴 것이었다.

그러나 그의 시는 여기에서 끝나지 않았다. 그는 보이는 모든 것을 해체하면서 새로운 초월의 길을 열었다. 그것은 언어의 상징을 통해서였다. 그는 보이는 것만을 보지 않고 보이는 것들의 상응하는 보이지 않는 보편적인 초월의 세계로 시를 확장했다. 이것이 언어의 상징이었다. 언어는 단순한 표현의 도구가 아니었다. 언어가 주는 상상의 이미지를 통해 새로운 자유의 세계를 경험할 수 있었다. 그래서 그는 우울하고 어두운 세계를 뛰어넘어 무한의 세계로 해방될 수 있었다. 이것이 그의 시가

보인 현대성이었다.

보들레르가 열어놓은 길을 더욱 열정적으로 달려간 후배 시인들이 있었다. 로트레아몽과 랭보였다. 로트레아몽Comte de Lautreamont(1846~1870)에게 있어서 언어는 더 이상 기호나 지시물이 아니었고 육체와 에네르기와 현존이었다. 그는 언어를 통해 초현실의 세계를 열었다. 그의 시를 '경련적인 시의 선언 그 자체'로 본다. 그리고 그는 언어를 상상적인 것의 온갖 충동과 무의식의 온갖 힘을 해방하기 위해 과감히 사용한 것으로 평가받고 있다.

랭보Jean Nicolas Arthur Rimbaud(1854~1891)는 보들레르를 많이 닮았다. 그도 방랑, 방탕과 반항적인 삶을 살았다. 세상과 사람을 그대로 보지 않고 뒤집어 보면서 문명과 전통을 혐오하고 거부했다. 사람들이 찾는 환상의 허구성을 강조하며 문명도 환상이며 결국 자신과 세상의 진실인 지옥을 보게 된다고 했다. 그러나 인간의 거짓된 선과 행복보다 진실한 모습인 악과 불행이 낫다고 하며 이를 사랑했다. 그래서 그는 보이는 것에 프로메테우스의 불을 던져 거짓을 폭로하며 이를 소멸하려고 했다. 현실에 대한 혁명이었고 이를 통해 초현실에 더욱 가까이 가게 됐다. 그 역시 보들레르처럼 초월을 추구하였지만, 새로운 초월자체를 찾지는 않았다. 그것이 환상과 허구일 수 있기 때문에 거부했다. 단지 그는 타락한 세계와 고통의 인간을 받아들이며 이를 사랑하며 그 현존에서 자유하며 초월하려고 했다.

랭보의 동성애 친구인 베를렌Paul-Marie Verlaine(1844~1896)은 랭보와 정반대의 성격이었다. 랭보는 과격하고 모험을 즐기는 남성적인 성격이라면 베를렌은 연약하고 얌전한 여성적인 성격이었다. 시도 서로 대조적이었다. 랭보의 시는 열정으로 타오르다가 소진되는 경향이라면 베를렌은 상냥하면서 미묘한 아름다움이 있었다. 그는 극한적 어두움 속에서도 우아함을 잃지 않았다. 그는 랭보에 대한 질투와 분노로 그에게 총상을 입혀 관계가 끝나는 동시에 투옥됐다. 그리고 그는 가톨릭에 귀의하여 신앙의 힘으로 회복을 갈망했다. 그는 말년에 약물과 알콜 중독으로 고생하였으나 시인으로는 인정을 받았다. 특별히 그의 시 속에 있는 음악적인 아름다움과 영감으로 포레와 드뷔시의 음악에 영향을 주었다.

다른 상징주의 시인으로 말라르메Stephane Mallarme(1842년~1898)가 있다. 그는 앞의 시인들과 다소 다른 삶을 살았다. 그렇게 굴곡진 삶을 살지 않고 평범하고 반복적인 지루한 삶을 살았다. 그러나 그는 간접 경험을 통해 누구보다 깊고 넓은 세계를 경험하였고 이를 시로 표현했다. 그는 현실의 표현이나 암시가 아니라 현실의 비물질화로 시에게 접근했다. 보이는 것을 부정하고 무와 부재를 통해 전체적으로 존재하는 우주와 같은 세계의 길을 열었다. 그는 언어의 의미와 형식을 초월하여 우연과 혼돈을 통해 열리는 신비의 세계를 지향했다.

무의식의 문을 열다

프랑스라는 사회는 모순 투성이었다. 겉으로는 유지되어가는 것 같았으나 내용적으로는 길을 찾지 못해 방황하고 있었다. 그들은 현실에 갇혀 답답했다. 그래서 예술가들은 이러한 현실을 뛰어넘으려는 다양한 시도를 했다. 그러나 사실주의와 자연주의 소설들도 상징주의 시의 영향을 받아 초자연주의적인 환상소설과 무의식을 주제로 한 소설로 변하기 시작했다. 이성과 지성을 뛰어넘어 현실과 비현실의 망상이 교차되는 소설도 나왔고 프루스트 Marcel Proust(1871~1922)에 의해 본격적인 무의식 소설까지 나왔다. 정신분석치료에서 의식의 자유연상을 통해 무의식을 탐구하듯 그는 의식을 흐름으로 무의식의 진실을 찾는 소설을 썼다.

참혹한 1차 세계대전을 겪고 나서 이성 중심의 의식에 회의를 느끼며 현실을 부정하는 초현실주의가 본격적으로 출현했다. 현실의 모든 법을 뒤집는 무정부주의적 다다이즘과 초현실주의 문학과 예술이 등장하게 됐다. 이러한 프랑스의 문예사조는 결국 해체철학으로 이어졌다. 인간을 찾아 떠난 프랑스 문명의 여정이 여기까지 오게 된 것이었다.

인간의 의식에서 찾은 지성과 이성 그리고 감정이 답을 주지 못했기에 그들은 의식을 깨고 무의식으로 들어갔다. 의식이 해체되면서 자유함과 무한함을 느꼈지만, 그들은 여전히 현실에서 살아야 했다. 그것이 일시적인 탈출과 자유가 아닌 영구적인 새로운 초월의 세계이기를 바라면서 그들의 실험은 계속됐다. 이러한 시도는 문학, 미술, 음악과 철학 모든 분야에서 시도됐다. 누가 하라고 한 것도 아니었다. 누가 선언하거나 약속한 것도 아니었다. 그러나 그들은 약간의 시차를 두고 각기 다른 분야에서 같은 길을 가고 있었다.

그것은 인간이 발달해가는 길이었기에 모두가 같은 길을 가고 있었다. 인류가 가는 길이었다. 그 길을 가장 앞장서서 가고 있는 인류가 프랑스였다. 그 길의 가장 기초가 되는 것이 문학과 철학이기에 이에 대해서 더 설명을 해보려고 한다. 문학과 철학이 기초가 된다는 것은 공통적으로 인간의 언어를 사용하기 때문이다. 언어는 인간이 가장 친숙하게 이해할 수 있는 매개이기에 이를 설명하는데 가장 적절할 수 있다.

무의식과 초월이 미래 인간의 대안이 될 수 있을까?

보이는 세계가 문제는 많아도 감각적으로 실재한다는 것을 부정할 수 없다. 그런데 인간이 이러한 현실을 부정하고 또 다른 보이지 않는 세계를 찾는 것이 가능할 것인가? 과거 인간은 신을 통해 초월과 영원한 세계를 찾았지만, 그 세계가 너무 문제가 많아 중단했다. 그런데 인간이 다시 그 초월과 초현실의 세계를 찾으려고 했다. 그것은 인간의 의식과 이성 역시 신처럼 많은 문제와 아픔을 안겨주었기 때문이었다. 과거의 초월은 신이 준 것이었지만, 이제는 인간 스스로 찾아 나선 것이었다. 그렇다면 인간이 과연 보이지 않는 세계를 찾을 수 있을까? 그리고 이것이 가능할까? 착각이나 또 다른 환상이 아닐까? 이것이 제대로 되고 있는지 어떻게 확인하고 증명할 수 있을까? 이처럼 풀어야 할 문제들이 적지 않았다.

이는 지구가 곧 멸망할지도 모르니 다른 행성을 찾아 떠나는 SF영화와 비슷하다. 그들은 지구에서 더 이상 살 수 없으니 외계인이 살지도 모르는 미지의 우주를 향해 떠난 것이었다. 그러기 위해서는 많은 연구와 실험이 있어야 하고 실제 우주로 비행해야 한다. 달나라 정도가 아니라 태양계를 떠나 영화 '인터스텔라'에서처럼 블랙홀이나 웜홀까지 여행해야 한다. 이러한 여행과 실험이 현대의 예술과 철학이라고 볼 수 있다. 그리고 이러한 실험에 가장 첨단을 걷고 있는 과학을 배제해서는 안 된다. 인류의 운명이 달린 것이기에 모든 학문과 예술이 다 동원되어야 한다. 특히 가장 첨단을 달리는 과학, 예술과 철학을 만나야 한다. 학문의 융합이 필요한 것이다.

인간의 의식과 사회는 선악이라는 지성과 이성의 법으로 움직인다고 했다. 그런데 이것에서 많은 문제가 발생하였기에 인간은 이러한 법으로 이루어진 현실을 해체하려고 했다. 그렇게 되면 무슨 일이 일어나는가? 현실은 알고리즘에 의해 움직이는데, 이를 해체하면 과연 인간은 살아갈 수 있을까? 인간이 지금 강하게 의존하고 있는 알고리즘을 해체하고 얼마나 제대로 살아갈 수 있을까? 혼돈만 오고 인류는 이대로 멸망하는 것은 아닐까? 우리가 기대한 대로 정말 더 큰 세계가 열릴 수 있을까? 이러한 질문을 우리는 무수하게 하게 된다.

그런데 과학은 인간의 현실의 알고리즘을 깨면 더 큰 세계가 열린다고 한다. 자연과 인간의 사회는 이미 알고리즘만으로 움직일 수 없는 복잡성의 세계라고 했다. 그래서 인간의 알고리즘의 현실을 깨면 일시적인 혼돈은 오지만, 새로운 더 큰 질서가 올 수 있다고 한다. 이를 믿고 이를 시도해보자는 것이다.

이는 과학에서만 아니라 인류문명사에서도 무수하게 경험했던 일이었다. 인간은 역사를 통해 무수한 혼돈을 겪었고 이를 통해 성장하고 발달했다. 그래서 인간은 혼돈을 두려워해서는 안 된다. 예술가들이 깨고 부숨으로 새로운 아름다움을 찾아 발전한 것이 직관적으로 시도한 것이었지만, 사실은 그 배후에 과학이 숨어 있었다. 그러한 시도는 알고리즘의 법에서 복잡성의 법으로 진화하는 것이었다. 이러한 복잡성은 혼돈으로만 끝나지 않고 실재하는 고차원적 세계였다. 자연계와 사람의 몸과 뇌도 사실은 혼돈의 복잡성으로 움직이고 있었다. 인류의 문명은 선악의 알고리즘에 머물었을 때 망하였고 개방성을 통해 혼돈을 수용할 때 오히려 발전할 수 있었다. 수용하는 문명이란 합리성과 도덕성을 뛰어넘는 것을 의미한다. 혼돈을 수용할 수 있는 여유를 가질 때 문명이 발달하고 발전하였다. 이에 대해 앞서 여러 차례 설명했다.

자연과 사회는 통계로 움직인다. 복잡성도 인공지능도 통계로 움직인다. 통계는 알고리즘이 아니기에 때로는 혼돈을 일으키기도 한다. 그러나 다시 통계를 통해 가장 안정적인 상태를 찾는다. 그런데 이 통계를 넘어서는 법이 더 있다. 과학은 이러한 복잡성의 법도 깨어진다고 했다. 이것이 양자의 세계이다. 양자는 통계가 아닌 우연을 통해 복잡성으로 들어온다. 복잡성은 혼돈을 통해 알고리즘으로 들어온다. 그래서 혼돈과 우연은 더 큰 세계로 확장하는데 아주 중요하다. 그래서 새로운 세계로 확장하기를 갈망하는 예술가과 문학 작가들은 혼돈과 우연을 중요하게 생각하였다. 그들은 직관으로 그러한 시도를 하였지만, 그 배후에는 이처럼 과학이 있었던 것이었다. 그래서 예술가들의 직관은 고차정보였고 과학적이었다.

초월을 실험하는 초현실주의

상징주의와 초현실주의자들은 혼돈과 우연을 통해 새로운 세계로 확장되는 것을 경험했다. 그들은 과학자들이 한 실험을 그들의 세계에서 한 것이었다. 그들이 한 것은 결코 환상과 허구만은 아니었다. 이러한 실험이 현대의 해체철학에서도 일어났다. 과거의 철학은 중심 사상이 있었다. 이 사상은 알고리즘이 되어 다른 사상을 지배하고 종속시켜 철학의 발전을 막았다. 그래서 해체철학은 동일한 것을 찾는 사고를 거부했다. 동일성은 엔트로피의 안정을 준다. 그러나 다른 것은 혼돈을 가져온다. 그러나 혼돈은 잠시는 힘들지만, 이를 통해서 우리를 새로운 영토로 안내해준다. 이를 유목遊牧적 생각이라 한다. 동일한 것으로 한곳에 깊이 뿌리를 내리는 것이 아니라 옆으로 뿌리를 내며 퍼져나가듯이 생각을 하는 것이다. 이를 리좀rhizome 사고체계라고 했다. 이는 바로 앞서 말한 복잡성 사고이다.

무의식의 정보는 기계적으로 작동한다. 자기보존을 하기도 하고 해체도 하고 뛰어넘기도 한다. 정신분석학자인 가타리Pierre-Felix Guattari(1930~1992)는 이러한 무의식을 분열적 욕망기계라고 했다. 이 기계는 억압과 중독으로부터 탈출하여 유목의 자유함을 누리게 한다. 이를 통해 자신의 고원과 지도를 만들며 운동하고 확장하며 새로운 것을 생성한다. 때로는 우연의 돌연변이를 통해 새로운 생성을 생산한다. 이러한 생성은 동일한 다수에 의해서가 아니라, 비동일한 소수를 통해서 일어난다. 이 과정이 앞서 말한 복잡성과 양자 정보처리의 과정이고 이를 통해 생명체인 인간의 역사가 진화하고 발전했다. 우주도 이렇게 진화했다.

이것이 생명체와 우주를 움직이는 초월의 힘이었다. 이는 주름 운동처럼 접힘과 펼침을 통해 발달하고 진화했다. 이는 베르그송이 말한 잠재태와 현실태의 운동과 생성의 법이기도 했다. 창조적 진화의 법이고 힘이었다. 초현실 예술과 문학은 이처럼 생성운동을 통해 창조적 진화의 길을 열었다. 그리고 메시앙의 음악에서도 이러한 창조적 진화의 초월성과 우주의 진화를 만날 수 있었다. 초현실주의자들은 초현실의 세계가 허상과 도피가 아니라 실제 우주의 법과 만나며 인류가 가보지 못한 세계라는 것을 증명해주고 있었다. 이를 위해 그들은 과학자처럼 계속해서 새로운 초월을 실험하고 있고 이를 통해 인류를 그 세계로 인도하고 있었다.

5) 대중문화 속의 프랑스

대중문화와 삶

앞서 설명한 프랑스의 예술과 사상들은 사실 대중이 그렇게 쉽게 접근할 수 있는 내용은 아니다. 예술과 철학이 프랑스를 이해하고 설명하는데 중요하지만, 그들은 대중과 다르게 앞서 느끼고 생각하는 사람들에게서 나온 특별한 내용들이었다. 물론 그들도 프랑스인이었지만, 그들은 보통 사람들이 느끼거나 생각하지 못한 것까지 예민하게 느끼고 통찰할 수 있는 사람이었다. 그래서 그들의 작품과 삶을 통해 보통 프랑스인들이 잘 느끼지 못하는 부분까지 이해할 수 있었다. 그래서 그들은 선지자 같은 사람이었다. 일반 대중은 그들과 다소 다른 삶을 살았다.

그렇다면 일반 대중을 더 가까이 만날 수 있는 길은 없을까? 이를 위해서는 그들과 함께 살아보아야 한다. 그리고 일반 대중이 가까이하는 그들의 문화와 삶을 만나야 한다. 그래서 이번 글에서는 대중을 더 쉽게 만날 수 있는 그들의 문화에 관해 이야기해보려고 한다. 그렇다고 지금까지 다른 이야기가 대중과 거리가 있다는 뜻은 아니다. 그들이 한 이야기가 대중문화에 분명히 살아있을 것이다. 그래서 그들이 말한 것이 대중문화 속에 어떻게 나타나고 있는지를 찾아보려고 한다. 그리고 대중의 언어와 관점으로 그들을 다시 만나보는 것도 흥미로울 것이다.

여우 이야기 속의 프랑스인

먼저 대중들이 특별히 가까이하고 좋아하는 작가나 예술을 중심으로 그들의 문화와 예술을 살펴보려고 한다. 이를 위해서는 일반인이 가까이하는 우화나 민담 그리고 동화 등이 도움이 될 것이다. 프랑스인이 좋아하는 우화로 〈여우 이야기〉가 있다. 이는 11세기 이전에 전해 오던 이야기들을 12세기에 세 작가(피엘 드 생끄르, 크르와 앙 브리, 라샤르 드 리종)가 엮은 것이다. 왜 프랑스 사람들은 여우 이야기를 좋아할까? 이 이야기책에는 여러 동물이 나온다. 그런데 여우가 대부분 주인공이고 프랑스 사람들은 여우를 자신들과 동일시하면서 이야기를 듣는다.

다른 동물인 개, 곰, 늑대, 소, 호랑이 등은 비교적 단순한 의미를 갖는다. 그런데 여우는 그렇게 단순하지 않다. 아주 복잡한 다중적인 의미를 갖는다. 결국 프랑스 사람이 그렇다는 것이다. 그들은 벌써 오래전부터 자신들을 복잡한 사람으로 생각하며 살았다는 것이다. 그리고 여우는 그렇게 호감가는 동물이 아니다. 그럼에도 불구하고 그들은 여우와 자신들을 동일시했다. 그들이 사는 방식이 왜 여우여야 했을까? 그들은 과연 여우에게서 무엇을 배우고 동일시했을까?

여우는 첫째로 지혜롭다. 그런데 그런 지혜를 꾀라고 한다. 여우는 임기응변에 강하고, 요리조리 위기를 잘 빠져나가 살길을 찾아간다. 여우는 힘보다 꾀로 상대를 이긴다. 여우는 욕심이 많지만, 과욕은 부리지 않는다. 적당하게 채우고 빠진다. 결국 과욕을 부리던 늑대가 당하게 된다. 그리고 실리적이고 실용적이다. 도덕적이거나 이상적이지 않다. 그러나 이것을 잘 이용한다.

도덕적이고 이상적인 척하지만, 사실은 이런 데는 별 관심이 없다. 정상적이고 규칙적인 것을 잘 깬다. 불규칙적이고 뒤집는 생각을 잘 한다. 약하고 겁이 많아 잘 도망 다니지만, 때로는 꼭 필요하다면 호랑이 굴에 들어가는 용기도 있다. 그리고 쉽게 포기하지 않는다. 자기가 원하면 어떤 어려움이 있어도 반드시 얻고야 만다. 끈기가 있다. 여우 이야기는 이솝 우화처럼 어떠한 교훈을 주려고 하지 않는다. 그냥 그들의 삶을 투사하여 말하려고 할 뿐이다. 풍자와 지혜와 웃음을 주려고 하면서 그들은 무언가를 배운다. 이것이 여우가 주로 하는 모습이다.

여우는 이기적이고 남을 이용하고 자기 욕심을 채우기 위해 남을 위태롭게 하는 나쁜 면이 있다. 그래서 사람들은 여우를 그렇게 좋아하지 않는다. 그리고 여우는 아주 음침하다. 비밀이 많다. 겉과 속이 다르다. 이처럼 프랑스 사람은 은밀한 것이 많다. 겉에는 그럴듯하게 이야기하지만, 속으로는 어떤 생각을 하고 있는지 알 수 없을 때가 많다.

프랑스인은 이기적이고 자기 우선주의다. 물론 겉으로는 정의, 평화와 평등을 외치지만, 속은 그렇지 않다. 그들은 여우처럼 이중적이다. 그렇다면 그들은 여우같은 자신에 대해 어떻게 생각하고 있을까? 특별히 프랑스인은 자신의 이중성에 대해 어떻게 생각할까? 인간은 모두가 이중적이다. 프랑스인만 이중적인 것은 아니다. 그런데 보통 사람들은 이중적인 자신을 숨긴다. 겉으로 아닌척하며 속으로 그렇지 않은 것을 숨긴다. 자신의 바람직하지 않은 모습으로 숨기고 방어하는 것이 일반적인 사람의 모습이다. 그런데 프랑스인들은 조금 다르다. 그들은 비교적 자신이 이중적인 모습을 숨기지 않는다. 이것이 프랑스의 다른 점이라 생각된다.

보통 사람은 자신을 이상화하려고 한다. 그러나 프랑스인들은 그렇게까지 자신을 이상화하지 않는다. 비교적 자신에 대해 솔직하다. 자신들이 여우와 같다는 것을 숨기지 않고 솔직하게 인정한다. 여우는 착한 척해도 금방 들통이 난다. 아닌 척해도 금방 들킨다. 그래서 프랑스 사람은 비교적 솔직하다. 은밀하지만 자기들끼리는 다 터놓고 솔직하다. 그래서 이런 자신을 이해하는 사람들과 이야기하기를 좋아한다.

그렇다고 자신을 숨기거나 방어하지 않는 것은 아니다. 자신들을 합리화하기 위해 책을 많이 보고 유식해지려고 한다. 그래서 그들은 아주 지적이다. 그러나 지적으로 아주 깊은 것은 아니다. 자신을 방어하고 살아가는데 필요한 만큼 유식한 것이다. 그러나 이러한 방어가 그렇게 견고하지 않고 자신이 이러한 모습을 드러내는 것에 대해서 당당하다. 그래서 자신에 대한 것도 이중적이다. 자신에 대해 겉으로는 당당하고 자기를 사랑하는 것 같지만, 깊은 곳에서는 그렇지 않다. 자신을 여우와 동일시하는 것 속에는 자신을 자책하고 부끄러워하는 마음도 있다. 이러한 마음에서 자신을 여우로 투사하는 것이다. 이것이 자신을 당당하게 드러내는 것이기도 하지만 자신을 비하하는 표현일 수도 있다는 것이다. 이처럼 그들은 자신에 대해서도 이중적이다. 이러한 모습을 볼 수 있는 또 다른 이야기가 있다.

자신에 대해 이중적인 프랑스인

여우와 가장 비슷한 동물이 있는데 고양이이다. 구전 동화들을 모은 마더 구스 이야기책에 〈장화 신은 고양이〉라는 이야기가 나오는데, 그 고양이는 실제로 여우라고 했다. 고양이는 여우만큼은 아니나 술수에 뛰어나 다른 사람의 허영심을 이용하여 자기가 원하는 것을 이루는 동물로 나온다. 그런데 고양이는 여우에게 없는 마녀나 불륜의 상징이 되기도 한다. 고양이 울음소리가 상대를 조롱하는 불쾌한 소리로 묘사되기도 했다.

1730년대 니콜라 콩타라는 한 인쇄소 견습공이 전하는 〈생세브랭가의 고양이 대학살〉이란 이야기가 있다. 약간의 허구는 있지만, 실제로 일어난 일이라고 한다. 길드 인쇄소 견습생들은 주인에게 모욕과 학대를 받았는데, 주인은 그들에게 고양이도 안 먹는 상한 찌꺼기를 음식으로 주었다. 그래서 그들은 주인에게 분노를 표시하기 위해 주인의 부인이 아끼는 고양이 25마리를 잡아 모의재판을 하여 죽였다. 어떻게 보면 미리 보는 프랑스 대혁명인 것 같기도 하다. 이를 통해 인쇄공들은 자신들이 받았던 모욕을 주인과 부인에게 되돌려 주었고 그래서 그들은 기뻐했다고 했다.

그러나 고양이가 희생됐다. 나쁜 주인과 부인을 닮은 고양이라고 생각하여 고양이에게 죄를 물어 처형시킨 것이었다. 부르주아인 주인의 부인은 고양이를 자신의 분신처럼 사랑하였기에 견습공들은 고양이를 대신 정죄하고 처형한 것이었다. 이를 통해 그들이 가진 고양이에 대한 이중적인 태도를 볼 수 있다. 고양이를 사랑하면서도 미워하고 죽이는 그러한 이중적인 마음이었다. 그들은 아마도 여우에 대해서도 비슷한 마음을 가지고 있을 것이다.

자신들이 여우를 닮은 점을 자랑스러워하면서도 한편으로는 싫어한다. 이러한 이중적인 태도는 또 다른 문제를 야기한다. 이중적인 태도는 이중적인 것이 모순된다는 것을 알아도 여기에서 벗어나기 힘들다. 이러한 태도가 중독 회로를 형성하는 것이다. 대부분 우리의 관계가 힘들어도 끊지 못하는 것은 대상에 대해 이중적일 때 그렇다. 좋아하면서 미워하면 관계를 정리하기 어렵다. 그래서 모순되는 줄 알아도 그 회로를 반복하는 것이다.

프랑스인들에게는 이러한 반복 회로가 있다. 그들이 여우처럼 사는 것도 그들의 선택이라기보다는 그들의 이중성이 만드는 회로일 수 있는 것이다. 그들은 여우처럼 살아 어떠한 결과를 얻더라도, 자신에 대한 자책으로 인해 이를 만족하지 못하고 다시 여우같은 인생을 반복한다는 것이다. 자기를 사랑하지만, 한편으로는 자신을 좋아하고 사랑하지 않는다. 그러니 자신이 원하는 것을 채워도 이러한 자신을 사랑하지 않기에 다시 허기진다. 자기를 사랑하지 않으면 밑 빠진 독이 된다. 그래서 그들은 많은 것을 욕망하고 채워도 또 허기지는 것이다.

물론 프랑스인만큼 자신을 사랑하는 사람들도 드물다. 그들은 자신을 사랑하며 높은 자존감을 자랑한다. 자기에 대해 당당하다. 그러나 겉으로 이렇게 하는 것과 깊은 곳에서 자신을 진정 사랑하는 것과는 다르다. 이처럼 겉으로는 자신을 사랑하고 이기적인 것 같지만, 깊은 곳으로는 자신을 별로 좋아하지 않을 수 있다. 이것이 이중적인 자기에 대한 태도인 것이다.

그래서 그들은 더욱 이기적으로 되고 욕망도 끊이지 않는다. 그래서 그들은 다시 여우가 된다. 여우를 싫어하지만, 다시 여우가 되어야 하는 것이다. 그래서 그들의 여우 회로는 영원한 것이었다. 그리고 이러한 자신을 방어하기 위해 자존심을 더욱 내세운다. 그래서 그들은 이처럼 〈여우 이야기〉를 사랑하는 것이다. 여우 이야기는 그들의 영원회귀이기도 하다.

우화와 프랑스인

프랑스인들이 사랑하는 또 다른 우화가 있다. 17세기 라퐁텐Jean de La Fontaine(1621~1695)이라는 작가가 쓴 우화집이다. 라퐁텐은 프랑스 민족의 호메로스로까지 칭송받고 있는 작가이다. 우화는 동물, 식물, 추상적이고 신화적인 인물과 사람들이 등장하며 평범하고 단순한 이야기들로 되어있다. 그리고 어렵고 사상적인 개념이나 직접적인 교훈은 없다. 그리고 양식은 고전주의적이다. 쉬운 이야기라고 해서 일반 평민이나 어린이들만을 대상으로 하는 것은 아니다. 상당한 수준의 지식인이나 귀족들도 즐겨 읽는다.

우화는 겉으로는 부드럽고 전달하기에 용이하지만, 그 안에 있는 내용은 그렇게 단순하지 않다. 내용이 개방적이고 다의적인 해석이 가능하다. 창의적인 상상력을 필요로 한다. 그래서 우화의 이러한 역량을 이해하고 경험하면서 사람들은 즐거워하고 놀라게 된다. 이것이 다른 장르에서 볼 수 없는 우화의 힘이다. 프랑스 사람들이 우화를 즐기는 것은 그들이 우화를 닮았기 때문일 것이다. 앞서 말한 대로 그들은 겉으로는 부드럽다. 그렇게 심각한 것을 좋아하지 않는 것처럼 보인다. 그렇다고 그들은 결코 단순하지 않다. 그들의 속은 아주 복잡하고 다중적이다.

그들은 겉으로는 고전적인 형식이나 통제에 순응하는 것 같지만, 속은 자유롭고 무한한 상상을 즐긴다. 그래서 그들은 우화를 더욱 좋아하는 것이다. 그리고 라퐁텐의 우화는 시적이다. 산문보다 시적인 운문으로 되어있다. 이를 통해 전하고자 하는 것을 더욱 모호하고 은밀하게 전달할 수 있다. 프랑스 사람들은 모호하고 자신을 은폐하는 것을 좋아한다. 그래서 라퐁텐의 시적인 우화를 더욱 즐기는 것이다.

몰리에르와 프랑스

프랑스 사람들이 가장 좋아하는 작가가 있다. 바로 몰리에르 Moliere(1622~1673)이다. 프랑스인은 몰리에르를 국민작가로서 기억하고 있다. 프랑스인은 초등학교에서부터 고등학교까지 교과과정에 몰리에르 작품들을 계속해서 접하며 그의 작중 인물들과 같이 성장한다. 프랑스어를 '몰리에르 언어'라고 할 정도로 그는 프랑스인에게 특별한 존재이다. 그는 천재적이지만, 학생들에게 가르치기에는 이상적이거나 모범적인 사람은 아니다. 복잡한 연애에다 무수한 스캔들을 일으켰고 체제에 대해 반항적인 사람이었다. 그리고 그의 극중 인물도 기존질서에서 벗어나는 사람들이 많았다. 그는 대화보다 자기 고집에 빠져있었다. 병중이었음에도 공연을 끝내려고 고집을 피우다가 결국 공연 후 사망하고 말았다.

이렇게 비교육적인 요소가 많은 사람을 교과서를 통해 배우고 연극으로 실습한다는 것은 대단한 용기이다. 이것이 프랑스 교육의 힘일 것이다. 어떻게 프랑스는 그를 사랑하게 되었을까? 아마도 그것은 그가 이러한 단점에도 불구하고 그가 프랑스를 닮았기 때문일 것이다.

프랑스인들은 모범적이고 바른 것을 그렇게 좋아하지 않는다. 몰리에르는 그런 것들 속에 있는 위선을 끄집어내어 희극적으로 표현하고 그 악덕을 공격했다. 이러한 몰리에르에 대해 당시 기존 세력들은 심하게 반발하고 공격했다. 그리고 공연금지까지 하고 때로는 폭력으로 공격하기도 했다. 그래서 루이 14세가 개입하여 겨우 진정시키기도 했다. 당시는 프랑스 대혁명 전이었고 절대왕정과 통제가 극심했던 시절이었다. 그러한 권력과 질서의 상징이 루이 14세였다.

그런데 그런 왕궁에서 몰리에르 같은 작가가 반체제적인 공연을 하고 왕의 총애를 받았다는 것이 이해하기 어렵다. 그리고 프랑스는 대혁명 이후에도 여전히 중앙집권적이고 통제가 강한 편이었고 학교에서도 이러한 질서와 통제를 중요하게 여겼다. 그럼에도 몰리에르는 반체제 희곡작가로서 절대왕정에서도 살아남았고, 지금까지 국민작가로 존경받는 것은 어떻게 보면 모순적이기도 하다.

이러한 데는 몇 가지 이유가 있다. 루이 14세는 자신에게만 도전하지 않는다면 귀족과 종교인들을 공격하는 것을 허용했다. 그래야 더욱 절대왕정이 유지될 수 있기 때문이었다. 그래서 몰리에르가 귀족과 종교인의 위선을 고발하는 것을 허용했을 것이다. 그리고 자신도 너무 많은 억압과 긴장 가운데 있었기에 이러한 희극과 고발을 통해 스트레스를 풀 수 있었을 것이다.

우리는 이러한 희곡을 보면서 자신 속에 있는 위선을 벌하는 것도 있지만, 대부분 다른 사람에게 투사하는 것으로 만족한다. 프랑스인 속에 가장 많은 것이 위선이고 또 그들이 가장 싫어하는 것도 위선이기에 사람들은 이를 희극적으로 보며 투사함으로 쾌감을 느끼는 것이다. 프랑스인은 겉으로는 자유 의식이 강해 보이지만, 그들 무의식에는 억압과 통제가 깊이 뿌리내리고 있다. 그래서 여기에서 해방되고 싶어 이러한 반체제적인 연극에 자신을 투사해서 즐기는 것이다. 몰리에르는 이처럼 프랑스인의 마음을 대신 표현해주고 해방해주기에 그를 그렇게 좋아하는 것이다.

생각하는 갈대

프랑스 사람들이 사랑하고 자주 듣는 말 중에 파스칼Blaise Pascal(1623~1662)의 '생각하는 갈대'라는 말이 있다. 이는 프랑스 사람의 특징을 말하는 또 다른 표현이라고 생각된다. 파스칼은 기본적으로는 대단한 과학자이다. 그러나 그는 보이는 과학에만 머물지 않고 자신 생각을 확장해 인간과 삶 그리고 우주와 신에게까지 이르렀다. 물론 당시 과학으로 이러한 세계를 규명할 수는 없었지만, 적어도 과학적인 사고를 통해 그러한 세계를 상상하고 표현했다. 인간은 우주 속에서 아주 작은 존재이지만, 적어도 생각으로는 우주와 신에게까지 이를 수 있는 위대한 존재임을 스스로 보여주었다.

그러나 그는 인간은 한편으로는 우주 속에 작은 점보다 작은 원자와 같은 존재라고 했다. 그래서 인간을 이중적인 존재로 본 것이었다. 인간은 생각을 통해 우주와 신에게까지 이르는 위대한 존재이지만, 한편으로는 먼지보다 작고 무익한 존재라는 것이다. 이를 상징적으로 표현한 것이 '생각하는 갈대'인 것이다.

프랑스인들이 추구하는 세계는 아주 위대하고 원대했다. 그들은 인류가 갈 길을 준비하고 인도할 만큼 위대한 이야기를 꿈꾸고 실천했다. 그들이 추구한 자유, 평등, 박애 그리고 솔리다리테(연대), 톨레랑스(관용), 라이시테(정교분리)는 인류의 고상한 이상이 되기에 충분했다. 그리고 프랑스 대혁명과 그 이후의 그들이 이룬 예술, 학문과 문화 등은 전세계인이 우러러보기에 부족함이 없을 만큼 자랑스러운 것이었다.

그러나 한편으로는 프랑스인들은 이를 감당할 만큼 충분히 강하거나 위대하지 못했다. 연약하고 힘들어하고 아픈 사람들이었다. 그래서 그들은 자신에 대한 극단적인 이미지와 정체성을 가지고 있다. 이것을 우리는 프랑스의 이중성이라고 했다. 그들의 모순이기도 했고 그들의 솔직한 인간적인 모습이었다. 그들은 이를 애써 방어하고 거부하려고 하지 않았다. 자신들을 생각하는 갈대로 인정한 것이었다. 그리고 자신을 여우와 고양이로 인정했다. 그래서 그들은 몰리에르의 풍자적인 희극에 대해 그렇게 열광했다. 그것이 자신의 모습이기에 이를 인정하며 이를 미워하기도 하고 사랑하기도 하고 자랑스러워했다. 이것이 인간이었다. 이처럼 그들은 인간이기를 두려워하지 않았다.

한편으로는 사르트르Jean-Paul Sartre(1905~1980)처럼 인간의 연약함을 인정하지 않고 실존과 싸워나가려고 하고 한편으로는 카뮈Albert Camus(1913~1960)의 〈시지프 신화〉처럼 세상과 자신들의 부조리와 모순을 인정하며 뛰어넘으려고 노력했다. 이것이 로댕Francois-Auguste-Rene Rodin(1840~1917)의 〈생각하는 사람〉이었다. 위대한 생각하는 사람이지만, 그는 헐벗어 있었다. 이것이 그들이 찾은 자신의 모습이었다. 그들은 이에 굴하지 않고 이를 인정하며 넘어설 수 있는 길을 끊임없이 찾아가고 있었다.

그들의 대중문화에도 이러한 정신이 담겨 있다. 그들의 대중문화는 철저하게 세속적이다. 그러나 그들은 세속적인 욕망을 추구하였지만, 그것만으로 끝나지 않았다. 그들의 대중음악인 샹송에서는 그들의 이야기를 담았다. 자신들의 이야기를 노래하며 같이 웃고 우는 음악을 만들었다. 그들은 음악만이 아니라 음유시인으로 항상 자신들의 이야기를 하며 서로 공감을 나누고 이를 통해 연대했다. 그리고 노래에 세상의 잘못된 것을 풍자하고 저항하는 정신을 담기도 했다.

그들이 패션, 향수와 음식 등을 통해 세속적인 욕망을 표현하였지만, 세속만을 위한 것이 아니라 그 속에 예술의 혼과 상업성을 담아 세계인들이 즐기는 명품이 되게 했다. 정부는 이를 잘 관리하고 통제하는 시스템을 만들어 국민경제에 도움이 되게 했다. 그들은 자신의 모순적인 단점인 이중성이 한쪽으로 치우치지 않도록 잘 균형을 잡아, 이를 자신에게 유익하게 활용하는 특별한 능력이 있었다. 어떻게 보면 이것이 여우와 같은 지혜와 능력일지도 모른다. 그들은 자신의 문제에 빠져 좌절하지도 않고 또 자신의 모순과 문제를 거부하지도 않고 이를 이해하고 인정하면서도 이를 인간의 한 모습으로 승화시켜나갔다. 이것이 세계인들이 프랑스를 사랑하는 이유였다. 그들이 대단해서가 아니라 있는 그대로 자신을 인정하며 뛰어넘으려는 그들의 모습에 감동했다.

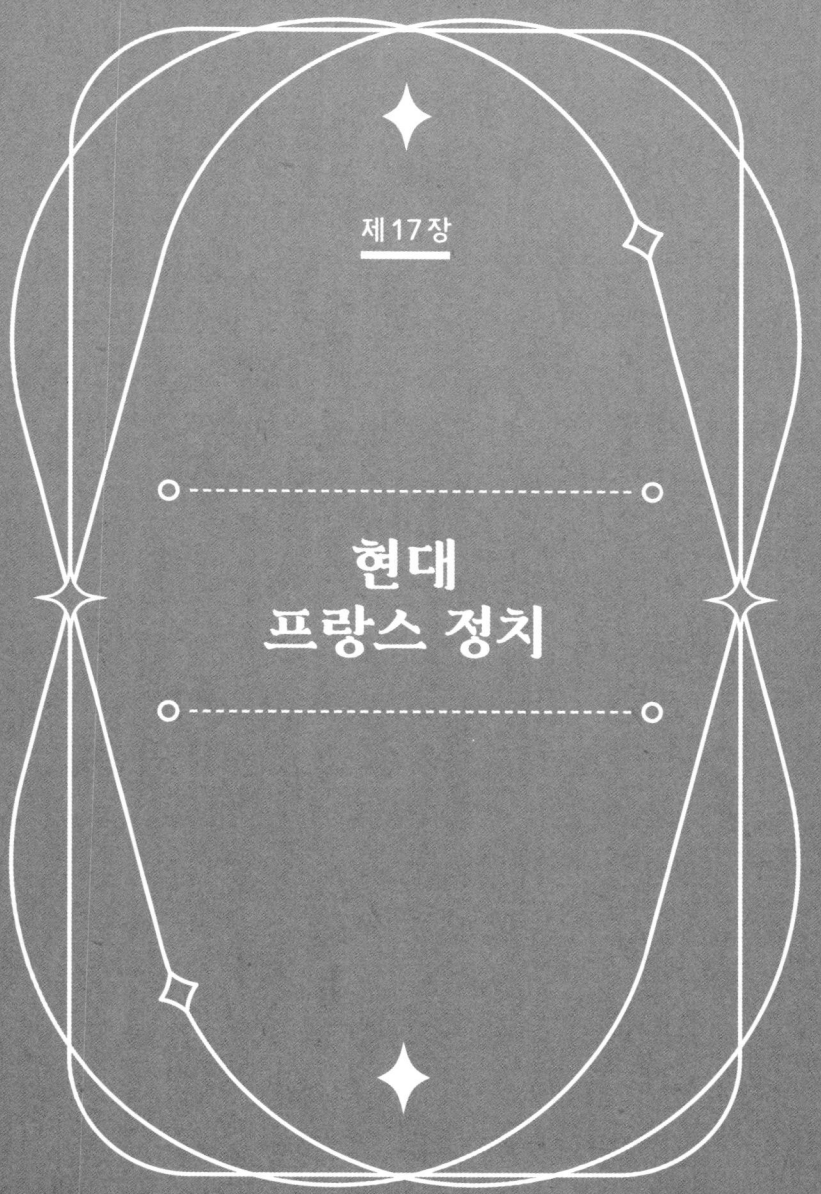

제17장

현대
프랑스 정치

그들은 예전의 프랑스가 아니었다

현대 프랑스는 2차 대전 이후를 말한다. 그 이후의 정치를 이해하기 위해서는 2차 대전을 간단히 정리하고 가야 한다. 프랑스인은 1차 대전에 대한 트라우마가 특별히 크지만, 2차 대전에 대해서도 그러했다. 그러나 트라우마의 내용은 달랐다. 1차 대전에서 프랑스는 승전국이 되었지만, 너무도 큰 희생이 있었다. 너무도 많은 젊은이를 잃은 것이었다. 그들은 자신들을 반성하고 뒤돌아보기보다는 전쟁의 트라우마를 잊고 싶었다. 그래서 망각과 도피의 사회적 분위기에 빠졌다. 국민은 이러한 욕구의 분출을 위해 좌파 정부를 필요로 했다. 그들은 전쟁에 대한 트라우마가 너무 커서 누구도 전쟁에 대한 이야기를 하기 싫어했고 그래서 다시 전쟁을 준비하자는 이야기를 누구도 꺼내기 어려웠다.

그러다가 2차 대전이 일어났다. 그들은 전쟁을 제대로 준비할 수 없었고 하고 싶은 마음도 없었다. 그래서 갑자기 밀어닥친 독일군에게 속수무책으로 당하면서 항복하고 말았다. 그리고 많은 프랑스 군인들은 포로가 되어 독일군 포로수용소로 끌려갔다. 지금까지 프랑스가 무수한 전쟁을 치렀지만, 2차 대전처럼 무력하게 물러선 적은 없었다. 더욱이 독일에 협조적인 정부까지 세우는 등, 자존심이 강한 프랑스로서는 생각할 수 없는 치욕을 겪었다.

그렇지만 프랑스는 항상 다면적인 성향을 지닌다. 한쪽으로만 치우치지 않았다. 이런가 하면 저런 것이 있는 것이 프랑스이다. 이중성이 강하고 다원적인 것이 그들의 모습이었다. 전체적으로는 그들이 물러섰지만, 그들은 다시 힘을 모아 저항했다. 드골 장군을 중심으로 영국에서 '자유 프랑스' 운동을 전개했다. 프랑스에 남아있는 시민들의 저항운동 즉 레지스탕스를 격려했다. 그래서 레지스탕스가 결성되고 전쟁에 적지 않은 도움을 주었다. 그리고 노르망디 상륙작전 이후 군대도 결성하여 연합군의 일원으로 독일과 전쟁을 벌여 결과적으로는 승전국이 됐다. 그러나 프랑스는 웃지 못했다.

전후 프랑스를 재건하는데 '자유 프랑스'와 '레지스탕스 전국위원회'가 중심이 되어 국가를 통합하였지만, 재건 과정은 순탄하지 않았다. 먼저 대독 협력자를 처벌하기가 쉽지 않았다. 자신들이 이미 피고였기 때문에 엄밀하게 죄인을 구별하여 처형하기가 쉽지 않았다.

편의에 따라 바꾸는 좌와 우

프랑스인이 정치에 영향을 주는 가장 큰 요인은 그들 속에 깊이 뿌리 내리고 있는 억압과 통제이다. 그들은 오랫동안 절대 권력에 의해 통제를 받아왔기에 이러한 정치에 익숙했다. 그래서 그들은 기본적으로 우파정권에 우호적이었다. 그렇다고 우파 일색은 결코 아니다. 그 어느 나라보다 좌파적 성향이 강하다. 이는 프랑스 대혁명의 유전자가 그들에게 있어서이다. 프랑스 대혁명은 정치적인 사건이었지만, 사실은 경제적인 이유에서 시작된 것이었다. 절대왕권에 대한 저항보다는 경제문제에 대한 반발이었다. 그러다가 왕권까지 무너진 것이었다.

그래서 그들은 기본적으로 억압과 통제에 익숙하였지만, 우파정권이 경제를 잘 해결하지 못하면 격렬하게 저항했다. 그리고 좌파가 이를 공격했다. 그래서 백성도 좌파 성향을 가지게 됐다. 그리고 자신들도 억압하고 통제하며 사는 것이 피곤하고 힘들다는 것을 알았기에 우파를 싫어했다.

그리고 그들의 정치에 영향을 주는 또 하나의 힘은 그들의 신분 상승 욕구였다. 신분 상승을 위해서는 경제력이 가장 중요했다. 그들은 전체적인 경제발전을 위해서는 우파정치를 지지하였지만, 경제 분배를 위해서는 좌파가 필요했다. 그래서 그들은 교대로 우파와 좌파를 선택했다. 즉 경제가 어렵고 발전이 필요할 때는 우파를, 경제가 여유가 있어 분배가 필요할 때는 좌파를 선택했다. 프랑스 제3 공화국이 출범한 1870년부터 1차 대전이 발발하기 전까지 프랑스는 대체로 우파적인 정권이 우세하였고 그 덕분에 경제적인 발전과 대외적으로 황금기를 누렸다. 그래서 그 시절을 '벨 에포크'로 불리기도 했다.

그러다가 1차 대전을 겪고 나서 백성들은 더 이상 열심히 일하며 긴장하고 싶지 않았다. 하루빨리 잔혹한 전쟁을 잊고 싶어 그들은 세속적인 즐거움으로 도피했다. 이러할 때는 좌파가 도움이 됐다. 그래서 그 이후부터는 점차 좌파적 성향이 강한 정권이 집권하다가 2차 대전을 맞았다.

그래서 그들은 2차 대전에서 프랑스가 너무 무력한 것은 좌파정권의 해이한 정책 때문으로 생각했다. 독일이 1차 대전의 패전 속에서 다시 발전하여 프랑스를 침공한 것도 강력한 극우파 파쇼정권이 들어섰기 때문이었다. 그래서 프랑스 사람들은 프랑스가 다시 강해지기 위해서는 우파정권이 필요하다고 생각했다. 그러나 독일에 점령당한 프랑스로서는 거의 불가능한 일이었다. 그런데 놀라운 일이 생겼다. 독일이 북부 프랑스를 점령한 후 프랑스를 모두 무력으로 지배하기는 어려웠다. 그들은 영국과 미국이 언제 공격할지 모르기에 프랑스 북부와 대서양 연안의 서부지역에 전력을 집중적으로 배치했다. 그래서 남동부 프랑스는 저항하지 않는다면 친독일의 자치 정부를 세우고 독일군을 최소한만 배치하려고 했다.

그런데 이러한 일이 성사됐다. 독일과 더 이상 전쟁하지 않으면서 남동부 프랑스는 프랑스 자치국이 될 수 있는 길이 열렸다. 그들은 1차 대전의 영웅인 페탱 장군을 수반으로 하는 비시 프랑스 정권을 수립했다. 그들은 극우파 정권이었다. 그리고 친 독일 정책을 펼쳤다. 그리고 대부분 비시 프랑스의 국민은 이 정권을 지지했다. 이를 통해 프랑스에는 아주 이상한 일이 일어났다. 영국에서는 드골을 중심으로 자유 프랑스를 결성하고 독일에 저항할 것을 외치고 한편에서는 프랑스가 반쪽이라도 살기 위해서는 어쩔 수 없이 독일에 협력하고 있었다. 그리고 독일에 점령당한 북서부 프랑스인은 무감각하고 무기력했다. 독일에 반발하지 않으면 기본 생활권은 보장되었기 때문에 그들은 조용했다.

무감각하고 무기력해진 프랑스

이러한 프랑스를 어떻게 이해해야 할까? 과거 100년 전쟁 때 프랑스를 지켜낸 애국심과 절대왕정과 나폴레옹 시절의 강력한 국가관과는 너무도 다른 모습이었다. 그들이 자랑스러워하고 자부심을 느끼는 프랑스라는 정체성은 어디로 간 것이었을까? 전체는 없어지고 개인의 안일한 삶이 전부인 것처럼 보였다. 국가가 어떻게 되든 내가 안전하고 평안하면 된다는 극단적 개인주의가 팽대한 것이었다. 자신이 희생하더라도 국가의 독립성을 지켜야 한다는 애국심을 찾아보기 어려웠다. 프랑스가 이렇게 해체되는 것이었을까? 그들은 자신의 정부가 독일이든 프랑스이든 자신의 땅에서 전쟁만 안 일어나면 된다는 평화주의자들이었다.

그들은 인간을 우선으로 했다. 인간이 아닌 그 무엇도 배격하며 살아왔다. 그들은 인간을 억압하는 종교와 왕정도 허물어뜨렸고 인간에게 도움이 된다고 생각한 이상과 이념도 이것이 인간을 억압할 때는 그것을 과감하게 버릴 수 있었다. 그리고 그들은 항상 인간을 먼저 찾았다.

그런데 그들은 새로운 도전을 맞게 되었다. 그것은 국가라는 것이었다. 그러나 이 국가는 그들이 주인이 되어서 세운 자유민주주의 국가였다. 자기가 주인이니 최소한 국가는 자신을 사랑하고 지키듯이 지켜야 했다. 그러나 국가가 그들에게 너무도 많은 희생을 요구했다. 그것이 1차 대전이었다. 그래서 그들은 국가에 대해서도 다시 생각하게 되는 도전을 맞게 된 것이었다.

국가가 과연 얼마나 필요한가? 국가도 허물어야 하는 가상과 이념의 존재인가? 국가로 인해 인간이 억압되고 죽는다면 국가도 허물 수 있는 것이 아닐까? 이는 무정부주의자들의 주장이기도 하다. 정부와 국가보다 개인이라는 인간이 더 중요하기에 이를 허물어야 한다는 것이었다. 프랑스인들은 마치 무정부주의자들처럼 국가를 버린 것이었을까? 그리고 개인이라는 인간을 선택한 것이었을까? 그들은 이러한 실험까지도 과감하게 해본 것이었을까? 그들은 더 이상 국가를 위해 희생하기를 거부하고 개인의 평화와 안전을 먼저 추구했다. 이것이 그들이 2차 대전에서 택한 가치였다. 그렇다고 그들은 뼈 속 깊이 무정부주의자들은 아니었다. 그들의 깊은 곳은 여전히 통제와 질서라는 국가관이 깊이 뿌리내리고 있었지만, 이에 대해 너무 지치고 힘든 희생을 당했기에 그들이 무정부주의자처럼 반란을 일으킨 것이었다.

이러한 그들의 선택에 대해서 그 누구도 뭐라고 비판하기 어렵다. 그들을 인간적으로 충분히 이해할 수 있고 또 그들은 이렇게 인간을 실험하며 살아왔기에 그들은 이제 국가까지도 허무는 실험을 해보는 것으로 이해해볼 수도 있다. 누구도 뭐가 옳고 틀리다라고 말하기 쉽지 않다.

그저 이러한 그들의 선택과 실험을 담담히 지켜볼 뿐이다.

그렇지만 그들은 분명히 변했다. 과거의 그들이 아니었다. 1차 대전 때의 그들이 아니었다. 그때 수많은 젊은이가 국가를 위해 희생하였는데, 그 동료들과 후손들은 전쟁만 막을 수 있다면 어떠한 비용도 감수하겠다는 그러한 태도였다. 물론 개인적으로는 이해할 수 있다. 누가 전쟁과 희생을 반기겠는가? 그러나 국가라는 전체성과 역사성을 중요하게 생각하는 사람들에게는 슬픈 이야기가 아닐 수 없다. 그러나 이러한 프랑스를 바로 잡아 국가를 지키겠다는 지도자 그룹이 나오지 않았다. 드골이 유일한 사람이었다. 자신을 보존하기 위해 누구도 쓴소리를 하지 못했다. 그리고 이런 이야기를 들으려고 하지 않았다. 이를 그들이 도덕적으로 너무 이완되었다고 비판할 수 있을까? 가치관에 따라 비판할 수도 있겠지만, 그들은 무슨 비판을 듣더라도 자신의 선택과 실험을 소중히 여기며 자신들의 길을 갔다. 한편으로는 그들의 용기가 대단해보인다. 너무도 다중적인 그들의 모습을 여실히 보게 된다.

좌와 우로 분열된 프랑스

그리고 또 하나의 문제는 프랑스가 좌와 우로 분열된 것이었다. 프랑스 대혁명 이후 좌와 우가 돌아가면서 정권을 잡으며 그들의 이념과 사고 구조도 이분화됐다. 그들의 이중성이 중첩되지 않고 분열된 것이었다. 그들을 심층구조로 보면 속은 우이지만 겉은 좌였다. 즉 속으로는 억압과 통제가 많으면서 이에 대한 반발로 겉으로는 자유를 추구했다. 이것이 그들을 강하게 지배하고 있는 이중성이었다. 그리고 그들은 필요에 따라 우가 되기도 했고 좌가 되기도 했다. 그러나 이중성이라도 중첩과 균형을 잡으면 큰 문제가 없었다. 그런데 세월이 지나면서 좌와 우의 균형보다 편향성으로 치우치게 됐다. 이중성은 모두에게 있었지만, 겉으로 나타나는 좌우의 편향성이 강했고 이로 인해 서로가 분열됐다.

우익성향은 속에서 일어나는 좌익성향에 대한 두려움과 반발로 생겼고, 좌익성향은 속에서 지나친 억압과 통제에 대한 반발로 생긴 것이었다. 다 같은 프랑스인의 심층구조에서 약간의 차이에 의해 극단적인 좌우의 이념으로 변한 것이었다. 이는 복잡성 혼돈이론에서 나비의 작은 날갯짓이 나중에 큰 태풍을 만든다는 것과 유사하다.

그래서 프랑스는 좌우의 이념 분쟁으로 전체를 생각하지 못하고 독일에게 무참하게 붕괴됐다. 이는 조선 시대에 당파로 임진왜란과 병자호란을 겪은 것과 같은 것이었다. 그리고 스페인이 내란을 겪은 것과 같은 내용이었다. 물론 프랑스는 스페인처럼 서로 총을 겨누고 심하게 내전을 벌인 정도는 아니었다. 그러나 그들에게도 내전이 없었던 것은 아니었다. 그들은 독일이 점령 가운데서도 좌우의 싸움이 끊이지 않았다. 그들의 좌우 갈등은 비시정권과 레지스탕스와의 싸움이었다. 이것이 그들의 내전과 같은 것이었다.

사실 프랑스 레지스탕스는 대부분 남부 비시 정권을 상대로 하고 있었고 대부분 좌익이었다. 그리고 레지스탕스를 소탕한 것은 독일인이 아니라 비시 정권의 군사들이었다. 결국, 프랑스 사람끼리 싸운 것이었다. 그래서 내전이었다고 말할 수 있었다. 결국 좌우의 싸움이지 프랑스와 독일의 싸움은 아니었다. 그들은 좌우 싸움이 중요했지 독일과 프랑스가 그렇게 중요한 이슈는 아니었다.

물론 모든 레지스탕스가 그렇다는 것은 아니다. 그들 중에는 프랑스를 위해 독일군과 열심히 싸운 레지스탕스도 있었다. 그러나 독일군에 저항하면 몇십 배로 죄 없는 주민이 학살되기에 독일군에 직접 저항하기 어려웠다. 그리고 무력으로 독일군을 상대할 수도 없었다. 그래서 저항군들은 연합군에게 정보를 제공하는 일을 주로 했다.

물론 그들이 겉으로 이념 분쟁을 했다고 생각한 것은 아니었다. 겉으로는 모두 프랑스를 위한 선택으로 생각했지만, 내용으로 보면 결국 좌우의 싸움이었다. 프랑스가 해방된 다음 생긴 문제들도 이러한 연장으로 보아야 한다. 그래서 비시 정권의 독일 협력자를 처형하는 문제에서도 적극적일 수 없었다. 그들의 이념은 친독과 반독보다 좌와 우였기 때문에 누구도 반독의 입장에서 친독을 심판하기가 어려웠던 것이었다. 그렇다고 좌는 반독이고 우는 친독이라고 할 수도 없었다.

변하지 않은 전후 공화국 (제4 공화국)

그리고 그들이 해방 후(사실 연합군이 프랑스를 해방시켰지 엄밀한 의미에서 그들의 승전이라고 말하기는 어렵다.) 세운 제4 공화국이 다시 문제가 됐다. 프랑스 국민은 과거 약한 정부로 인해 2차 대전이 왔다고 생각했기 때문에 드골 Charles Andre Joseph Marie de Gaulle(1890~1970)이 제안한 강력한 정부를 지지했다. 즉 우파정권을 원한 것이었다. 그러나 비시 정권의 우파 성향에 대한 비판과 레지스탕스를 주도한 좌파들이 의회를 장악하면서 강력한 우파정권이 세워질 수 없었다. 결국, 제3 공화국과 비슷한 현상이 일어났다. 제4 공화국 동안(1947~1958) 24번이나 대통령과 내각이 바뀌었다.

전쟁 후도 과거의 제3 공화국과 별 다를 바 없었다. 정치적 혼란은 계속되었고 미국의 원조에도 인플레이션과 경제적 불평등이 일어나 경제적으로도 어려워졌다. 그리고 베트남 식민지에서의 패배, 알제리의 독립투쟁, 수에즈 운하에서의 외교적 실패 등으로 외교적으로도 힘을 잃어가고 있었다. 대신 미국이 세계와 유럽을 주도하고 있었다. 프랑스로서는 자존심이 무척 상하는 일이었다. 그럼에도 긍정적인 면이 있었다면, 그렇게 어려운 가운데서도 그들은 경제적으로 발전하여 1945년에서 1975년까지를 영광의 30년이라고 부를 정도로 그들은 미래를 향해 착실하게 기초를 닦았다.

강한 프랑스를 외친 드골(제5 공화국)

그러다가 드골이 주도하는 제5 공화국(1958~1968)이 시작됐다. 드골은 제4 공화국 때부터 강력한 정부와 프랑스를 주창하며 자신이 주권을 잡으려고 하였지만, 의회의 반대로 실패하다가 거의 10년 만에 정권을 잡았다. 그는 다시 미국과 소련의 패권 다툼에서 프랑스만의 길을 가기 위해 강한 프랑스를 회복해야 한다고 했으며 이를 위해서는 강한 정부와 대통령이 필요하다고 역설하여 국민의 지지를 얻었다. 프랑스가 강해지기 위해서는 우파의 길을 갈 수밖에 없었다. 그가 주장한 드골주의가 프랑스 모두를 대변하는 것은 아니지만, 프랑스의 독특한 한 면을 드러내는 것이기에 한번 짚고 넘어가려고 한다.

그는 프랑스가 2차 대전 이후 개인주의로 흩어지고 있을 때 영국에서 '자유 프랑스'를 결성하여 프랑스의 임시정부와 같은 구심점 역할을 했다. 그리고 독일에 대한 저항과 투쟁을 격려했다. 이러한 점을 볼 때 그는 분명 애국자라고 할 수 있었다. 그러나 그는 현실을 직시하기보다는 프랑스라는 환상적 자존심에 빠져있었던 것 같았다. 프랑스의 현실은 사실 비참했다. 그들은 프랑스라는 국가보다는 개인주의가 앞서 있었고 국가에 관심 있는 사람들은 서로 좌우익으로 나누어 싸우고 있었다. 그리고 스스로 해방할 힘이 없어 영국과 미국의 도움을 바라보아야 했다. 그는 무조건 독일과의 투쟁만을 주장하였지 스스로 헤쳐나갈 실제 힘과 전략이 없었다. 영국과 미국에 의존하는 길밖에 없었다.

그러나 그는 실질적으로 도와줄 수 있는 영국과 미국과 좋은 관계를 유지하지 못하고 자기주장과 고집만을 내세웠다. 자신들이 어려울 때도 비굴하지 않고 당당한 것이 프랑스적이고 그들의 자존심이라고 오히려 이를 자랑스럽게 생각할지 모른다. 이것이 프랑스의 한 단면이기도 하다. 그들에게는 프랑스라는 하나의 환상과 허상이 있다. "우리는 프랑스이다. 우리는 너희들과 다르다"라는 이스라엘로 치면 선민의식 같은 우월감과 과잉된 자존심이 있는 것이다. 이를 자신감이라고 해도 좋을 것이다.

물론 과거에는 그럴지도 모른다. 프랑스 대혁명으로 민주의의의 가치를 실현했고 그 이후 모든 면에서 유럽을 선도한 나라였다. 모든 것이 파리가 중심이었다. 파리가 과거 로마였다. 그들은 이를 자랑스러워했고 자만했다. 그러다가 그들이 패망했다. 그러나 그들은 망해도 자신이 부잣집 자손이라는 자존심이 있었다. 망해도 우리는 족보가 있고 너희들과 다르다는 의식이 있었던 것이었다. 물론 이런 자신감과 자존감은 필요하나 엄연한 현실을 냉정하게 받아들일 필요는 있었다.

허상으로의 도피

드골은 자신을 직시하고 인정하는 자세가 부족했다. 그리고 프랑스라는 허상으로 방어하고 도피했다. 거짓된 자존감으로 포장될 위험이 있었다. 이것이 드골만의 문제는 아니었다. 프랑스인의 한 단면으로도 볼 수 있다. 모든 프랑스인이 그렇다는 것은 아니지만, 프랑스인들은 자신을 솔직하게 인정하는 면이 부족한 것은 사실이다. 물론 다른 면으로 솔직한 면은 있다. 그들이 풍자와 희극 등을 통해 자신의 문제를 간접적으로는 인정하고 투사하지만, 직접적으로 자신들을 바로 보고 인정하는 힘은 부족하다. 그래서 그들의 문제가 19세기부터 계속되었는데도 누구도 대담하게 자신을 스스로 비판하지 않았다.

스페인은 19세기 말과 20세기 초 가장 어려웠을 때, 스페인의 문제에 대해 노골적으로 비판하고 각성을 촉구한 작가들이 있었다. 자신의 조국을 누더기를 걸친 거지로, 척추가 없는 나라로 노골적으로 비판했다. 그들의 권력이 있었던 카스티야 때문에 망했었다고 했다. 그러나 프랑스는 은유와 상징과 문화적인 것으로 돌려서는 말하지만, 누구도 자신을 직접적으로 비판하지는 못했다. 다른 것은 쉽게 비판하지만, 자신을 진정으로 반성하며 스스로를 비판하는 것을 타부시했다.

프랑스에는 행동하는 지성인들이 많았다. 그 대표적인 작가가 에밀 졸라였고 전후에는 샤르트르가 그러했다. 그리고 다른 예술가들과 작가들이 잘못된 점을 비판하고 사회악에 대해 행동으로 경고한 경우가 많았다. 그래서 프랑스의 지성인과 예술인들의 용기에 대해 세계인이 존경하고 있다. 그러나 그러한 비판을 스스로에게는 하지 않았다. 스페인은 인재나 엘리트가 부족한 가운데서도 선지자 같은 지성인들과 예술가들이 적지 않았다. 그러나 프랑스에는 기라성 같은 지식인과 예술인들이 즐비한데도, 스페인의 그들처럼 자신을 향해 외치는 선지자는 보기 힘들었다.

이처럼 그들은 자신을 그대로 보려고 하지 않았다. 자신에 대한 엄격한 분석과 비판을 보기가 쉽지 않았다. 어떻게 보면 그들이 약해서 그렇다. 그들은 겉으로는 자신감이 있는 척하지만, 속으로는 아주 약하다. 자신감도 없고 두려움도 많다. 겉으로 있는 척하고 폼을 잡지만, 속은 정말 허약하고 없는 것이 그들의 실제 모습인지도 모른다. 직면하지 못하는 것은 그들이 거짓되다고 말하기 이전에 약하다는 것을 의미한다. 자신을 직면할 힘과 여유가 없다는 것이었다. 물론 프랑스에 자신을 비판하는 사람이 없다는 것은 아니다. 그러한 지성인과 예술인들도 적지 않지만, 이것이 하나로 모이지 않았다는 것이다. 개인의 생각으로 끝나는 아쉬움이 있고 자유, 평화와 박애처럼 그들을 하나로 만들고 깨우치는 정신으로 발전되지 못했다는 것이다. 그러한 외침의 중심에 서는 사람을 보기가 어려웠다.

　드골은 프랑스에게 솔직하게 직면하게 하기보다는 허상을 심어주려고 했다. 프랑스는 위대하다는 것이었다. 프랑스가 해방되었을 때 그는 미군을 이끌고 들어가 마치 자신들이 승리하여 해방시킨 것처럼 해프닝을 벌였다. 이를 미군도 알고 프랑스인들도 안다. 그들은 해방된 것은 기쁘지만 자신들을 기뻐할 수는 없었다. 부끄러워하고 자숙하며 앞으로 이를 반복하지 않기 위해 다른 길을 가야 했다. 그러나 그는 파리 시민들에게 프랑스는 위대하고 프랑스가 프랑스를 해방시켰다고 외치며 쇼를 한 것이었다. 부끄러운 일이었다. 물론 정치에는 쇼도 필요하다. 국민에게 희망과 용기를 주기 위해 정치인이라면 쇼도 해야 한다. 그러나 일상이 쇼가 되어서는 안 된다. 진실해야 한다. 속으로부터 진실하게 변하지 않고 겉으로만 자존심만 세우려는 식으로 프랑스가 계속 나간다면 과거의 역사를 반복할 수밖에 없을 것이다.

　서로 인정할 것은 인정하고 고마워할 것은 고마워하면서 프랑스가 부강할 길을 찾아가야 하는데, 그는 영국과 미국의 도움을 인정하지 않았다. 미국과 영국은 자국의 이익을 위해 싸운 것이기 때문에 프랑스가 고마워할 이유가 없다는 것이었다. 그러니 미국과 영국이 드골의 프랑스를 배은망덕하게 생각할 만도 했다. 물론 과거 미국도 독립전쟁 때 크게 신세를 지고도 프랑스에게 배은망덕한 적이 있었기에 이 정도는 괜찮다고 할 수 있을지 모르지만, 그들이 주장하는 강한 프랑스를 건설하기 위해서는 적어도 자신들의 문제에 대한 진지한 반성과 함께 이웃 국가에 대한 최소한의 예의는 갖추어야 했다.

이러한 독불장군 같은 고집 때문에 국민의 지지를 받기도 했지만, 정치권의 불신을 일으켜 그가 집권하는데 10년이라는 세월이 소요됐다. 그는 알제리의 과격한 폭동으로 정국이 불안정한 틈을 타서 국민이 직접 선출하는 대통령에 당선됐다. 이 과정에서 드골을 파시스트로 보는 좌익 세력의 강력한 저항을 받았지만, 정치를 안정시키기를 원하는 국민의 성원에 힘입어 대통령으로 복귀했다.

드골도 세월이 흐르면서 생각만큼 독단적이지는 않았다. 프랑스에 깊이 뿌리내리고 있는 공화주의 정신에서 크게 벗어나지는 않았지만, 독단적으로 밀어붙이는 구시대적인 성향에 새로운 시대를 살아가는 젊은 이들이 거부감을 느낄 수밖에 없었다. 그는 정치적인 안정 가운데 경제 발전을 지속적으로 이룬 업적은 인정받았지만, 더 이상 시대가 구시대적인 우파를 수용할 수 없어 결국 10년 집권을 끝으로 물러나야 했다.

억압에 대한 68 저항운동

경제적으로 발전하고 정치가 안정되면 계속 억압적인 삶을 살기가 어렵다. 특히 프랑스인은 심층에 이미 강한 억압과 통제가 있기에 어려울 때는 억압을 수용하지만, 안정되면 그 누구보다 억압을 거부하는 성향이 있었다. 다 자유롭게 신분 상승의 욕구를 채우고 싶었고 억압에서 자유하기를 원했기 때문에 드골이 마련해준 안정과 발전은 서서히 드골을 배신하기 시작했다. 이는 프랑스의 오래된 관습이었다. 그리고 이는 2차 대전 이후 정치적 안정과 경제 회복을 이룬 서구사회의 욕구이기도 했다.

그래서 터진 사건이 젊은 대학생들이 중심이 된 68운동이었다. 이는 전쟁을 경험한 기성세대의 보수성에 대한 전후 세대의 저항이었다. 그들의 억압과 통제에 대해 더 많은 자유와 욕구를 분출하기 위한 몸부림이었다. 이러한 욕구는 그들을 좌익사상으로 가게 했다. 그리고 이러한 운동은 노동계로 번지면서 천만 명 이상이 파업에 동참하는 사상 초유의 위기가 프랑스에 엄습해왔다. 그러나 좌파들의 내부 분열과 너무 과열된 혼란을 걱정한 시민들이 혁명에 대한 반시위를 벌여 68운동으로 번진 혁명적 위기는 일단 마무리됐다. 그리고 드골은 물러나고 새로운 선거를 실시하여 안정을 원하는 시민의 지지로 다시 우파정권인 퐁피두 Georges Jean Raymond Pompidou(1911~1974)가 집권했다.

그래서 68운동으로 시작된 좌파의 저항이 정권탈환까지는 가지 못했다. 그러나 다른 사회, 문화, 도덕, 학문 등에 미친 영향을 무척 컸다. 특히 페미니즘의 등장과 성의 혁명이 두드러진 변화였다. 그리고 동구권의 저항으로 소련이 무너졌고 자본주의에 대한 비판적 학문이 발달하는 등 기존 정치 경제에 대한 비판이 더욱 거세어졌다. 그리고 후기구조주의 등의 학문이 등장하면서 해체주의를 통해 전통적 철학이 강하게 도전받게 됐다.

현실로 돌아온 퐁피두

68운동이 필요하였지만, 너무 급진적인 변화와 혼돈을 가져왔기에 국민은 안정적이면서 과거보다 부드럽게 개혁하는 정치를 원했다. 그래서 국민은 다소 부드러운 우파 정치인인 퐁피두를 선택했다. 그는 드골과 같이 정치했으나 68운동 때 그가 너무 강경한 정책을 펼치는 것을 반대하고 다른 길을 갔다. 그는 프랑스라는 허상을 허물고 현실을 바로 인식하고 실용성과 합리성으로 접근했다. 그는 금융인 출신이라 프랑스의 경제를 더욱 내실을 기하며 발전시켰다. 그는 프랑스 경제의 '영광의 30년'의 마지막 대미를 장식했다.

외교적으로도 많은 국가와 좋은 관계를 유지하였고 무엇보다 프랑스가 가장 자랑스러워하는 문화예술에 집중 투자하여 프랑스인이 이에 대해 자존감을 높일 수 있게 했다. 그 공로를 기억하여 그의 사후에 파리에 현대미술관을 지어 '퐁피두 센터'로 헌정했다. 그가 질병으로 사망하여 그의 후임으로 데스탱Valery Marie Rene Giscard d'Estaing(1926~2020)이 대통령이 되었는데 그는 퐁피두가 이룬 발전을 잘 살리지 못하고 실정으로 국민의 신임을 잃게 되어 결국 정권이 좌파로 넘어가게 됐다.

사회주의 미테랑 정부의 출현

그 이후 사회주의자 미테랑Francois Maurice Adrien Marie Mitterrand(1916~1996)이 대통령이 되어 1981년부터 14년 동안 집권하였는데, 이는 나폴레옹 3세 이후 가장 장기간 집권한 경우였다. 그가 집권할 당시 프랑스는 경제적으로 발전하였고 모든 면에서 안정적이었기 때문에, 국민은 좀 더 많은 사람이 향유할 수 있는 분배와 복지정책을 원하여 사회주의로 정권이 넘어가게 됐다. 그래서 국민이 그의 정책을 반겼지만, 프랑스의 경제가 붕괴되는 비용도 지불해야 했다. 그래서 프랑스의 경제는 조금씩 기울기 시작했다. 경쟁에 의한 산업발전보다 안정적인 분배를 추구하는 바람에 경제의 동력을 잃고 기업의 활동도 위축됐다.

우파와 좌파를 돌다 중도로

그 이후 다시 우파정권인 시라크 Jacques Rene Chirac(1932~2019)가 대통령이 되어 우파 정책을 실시함에도, 경제 규모는 세계 4위에서 6위로 추락했다. 그 후 다른 우파 대통령인 사르코지 Nicolas Sarkozy(1955~)가 대통령에 당선되어 기업의 자유주의적인 활동을 격려하였지만, 역시 2008년 글로벌 금융위기로 성공하지 못하고 재정적자는 더 늘어나게 됐다.

 글로벌 경제위기로 유럽연합의 각국에서도 긴축재정으로 돌아서게 됐다. 이때 프랑스에는 이에 반대하여 좌파정책을 주장하던 올랑드 Francois Gerard Georges Nicolas Hollande(1954~)가 대통령에 당선됐다. 그러나 그도 재정적자를 축소하지 못하고 실업률이 급증하게 되자 그도 어쩔 수 없이 친기업 정책인 신자유주의 경제정책을 쓰게 됐다. 그가 이렇게 정책의 일관성을 잃게 되자 국민의 신임을 잃었다. 그들에게는 경제문제만 있었던 것은 아니었다. 사회적 문제와 혼란이 가중됐다. 이민자의 급증과 이민자로 인해 프랑스 사회통합에 문제가 드러나기 시작했다. 특히 문화적 권리와 교권 분리인 라이시테 간에 충돌이 일어나면서 학교와 거리에서도 종교와 인종 갈등이 표출됐다.

이러한 사회적 혼란기에는 이에 대해 강경한 정책을 주장하는 극우파가 반드시 등장한다. 그들이 정치에 등장하여 급성장하며 기존정치 판도를 흔들었다. 그리고 정치도 좌우를 오고 가면서도 기대한 만큼 결과가 나오지 않자 기존정치에 대해서도 회의를 많이 느끼게 됐다. 그렇다고 극우 정치로 인해 정치가 혼돈 가운데 빠지는 것을 원하지도 않았다. 이러한 틈을 비집고 혜성같이 나타난 젊은 정치인이 있었는데, 그가 현재의 프랑스 대통령인 마크롱Emmanuel Jean-Michel Frederic Macron(1977~)이었다. 그는 사회적으로는 좌파 성향을 띠었지만, 경제로는 우파정책인 신자유주의 정책을 펼쳐 실용적인 분리 정책을 실시했다. 그래서 그를 중도 정치인으로 부르지만, 그의 정치가 실패할 경우 좌우 모두에게 비판을 받을 수 있는 위험한 곡예를 하고 있다. 그러나 그는 젊고 프랑스가 자랑하는 고급 엘리트의 신화를 배경으로 아직 잘 버티고 있다.

프랑스 대혁명 이후의 프랑스 정치 요약

프랑스 대혁명 이후에서 근대를 거쳐 현대에 이르는데 230년이 흘렀다. 이 시기를 크게 세시대로 나누어볼 수 있을 것이다. 제1 시기를 프랑스 대혁명(1789년)에서 제3 공화국(1871년)까지의 80년으로 보고, 제2 시기를 제3 공화국(1871~1945년)의 70년, 제3 시기를 4, 5공화국(1945~현재)의 80년으로 나누어 볼 수 있다.

제1 시기는 프랑스 대혁명 이후의 혼돈기를 말한다. 대혁명 이후 제1 공화국이 잠시 세워졌으나, 그다음 로베스피에르가 공포정치를 했다. 다시 그가 물러나고 1, 2차 총재정부가 세워졌다. 그 후 나폴레옹이 나타나 제정시대를 열었다가 그가 붕괴되면서 다시 왕정복고가 왔었다. 그 후 부르주아의 7월 혁명으로 자유 입헌 왕정이 들어섰다가 노동계급의 2월 혁명으로 다시 제2 공화국이 잠깐 세워졌다. 그 이후 나폴레옹의 조카가 쿠데타를 일으켜 제2 제정이 1871년 제3 공화국이 수립되기까지 계속됐다.

제2 시기인 제3 공화국의 70년은 제1 시기보다 훨씬 안정적이었다. 다시 왕정이나 제정으로 복귀하지 않고 공화국이 지속했다. 초기에는 왕당파들이 왕정복귀를 시도하였으나, 곧 공화국이 안정되어 공화파들이 주도했다. 그러나 공화파 내에서 좌우로 나누어졌다. 처음에는 프로이센과의 보불전쟁에서 패함으로 생긴 트라우마 때문에 보수 우파가 득세했다. 그러나 드레퓌스 사건 이후(1898년)에는 좌파가 정권을 잡았다. 좌파가 정권을 잡으면 억압된 감정들이 자유로워지면서 문화예술이 더욱 발전했다. 이러한 시기를 벨 에포크 시대라 했다. 그러나 항상 이러한 이완기를 지나면 큰 대가를 치러야 한다. 그것이 1차 대전이었다.

1차 대전 동안 참혹한 참호전으로 140만 명의 젊은이가 죽었다. 그 후 이 트라우마에서 벗어나기 위해 그들은 더욱 감정적인 욕구를 표출했다. 이러할 때는 좌파정권이 도움이 됐다. 그 후 대공황을 맞이하였고 그 이후 정치와 경제는 혼돈기를 맞았다. 우익세력의 유혈 폭동이 있었지만, 정권을 탈환하지는 못했다. 그 후 그들은 극좌파 정권인 사회주의와 공산주의를 선택하였고, 이 정권 아래에서 그들은 억압된 감정을 더욱 격렬하게 표출할 수 있었다. 그 이후 2차 대전을 맞이하였고 이로써

제3 공화국은 막을 내리게 됐다.

그 이후 제3 시기인 4, 5공화국 80년은 의회 중심에서 행정부의 막대한 권한을 가진 대통령 중심의 정치로 변화됐다. 그래서 전후 회복에 박차를 가하며 세계적 강국으로 성장할 수 있었다. 이러한 과정에서 그들은 좌, 우파를 교대로 선출하다가 마지막에는 중도정치인 마크롱을 택하여 지금까지 이르고 있다. 이것이 프랑스 대혁명 이후의 프랑스 정치를 간단히 요약한 내용이다.

이미 프랑스 대혁명의 인간 발달적 의미에 대해 앞서 설명한 바 있었지만, 이제 그 이후 프랑스 정치를 통해 드러난 프랑스의 인간발달을 정리해보려고 한다.

혼돈의 무의식을 극복한 청년기-제1 기(1787~1870년)

프랑스 대혁명 이후의 제1 기는 혼돈의 시기였다. 그들은 이를 통해 절대적 권위였던 종교와 왕정에서 벗어나 인간이 주인이 되는 나라를 세웠다. 억압되고 종속된 삶에 익숙하던 그들이 갑자기 주인이 되려고 하니 엄청난 혼돈이 있었다. 그들은 의식으로는 인간의 주권을 존중하고 자유와 평등의 나라를 세워야 된다는 것을 알고 있었다. 이것이 프랑스 대혁명의 정신이었기 때문이었다.

그러나 정치는 의식의 흐름대로 되는 것이 아니었다. 그들 속에 억압되어 있던 무의식이 드러나는 과정이 정치였다. 불신, 두려움, 열등감, 버림받음, 분노와 욕망 등의 감정이 드러나면서 아주 이상한 방향으로 흘러가고 있었다. 그래서 그들의 정치체제도 왔다 갔다 했다. 자유를 추구하다 다시 강한 억압을 원하다가 자신들도 어디로 어떻게 튈지 모르는 정치로 흘러가고 있었다. 이것이 인간의 무의식이었다. 그들의 무의식도 처음에는 자유와 억압이라는 이중적 구도로 되어있다가 시간이 흐르면서 다중적인 구도로 바뀌었다. 그것이 서로 갈등하며 혼돈 가운데 있다가 서로 균형을 맞추기도 하며 그들은 발달해갔다.

그들은 이처럼 인간을 추구하며 자신들을 실험해가고 있었다. 예술, 문화, 학문에서 선각자들은 더욱 앞서 인간을 탐구하고 실험하며 대중을 선도하였고 결국 그들이 인도하는 대로 프랑스가 가고 있었다. 그들은 이 시기에 혼돈의 무의식을 겪었지만, 이를 극복하며 안정을 찾아간 청년기로 볼 수 있을 것이다.

화려했지만 무기력했던 중년기-제 2기(1870~1945년)

그래서 그들은 제2 기인 제3 공화국을 통해 점차 민주주의라는 정치체제에 안착했다. 그러나 전체적으로 공화국이라는 틀은 유지되었지만, 그 안에서 인간 욕구의 표출을 중시하는 좌파와 인간을 억압하며 발전과 안정을 추구하는 우파로 항상 나누어졌다. 그래서 그들은 보불전쟁의 참패에서 벗어나기 위해 처음에는 우파를 선택했다가 프랑스가 부강해지니 그들은 다시 자신의 억압된 욕구를 표출할 수 있는 좌파를 선택했다. 우파가 정권을 잡으면 억압이 심해지고 부정부패가 일어났고, 좌파가 집권하면 반대로 감정의 표출이 자유로워지면서 세속적으로 이완이 일어나며 발전이 정체됐다. 서로 균형을 잘 맞추면 좋은데 한쪽으로 치우치다가 결국 국가적 재난에 빠지고 말았다.

그런데 1차 대전 이후 프랑스는 정신을 차리고 반성하기보다는 전쟁을 잊기 위해 더욱 좌파적인 성향으로 갔다. 누구도 이러한 경향을 바로잡을 수 없었다. 그 후 대공황을 맞아도 그들은 변화되지 않았고 위기가 올수록 회피성향의 좌파를 택했다. 그러다가 2차 대전의 비참하고 부끄러운 재난을 맞게 됐다. 전체적으로 이 시기를 화려했지만, 무기력하였던 중년기로 볼 수 있을 것이다.

재도약하였으나 쇠하여지는 장노년기-제 3기(1946~현재)

그들은 프랑스 역사상 가장 수치스러운 역사를 경험한 후, 제3 기의 정치를 출범했다. 그들은 이 시기 동안 외적으로는 다시 위대한 프랑스를 재건한 것은 사실이지만, 내용으로 보면 실망스러운 것이 한두 가지가 아니었다.

현대 프랑스가 이만큼 회복되는 데에는 드골의 공로가 적지 않았다. 그가 현대 프랑스의 기초를 다졌다고 볼 수 있고 프랑스인도 그가 문제가 있었음에도 이러한 점을 인정하고 있다. 이와 함께 현대 프랑스를 형성하는데, 지대한 영향을 미친 또 다른 대통령은 미테랑이었다. 그는 14년간이라는 오랜 시간 좌파정책을 펼쳐 지금의 프랑스 대부분의 사회복지, 노동과 기업구조의 기초를 닦았다. 이 시기 동안 프랑스는 다시 선진대국으로 재도약했다. 그러나 점점 노쇠해가는 길을 가고 있었다.

그래서 이 시기를 장노년기로 볼 수 있을 것이다.

환상으로의 도피-드골

프랑스 우파의 거두巨頭가 드골이고 좌파의 거두가 미테랑이었다. 그런데 이 두 인물은 아주 독특한 인물이었다. 이들은 개인의 성격을 떠나서 프랑스의 인격과 밀접한 연관이 있다고 볼 수 있다.

앞서 드골의 성격과 프랑스와의 관계에 대해서는 이미 설명한 바 있었다. 프랑스가 이중성과 다중성이라는 현상이 있지만, 그것 자체가 크게 문제가 되는 것은 아니었다. 프랑스의 정치가 좌우를 돌면서 지금까지 발전해온 것은 자연스러운 현상이었다. 다른 국가에서도 흔히 일어나는 현상이었다. 우리나라도 좌우를 바꾸어 가며 정치가 발전해갔다. 그러나 문제는 너무 한쪽으로 치우치는 것이라고 했다. 우익으로 치우치면 억압받던 국민이 반발한다. 그래서 그다음 정권은 좌익으로 간다. 그런데 좌익이 치우치면 우익이 반발하기가 쉽지 않다. 프랑스에서도 좌익에 대한 우익의 반발은 있었지만, 정권교체에는 실패했다. 대신 좌익이 치우치면 국내정치가 아닌 외적인 문제가 크게 발생했다. 프랑스의 경우 1, 2차 대전이었다.

그런데 이러한 국가적인 재난이 일어나면 이에 대한 철저한 반성이 있어야 하는데, 1차 대전 이후에 제대로 된 반성이 없었다. 그리고 이를 잊고 회피하려는 경향으로 인해 다시 좌익으로 치우치게 됐다. 그래서 2차 대전이 발발하였고, 2차 대전 이후에는 우익이 정권을 잡았지만, 자신에 대해 진정한 반성이 부족했다. 이에 대해서는 드골을 설명하면서 언급한 바 있었다. 대신 그들은 허구적이고 방어적인 환상으로 도피하려고 했다. 좌파는 감정과 세속으로 도피하였지만, 우파는 프랑스라는 국가의 환상으로 도피한 것이었다. 도피하고 방어하려고 한 것은 좌우 프랑스 모두에게 일어난 사실이었다. 이것이 프랑스의 한 성향으로 자리 잡게 됐다.

현실주의로의 도피-미테랑

그렇다면 미테랑에서는 프랑스의 어떠한 면을 볼 수 있을까? 미테랑은 한마디로 자신을 뜻을 이루기 위해 수단 방법을 가리지 않는 정치인이었다. 그는 1차 대전 때, 보병으로 입대하여 전쟁포로가 되었지만 3차례나 탈출을 시도하여 성공했다. 그러나 2차 대전 때에는 비시 정권에 협조하였지만, 이러한 부끄러운 과거를 숨기고 레지스탕스로 저항했다고 했다. 그리고 전쟁 후 그는 처음 극우파 정치인으로 출발했다. 그러나 우익에는 강력한 드골이 있었기에 그는 극좌익으로 전향했다. 그러나 20여 년간 선거에서 실패하는 좌절을 겪었다. 그러나 그는 포기하지 않고 계속 기회를 보다가 1981년 7전 8기 끝에 드디어 사회당으로 대통령에 당선됐다. 그리고 나폴레옹 3세 다음으로 장기집권한 대통령이 됐다.

이러한 그의 경력과 성격이 어떻게 프랑스와 닮았을까? 그를 한마디로 말하면 여우같은 사람이었다. 여우는 어떠한 깊은 철학이나 이상을 가진 것은 아니다. 여우는 상황에 따라 자신을 바꾸어 가며 적응한다.

적응하기만 하는 것이 아니고 이익을 얻는 지혜가 대단하다. 때로는 이상과 도덕을 이용하기는 하지만, 자신이 그렇게 이상적이고 도덕적인 것은 아니다. 어떠한 일관된 원칙보다 상황에 따라 유리한 것을 택한다. 그래서 변칙적이다. 여우의 속을 알 수 없듯이 미테랑은 속을 알 수 없는 사람이었다.

우리는 프랑스를 대혁명의 후손으로 자유, 평등과 박애의 나라로 생각한다. 그리고 솔리다리테와 톨레랑스의 높은 가치를 실현하는 이상적인 나라로 생각한다. 그러나 그들은 사실 그렇게 이상적이거나 도덕적이지 않다. 현실에 적응하고 살아가다 보니 그렇게 된 것이다. 미테랑은 좌파도 우파도 아니다. 그는 현실에서 성공하고 대통령이 되고 싶은 사람이었다. 모든 프랑스인처럼 신분 상승을 위해 눈물 나는 노력을 한 사람이었다. 나폴레옹의 뒤를 따라 그 길을 갔었다. 이를 위해서 때로는 극우가 되기도 했고 극좌가 되기도 했고 여러 모습으로 변신하기도 했다. 그는 여우처럼 자신을 숨기고 현실에 아주 잘 적응하여 성공한 사람이었다. 현대판 나폴레옹이었고 전형적인 프랑스인이기도 했다.

이처럼 프랑스인은 본질적으로 자유, 평등과 박애의 사람은 아니다. 그들은 억압과 통제 속에서 자유와 평등을 찾았고 이를 찾아 힘들어지니 다시 억압과 통제를 찾는 그러한 사람이었다. 그들이 좌우의 사상이 좋아서가 아니라 자신들이 필요해서 여우처럼 이를 지혜롭게 이용하였다. 임기응변에 아주 뛰어난 사람이었다. 그래서 그들의 민주주의는 진정한 공화주의적인 민주주의라고 말하기도 어려운 것이었다. 그래서 그들은 겉으로는 자유와 평등을 내세우지만, 실제로는 억압과 불평등의 모순이 공존하고 있다. 지금 그들의 모순이 그들을 괴롭히고 있다. 그러나 그들은 모순을 피하지 않고 혼란 속에 지혜를 찾으며 살아가고 있다. 그들은 자신들이 할 수 없으니, 아주 젊고 최고의 능력 있는 대통령인 마크롱을 뽑아 잘 버티고 있다.

프랑스의 미래는?

이제 그들은 어디로 갈 것인가? 그들의 민주주의와 경제는 어떻게 될 것인가? 모두가 이제 유럽의 시대는 끝난 것처럼 저무는 유럽을 걱정하고 있다. 젊음의 패기와 에너지를 상실한 유럽을 모두가 노년기로 생각한다. 유럽을 지도하고 인도하던 프랑스도 서서히 해가 저물어가고 있다. 그들은 이대로 저물고 마는 것인가? 아니면 다시 살아날 것인가? 현재 그들의 문제는 무엇이라고 생각하는가? 물론 현상적으로 많은 문제가 있지만, 그들의 핵심적이고 심층적인 문제가 있다면 그것은 무엇일까?

그것은 바로 드골과 미테랑을 통해 드러난 문제라고 생각한다. 물론 이는 그 이전부터 계속된 문제이다. 진실을 직면하지 않는다는 것이다. 자신의 문제에 직면하지 않고 그러다 보니 그들이 찾아야 할 더 깊은 진리의 힘을 놓치는 것이었다. 그리고 그들은 프랑스라는 막연한 허상과 환상을 만들어 이를 쫓으며 살았다. 진정한 프랑스의 뿌리를 상실하고 부유浮游하며 그때그때 재빠르게 여우처럼 적응하며 살아왔다. 그러다 보니 그들은 자유와 평등도 찾게 되었고 솔리다디테와 톨레랑스라는 고상한 가치도 알게 됐다. 그들이 뿌리로부터 그러한 가치를 찾은 것이 아니라 여우의 지혜로 찾은 가치였다. 물론 이것이 모두 거짓이거나 허상이라는 뜻은 아니다.

그러나 그들의 이상과 가치는 그들의 깊은 뿌리에서 나온 것이 아니라 현실과 내면적 아픔을 직면하지 않고 적응하고 회피하고 방어하는 가운데 발견한 가치와 이상이었다. 물론 모두가 그렇다는 것은 아니다. 그들의 가치가 고차적인 내용이 분명히 있지만, 모두 그런 것이 아니라는 것이다. 많은 부분이 여우처럼 적응하는 과정에서 나온 부분이 많다는 것이었다. 깊은 이상과 가치가 아니었기에 그들은 여전히 모순에 빠질 수밖에 없었다.

그들은 이러한 모순을 또다시 여우의 지혜로 해결해보려고 한다. 과연 마크롱이 그들의 또 다른 여우가 될 것인가? 스페인의 선각자들이 그들의 문제를 직면하며 돌파해야 할 진정한 가치와 이상을 외친 것처럼, 프랑스에서는 이러한 선각자의 외침을 듣기 어렵다. 그들은 이러한 것을 별로 좋아하지 않는다. 자연스러운 것이 좋다고 한다. 그러나 자연스러운 것은 인간적인 방어였다. 회피하고 투사하는 것이었다. 방어를 깨고 진실을 본다는 것은 무척 부자연스럽고 힘든 작업이다. 그들은 이런 인위적인 것을 싫어한다.

물론 스페인에 이러한 선각자가 있었다고 그들이 이를 따른 것은 아니었지만, 적어도 그러한 선각자들이 있었다는 것만으로도 의미 있는 일이었다. 프랑스에는 인간의 본질적인 문제에 대해 외치는 선각자들은 많았다. 그러나 이것이 프랑스라는 국가와 민족에 국한하여 외친 선각자는 드물다는 것이다. 물론 인간의 억압적인 문명에 대해 좌파적인 해방을 주장하는 선각자들은 많았지만, 이념을 넘어서 프랑스 공동체를 탐구하며 그들 자신에 대해 말하는 사람이 많지 않았다는 것이다.

어떠하든 프랑스는 자신의 문제를 직시하고 직면해야 한다. 그들이 인간을 그동안 열심히 찾아왔고 이점에서는 인류문명에 큰 기여를 한 것은 사실이다. 그리고 그들은 인류의 보편적 가치인 자유, 평등과 박애라는 이상을 깨우쳐 주고 행동에 옮긴 그들의 앙가주망(행동하는 지성)은 칭찬과 존경을 받을만하다. 그러나 그들의 모범적인 이상에 비하면 그들의 삶은 그렇지 못했다. 이러한 모순을 그들은 받아드리고 진정 그들의 문제에 직면해야 하는데, 그들은 회피하고 방어했다.

그들은 인간의 의식은 잘 찾아갔지만, 무의식으로 들어가면서 이렇게 방황하게 된 것이었다. 이것도 인간의 어쩔 수 없는 한 단면이다. 솔직한 인간의 한 면이다. 프랑스를 탓할 수만은 없다. 모든 인간이 자신의 문제를 솔직하게 직면하지 못하고 도망가는 것이 보편적이다. 프랑스가 인간으로 앞서갔기에 그들이 이러한 문제를 보이는 것일 뿐, 이는 그들만의 문제는 아니다. 누구도 자신을 바로 보려고 하지 않는다.

모두가 겉은 강한 척하지만, 속으로는 약하고 두렵기에 자신을 솔직하게 직면하지 못하는 것이다. 이렇게 인간은 저물어가고 병들어 갈 것인가? 이제 프랑스가 인간의 갈 길을 보여주어야 하는데, 이처럼 방어하며 끝나야 하는가? 그러나 아직 프랑스를 포기하기는 이르다. 여전히 그들은 인간을 열심히 찾아가고 있다. 그들이 과거 인간의 길을 실험하며 찾아간 것처럼, 그 길을 찾아가 줄 것을 믿고 기대하고 있다.

민주주의와 자본주의에 대해서

이 장을 마무리하고 다음 장으로 넘어가기 전에 인간에 대해 하나 더 정리할 것이 있다. 절대적 권력이 허물어지고 인간이 주인이 된 국가가 찾은 가장 이상적인 정치와 경제는 민주주의와 자본주의였다. 그 외 다른 정치와 경제가 시도되었지만 실패하고 결국 민주주의와 자본주의가 인류가 가야 할 길로 남았다. 문제는 여전히 많지만, 최선의 제도이고 또 다른 대안이 없기에 이를 받아들일 수밖에 없었다. 이를 가장 격렬하게 실험하고 갈등한 나라가 프랑스였다. 이제 이에 대해 한번 숙고해보려고 한다. 그래야 다음 장의 결론을 향해 나갈 수 있기 때문이다. 이는 단순히 제도의 문제만이 아니라 프랑스의 인격발달과 연관되기에 이에 대해 언급하려는 것이다.

민주주의는 늘 정의, 자유와 평등을 외친다. 그러나 민주주의는 프랑스가 간 길처럼 이러한 이상과는 거리가 먼 제도이다. 물론 인류가 인간을 위해 찾은 것 중에 가장 이상적인 제도인 것은 사실이지만, 기대하는 만큼 그렇게 높은 수준의 가치를 지향한다고 볼 수는 없다. 정치인들이 선거 때만 되면 늘 구호처럼 외치는 것이지 내용으로는 그러한 이상을 찾기가 어렵다. 피선거인인 정치인도 그렇고 선거권을 갖는 국민도 그렇지 않기 때문이다. 물론 모두가 겉으로는 정의와 자유를 외친다. 그러나 실제 내용은 그렇지 않다는 것이다. 민주주의를 가장 먼저 시작한 프랑스가 그러하듯 모든 나라의 민주주의가 그러하다. 민주주의의 꽃이라고 하는 선거도 그렇게 이상적인 것은 아니다. 그저 최선이기 때문에 선거를 통해 간접민주주의를 하는 것이지 그것이 생각만큼 이상적이어서 시행하는 것은 아니다.

정치인들은 국민이 주인이라고 주장하지만, 그것은 선거 때만 그럴 뿐이지, 사실 자신과 정당의 이익을 위할 뿐이다. 물론 진정 국민을 생각하는 정치인이 드물게는 있지만, 대부분 정치인이 그렇지 않다는 것이다. 국민도 마찬가지다 겉으로는 민주주의와 정의를 외치지만, 자신의 감정과 이익에 따라 선택을 한다. 겉으로 정의와 민주이지 속은 모두 자기의 이익과 감정이다. 정치인과 정당을 선택하는 것도 아주 민주적이지 않다. 물론 겉으로는 그럴듯하게 포장하지만, 무의식에서 자기가 지지하는 것이 결정되는 과정은 민주적이지 않다. 이것이 무의식의 원리이다. 정치는 무의식이고 무의식은 민주적이지 않기에 정치가 민주적일 수 없다는 것이다.

무의식은 중첩적이고 복합적이다. 무수한 과거의 경험이 모여 사소하고 우연한 기회를 통해 무의식이 의식화된다. 이것이 프랑스가 그동안 해온 민주주의이고 다른 국가의 민주주의도 여기서 크게 벗어나지 않는다. 그런데도 민주주의로 국가가 발전하고 있는 것을 보면 신비롭다. 또 다른 무슨 힘이 그 속에 있는 것 같기도 하다. 이를 우리나라에서는 하늘의 뜻이라고 한다. 그래서 민심이 천심이라고 한다. 그리고 이를 신을 모시듯 국민의 뜻이라고 떠받든다. 프랑스 선거에서도 아주 절묘한 결과들이 있었다. 우연과 사소한 것들에 의해 선거가 진행되지만, 결과에는 정의, 자유, 평등 등이라는 이름을 붙인다. 그리고 선거를 신성시한다. 민주주의의 꽃이라고 한다. 우연과 작은 날갯짓을 통해 복잡성의 거대한 질서가 결정되는 것처럼 아주 묘한 결과를 얻는 것이 선거이기도 하다.

이것이 인류문명의 신비이기도 하다. 인간이 늘 잘못하여 붕괴하고 멸망하지만, 역사와 문명은 늘 새로운 길로 발전하고 발달한다. 도대체 문명의 흥망성쇠의 비밀은 무엇인가? 왜 아주 망하지 않고 다시 새로워지는가? 그 힘은 도대체 어디에서 나오는 것인가? 신비롭기만 하다. 무슨 하늘의 뜻이 있는 것 같기도 하다. 인간이 실패하였는데 다시 새로워지는 것이 인간의 문명이었고 정치였다. 우리가 살펴본 프랑스 대혁명 이후의 프랑스의 발달과정을 보면 이를 잘 이해할 수 있다. 인간의 온갖 수치스럽고 혼돈스러운 것이 드러났는데도 프랑스는 발달하고 발전하였다. 프랑스가 그렇게 하였을까? 인간이 과연 그렇게 의롭고 대단한 존재여서 그랬을까? 진지하게 고민하고 탐구해보아야 할 부분이다. 인간에게 아직 밝혀지지 않은 신비로운 영역인 것 같기도 하다.

인류의 경제체제 중에 다양한 실험이 있었지만, 그래도 자유 자본주의가 가장 이상적인 것으로 밝혀져 대부분 국가가 이를 시행하고 있다. 공산주의나 사회주의에서도 변형되기는 했지만, 자본주의를 받아들이고 있다. 그러나 이상적이라는 민주주의가 문제가 많은 것처럼 자본주의는 더 많은 문제가 있다. 특히 자유 자본주의는 더욱 문제가 많다. 그래서 이를 보완하기 위해 프랑스는 사회주의적인 요소를 많이 도입하지만, 결과가 좋지 않아 경제만큼은 자유 자본주의를 채택하고 있다. 자유 자본주의가 어느 정도 발전을 가져오는 것은 사실이나 그 힘은 탐욕에서 나오기에, 결국 극심한 빈부격차와 금융위기라는 재난을 가져온다.

그리고 자본의 자기보존으로 인해 마르크스가 경고한 대로 인간이 자본의 노예가 되고 소외된다. 인간은 이로 인해 인간다워질 수 없고 비인간이 되는 것이다. 인간 문명의 발달이 아니고 퇴행이 일어나는 것이다.

인간의 탐욕은 프랑스가 늘 겪었던 일이었다. 좌우파와 관계없이 인간이 탐욕은 늘 문제가 됐다. 신분 상승의 욕구와 함께 인간의 탐욕을 그 누구도 꺾을 수 없기에 인간이 어디로 갈지 알 수 없다. 그 결과 항상 주어지는 것이 재난이었다. 전쟁 혹은 금융위기와 대공황 같은 재난이었다. 이러한 일을 겪고도 인간은 진정하게 반성하지 못했다. 그 욕망이 일어나면 그 누구도 막지 못한다. 자유민주주의에서는 더욱 그렇다. 이것이 프랑스와 인류문명이 반복해서 겪은 일이었다. 늘 그러한 위험과 위기에 봉착되어 사는 것이 인간 문명이었다. 이를 어떻게 해결할 것인가? 과거처럼 어떠한 권위와 힘으로 이를 방지할 수 없다. 이것이 프랑스가 인류를 대신하여 풀어주어야 할 큰 과제이다. 그들이 인간을 앞서 찾아갔기 때문에 이 문제도 그들이 먼저 풀어주어야 다른 인류문명이 따라갈 수 있다. 이제 이를 진정으로 고민하며 이 책의 마지막 결론으로 다루어보려고 한다.

제 18장

미래 프랑스가
가야 할 길

유럽 문명의 인격발달

미래 프랑스가 가야 할 길을 어떠한 제도에서 찾기보다는 인간에서 찾아보려고 한다. 이 책에서 미래 프랑스의 정치와 경제에 대해 전문적인 제안을 할 수는 없을 것이다. 그래서 지금까지 분석해온 방식대로 인간발달을 중심으로 이를 생각해보려고 한다. 문명은 인간이 주인이기에 문명의 문제는 결국 인간의 문제이다. 그래서 문명의 문제는 인간과 그 발달 속에서 해결점을 찾는 것이 현명한 방법이 될 것이다. 특히 프랑스는 그들의 문명을 통해 가장 앞서 인간을 찾아왔기에, 그동안 프랑스가 간 길을 정리해보면서 앞으로 인간이 어떻게 어디로 갈 것인지를 알아보는 것이 그 길을 찾는 것이라 생각된다.

저자는 유럽 문명을 인격발달로 설명한 바 있었다. 인류 문명을 인간

표. 유럽문명사의 인격발달

	고대(4C이전)	중세(5~15C)	근대(16~18C)	근현대(19~20C)	현대(21C)
인격발달	유아, 학령전소아	학령소아기, 청소년 사춘기	청년기	중년기(19C), 장년기(20C)	장노년기
자기 찾기	부모동일시	잠복기	외자기, 의식	중자기, 무의식	내자기, 관통적 자기
자기의 내용	신	권위, 복종	지성, 이성	감정, 몸	초월성
사고와 정보	주술, 신화	억압, 통제, 환상	알고리즘, 합리성	복잡성 정보	양자정보
문예, 사상	신화, 인문	로마네스크, 고딕, 스콜라	바로크, 인본, 고전, 계몽	낭만, 사실, 모던, 인상, 상징, 표현, 입체	초현실, 해체, 포스트모던

이 부모인 신을 떠나 한 인격으로 발달하는 과정으로 설명했다. 고대 유럽(4세기 이전)을 유아기로, 중세기(5~15세기)를 소아기로, 르네상스(13~15세기)를 사춘기로, 근대유럽(16~18세기)을 청년기로 각각 설명했다. 그리고 근현대(19~20세기)를 중장년기, 현대(21세기)를 장노년기로 보았다.

더 자세한 내용은 표〈유럽문명사의 인격발달〉에 자세히 기술되어 있다. 지금은 프랑스의 미래에 대해서 다루고 있기에 근대, 근현대와 현대를 중심으로 생각해보려고 한다. 중세 이전까지는 종교와 왕권에 의해 인간이 억압되어 있다가 그 이후부터는 인간이 주인이 되는 시대가 시작됐다. 르네상스가 그 시발이었고, 그 후 종교개혁과 지성과 이성의 학문이 발달하면서 인간의 의식이 깨어나기 시작했다. 그리고 정치적으로도 인간이 주인이 되는 프랑스 대혁명이 일어났고 그 이후부터는 인간의 더 깊고 다양한 면이 드러나기 시작했다. 의식에서 무의식으로 그리고 지성과 이성에서 감정과 몸이 중심이 되는 변화가 일어났다. 이러한 변화는 자기의 중심이 외자기에서 중자기로 옮겨지는 것을 의미했다. 그래서 문화와 예술도 고전과 계몽주의에서 낭만, 사실, 모던, 인상, 상징과 표현주의 등으로 발전했다.

현대로 접어들면서 예술, 문화와 학문은 초월과 초현실을 다루게 됐다. 그리고 기존의 것을 해체하는 철학이 등장했다. 이를 전체적으로 포스트모더니즘이라 했다. 이는 인간이 무의식에서도 더욱 깊은 내면의 초월적 내자기로 들어가는 것을 의미했다. 이러한 변화를 인간의 사고와 정보이론으로 설명해보려고 한다. 인간의 다양한 모습과 발달과정은 결국 정보처리에 의존되어 있다. 이러한 변화는 정보처리의 변화에 따른 것으로 볼 수 있다. 인간의 의식이든 무의식이든 모든 것이 정보처리가 기초를 이루기 때문에 이를 통해 더욱 근원적으로 이해할 수 있을 것이다.

알고리즘에서 복잡성으로의 전환

고대와 중세 때는 대부분 인간 내부에서 나오는 생각과 감정은 억압되고 외적인 권위와 질서에 의해 통제되는 생각만을 했다. 그래서 인간 스스로의 정보처리는 발달되지 않고 외적으로 단순하고 권위적인 알고리즘 정보만으로 사회가 움직였다. 인간 스스로의 사고가 인정받고 발달된 것은 르네상스, 종교개혁, 인본주의와 계몽주의들을 통해 지성과 이성이 발달하면서부터였다. 그런데 지성과 이성이 외부로부터 오는 권위적 알고리즘으로부터 인간을 해방시켰지만, 지성과 이성도 결국 알고리즘이었기에 인간은 거기에 다시 억압과 구속을 받았다.

그래서 중세에는 외부로부터 부여된 알고리즘으로 억압됐다면, 근대에는 인간 내부에서 발생한 알고리즘 사고에 의해 억압되고 통제됐다. 알고리즘 사고가 외부에서 내부로 바뀌었을 뿐, 인간이 받는 억압과 통제는 변하지 않았다. 어떻게 보면 내부의 통제가 더 강할 수도 있었다. 그래서 억압된 감정과 무의식이 반발하기 시작했다. 프랑스 대혁명은 외부로부터의 권위적 알고리즘에 대한 반발이라면, 19세기의 낭만주의로 시작된 새로운 예술과 철학은 내적 알고리즘으로부터 억압된 감정과 몸 그리고 무의식이 드러나는 과정이었다.

이러한 변화를 복잡성 정보처리로의 전환으로 설명해볼 수 있을 것이다. 복잡성 정보란 알고리즘으로 처리되는 것이 아니고 다양한 정보가 통계적으로 처리되면서 일어나는 현상이다. 이는 대부분의 복잡한 자연과 사회, 경제 현상의 배후에 있는 정보처리 방식이다. 인간의 감정, 몸과 무의식도 대부분 이러한 정보처리에 의존한다.

일반 전산은 알고리즘에 의한 계산으로 처리되는 것이라면 인공지능은 복잡성 정보로 처리된다. 이처럼 많은 정보가 소요되는 광역 정보는 알고리즘으로 처리할 수 없고 복잡성으로 처리되어야 스스로의 질서와 내적 통제력을 가질 수 있다. 이것이 무의식의 법이기도 했다. 19~20세기의 근현대 현상은 대부분 복잡성 정보처리에 의존한다고 볼 수 있다.

정치와 경제도 복잡성 정보처리로 진행되다보니 어떠한 알고리즘을 벗어나 예측하기가 어렵고 적지 않은 혼돈이 반복적으로 일어날 수밖에 없었다. 그러나 인간은 여전히 선악의 알고리즘으로 모든 것을 통제하려고 했다. 그렇지 않으면 불안하고 불안정해지기에 가능한 좋은 방향의 알고리즘을 동원하여 사회를 통제하려고 하지만, 의도한 대로 되지 않았다. 그래서 늘 정치와 경제가 불안정했다. 사회, 정치와 경제의 작동 법칙이 복잡성이기에 어쩔 수 없는 현상이었다. 그렇다고 늘 불안정한 것은 아니었다. 불안정 가운데 질서가 형성되었고 나름대로 발전했다. 그러나 이것은 인간이 처방한 알고리즘보다는 복잡성 내에 있는 정보처리의 결과로 보아야 한다.

프랑스 대혁명을 일으킨 본질적 힘

과거 절대왕권이 지배할 때에는 강력한 외적 알고리즘에 의해 질서와 통제가 가능했다. 그러나 절대 권력도 영원할 수 없었고 허물어졌다. 강력한 권력이 허물어질 때는 그보다 더 큰 권력과 힘에 의할 때도 있지만, 아주 작은 것에 의해 허물어질 때가 많았다. 프랑스 대혁명이 일어날 때도 처음부터 그러한 혁명이 일어나고 루이 16세가 처형될 줄 아무도 몰랐다. 그 왕정은 영원할 줄 알았고 그 누구도 이를 힘으로 허물어트릴 생각도 못 했다. 자유와 평등을 주장한다고 혁명이 일어날 수 있는 것도 아니었다. 그러나 작은 일들이 자꾸 쌓이더니 상상할 수 없는 대혁명으로 발전됐다.

이것이 강력한 알고리즘 정보가 작은 복잡성 정보에 의해 허물어지는 과정이었다. 알고리즘은 중심의 힘이 강력하게 존재하고 그 중심의 의미와 법이 그 집단을 통솔하고 통제한다. 알고리즘이라는 의미와 법이 중력처럼 작용하는 것이다. 이것이 알고리즘 집단의 특징이다. 그러나 복잡성은 중심과 집단을 지탱하는 의미나 법이 없다. 중심적 내용과 관계없이 작은 것들이 서로 작동하고 생성되어가면서 새로운 질서와 의미를 만들어 간다. 인간은 새롭게 형성된 질서를 중심으로 다시 알고리즘을 만들어 살아가고 싶지만, 얼마가지 않아 다시 허물어진다. 다시 작은 것들이 모여 새로운 생성과 의미를 만들어가기 때문이다. 그 어떠한 것도 중심적인 의미로 영원히 존재할 수 없는 것이다. 이렇게 해서 탄생된 것이 프랑스 대혁명이었다.

    그래서 대혁명 이후 프랑스 사회와 정치는 혼돈 속에서 새롭게 생성되고 허물어져 갔다. 이를 베르그송이 말하는 창조적 진화로 볼 수 있을지 모른다. 그리고 해체철학에서 말하는 의미와 무의미의 경계를 통해 생성되어가는 현상일 수도 있다. 이에 대해서는 다시 언급할 것이다. 작은 나비의 날갯짓이 모여 거대한 태풍의 대혁명을 이루는 것이었다. 그리고 이것이 프랑스 대혁명 이후의 프랑스 정치, 경제, 사회, 문화, 예술과 철학에서 일어나는 현상의 본질이었다.

    그들은 이처럼 혼돈을 통해 새로운 질서를 만들어갔다. 이를 우리는 정의, 평등과 자유의 정신이라고 하지만, 이는 나중에 누가 이름을 그렇게 붙인 것이지 그 속에 그런 정신이 있어서 그렇게 된 것은 아니었다. 그냥 혼돈과 복잡성이 그렇게 만들어 갔다. 자유와 평등 같은 중심은 애초에 없었다. 혼돈이었다. 그러나 혼돈이 혼돈으로 끝나지 않고 새로운 질서로 발전되었기에 나중에 그러한 이름을 붙일 수 있었던 것이다. 이것이 바로 인류의 흥망성쇠의 비밀이었고 힘이었다. 망할 듯하면서 발전해온 인류문명이었고 프랑스의 발달이었다.

이는 축구와 비슷하다. 축구는 양측의 24명의 선수와 한 명의 심판이 혼돈과 복잡성의 법으로 만드는 게임이다. 누구도 그 게임을 예상할 수 없다. 어떠한 전략과 기술 그리고 의도가 있지만, 그것대로 되는 것이 아니다. 순간순간 공이 가는 대로 움직이면서 때로는 골이 나기도 하고 골이 나지도 않을 수 있다. 그러나 혼돈 가운데서 어떠한 질서가 나오기에 때로 골이 나오기도 하는 것이다. 그래서 90분간 많이 나와야 2, 3골 정도 나온다. 어떠할 때는 골이 전혀 안 나오기도 한다. 의도와 전략대로라면 골은 훨씬 더 많이 나와야 한다.

그런데 밖에서 보는 해설자와 관중들은 어떠한 의미와 전략이라는 알고리즘으로 분석하고 비판한다. 그러나 그 속에 선수들은 순간만 있다. 그렇게 하고 싶다고 그렇게 되는 것도 아니고 혼돈과 우연들이 겹치면서 골이 나오기도 하고 아무리 애를 써도 골이 안 나오기도 한다. 물론 기술, 전략과 의도가 필요 없다는 것은 아니다. 그러나 그것만으로 게임을 풀어내는 것은 아니다. 그것들이 혼돈이라는 복잡성 속에 녹아들어 복잡성이 게임을 만들어가는 것이다. 이를 즐기는 것이 스포츠이다. 이것이 정치와 사회인 것이다. 프랑스는 이렇게 흘러온 것이었다.

사소하고 우연한 것이 미래를 결정한다

그들은 게임에서 이기기도 했고 무참하게 패배하기도 했다. 그들은 그렇게 살아가고 있었다. 과거에는 그런대로 강력한 중앙집권적 힘인 알고리즘으로 통제하였으나, 대혁명 이후는 그러한 힘이 사라지고 민주주의와 자본주의에 의해 움직이다 보니 결국 혼돈의 법에 의해 사회가 움직일 수밖에 없었다. 국소적이고 단기적으로는 알고리즘의 법이 작동되는 것 같지만, 광역에다 장기적으로 보면 어떠한 알고리즘으로 예측이 불가능하다. 이는 마치 일기예보와 같다. 그리고 주식 변동과도 같다. 그 어떠한 알고리즘으로, 가장 고용량의 전산으로도 광역과 장기적 시간의 변화를 예측할 수 없다. 이것이 복잡성이 지배하는 세계이고 정보처리의 결과인 것이다.

그래서 철학자들과 예술가들은 이러한 본질을 통찰하여 초현실과 해체주의를 주장하는 것이다. 이러한 사회가 포스트모더니즘 사회이다. 이제는 인간의 의지와 지식이 변화의 중심 역할을 할 수 없다. 나중에 결과를 보고 어떠한 설명을 할 수는 있지만, 그 이전에는 누구도 예측할 수 없다. 언제 인류의 종말이 올지 알 수 없다. 인류가 그 무시무시한 전쟁을 어떻게 예측할 수 있었겠는가? 모두가 전쟁을 시작할 때는 이렇게 하면 단기전으로 간단하게 끝날 것으로 생각했다. 1차 대전, 2차 대전도 그러했다. 태평양전쟁도 그러했고 한국전쟁도 그렇게 시작됐다. 우크라이나 전쟁도 그렇게 시작됐다. 앞으로 인류가 어디로 어떻게 갈지 아무도 모른다. 핵폭탄이 언제 어떻게 터질지 누구도 통제할 수 없다. 아주 사소하고 우연한 일들에 의해 종말이 올지 모른다. 이것이 세상의 작동 방식이다.

　이러한 혼돈 속에 살아가야 하는 것이 인류이고 인간이다. 그렇다면 인류는 어디로 가야하는가? 계속 혼돈과 초현실적인 세상에서 살아가야 하는가? 의식은 무익하고 무의식의 혼돈과 복잡성이 지배하는 사회에서 살아야 하는가? 그렇지만 인류는 지금까지 나름의 발전과 질서를 만들어왔다. 나름의 창조적 진화를 해왔다. 그렇다면 이것이 어떻게 가능하였을까? 복잡성 속에 있는 내재적 질서는 어디에서 나오는 것인가? 자연은 복잡성으로 작동하면서도 어떻게 질서를 유지하는가? 몸 역시 복잡성 이상의 정보로 움직이는데도 생명의 질서와 조화를 유지하고 있다. 이를 과학자들은 아직 정확하게 알지 못하고 있다. 그러나 희미하게는 그 가능성에 대해 이해하고 있다.

복잡성의 질서는 어떻게 나오는 것인가?

통찰력 있는 인문학자들은 이러한 과정을 이미 설명한 바 있었다. 베르그송이 창조적 진화를 통해 이를 설명한 바 있었다. 그는 과거 기억이나 순수기억이 접힘 즉 존재적 잠재태로 닫혀 있다가 현실 즉 물질의 이미지들과 접촉하며 현실태로 펼쳐지면서 창조적 진화가 일어난다고 했다. 이를 정보이론으로 설명하면 잠재태를 고차적 차원의 정보로 현실태를 저차의 정보로 볼 수 있을 것이다.

　라이프니츠Gottfried Wilhelm Leibniz(1646~1716)도 비슷한 이야기를 했다. 그

는 단자론을 통해 초월세계가 어떻게 물질계로 변환되는지를 설명했다. 그는 고차적 신성과 저차적 물질이 만나는 것을 설명하기 위해서 단자라는 개념을 도입했다. 그는 만일 신성과 물질을 연결하는 매개가 있다면 그것이 단자일 것이라고 가정했다. 단자는 물질을 구성하는 기초이기 때문에 실재하는 것이다. 그러나 물질과는 다르다. 단자는 더 이상 나누어질 수 없고 외부에서 들어갈 수 있는 창이 없다고 했다. 밖에서는 영향을 줄 수 없지만, 단자를 통해 밖의 물질계에 영향을 줄 수 있다. 단자는 내부적으로 어떠한 내용과 정보가 있고 더 높은 차원 즉 신성과 연결되어 있어 이를 통해 신성과 물질이 교류할 수 있다.

단자는 실재하는 것이기에 이를 물리학적 실체로 본다면 가장 가까운 것이 양자일 것이다. 양자는 물질을 이루는 기초이지만, 저차적 정보로는 들어갈 수 없는 존재이다. 그러나 그 안에 정보가 있고 더 이상의 초월적 차원과도 연결되는 것으로 생각하고 있다. 그래서 양자를 단자처럼 초월세계와 물질세계를 연결할 수 있는 매개로 생각할 수 있다.

라이프니츠는 단자가 두 세계를 연결하는 것을 접힘의 주름과 펼침으로 설명했다. 접힘과 펼침은 결정론적인 과정이 아니다. 고차적인 정보로 접히기 위해서는 저차적인 정보가 해체되어야 한다. 그리고 고차정보가 펼쳐지는 과정도 저차적인 정보로 직접 드러나는 것이 아니라 해체적인 정보로 저차정보에 영향을 준다. 그래서 이 주름의 과정은 저차적이지 않고 고차적인 해체정보로 작동한다. 그래서 해체철학자인 들뢰즈는 이러한 주름과정을 그의 해체철학의 출발점으로 삼았다.

이러한 주름과정을 물리학적으로 설명한 과학자가 있다. 아인슈타인의 제자이기도 한 유명한 봄David Joseph Bohm(1917~1992)이라는 물리학자이다. 그는 고차적인 세계가 저차적인 물질세계에 어떻게 영향을 주는지를 설명하면서 고차적인 세계를 전체이면서 내포적implicate 질서라고 했고 물질세계를 외연적explicate 질서라고 했다. 내포적 질서로서의 접힘과 외포적 질서로서의 펼침이라는 전숲운동holomovement을 통해서 고차적 세계와 저차적 세계가 교류하며 서로의 질서를 유지한다고 했다. 이는 라이프니치와 들뢰즈가 말한 주름운동과 같은 개념이다. 그리고 베르그송의 잠재태와 현실태의 결합과도 같은 개념으로 볼 수 있을 것이다.

고차정보가 저차정보로 드러나는 과정

우주적 양자가 인간의 의식과 어떻게 접촉하는지를 좀 더 구체적으로 설명한 물리학자가 있다. 유명한 양자물리학자인 파울리Wolfgang Ernst Pauli(1900~1958)와 하이젠베르크Werner Karl Heisenberg(1901~1976)와 같이 연구한 바 있는 스태프Henry Pierce Stapp(1928~)란 물리학자이다. 그는 첫째 과정으로서 우주의 참여자로써의 인간의 선택과정이 있다고 했다. 이를 '하이젠베르크의 선택'이라고 했는데, 그 이유는 하이젠베르크가 양자역학에서 이 선택을 강조하였기 때문이다. 이 과정을 통해 뇌의 의식과 양자정보가 자연의 양자정보에게 선택적 질문을 한다. 이는 뇌의 양자정보와 자연의 양자정보가 결합하는 과정이다. 다음 과정이 양자정보가 인간의 뇌로 고전역학적으로 반응하는 것이다. 이는 슈뢰딩거Erwin Schrodinger(1887~1961)의 방정식에 따라 인과적이고 결정론적인 계산을 통해 진행된다. 이를 뇌의식이 선택한 것에 대한 자연의 반응으로서의 선택과정으로 볼 수 있다. 이를 '디랙Paul Dirac(1902~1984)의 선택'이라고도 한다. 처음에는 가까운 양자들끼리 국소적인 반응을 하다가 점점 광역으로 확장된다.

그다음 세 번째 과정은 제일 과정에 대한 자연의 반응으로써 자연의 양자가 붕괴되는 과정이다. 뇌의 질문에 대한 자연의 실제적인 반응이 표현되는 과정이다. 그런데 이 과정은 불확정과 불연속적이면서 확률적인 정보로 표현된다. 해체적인 정보이고 우연적 암호로 나타나는 것이다. 이러한 자연붕괴의 정보는 뇌와 몸의 복잡성 정보로 들어가 생물체의 정보처리에 참여하게 되는 것이다. 이 과정을 통해 암호가 해독되고 질서와 알고리즘의 저차적 정보로 나타나는 것이다.

이것이 앞서 설명한 베르그송과 라이프니츠가 말한 고차정보가 저차정보로 펼쳐지는 과정을 양자물리학적으로 설명한 것이다. 양자의 세계가 곧 고차적인 모든 세계라는 것은 아니다. 양자 이상의 물질적 세계에 대해서 아직 과학적으로 입증된 것은 없지만, 여러 가지 가설이 있다. 양자는 적어도 그 이상의 초고차적 차원과 인간의 고전적 저차원과를 연결하는 경계가 되는 것은 사실이다. 앞서 말한 것은 양자가 인간의 고전적 세계와 어떻게 접촉하는지를 설명한 것이고 그다음은 양자가 더 초고차적 세계와 어떻게 관계하는지를 설명할 필요가 있다.

현대물리학의 최전선은 양자이다. 양자도 그 본질을 아직 모르는데 그 이상을 가정하고 상상한다는 것은 과학적으로는 아직 불가능하다. 그러나 많은 학자가 이에 대해 수학적으로 접근하여 가설을 세우고 있다.

그 하나의 가설이 초끈이론이다. 이 이론에서는 초끈의 진동을 통해 다양한 입자가 형성된다고 했다. 또 다른 가설은 양자중력 가설인데 양자중력에서는 고리loop나 스핀 네트워크가 다양한 관계를 통해 만드는 매듭을 통해 시공을 창출한다고 이야기한다.

또 하나의 가설은 양자장과 진공에 대한 이론이다. 진공은 아무것도 존재하지 않는 무에 가까운 상태이나 우리가 알 수는 없지만, 양자장이 끊임없이 요동치면서 가상 입자가 쌍생성과 쌍소멸을 하는 곳이다. 이러한 양자 진동을 통해 진공 속에 있는 또 다른 초양자적 세계와 교류할 수 있는 가능성이 있는 것이다. 아마도 이 양자장과 진공이 초월적 세계와 접촉할 수 있는 가장 가능성이 높은 공간이 아닌가 생각된다. 그래서 이를 통한 가설들이 적지 않게 제시되고 있다.

그중에 흥미로운 가설은 하이데거Martin Heidegger(1889~1976)의 초월적 존재와 현존재의 관계를 이러한 양자장 이론으로 설명하는 것이다. 하이데거의 존재와 현존재의 관계도 앞서 설명한 베르그송이나 들뢰즈의 사상과 유사한 면이 있다. 하이데거의 존재는 탈근거der Abgrund로서 보이는 것으로는 근거가 없는 잠재태와 같은 것이다. 초월적 존재인 것이다. 그러나 탈근거이지만 그 안에서 끊임없이 어떠한 사상事象Sache 혹은 사건이 발생한다. 이를 생기生起 Das Ereignis라 한다. 그러나 이러한 것은 은폐되어 있어 알 수 없지만, 결국 보이는 현존재dasein로 드러난다. 이 드러남의 과정은 일방적이거나 수동적으로 일어나지 않고 조율의 과정을 거친다. 이 과정을 은폐와 드러남의 사이das Zwischen라고 한다.

인간이 뇌에서 이러한 존재와 현존재를 어떻게 인식할 수 있는지를 철학자이면서 정신의학자인 그로버스Gordon Globus(1934~2022)가 설명한 바 있다. 뇌에서 존재를 구체적으로 인식할 수는 없지만, 막연하게 사이로 인식할 수 있다. 이러한 탈근거를 시공전의 초양자 상태 혹은 양자장의 진공으로 볼 수 있는 것이다. 여기에서 일차적인 양자장이 형성된다. 이를 생기라고 할 수 있을 것이다. 이 양자장은 에너지가 거의 제로의 상태이며 대칭을 이루고 있다. 이를 일차 양자뇌역동 상태라고 한다.

그런데 여기에 자극이 오게 되면 대칭이 깨어지면서 비대칭의 보손응집체boson condensation가 형성된다. 이것이 뇌에서 기억과 연결된다. 이는 베르그송의 기억 형성과정도 유사하다. 기억은 다시 지금의 환경정보와 연결되면서 두 정보가 이산離散dissipation 상태를 이루며 상호 정보처리를 한다. 이 과정을 하이데거가 말한 사이에서 일어나는 조율의 상태라고 볼 수 있다. 이를 이차 양자뇌역동 상태라고 한다. 환경정보는 다시 대상과 뇌의 자기 정보로 나누어지면서 기억과 함께 세 종류의 정보 상태가 형성된다. 이 정보들은 양자장에서 쌍반응을 하는데 각각의 정보들이 진공을 사이에 두고 쌍생성과 쌍소멸을 하면서 진공과 교류한다.

이러한 조율을 통해 사이가 형성되면서 결국 현존재로 드러나게 되는 것이다. 이것이 뇌에서 초월적 진공인 존재와 양자 정보들이 양자장에서 어떻게 반응하며 현존재를 형성해가는 지를 설명하는 물리학과 뇌과학적 설명이다. 이를 설명하는 것은 이것이 나중에 설명할 해체철학과 초월세계와의 접촉을 설명하는 중요한 과학적 근거가 되기 때문이다. 이처럼 인간의 양자정보와 초월적 양자정보가 접촉하여 새로운 창조적 진화와 생성을 이루어갈 수 있는 가능성을 다양한 근거를 통해 살펴볼 수 있었다.

현대미술과 영성의 만남

혼돈 가운데 있는 현대 프랑스가 가야 할 길은 무엇일까? 물론 이는 프랑스만의 문제는 아니다. 프랑스는 인간을 가장 먼저 찾아가고 있기에 프랑스가 이를 풀어주기를 바라는 뜻에서 이를 질문해보는 것이다. 희미하지만, 여러 곳에서 그러한 희망이 나타나고 있다. 그러나 거대한 담론으로 나타나고 있는 것은 아니다. 사람들의 아주 작은 몸짓이다. 이러한 몸짓이 모여 새로운 시대를 열어갈지도 모르기에 이러한 작은 것들을 모아 불씨를 살려보려고 한다.

그것은 현대미술 속에서 일어나는 작은 사건들이다. 미술은 시대를 가장 앞서가는 인간발달의 최전선이다. 미술은 저차정보를 벗어나 고차정보를 실현하려고 하는 시대의 선각자들의 몸짓이다. 현대 미술가들은 앞서 말한 복잡성정보와 양자정보의 만남을 시도한 선각자들이다. 인간이 만날 수 있는 가장 초고차정보가 신성과 영성이다. 인간이 상상할 수 있는 가장 초고차를 우리는 전통적으로 신이라고 했기 때문에 신으로부터 모든 정보가 나온다고 가정해보는 것이다. 이는 우주가 빅뱅에서 모든 에너지, 물질과 정보가 나왔다는 것과 비슷하다. 신성을 도입한다고 다시 중세의 종교로 회귀하자는 것은 아니다. 최첨단의 현대물리학으로 신성을 재해석해보는 것이고 현대미술에서 이러한 만남을 시도해보려는 것이다. 인간을 바로 알기 위해 우리에게 일어나는 모든 현상을 현대적 언어로 재해석해보려는 것이다.

　현대 물리학자들이 우주 물질의 기원을 설명하는 길이 앞서 말한 진공과 양자의 쌍반응, 양자중력, 초끈이론 등이다. 이러한 이론은 수학적 이론이지 아직 실험으로 증명된 바는 없다. 실험으로 규명된 것으로는 최소단위는 양자이다. 양자로 물질의 표준모형을 설명하는 것이다. 양자 이상의 초고차적 차원이 있다는 것을 상상은 하지만, 이를 증명할 수 없기에 과학자마다 이러한 차원을 부르는 이름이 다른 것이다. 인간은 이러한 초고차적 차원을 전통적으로 신성의 영역으로 불러왔기에 이 글에서도 이를 수용하여 신성과 물리학을 연결해보려는 것이다. 그래서 물리학의 가장 초고차적 차원을 신성으로 보자는 것이다. 물론 신앙적으로는 신성은 물질 이상의 차원을 말하지만, 여기서는 데카르트가 이원론을 넘어서 초고차적 상태에서 일원적 이원이 가능하지 않을까 하는 생각에서 이러한 시도를 해보는 것이다.

　물질이 초고차가 되면 이미 물질을 넘어서기 때문에 이를 신성으로 받아들여도 신성 자체의 본질에 문제가 되지 않고 또 신성과 물질이 불연속적으로 연속되기에 신성과 물질의 존재성과 관계를 설명하는데도 무리가 없을 것이다. 그리고 신성과 물성이 서로 교류할 수 있는 길도 열리기에 이를 받아들여 보자는 것이다. 이에 대한 더 자세한 설명을 원하는 경우 저자의 또 다른 저서인 '정보과학과 인문학'을 참고하기 바란다.

　초고차정보는 자신을 저차적인 세계로 내보낸다. 기독교에서는 이를 말씀이나 계시 등으로 표현한다. 이를 고차정보가 저차정보로 붕괴하는 것으로 설명할 수 있다. 정보가 저차가 되어야 인간이 이해할 수 있기에 이러한 과정은 필연적이다. 그런데 고차가 저차로 붕괴할 때 여러 문제가 생긴다. 그중 하나가 붕괴를 통해 원래의 정보를 상실하는 것이다. 그래서 인간은 원래의 정보를 다 이해하지 못하고 자기방식으로 이해하게 된다. 그래서 인간은 신을 그대로 만나지 못하고 자기의 수준만큼으로 만나는 것이다. 이를 방지할 방법이 없을까?

그래서 고차정보가 저차정보로 붕괴할 때 이를 방지하기 위해 다양한 방법이 동원된다. 여기서 이를 다 자세히 설명하기는 어렵지만, 우선 명확한 알고리즘은 피한다. 신성은 알고리즘이 아니기 때문이다. 물론 구약 성경에 보면 율법과 같이 명확한 알고리즘이 많이 등장한다. 물론 인간의 수준을 고려해서 그렇게 할 수도 있다. 그러나 다른 곳에 이러한 알고리즘을 해체하는 것도 동시에 모순적으로 등장한다. 그래서 신성을 알고리즘으로 접근하지 못하게 하는 것이다.

대신 다중적이고 모호하고 우연한 암호 같은 것이 사용된다. 그리고 퍼즐처럼 다 맞추어야 의미가 살아나는 방법을 쓰기도 한다. 그래서 성경을 통해 신의 뜻을 바로 이해하기가 쉽지 않은 것이다. 예술작품을 감상하듯이 다른 고차원적인 감동이나 느낌이 동반되어야 가능하다. 이를 성령의 감동이라고 표현하기도 한다. 이러한 복잡한 과정을 통해 신성의 초고차정보를 이해하고 받아들여야 한다. 그래서 신성은 예술작품 이상의 고차정보로서 받아들이고 통찰하는 것이 필요하다.

인간이 종교를 떠난 이유

그러나 인간은 신을 저차적인 정보인 종교와 율법, 전통, 권위와 조직으로 만들어버렸다. 가장 고차적인 신을 저차적인 인간의 것으로 만든 것이 종교의 타락이고 이러한 종교는 인간을 병들게 하고 억압하였기에 결국 인간은 신과 종교를 떠날 수밖에 없었다. 그래서 중세 이후 인간은 신을 떠나 인간의 길을 갔었다. 인간이 만든 저차적 종교로부터 해방된 것이었다. 종교개혁도 그러한 하나의 시도였다. 그러나 신교도 결국 구교가 간 저차의 길을 따라갔다.

프랑스가 가장 정교분리를 먼저 한 나라이다. 모든 공적인 세계에서 종교를 배제했다. 일반 교육에서도 종교를 배제했다. 유럽의 문명과 예술은 기독교에서 시작됐다. 그러나 인간이 신을 떠나면서 예술도 신을 떠나 인간을 표현하기 시작했다. 이제 인간은 신을 떠나 자기의 길을 한참 달려왔다.

그러나 인간이 신을 떠난 것은 초고차 정보로서의 신이 아니라 저차화된 종교로서의 신이었다. 그 이후 인간은 고차성을 추구하며 문명과 인격을 발달하여 왔다. 그렇다면 인간은 다시 신을 저차적인 종교가 아닌 초고차의 신으로 다시 만나는 것을 생각해보아야 한다. 그러나 인간은 그마저도 거부했다. 신성과 관계된 것이라면 알레르기 반응을 보이듯 어떠한 흔적이라도 거부했다. 특히 프랑스에서 이러한 반응이 심했다. 그래도 다른 나라에는 종교가 형식적으로도 남아있는데, 프랑스는 그러한 형식조차도 허용하지 않았다. 프랑스는 자신의 나라를 신을 그 어떠한 곳에도 다시 들여보내지 않는 철저한 인간의 나라로 만들었다. 그러나 아이러니하게도 그들은 기독교 문화재는 그대로 두고 이를 자랑하며 그 수입으로 살아간다.

물론 프랑스가 개인의 신앙을 억압한 적은 결코 없다. 그러나 개인은 국가의 영향을 받지 않을 수 없었다. 국가가 그렇게 하면 개인도 결국 점차 그렇게 되는 것이었다. 그렇지만 개인적으로 신성을 고차적으로 만나는 시도가 없었던 것은 아니었다. 특별히 신을 가장 먼저 떠났다고 생각한 미술에서 종교가 아닌 고차정보로서의 신을 만나려는 시도가 있었다. 과거 중세기를 지배하였던 저차적 신성과 종교로 돌아가는 것이 아니었다. 고차적인 미술이 초고차적 신성을 만나는 작업이었다. 이러한 시도는 프랑스부터 시작되었지만, 다른 나라의 미술가들에게도 시도됐다. 이를 소개하는 것은 고차로 발달한 인간이 초고차적인 신성을 다시 만날 수 있는 가능성으로 이야기하기 위함이다.

고흐의 그림에 나타난 영성

인상주의 대표적인 화가인 고흐와 고갱이 이러한 시도를 한 바 있었다. 고흐는 개신교 집안의 장남으로 태어났다. 아버지가 목사였다. 그리고 그도 한때 목사의 길을 갔지만, 좌절한 후 화가의 길을 갔다. 당시 개신교 역시 구교가 간 저차정보의 길로 갔다. 종교와 율법의 길이었다. 그가 아버지가 돌아갔을 때 그린 그림에서 이것을 잘 보여주고 있다. 그가 이때 그린 그림이 〈성서가 있는 정물〉이었다. 큰 성서가 책상에 놓여있었다. 이는 저차정보를 상징한다. 그 모퉁이에 작은 책 에밀 졸라의 〈생의 기쁨〉이 놓여있다. 이는 자기의 삶을 말한다. 신을 떠나 인간의 길을 간 프랑스와 자신을 의미했다. 생의 기쁨이란 인간이 스스로 고차적 삶을 추구하는 것을 의미한다. 종교에서 사랑이라는 고차성을 찾았지만, 이를 만나지 못하고 엄격한 저차정보로 눌린 자신을 찾기 위해 생의 기쁨인 파리와 미술을 찾아 나선 것을 표현하려는 것이었다.

그는 그림을 통해 고차적인 자연과 사랑을 찾았다. 그가 신에게서 찾으려는 고차적인 사랑이었다. 이 길을 찾아가는 그는 연약하고 외로웠다. 세상은 그를 이해해주지 못했고 집에서도 버림받은 자식이었다. 동생 테오가 유일하게 이해해주고 지지해주었다. 그는 이를 지지해주고 도와주는 모성을 그리워했지만, 신과 부모로부터 이러한 지지를 받지 못하였고 동생이 그의 유일한 모성이었다. 그림이 팔리지 않고 생활비와 적지 않은 물감 재료값을 대어주는 동생에게 늘 미안해했다. 그래서 그는 끊임없이 자신을 지지해줄 모성적인 사랑을 추구했다.

그래서 그는 자연과 태양이 있는 남프랑스로 갔다. 험악한 파리보다 그곳에서 그가 찾는 모성을 더 가까이 만날 수 있을 것으로 기대했다. 그리고 화가 공동체를 꿈꾸며 자기와 같이 어려운 고갱을 초청하여 같이 지내기도 했다. 거기서 그가 갈망하는 모성을 노란색으로 강렬하게 표현했다. 그의 집도 노란색으로 칠했다. 그리고 거기서 종교화를 그렸다. 한동안 잊었던 기독교를 주제로 그림을 그렸다. 기독교와 사랑으로 화해하는 그림들이었다. 그가 마음으로 찾은 자연의 사랑을 종교적 주제로 그린 것이었다. 저차적 종교화가 아니었다. 그의 마음을 표현한 고차적 신성이었다.

그는 자화상을 노란 얼굴로 그렸다. 그를 수도승처럼 묘사했다. 그리고 그가 그린 종교화에서 노란색이 많이 등장했다. 〈피에타〉에서는 죽은 예수를 노란색으로 그렸다. 그리고 예수라고 볼 수 있는 〈선한 사마리아 사람〉에서도 그를 노란색으로 그렸다. 그리고 〈오베르 성당〉에서 성당으로 가는 길을 노란색으로 그렸다. 〈나사로의 부활〉에서는 그림 대부분이 노란 바탕이었고 특히 부활의 생명과 사랑을 상징하는 해와 하늘을 진한 노랑으로 그렸다. 그가 신과 사랑으로 화해하는 마음을 이렇게 그의 화폭에 담고 있었다. 그 매개는 모성이었다. 그가 자연에서 만난 모성을 과거의 신과 화해하는 매개로 그린 것이었다. 그의 갈망이고 소원이기도 했고 실제 그가 경험한 세계이기도 했다. 이처럼 고차원적 무의식에서 신을 만나는 경험을 인상주의 그림으로 표현한 것이었다.

고갱이 찾은 영성

한때 고흐와 함께 살았던 고갱도 비슷한 그림을 그렸다. 고흐가 고갱을 특별히 초청한 것은 그와 공유하는 내면이 많았기 때문이었을 것이다. 고갱은 결혼하여 자식도 있었지만, 가족을 버리고 홀로 미술을 시작하여 생활고와 외로움 겪고 있었다. 그리고 고흐는 고갱과 신앙적 대화도 하였을 것으로 생각된다. 같이 지내는 동안 고흐와 함께 고갱도 의미 있는 종교화를 그렸다.

고갱이 그린 종교화는 〈설교 후의 환영: 천사와 싸우는 야곱〉, 〈황색 그리스도〉, 〈자화상〉과 〈겟세마네 동산의 그리스도〉 등이 있었다. 고갱의 경우도 고흐처럼 저차적 종교화가 아니고 고차적인 내면과 삶을 표현하는 그림이었다. 그림의 내용을 보면 적어도 고갱과 고흐가 신에 대해 서로 적지 않은 대화를 나누고 영향을 주고받은 것으로 생각된다.

〈설교 후의 환영〉은 그가 고흐와 남프랑스 아를로 떠나기 직전 거주했던 브르타뉴에서의 신앙적 경험을 그렸다. 그의 종교적인 갈등을 볼 수 있는 그림이었다. 고흐가 〈성경이 있는 정물〉에서 그의 신앙적 갈등을 묘사했듯이 고갱도 비슷한 갈등을 그렸다. 자신의 삶과 신앙은 처절한 싸움인데(야곱의 싸움처럼) 대부분 신앙인은 환상으로만 접근하고 있는 것에 대한 불만을 그린 그림이었다. 삶의 바탕은 피가 튀는 듯한 처절한 붉은색으로 한 것으로 보아 그의 삶은 늘 아픔과 눈물의 붉은색이었다. 그러나 교회에서는 삶을 이길 수 있는 실제적인 힘을 주지 못한 것에 대한 아쉬움으로 이를 그리지 않았나 생각된다.

그다음 그는 고난의 십자가 예수에 대해 그림을 그렸다. 십자가의 배경은 여전히 브르타뉴이고 그곳의 여인들도 나온다. 이렇게 고통하는 자신을 위해 예수가 십자가에 달린 것을 그렸다. 고흐처럼 예수를 사랑의 노란색으로 했지만, 밝은 노랑은 아니고 어두운 황색이었다. 예수를 자신과 거의 동일시한 것이었다. 자신의 신앙적 갈등과 어려운 내면과 삶을 표현한 종교화였다. 그의 신앙적 갈등은 그의 자화상에 잘 나타난다. 그는 오를레앙의 신학교 부설 가톨릭 학교를 5년간 다녀 신앙적인 지식과 깊이가 상당히 있었다고 볼 수 있다. 그러나 현실에서는 신앙적인 갈등이 많았다. 무엇보다 자신에 대한 정체성의 혼돈이 있었다. 자신이 아담의 후손으로서 죄인인지 구원받은 하늘의 아들인지 이러한 혼돈을 그의 자화상에 잘 표현해주고 있다. 그는 이에 대한 답을 찾기 위해 그림을 그렸고 자연을 찾았다.

그의 그림 〈겟세마네 동산의 그리스도〉에서 그의 갈등이 절정에 이른다. 그는 왜 이런 종교화를 그렸을까? 예수의 겟세마네 동산의 고뇌를 자신의 고뇌와 갈등에 투사하여 그린 것으로 보인다. 예수는 십자가의 고통에서 그가 자유할 것인가? 아니면 그 십자가를 질 것인가로 고뇌했다. 그리고 그림에 나오는 제자들도 고뇌했다. 가룟 유다처럼 예수를 떠날 것인가? 끝까지 따를 것인가? 이 그림의 가운데는 십자가가 서 있고 이 십자가를 중심에 두고 고뇌하는 예수와 인간의 모습이 나온다.

고갱의 삶은 떠남의 삶이었다. 그는 태어나자마자 부모와 함께 칠레로 이민을 떠났다. 도착하자마자 아버지가 세상을 떠났다. 그리고 어머니도 다른 남자를 만나 떠났다. 그리고 그는 고아가 되어 프랑스로 돌아왔다. 그러다 결혼을 하여 자식을 낳았지만, 그는 그림을 그리기 위해 가족을 떠났다. 자신을 비롯하여 주위의 중요한 사람들은 다 떠나고 말았다. 그에게는 분리불안이 크게 있었다. 그러나 가족을 책임지는 고통을 감당할 수 없어 그는 그들의 부모처럼 가족을 떠나고 말았다. 그는 부모를 반복했다. 다시 돌아갈 수도 없었다. 그는 가족을 배신하였기에 자신을 배신한 제자로 생각하였을 것이다.

그리고 그는 다시 떠나야 했다. 그를 그렇게 붙드는 고흐를 두고 그는 떠나야 했다. 이러한 떠남의 갈등과 고뇌를 그린 것이 바로 이 그림이었다. 인간의 배신과 떠남의 고통을 대신 짊어지고 이를 떠날 수 없는 예수의 머리를 온통 붉은색으로 칠했다. 고통의 절정으로 표현한 것이었다.

자신도 제자처럼 떠나야 했다. 이런 이야기를 고갱은 고흐에게 이야기하였을 것이고 고흐도 이 그림을 보았을 것이다. 그런데 고흐는 자기를 떠나겠다는 고갱의 이야기를 듣고 자신의 귀를 잘라버렸다. 이 사건은 베드로가 예수를 따르겠다고 소리치며 대사제 종의 귀를 자른 것과 같은 사건이었다. 베드로는 겉으로는 자신은 배신하지 않으려는 용기를 표현한 것이지만, 무의식으로는 예수가 자신들을 두고 십자가로 떠나는 것에 대한 두려움과 분노를 표현한 것이었다. 이를 통해 자신의 두려움과 분노를 방어하고 감춘 것이었다. 고흐 역시 고갱이 그를 떠나는 것에 대한 불안과 분노를 자신의 귀를 자름으로써 표현한 것이었다. 이처럼 이 그림은 그들의 격렬한 내면적 아픔과 투쟁을 담고 있는 것이었다. 베드로는 대사제 종의 귀를 잘랐지만, 고흐는 자신의 귀를 자른 것이었다. 사랑의 상실에 대한 분노였고 버림받음의 자해였다.

고갱은 압박하는 것으로부터 더 깊은 자유를 얻기 위해 타히티섬으로 떠났다. 그곳에서 그는 그가 찾던 신적 모성을 찾았다. 고흐가 갈망하였던 모성을 그도 이 섬에서 찾게 됐다. 그래서 그의 그림은 모성에 대한 그림으로 변하게 됐다. 그는 타히티섬에서 〈마리아를 경배하며〉 풍요로운 자연과 여성들 속에서 그가 찾던 모성을 그리며 마리아가 잉태한 새생명을 그림에 담았다. 그리고 그는 〈신의 아들〉에서 원주민 여인이 신의 아들을 낳은 것을 그렸다. 이 그림은 묘하게도 마네의 유명한 그림 〈올랭피아〉를 닮았다. 이 그림에 올랭피아 창녀의 모습과 고양이가 그대로 나온다.

문명사회의 종교가 아닌 그들 속에 있는 신적 모성과 생명을 그렸다. 이 그림에 마구간이 나오는데, 이는 그리스도가 원시적인 흑인들의 삶 속에 성육신한 것으로 묘사했다. 신적 모성은 모든 것을 포용하고 수용하는 마음이었다. 이처럼 그는 삶과 자신의 내면에서 만난 고차적인 신과 생명을 그의 그림에 담은 것이었다. 그리고 그는 그곳에서 그의 모든 삶과 신앙 그리고 인류의 문명을 정리하는 듯한 그림인 〈우리는 어디서 왔으며, 누구이며, 어디로 가는가〉를 그렸다. 인간이 선악으로 나누어 놓은 모든 것을 연결하고 하나가 되게 하는 선지자적 통찰로 그린 위대한 그림이었다. 그가 찾던 진정한 자유가 그 그림 속에 있었다.

샤갈과 루오에서의 고차적 영성

샤갈Marc Chagall(1887~1985)은 러시아 태생의 유대인이다. 그러나 그는 1923년 공산주의를 피해 파리로 왔다가 파리가 독일에 함락되면서 1941년 미국으로 망명했다가 2차 대전 후 다시 프랑스로 돌아와 작품 활동을 했다. 그래서 그를 프랑스 화가로 보아도 무방할 것이다. 그는 나치의 박해로 죽어간 유대인의 고통과 고뇌에 참여하며 이를 종교화로 표현했다. 그는 고통받은 유대인을 예수로 표현했다. 그 그림에는 나치가 저지른 만행을 사면四面을 돌아가면서 서사적으로 그리고 그 중심에 예수의 십자가를 두었다. 그 고통과 만행의 중심에서 십자가에서 죽어가는 예수와 유대인을 중첩시켰다.

유대인의 죽음에도 신은 침묵하였고 예수의 죽음에도 침묵했다. 하얀

색은 바로 침묵을 의미하는 것이었다. 예수의 표정도 유대인의 고통에 분노하지도 않고 조용히 눈을 감고 있었다. 이것이 흰색 십자가의 의미인 것이다. 이는 종교화가 아니고 당시 유대인의 내면과 고뇌와 신에 대한 원망을 그대로 표현한 그림이었다. 신이 살아있다면 어떻게 이런 참혹한 일이 일어날 수 있는가? 예수의 의미는 무엇인가? 그러나 예수도 그러한 죽음을 당했다. 그러나 이 그림은 비탄과 원망과 좌절로만 끝나지 않았다. 십자가 밑에 성소의 7 촛대를 후광과 함께 그림으로 부활과 사랑에 대한 소망을 잊지 않았다. 화가의 고차적인 고통을 고차적인 그림으로 표현한 것이었다.

또 다른 프랑스 화가로서 루오 Georges-Henri Rouault(1871~1958)가 있다. 그는 야수주의 화가로 활동하였지만, 그는 그리스도의 사랑을 체험하고 이를 붓으로 표현함으로 그에게 헌신하려고 했다. 종교화만이 아니라 그는 모든 그림을 통해서 그리스도의 사랑을 표현하려고 했다. 그 사랑은 종교적인 것이 아니었다. 창녀, 광대와 같이 소외되고 버림받고 작은 자들 속에 있으며 그들을 섬기고 대신하는 사랑을 그림을 통해 표현하였다. 그리고 그들을 압제하는 가진 자와 부유한 자들을 비판하는 그림을 그리기도 했다. 이러한 그의 그림은 해체철학과 벤야민 철학과 같은 흐름의 그림으로 볼 수 있을 것이다. 저차적 사회에서는 작은 자는 버림받고 변두리이지만, 고차적인 복잡성과 양자정보에서는 아주 소중한 존재이다. 그는 이를 그림으로 표현한 것이었다.

달리의 초현실에서의 초월성

초현실주의 대표적인 화가인 살바도르 달리Salvador Dali(1904~1989)는 스페인 출신이지만, 중요한 시기를 파리에서 작품 활동하였기에 역시 그를 프랑스의 화가로 보아도 큰 문제는 없을 것이다. 그는 초현실주의 화가이기에 종교와 아주 무관하든지 종교를 해체하고 배격한 화가로 생각하기 쉽다. 그러나 그는 특히 말년에 종교성이 강한 그림을 적지 않게 그렸다. 초현실주의 화가와 종교의 만남의 의미는 무엇일까? 현대문명에 시사하는 바가 결코 적지 않다. 그는 의식이 지배하는 현실에서는 인간의 답을 얻을 수 없었다. 그래서 그는 무의식의 초현실로 들어가 그 속에서 답을 찾으려고 했다. 놀라운 초현실적 작품을 무수하게 실험했다. 그는 당대에 이룰 수 있는 것은 모두 이루었다. 현실에서 초현실을 이룬 것이었다. 그는 이제 나이가 들어가고 자신이 이룬 초현실의 현실도 붕괴해간다는 것을 의식하기 시작하면서 그는 새로운 도전을 했다.

초현실을 초월세계로 확장하는 것이었다. 그는 이를 불멸의 세계 곧 영원이라고 했다. 모든 것을 다 이룬 사람이 흔히 하는 그런 시도 중에 하나였을까? 그는 의외로 진지하게 이 작업을 초현실주의의 마지막 작업으로 진행했다. 그리고 그의 작품은 달라지기 시작했다. 그리고 그는 초기의 작품을 다시 새롭게 그리기도 했다. 초현실이 초월적 불멸의 세계로 뻗어가는 듯한 그림을 그렸다. 마치 유한한 지구에서 무한한 우주로 비행해가는 그러한 그림들이었다.

그는 놀랍게도 성경의 중요한 사건을 재해석하며 그의 그림에 담았다. 그는 〈십자가의 책형〉이라는 그림을 그렸다. 예수와 한 인간이 서 있었다. 그 인간이 누구이든 그 인간은 노란색을 걸치고 있다. 고흐에서는 노란색이 모성의 사랑이었지만, 이 그림에서 노란색은 배신을 의미했다. 달리의 다른 그림인 〈최후의 만찬〉에서는 제자 중 가룟 유다만 노란 옷을 걸치고 있었다. 그래서 십자가 앞에 서 있는 자는 유다일 수도 있고 현대인일 수도 있고 자신일 수도 있었다. 그가 십자가의 구원을 바라보는 것이다. 그런데 그는 예수와 십자가를 우주인처럼 공중에 떠 있는 것으로 그렸다. 영원한 우주와 초월을 바라보는 그의 마음일 것이다.

그리고 〈최후의 만찬〉에서도 예수의 배경은 다락방이 아니고 우주선 같았다. 부활의 몸이 하늘에 떠 있다. 그리고 초월을 향한 그의 대부분 그림은 이처럼 하늘과 무한 공간인 불멸을 향해가고 있었다. 이처럼 그는 초현실과 초월을 기독교의 메타포를 통해 시도하고 있었다.

피카소와 뭉크의 비종교적 영성

피카소 Pablo Picasso(1881~1973)는 무신론자에다 기독교에 대해 비판적인 작가였다. 그럼에도 그는 〈십자가의 책형〉이라는 작품을 그렸다. 그가 이 그림에서 말하는 것은 인간의 야만적인 잔혹성 속에 십자가의 예수도 죽었다는 것을 선포하는 듯했다. 니체가 '신이 죽었다'라는 말과 거의 같은 뜻으로 받아들일 수 있는 그림이었다. 이 그림의 제목은 분명 십자가의 책형인데 그림에서는 예수를 찾아보기 어렵고 고통하는 인간들만 나와 있다. 그는 이처럼 입체주의를 통해서도 인간 속의 아픔과 좌절 그리고 분노를 십자가 없는 십자가로 표현한 것이었다.

　마지막으로 뭉크Edvard Munch(1863~1944)가 그린 〈골고다〉라는 그림이 있다. 그는 노르웨이 출신이고 파리에서는 활동하지 않았지만, 당시 유럽의 대부분 화가는 어떤 식으로든 파리의 미술 조류에 영향을 받지 않을 수 없었다. 그는 독실한 개신교 집안에서 자라났지만 이에 대한 반발이라도 하듯 그는 보헤미안적 삶을 살았다. 그럼에도 그는 늘 죽음의 공포와 불안 속에 살았다. 그의 유명한 그림인 〈절규〉속에 이러한 공포가 잘 나타나 있다. 그리고 그는 〈골고다〉란 그림에서 십자가의 보혈과 인간의 불안한 삶이 분리된 것을 그렸다. 이처럼 현대인의 고통과 불안에 영향을 주지 못하는 십자가와 예수를 안타까워하였던 것이었다. 그는 과거의 기독교적인 배경과 그의 보헤미안적인 삶이 십자가 안에서 연결되기를 갈망하였으나 이를 이루지 못한 그의 불안을 그림으로 표현한 것이었다. 이처럼 피카소와 뭉크는 비종교적인 내용을 영성적으로 표현했다.

　이처럼 어떠한 내용이든 저차적인 사회에서 소외되고 고통하는 현대인의 상황을 신성을 재발견함으로 이를 극복해보려는 시도들을 깨어있는 화가들을 중심으로 실험됐다는 것은 앞으로 인간이 나아갈 길에 대한 아주 중요한 점을 시사한다고 볼 수 있다. 고차적인 고통과 고차적인 신성이 만날 수 있는 길이 과연 열릴 수 있을 것인지? 과거의 저차적 종교로 가지 않고 본래의 고차성을 과연 현대의 예술과 사상이 어떻게 찾아 그 만남을 이루어 갈 수 있을지 계속 찾아보려고 한다.

해체철학은 어떻게 출현하였는가?

마지막으로 현대 사상, 즉 철학에서 이러한 시도가 어떻게 일어나고 있는지 알아보려고 한다. 현대철학의 최고봉은 현재로는 해체철학이다. 해체철학은 하루아침에 나타난 것은 아니었다. 근대 이후 서구철학은 지성과 이성의 철학이었다. 중세 이후 인간이 주인이 되는 문명이 시작되고 신을 대신할만한 것이 인간에게는 지성과 이성이었다. 이를 잘 개발하고 발전시켜 인간문명을 발달시켜나갈 수 있을 것으로 기대하였고 실제로 이를 통해 내적으로는 사상과 예술이 엄청나게 발달하였고, 외적으로는 프랑스 대혁명, 대항해시대와 산업혁명 등이 발달할 수 있었다. 이러한 발달의 근거와 기초가 인간의 이성이었는데, 이에 대한 회의가 19세기부터 시작됐다.

이성에 의해 억압되는 감정의 중요성이 대두됐다. 쇼펜하우어가 이성에 대한 비판을 시작했다. 그리고 니체가 이성에 대해 정면으로 맞서, 몸 이성과 감정 그리고 초인적 의지 등을 강조했다. 그리고 마르크스, 프로이트 등도 이에 가세했다. 그리고 예술도 고전주의에서 낭만주의, 사실주의로 발전하다가 모더니즘으로 발전하였다. 과거의 절대적인 표상과 표준적인 가치에서 개인의 인상, 감정, 상징과 표현을 중시하는 주관적 가치로 넘어갔었다.

그 이후 1, 2차 세계대전을 겪으면서 인간이 신봉하던 이성과 지성에 대한 회의와 비판이 더욱 거세어졌다. 실존철학과 프랑크푸르트학파가 이성을 비판하면서 그 대안으로 초월적 세계와 예술 등이 제시됐다. 그

후 이성을 더욱 적극적으로 비판하며 이성의 철학 자체를 해체해야 한다고 주장한 해체철학자들이 등장했다. 그리고 포스트모더니즘의 예술과 문화가 가세하면서 과거의 이성과 합리성이 중심이 되는 사회가 허물어지는 것 같았다.

정치와 경제도 민주주의와 자유 자본주의가 정착하면서 혼돈이 계속됐다. 그리고 새로운 전산, 사이버 세계, 정보 기술과 인공지능이 점차 사회와 인간을 지배하면서 인간은 어디로 어떻게 가야할지 모르는 혼란 가운데 빠지게 됐다. 과거 인간이 기대하고 의존하던 절대적 가치는 허물어지고 새롭게 등장한 것들 속에서 인간은 과연 어디로 가야 하는가? 해체철학은 이러한 인간의 사상의 최전선에 있기에 해체철학에서부터 이러한 질문을 시작해보려고 한다.

해체철학과 복잡성정보의 만남

해체철학을 여기서 자세히 설명할 수는 없을 것이다. 지금의 흐름에서 해체철학을 간단히 언급하고 이를 통해 인간이 나아갈 길에 관해 이야기해보려고 한다. 인간이 중요하지만, 인간은 불안정하고 유한했다. 그래서 인간은 더 안정적이고 영원하고 절대적인 무언가를 찾아 의지하려고 했다. 그것이 신이었다. 그러나 신은 기대한 만큼 의지의 대상이 아니었다. 그래서 강한 인간을 찾았다. 그것이 절대왕정과 봉건제였다. 그러나 그것도 허물어졌다. 이제 불완전하다고 생각한 인간을 서로 의지하며 살아야 했다. 그래도 인간에게서 의지할만한 능력은 지성과 이성이었다. 그런데 이는 의지할 만큼 완전하지도 선하지도 않았다. 인간의 감정은 더욱 불안정했다. 그래서 인간은 기존의 모든 절대적인 기준을 해체하지 않을 수 없었다.

이렇게 된 이유가 있었다면 과거의 것들은 어떠한 중심이 형성되었고 이것이 인간을 억압하고 통제하였기 때문에 결국 실패하였고 그래서 인간은 이를 거부한 것이었다. 신과 왕의 권위도 막강한 중심을 가지고 인간을 압박했다. 이성과 지성도 진리와 합리성이라는 중심이 생기기에 그 중심에서 벗어나면 소외됐다. 이를 통해 인간이 주인이 되는 것이 아니라 인간을 도와야 할 그것들이 주인이 되어버렸다. 해체철학은 전통적으로 내려온 문명과 학문 속에 있는 이러한 중심을 허물어뜨렸다. 해체철학은 중심이 없이 차이에 집중했다. 중심에 의해 동일한 것을 요구하고 압박하는 것이 아니라 서로 다른 차이로 자유롭게 망을 이루며 살아가야 한다는 것이 해체철학의 정신이었다.

이를 앞서 정보이론으로 설명했다. 과거의 중심이 있는 정보를 알고리즘 정보라고 했다. 알고리즘이 중심이 되어 모든 것을 통제하는 것이 과거의 삶과 사고방식이었다. 이를 통해 질서가 잡히고 안정을 찾을 수 있지만, 모든 것을 이렇게 통제할 수는 없었다. 억압에 대한 반발이 있었고 통제를 벗어난 곳에서는 무질서가 요동쳤다. 그리고 알고리즘도 절대적일 수 없었다. 스스로의 모순으로 허물어지고 권위를 상실하게 되니 더 큰 혼란에 빠지기가 일수였다. 자연과 사회의 대부분은 알고리즘으로 움직이지 않았다. 복잡성 정보로 작동되고 있었다.

복잡성에는 중심이 없다. 중심을 잡고 통제하거나 억압하는 주체가 없다. 모두가 서로의 차이로 망을 이루면서 혼돈 속에서 질서를 찾아가는 정보처리의 방식이었다. 중심도 없고 경계도 없다. 주인도 객체도 없다. 모두가 주인이다. 차이가 결과를 만들어간다. 인간의 뇌도 그렇게 움직인다. 몸은 더욱더 복잡성으로 움직인다. 이 원리를 따라 전산을 발전시킨 것이 인공지능이다. 인공지능은 중심이 없다. 학습하면 스스로 통계에 의해 그때마다 결과물이 나오는 것이다. 누가 중심에 서서 통제하는 세력이 없다. 모두가 참여하고 반응하는 그러한 사회인 것이다. 자연도 그렇게 움직인다.

그래서 복잡성을 해체이론 혹은 포스트모던이라고 할 수 있다. 복잡성은 과거 알고리즘적 사고로 보면 혼돈이지만 더 광역적인 질서를 이룬다. 알고리즘의 질서와 통제와 다른 내적인 질서와 자율적 통제가 있다. 그래서 이 과정을 무언가를 새롭게 만들어가는 생성이라고 할 수 있다. 진화 혹은 창조적 진화라고 할 수도 있다. 발달도 포함하는 것이다. 이렇게 될 것을 기대하는 것이다. 인간의 사회와 문명이 수많은 무질서와 혼돈을 겪고도 지금까지 그래도 발전해오고 진화한 것은 복잡성 내에 있는 이러한 힘 때문이다. 그래서 해체철학과 포스트모더니즘이 혼돈을 가져오지만, 더 큰 질서와 발전을 향해 갈 수 있을 것으로 기대하고 있다.

그래도 인간의 사회는 선악이라는 알고리즘으로 움직인다. 알고리즘은 단기적 그리고 국소적으로는 효과와 안정을 주지만, 광역과 지속성에서는 문제가 많기에 생존하는 법으로는 한계가 있다. 그래서 이 법의 힘만 의지하면 멸망하고 만다. 이러한 정보처리는 정보의 마지막 단계에 나타나는 현상이기에 별의 일생처럼 결국 종말을 맞는다. 알고리즘은 블랙홀 전단계의 현상이고 그래서 종국에는 그곳으로 떨어지게 되어있다. 성경에 선악과를 먹으면 정녕 죽으리라고 한 말처럼, 선악의 알고리즘은 멸망으로 갈 수밖에 없는 것이 과학의 법이다. 그런데도 인간은 멸망될 듯하다가 지금까지 생존하며 발달해왔다. 그 힘은 무엇이었을까? 그 상위의 정보인 복잡성이 멸망의 위기 때마다 나타나 구원해주었기 때문이었다.

해체철학과 영성의 만남

그렇다면 복잡성은 인간과 자연의 궁극적 구원이 될 수 있을까? 복잡성 정보처리의 단적인 예가 인공지능이다. 인공지능이 인류의 희망이 될 수 있을까? 인공지능의 능력이 막강하지만, 문제가 없는 것은 아니다. 복잡성에 의한 인공지능은 과거의 정보에 의한 지능이라는 것이 제한점이다. 인공지능은 물론 과거의 정보를 새롭게 활용하여 창의적인 것을 만들어갈 수는 있지만, 전혀 새로운 정보를 스스로 창출하지는 못한다. 과거 정보에서 벗어나는 돌연변이를 전혀 만들지 못하는 것은 아니지만 이것만으로 생물학적 진화에서 보이는 것과 같은 창의적 진화를 기대하기는 어렵다. 생물학적 진화에서도 과거의 유전인자만으로 돌연변이가 가능한 것인지 아닌지에 관해서도 적지 않은 논란이 있다. 그래서 최근에는 진화가 가능하기 위해서는 복잡성정보만으로는 부족하고 양자생물학의 도움이 필요하다고 한다. 그래서 최근에는 과거 진화론의 여러 문제를 양자 진화론이 해결해줄 수 있을 것으로 기대하고 있다.

그래서 복잡성 정보만으로 인간의 창조적 진화가 어려울 것으로 예측하고 있다. 인간의 삶에도 양자 진화론에서처럼 복잡성보다 한 단계 상위 정보인 양자정보가 개입되어야 할 것으로 생각하고 있다. 지금까지 인간을 구원해준 것이 겉으로는 복잡성이지만 그 차원만으로는 한계가 있다는 것이다. 알고리즘 정보를 복잡성이 구원해준 것처럼, 복잡성보다 한 차원 높은 정보가 개입해야 한다는 것이다. 그 상위 정보는 앞서 이야기 한 바 있는 양자정보이다. 그리고 양자정보도 궁극적 구원이 되지 못하고 그 상위의 정보 즉 초양자의 정보가 더 필요할지 모른다. 그러한 차원들의 교류에 대해서는 앞서 설명한 바 있었다.

그렇다고 양자컴퓨터를 만들어 인류의 문제를 해결해보자는 뜻은 아니다. 인간이 만든 양자컴퓨터가 과연 인공지능의 한계를 얼마나 극복할 수 있을지 아직 미지수이다. 그리고 앞으로 이를 제대로 활용하는데도 적지 않은 시간이 소요될 것이다. 인간이 양자정보를 활용하는 것은 반드시 양자컴퓨터를 만들어야만 가능한 것은 아니다. 이미 인간의 몸과 뇌 속에 양자정보와 컴퓨터가 있고 우주는 온통 양자컴퓨터로 작동되고 있기 때문에 인간과 우주가 양자로써 만날 수 있는 것이다. 앞서 이러한 가능성에 대해 스태프란 물리학자의 이론으로 설명한 바 있었다. 그리고 이러한 가능성이 이미 현대철학과 예술에서 실험되고 있기에 소개하려는 것이다.

이 책에서는 정보의 최상위를 신성으로 보았다. 우리가 영성이라고 말하는 것도 양자정보를 포함하기에 양자보다 더 높은 차원의 정보를 신성으로 볼 수 있는 것이다. 이제 복잡성 정보가 어떻게 양자정보와 접촉하고 교류하는지 살펴보려고 한다. 이것이 가장 활발하게 일어나는 영역이 예술, 문화와 영성의 세계이다.

모더니즘과 포스트모더니즘은 이미 알고리즘의 세계를 넘어 복잡성과 양자적 차원으로 들어가고 있다. 그리고 예술은 예술의 차원으로만 끝나지 않고 또 다른 고차정보인 영성과의 교류도 일어나고 있다. 앞서 현대미술에서 영성적 세계와의 교류를 소개한 바 있었다. 이제 현대 사상의 최전선인 해체철학에서 영성적 접촉이 어떻게 일어나고 있는지를 살펴보려고 한다. 이미 현대철학은 복잡성 차원으로 진입하였고 그 속에서 새로운 질서와 창조적 진화의 가능성을 찾아보려고 하는데 이를 위해서는 양자정보 이상의 영성과의 만남이 있어야 한다. 이를 시도한 선구적 학자들이 있기에 소개하려는 것이다.

이러한 시도를 과거의 알고리즘으로 복귀하는 것으로 의심해서는 안 된다. 신학과 영성도 고차원적 정보로 발달하였기에 고차원의 복잡성과 양자정보의 만남으로 시도하려는 것이지 결코 과거로 회귀하려는 것은 아니다. 물론 저차적 신학과 종교는 이러한 만남에서 제외될 것이다.

벤야민에서 해체성과 영성

그 시작을 발터 벤야민Walter Benjamin(1892~1940)으로부터 보고 그의 사상을 소개하려고 한다. 벤야민의 사상은 워낙 방대하고 복잡하기에 이 글에서 이를 다 다룰 수는 없을 것이다. 우리의 흐름에 맞는 방향에서만 그의 사상을 소개하려고 한다. 벤야민은 처음에는 이성비판을 주제로 삼았던 프랑크푸르트학파에 참여했다. 그러나 그는 유대인이어서 더 이상 독일에서 활동하기 어려워졌고, 또 이성비판이 새로운 알고리즘으로 등장하는 것에 대한 거부감을 느껴 파리로 갔다. 당시 파리는 유럽에서 가장 자유스러운 곳이었다. 그래서 그는 그곳에서 그의 사상을 프랑스적으로 더욱 발전시켰다. 해체철학이 당시 나온 것은 아니었지만, 파리의 분위기는 이미 해체적이었다. 문학과 미술에서 이미 해체성이 넘쳐나고 있었다. 그리고 파리라는 도시가 이미 해체적이었다. 그래서 그는 더욱 그의 사상을 해체적으로 발전시켰다.

그는 이미 중심적인 알고리즘을 해체하였고 우연하고 스쳐가는 대상에 집중했다. 그가 만나는 것들은 주로 버려지고 폐허되어가는 것들이었다. 선악을 추구하는 의식을 내려놓고 우연을 따라가는 무의식의 흐름에 집중했다. 그래서 사소하고 버려진 것들에 특별한 관심을 두었다. 그리고 이를 통해서 새로운 세계의 구원을 갈망했다. 프루스트, 보들레르, 카프카의 문학에 심취하면서 그들이 만난 사람과 사건을 파리의 다양한 도시 풍경에서 접하며 그 속에서 새로운 세계를 꿈꾸었다. 그가 만난 것은 과거의 전통적 아우라가 사라진 보잘것없는 복제품들이었고, 동일성을 상실한 채 경계에서 소외된 삶을 살아가는 사람들이었다. 그러나 그는 그곳에서 새로운 가능성을 찾았다. 그는 이 가능성을 메시아라는 영성적 세계와 연결했다.

공산주의는 소외된 작은 자들이 혁명을 통해서만 새시대를 열 수 있다고 했다. 그도 이러한 마르크스의 사상에 동조하였지만, 그는 혁명보다는 영성적 메시아를 꿈꾸었다. 그가 도입한 메시아는 유대교 전통의 종교적 알고리즘은 아니다. 그래서 그는 메시아 없는 메시아를 기다린다고 했다. 그는 해체적이고 고차적인 정보로서의 메시아를 말하고 있었다.

그가 말한 메시아가 무엇인지 살펴보자. 현대의 소외된 자는 선악의 알고리즘의 희생자이다. 강하고 부유한 자들에 의해 압제받고 희생된 사람들이 그들이었다. 그들의 몰락과 폐허는 현대사회 즉 선악의 폭력이 만든 죄악이었고 그들은 그 악의 희생물이었다. 당시의 대표적인 희생자들이 유대인과 집시였다. 벤야민 자신도 그 속에 포함되어 있었다.

선악의 폭력으로 희생된 자들을 신이 구원해야 했다. 유대인의 고통과 죽음에 신이 반응해야 했다. 신은 그의 선으로 악을 멸해야 했는데 신마저 그들을 버렸다. 이것이 신의 폭력이었다. 신은 약한 자를 구원한 것이 아니라 그들을 다시 버리는 폭력을 행했다. 신은 왜 이런 참혹한 폭력을 행하였을까?

과거 억압되고 소외된 자들이 그들이 주인이 된 다음, 그들도 동일한 폭력을 행사하였다. 프랑스 대혁명에서 이를 많이 보았다. 그들은 압제받았고 압제하는 중심세력에 대해 폭력으로 맞서 그들을 이기고 주인이 됐다. 을이 갑을 이기고 갑이 된 것이었다. 그러나 그들은 다시 갑을 반복했다. 과거 그들을 압제하고 폭력을 휘두른 자들보다 더 심한 폭력을 휘둘렀다. 고차정보가 저차정보로 붕괴된 것이었다.

그리고 공산주의 혁명도 그러했다. 소외된 그들이 주인이 된 다음 그들은 과거 자본가들 이상으로 폭력을 휘둘렀다. 선악에 소외된 자는 알고리즘이 깨진 자들이기에 어쩔 수 없이 고차정보가 된다. 그런데 그들은 폭력을 통해 다시 잃어버린 알고리즘을 회복하려고 했다. 고차성이 저차성으로 변하는 과정이다. 이런 사회로는 구원을 이룰 수 없다. 이성도 마찬가지이다. 이성이 저차적인 지성과 권위에 반발하지만, 이성도 다시 알고리즘이 되어 다른 인격을 억압하고 통제했다. 이를 반복하는 것이 사회이고 인간이다. 이를 반복하면 소수자, 차이가 진정한 복잡성과 양자적 고차정보로 들어갈 수 없다.

유대인들도 마찬가지였다. 그들은 메시아를 기다렸다. 예수가 나타났을 때 그들은 메시아로 환호했다. 그들이 원한 것은 압제 받는 자로서 로마에 대해 항거하고 자신들을 구원하기를 원했다. 그런데 신은 예수를 무참하게 십자가에 못 박았다. 이것이 신의 폭력이었다. 예수가 무력으로 그들의 나라를 이루는 것은 저차적 차원의 알고리즘으로의 환원되는 것밖에 되지 않는다. 그들이 고차로 올라가기 위해서는 예수가 죽어야 했다. 그래서 자신의 아들을 죽이는 엄청난 폭력을 행한 것이었다. 이것이 진정한 메시아였다. 벤야민이 기다린 메시아는 바로 신의 폭력에 희생된 자들이었다. 그들이야말로 저차적 사회의 멸망을 고차적인 사회로 구원할 메시아가 될 수 있기 때문이었다.

왜 작은 자가 메시아가 되는가?

왜 희생된 자들이 구원의 메시아가 될 수 있을까? 이는 인문학적 상상이나 환상이 만든 개념이 아니다. 예수도 십자가에서 희생됐다. 이러한 폭력과 희생 자체가 구원이라는 뜻은 아니다. 그 죽음이 죽지 않은 자들을 위한 희생 제물이기 때문에 구원의 메시아라는 것이었다. 왜 속죄물이 구원이 될 수 있을까? 기독교의 복음에서는 대신하여 죽은 예수를 믿음으로 자신이 죽고 용서를 받기 때문에 구원을 받는다고 했다. 그러나 벤야민은 기독교의 복음을 이해하고 받아들인 것은 아니다. 그럼에도 그는 이 희생 제물이 어떻게 메시아가 될 수 있다고 한 것일까?

그는 이들의 희생을 통해 알고리즘적 폭력을 허물 수 있을 것으로 믿었다. 이를 논리적으로 증명할 수는 없지만, 과거의 역사를 통해서나 유대교의 믿음을 통해서나 이들의 희생이 분명히 강한 자의 폭력을 멈추고 허물 수 있는 능력이 될 것을 믿었다. 그는 보이는 유물론이 역사를 움직이는 것 같지만, 그것은 꼭두각시에 불과하며 그 배후에는 숨어 있는 꼽추 난쟁이인 신학이 유물 세계를 움직인다고 했다. 그는 이러한 신성에 대한 믿음이 있었다. 저자는 이러한 그의 신념을 정보이론으로 설명해보려고 한다.

세상은 저차정보와 고차정보의 균형을 통해 보존된다. 저차와 고차정보는 갈등 관계이기도 하지만 상호 유익하게 도움을 주기도 한다. 세상은 선악의 알고리즘으로 질서가 유지된다. 그러나 이 알고리즘은 저차정보이기 때문에 그대로 버려두면 블랙홀로 멸망한다. 그래서 끊임없이 고차정보가 유입되어야 저차정보가 보존될 수 있다. 이는 앞서 말한 대로 생물과 자연, 우주가 보존되고 진화하는 법이라고 했다. 과거 로마제국이 흥한 이유가 이 두 법의 조화에 있었다. 그래서 로마는 알고리즘인 합리성과 고차정보인 개방성이 조화를 이루면서 발전했다. 그러나 고차정보의 개방성을 상실하고 알고리즘으로만 갔을 때 로마는 멸망했다. 그리고 프랑스도 그러했다고 앞서 여러 번 언급했다.

작은 자는 해체적이기 때문에 고차정보이다. 작은 자들이 죽는 것은 고차정보의 상실을 의미한다. 그래서 알고리즘의 폭력이 강화된다. 그 사회가 알고리즘으로 강화되면 결국 블랙홀로 갈 수밖에 없기에 작은 자의 죽음으로 강한 자가 멸망하게 되는 것이다. 이는 자연과 우주의 법이다. 생명의 법이기도 하다. 스트레스를 받으면 생명이 죽는 것과 같은 이치이다. 생명은 강한 것으로 죽기 때문이다. 로마가 멸망한 이치와 같은 것이다. 강한 자는 약한 자가 사라지면 그들도 죽는다. 강한 자가 살기 위해서는 반드시 약한 자와 공존해야 한다. 로마는 작은 자인 게르만을 학대하면서 그들에 의해 무너졌다. 부르봉 왕가도 작은 자인 평민을 무시하고 버림으로 그들에 의해 무너진 것이었다. 이것이 자연의 법이다. 이는 생태계의 법이고 신성에 대한 믿음 이전에 과학이기도 하다.

고차적 메시아와 구원

기독교에서는 자연의 법을 넘어서서 용서와 사랑에 대한 믿음으로 구원을 이룬다고 한다. 예수가 희생 제물이 되어 죽음으로 이를 믿으면 용서와 사랑으로 구원을 이룬다는 것이다. 벤야민은 자연의 법으로써의 구원을 말하였지만, 기독교에서는 이를 넘어선 구원까지를 포함하고 있다. 자연의 법에 의한 구원을 수동적이고 저차적이라고 한다면 기독교의 구원은 더욱 적극적이고 고차적이다. 그 이유에 대해 이를 정보이론으로 설명해보려고 한다.

문명의 역사에서는 작은 자들이 희생됨으로 남은 자들에게 구원이 일어났다. 그들이 힘없는 메시아가 되었기 때문이었다. 선악의 저차정보에서 구원을 받기 위해서는 누군가 대신 선악으로 희생되는 힘없는 자가 필요하였다. 그래서 보이는 문명이 멸망하지 않고 발전할 수 있었다. 역사가 이렇게 지속되고 발전한 것은 역사 속에서 수없이 작은 자들의 희생되었기 때문이었다. 이는 작은 자의 희생을 강한 자들이 선악으로 멸망해야 되는 죄에 대한 속죄물로 볼 수 있을 것이다. 이 죄는 윤리도덕적인 죄만을 의미하는 것은 아니고 생명에 해를 주는 본질적인 죄를 의미한다.

대표적인 한 인물이 잔 다르크였다. 그리고 벤야민도 속죄물의 한 사람이었고 수많은 유대인과 집시들도 그러한 속죄물로써의 메시아였다. 이는 자연과 우주의 법이었고 이를 정보이론으로 설명하였다. 그래서 약한 자가 누군가 억울하게 죽는다면 다른 이들이 사는 것이다. 역사는 이렇게 억울하게 죽은 자들의 희생으로 발전한 것이지 강한 자들의 힘으로 발전한 것이 아니라는 것을 알아야 한다. 강한 자들에 의해 멸망해야 하는 것을 약한 자가 대신 죽음으로 강한 자들이 살게 된 것이었다. 이것이 역사의 숨은 법과 힘이었다.

그런데 구약성경에는 인간을 대신하여 더욱 약자인 동물이 대신 희생되는 제사가 있다. 동물은 인간보다 정보적 차원에서 한 단계 아래이다. 낮은 정보차원의 대신한 희생도 인간이 구원받는데 도움이 된다는 것이다. 그런데 그 효과가 아주 저차적이다. 어떠한 구체적인 죄에 대한 것만 구원을 받는 것이다. 그래서 다음 죄를 범하게 되면 다시 제물을 드려야 했다. 동물과 인간 사이에 정보차원의 어떠한 교환의 법이 있지만 아주 제한적이었다. 인간의 저차정보로 인한 멸망(이를 일반적인 개념으로는 죄와 징벌이라고 말할 수 있을 것이다)에서 구원을 얻기 위해서는 동물의 정보차원으로는 아주 제한적이지만 어떠한 교환은 가능하다는 것이다.

동물이 아닌 인간은 정보차원에서 좀 더 큰 교환의 가치가 있을 것이다. 그래서 인간의 희생으로 인간의 역사에서 집단적 구원이 가능했다. 그러나 인간의 죽음도 동물의 죽음처럼 인간에게 유효하나 정보적 차원에서 제한이 있다. 앞서 인간의 저차적 알고리즘의 문제를 해결하는 데는 고차의 복잡성정보가 필요했다고 했다. 같은 정보차원이나 한 단계 낮은 차원의 정보로는 인간의 정보의 문제를 해결하는데 한계가 있다. 이러한 정보로는 임시적이거나 국소적인 해결 정도로 끝날 수밖에 없을 것이다. 간단한 계산은 산수로 풀 수 있지만, 더 복잡한 수학문제는 미적분과 같은 고등수학이 필요하듯이 인간의 문제도 그에 맞는 정보의 차원이 필요한 것이다.

그래서 인간의 정보문제를 해결하기 위해서는 인간의 차원보다 더 높은 차원의 정보의 개입이 필연적으로 요구되는 것이다. 알고리즘정보의 문제를 풀려면 복잡성정보가 필요하고, 복잡성의 문제를 풀려면 양자정보가 필요하고 양자정보의 문제를 풀려면 초양자의 정보가 필요한 것이다. 이것이 자연적인 이치인 것이다. 그래서 인간의 구원과 메시아도 차원을 확장하여 생각해볼 필요가 있는 것이다. 인간의 희생은 복잡성과 양자정보적 차원이 최선이다. 이를 통해 정보적인 교환이 가능한 것이다. 그런데 인간이 아닌 신성의 희생이 있다면 그 정보적 차원은 인간이나 동물의 죽음과 비교할 수 없을 정도의 큰 정보교환이 가능할 것이다. 그래서 신성이 성육신하여 인간을 대신하여 약한 자가 되어 대신 죽는 구원은 인간의 희생과 비교할 수 없는 크기의 구원이 있는 것이다. 이를 적극적이고 고차원적인 구원으로 보자는 것이다.

이를 성경에서는 우주와 그 이상의 차원에서도 더 이상 방해받을 수 없는 영원하고 완전한 구원이라고 말하고 있다. 우주에서 가장 초고차적인 정보인 신성이 낮은 자가 되어 대신 죽음으로 발생하는 놀라운 우주적 구원인 것이다.

이처럼 신성의 죽음을 통해 선악의 알고리즘으로 죽어야 할 모든 인간이 살 수 있는 길이 열리게 됐다. 그들이 속죄를 통해 용서를 받음으로 죽음을 면하게 되었다. 그리고 대신한 죽음 속에 있는 사랑을 믿음으로 받게 된다. 인간이 도달할 수 있는 가장 고차적인 정보는 용서와 사랑이다. 용서는 알고리즘을 포기하는 것이다. 선악을 판단하지 않고 수용하는 것이다. 알고리즘으로 인한 죽음과 고통 즉 그 블랙홀을 대신함으로 용서하는 것이다. 이것이 가장 고차적인 정보이다. 이 속죄와 용서는 사랑으로만 가능하다. 이 사랑은 바로 양자정보에 열린다. 사랑은 인간이 체험할 수 있는 가장 고차적인 정보이다. 초고차 정보에 열리는 문인 것이다. 물론 사랑도 다양한 차원이 있다. 여기서 말하는 사랑이란 원수를 살리기 위해 대신 속죄물이 되는 가장 고차적 사랑을 의미한다.

바로 이 용서와 사랑을 통해 인간은 저차정보로부터 해방되어 고차정보인 복잡성과 양자정보에 열리는 것이다. 이것이 인간에게 구원이 되는 것이다. 이는 벤야민이 말한 구원보다 고차정보에 더 적극적으로 확장되는 길이다.

해체철학에서의 신성

해체철학의 두 거성을 들라면 데리다와 들뢰즈일 것이다. 그들은 해체철학을 시작한 이후 종교에 대해 어떠한 태도를 보였는지를 알아보려고 한다. 데리다Jacques Derrida(1930~2004)는 초기 철학인 '차연'에 대해서는 많이 소개되었지만, 그는 후기 철학으로 가면서 윤리와 종교에 대해 많은 이야기를 했다. 해체철학은 중심과 동일성의 철학에서 상대적이고 관계적 철학으로 전환되는 것을 의미한다. 차이나 차연은 모두 관계에서 나오는 개념이다. 차이는 비교가 되는 관계가 있어야 하기에 관계가 아주 중요하다. 그래서 관계를 통해서 새로운 차이를 생성해나간다. 그래서 그 관계가 어떤 관계인가에 따라 복잡성의 결과는 달라지는 것이다. 알고리즘에 의한 관계나 기능적이고 이윤적 저차 관계라면 창조적 진화는 어려울 것이다. 이는 차이를 유발하지 않는 동일성의 관계가 되기 때문이다. 다양성과 차이를 수용하는 고차적인 관계가 되어야 창조적 진화가 가능할 수 있을 것이다.

앞서 벤야민을 이야기하면서 희생, 용서와 사랑 같이 양자적 수준의 고차적 관계가 되어야 구원과 창조를 향해 나갈 수 있다고 했다. 관계가 알고리즘적으로 되면 그 집단은 더욱 빨리 붕괴될 수밖에 없다. 데리다도 후기 철학에서는 이 관계를 중요하게 생각하고 관계에서 윤리적 책임을 강조했다. 그러나 단순한 윤리는 알고리즘이 되기에 윤리를 넘어선 윤리를 강조한다. 이를 무조건적 환대hospitality라고 했다. 그리고 이를 더욱 발전시켜 '메시아 없는 메시아'를 주창했다. 윤리나 종교적인 메시아는 저차적 선악의 알고리즘으로 갈 위험이 크다. 그래서 그는 고차성을 유지하기 위해서는 해체적 메시아와 윤리성으로 가야한다고 했다. 이를 데리다는 벤야민처럼 약한 메시아성이라고 했다. 무조건적 환대는 벤야민이 말한 낮은 자가 되어 대상을 위해 자신을 희생하는 것을 의미한다. 그래서 이것이 바로 메시아 없는 메시아가 되는 것이다.

무조건적 환대는 고차적인 용서와 사랑이 기초가 되지 않으면 저차적 윤리가 된다. 고차적 관계의 망으로서의 환대가 되기 위해서는 용서와 사랑이 반드시 따라야 한다. 그래서 환대는 결과로 주어지는 것이지 목적이 될 수가 없다. 이를 위해서는 먼저 약하고 작은 자가 되어야 한다. 이러한 해체가 기본이 되지 않으면 결국 강자로서 약자를 압제하게 된다. 무조건적 환대는 상대를 살리기 위해 자신이 약자가 되고 자신이 손해를 보는 희생이 따라야만 가능하다.

들뢰즈Gilles Deleuze(1925~1995)의 신학적 전회는 더욱 적극적이다. 과거의 신은 동일성의 원천이었다. 그리고 타자적 절대성과 초월성이 신의 본질이었다. 들뢰즈는 이러한 타자적인 신을 배격하고 인간과 자연 속에 내재하는 신을 받아들였다. 내재적 신성의 문을 연 철학자는 스피노자였다. 그는 스피노자를 그리스도의 성육신처럼 신을 철학과 인간 속으로 끌어들인 철학자라고 했다. 그리고 그는 신을 동일성과 절대적 중심의 결정론적 존재가 아닌 차이의 본질로 보았다. 신의 본질인 삼위일체

자체가 차이의 관계를 의미하며 차이를 통해 창조하고 생성하는 신의 속성으로 본 것이었다. 신을 자신의 권위와 동일성을 반복하는 존재가 아닌 차이를 통해 새로운 것을 창조하고 발달시켜나가는 그러한 존재로 인식한 것이었다.

그래서 신은 자연과 인간의 차이의 다양성과 생성에도 개입하여 그 뜻을 이루어나가는 것으로 보았다. 그는 이처럼 차이의 철학에 신을 적극적으로 도입한 것이었다. 신을 해체의 주체로 인식했다. 이는 앞서 신을 자연의 물질과 정보의 밖에 존재하는 것이 아니라, 자연의 초고차적 정보로 존재하면서 그 하부의 정보에 상호 반응하며 개입하는 존재로 본 것과 같은 흐름이다. 초고차로 올라가면 동일성은 사라지고 더욱 해체적이고 차이와 우연에 의해 반응한다.

그렇지만 이는 하부의 차원에서 볼 때 그러한 것이지 고차적 차원에서는 질서와 전체의 방향으로 가고 있다고 보아야 한다. 저차원의 정보로는 이해할 수 없기에 차이와 우연이라는 암호로 보호받고 있는 것이지, 그 본질은 결코 혼돈과 우연만은 아닌 것이다. 이것이 신성과 인성의 본질적인 차이인 것이다. 아이의 저차적 생각으로 보면 어른은 해체적이다. 그러나 어른의 고차적 입장에서 보면 질서인 것과 유사하다. 그리고 짧은 시간과 국소적 공간에서는 해체적이지만, 오랜 시간과 광역적 공간으로 보면 결국은 질서와 전체를 보존하는 방향으로 가는 것이다. 이것이 인간의 차원과 자연 혹은 우주적 차원의 차이인 것이다.

현대에 와서는 신은 이미 죽었다. 니체가 이를 선언하였고, 마르크스는 신을 아편으로, 프로이트는 환상으로 몰아세웠다. 포스트모던과 해체철학에서는 신은 절대와 동일성의 원천이기에 더욱 설 자리가 없을 것 같았는데, 아주 묘하게도 신성은 살아서 돌아왔다. 현대철학의 최전선에서 다시 신성이 회귀한 것이었다. 그런데 과거의 신과는 전혀 다른 모습으로 인간의 혼돈과 해체 속에 나타났다. 그 신호탄이 벤야민이었다. 그는 마르크스의 유물론 사관을 따르는 학자였지만, 인간의 대표적 세계인 정치를 움직이는 힘을 궁극적으로 신성으로 보았다. 그러나 그는 신을 나약하고 비천한 난쟁이 꼽추로 표현하였고 그는 상자 속에 숨어 있어서 겉에 있는 인간의 정치인 꼭두각시를 조종하고 있다고 했다. 겉은 인간이 하는 것 같지만, 실재적인 힘은 신성으로부터 나온다는 것을 신학자가 아닌 유물사관의 학자가 선포한 것이었다. 그 이후로 철학의 최전선은 종교로 다시 뜨거워지기 시작했다. 현대철학이 잃어버렸던 신성으로 다시 회귀하고 있는 것이었다.

해체적 신성과 해체적 인성의 만남

인간은 그들의 삶의 중심에서 절대타자였던 신을 배척했다. 이를 가장 앞장선 나라가 프랑스였다. 그리고 인간이 그 중심을 서서 열심히 인간의 나라를 이루려고 노력하였지만, 결과적으로는 실패했다. 그리고 중심에 서 있던 인간도 신처럼 밀려 나오지 않을 수 없었다. 중심에 있던 인간을 해체시킨 것이 해체철학과 포스트모더니즘이었다. 이제는 신과 함께 인간도 해체되어 중심에서 나와서 변두리에 자리하게 됐다. 그러다 보니 해체된 신과 인간이 변두리에서 만나게 되었다. 이러한 만남을 이 책에서 지금 다루고 있는 것이다.

과거와 달리 해체된 신의 모습은 어떻게 변화되었는가? 과거처럼 절대타자가 아니었고 상대적으로 내재하는 존재가 됐다. 강하고 절대적인 모습이 아니고 약하고 힘을 발휘하지 못하는 존재가 됐다. 메시아지만 능력과 기적을 행하는 강한 메시아가 아니고 아무것도 할 수 없는 약한 메시아였다. 강력한 종교의 힘을 내세우지 못하고 종교나 교회조직도 없는 못나고 약한 신이었다.

이것이 신약에 나타난 예수의 모습이었다. 한 때는 기적을 행하며 대단한 모습을 보였지만, 결국 무기력하게 십자가의 형벌로 비참하게 죽었다. 제자들도 배신하고 떠났다. 그리고 이러한 그리스도를 바울이 신학적으로 정리하였는데, 예수는 우리가 생각하는 신의 아들의 모습이 아니라, 인간 중에 아주 못나고 낮은 곳에 온 자로 소개했다. 앞서 소개한 대로 현대의 해체 철학자들이 이러한 해체적 신과 인간과의 만남을 시도했었다.

또 다른 해체철학자인 슬로베니아의 지젝Slavoj Žižek(1949~)도 이러한 만남을 시도했다. 그는 생존해 있는 현대철학자 중에 가장 영향력 있는 학자 중에 한 사람으로 평가받고 있다. 그는 현대철학에서 신은 죽었지만, 그렇다고 신앙까지 소멸된 것은 아니고 오히려 신의 영역이 더 자유로워졌다고 했다. 신이 죽었다고 해도 벤야민이 지적한 대로 인간은 믿음 없이는 살 수 없었다. 현대사회를 신용사회라고 하는 것처럼 사회와 인간의 관계는 믿음에 기초하여 움직이고 있었고 인간은 그 외 많은 것을 여전히 믿으며 살아가야 했다. 인격발달이 가능한 가장 원천적인 힘도 자기와 세상에 대한 신뢰였다.

지젝은 물론 기독교인이 아니다. 그러나 그는 학문적으로 기독교에서 현대의 문제를 해결해줄 수 있는 해법을 찾을 수 있다고 했다. 그가 주장한 내용이 어떠하든 이러한 시도 자체가 미래 인간이 추구해야할 방향에 대해 새로운 가능성을 제시해주고 있다. 그도 역시 다른 해체철학자들처럼 기존의 기독교를 해체했다. 절대 타자로서 인간을 초월하여 도울 수 있는 절대적인 존재로서의 신성을 해체했다. 예수가 십자가에서 "아버지여 어찌하여 나를 버리시나이까?"라는 절규 속에서 그러한 신은 이미 죽고 해체됐다. 폭력을 막고 구원하는 신이 아니라 벤야민의 말대로 약한 자에게 오히려 폭력을 행한 신이었다. 이를 통해 강한 신이 아니라 나약한 신이 됐다. 나약한 인간 속에서 인간과 함께 고통하는 나약한 존재가 된 것이었다. 더 이상 과거의 신이 아니었다. 이런 점에서 기독교는 진정한 무신론이라고 지젝은 주장했다.

이러한 신의 죽음과 함께 기괴한 예수가 등장했다. 예수는 과거 신성의 모습을 깨고 자유와 평등을 부르짖으며 인간을 해방시켰다. 그리고 그를 대신하여 성령이 와서 자유와 평등의 공동체를 이루었다. 초대기독교가 로마의 박해를 뚫고 급성장할 수 있었던 것은 바로 자유와 평등의 공동체적 혁명이 있었기 때문이었다. 공동체의 힘과 정신으로 위대한 로마를 무너뜨리고 정복할 수 있었다. 이는 프랑스 대혁명 이상의 것이었다. 신이 죽고 예수와 성령이 이 땅에서 벌인 놀라운 일이었다. 그는 이러한 혁명이 현대에서도 일어나길 기대하였다.

현대 복잡성의 혼돈을 극복할 수 있는 길은 알고리즘의 저차적 혁명에서 나오는 것이 아니다. 용서와 사랑의 공동체라는 고차원적 관계를 통해서만 현대의 복잡성의 혼돈을 극복할 수 있다. 학자에 따라 세부적인 내용은 다소 다르지만, 저차적인 복잡성으로 붕괴를 막는 길로 제시하는 내용은 유사하다고 볼 수 있다. 마지막으로 이탈리아의 현존하는 유명한 현대철학자인 아감벤Giorgio Agamben(1942~)을 소개하려고 한다.

그는 앞에서 다룬 다른 철학자들과 같은 방향이었다. 현대가 신을 만나기 위해서는 기존의 강하고 완전한 신을 허물어야 했다. 그래서 그는 '강한 자를 부끄럽게 하기 위해 약한 자를 택했다'는 바울의 신학을 도입하여 그의 '약한 정치학'을 펼쳤다. 이러한 그의 정치학은 벤야민의 신학적 정치학에서 출발했다. 그리고 그는 메시아를 기존의 알고리즘적 질서와 체계를 허무는 자로 받아들였다. 이러한 저차적 질서와 선악의 이분법적 체계를 허무는 근거를 바울의 신학에서 찾았다. 그는 바울의 신학과 벤야민 그리고 카프카의 사상을 결합하여 '약한 정치학'을 내세웠고 이것이 이 시대의 메시아가 될 것으로 믿었다.

아감벤은 소외되고 버려진 사람을 '호모 사케르homo sacer'라고 했다. 이는 사회적, 정치적으로 억압되고 그의 인격과 삶이 박탈된 채 죄수처럼 갇힌 사람을 지칭했다. 이들을 학대하는 세력을 생명 권력이라고 했다. 그러나 그는 이처럼 버려지고 비참한 생명을 시대의 천사와 메시아로 보았다. 그들의 아픔과 희생을 통해 구원이 이루어진다고 보았다. 벤야민의 죽음도 그렇게 본 것이었다. 이처럼 약하게 죽어가는 자들을 통해 강한 자를 허물어뜨리고 새로운 정치와 나라로 나아간다는 것이었다. 지젝은 혁명과 같은 적극적인 행동을 강조하였지만, 아감벤은 억울한 죽음과 희생을 강조하였기에 수동적이고 방관적이라는 비판을 받기도 했다.

이를 정보이론으로 설명하면, 저차적인 사회를 허물어뜨리기 위해서는 고차정보의 해체성이 필요한데, 약한 자의 해체성이 고차성 정보의 문을 열어줌으로 저차사회를 허물어뜨릴 수 있었다. 약한 자가 직접 저차적 알고리즘과 선악의 체제를 허물 수는 없었다. 약한 자에게 있는 해체성으로 인해 고차성의 문이 열려 고차정보의 해체적 힘으로 저차의 권력이 무너진 것이었다. 반대로 강한 저차 알고리즘에 의해 약한 자의 고차성이 상실되더라도 저차성이 강화되면 저차적 블랙홀로 인해 스스로 자멸하게 된다. 어떠한 길로 가든 저차적 알고리즘은 허물어질 수밖에 없는 것이다. 고차의 해체성에 의하든 저차의 블랙홀에 의해서든 약한 자에 의해 강한 자가 무너질 수밖에 없다는 것이다.

이러한 현상을 과거에는 역설적이거나 초월적인 현상처럼 이해했지만, 이제는 이렇게 정보과학으로 설명해볼 수 있기에 과학적이라고 볼 수 있다. 약하고 없는 것이 더 해체적이고 고차적인 정보이기 때문에 바울의 말대로 약한 것을 통해 강한 것을 허무는 놀라운 일이 생겼다. 그래서 성서를 바탕에 둔 약한 메시아는 가장 과학적인 이야기일 수 있다. 아무것도 하지 않는 것이 그들을 허무는 것이다. 예수가 로마 앞에서 무력함으로 그 강한 로마가 400년 후에 무너졌고 약한 게르만에 의해 강한 로마가 무너졌다. 그리고 이러한 역설적 현상은 유럽과 프랑스 역사에서 무수하게 일어났었다. 이것이 현대에서도 프랑스와 인류의 문제를 해결할 수 있는 가장 확실하고 강력한 힘이 될 수 있을 것이다.

제19장

인격발달로 본 프랑스

고대 유럽의 인격발달

고대에 여러 문명들이 발생하였으나, 지속적인 인격발달로 이어지지 못했다. 그 중에서 근동에서 시작된 문명은 지속적으로 발전하여 인격적 발달과정을 밟아갔다. 인류의 문명은 신으로부터 시작됐다. 인간은 거대한 자연에 대해 무력하였기에 신을 의지하지 않으면 안 됐다. 그래서 고대에는 제사장이 집단의 우두머리였다. 그러다가 인간의 능력과 무력이 발전하면서 점차 힘이 강한 자가 지도자가 됐다. 그러나 완전히 신으로부터 독립할 수는 없었다. 중요한 때는 신의 뜻을 물으며 제사를 드려야 했다. 왕은 신의 뜻을 위임받은 자로서 권위를 가졌다. 이러한 때가 유아기적 발달단계였다.

그러다가 유아기를 벗어나 인격발달을 계속해나간 나라가 있었는데 그리스였다. 물론 당시 그리스보다 더 강한 페르시아 같은 나라가 있었지만, 페르시아는 인격적으로는 유아기내지는 소아기 수준이었다. 결국 인격적으로 더 발달한 그리스는 페르시아를 이겼고 알렉산더 대왕 때에는 잠시지만 청년기로까지 성장하여 근동의 대부분을 정복하였다. 그리스가 이처럼 발달할 수 있었던 배경과 힘은 무엇이었을까?

그리스는 약하였기에 살아남기 위해서는 서로 대화하며 힘을 합쳐야 했다. 이를 통해 주체성과 함께 합리적 사고의 능력을 개발할 수 있었다. 이것이 공화정을 낳았고 최초의 민주적 공동체를 이룰 수 있었다. 그들은 작은 공동체였지만, 주인 의식으로 하나가 되어 거대한 페르시아도 물리칠 수 있었다. 그리고 소크라테스, 플라톤과 아리스토텔레스 등과 같은 위대한 스승들이 나타나 그들의 지성과 이성을 깨우쳐 개발할 수 있었다. 그들의 개발된 능력은 유럽의 철학사상과 인격발달을 이끄는 기초가 되었다.

알렉산더 대왕에 의해 잠시라도 청년기로 성장할 수 있었던 것도 이러한 그리스 문명의 덕분이었다. 물론 그들은 소아기 이상의 지성과 이성도 발전시켜나갔지만, 여전히 그들 중심에는 신전과 신화가 있었다. 그래서 그들을 기본적으로는 소아기를 벗어나지 못했다. 소아는 유아보다는 성장하였지만, 아직도 부모를 의지해야 하는 것처럼 그들도 신을 떠날 수 없었다.

인격발달을 이루지 못한 히브리 민족

근동에 많은 국가가 있었지만, 그리스가 인격발달을 가장 먼저 이루어 갔다. 그 이후 인격발달은 그리스에서 로마를 거쳐 프랑스와 유럽으로 이어져갔다. 로마와 유럽 문명이 인격적으로 발달하는 데는 긍정적이든 부정적이든 기독교가 중요한 역할을 했다. 그렇다면 여기서 중요한 질문을 하나 해보지 않을 수 없다. 기독교가 인격발달에 중요했다면 근동에서 기독교의 신을 가장 먼저 믿었던 히브리 민족은 왜 인격발달을 이루지 못했을까? 왜 히브리 민족은 인격적인 신을 믿으면서도 그들이 인격발달을 이루지 못하고 그리스로 인격발달이 넘어가게 되었을까?

히브리 민족의 신은 유일신인 동시에 인격적인 신이었다. 구약 성경에 나타난 신의 모습을 보면 다른 신들과 달리 아주 인격적이었다. 신과 인간의 관계를 부모 자식과 부부와 같은 인격적 관계로 설명했고, 신이 인간과 정서적이고 인격적인 대화를 나누는 것을 볼 수 있었다. 그리고 그들의 신은 생명을 창조하고 구원하는 신이었다. 이처럼 신은 인간의 생명을 아주 중요하게 여기었다.

생명을 중요하게 생각한다는 것은 생명이 성장하고 발달하기 원한다는 뜻이기도 하다. 어느 부모가 자식이 자라나지 않고 항상 어린애로 있는 것을 원하겠는가? 부모가 가장 아파하는 것은 자식이 성장하지 못하고 정체되거나 퇴행하는 것이다. 정체된 것은 생명이 아니다. 생명이 자라지 못하는 것은 심하게 병들었다는 것을 의미하기에 부모의 심정은 이루 말할 수 없이 괴로울 것이다. 그래서 신은 인간이 인격을 가진 생명으로 발달하기를 그 누구보다 간절히 원했다.

그래서 신은 히브리 민족을 자식으로 택하였고 그들의 생명이 인격으로 성장하기를 원했다. 그런데 그들은 왜 성장하지 못했을까? 그리고 그 이후 인격발달이 어떻게 그리스와 로마로 옮겨가게 되었을까?

히브리 민족의 조상은 대단한 영웅이 아니었고 늙고 자식도 없는 해체적인 아브라함이라는 한 노인이었다. 신은 이처럼 볼품없는 한 노인을 택하여 자신의 나라로 발달해가길 원했다. 신은 그에게 다른 것을 가르치지 않고 믿음을 가르쳤다. 믿음은 보이는 알고리즘을 해체하며 더 큰 고차성을 바라보고 믿는 것이다. 인격발달에 가장 중요한 힘이 신뢰이다. 부모와 세상과 자신에 대한 믿음이 있어야 인격발달이 가능하다. 믿음이 형성되지 못하면 다음 단계의 발달이 불가능하다.

히브리의 신은 이처럼 인간이 고차적인 믿음과 인격으로 발달하기를 원하였다. 신은 그들에게 알고리즘 즉 율법을 주었지만, 이를 뛰어넘는 사랑에 대한 믿음을 더 강조했다. 그리고 신약에서는 알고리즘의 율법이 아닌 고차적 정보인 사랑과 믿음으로 생명이 산다고 했다. 그리고 신은 대부분 알고리즘을 뛰어넘어 해체적인 원리로 그들에게 나타났다. 작은 자, 없는 자를 택한 것을 보면 신이 얼마나 해체적이고 고차적인지를 알 수 있었다. 인간은 선악의 알고리즘에 머물러 있었지만, 신은 고차적이었기에 늘 해체적이었다.

그런데 이스라엘은 늘 알고리즘의 선악에 머물렀다. 더 이상 인격발달을 이루지 못했다. 자신의 신을 무서운 아버지로만 생각하고 소아기적 단계에만 머물렀다. 용서와 사랑의 고차적 신성을 만나지 못했다. 믿음과 사랑의 고차성으로 나가지 못했다. 신은 아주 오랫동안 그들을 성장시키기 위해 다양한 노력을 하였지만, 그들은 끝내 율법이라는 알고리즘에 묶여 소아기를 벗어나지 못했다. 그래서 그들에게 4백 년 동안의 암흑기가 찾아왔고, 이 동안 인격발달은 그리스로 옮겨가게 됐다. 암흑기를 통해 그들을 다시 해체시킨 것이었다. 그리고 또 다른 발달계획을 세웠다.

인간의 발달만큼 만나는 신

일반적으로 신은 인간의 인격발달이나 인격적 생명을 중요하게 생각하지 않는다. 오히려 신은 자신을 두려워하여 무조건 복종하는 유아나 소아기적 인간을 원하지, 인간이 성숙하여 자신과 성숙한 대화를 나누는 그러한 관계를 원하지 않는다. 이것이 인간의 일반적인 신관이다. 그러나 히브리의 신은 그렇지 않았다. 그는 생명의 근원이었고 생명은 인격적 관계를 통해 성장하기에 인간과 이러한 성숙한 만남을 원했다.

인간이 이러한 신을 바로 만나려면 인간도 성장해야 했다. 자식은 자신이 성장한 만큼 부모를 만나는 것처럼 인간도 자신의 성장 수준만큼 신을 만난다. 자신이 유아이면 부모를 유아 수준으로 만난다. 자신이 소아이면 부모를 소아 수준으로 만난다. 이처럼 신도 자신의 인격발달 수준만큼 만나는 것이다. 인간은 자신의 발달 수준은 모르고 신의 수준에 대해서만 판단하고 때로는 원망한다. 신을 제대로 만나려면 인간도 그만큼 성장하고 발달해야 한다. 신만큼은 아니라도 신을 제대로 이해할 만큼은 성장해야 하는 것이다. 성경에도 믿음으로 성장한 다음 다시 어린아이로 돌아가지 말고 계속 성장하라고 말한다.

그래서 신은 인간을 제대로 만나기 위해 인간의 인격발달을 간절히 원하는 것이다. 그런데 자식으로 삼은 이스라엘이 더 이상 발달하지 못하니 이를 잠깐 접어두고 다른 곳에서 인격발달을 시도한 것이었다. 이런 시도를 한 것 자체가 신이 엄청나게 고차적이고 해체적이라는 것을 의미한다.

유대교의 율법과 알고리즘이 그들의 성장을 가로막고 있으니 이러한 구속이 적은 나라를 택한 것이었다. 역시 신은 해체적이라 페르시아와 같은 강한 나라가 아니라 가장 약하고 작은 나라인 그리스를 택했다. 그리고 그들에게 위대한 스승인 소크라테스, 플라톤과 아리스토텔레스 등을 보내었다. 히브리 신이 그리스를 택하고 스승들을 보내었다는 이야기는 아주 생소하고 불편하게 들릴 수 있을지 모른다. 종교망상 같은 이야기로 들릴 수도 있을 것이다.

이를 저차적인 종교적 관점으로 생각하면 불편하겠지만, 고차적인 정보이론으로 보면 가능한 일이다. 그들은 알고리즘적 종교를 전파하는 선지자가 아니었다. 이것으로는 히브리에서 실패하였기에 그들에게 저차적인 종교를 제시하지 않았다. 대신 고차적인 사상으로 그들을 깨웠다. 이것이 지성과 이성의 학문이었다. 이러한 고차정보는 본질상 초고차정보의 유입이 아니고서는 스스로 깨우칠 수 없기에 초고차정보의 본질인 신성이 개입되었을 것으로 유추해볼 수 있는 것이다.

그리고 그리스는 가난하고 곤궁에 빠져있었기에 그들이 더욱 간절하게 진리를 받아들이고 인격발달을 해나갈 수 있었다. 그리고 그다음 인격발달은 로마로 옮겨갔다. 왜 로마로 갔을까? 당시 그리스에서 가장 고차적으로 준비된 자들이 트로이 난민들이었다. 그들은 사랑 때문에 전쟁을 하였고 결국 난민이 됐다. 사랑은 인간에게서 가장 고차적인 정보이고 인격발달에 가장 중요한 힘이다. 그래서 그들은 난민으로 시작하여 위대한 로마제국으로 발전시켰다. 그들이 위대한 로마제국을 이룰 수 있었던 힘은 외적으로 여러 가지로 설명할 수 있을지 모르지만, 내적으로는 인격발달에서 나오는 힘이었다. 그들이 외적으로 발달해서 인격발달을 이룬 것이 아니라, 인격발달을 이루었기에 로마제국과 같은 강국이 될 수 있었다.

인격발달은 이처럼 고차적인 정보가 조성되어야 가능하다. 그중에 해체성이 가장 중요했다. 그리스와 로마도 그들의 시작은 작고 힘들었지만 순수했다. 이러한 것은 선악의 알고리즘으로 보면 악에 속하는 것이었다. 그래서 해체적이었다. 그렇지만 해체적인 그곳에서 더욱 고차적인 정보가 나올 수 있었고 이를 통해 인격발달을 이룰 수 있었다.

그러나 로마도 부흥하게 되니 저차적인 사회와 국가로 변질됐다. 로마는 청년기까지 인격발달을 이루었지만, 더 이상의 발달을 이루지 못했다. 그리고 다시 퇴행하기 시작했다. 고차적인 모성과 개방성을 잃기 시작하면서 생긴 현상이었다. 그런데 그들에게 고차성이 회복되는 기회가 왔는데, 오현제의 출현이었다. 오현제는 로마가 아니고 변방인 스페인에서 시작됐다. 그곳에서 황제가 나왔던 것이었다. 그들이 로마라는 중심을 해체하고 변방으로 황제를 개방하면서 생긴 현상이었다. 그래서 중심이 아닌 변방에서 로마를 구원하는 일이 생겼던 것이다. 그곳에서 고차성이 회복되는 일이 일어났다. 5현제는 모두 고차적 인격을 가진 황제였고 그들은 인격으로 로마를 저차적으로 지배하기보다는 고차적으로 섬겼고 이로 인해 로마는 다시 100년간 부흥할 수 있었다. 그러나 5현제가 사라지고 나서 그들은 다시 멸망의 길로 갔다.

해체적인 기독교 공동체

그리고 로마가 쇠망하고 있을 즈음 또 다른 변방인 유다 지방에서 놀라운 일이 일어났다. 예수라는 사람이 나타나 십자가에서 죽고 그들을 따르던 제자와 공동체가 급성장하는 일이 일어났다. 그들은 당시에는 불가능한 가치인 자유, 평등과 사랑이라는 고차적인 사상과 신앙을 전파하면서 그러한 공동체를 이루며 살아갔다.

5현제 이후로 로마는 퇴행하다가 분열했다. 분열된 로마를 다시 통일한 황제가 있었는데 그가 콘스탄티누스 황제였다. 그는 기독교를 공인함으로 로마가 상실한 정신과 모성을 기독교를 통해 회복하려고 했다. 그들의 인격발달을 받아들여 퇴행하는 로마를 다시 발달시키려고 한 것이었다.

그런데 그 결과는 서로마와 동로마가 달랐다. 동로마는 기독교의 고차적 사상을 그대로 받아들여 인격이 퇴행하지 않고 발달할 수 있었다. 그 결과 동로마는 오랫동안 제국을 유지할 수 있었다. 그러나 서로마는 기독교의 고차성을 알고리즘의 저차성을 바꾸고 말았다. 권위적인 교황의 권위로 서로마를 회복하려고 하였기에 서로마는 결국 변방인 게르만 민족에게 멸망하고 말았다.

그 이후 유럽은 중세기라는 암흑기를 맞았고 인격발달은 소아기 상태로 퇴행했다. 그러다가 다시 인격발달이 일어나는 계기가 있었는데 그것이 십자군 전쟁이었다. 특히 이탈리아는 이를 통해 그들은 경제적으로 부강해졌고 이를 바탕으로 그동안 억압됐던 그들의 감정과 욕구가 살아나기 시작했다. 그리고 십자군 전쟁으로 봉건제와 교회의 권위도 많이 약화됐다. 이러한 기회로 억압되었던 감정이 살아나면서 인간발달로 이어진 것이었다. 그래서 억압적이었던 소아기에서 사춘기로 발달할 수 있었다.

이것이 이탈리아의 르네상스였다. 그러나 그들은 청년기로까지 뻗어 나가지는 못했다. 청년기가 되기 위해서는 통일 국가가 필요했는데, 교황청도 이웃 강대국들도 이를 원치 않았기에 이를 이룰 수 없었다. 그리고 그들도 도시국가로 분열하고 있어 더 이상의 인격발달을 이룰 수 없었다.

프랑스의 인격발달은 어떻게 시작되었는가?

이틈에 인격발달을 준비하고 있었던 국가가 있었는데, 바로 프랑스였다. 이탈리아에서 시작된 인격발달의 불이 옮겨 붙은 곳이 프랑스였다. 프랑스는 좋은 자연환경 가운데 있었지만, 야만적인 상태로 인격발달이 거의 유아기나 초기 소아기에 멈추어져 있었다. 그러다가 로마가 지배하면서 그들의 인격이 깨어나기 시작했다. 그러다가 로마가 멸망하면서 그 땅에 다른 게르만인 프랑크족이 들어와 지배했다. 그들은 야만스러웠다. 그래서 그들의 인격은 다시 소아기로 퇴행했다.

그러다가 그들에게도 인격발달의 기회가 왔는데, 프랑크족을 물리치고 그들의 왕조인 카페 왕조를 세우면서였다. 그들만의 통일 국가를 세우면서 그들은 정체성을 회복할 수 있었고 인격발달을 이룰 수 있었다. 압제 아래에서는 소아기를 벗어날 수 없기에 자신의 정체성을 갖는 공동체가 형성되어야 인격발달이 가능했다. 그들은 겉으로는 통일 국가를 이루었지만, 왕이 실권이 없었기에 진정한 통일 국가는 아니었다. 봉건적 귀족들이 영토가 더 크고 힘이 강했기 때문에 프랑스는 사실 하나가 되지 못했다. 그래서 그들의 인격발달도 어중간한 상태였다. 겉으로는 프랑스라는 정체성은 있었지만, 인격발달을 이룰 만큼의 힘은 되지 못했다.

그런데 그들에게 인격발달을 이룰 수 있는 두 번의 기회가 찾아왔다. 하나는 십자군 전쟁이었다. 십자군 전쟁으로 그들은 자신들의 욕구를 펼칠 수 있었고 또 억압하던 봉건 군주와 교회의 세력이 약화되면서 인격발달이 가능하게 됐다. 그리고 또 다른 기회는 이상한 봉건제로 인해서 프랑스의 땅이 대부분 영국의 영토가 된 일이었다. 이를 극복하기 위해 왕권이 강화되었고 그들은 왕을 중심으로 영국과 100년을 싸워 프랑스를 지켜내었다. 이로 인해 확고한 국가적인 정체성을 가질 수 있었다.

당시 영국은 프랑스에 비하면 국력이 많이 약하여 프랑스의 압승이 예상됐다. 그러나 실제 전쟁에 들어가니 실용적인 영국이 프랑스를 압도했다. 그래서 연전연패를 하여 프랑스가 완전히 사라질 정도로 위기에 몰렸다. 그런데 놀라운 일이 일어났다. 이름 모를 시골에서 신의 계시를 받았다고 하며 나타난 잔 다르크라는 소녀가 출현한 것이었다. 그녀의 모든 것은 선악의 알고리즘으로는 이해할 수 없는 해체적인 것이었다. 전쟁과 아무런 관계가 없는 소녀였다. 그런데 그녀로 인해 기적이 일어났다. 프랑스가 전쟁에서 이기고 긴 100년 전쟁을 끝낼 수 있었다. 그러나 그녀는 억울하게 적군에 잡혀 마녀로 화형을 당하였고 프랑스는 그녀를 충분히 구할 수도 있었는데 그녀를 버리고 말았다.

그녀의 희생으로 프랑스는 다시 일어났고 인격발달도 진행됐다. 프랑스의 인격이 발달하기 위해서는 강한 국가가 있어야했다. 그러나 강한 국가가 된다는 것은 인격발달에는 양면적이었다. 인격발달은 외적으로 안정이 되고 부유해져야 가능했다. 이를 위해서는 강력한 왕권국가가 필요했다. 그러나 한편으로는 왕권국가의 강한 억압으로 퇴행이 일어날 수 있었다.

절대왕권은 강력한 알고리즘과 권력을 동원해야 하기에 저차적인 국가로 퇴행할 수 있었다. 과거 로마제국 때 그러한 위기가 왔었다. 로마가 부강해지면서 강력한 황제의 국가가 되어야 했다. 그 이후 로마제국은 쇠망하기 시작했다. 물론 잠시 오현제라는 좋은 황제로 다시 회복했지만, 결국 저차적인 국가로 쇠망하고 말았다. 프랑스에서도 비슷한 일이 일어났다. 절대군주로 인한 위기와 기회가 찾아왔는데, 오현제만큼은 아니지만, 나름 좋은 군주가 등장하면서 프랑스는 퇴행보다 인격발달로 갔다. 발루아 왕조의 루이 11세가 절대군주의 기틀을 닦았고 그 이후 왕들도 절대군주로 군림하였으나 자신의 힘을 백성을 억압하는 데 사용하기보다는 이탈리아를 침공하는 데 사용했다. 물론 이탈리아로 보면 가슴 아픈 일이지만, 프랑스로 보면 다행한 일이었다.

샤를 8세, 루이 12세와 프랑수아 1세 등이 계속해서 이탈리아를 침공했다. 그들에게는 늘 로마에 대한 환상이 있었다. 그들이 절대왕정으로 부강해지니 로마의 환상이 깨어나기 시작했다. 그리고 이탈리아에는 당시 르네상스로 탐나는 것들이 많았다. 그리고 이탈리아는 통일 국가를 이루지 못했고 쇠락기를 맞고 있었기 때문에 그들의 먹잇감이 되기에 충분했다.

그러나 결과적으로 보았을 때 프랑스는 이탈리아를 점령하기에는 아직 충분하게 강하지 않았다. 침공한 다음 제대로 정복을 유지하지 못하고 늘 쫓겨났다. 그러나 그들은 좌절하지 않고 다시 그 땅을 탐내었다. 그들에게는 그만큼 로마에 대한 향수와 환상이 컸기 때문이었다. 이러한 욕망만으로도 그들의 인격발달이 촉진될 수 있었다.

인격발달과 퇴행을 반복한 프랑스

가장 본격적으로 이탈리아의 르네상스를 탐낸 왕은 프랑수아 1세였다. 그는 이탈리아를 얻기 위해서 신성로마제국과 여러 번 싸웠으나 패하고 말았다. 그는 힘으로 되지 않으니 방법을 바꾸었다. 이탈리아를 지배하기보다는 르네상스의 문화와 예술을 수입하는 방향으로 선회한 것이었다. 그것이 신의 한수였다. 그는 르네상스의 핵심이 피렌체의 메디치 가문에 있다는 것을 파악하고 그 가문의 딸인 카트린 드 메디시스를 며느리로 맞이하였고 르네상스의 가장 큰 보물인 레오나르도 다 빈치도 초빙하여 자기 옆에 두었다. 이탈리아의 두 알짜를 자기 옆에 둔 것이었다. 아주 지혜로운 선택이었다. 이것이 프랑스였다. 여우같은 지혜였다. 이 두 사람을 통해 르네상스의 가장 핵심적인 것을 전수받을 수 있었다. 이를 통해 프랑스는 소아기를 벗어나 사춘기로 발달할 수 있었다.

그 다음 그들은 부르봉 왕가로 넘어갔다. 앙리 4세과 같은 좋은 왕이 나와 그들은 문화, 예술과 건축 등에서 르네상스를 누리면서 인격발달을 계속해나갈 수 있었다. 그래서 프랑스는 청년기로 넘어갈 준비를 하고 있었다. 프랑스가 르네상스를 거쳐 청년기로 넘어가는 데 결정적인 역할을 한 것이 종교개혁이었다. 종교개혁은 왕이나 교황과 같은 집단보다 개인의 믿음을 강조했다.

이러한 믿음은 고차적인 정보이기에 인격발달을 촉진시켰다. 그리고 인간을 억압하던 교회의 권위가 약해졌기에 인격발달이 더 가속화될 수 있었다. 그리고 이러한 개인의 발달과 자유가 그들의 삶을 바꾸어 놓았다. 봉건제로부터 개인적인 상업과 기술을 통한 새로운 직업이 생기게 됐다. 이것 역시 인격발달에 적지 않은 영향을 미치었다. 이로 인해 새로운 계층인 부르주아가 발달했고 이 계층은 앞으로 있을 프랑스의 인격발달과 정치 경제적 변화에 아주 중요한 역할을 하게 됐다.

프랑스에서는 개신교인을 위그노라 했다. 그들로 인해 프랑스는 여러 면에서 발전하게 되었고 인격도 발달할 수 있었다. 그러나 그들의 영향력이 커지게 되니 절대왕권과 갈등이 생겼다. 왕권은 전통적으로 구교를 지원하였기에 왕권이 더 이상 그들을 용납하기 어려웠다. 이러한 갈등이 다시 프랑스의 인격발달에 부정적인 영향을 주었다. 다시 억압과 통제가 강화된 것이었다. 앞에서 우려한 절대왕정의 이중성의 위험이 그대로 노출됐다. 앙리 4세나 카트린 왕후 등이 종교적 갈등을 화해하여 인격발달에 도움이 되는 방향으로 해결하려고 노력했다. 그러나 그들의 노력에도 불구하고 구조적으로 더 이상 공존하기가 어려워 위그노는 박해를 받고 결국 추방당하고 말았다. 이로 인해 프랑스는 청년기로 들어가지 못하고 다시 퇴행했다.

그러나 이미 불붙은 르네상스의 영향은 절대왕정의 억압만으로 사라질 수 없었다. 그들의 인격은 일시적으로는 퇴행되었지만, 다시 불붙기 시작했다. 이번에는 위그노가 아니고 문화, 예술과 학문으로 불길이 치솟았다. 그들인 절대왕정으로 부유해지니 그들의 욕망이 이러한 지성과 이성 그리고 감성으로 터져 나왔다. 위마니스트, 모럴리스트와 계몽주의와 바로크 예술 등이 바로 그러한 현상이었다. 그래서 전체적으로는 절대왕정으로 인해 억압적인 분위기였지만, 그들은 교묘하게 자신들을 표현하며 키워나갔다. 그들은 절대왕정에서 요구하는 것을 고전주의라는 형식으로 받아들이면서도 내용적으로는 자신의 억압된 것을 풀어내는 방식으로 균형을 잡아나갔다. 이것이 프랑스 인격 속에 있는 이중성의 기초가 됐다.

앙리 4세와 루이 13세 때에는 절대 왕정이었지만, 억압이 그렇게 까지 심하지 않았기에 이러한 균형을 잘 잡아나가면서 인격을 발달시킬 수 있었다. 그러나 루이 14세부터는 이러한 균형이 깨어지기 시작했다.

루이 14세 때에는 부국강병을 통해 물질적으로 풍요를 많이 누리게 됐다. 이러한 풍요가 억압된 감정을 표현하게 함으로 인격발달에 도움이 된 것은 사실이나, 또 다른 퇴행을 불러일으켰다. 절대왕정의 강화로 인한 억압과 함께 왕실과 귀족들의 향락 문화가 지나치게 성행했다. 베르사유궁을 중심으로 향락문화가 발달하면서 파리도 이러한 분위기에 휩쓸렸다.

어느 정도의 감정 표현은 인격발달에 도움이 되지만, 지나치게 세속적 향락문화에 빠지게 되면 인격발달에 역행하는 현상이 일어난다. 세속적 향락문화는 저차적인 선악을 지향하기에 인격발달에 저해되는 것이다. 이를 통해 자기를 찾기보다는 자기를 도피하고 망각하는 퇴행이 일어났다. 과거 로마제국도 그러했다. 그래서 지나친 향락문화로 로마가 붕괴했다. 프랑스가 로마의 길을 따라가면서 결국 이러한 것도 따라갔다. 고차적인 인격이 물질적인 저차적 인격으로 퇴행함으로 사회가 발전의 동력을 잃고 붕괴하기 시작했다.

특히 루이 14세는 부국강병을 건강하게 누리기보다는 욕망을 푸는 도구로 삼았다. 그리고 그는 로마 황제처럼 유럽을 군림하고 정복하는 황제가 되고 싶어, 필요 이상의 전쟁을 벌여 재정을 낭비했다. 그래서 재정이 적자로 돌아서게 됐다. 루이 14세의 프랑스는 처음에는 부유했지만, 재정적자로 점점 궁핍해졌다.

그리고 루이 14세의 실정 중에 큰 하나는 낭트 칙령을 폐하면서 경제의 근간이 되는 위그노를 박해한 것이었다. 그래서 수많은 위그노가 외국으로 망명했다. 이로 인해 경제적 손실이 너무도 컸다. 거기에다 절대 권력으로 백성을 억압하였고 이를 풀 수 있는 경제적인 풍요도 사라져가니 그 불만은 점점 커지게 됐다. 이것이 누적되다 터진 것이 프랑스 대혁명이었다. 대혁명으로 터진 것은 루이 16 때이지만, 불만의 시작은 루이 14세 때부터였다.

불안정한 청년기로서 프랑스 대혁명과 그 이후

프랑스 대혁명은 인격발달에 있어서 아주 중요한 사건이었다. 프랑스 국민은 처음부터 거대한 혁명을 꿈꾼 것은 아니었다. 그들이 왕정으로 많은 억압을 받고 살았지만, 그렇다고 왕정까지 무너뜨릴 힘도 없었고 그럴 생각도 없었다. 사실 왕정이 무너진 것은 백성이 그렇게 했다기보다는 스스로 무너진 것이었다. 자식이 부모를 쫓아낸 것이 아니라 부모 스스로 무너진 것이었다.

그러니 어린 자식이 어쩔 수 없이 소년가장 노릇을 해야 한 것이 프랑스 대혁명이었다. 르네상스와 여러 인문학적 문예를 통해 인격발달을 나름 준비하였고 또 부르주아라는 새로운 계급이 형성되어 있어 그들이 아주 어린 아이는 아니었지만, 정치와 경제는 실제적인 문제였기 때문에 그들이 감당하기에는 벅찬 일이었다. 그래서 엄청난 시행착오를 겪어야 했다.

프랑스는 대혁명 이후를 청년기라고 볼 수 있지만, 제대로 된 청년이라기보다는 좌충우돌하며 자신의 자리를 잡아가는 그러한 청년기였다. 이미 왕정 시대부터 그들은 지성과 이성을 개발했다. 그리고 감정도 어느 정도 풀어낼 수 있는 여건도 조성되어 있었다. 그래서 그들은 소아기를 지나 청소년의 삶을 살았다. 그러다가 대혁명으로 부모가 사라지니 어린 청소년이 가계를 책임지는 것과 비슷했다. 그들의 속은 아직 방황하는 청소년이었지만, 청년의 역할이 주어지니 그렇게 살아야 했던 것이었다.

나름 이를 감당할 자질은 준비되었지만, 주체성과 자신감이 결여되어 있었다. 그래서 좌충우돌한 것이었다. 그들은 너무도 오랫동안 억압과 통제를 받아왔기에 그들의 내면은 억압과 통제로 굳어져 있었다. 그들은 겉으로 자유와 평등을 외치지만, 성숙한 주체의식에서 나온 긍정적인 감정이라기보다는 억압과 통제에 대한 반발로 발생하는 부정적 감정이었다. 그래서 그들은 자신을 긍정적으로 이끌어가지 못했다.

그래서 무척 방황했다. 과거의 왕정으로는 복귀하지는 않더라도 자신들보다 나은 특별한 능력자가 나서서 이를 수습해주기를 염원하고 있었다. 그런데 나폴레옹이 혜성같이 나타나니 그를 대대적으로 환영했다. 그리고 그는 새로운 시대에 자신들이 되고 싶었던 이상이었기에 그를 영웅으로 숭상했다. 그는 대혁명 이후 프랑스인들이 하고 싶은 것을 단번에 실현한 이상적 인물이었다. 나폴레옹은 모든 것을 다 갖춘 청년 프랑스였다. 거침없이 뻗어나갔다.

대체로 한 집단의 인격발달은 그 중간 평균치를 말한다. 그러나 한 국가와 같이 큰 집단에서는 여러 작은 집단이 형성되어 있기에, 때로는 영향력 있는 작은 집단의 인격발달을 강조하여 말할 때도 있다. 프랑스의 인격발달을 이야기할 때는 중간집단의 평균적 발달과 가장 앞서나가면서 영향을 주는 집단의 인격발달을 같이 이야기하는 경우가 많다.

나폴레옹 당시는 나폴레옹이 선두집단이었기 때문에 백성들도 이를 따라 자신감을 가지고 청년으로서 발달해나갔다. 그러나 그 역시 과거 루이 14세처럼 너무 과욕을 부렸다. 고차정보로 발달해가지 못하고 과욕을 부리는 바람에 저차정보로 퇴행하면서 청년기의 프랑스도 붕괴하기 시작했다. 프랑스는 항상 로마 황제가 그들의 환상이었다. 그런데 환상은 성숙한 고차정보라기보다는 방어적인 저차정보였다. 그래서 저차정보는 보존성으로 인해 붕괴될 수밖에 없었다. 그 이후 다시 그들은 혼돈기를 맞이했다. 나폴레옹의 시대는 이렇게 막을 내렸지만, 그가 프랑스인에게 남긴 것은 결코 사라지지 않았다.

프랑스 대혁명이 혼돈 가운데 있었지만 전체적으로는 청년기였다. 이 시기에 그들이 가진 공통적인 삶의 동기와 충동이 있었다. 그들은 대부분 평민이었다. 그중에 부르주아도 있고 노동자, 농민들도 있었지만, 과거에는 모두 평민이었다. 그들은 왕족과 귀족들이 베르사유궁전에서 누리는 특권을 혐오하면서도 동경하는 이중적인 마음을 가지고 있었다. 그래서 그들은 겉으로는 아닌 척했지만, 기회가 있는 대로 귀족의 일부가 운영하는 살롱과 카페 등을 통해 이를 누리고 싶었다. 과거 르네상스가 프랑스를 깨운 것처럼 귀족들의 이러한 문화가 평민을 깨웠다.

그러나 그 누구도 왕족과 귀족을 넘볼 수 없었다. 엄격한 억압과 통제 가운데 살았기 때문이었다. 그런데 대혁명으로 권력과 권위가 허물어지니 그들에게 억압되었던 욕망이 일어나기 시작했다. 그들도 하고 싶었지만, 할 수 없었던 것을 하고 싶은 욕망이 일어났다. 이것이 신분상승이라는 욕구로 일어난 것이었다. 그러나 현실적으로는 일부 부유한 부르주아들이나 상류층 흉내를 낼 뿐이었다. 그렇지만 일반 평민도 언젠가 가능할 신분 상승을 꿈꾸고 욕망할 수 있었다. 이것이 대혁명 이후 프랑스의 힘이었다.

그러다가 나폴레옹이 자기들의 욕망을 단번에 실행에 옮기는 것을 보고나니, 그들은 더욱 용기와 희망을 가지게 됐다. 나도 할 수 있다는 청년의 포부와 용기를 가지게 된 것이었다. 그래서 나폴레옹 이후 왕정복고가 되었지만, 한 번은 부르주아들이 7월 혁명 일으켰고 그다음에는 노동자들이 2월 혁명을 일으켰다. 이제는 누구나 주인이 될 수 있는 시대가 온 것이었다. 그러나 그들 역시 한계가 있었다. 새로운 인격발달을 이룰 만큼 안정적이지 못했다. 그러나 나도 한번 할 수 있다는 용기로 만족해야 했다. 그들이 충분히 준비되지 않았기에 다시 혼란기가 찾아왔다.

혼란이 다시 찾아오니 그들에게 다시 나폴레옹의 유령이 꿈틀거리기 시작했다. 이 기회를 틈타 나폴레옹의 조카인 나폴레옹 3세가 등장하여 나라를 안정시켰다. 자신이 할 수 없는 것을 나폴레옹의 망령을 통해 다시 해보려고 한 것이었다. 자신들은 스스로의 청년기에 실패하였기에 나폴레옹을 대신 불러 이를 이루고 싶었던 것이었다.

그들은 다시 소아기적 환상으로 퇴행한 것이었다. 그러나 일시적인 퇴행이 일어난 것은 사실이지만, 전체적으로는 여전히 청년기였다. 그러나 성숙한 청년기는 아니었다. 나폴레옹 3세도 역시 나폴레옹의 병이 도져 과욕을 부리다 신흥강국 프로이센에게 당하고 말았다. 프랑스는 베르사유궁전에서 프로이센에게 굴욕적인 패배를 경험했다. 그들의 투사와 환상은 이렇게 끝나고 말았다. 그래서 그들은 다시 현실로 돌아와 제3 공화정을 출범시켰다.

중년기 프랑스

제3 공화정은 대혁명 이후 가장 현실적이었고 안정적인 정치체제였다. 그동안의 좌절과 방황의 결실이라고 볼 수 있을 것이다. 이제 그들은 선거를 통해 서로 돌아가면서 정권을 잡으면서 프랑스의 발전을 이루어갔다. 식민지와 산업혁명 등을 통해 경제적으로 발전되었고 파리가 유럽의 중심지가 되면서 프랑스 사람들의 자존심과 자신감이 많이 회복됐다. 초기 정치는 공화정이었지만 다소 보수적인 정권이 집권하면서 안정적인 정치를 해나갔다. 그러나 사상과 예술 그리고 문화적 삶이 급속도로 발전해가는 시대였기에 시민들은 점차 진보와 좌편향적 공화정으로 갔다. 이때가 파리와 프랑스가 모든 면에서 절정을 이루었으며, 그래서 이때를 '벨라 에포크'라 하여 모두가 프랑스의 가장 좋은 시절로 기억하고 있다.

제3 공화국 시기의 프랑스를 어떤 인격발달의 단계로 볼 수 있을까? 나폴레옹과 그 이후 나폴레옹 3세의 시기를 프랑스의 청년기로 볼 수 있다. 그들의 능력을 최대화하여 자신을 펼쳐나간 청년기에 해당한다고 볼 수 있다. 그 이후 다소 혼란기가 있었지만, 제3 공화국을 중년기로 접어든 것으로 볼 수 있다.

청년기는 자신의 능력과 자신이 가용할 수 있는 모든 것을 다해 자신을 외적으로 실현하는 단계이다. 이때는 자기가 세상의 중심이 되고 현실은 자기를 실현하거나 정복해야 하는 대상이 된다. 그리고 세상을 알고리즘과 선악의 이분법으로 판단하여 자기의 옳은 것은 주장하고 추진해간다. 이러한 것이 청년기의 주요 과제이다.

중년기는 청년기에 이룬 것을 더욱 성숙시키고 견고하게 확장해가는 시기이다. 자기중심에서 벗어나 서로의 관계를 보면서 다른 사람의 입장을 조금씩 이해하게 된다. 그리고 자기만을 주장하며 실현하다가 그 속에 있는 자기를 조금씩 성찰하기 시작한다. 부분적인 것에 충실하다가 더 큰 전체를 보기 시작한다. 시간적으로도 자신의 인생 전체의 시간 속에서 자신을 보게 된다. 그동안 허리띠를 졸라매고 달려왔던 가족과 공동체도 안정되면 억압을 풀고 불만을 터트리기도 한다. 그래서 자기중심에서 벗어나 상대를 수용하고 배려하는 마음도 생긴다. 자기만 주장하기보다는 서로 같이 사는 길을 찾는 것이다. 이렇게 해서 더욱 성숙하고 견고해지는 것이다.

이런 일이 제3 공화정에서 조금씩 일어났다. 자기만 옳은 것이 아니라 상대방에게도 기회를 주면서 공동체가 발전해가는 것이었다. 그래서 이 시기의 프랑스는 같은 공화국이지만, 서로 다른 성향의 정치를 수용하며 공동의 번영과 발전을 이루어갔다. 그리고 잘못된 것은 선거만이 아니라 언론과 문화예술의 힘으로 바로 잡아나가는 성숙된 모습을 보이기도 했다. 그래서 모든 면에서 번영을 이루었고, 덕분에 이 시기에 프랑스와 파리가 유럽 최고의 문명을 자랑할 수 있었다. 특별히 그들이 파리를 중심으로 이룬 문학, 예술과 철학은 그 누구도 따라올 수 없을 정도로 높은 수준을 이루었다. 그들의 일부는 중년을 넘어서 장년기를 준비하고 있었다.

중년과 장년은 무엇이 다를까? 청년기에서 중년기로 변화되고 확장되듯 장년기도 중년기의 변화가 더 깊어지고 확장된다. 자기가 중심이 되어 추구하고 실현한 것들에 대해 근본적으로 생각해보는 시기이기도 하다. 자기는 누구이고 인생은 무엇인가? 세상은 과연 어디로 가고 있는가? 내가 제대로 살아온 것인가? 자기만이 아니라 우리와 전체에 대해 회의와 함께 무엇이 바른길인지 다시 생각해보는 시간을 갖기도 한다. 그동안 자신이 쌓아 올린 것이 한순간에 허물어질 수도 있고 자신의 건강과 가족도 허물어질 수 있는 위기감을 느끼기도 한다. 물론 이러한 위기를 느끼게 하는 일이 실제로 일어나기도 하지만, 작은 일을 통해서도 그러한 위기감을 느끼기도 한다.

장년은 결국 은퇴와 노년을 준비하는 시간이다. 이 시기가 되면 그동안 살아온 가치관에도 변화가 생길 수 있다. 노년이 되면 자기가 주도한 인생이 마무리되고 자기는 중심에서 멀어져 소외된다. 시간적으로도 여분의 인생으로써, 사라지는 시간을 보내어야 한다. 이를 생각하고 준비하는 것이 장년의 시기인 것이다.

장노년기의 프랑스

프랑스는 19세기 말부터 이러한 준비를 하고 있었다. 철학과 미술과 문학 등에서 그러한 경향이 나타나기 시작했다. 그동안 중심이 되었던 것들을 허물고 새로운 것을 찾고 추구하는 분위기가 나타났다. 의식이 중심이던 것이 무의식으로 가고, 지성과 이성이 중심이던 것이 감정과 몸으로 가고 있었다. 종교와 신은 그들의 중심에서 떠난 지 아주 오래됐다. 윤리 도덕의 긍정성이 중심으로 되어있던 가치관이 허물어지고 세속적이고 부정적인 것이 주류로 떠오르기 시작했다. 이를 걱정하는 사람들은 이를 시대말적인 혹은 종말론적인 현상으로 걱정하기도 했다.

그들이 우려한 것이 드디어 터지고 말았다. 20세기에 들어서면서 그들은 상상할 수 없었던 대재난이 유럽과 프랑스를 강타했다. 1, 2차 세계대전, 스페인 독감과 대공황 등이 연속적으로 몰아쳐 왔다. 특별히 1차 대전의 피해는 프랑스가 심했고 2차 대전은 외적인 피해는 적었으나 그들의 자존심에 큰 상처를 주었다. 그들이 쌓아 올린 자부심과 자랑거리가 다 허물어지는 그러한 전쟁이었다. 그들이 열심히 쌓아 올린 외적인 탑과 내적인 가치와 자부심이 다 허물어진 것이었다. 이것이 그들이 장년기에 겪은 가장 큰 사건이었다.

프랑스만이 아니라 그동안 인간이 추구한 이상과 가치가 모두 허물어지는 사건이었다. 과연 인간은 이성과 지성인가 야만인가? 동물보다 더 야만스러운 전쟁을 그들은 겪었다. 그동안 인간이 쌓아 올린 모든 문명이 야만성의 도구가 됐다. 특히 인간과 문명의 선두에 서서 이끌었던 프랑스는 그 앞에 머리를 숙일 수밖에 없었다. 그들은 자신을 반성하며 겸허해져야 했다. 그러나 그들은 그렇게 하지 못했다.

그들은 그 속에서 드러난 자신을 직면하기보다는 적당히 해결하면서 방어하고 회피했다. 이것이 그들이 그동안 자랑하는 모든 가치와 자존심의 솔직한 모습이었다. 이제 그들은 적당하게 장년기를 보내고 노년기로 접어들고 있다. 지금 그들의 발달 단계는 장노년기라 할 수 있다. 그들은 발전의 기운을 잃어가고 있다. 점점 쇠하여지고 있다. 과거 세계를 호령하던 그들의 모습은 사라지고 평범한 노쇠한 국가로 저물어가고 있다.

그러나 이것이 그들의 모든 것은 아니었다. 어둠과 황혼 속에서도 반짝이는 소망의 빛이 빛나고 있었다. 그 속에서 깨어있는 자들이 있었다. 대중이 아직 따라오지는 못한다고 하더라도 항상 시대를 앞서 가는 선각자들이 있었다. 그들은 최전선에 서 있는 철학자와 예술가였다. 이제 그들이 어떻게 이 시대의 소망이 될 수 있는지를 생각해보려고 한다.

해체철학과 포스트모던에 대한 희망
———

앞선 글에서 말한 대로 그들은 해체주의 철학자들과 포스트모던 예술가들이었다. 그들은 그동안 프랑스만이 아니라 인류가 의미 있다고 생각해온 모든 것을 허물었다. 그것의 중심을 해체한 것이다. 그것은 다 허구였고 그것이 만든 것이 전쟁이라는 야만이었기에 그들은 이를 거부했다. 그리고 그들은 중심이 아닌 변두리에 있는 작고 무의미한 것들에 관심을 두기 시작했고 그것이 인류의 소망이 될 수 있을 것이라 했다.

그들은 기존의 것에 대해 무조건 반항하는 사춘기였을까? 아니면 나이 들어서 하는 사추기였을까? 사춘기처럼 한번 반발하고 끝나는 감정의 몸짓이었을까? 만일 그렇다면 인류와 프랑스는 과연 어떤 길로 가야 하는가? 다른 대안이 있는가? 대안 없이 그냥 살아가야 하는가? 그렇다고 현재로는 그들 말고는 다른 대안이 있는 것 같지 않다. 다른 대안이라면 그냥 망각과 회피로 도망가는 것밖에 없었다. 지금 인류는 그냥 마구 살아가고 있다. 어디로 무엇을 향해 가는 줄도 모르고 달려가고 있다. 과거 프랑스가 이렇게 살아가다 큰 재난을 당한 것이 한두 번이 아니었다. 모든 것이 한순간에 허물어졌었다. 언제 그러한 재난이 기다리고 있는지 모른다. 아주 작고 우연한 곳에서 항상 문제가 터졌다.

2차 대전 이후 인류는 항상 핵무기의 위협 속에 살아가고 있다. 핵무기로 인류가 한순간에 사라질 수도 있다. 그리고 인류는 그 이후 과거 상상하지도 못했던 전산, 인터넷, 모바일 폰과 인공지능이 주인이 되는 세상을 살아가고 있다. 처음에는 인간이 유익한 도구로 만든 것이었지만, 그들은 가공할 정도의 속도로 발전하여 드디어 인간을 앞질러 이제는 인간을 지배하고 있다. 인간이 정보라는 괴물에 종속되어 그동안 어렵게 쌓아올린 인격발달이 허물어질 수밖에 없을 것이다.

금융은 과거의 재난에도 이를 견제할 힘이 없이 여전히 폭탄처럼 인간을 위협하고 있다. 인간이 개발한 최선의 정치제도라는 자유민주주의도 병들어 있다. 결코 우리의 희망이 되지 못한다. 그리고 여러 곳에서 전쟁이 일어나고 있고 새로운 전쟁이 다시 어디서 터질지 모른다. 코로나 바이러스가 겨우 진정된 것 같지만, 다시 어떤 바이러스가 인류를 괴롭힐지 모른다. 환경문제도 결코 만만하지 않다. 인류의 미래를 누구도 예측하거나 예방할 수 없다. 인간의 알고리즘은 거대한 복잡성의 물결에 무기력하기만 하다.

초월적인 초고차정보의 도움이 아니면 이러한 복잡성의 세상과 미래를 스스로 조절할 길이 없다. 이것이 현재 인류의 모습이다. 더 큰 문제는 이러한 문제를 알면서도 그 누구도 이를 직면하며 해결하려고 하지 않는다는 것이다. 직면하고 해결할 힘이 없으니 무기력하게만 도피하고만 있다. 두려움을 직면하기보다는 게임하는 아이들처럼 보이는 현실의 게임에 빠져 살아가고 있다. 이것이 우리의 현실이고 프랑스의 현재이다.

무기력하고 노쇠해가는 프랑스에 젊은 대통령이 등장하여 이러한 위기의식을 느끼며 계속 새로운 정책을 내어놓으며 열심히 위기를 돌파하려고 애쓰고 있다. 그러나 너무 무력하다. 그들이 내세운 알고리즘만으로 얼마나 이 거대한 복잡성의 물결을 헤쳐 나갈 수 있을지 의문이다.

지금까지 인류를 선도해온 프랑스이다. 그러나 이제 그들은 자신의 문제만으로도 벅차다. 과거 그들은 어려운 가운데서도 인류의 길을 인도하였던 선진 인간이었지만, 이제는 인류까지 생각할 여력도 없다. 우리는 할 만큼 했으니 이제는 은퇴하겠다는 것처럼 보인다. 물론 그들이 그동안 인류에 기여한 것만으로도 이미 차고 넘친다. 그 어느 나라가 이렇게 많이 인류에 기여하였겠는가?

그렇지만 한편으로는 아쉬움이 남는다. 다른 대안이 없기 때문에 그들을 어쩔 수 없이 바라보게 된다. 그들이 마지막으로 남긴 해체철학과 포스트모더니즘에 인류를 구원할 무언가가 있지 않을까 기대해보는 것이다. 지금은 더 강력한 리더십과 알고리즘이 필요한 시기인데 맥없는 해체나 주장하는 것에 무슨 희망을 걸어보자는 것인가? 냉소적인 웃음만 나올 수밖에 없다. 그들이 남긴 해체라는 뜻이 이제는 아무것도 할 것이 없으니 버려두자는 무관심으로 비쳐지기도 한다. 현대는 유행이 너무도 빨리 바뀌기에 이들이 주장한 것이 현대정신이라기 보다는 이제는 한물간 고리타분한 꼰데 같은 이야기로 들릴 수도 있다.

그냥 그들이 한 마지막 고언苦言정도로 받아들이고 끝나야 하는가? 어렵게 여기까지 왔는데 해체 다음은 없는 것인가? 포스트모더니즘이 혹자가 말하는 대로 종말론적인 현상인가? 그들을 시대말적 허무주의 정도로 보아야 하는가? 그들에게서 더 이상 기대할 것은 진정 없는 것인가? 정보시대를 좀비처럼 핸드폰이나 보며 아무 생각 없이 그냥 살아가야 하는가?

그러나 이 책은 프랑스에 끝까지 희망을 걸어보려고 한다. 다른 대안이 없으니 도박사들이 하듯이 그래도 가능성이 프랑스밖에 없으니 막연하게 걸어보자는 것은 아니다. 그들이 마지막으로 내세운 해체정신에 인류의 희망이 있지 않을까 기대하며 진정으로 그들을 기다려보자는 것이다. 물론 그들에게 프랑스 대혁명과 같은 거대한 것을 기대하자는 것은 아니다. 다시 나폴레옹 같은 영웅을 기다리자는 것도 아니다. 나폴레옹은 그 시대로 충분했다. 그러한 영웅을 기다리다가 히틀러에 속아서 망한 독일을 기억해야 한다.

이제는 유럽은 노쇠하고 지는 해이니 아직 힘이 있는 미국을 중심으로 인류의 미래를 기대해보자는 것인가? 미국도 유럽과 프랑스를 따라가고 있으니 해답이 될 수 없다. 아니면 중국이나 러시아 같은 사회주

국가가 인류의 희망이 될 수 있을까? 그들은 인격발달로 보면 한참 뒤쳐져 있기에 결코 인류의 희망이 될 수 없다. 이제는 그 어떠한 중심적인 힘이 인간을 구원할 수 없다. 해체철학이 이미 선포한 것을 거두어들일 수는 없을 것이다.

이 시대에 희망이 있다면 그래도 해체철학이 기대하는 작은 것들이다. 잘 보이지 않는 희미한 것들이다. 그러나 막연하고 작다고 해서 우연이나 막연한 환상만으로 기다려서는 안 된다. 나름의 이론적 근거를 가지고 기대하며 기다려보자는 것이다. 해체철학은 인격발달의 최정점이고 인격발달을 가장 먼저 이룬 나라가 프랑스이기에 이러한 철학을 낳은 프랑스를 기다려보자는 것이다. 그리고 벤야민의 마음으로 그들에게서 메시아를 기다려보자는 것이다.

왜 해체정신은 인류의 창조적 진화가 될 수 있을까?

해체정신이 베르그송이 말한 창조적 진화가 될 수 있을까? 이를 고전적인 방법으로는 도저히 설명할 길이 없다. 이 역시 해체적인 방법으로 설명해야 한다. 그러나 과학적이어야 한다. 그러나 과학도 고전적인 과학으로는 불가능하다. 해체적인 고차원의 과학이 필요하다. 그래서 이러한 고차원을 포함하는 과학으로서 정보과학을 도입해보려는 것이다. 해체철학과 포스트모더니즘을 정보과학으로 설명하면서 이러한 희망의 근거에 대해 설명해보려는 것이다.

고전적 학문에서는 해체는 종말을 의미하지만, 정보과학에서 해체는 그렇지 않다. 해체는 고차정보의 시작이기 때문이다. 고차정보로 갈수록 해체성이 강해지기 때문에 고차정보로의 상승이 해체인 것이다. 과거의 알고리즘의 특징은 자기 보존성이라고 했다. 알고리즘으로는 인간은 블랙홀로 갈 수밖에 없다고 했다. 그래서 일류의 쇠망을 막기 위해서는 해체가 필연적으로 필요하다. 그래서 알고리즘으로 막힌 길을 혼돈이 뚫어주었다. 그래서 혼돈을 통해 더 큰 차원의 질서로 발전했다. 이를 통해 역사와 문명이 붕괴하지 않고 지속되고 발달했다.

그리고 해체는 고차성으로 가는 문이기에 해체 다음, 고차정보와 초고차정보로 확장되는 것이 아주 중요하다. 알고리즘 정보가 해체되고 나면 다음 단계의 고차성은 복잡성 정보이다. 그런데 복잡성이 혼돈으로 끝나지 않고 새로운 질서로 가기 위해서는 복잡성만으로는 안 된다고 했다. 복잡성 정보는 통계정보이기에 주어진 정보만으로 가장 안정적인 정보를 찾음으로 새로운 질서로 갈 수 있는 것은 사실이다. 그러나 창의적이고 창조적인 정보로 진화하고 초월하기 위해서는 복잡성 내부의 기존정보만으로는 부족하다.

생명체가 생존하고 창의적으로 적응할 수 있는 것은 복잡성에 새로운 고차정보인 양자정보가 개입되기 때문이다. 자연과 우주도 혼돈 속에서도 더 큰 질서로 진화하는 것도 고전역학, 복잡성정보와 양자정보가 같이 균형을 맞추기 때문이다. 물론 아직 과학으로 증명할 수는 없지만, 그 이상의 초양자정보도 충분히 개입되고 있다고 보아야 한다.

복잡성정보는 혼돈을 통해 알고리즘정보를 해체시키면서 개입한다. 양자정보는 우연이라는 현상을 통해 복잡성정보에 접근한다. 양자정보의 내용이 어떠하든 우연이라는 현상이 있어야 양자정보가 복잡성정보에 열리는 것이다. 문명사에서 혼돈과 우연의 문을 열어준 것은 해체철학과 포스트모더니즘이다. 그래서 현대문명이 해체철학과 포스트모던으로 넘어간 것은 이러한 정보차원의 진화로 볼 수 있는 것이다. 우연인 것 같지만, 초고차정보의 개입이 있지 않으면 이러한 변화는 불가능한 일이다. 그래서 이를 인류의 창조적 진화로 볼 수 있을 것이다. 이는 한두 명의 철학자의 주장으로 끝나는 개인적인 사건이 아니라, 인류의 진화와 발달의 흐름과 같이 일어나는 큰 현상으로 보자는 것이다. 여기에는 우주적인 거대한 초고차적 정보도 분명 개입되었을 것으로 생각된다.

인격발달에 따른 정보의 진화

그런데 인격발달은 정보차원의 진화와 거의 일치한다. 소아기 이전의 사고는 비현실적 신화와 환상적 정보가 주류를 이룬다. 이들은 비약이 심한 비합리적인 사고이다. 사춘기에 일시적으로 복잡성의 감정이 개입되면서 과거 사고의 해체가 일어난다. 그러면서 합리적인 알고리즘의 사고로 도입되는데 이것이 청년기이다. 청년기는 주로 지성과 이성의 알고리즘 정보가 주류를 이룬다. 그러나 중년기부터는 복잡성정보가 점점 강해지면서 자기중심적인 알고리즘은 약화되기 시작한다. 이를 통해 더욱 광역적인 전체적 사고가 가능해진다.

장년으로 가면 알고리즘보다 복잡성정보가 더 우세해진다. 그렇다고 알고리즘 정보가 사라진다는 뜻은 아니다. 사고의 확장이지 완전한 사고의 변화는 아니다. 그렇다면 노년의 정보는 어떠한 차원이 될까? 노년은 인생을 마감하고 죽음을 준비하는 시기이다. 죽음을 넘어서 초월을 준비하는 시간이기도 하다. 나이를 먹어간다는 것은 과거의 자기중심적이고 이분법적 알고리즘정보에서 상대적인 복잡성정보로 넘어가는 것을 의미한다. 모든 것을 관계의 상대성으로 해체시켜가는 것이다.

그런데 이러한 상대성과 복잡성만으로는 자신 속에 있는 허무함을 극복하기 어렵다. 청년기와 중년기는 나름의 중심이 있었다. 이를 믿고 실현하려는 욕심과 의욕으로 살아왔다. 그러나 장년이 되고 노년이 되면 이러한 중심적인 신념과 욕구는 약해지고 모든 것이 상대적으로 해체된다. 꼭 이것 만이어야 하는 것이 사라지고 수용과 관용의 폭이 넓어지는 해체적 사고가 발달한다.

이러한 복잡성정보와 해체성이 우세하게 되면 편해지는 것은 있지만, 과거의 중심적 사고를 잃기에 허탈하고 허망할 수 있다. 무언가 확실한 것을 믿고 실행할 수 있어야 하는데, 모든 것이 해체되고 상대적인 것이 되니 그렇게 되는 것이다. 이때 필요한 것은 더 큰 고차정보에 대한 믿음이 필요하다. 과거의 자기중심적 저차적 사고가 아닌 새로운 차원의 신념이 필요한 것이다. 알고리즘적 선악이 아니라 더 넓고 깊은 고차정보에 대한 신념이 필요한 것이다. 우리는 이를 초월성이라고 한다. 사람마다 초월의 대상은 다르지만, 초월은 공통적으로는 고차정보로 되어있다. 기본적으로 양자 이상의 고차정보로 작동되는 세계이다. 그 속의 내용은 다를 수 있어도 적어도 우연에 의해 열리는 양자정보가 기본적으로 필요하다.

물론 이러한 인격발달에 따른 정보차원의 변화는 바람직한 표준적 과정으로서 이야기하는 것이다. 사람마다 이대로 꼭 살아야 하는 법은 없다. 왔다 갔다 하기도 하고 멈추어져 더 이상 발달과 변화가 없이 몸만 나이를 먹어가는 경우도 있다. 끝까지 소아기적 사고로 살거나 청년기적인 알고리즘 사고와 의지로 사는 사람도 있다. 그리고 그러한 집단과 국가도 있다. 북한은 줄기차게 유아기와 소아기로 살아가는 대표적인 집단이다. 그리고 한 국가 내에서도 집단마다 발달과정이 다르다. 우리나라의 경우는 전체적으로는 청년기를 지나 중년기를 향해가고 있지만, 정치집단만은 병적인 소아기 수준을 벗어나지 못해 국가의 전제적인 발달을 저해하고 있다. 유아기적인 정치인 중에 일부는 유아기적인 북한을 추종하기도 한다. 발달과정 끼리의 유유상종인 것이다. 종교집단도 소아기를 벗어나지 못하고 있다.

해체성과 초월성의 만남

건강한 장노년기의 모습으로 볼 수 있는 것이 바로 해체철학과 포스트모더니즘이다. 이러한 사고의 발달이 준비되어야 우리가 기대하는 해체성과 초월성의 만남이 가능하다. 세계대전의 해체와 허망함 속에서 실존철학과 프랑크푸르트학파가 초월성의 문을 연 것처럼, 프랑스의 해체성에서도 그러한 초월성과의 만남을 시도해보자는 것이다. 과거 실존철학과 프랑크푸르트학파는 이러한 시도가 충분하게 해체적이지 않았고 시대가 이러한 만남을 가능하게 할 만큼 성숙되지 않아 성공적이지 않았다.

그러나 해체철학은 더욱 해체적이고 포스트모더니즘이라는 성숙한 문화예술이 뒷받침되고 있기에 이러한 초월성과의 만남이 제대로 진행될 수 있을 것으로 기대해본다. 그래서 프랑스가 상실하고 거부하였던 신과의 재회도 가능할 수 있을지 모른다. 물론 과거와 같이 고전적이고 저차적인 만남을 시도하자는 것은 결코 아니다. 해체적이고 포스트모던 안에서 이러한 만남을 시도해보자는 것이다.

이러한 전환과 만남이 노년을 살아야 하는 유럽과 프랑스의 문명이 가야할 길이다. 이를 통해 미래의 문명과 인간이 가야할 길을 새롭게 조명해볼 수 있을 것이다. 이것이 프랑스가 그동안 해온 인간발달의 작업을 마무리하는 길이라 생각한다. 노년은 인간이 죽음으로 우주의 분자로 돌아가는 것을 준비하는 시기이다. 인간의 자기성이 해체되고 우주의 작은 먼지로 돌아가는 것이다. 그렇다고 이것이 허무하다고 생각할 수는 없다. 새로운 하나의 존재가 되는 것이기 때문이다. 블랙홀로의 해체가 아니라 초고차 정보와 연결됨으로 새로운 차원의 생명과 존재로 태어날 수도 있기에 고차적인 만남을 기대해보는 것이다. 이를 통해 죽음이 아니라 창조적 진화의 길로 갈 수 있기 때문이다.

그러나 이러한 만남이 가능하기 위해서는 양자 이상의 초고차 정보와 복잡성정보가 결합되어야만 한다. 지금까지 혼돈을 통해 인간이 창조적으로 진화해온 것은 고차원의 정보체제와의 결합이 있었기 때문이었다. 과거와 달리 인간은 이제 마지막 절벽과 같은 지점에 서 있다. 낭떠러지의 블랙홀인가? 아니면 창조적 진화로 날개를 다시 달고 그 절벽을 탈출할 것인가? 이것은 복잡성의 해체철학이 양자적 신성과의 만남에 달려있다고 생각한다.

해체적인 탕자의 귀환

인간이 신을 떠남으로 문명이 시작되었고 긴 역사를 통과하면서 인간발달을 이루었다. 이제 그 발달은 거의 마지막 장노년기를 통과하고 있다. 인간과 신은 외적으로는 결별하였지만, 신은 니체가 말한 대로 정말 죽은 것이었을까? 인간이 신을 떠난 일이 정말 잘 한 일이었을까? 분명히 인간이 만든 저차적 신은 죽었고 인간도 그러한 저차적 신을 떠난 것은 인간의 인격발달에 필연적으로 필요한 일이었다. 그리고 인간은 신을 역사의 중심에서 배제해버리고 인간이 그 중심에 서서 역사와 문명을 주도했다. 그러나 인간도 성공하지 못하고 중심에서 버림받게 됐다. 해체철학과 포스모더니즘이 인간을 그렇게 해체시킨 것이었다. 이제 신과 인간 모두가 해체되어 중심이 아닌 변두리에 서 있게 되었다.

신은 본질이 초고차정보이다. 이미 본질이 해체적이었다. 그래서 신이 해체되고 변두리에 있는 것은 극히 자연스러운 현상이었다. 그런데 인간은 중심을 지켜갈 수 있을 것으로 기대했는데, 인간마저도 해체되고 변두리로 쫓겨났었다. 이제 신과 인간이 변두리에서 어떻게 만날 수 있는지를 살펴보는 것이 인류의 발달의 정점이 될 것이고 프랑스 인격발달의 마지막 과제가 될 것이다.

이 책에서는 신을 초고차정보적 존재로 가정하고 있다. 얼마나 어떻게 고차인지는 규명할 수는 없지만, 신을 인간이 상상할 수 있는 가장 초고차적 정보로 보자는 것이다. 인간의 세계는 알고리즘, 복잡성과 양자정보로 되어 있고 양자정보가 초고차 정보와의 통로가 될 수 있다고 했다. 앞서 이러한 초고차정보가 저차정보로 어떻게 붕괴되며 작동하고 있는지에 대해 설명한 바 있었다.

신은 본질적으로 초고차정보이기 때문에 신을 제대로 만나려면 인간도 가능한 고차정보로 진화해야 한다. 인간이 저차정보 가운데 있으면 신을 저차정보로 만날 수밖에 없다. 그래서 과거 이스라엘이 신을 율법과 종교로만 만났고 중세기 때에도 그렇게 만났다. 그래서 많은 문제가 생길 수밖에 없었다. 그러나 신을 인간이 고차정보로 만나면 그만큼 신을 통해 초고차정보를 받아 창조적 진화와 문명의 발달을 이루어 갈 수 있다. 우리는 이를 인간의 문명사에서 볼 수 있었다.

초고차정보인 신은 인간이 신처럼 고차정보로 진화하고 발달하기를 원했다. 그리고 인류 문명의 발달은 이러한 차원의 진화로 볼 수 있다. 그래서 인간은 끊임없이 인간발달을 이루었고 그 발달의 핵심은 정보차원의 발달이었다. 이러한 발달은 인류의 발달에만 국한되는 것은 아니었다. 자연과 우주도 같이 정보차원의 발달이 있었다. 그래서 인간만 분리되어서 발달하는 것이 아니라 거대한 우주의 발달과정의 일부로 인간도 발달해왔다.

이러한 주장을 한 철학자와 신학자가 있었다. 바로 베르그송, 화이트헤드와 떼이야르 드 샤르댕 등이었다. 이것은 신의 의도나 개입여부와 상관없이 우주가 그러한 차원의 발달을 향해 진화하였기에 인간의 발달과 문명도 그러한 방향으로 진화했다고 볼 수 있다. 신은 이러한 전체우주의 중심에 있기에 가장 초고차적으로 이러한 진화를 이끌고 있는 주체이다. 여기서 말하는 중심이란 알고리즘적 중심을 의미하는 것은 아니다. 해체적 초고차적 정보로서 중심을 말하는 것이다. 변두리에 있지만 중심을 관통하는 그러한 중첩적인 중심인 것이다. 우주가 양자로 해체되어있지만 하나의 결로서 움직이는 것과 같은 것이다. 생명체도 이와 유사하게 해체적 자기를 형성하며 생존한다.

 그래서 진화의 정점이 샤르댕이 말한 오메가 포인트로서 그리스도가 될 수도 있을 것이다. 우주의 모든 정보가 이 초고차적 정점을 향해 가고 있다고 볼 수 있다. 인간도 우주와 하나 되어 그 발달의 정점을 향해 가고 있다. 복잡성의 정보를 넘어서 양자정보를 향해 가고 있고 양자정보는 그 안에 있는 초양자의 고차정보를 향해 가고 있다. 해체철학과 포스트모더니즘을 그러한 진화의 과정에 나타난 문명적 현상으로 볼 수 있다. 이를 통해 더 이상의 초고차정보와의 만남을 기대하고 시도해볼 수 있다. 이를 우주와 인간 발달과정의 필연적인 사건으로 볼 수 있는 것이다. 이것이 인간의 고차성과 신성의 초고차성과의 만남이 될 것이다.

 이를 성경에 있는 '탕자의 귀환'으로 해석해볼 수 있다. 여기서 말하는 탕자를 교리나 윤리적인 알고리즘으로만 보아서는 안 된다. 그렇게 되면 결국 알고리즘적인 만남밖에 되지 않기 때문이다. 그 이상으로 진화한 인간은 이러한 퇴행적 만남에 대해서는 저항하게 된다. 탕자는 원래 인간이 가진 모든 것이 붕괴되고 해체된 상태로 재해석해야 한다. 정보과학적인 이해와 해석인 것이다. 해체와 포스트모던 상태가 바로 탕자의 상태인 것이다. 제대로 내세울 것도 없다. 모든 것이 혼돈이고 우연으로서의 인간이다. 인간이 원래 찾았던 것을 상실하고 실패한 면에서는 탕자라고 말할 수 있다. 인간의 중심을 잃어버리고 이제는 내세울 것이 해체적이고 포스트모던적인 것밖에 없는 바로 이러한 모습이 탕자인 것이다. 신은 바로 이러한 고차적인 탕자를 기다리고 있었고 이 고차적 탕자와 초고차적 신이 만날 때가 가까운 것이다.

성경에 나오는 장자는 저차적인 알고리즘적 종교인이다. 그래서 인간은 신을 떠나 긴 문명사를 통해 결국 인간이 탕자라는 것을 인식하고 이제 신을 다시 만나기 위해 귀향하고 있는 것이다. 인간이 바로 고차적인 탕자가 되기 위해 문명과 역사의 길을 갔고 프랑스가 가장 앞서 그 길을 개척하며 갔다. 그래서 프랑스가 그 탕자인 것이다. 그리고 신은 이 탕자를 애타게 기다리고 있는 것이다.

이것이 해체적인 고차적 인간과 초고차적인 신과의 만남이 될 것이고 이를 통해 인간이 새로운 차원으로 창조적인 진화가 가능할 것으로 기대해보는 것이다. 그 만남 이후 인간이 어떻게 어디로 갈지 모른다. 그러나 중요한 것은 인간의 혼돈과 해체를 극복할 새로운 창조적 진화가 있을 것으로 기대해보는 것이다. 이제 이러한 만남이 일어날 수 있고 일부는 일어나 진행되고 있다. 그 역사적인 만남이 이렇게 시작되는 것이다.

가장 해체적인 신과 진리

마지막으로 이러한 만남에 대한 막연한 기대보다는 구체적으로 어떻게 가능할 수 있을지에 대해 생각해보려고 한다. 초대 기독교의 복음이 얼마나 해체적이었으면 전통적인 유대교가 예수를 죽이려고 하였을까? 그리고 기독교가 기존 로마의 체제에 대해서도 얼마나 해체적이었으면 그들을 심하게 박해하였겠는가? 단순한 반체제적인 정도의 해체성이 아니라 생전에 듣지도 보지도 못할 정도의 해체성이 그들의 진리였다.

예수의 가르침은 과거 전통적인 관습과 법을 완전히 뒤엎은 혁명적인 내용이었다. 천국을 가난하고 아픈 자들의 것이라고 하였고, 죄를 행위적인 것으로 보지 않고 마음에서 나오는 것으로 보았다. 알고리즘의 율법보다 새로운 차원의 용서와 사랑을 가르쳤다. 원수를 사랑하고 겉옷을 달라는 자에게 속옷까지 벗어주고 뺨을 때리면 다른 뺨도 내어주라고 했다.

그리고 그는 주로 변두리에서 약하고 버림받은 하층민을 대상으로 가르치고 그들의 병을 고쳐주었다. 제자들도 어부와 같은 노동자와 하층민이 대부분이었다. 가족을 원수라고 하였고 신의 자녀가 되라고 했다. 신의 자녀는 모두 평등하고 자유하다고 했다. 얼마나 해체적이고 혁명적이었는지 모른다. 기존체제와 잘못된 관계를 모두 흔들었다. 그래서 심한 박해를 받았다. 그러나 해체만 한 것은 아니다. 새로운 고차적인 질서와 법 그리고 고차적인 관계를 제시하고 만들어 보였다. 인간을 새로운 차원으로 업그레이드 시킨 일대 혁명이었다. 이를 통해 혁명적 인격발달을 이루었다. 이러한 차원의 혁명을 인류문명사에서 본적이 없었다.

구약에서 앞으로 올 메시아에 대해서도 영웅이나 초능력을 지닌 위대한 인물이 아니라, 볼 품 없고 약골에다 못생긴 사람으로 사람들이 좋아하고 따를 만한 것이 전혀 없다고 했다. 실제로 예수는 그런 인물이었다. 말구유에서 태어난 비천한 자였고 목수라는 가난한 노동자였다. 정규교육을 받지 못하고 독학으로 공부한 사람이었다.

그리고 그가 보여준 진리도 지혜로 넘치는 고상한 것이 아니라 보통 사람들이 듣기에 미련하고 거리끼는 것이라고 바울이 말했다. 그래서 사람들이 이를 믿고 따르는 자들은 무식하고 미련하여 멸시를 받는다고 했다. 그야말로 변두리에서 무식하고 없는 자들이 믿는 것이었다. 누구에게 이런 것을 믿는다고 자랑할 수 없고 숨어서 믿어야 하는 창피한 것이었다. 중심에서 벗어나 해체된 사람들이나 믿는 그런 종교였다. 이를 믿으면 박해를 받고 죽기까지 했다.

그런데 이상한 일이 일어났다. 그냥 사라지고 없어질 줄 알았던 그들이 점점 늘어나더니 4백년 후에는 로마제국의 중심부에 들어가 귀족과 왕족들이 믿을 정도로 성장했다. 그리고 로마제국의 국교로까지 성장했다. 온갖 박해와 멸시를 받으면서도 죽지 않고 발달한 것이었다. 믿을 수 없는 일의 연속이었다. 인류 문명에서 가장 해체적인 진리와 삶을 보인 공동체였다.

해체성이 알고리즘으로 변질되다

그러나 기독교가 로마로 들어오면서 해체적인 것들이 걸러지고 체제 유지적인 알고리즘으로 변질됐다. 그들이 로마의 중심부로 들어오면서 원래의 해체성을 상실하였다. 그리고 로마의 권력과 종교적 권력과 결탁하여 아주 강력한 알고리즘적 저차 종교가 됐다. 그래서 유럽을 살리기 보다는 병들게 했다. 엄청난 타락과 변질이 일어났다. 가장 해체적인 종교가 강력한 알고리즘적 종교가 되어 그 이후 인간과 문명을 억압하는 괴물이 됐다. 모든 것이 퇴행하고 붕괴하고 말았다. 원래는 생명자체였던 종교가 생명을 죽이는 암적 존재가 됐다.

종교개혁이 일어나 다시 해체적 진리로 회복하는 것 같다가 그것도 잠깐이었다. 결국 신교도 구교의 길을 따라갔다. 물론 그 안에서 계속적인 개혁을 시도하는 순수한 신앙 공동체가 나타나 진리는 나름대로 지켜지고 전파되어갔지만, 정착하고 중심이 생기게 되면 진리의 해체성은 상실됐다. 그래서 그 이후 문명과 인격이 발달하면서 퇴행적인 신과 기독교를 배척하고 해체시켜버렸다. 그리고 신이 중심이었던 문명에서 인간이 중심이 되는 문명으로 변환됐다. 신이 사라진 세계가 됐다. 프랑스가 이러한 변화의 중심에 있었다. 그리고 인간은 계속 발달해갔다.

그리고 인간이 주인이 된 문명이 찬란하게 꽃을 피웠다. 신이 없이도 잘 살아가는 세계가 되는 것 같았다. 그러다가 인간도 결국 몰락하고 말았다. 그것이 1, 2차 세계대전이었다. 신이 되려고 한 인간도 결국 해체의 길을 갈 수 밖에 없었다. 지금 인간이 문명을 꽃 피우며 다시 재기하는 것 같지만, 다시 언제 붕괴될지 모른다. 세계대전이 터지기 전과 같은 종말의 암운이 늘 감돌고 있다. 이에 대해 그 누구도 대안을 제시하지 못하고 있다. 그냥 달려가고 있을 뿐이다. 지금 인간은 과거 신처럼 해체되어 있다. 이를 인정하지 않고 그냥 맹목적으로 살아가고 있다. 이것이 지금 인류의 상황이고 프랑스의 현재이다. 벨라 에포크 때처럼 무감각하게 살아가고 있다. 지금 이러한 문명 속에서 인간은 살아가고 있다. 그 중심에 프랑스가 있다.

신도 해체되고 인간도 해체됐다. 사실 신의 문제도 아니고 인간의 문제도 아니었다. 문제는 저차적인 알고리즘이 문제였다. 초고차인 신과 고차인 인간을 저차의 알고리즘 속에 가두어 놓았으니 병들 수밖에 없었다. 이제 신과 인간을 원래의 차원으로 해방시켜야 한다. 그것이 현대가 해야 할 일이다. 그래서 다시 신과 인간이 만나야 한다. 이 작업이 바로 탕자의 귀환이다. 신을 초고차의 정보로 인간을 고차적 정보로 회복하여 다시 고차적 정보로서 만나야 하는 것이다.

생명의 질서는 끊임없는 해체성에서 온다

신의 본질은 해체성이 강한 초고차적 존재로서의 정보이다. 그리고 인간도 해체성으로 살아가야 하는 고차적 존재이다. 이제 인간과 신이 만날 수 있는 여건이 충족됐다. 긴 인간의 발달을 거쳐 인간도 해체되었고 신도 해체의 본질로써 인간을 기다리고 있다. 이것이 탕자의 귀환이다. 현대 해체철학과 포스트모더니즘이 시도하고 있는 신성과의 만남인 것이다.

우주를 코스모스라고 한다. 그리고 생명을 조화와 질서의 존재로 본다. 모두가 질서를 중심에 두고 있다. 그러나 이러한 질서는 알고리즘적 저차 질서가 아니다. 엄청난 해체가 동반되는 고차적 질서이다. 백조가 호수에서 우아한 모습을 유지하기 위해 수면 아래에서 끊임없이 다리를 흔들어야 하듯이 인간도 겉의 우아한 질서를 유지하기 위해서는 수면 아래의 엄청난 해체와 혼돈을 작동시켜야 한다. 생명체의 우아함은 그 안에 엄청난 복잡성의 혼돈과 양자의 우연적 사건의 결과로 얻어지는 것이다. 불연속적 혼돈과 해체성이 있어야 생명이 유지된다.

질병의 가장 큰 원인을 스트레스라고 한다. 스트레스란 알고리즘으로 압박하는 것이다. 이래야 되고 저래야 되는 것으로 압박하는 것이 곧 스트레스인 것이다. 결국 스트레스는 선악의 압박이다. 생명은 고차적이기 때문에 저차의 알고리즘에 갇히면 스트레스를 받고 병에 걸려 죽게 된다. 건강의 회복이란 이완과 해체를 의미한다. 즉 압박으로부터의 해방인 것이다.

십자가의 극한적 해체성

기독교의 핵심 진리는 십자가의 도_道이다. 이것 때문에 기독교의 진리를 미련하고 부끄러운 것이라고 한다. 모든 문명은 선을 지향한다. 즉 좋은 것을 바라고 이를 이루려고 하는 것이 인간이고 문명의 본질이다. 문명의 본질을 선악을 통해 선을 축적하고 악을 배제하는 것이다. 그런데 십자가는 이와 반대로 간다. 악을 추구한다. 선을 버리고 죄를 찾는다. 자랑스러운 것을 포기하고 부끄러운 것을 찾는다. 예수도 거룩한 종교인을 찾지 않고 당시의 가장 죄인이었던 세리와 창녀를 곁에 두었다. 이처럼 십자가는 아름다운 것을 거부하고 추한 것을 찾는다. 부유하고 높은 것이 아니라 비천하고 없고 낮은 것을 추구한다. 건강하고 강한 것이 아니라 아프고 약한 것을 찾는다. 중심이 아니라 변두리와 변방으로 나아간다. 모든 것이 선악의 알고리즘과 반대로 간다. 극도의 해체성이다. 이를 원하는 사람이 이 세상에 어디에 있겠는가? 그래서 십자가의 도는 미련하고 부끄러운 것이다.

그래서 본질적으로 해체적인 진리이다. 어쩌다 해체가 아니라 본질이 해체인 것이다. 그런데 더 놀라운 것은 이것으로 끝나는 것이 아니라, 악을 드러내고 직면하며 죽어야 한다고 한다. 십자가의 핵심은 죽음이다. 죽음은 완전한 해체를 의미한다. 인간은 모두 살기를 원한다. 이것이 선이다. 그러나 십자가는 죽음의 해체를 찾는다. 그리고 십자가는 당시 가장 악한 죄인 즉 체제에 대해 가장 해체적인 죄인을 죽이는 형벌이었다. 가장 고통스럽고 수치스럽게 죽여 해체를 끝장내려는 형벌이었다. 그래서 인간의 가장 해체적인 악을 찾아 드러내고 죽이는 것이 십자가의 본질이었다.

부정否定하고 해체하는 정도가 아니라 아주 죽여 소멸시키는 것이 십자가이다. 십자가가 없이는 부활의 생명이 없다고 할 정도로 십자가의 부정과 해체는 진리의 핵심이다. 이정도로 극심한 해체사상은 인류문명에서 보기 어려울 것이다. 부처도 모든 것이 공空이라고 하여 엄청난 해체를 주장하였지만, 십자가만큼 적극적인 해체는 아니었다. 십자가는 아주 야만적일 정도로 해체와 부정의 극한을 보인다. 없는 것도 억울한데 무자비하게 죽으라고 하는 것이 십자가이다. 너무 억울한 일이 연속이다. 그래서 십자가는 아주 폭력적이다. 벤야민이 말한 신의 폭력의 핵심인 것이다.

고차성으로 가는 해체성

그러나 이것은 자학이나 자살처럼 자기에게 형벌을 주는 것과는 다르다. 자신이 이렇게 죽어야 하는 것을 예수가 대신 십자가에 죽은 것을 믿음으로 자신이 죽는 것이다. 이를 믿음으로 예수의 죽음에 연합하여 죽는 것이다. 자학이나 자살은 자신의 고차적인 생명을 알고리즘으로 끝내는 것이다. 그래서 고차적인 생명이 저차적 수단으로 죽는 것이다. 이것이 형벌이다. 그렇게 되면 이 죽음으로 모든 고차성이 소멸된다. 모든 발달과 생명이 붕괴되고 끝나는 것이다. 자학이나 자살은 고차적 생명이 저차적으로 소멸하는 것이다. 저차정보의 블랙홀에 불과하다. 해체는 고차적인 생명과 차원으로 극복하기 위해서 일어나는 사건이어야 한다. 생명의 붕괴로만 끝나는 해체는 허무주의일 뿐이다. 자결하는 해체이다. 해체성으로 가는 길이 되기 위해서는 저차적인 형벌이 되어서는 안 된다.

블랙홀의 해체가 아니라 고차정보로서 도약하는 해체성이 되어야 한다. 물질의 최고차성은 양자장에서 일어난다. 그래서 해체성이 블랙홀이 아닌 양자장의 사건이 되어야 한다. 양자장은 진공이고 무이다. 모든 것이 우연의 해체성으로 가득찬 곳이다. 그러나 그 양자장은 블랙홀과 다르게 모든 것이 새롭게 태어나는 창조적 진화의 자궁이다. 양자장의 쌍반응이 바로 자궁의 본질이다. 자궁은 부모의 생명을 잉태하는 곳이다. 그리고 생명은 부모가 대신하는 생명으로 존재하며 자란다. 아이가 직접 먹고 배설하지 않는다. 부모가 대신해준다.

이처럼 양자장에서는 쌍반응을 통해 이러한 일이 일어난다. 바로 쌍생성과 쌍소멸의 사건이다. 이를 초고차정보의 대신함이라 할 수 있을 것이다. 상대의 쌍소멸을 통해 나의 쌍생성이 일어나는 것이다. 대신하여 소멸함으로 대신 생성하게 되는 원리이다. 십자가의 진리는 바로 이러한 쌍반응과 같다. 대신 쌍소멸이 일어나기에 쌍생명이 있게 되는 것이다. 양자장의 반응이다. 이를 통해 해체성에서 진화적 창조가 일어나는 것이다.

내가 죽고 새생명을 받음으로 구원과 창조가 일어나는 것이다. 저차성이 배제된 양자장에서 고차적인 사건으로 죽고 사는 것이다. 알고리즘의 블랙홀이 아니다. 이를 고차적 정보인 믿음과 사랑으로 이루는 것이다. 고차적인 사건는 반드시 고차적인 정보로만 실행될 수 있다. 저차적인 정보는 고차성을 붕괴시켜 저차적인 것으로 퇴행시키기에 생명과 인격이 발달할 수 없다. 이러한 초고차 정보와의 만남에 대해서는 앞서 하이데거의 존재와 현존재를 양자뇌역동으로 설명하면서 언급한 바 있었다. 이를 기독교의 십자가와 부활에서 일어나는 고차적인 과학으로 동일하게 받아들일 수 있을 것이다.

생명은 인간에게서 가장 고차적인 현상이다. 생물학적으로도 생명의 현상은 복잡성과 양자정보로 일어난다. 그러나 생명의 본질은 양자를 넘어서 초양자까지 확장될 수도 있다. 그래서 생명은 알고리즘의 저차 정보로 갇히면 소외되고 병든다. 생명은 살기 위해서는 해체적인 고차 정보로 보존되어야 한다. 생명은 자유, 평등, 해방, 용서와 사랑과 같은 고차적인 정보로만 건강하게 보호되고 자라날 수 있다. 그래서 이는 인간이 찾는 가장 고귀한 가치이기도 하다. 이는 고차적인 생명이 보존되고 발달할 수 있는 인간의 가장 고차적인 정보이다. 이러한 과정을 통해 현대의 해체성과 신성이 만나 새로운 문명과 인간으로 발달시켜나갈 수 있을 것이다.

프랑스가 인류의 탕자로서 이러한 고차적인 작업을 할 수 있다면 인류에게 새로운 미래를 열어줄 수 있을 것이다. 물론 프랑스에게만 이를 미루고 우리는 팔짱만을 끼고 두고 보자는 것은 아니다. 여기서 말하는 프랑스는 인간을 찾고 사랑하는 모든 사람을 말한다. 그리고 인간이 이룬 해체성과 포스트모던에 참여하며 창조적 진화를 갈망하는 모든 인류이기도 하다. 해체성을 사랑하며 해체를 통해 새로운 진화적 도약을 갈망하는 모든 사람을 포함하는 것이다.

그래서 이 책도 프랑스인의 이러한 만남에 참여하며 창조적 진화에 작은 도움이 되었으면 한다. 인간이 진정한 고차적인 탕자가 되어 신과 고차적인 재회를 할 수만 있다면, 인간은 어떠한 혼돈과 우연 속에서도 마지막 진화의 여정을 창조적으로 마무리할 수 있을 것이다. 인류의 문명을 헤쳐 나갈 수 있는 힘은 바로 고차정보의 회복에 있기 때문이다. 고차정보만이 진화할 수 있고 저차정보는 블랙홀로 소멸한다. 이것이 우주의 법이고 우주 속에 사는 인류의 법이다. 이 법 안에서 인류가 진화하는 길을 우리가 선택해야 하는 것이다.

작은 자의 문명

인류의 문명사는 크고 강한 자들의 역사였다. 그러나 문명의 흥망성쇠로 들어가면 전혀 반대의 사건이 일어난다. 문명은 늘 작고 약한 자가 시작했다. 작은 자들이 인격발달하면서 일으킨 것이 문명의 발달이었다. 그러나 그들이 크고 강한 자가 된 다음 자신이 작고 약했을 때를 잊고 그러한 자들을 배척하였을 때 그들은 허물어졌다. 그리고 그들은 아주 약하고 작은 자에 의해 멸망당하고 말았다. 이것이 문명의 흥망성쇠였다.

히브리, 그리스, 로마도 작고 약한 자였다. 게르만도 그러했다. 프랑스도 그러했다. 위기 때마다 작은 자들이 나서서 나라를 구했다. 프랑스를 수렁에서 건진 잔 다르크와 나폴레옹도 작은 자였다. 절대왕정의 왕과 왕족들도 버림받음과 두려움의 어린 시절을 가까스로 헤치고 나온 약하고 아픈 자들이었다. 자신의 없음을 기억하는 자들은 좋은 지도자가 되었지만, 망각하고 도피한 지도자들은 나라를 어렵게 만들었다. 문명은 늘 작은 자에서 시작하여 큰 자로 발달하는 과정이었다. 그러나 큰 자가 된 다음이 늘 문제였다. 자신을 알고 작은 자를 수용하며 열린 인격인 경우 계속 발달하였지만, 반대로 간 경우는 쇠망했다.

이 문명의 법은 바로 정보과학의 원리이기도 하다. 고차정보로 발달하기 위해서는 늘 중심에서 벗어나는 해체가 필요하다. 그것이 작은 자에 대한 수용과 개방정신이다. 지금도 이러한 문명의 법이 절실하다. 인류의 위기를 벗어나 창조적 진화로 가는 길은 한가지이다. 작은 자를 수용하는 해체정신이다. 이것이 사라지면 큰 자의 문명은 멸망한다. 이를 막는 길이 해체정신이다. 인류는 해체적인 자연과 우주의 법을 통해 창조적 진화를 계속해나갈 수 있을 것이다. 그리고 더 고차적인 신성의 정보를 만나 더욱 적극적인 진화를 수렴해갈 수 있길 염원해 본다.

프랑스가 찾은 인간 이야기(표지 디자인 설명)

프랑스는 인간을 찾아 나선 역사였다. 그들은 먼저 프랑스라는 국가를 형성함으로 인간을 찾아갔다. 프랑스라는 국가가 실제적으로 가능할 수 있었던 것은 놀랍게도 한 어린 소녀인 잔 다르크의 희생을 통해서였다. 그다음 프랑수아 1세에 의해 이탈리아의 르네상스가 유입되면서 그들은 인간의 길을 갈 수 있었다. 그 기초 위에 프랑스인이라는 인격을 세운 두 인물이 있었는데 바로 몽테뉴와 카트린 드 메디시스였다. 아무리 중요해도 인간이 아닌 것을 거부하고 인간을 가장 소중한 가치로 받아들이는 그들의 인격이 이들로 인해 시작되었다.

그들은 여기에 멈추지 않고 계속 인간의 길을 달려갔다. 그 길은 욕망의 길이었고 절대왕정이었다. 그 정점이 바로 베르사유궁정이었다. 절대 왕정은 인격을 억압하였지만, 그들은 그 속에서도 물러서지 않고 인격을 지켜내었다. 데카르트와 몰리에르가 그들의 버팀목이었다. 억압과 인격의 팽팽한 긴장 속에서 그들은 드디어 프랑스 대혁명으로 폭발하고 말았다. 대혁명을 통해 그들의 인격 속에 있는 모든 것이 다 터져 나왔다. 인간의 의식만이 아니라 무의식에 있는 것까지 터져 나와 대혼돈을 겪게 되었다. 그들은 대혼돈 가운데 나폴레옹이라는 이상과 환상을 만나 그들의 꿈을 이루는 듯했으나, 다시 무의식의 혼돈에 빠지게 되었다.

한편으로 그들은 이러한 혼돈을 예술과 철학으로 표현하기 시작하였다. 인상주의, 입체주의, 초현실주의, 포스트모더니즘과 해체철학 등으로 그들의 혼돈된 심층을 표현하였다. 고흐가 무의식의 문을 열었고 해체철학의 데리다와 들뢰즈가 세상과 인간의 중심을 해체시켰다. 그들이 연 초현실의 길을 메시앙은 무한과 초월의 세계로 인도하였다. 이것이 프랑스가 찾은 인간의 이야기이다. 그들이 찾은 인간의 길을 이제 인류가 따라갈 것이다.

참고문헌

프랑스

1. 로렌스 와일리, 장 프랑수아 브리에르, 『프렌치프랑스』, 손주경 옮김, 고려대학교출판부, 2007.
2. 서울대학교 불어문화권연구소, 『프랑스, 하나 그리고 여럿』, 지성공간, 2017.
3. 김복래, 『프랑스 역사 다이제스트100』, 가람기획, 2020.
4. 페르낭 브로델, 『프랑스의 정체성』, 안옥청, 이상균 옮김, 푸른길, 2021.
5. 알렉상드로 뒤마, 『프랑스사 산책』, 전경훈, 김희주 옮김, 옥당, 2017.
6. 스테판 에노, 제니 미첼, 『한 입 크기의 프랑스 역사』, 임지연 옮김, 북스힐, 2022.
7. 베리 토말린, 『프랑스』, 김경애 옮김, 시그마북스, 2021.
8. 오헬리엉 루베르, 윤여진, 『지극히 사적인 프랑스』, 틈새책방, 2019.
9. 박단, 『이만큼 가까운 프랑스』, 창비, 2017.
10. 마르크 블랑팽, 장 폴 쿠슈, 『프랑스 문화와 예술』, 송재영, 중원문화, 1994.
11. 곽노경, 『프랑스 문화와 예술』, 동양북스, 2022.
12. 정일영, 『프랑스 문화의 이해』, 신아사, 2014.
13. 김선미, 곽노경, 『프랑스 문화와 예술 그리고 프랑스어』, 신아사, 2012.
14. 김선미, 최준식, 『프랑스인 그리고 프랑스 사회』, 한국문화사, 2011.
15. 이기성, 『독일, 프랑스, 이탈리아, 역사산책 1』, 북랩, 2019.
16. 이기성, 『독일, 프랑스, 이탈리아, 역사산책 2』, 북랩, 2019.
17. 조대현, 『프랑스 소도시 여행』, 해시태그, 2023.
18. 주경철, 『파리 역사』, 휴머니스트, 2019.

19. 조승연,『시크 하다』, 와이즈베리, 2018.
20. 미카포사,『프랑스인의 방에는 쓰레기통이 없다!』, 홍미화 옮김, 2017.
21. 김현화,『현대미술의 여정』, 한길사, 2019.
22. 김광우,『프랑스 미술 산책』, 미술문화, 2023.
23. 진중권,『인상주의』, 휴머니스트, 2018.
24. 홍일립,『모더니스트 마네』, 환대의 식탁, 2022.
25. 빈센트 반 고흐,『빈센트 반 고흐』, 더모던, 2023.
26. 쥘리 비르망, 클레망 우브르리,『피카소』, 임명주 옮김, 미메시스, 2016.
27. 재키드 버카,『살바도르 달리』, 심지영 옮김, 부커스이마고, 2022.
28. 김현화,『성서 미술을 만나다』, 한길사, 2008.
29. 마르셀 레몽,『프랑스 현대시사』, 김화영 옮김, 현대문학, 2007.
30. 김화영,『프랑스 현대소설의 탄생』, 돌베개, 2012.
31. 송면,『프랑스 문학의 이해』, 서문당, 1996.
32. 에밀 졸라,『나는 고발한다』, 책세상, 2020.
33. 유기환,『에밀 졸라』, 건국대학교출판부, 1996.
34. 도미니크 랭세,『프랑스 19세기 문학』, 강성원, 이준섭, 황현산 옮김, 고려대학교 출판문화원, 2021.
35. 프레더릭 바이저,『계몽, 혁명, 낭만주의』, 심철민 옮김, 도서출판 b, 2020.
36. 이사야 벌린,『낭만주의의 뿌리』, 석기용 옮김, P필로소피, 2021.
37. 데이비드 블레이니 브라운,『낭만주의』, 강주현 옮김, 한길아트, 2004.
38. 장세룡,『프랑스 계몽주의 지성사』, 도서출판 길, 2013.
39. 프레드릭 코플스턴,『프랑스 독일의 계몽주의와 칸트』, 북코리아, 2023.
40. E. 버크, J.G. 피히테,『프랑스 혁명 성찰/독일 국민에게 고함』, 동서문화사, 2016.
41. 황수영,『근현대 프랑스 철학의 뿌리들』, 갈무리, 2021.
42. 김준환 등,『프랑스 문학의 이해』, 고려대학교 출판문화원, 2019.
43. 르네 프레달,『오늘날의 프랑스 영화』, 김길훈, 김건, 진영민 옮김, 동문선, 2012.
44. 이선우,『영화로 읽는 프랑스 문화』, 지성공간, 2021.
45. 이케가미 슌이치,『과자로 맛보는 와삭바삭 프랑스 역사』, 김경원 옮김, 돌베개, 2015.
46. 민혜련,『프랑스 음식문화』, 살림, 2012.
47. 피엘 드 생끄르 외 엮음,『프랑스인들이 사랑하는 여우 이야기』, 민희식 엮고 옮김, 문학판, 2018.

48. 로버트 단턴, 『고양이 대학살』, 조한욱 옮김, 문학과 지성사, 1996.
49. 서병훈, 『밀과 토크빌, 민주주의』, 아카넷, 2020.

현대철학, 현대신학

1. 이관표, 『현대의 철학적 신학』, 동연, 2023.
2. 한나 아렌트, 『발터 벤야민』, 이성민 옮김, 필로소픽, 2020.
3. 윤미애, 『발터 벤야민과 도시산책자의 사유』, 문학동네, 2020.
4. 김상환, 『니체, 프로이트, 맑스 이후』, 2002.
5. 고지현 등, 『프랑크푸르트 학파의 테제들』, 사월의 책, 2021.
6. 리처드 커니, 『현대유럽철학의 흐름』, 임헌규, 곽영아, 임찬순 옮김, 한울, 2021.
7. 신명아, 『현대철학의 종교적 회귀』, 경희대학교 출판 문화원, 2021.
8. 박영욱, 『데리다&들뢰즈, 의미와 무의미의 경계에서』, 김영사, 2009.
9. 김상환, 『해체론 시대의 철학』, 문학과 지성사, 1996.
10. 박치환, 『이데아로부터 시뮬라크르까지』, 휴인, 2016.
11. 질 들뢰즈, 『차이와 반복』, 김상환 옮김, 민음사, 2004.
12. 신혜경, 『벤야민과 아도르노, 대중문화의 기만 혹은 해방』, 김영사, 2009.
13. 테드 W. 제닝스, 『데리다를 읽는다/ 바울을 생각한다』, 막성훈 옮김, 그린비, 2014.
14. 제임스, K. A. 스미스, 『누가 포스트모더니즘을 두려워하는가?』, 설요한, 2023.
15. 김성민, 『바울과 현대철학』, 새물결플러스, 2018.
16. 사이먼 말파스, 『장 프랑수아 리오타르, 포스트모더니즘을 구하라』, 윤동구 옮김, 앨피, 2018.

유럽 문명사

1. 정기문, 『처음부터 다시 배우는 서양고대사』, 책과 함께, 2021.
2. 김덕수, 『그리스와 로마, 지중해의 라이벌』, 살림, 2015.
3. 브라이언 타이어니, 시드니 페인터, 『서양중세사』, 이연규 옮김, 집문당, 2021.
4. 허버트 조지 웰스, 『세계사 산책』, 김희주, 전경훈 옮김, 옥당, 2017.
5. 에드워드 기번, 『로마제국 쇠망사』, 강석승 옮김, 동서문화사, 2019.
6. 노명환, 『역사를 통해 본 유럽의 서로 다른 문화 읽기』, 신서원, 2011.
7. 노명환, 박지배 등, 『서양 사람들은 어떻게 살았을까?』, 푸른역사, 2016.
8. 주경철, 『주경철 유럽인 이야기, 1. 중세에서 근대의 별을 본 사람들』, 연남책방 2021
9. 주경철, 『주경철 유럽인 이야기, 2. 근대의 빛과 그림자』, 연남책방, 2021

10. 주경철, 『주경철 유럽인 이야기』, 3. 근대의 절정, 혁명의 시대를 산 사람들』, 연남책방, 2021.

유럽문화, 예술, 사상

1. 데이비드 블레이니 브라운, 『낭만주의』, 강주현 옮김, 한길아트, 2004.
2. 아르놀트 하우저, 『문학과 예술의 사회사 2』, 백낙청, 반성환 옮김, 창비, 2020.
3. 아르놀트 하우저, 『문학과 예술의 사회사 3』, 백낙청, 반성환 옮김, 창비, 2021.
4. 아르놀트 하우저, 『문학과 예술의 사회사 4』, 백낙청, 반성환 옮김, 창비, 2021.
5. 프레더릭 바이저, 『계몽, 혁명, 낭만주의』, 심철민 옮김, 도서출판 b, 2020.
6. E.H. 곰브리치, 『서양미술사』, 백승길, 이종숭 옮김, 예경, 2017.
7. 다카시나 슈지, 『르네상스미술, 그 찬란함과 이면』, 재승출판, 2021.
8. D.J. 그라우트, C.V. 팔리스카, J.P. 버크홀더, 『크라우트의 서양음악사 상』, 민은기 등 옮김, 이앤비플러스, 2013.
9. D.J. 그라우트, C.V. 팔리스카, J.P. 버크홀더, 『크라우트의 서양음악사 하』, 민은기 등 옮김, 이앤비플러스, 2013.
10. 스털링, P. 렘프레이트, 『서양철학사』, 김태길, 윤명로, 최명관 옮김, 을유문화사, 1992.
11. 김용민, 『키케로의 철학』, 한울, 2018.
12. 모르치오 비롤리, 『공화주의』, 김동희, 김동주 옮김, 인간사랑, 2012.
13. 프레드릭 코플스턴, 『후기스콜라 철학과 르네상스 철학』, 이남원, 정용수 옮김, 북코리아, 2021.
14. 김상환 외, 『니체가 뒤흔든 철학 100년』, 민음사, 2000.

정보이론, 유럽문명

1. 이성훈, 『정보과학과 인문학』, 성인덕, 2019.
2. 이성훈, 『정보인류, 뇌와 몸 정보』, 성인덕, 2019.
3. 이성훈, 『바다에서 본 영화이야기』, 성인덕, 2019.
4. 이성훈, 『한국인의 아픔과 힘』, 성인덕, 2020.
5. 이성훈, 『인격발달로 본 유럽문명사』, 성인덕, 2022.
6. 이성훈, 『모성의 나라 이탈리아』, 성인덕, 2023.
7. 이성훈, 『초현실의 나라 스페인』, 성인덕, 2023.

인간의 나라, 프랑스 : 유럽 오형제, 삼남 이야기

초판 1쇄 발행 2024년 7월 16일

지은이 이성훈
발행인 이의영
펴낸곳 도서출판 성인덕
출판등록 제2019-000115호
주소 (06241) 서울시 강남구 테헤란로4길 46, 100동 118호(역삼동, 쌍용플래티넘밸류)
전화 02-564-0602
팩스 02-569-2917

ISBN 979-11-978917-2-4(03920)

- 책값은 뒤표지에 있습니다.
- 이 책의 일부 또는 전부를 재사용하시려면 반드시 도서출판 성인덕의 동의를 얻어야 합니다.
- 잘못 만들어진 책은 구입하신 곳에서 교환해드립니다.